U0744820

民事执行检察监督
法律适用一本通

修 订 版

汪培伟◎编著

中国检察出版社

图书在版编目（CIP）数据

民事执行检察监督法律适用一本通／汪培伟编著．—修订本
—北京：中国检察出版社，2019.9
ISBN 978 - 7 - 5102 - 0883 - 6

Ⅰ．①民…　Ⅱ．①汪…　Ⅲ．①民事诉讼法 - 执行（法律）- 司法监督 -
法律适用 - 中国　Ⅳ．①D925.118.5

中国版本图书馆 CIP 数据核字（2019）第 096964 号

民事执行检察监督法律适用一本通（修订版）

汪培伟　编著

出版发行：	中国检察出版社
社　　址：	北京市石景山区香山南路 109 号（100144）
网　　址：	中国检察出版社（www.zgjccbs.com）
编辑电话：	(010) 86423707
发行电话：	(010)86423726　86423727　86423728
	(010)86423730　68650016
经　　销：	新华书店
印　　刷：	廊坊市祥丰印刷有限公司
开　　本：	710 mm×960 mm　16 开
印　　张：	32.25
字　　数：	591 千字
版　　次：	2019 年 9 月第二版　2019 年 9 月第五次印刷
书　　号：	ISBN 978 - 7 - 5102 - 0883 - 6
定　　价：	96.00 元

检察版图书，版权所有，侵权必究
如遇图书印装质量问题本社负责调换

再版前言

　　进入中国特色社会主义新时代，面对人民群众对法治、公平、正义等方面的更高需求，最高人民检察院提出了刑事、民事、行政、公益诉讼"四大检察"全面协调充分发展的理念，由此，检察机关"重刑轻民"的传统观念得以更新，新的检察格局得以构建，民事检察不仅迎来了长时期以来最好的发展机遇，而且必将能够满足人民群众对司法公正的希望和期待。正如 2018 年 10 月最高人民检察院《关于人民检察院加强对民事诉讼和执行活动法律监督工作情况的报告》中指出的，民事诉讼和执行活动事关人民群众切身利益，案件量大、涉及面广，人民群众对民主、法治、公平、正义、安全、环境等方面的更高要求，不仅体现在刑事案件中，而且更多体现在民事案件中，因此，做强民事检察工作已成为检察机关适应新时代发展重要选择。

　　《民事执行检察监督法律适用一本通》一书于 2017 年 1 月出版后，受到了许多民行检察同仁的肯定，能够给他们办案提供些许便利和帮助使我感到欣喜并备受鼓励。同时，我将民行检察同仁们使用过程中提出的部分意见和建议进行了归纳和整理，并吸收到了再版之中。本书再版依然坚持"实用"的定位，保留了第一版的整体框架，对第三编内容结构进行了微调，新收录了 2017 年以后有关民事执行、检察监督方面的法律法规及相关司法解释，删除了部分已经失效（由于案件受理期限尚未调整，部分已经失效的司法解释可能会作为办案的依据，本次再版仍予以保留）或不常用的规定，增加了"民事执行检察监督节点简表"作为附录，该表简要列明了民事执行程序中常见的违法节点及相应的监督依据，更便于办案人员参照适用。

　　因为本书的出版，使我和全国很多民行检察同仁"相识相知"，尽管很多人未曾谋面，但通过微信、电话，大到民事执行监督工作如何开展，小到具体执行监督案件办理，可以尽情探讨讨论，俨然成了相识许久的老朋友。忙完一天的工作，帮爱人哄好两个刚满一周岁可爱的女儿，安静的夜晚，在书房享受两三个小时属于自己的时间，偶尔我会想，编著《民事检察监督法律适用一本通》于我而言是偶然还是必然。我想其实这可能就是一种缘分，我很庆幸民事执行工作和民行检察工作走进了我的生命历程，离开执行但又从未远离，尽管其中有过工作压力带来的痛楚，但更多的是让我体会到了成长的喜悦，以及通过自己的工作实现了法律价值的成就感和满足感。

在民事检察事业进入新的发展阶段的时代背景下，希望本书能够为全国民事检察办案人员及其他法律工作者提供有益参考，愿携手全国民行检察同仁在学习中办案，在办案中交流，在交流中成长，强化民事执行活动检察监督，让公平正义之光照亮每一起民事执行案件，为开创民事检察工作新局面共同努力。本书编写过程中难免出现差错，欢迎各位读者不吝指正。

汪培伟

2019 年 5 月 15 日于宁波

目　录

第一编　民事执行程序

第一章　执行申请…………………………………………………… 1
第一节　申请执行的依据………………………………………… 1
一、人民法院判决、裁定、调解书………………………… 1
二、国内仲裁裁决…………………………………………… 4
三、公正债权文书…………………………………………… 14
四、诉讼外调解协议与实现担保物权裁定………………… 25
第二节　申请执行的时效期间…………………………………… 25

第二章　执行管辖…………………………………………………… 32
第一节　一般管辖………………………………………………… 32
第二节　申请变更管辖和指令管辖……………………………… 35
第三节　管辖权异议……………………………………………… 38

第三章　执行机构与执行权………………………………………… 41

第四章　执行实施前的准备………………………………………… 48
第一节　受理与立案……………………………………………… 48
第二节　执行通知与财产调查…………………………………… 53
一、执行通知与财产调查…………………………………… 53
二、被执行人财产报告义务………………………………… 63

第五章　执行实施之金钱给付……………………………………… 64
第一节　对银行存款、债券等的执行…………………………… 64
第二节　对被执行人收入的执行………………………………… 73
第三节　对其他财产的执行……………………………………… 74
一、对其他财产的查控……………………………………… 74

二、查控财产的变价 …………………………………………… 95

第四节　执行实施之迟延履行责任 ……………………………… 169

第五节　执行实施之到期债权执行 ……………………………… 178

第六节　执行实施之参与分配 …………………………………… 183

第七节　执行实施之委托执行 …………………………………… 215

第八节　执行和解 ………………………………………………… 220

第九节　执行担保与暂缓执行 …………………………………… 225

第六章　执行实施之行为的执行 …………………………… 235

第一节　交付财物或票证 ………………………………………… 235

第二节　强制迁出房屋或退出土地 ……………………………… 237

第三节　财产权证照转移 ………………………………………… 244

第四节　法律文书指定行为 ……………………………………… 246

第七章　执行当事人的变更、追加 ………………………… 253

第一节　申请执行人的变更 ……………………………………… 253

第二节　被执行人的变更与追加 ………………………………… 258

第三节　婚姻关系存续期间债务的执行 ………………………… 278

第四节　执行当事人变更、追诉异议的处理 …………………… 288

第八章　妨害执行之强制措施 ……………………………… 290

第一节　拘传、罚款、拘留、搜查 ……………………………… 290

第二节　其他制裁措施 …………………………………………… 300

一、限制出境 ……………………………………………… 300

二、媒体曝光 ……………………………………………… 304

三、信用惩戒 ……………………………………………… 305

四、限制高消费 …………………………………………… 316

第九章　执行中止与终结 …………………………………… 324

第十章　执行结案 …………………………………………… 329

第一节　结案方式 ………………………………………………… 329

第二节　执行款物的管理 ………………………………………… 343

第十一章　执行回转·· 348

第十二章　执行异议与审查······································ 350

　第一节　执行行为异议的审查···································· 350

　第二节　案外人异议的审查······································ 356

第十三章　涉港澳台、涉外案件的执行························ 388

　第一节　涉港澳台案件的执行···································· 388

　第二节　涉外案件的执行·· 403

第二编　保全与先予执行

第一章　保全与先予执行·· 419

　第一节　财产保全·· 419

　第二节　先予执行·· 437

第二章　保全和先予执行的异议及审查························ 440

第三章　错误保全和先予执行的处理·························· 441

第三编　民事执行检察监督

第一章　民事执行检察监督······································ 445

　第一节　检察监督的法律依据···································· 445

　第二节　检察监督的具体规则···································· 445

　　一、案件范围·· 445

　　二、案件管辖·· 446

　　三、当事人申请监督·· 446

　　四、依职权监督·· 447

　　五、案件审查·· 447

　　六、提出检察建议·· 451

七、检察监督中的执行和解……………………………………… 452

八、不支持监督申请………………………………………………… 452

九、人民法院对检察监督的建议………………………………… 453

十、案件办理期限…………………………………………………… 454

十一、申请监督费用………………………………………………… 454

第二章　人民法院内部监督…………………………………………… 455

第三章　民事执行违法表现形式与责任追究……………………… 463

第一节　刑事违法与责任追究…………………………………… 463

第二节　其他违法与责任追究…………………………………… 468

附　录　民事执行检察监督节点简表……………………………… 497

第一编　民事执行程序

第一章　执行申请

第一节　申请执行的依据

一、人民法院判决、裁定、调解书

> **【条文主旨】申请执行与移送执行、法律文书范围**
> 　　**第二百三十六条**　发生法律效力的民事判决、裁定，当事人必须履行。一方拒绝履行的，对方当事人可以向人民法院申请执行，也可以由审判员移送执行员执行。
> 　　调解书①和其他应当由人民法院执行的法律文书，当事人必须履行。一方拒绝履行的，对方当事人可以向人民法院申请执行。

> **【条文主旨】人民法院调解书的执行**
> 　　**第二百三十四条**　人民法院制作的调解书的执行，适用本编的规定。

▶ **相关法律**

　　★中华人民共和国婚姻法（2001年4月28日施行　主席令第51号）（节录）

　　第四十八条　对拒不执行有关扶养费、抚养费、赡养费、财产分割、遗产继承、探望子女等判决或裁定的，由人民法院依法强制执行。有关个人和单位应负有协助执行的责任。

▶ **司法解释一**

　　★最高人民法院关于人民法院执行工作若干问题的规定（试行）（1998年7月8日施行　法释〔1998〕15号）（节录）

　　6. 依据民事诉讼法第二百一十七条或第二百六十条的规定对仲裁裁决是否有不予执行事由进行审查的，应组成合议庭进行。

　　19. 生效法律文书的执行，一般应当由当事人依法提出申请。

---

　　①　当事人本人未签收的调解书，由于不发生法律效力，不能作为强制执行的法律依据。

发生法律效力的具有给付赡养费、扶养费、抚育费内容的法律文书、民事制裁决定书，以及刑事附带民事判决、裁定、调解书，由审判庭移送执行机构执行。

20. 申请执行，应向人民法院提交下列文件和证件：

（1）申请执行书。申请执行书中应当写明申请执行的理由、事项、执行标的，以及申请执行人所了解的被执行人的财产状况。

申请执行人书写申请执行书确有困难的，可以口头提出申请。人民法院接待人员对口头申请应当制作笔录，由申请执行人签字或盖章。

外国一方当事人申请执行的，应当提交中文申请执行书。当事人所在国与我国缔结或共同参加的司法协助条约有特别规定的，按照条约规定办理。

（2）生效法律文书副本。

（3）申请执行人的身份证明。公民个人申请的，应当出示居民身份证；法人申请的，应当提交法人营业执照副本和法定代表人身份证明；其他组织申请的，应当提交营业执照副本和主要负责人身份证明。

（4）继承人或权利承受人申请执行的，应当提交继承或承受权利的证明文件。

（5）其他应当提交的文件或证件。

21. 申请执行仲裁机构的仲裁裁决，应当向人民法院提交有仲裁条款的合同书或仲裁协议书。

申请执行国外仲裁机构的仲裁裁决的，应当提交经我国驻外使领馆认证或我国公证机关公证的仲裁裁决书中文本。

22. 申请执行人可以委托代理人代为申请执行。① 委托代理的，应当向人民法院提交经委托人签字或盖章的授权委托书，写明委托事项和代理人的权限。

委托代理人代为放弃、变更民事权利，或代为进行执行和解，或代为收取执行款项的，应当有委托人的特别授权。

23. 申请人民法院强制执行，应当按照人民法院诉讼收费办法的规定缴纳申请执行的费用。

27. 人民法院执行非诉讼生效法律文书，必要时可向制作生效法律文书的机构调取卷宗材料。

▶ **司法解释二**

★最高人民法院关于适用《中华人民共和国民事诉讼法》审判监督程序若干问题的解释（2008 年 12 月 1 日施行 法释〔2008〕14 号）（节录）

第三十六条 当事人在再审审理中经调解达成协议的，人民法院应当制作

---

① 执行程序中的代理人适用民事诉讼法和民法通则关于代理的规定，被执行人或者被执行人的法定代表人、负责人有行为能力的，可以根据自己需要委托代理人，法律另有规定的除外。——《被执行人能否委托代理人》，载《人民司法》2001 年第 8 期。

调解书。调解书经各方当事人签收后,即具有法律效力,原判决、裁定视为被撤销。

➡️ 司法解释性文件

★最高人民法院关于适用《中华人民共和国民事诉讼法》若干问题的意见①(1992年7月14日施行 法发〔1992〕22号)(节录)

255.发生法律效力的支付令,由制作支付令的人民法院负责执行。

256.民事诉讼法第二百零一条第二款规定的由人民法院执行的其他法律文书,包括仲裁裁决书、公证债权文书。

➡️ 相关答复一

★最高人民法院执行工作办公室关于深圳金安集团公司和深圳市鹏金安实业发展有限公司执行申诉案的复函(2001年11月23日施行 〔2001〕执监字第188号)

广东省高级人民法院:

关于深圳金安集团公司(以下简称金安公司)、深圳市鹏金安实业发展有限公司(以下简称鹏金安公司)申诉一案,本院现已审查完毕,经研究,提出处理意见如下:

一、关于金安公司是否全面履行你院〔1999〕粤高法审监民再字第7、8号民事调解书所确定的义务问题

经查金安公司向本院提供的证据材料,虽能证明其曾向深圳市龙岗区国土局申报过要求转让相关土地给广东建邦集团有限公司(以下简称建邦集团),但国土局已以"资金不落实"、"与龙东村非农建设用地有冲突,不同意选址"为由,退回金安公司有关办文资料。因土地转让存有瑕疵,建邦公司的权利无法实现,所以不能认定金安公司已全面履行了民事调解书所确定的义务。

二、关于本案的执行依据问题

根据《最高人民法院关于适用〈中华人民共和国民事诉讼法〉若干问题的意见》第201条的规定,你院〔1999〕粤高法审监民再字第7、8号民事调解书发生法律效力后,原生效判决即〔1997〕深中法房初字第75号民事判决和〔1998〕粤法民终字第28号民事判决即已被撤销,故你院据两份判决作出〔2001〕粤高法执指字第5号民事裁定,指令广州铁路运输中级人民法院执行原判决错误,而应依法执行〔1999〕粤高法审监民再字第7、8号民事调解书

---

① 最高人民法院《关于适用〈中华人民共和国民事诉讼法〉若干问题的意见》于2015年2月4日失效,被最高人民法院《关于适用〈中华人民共和国民事诉讼法〉的解释》(2015年2月4日施行 法释〔2015〕5号)废止,下同。

所确定的金安公司应承担的债务。

三、关于执行深圳市金来顺饮食有限公司、深圳市京来顺饮食有限公司和深圳市东来顺饮食有限公司的问题

请你院监督执行法院进一步核实此三公司的注册资本投入和鹏金安公司受让深圳市金来顺饮食有限公司和深圳市京来顺饮食有限公司各90%股权的情况，如三公司确系金安公司全部或部分投资，现有其他股东全部或部分为名义股东，可依据《最高人民法院关于人民法院执行工作若干问题的规定（试行）》第53条、第54条的规定，执行金安公司在三公司享有的投资权益。但不应在执行程序中直接裁定否定三公司的法人资格。

此复

▶ 相关答复二

★最高人民法院执行工作办公室关于以判决主文或判决理由作为执行依据的请示的复函（2004年1月18日 〔2004〕执他字第19号）

辽宁省高级人民法院：

你院〔2003〕辽执监字第157号《关于营口市鲅鱼圈区海星建筑工程公司与营口东方外国语专修学校建筑工程欠款纠纷执行一案的疑请报告》收悉，经研究，答复如下：

同意你院审判委员会少数人意见。判决主文是人民法院就当事人的诉讼请求作出的结论，而判决书中的"本院认为"部分，是人民法院就认定的案件事实和判决理由所作的叙述，其本身并不构成判项的内容。人民法院强调执行只能依据生效判决的主文，而"本院认为"部分不能作为执行依据。但在具体处理上，你院可根据本案的实际情况，依法保护各方当事人的合法权益。

此复

二、国内仲裁裁决

【条文主旨】国内仲裁裁决的执行与不予执行

第二百三十七条 对依法设立的仲裁机构的裁决，一方当事人不履行的，对方当事人可以向有管辖权的人民法院申请执行。受申请的人民法院应当执行。

被申请人提出证据证明仲裁裁决有下列情形之一的，经人民法院组成合议庭审查核实，裁定不予执行：

（一）当事人在合同中没有订有仲裁条款或者事后没有达成书面仲裁协议的；

（二）裁决的事项不属于仲裁协议的范围或者仲裁机构无权仲裁的；

（三）仲裁庭的组成或者仲裁的程序违反法定程序的；

（四）裁决所根据的证据是伪造的；

（五）对方当事人向仲裁机构隐瞒了足以影响公正裁决的证据的；

（六）仲裁员在仲裁该案时有贪污受贿，徇私舞弊，枉法裁决行为的。

人民法院认定执行该裁决违背社会公共利益的，裁定不予执行。

裁定书应当送达双方当事人和仲裁机构。

仲裁裁决被人民法院裁定不予执行的，当事人可以根据双方达成的书面仲裁协议重新申请仲裁，也可以向人民法院起诉。

▶ **司法解释一**

★最高人民法院关于审理劳动争议案件适用法律若干问题的解释（一）

（2001 年 4 月 30 日施行 法释〔2001〕14 号）（节录）

第十八条 劳动争议仲裁委员会对多个劳动者的劳动争议作出仲裁裁决后，部分劳动者对仲裁裁决不服，依法向人民法院起诉的，仲裁裁决对提出起诉的劳动者不发生法律效力；对未提出起诉的部分劳动者，发生法律效力，如其申请执行的，人民法院应当受理。[①]

第二十一条 当事人申请人民法院执行劳动争议仲裁机构作出的发生法律效力的裁决书、调解书，被申请人提出证据证明劳动争议仲裁裁决书、调解书有下列情形之一，并经审查核实的，人民法院可以根据《民事诉讼法》第二百一十七条之规定，裁定不予执行：

（一）裁决的事项不属于劳动争议仲裁范围，或者劳动争议仲裁机构无权仲裁的；

（二）适用法律确有错误的；

（三）仲裁员仲裁该案时，有徇私舞弊、枉法裁决行为的；

（四）人民法院认定执行该劳动争议仲裁裁决违背社会公共利益的。

人民法院在不予执行的裁定书中，应当告知当事人在收到裁定书之次日起三十日内，可以就该劳动争议事项向人民法院起诉。

---

① 最高人民法院执行工作办公室《关于人事部门人事争议仲裁委员会作出的裁决能否由人民法院强制执行问题的批复》（2002 年 6 月 20 日施行 〔2002〕执他字第 8 号）答复：人事争议仲裁委员会是人事部门根据《人事争议处理暂行规定》设立的仲裁机构，该规定虽未明确规定向法院申请强制执行，但我国现行的人事争议仲裁制度与劳动争议仲裁制度性质相同，两种仲裁裁决具有同等效力，在目前法律没有明文规定的情况下，一方当事人逾期不履行人事争议仲裁裁决，另一方当事人向人民法院申请强制执行，人民法院可以比照劳动争议仲裁裁决执行的有关规定予以受理。

▶ **司法解释二**

★最高人民法院关于适用《中华人民共和国仲裁法》若干问题的解释

(2006 年 9 月 8 日施行　法释〔2006〕7 号)（节录)

第二十六条　当事人向人民法院申请撤销仲裁裁决被驳回后，又在执行程序中以相同理由提出不予执行抗辩的，人民法院不予支持。

第二十七条　当事人在仲裁程序中未对仲裁协议的效力提出异议，在仲裁裁决作出后以仲裁协议无效为由主张撤销仲裁裁决或者提出不予执行抗辩的，人民法院不予支持。

当事人在仲裁程序中对仲裁协议的效力提出异议，在仲裁裁决作出后又以此为由主张撤销仲裁裁决或者提出不予执行抗辩，经审查符合仲裁法第五十八条或者民事诉讼法第二百一十七条、第二百六十条①规定的，人民法院应予支持。

第二十八条　当事人请求不予执行仲裁调解书或者根据当事人之间的和解协议作出的仲裁裁决书的，人民法院不予支持。

▶ **司法解释三**

★最高人民法院关于审理劳动争议案件适用法律若干问题的解释（二)

(2006 年 10 月 1 日施行　法释〔2006〕6 号)（节录)

第八条　当事人不服劳动争议仲裁委员会作出的预先支付劳动者部分工资或者医疗费用的裁决，向人民法院起诉的，人民法院不予受理。

用人单位不履行上述裁决中的给付义务，劳动者依法向人民法院申请强制执行的，人民法院应予受理。

▶ **司法解释四**

★最高人民法院关于审理劳动争议案件适用法律若干问题的解释（三)

(2010 年 9 月 14 日施行　法释〔2010〕12 号)（节录)

第十八条　劳动人事争议仲裁委员会作出终局裁决，劳动者向人民法院申请执行，用人单位向劳动人事争议仲裁委员会所在地的中级人民法院申请撤销的，人民法院应当裁定中止执行。

用人单位撤回撤销终局裁决申请或者其申请被驳回的，人民法院应当裁定恢复执行。仲裁裁决被撤销的，人民法院应当裁定终结执行。

用人单位向人民法院申请撤销仲裁裁决被驳回后，又在执行程序中以相同理由提出不予执行抗辩的，人民法院不予支持。

---

　　①　已修改为民事诉讼法第二百七十四条，下同。

▶ 司法解释五

★ **最高人民法院关于适用《中华人民共和国民事诉讼法》的解释**（2015年2月4日施行　法释〔2015〕5号）（节录）

第四百七十七条　仲裁机构裁决的事项，部分有民事诉讼法第二百三十七条第二款、第三款规定情形的，人民法院应当裁定对该部分不予执行。

应当不予执行部分与其他部分不可分的，人民法院应当裁定不予执行仲裁裁决。

第四百七十八条　依照民事诉讼法第二百三十七条第二款、第三款规定，人民法院裁定不予执行仲裁裁决后，当事人对该裁定提出执行异议或者复议的，人民法院不予受理。当事人可以就该民事纠纷重新达成书面仲裁协议申请仲裁，也可以向人民法院起诉。

▶ 司法解释六

★ **最高人民法院关于人民法院办理仲裁裁决执行案件若干问题的规定**（2018年3月1日施行　法释〔2018〕4号）

为了规范人民法院办理仲裁裁决执行案件，依法保护当事人、案外人的合法权益，根据《中华人民共和国民事诉讼法》《中华人民共和国仲裁法》等法律规定，结合人民法院执行工作实际，制定本规定。

第一条　本规定所称的仲裁裁决执行案件，是指当事人申请人民法院执行仲裁机构依据仲裁法作出的仲裁裁决或者仲裁调解书的案件。

第二条　当事人对仲裁机构作出的仲裁裁决或者仲裁调解书申请执行的，由被执行人住所地或者被执行的财产所在地的中级人民法院管辖。

符合下列条件的，经上级人民法院批准，中级人民法院可以参照民事诉讼法第三十八条的规定指定基层人民法院管辖：

（一）执行标的额符合基层人民法院一审民商事案件级别管辖受理范围；

（二）被执行人住所地或者被执行的财产所在地在被指定的基层人民法院辖区内。

被执行人、案外人对仲裁裁决执行案件申请不予执行的，负责执行的中级人民法院应当另行立案审查处理；执行案件已指定基层人民法院管辖的，应当于收到不予执行申请后三日内移送原执行法院另行立案审查处理。

第三条　仲裁裁决或者仲裁调解书执行内容具有下列情形之一导致无法执行的，人民法院可以裁定驳回执行申请；导致部分无法执行的，可以裁定驳回该部分的执行申请；导致部分无法执行且该部分与其他部分不可分的，可以裁定驳回执行申请。

（一）权利义务主体不明确；

（二）金钱给付具体数额不明确或者计算方法不明确导致无法计算出具体数额；

（三）交付的特定物不明确或者无法确定；

（四）行为履行的标准、对象、范围不明确。

仲裁裁决或者仲裁调解书仅确定继续履行合同，但对继续履行的权利义务，以及履行的方式、期限等具体内容不明确，导致无法执行的，依照前款规定处理。

第四条 对仲裁裁决主文或者仲裁调解书中的文字、计算错误以及仲裁庭已经认定但在裁决主文中遗漏的事项，可以补正或说明的，人民法院应当书面告知仲裁庭补正或说明，或者向仲裁机构调阅仲裁案卷查明。仲裁庭不补正也不说明，且人民法院调阅仲裁案卷后执行内容仍然不明确具体无法执行的，可以裁定驳回执行申请。

第五条 申请执行人对人民法院依照本规定第三条、第四条作出的驳回执行申请裁定不服的，可以自裁定送达之日起十日内向上一级人民法院申请复议。

第六条 仲裁裁决或者仲裁调解书确定交付的特定物确已毁损或者灭失的，依照《最高人民法院关于适用〈中华人民共和国民事诉讼法〉的解释》第四百九十四条的规定处理。

第七条 被执行人申请撤销仲裁裁决并已由人民法院受理的，或者被执行人、案外人对仲裁裁决执行案件提出不予执行申请并提供适当担保的，执行法院应当裁定中止执行。中止执行期间，人民法院应当停止处分性措施，但申请执行人提供充分、有效的担保请求继续执行的除外；执行标的查封、扣押、冻结期限届满前，人民法院可以根据当事人申请或者依职权办理续行查封、扣押、冻结手续。

申请撤销仲裁裁决、不予执行仲裁裁决案件司法审查期间，当事人、案外人申请对已查封、扣押、冻结之外的财产采取保全措施的，负责审查的人民法院参照民事诉讼法第一百条的规定处理。司法审查后仍需继续执行的，保全措施自动转为执行中的查封、扣押、冻结措施；采取保全措施的人民法院与执行法院不一致的，应当将保全手续移送执行法院，保全裁定视为执行法院作出的裁定。

第八条 被执行人向人民法院申请不予执行仲裁裁决的，应当在执行通知书送达之日起十五日内提出书面申请；有民事诉讼法第二百三十七条第二款第四、六项规定情形且执行程序尚未终结的，应当自知道或者应当知道有关事实或案件之日起十五日内提出书面申请。

本条前款规定期限届满前，被执行人已向有管辖权的人民法院申请撤销仲裁裁决且已被受理的，自人民法院驳回撤销仲裁裁决申请的裁判文书生效之日起重新计算期限。

第九条　案外人向人民法院申请不予执行仲裁裁决或者仲裁调解书的，应当提交申请书以及证明其请求成立的证据材料，并符合下列条件：

（一）有证据证明仲裁案件当事人恶意申请仲裁或者虚假仲裁，损害其合法权益；

（二）案外人主张的合法权益所涉及的执行标的尚未执行终结；

（三）自知道或者应当知道人民法院对该标的采取执行措施之日起三十日内提出。

第十条　被执行人申请不予执行仲裁裁决，对同一仲裁裁决的多个不予执行事由应当一并提出。不予执行仲裁裁决申请被裁定驳回后，再次提出申请的，人民法院不予审查，但有新证据证明存在民事诉讼法第二百三十七条第二款第四、六项规定情形的除外。

第十一条　人民法院对不予执行仲裁裁决案件应当组成合议庭围绕被执行人申请的事由、案外人的申请进行审查；对被执行人没有申请的事由不予审查，但仲裁裁决可能违背社会公共利益的除外。

被执行人、案外人对仲裁裁决执行案件申请不予执行的，人民法院应当进行询问；被执行人在询问终结前提出其他不予执行事由的，应当一并审查。人民法院审查时，认为必要的，可以要求仲裁庭作出说明，或者向仲裁机构调阅仲裁案卷。

第十二条　人民法院对不予执行仲裁裁决案件的审查，应当在立案之日起两个月内审查完毕并作出裁定；有特殊情况需要延长的，经本院院长批准，可以延长一个月。

第十三条　下列情形经人民法院审查属实的，应当认定为民事诉讼法第二百三十七条第二款第二项规定的"裁决的事项不属于仲裁协议的范围或者仲裁机构无权仲裁的"情形：

（一）裁决的事项超出仲裁协议约定的范围；

（二）裁决的事项属于依照法律规定或者当事人选择的仲裁规则规定的不可仲裁事项；

（三）裁决内容超出当事人仲裁请求的范围；

（四）作出裁决的仲裁机构非仲裁协议所约定。

第十四条　违反仲裁法规定的仲裁程序、当事人选择的仲裁规则或者当事人对仲裁程序的特别约定，可能影响案件公正裁决，经人民法院审查属实的，应当认定为民事诉讼法第二百三十七条第二款第三项规定的"仲裁庭的组成或者仲裁的程序违反法定程序的"情形。

当事人主张未按照仲裁法或仲裁规则规定的方式送达法律文书导致其未能参与仲裁，或者仲裁员根据仲裁法或仲裁规则的规定应当回避而未回避，可能影响公正裁决，经审查属实的，人民法院应当支持；仲裁庭按照仲裁法或仲裁规则以及当事人约定的方式送达仲裁法律文书，当事人主张不符合民事诉讼法有关送达规定的，人民法院不予支持。

适用的仲裁程序或仲裁规则经特别提示，当事人知道或者应当知道法定仲裁程序或选择的仲裁规则未被遵守，但仍然参加或者继续参加仲裁程序且未提出异议，在仲裁裁决作出之后以违反法定程序为由申请不予执行仲裁裁决的，人民法院不予支持。

第十五条 符合下列条件的，人民法院应当认定为民事诉讼法第二百三十七条第二款第四项规定的"裁决所根据的证据是伪造的"情形：

（一）该证据已被仲裁裁决采信；

（二）该证据属于认定案件基本事实的主要证据；

（三）该证据经查明确属通过捏造、变造、提供虚假证明等非法方式形成或者获取，违反证据的客观性、关联性、合法性要求。

第十六条 符合下列条件的，人民法院应当认定为民事诉讼法第二百三十七条第二款第五项规定的"对方当事人向仲裁机构隐瞒了足以影响公正裁决的证据的"情形：

（一）该证据属于认定案件基本事实的主要证据；

（二）该证据仅为对方当事人掌握，但未向仲裁庭提交；

（三）仲裁过程中知悉存在该证据，且要求对方当事人出示或者请求仲裁庭责令其提交，但对方当事人无正当理由未予出示或者提交。

当事人一方在仲裁过程中隐瞒己方掌握的证据，仲裁裁决作出后以己方所隐瞒的证据足以影响公正裁决为由申请不予执行仲裁裁决的，人民法院不予支持。

第十七条 被执行人申请不予执行仲裁调解书或者根据当事人之间的和解协议、调解协议作出的仲裁裁决，人民法院不予支持，但该仲裁调解书或者仲裁裁决违背社会公共利益的除外。

第十八条 案外人根据本规定第九条申请不予执行仲裁裁决或者仲裁调解书，符合下列条件的，人民法院应当支持：

（一）案外人系权利或者利益的主体；

（二）案外人主张的权利或者利益合法、真实；

（三）仲裁案件当事人之间存在虚构法律关系，捏造案件事实的情形；

（四）仲裁裁决主文或者仲裁调解书处理当事人民事权利义务的结果部分或者全部错误，损害案外人合法权益。

第十九条 被执行人、案外人对仲裁裁决执行案件逾期申请不予执行的，人民法院应当裁定不予受理；已经受理的，应当裁定驳回不予执行申请。

被执行人、案外人对仲裁裁决执行案件申请不予执行，经审查理由成立的，人民法院应当裁定不予执行；理由不成立的，应当裁定驳回不予执行申请。

第二十条 当事人向人民法院申请撤销仲裁裁决被驳回后，又在执行程序中以相同事由提出不予执行申请的，人民法院不予支持；当事人向人民法院申请不予执行被驳回后，又以相同事由申请撤销仲裁裁决的，人民法院不予支持。

在不予执行仲裁裁决案件审查期间，当事人向有管辖权的人民法院提出撤销仲裁裁决申请并被受理的，人民法院应当裁定中止对不予执行申请的审查；仲裁裁决被撤销或者决定重新仲裁的，人民法院应当裁定终结执行，并终结对不予执行申请的审查；撤销仲裁裁决申请被驳回或者申请执行人撤回撤销仲裁裁决申请的，人民法院应当恢复对不予执行申请的审查；被执行人撤回撤销仲裁裁决申请的，人民法院应当裁定终结对不予执行申请的审查，但案外人申请不予执行仲裁裁决的除外。

第二十一条 人民法院裁定驳回撤销仲裁裁决申请或者驳回不予执行仲裁裁决、仲裁调解书申请的，执行法院应当恢复执行。

人民法院裁定撤销仲裁裁决或者基于被执行人申请裁定不予执行仲裁裁决，原被执行人申请执行回转或者解除强制执行措施的，人民法院应当支持。原申请执行人对已履行或者被人民法院强制执行的款物申请保全的，人民法院应当依法准许；原申请执行人在人民法院采取保全措施之日起三十日内，未根据双方达成的书面仲裁协议重新申请仲裁或者向人民法院起诉的，人民法院应当裁定解除保全。

人民法院基于案外人申请裁定不予执行仲裁裁决或者仲裁调解书，案外人申请执行回转或者解除强制执行措施的，人民法院应当支持。

第二十二条 人民法院裁定不予执行仲裁裁决、驳回或者不予受理不予执行仲裁裁决申请后，当事人对该裁定提出执行异议或者申请复议的，人民法院不予受理。

人民法院裁定不予执行仲裁裁决的，当事人可以根据双方达成的书面仲裁协议重新申请仲裁，也可以向人民法院起诉。

人民法院基于案外人申请裁定不予执行仲裁裁决或者仲裁调解书，当事人不服的，可以自裁定送达之日起十日内向上一级人民法院申请复议；人民法院裁定驳回或者不予受理案外人提出的不予执行仲裁裁决、仲裁调解书申请，案外人不服的，可以自裁定送达之日起十日内向上一级人民法院申请复议。

第二十三条 本规定第八条、第九条关于对仲裁裁决执行案件申请不予执行的期限自本规定施行之日起重新计算。

第二十四条 本规定自 2018 年 3 月 1 日起施行，本院以前发布的司法解释与本规定不一致的，以本规定为准。

本规定施行前已经执行终结的执行案件，不适用本规定；本规定施行后尚未执行终结的执行案件，适用本规定。

➡️ 司法解释七

最高人民法院关于仲裁机构"先予仲裁"裁决或者调解书立案、执行等法律适用问题的批复（2018 年 6 月 12 日施行　法释〔2018〕10 号）

广东省高级人民法院：

你院《关于"先予仲裁"裁决应否立案执行的请示》（粤高法〔2018〕99 号）收悉。经研究，批复如下：

当事人申请人民法院执行仲裁机构根据仲裁法作出的仲裁裁决或者调解书，人民法院经审查，符合民事诉讼法、仲裁法相关规定的，应当依法及时受理，立案执行。但是，根据仲裁法第二条的规定，仲裁机构可以仲裁的是当事人间已经发生的合同纠纷和其他财产权益纠纷。因此，网络借贷合同当事人申请执行仲裁机构在纠纷发生前作出的仲裁裁决或者调解书的，人民法院应当裁定不予受理；已经受理的，裁定驳回执行申请。

你院请示中提出的下列情形，应当认定为民事诉讼法第二百三十七条第二款第三项规定的"仲裁庭的组成或者仲裁的程序违反法定程序"的情形：

一、仲裁机构未依照仲裁法规定的程序审理纠纷或者主持调解，径行根据网络借贷合同当事人在纠纷发生前签订的和解或者调解协议作出仲裁裁决、仲裁调解书的；

二、仲裁机构在仲裁过程中未保障当事人申请仲裁员回避、提供证据、答辩等仲裁法规定的基本程序权利的。

前款规定情形中，网络借贷合同当事人以约定弃权条款为由，主张仲裁程序未违反法定程序的，人民法院不予支持。

人民法院办理其他合同纠纷、财产权益纠纷仲裁裁决或者调解书执行案件，适用本批复。

此复。

▶ 司法解释性文件

★最高人民法院关于适用《中华人民共和国民事诉讼法》若干问题的意见（1992 年 7 月 14 日施行　法发〔1992〕22 号）（节录）

277. 仲裁机构裁决的事项部分属于仲裁协议的范围，部分超过仲裁协议范围的，对超过部分，人民法院应当裁定不予执行。

278. 依照民事诉讼法第二百一十七条①第二款、第三款的规定，人民法院裁定不予执行仲裁裁决后，当事人可以重新达成书面仲裁协议申请仲裁，也可以向人民法院起诉。

▶ 相关答复

★最高人民法院关于劳动争议仲裁委员会的复议仲裁决定书可否作为执行依据问题的批复（1996 年 7 月 21 日施行　法复〔1996〕10 号）

河南省高级人民法院：

你院〔1995〕豫法执请字第 1 号《关于郑劳仲复裁字〔1991〕第 1 号复议仲裁决定书能否作为执行依据的请示》收悉。经研究，答复如下：

仲裁一裁终局制度，是指仲裁决定一经作出即发生法律效力，当事人没有提请再次裁决的权利，但这并不排除原仲裁机构发现自己作出的裁决有错误进行重新裁决的情况。劳动争议仲裁委员会发现自己作出的仲裁决定书有错误而进行重新仲裁，符合实事求是的原则，不违背一裁终局制度，不应视为违反法定程序。因此对当事人申请执行劳动争议仲裁委员会复议仲裁决定的，应予立案执行。如被执行人提出申辩称该复议仲裁决定书有其他应不予执行的情形，应按照民事诉讼法第二百一十七条的规定，认真审查，慎重处理。

▶ 典型案例

★福建省第五建筑公司深圳分公司与拓盈实业（深圳）有限公司不予执行仲裁裁决案②

实务解析： 在仲裁裁决仅仅有部分裁项适用法律不当的情况下，是全案裁定不予执行还是仅对适用法律确有错误的部分裁定不予执行，应当说法律对此规定并不明确，应当综合裁决的总体情况和公平原则考虑。如果裁项之间可分，则只应当对适用法律确有错误的裁项裁定不予执行，而对适用法律正确的部分则应予执行。如果仅因部分裁项错误却对全案都裁定不予执行，对债权人而言是不公平的。当然，应当不予执行部分与其他部分不可分的，人民法院应

---

① 已修改为民事诉讼法第二百三十七条，下同。

② 徐忠兴：《最高人民法院：100 个执行案例实务操作规则解析》，转引自 http：//article. chinalawinfo. com/ArticleFullText. aspx？ ArticleId＝94890，浏览日期：2016 年 6 月 28 日。

当裁定不予执行全部仲裁裁决。

法律依据： 最高人民法院执行局〔2010〕执监字第 117 号函（2010 年 11 月 29 日）；最高人民法院关于适用《中华人民共和国民事诉讼法》的解释（2015 年 2 月 4 日施行）第四百七十七条。

三、公正债权文书

【条文主旨】公证债权文书的执行

第二百三十八条 对公证机关依法赋予强制执行效力的债权文书，一方当事人不履行的，对方当事人可以向有管辖权的人民法院申请执行，受申请的人民法院应当执行。

公证债权文书确有错误的，人民法院裁定不予执行，并将裁定书送达双方当事人和公证机关。

▶ **相关法律**

★中华人民共和国公证法（2006 年 3 月 1 日施行　主席令第 39 号）（节录）

第三十七条 对经公证的以给付为内容并载明债务人愿意接受强制执行承诺的债权文书，债务人不履行或者履行不适当的，债权人可以依法向有管辖权的人民法院申请执行。

前款规定的债权文书确有错误的，人民法院裁定不予执行，并将裁定书送达双方当事人和公证机构。

▶ **司法解释一**

★最高人民法院关于适用《中华人民共和国民事诉讼法》的解释（2015 年 2 月 4 日施行　法释〔2015〕5 号）（节录）

第四百八十条 有下列情形之一的，可以认定为民事诉讼法第二百三十八条第二款规定的公正债权文书确有错误：

（一）公正债权文书属于不得赋予强制执行效力的债权文书的；

（二）被执行人一方未亲自或者未委托代理人到场公正等严重违反法律规定的公正程序的；

（三）公正债权文书的内容与事实不符或者违反法律强制性规定的；

（四）公正债权文书未载明被执行人不履行义务或者不完全履行义务时同意接受强制执行的。

人民法院认定执行该公正债权文书违背社会公共利益的，裁定不予执行。

公正债权文书被裁定不予执行后，当事人、公证事项利害关系人可以就债权争议提起诉讼。

第四百八十一条 当事人请求不予执行仲裁裁决或者公正债权文书的，应当在执行终结前向执行法院提出。

➡ **司法解释二**

★**最高人民法院关于公证债权文书执行若干问题的规定**（2018 年 10 月 1 日施行　法释〔2018〕18 号）

为了进一步规范人民法院办理公证债权文书执行案件，确保公证债权文书依法执行，维护当事人、利害关系人的合法权益，根据《中华人民共和国民事诉讼法》《中华人民共和国公证法》等法律规定，结合执行实践，制定本规定。

第一条　本规定所称公证债权文书，是指根据公证法第三十七条第一款规定经公证赋予强制执行效力的债权文书。

第二条　公证债权文书执行案件，由被执行人住所地或者被执行的财产所在地人民法院管辖。

前款规定案件的级别管辖，参照人民法院受理第一审民商事案件级别管辖的规定确定。

第三条　债权人申请执行公证债权文书，除应当提交作为执行依据的公证债权文书等申请执行所需的材料外，还应当提交证明履行情况等内容的执行证书。

第四条　债权人申请执行的公证债权文书应当包括公证证词、被证明的债权文书等内容。权利义务主体、给付内容应当在公证证词中列明。

第五条　债权人申请执行公证债权文书，有下列情形之一的，人民法院应当裁定不予受理；已经受理的，裁定驳回执行申请：

（一）债权文书属于不得经公证赋予强制执行效力的文书；

（二）公证债权文书未载明债务人接受强制执行的承诺；

（三）公证证词载明的权利义务主体或者给付内容不明确；

（四）债权人未提交执行证书；

（五）其他不符合受理条件的情形。

第六条　公证债权文书赋予强制执行效力的范围同时包含主债务和担保债务的，人民法院应当依法予以执行；仅包含主债务的，对担保债务部分的执行申请不予受理；仅包含担保债务的，对主债务部分的执行申请不予受理。

第七条　债权人对不予受理、驳回执行申请裁定不服的，可以自裁定送达之日起十日内向上一级人民法院申请复议。

申请复议期满未申请复议，或者复议申请被驳回的，当事人可以就公证债权文书涉及的民事权利义务争议向人民法院提起诉讼。

第八条　公证机构决定不予出具执行证书的，当事人可以就公证债权文书涉及的民事权利义务争议直接向人民法院提起诉讼。

第九条 申请执行公证债权文书的期间自公证债权文书确定的履行期间的最后一日起计算；分期履行的，自公证债权文书确定的每次履行期间的最后一日起计算。

债权人向公证机构申请出具执行证书的，申请执行时效自债权人提出申请之日起中断。

第十条 人民法院在执行实施中，根据公证债权文书并结合申请执行人的申请依法确定给付内容。

第十一条 因民间借贷形成的公证债权文书，文书中载明的利率超过人民法院依照法律、司法解释规定应予支持的上限的，对超过的利息部分不纳入执行范围；载明的利率未超过人民法院依照法律、司法解释规定应予支持的上限，被执行人主张实际超过的，可以依照本规定第二十二条第一款规定提起诉讼。

第十二条 有下列情形之一的，被执行人可以依照民事诉讼法第二百三十八条第二款规定申请不予执行公证债权文书：

（一）被执行人未到场且未委托代理人到场办理公证的；

（二）无民事行为能力人或者限制民事行为能力人没有监护人代为办理公证的；

（三）公证员为本人、近亲属办理公证，或者办理与本人、近亲属有利害关系的公证的；

（四）公证员办理该项公证有贪污受贿、徇私舞弊行为，已经由生效刑事法律文书等确认的；

（五）其他严重违反法定公证程序的情形。

被执行人以公证债权文书的内容与事实不符或者违反法律强制性规定等实体事由申请不予执行的，人民法院应当告知其依照本规定第二十二条第一款规定提起诉讼。

第十三条 被执行人申请不予执行公证债权文书，应当在执行通知书送达之日起十五日内向执行法院提出书面申请，并提交相关证据材料；有本规定第十二条第一款第三项、第四项规定情形且执行程序尚未终结的，应当自知道或者应当知道有关事实之日起十五日内提出。

公证债权文书执行案件被指定执行、提级执行、委托执行后，被执行人申请不予执行的，由提出申请时负责该案件执行的人民法院审查。

第十四条 被执行人认为公证债权文书存在本规定第十二条第一款规定的多个不予执行事由的，应当在不予执行案件审查期间一并提出。

不予执行申请被裁定驳回后，同一被执行人再次提出申请的，人民法院不予受理。但有证据证明不予执行事由在不予执行申请被裁定驳回后知道的，可以在执行程序终结前提出。

第十五条 人民法院审查不予执行公证债权文书案件，案情复杂、争议较大的，应当进行听证。必要时可以向公证机构调阅公证案卷，要求公证机构作出书面说明，或者通知公证员到庭说明情况。

第十六条 人民法院审查不予执行公证债权文书案件，应当在受理之日起六十日内审查完毕并作出裁定；有特殊情况需要延长的，经本院院长批准，可以延长三十日。

第十七条 人民法院审查不予执行公证债权文书案件期间，不停止执行。

被执行人提供充分、有效的担保，请求停止相应处分措施的，人民法院可以准许；申请执行人提供充分、有效的担保，请求继续执行的，应当继续执行。

第十八条 被执行人依照本规定第十二条第一款规定申请不予执行，人民法院经审查认为理由成立的，裁定不予执行；理由不成立的，裁定驳回不予执行申请。

公证债权文书部分内容具有本规定第十二条第一款规定情形的，人民法院应当裁定对该部分不予执行；应当不予执行部分与其他部分不可分的，裁定对该公证债权文书不予执行。

第十九条 人民法院认定执行公证债权文书违背公序良俗的，裁定不予执行。

第二十条 公证债权文书被裁定不予执行的，当事人可以就该公证债权文书涉及的民事权利义务争议向人民法院提起诉讼；公证债权文书被裁定部分不予执行的，当事人可以就该部分争议提起诉讼。

当事人对不予执行裁定提出执行异议或者申请复议的，人民法院不予受理。

第二十一条 当事人不服驳回不予执行申请裁定的，可以自裁定送达之日起十日内向上一级人民法院申请复议。上一级人民法院应当自收到复议申请之日起三十日内审查。经审查，理由成立的，裁定撤销原裁定，不予执行该公证债权文书；理由不成立的，裁定驳回复议申请。复议期间，不停止执行。

第二十二条 有下列情形之一的，债务人可以在执行程序终结前，以债权人为被告，向执行法院提起诉讼，请求不予执行公证债权文书：

（一）公证债权文书载明的民事权利义务关系与事实不符；

（二）经公证的债权文书具有法律规定的无效、可撤销等情形；

（三）公证债权文书载明的债权因清偿、提存、抵销、免除等原因全部或者部分消灭。

债务人提起诉讼，不影响人民法院对公证债权文书的执行。债务人提供充分、有效的担保，请求停止相应处分措施的，人民法院可以准许；债权人提供充分、有效的担保，请求继续执行的，应当继续执行。

第二十三条 对债务人依照本规定第二十二条第一款规定提起的诉讼，人民法院经审理认为理由成立的，判决不予执行或者部分不予执行；理由不成立的，判决驳回诉讼请求。

当事人同时就公证债权文书涉及的民事权利义务争议提出诉讼请求的，人民法院可以在判决中一并作出裁判。

第二十四条 有下列情形之一的，债权人、利害关系人可以就公证债权文书涉及的民事权利义务争议直接向有管辖权的人民法院提起诉讼：

（一）公证债权文书载明的民事权利义务关系与事实不符；

（二）经公证的债权文书具有法律规定的无效、可撤销等情形。

债权人提起诉讼，诉讼案件受理后又申请执行公证债权文书的，人民法院不予受理。进入执行程序后债权人又提起诉讼的，诉讼案件受理后，人民法院可以裁定终结公证债权文书的执行；债权人请求继续执行其未提出争议部分的，人民法院可以准许。

利害关系人提起诉讼，不影响人民法院对公证债权文书的执行。利害关系人提供充分、有效的担保，请求停止相应处分措施的，人民法院可以准许；债权人提供充分、有效的担保，请求继续执行的，应当继续执行。

第二十五条 本规定自 2018 年 10 月 1 日起施行。

本规定施行前最高人民法院公布的司法解释与本规定不一致的，以本规定为准。

▶ **司法解释性文件**

★**最高人民法院、司法部关于公证机关赋予强制执行效力的债权文书执行有关问题的联合通知**（2000 年 9 月 1 日施行　司发通〔2000〕107 号）

各省、自治区、直辖市高级人民法院、司法厅（局），解放军军事法院、司法局，新疆维吾尔自治区高级人民法院生产建设兵团分院、新疆生产建设兵团司法局：

为了贯彻《中华人民共和国民事诉讼法》、《中华人民共和国公证暂行条例》的有关规定，规范赋予强制执行效力债权文书的公证和执行行为，现就有关问题通知如下：

一、公证机关赋予强制执行效力的债权文书应当具备以下条件：

（一）债权文书具有给付货币、物品、有价证券的内容；

（二）债权债务关系明确，债权人和债务人对债权文书有关给付内容无疑义；

（三）债权文书中载明债务人不履行义务或不完全履行义务时，债务人愿意接受依法强制执行的承诺。

二、公证机关赋予强制执行效力的债权文书的范围：

（一）借款合同、借用合同、无财产担保的租赁合同；

（二）赊欠货物的债权文书；

（三）各种借据、欠单；

（四）还款（物）协议；

（五）以给付赡养费、扶养费、抚育费、学费、赔（补）偿金为内容的协议；

（六）符合赋予强制执行效力条件的其他债权文书。

三、公证机关在办理符合赋予强制执行的条件和范围的合同、协议、借据、欠单等债权文书公证时，应当依法赋予该债权文书具有强制执行效力。

未经公证的符合本通知第二条规定的合同、协议、借据、欠单等债权文书，在履行过程中，债权人申请公证机关赋予强制执行效力的，公证机关必须征求债务人的意见；如债务人同意公证并愿意接受强制执行的，公证机关可以依法赋予该债权文书强制执行效力。

四、债务人不履行或不完全履行公证机关赋予强制执行效力的债权文书的，债权人可以向原公证机关申请执行证书。

五、公证机关签发执行证书应当注意审查以下内容：

（一）不履行或不完全履行的事实确实发生；

（二）债权人履行合同义务的事实和证据，债务人依照债权文书已经部分履行的事实；

（三）债务人对债权文书规定的履行义务有无疑义。

六、公证机关签发执行证书应当注明被执行人、执行标的和申请执行的期限。债务人已经履行的部分，在执行证书中予以扣除。因债务人不履行或不完全履行而发生的违约金、利息、滞纳金等，可以列入执行标的。

七、债权人凭原公证书及执行证书可以向有管辖权的人民法院申请执行。

八、人民法院接到申请执行书，应当依法按规定程序办理。必要时，可以向公证机关调阅公证卷宗，公证机关应当提供。案件执行完毕后，由人民法院在十五日内将公证卷宗附结案通知退回公证机关。

九、最高人民法院、司法部《关于执行〈民事诉讼法（试行）〉中涉及公证条款的几个问题的通知》和《关于已公证的债权文书依法强制执行问题的答复》自本联合通知发布之日起废止。

► 相关答复

★ 最高人民法院执行工作办公室关于赋予强制执行效力的公证债权文书申请执行期限如何起算问题的函（〔2006〕执监字第56－1号）

贵州省高级人民法院：

关于中国工商银行贵阳市万东支行申请执行贵州豪力房地产开发有限公司、贵州华新房地产开发有限公司借款担保合同纠纷一案，你院〔2006〕黔高执字第1号报告收悉。经研究，现就本案涉及的有关法律适用问题答复如下：

根据最高人民法院与司法部《关于公证机关赋予强制执行效力的债权文书执行有关问题的联合通知》（下称《联合通知》）的精神，原公证书和执行证书一起构成人民法院强制执行的依据。但该《联合通知》并未明确规定执行证书应当在什么期限内出具。虽然司法部《公证程序规则》第五十条明确了执行证书应当在法律规定的执行期限内出具，但该《公证程序规则》自2006年7月1日起施行，对本案不具有溯及力。故在司法部《公证程序规则》施行前，债权人申请执行的期限可理解为从公证机关签发执行证书后起算。

► 北京市高院规定

★ 北京市高、中级法院执行局局长座谈会（第七次会议）纪要——关于公证债权文书执行与不予执行若干问题的意见（2016年1月21日施行）

为进一步解决公证债权文书执行与不予执行中的疑难问题，统一司法尺度，规范办理程序，切实维护当事人的合法权益，北京市法院执行局局长座谈会于2016年1月21日召开了第七次会议。与会同志通过认真讨论，就公证债权文书执行与不予执行的若干问题取得了基本共识。现纪要如下：

一、公证债权文书执行案件受理后的相关处理

1. 公证机构依法赋予强制执行效力的债权文书，由被执行人住所地或被执行的财产所在地人民法院执行。

前款案件的级别管辖，参照民事诉讼一审案件级别管辖的规定确定。

2. 当事人申请执行公证债权文书的，应当一并提交公证书和执行证书。当事人仅提交公证书或执行证书，已经受理的，通知其限期补齐，无正当理由逾期未补齐的，执行实施部门裁定驳回执行申请，并在裁定中载明当事人在裁定送达之日起十五日内可以依照《中华人民共和国民事诉讼法》第二百二十五条的规定提出异议。当事人逾期未提出异议的，该裁定发生法律效力。当事人提出异议的，由执行裁判部门进行审理。异议理由成立的，裁定异议成立并

撤销驳回执行申请的裁定；异议理由不成立的，裁定驳回异议。当事人不服异议裁定的，可以向上一级人民法院申请复议。

3. 有下列情形之一的，对公证债权文书的执行申请已经受理的，执行实施部门裁定驳回执行申请：

（1）公证书或执行证书没有给付内容的；

（2）公证书或执行证书确定的给付内容不明确、不具体的；

（3）公证书未载明对债权文书赋予强制执行效力的。

前款中的裁定应当载明当事人在裁定送达之日起十五日内可以依照《中华人民共和国民事诉讼法》第二百二十五条的规定提出异议。当事人逾期未提出异议的，该裁定发生法律效力。当事人提出异议的，由执行裁判部门进行审理。异议理由成立的，裁定异议成立并撤销驳回执行申请的裁定；异议理由不成立的，裁定驳回异议。当事人不服异议裁定的，可以向上一级人民法院申请复议。

执行证书载明由债务人给付"律师费"、"实现债权的必要费用"等，但未明确其金额或计算方式等内容的，属于给付内容不明确、不具体，对该部分的执行申请不纳入执行范围。

4. 申请执行时效期间自执行证书出具之日起计算。

执行实施部门不依职权对债权人申请执行是否超过申请执行时效期间进行审查。债务人以申请执行超过申请执行时效期间为由提出异议的，由执行裁判部门进行审理。异议理由成立的，裁定异议成立并驳回执行申请；异议理由不成立的，裁定驳回异议。当事人不服异议裁定的，可以依照《中华人民共和国民事诉讼法》第二百二十五条的规定，向上一级人民法院申请复议。

5. 公证债权文书对主债务和担保债务同时赋予强制执行效力的，人民法院应当予以执行；仅对主债务赋予强制执行效力未涉及担保债务的，对担保债务的执行申请不纳入执行范围；仅对担保债务赋予强制执行效力未涉及主债务的，对担保债务的执行申请予以执行，对主债务的执行申请不纳入执行范围。

二、公证债权文书执行案件的执行

6. 对于公证机构依法赋予强制执行效力的债权文书，依照《中华人民共和国民事诉讼法》"执行程序编"等法律及相关司法解释的规定予以执行。

7. 给付内容为金钱债权的公证书或执行证书载明可供执行财产的，既可以执行该财产，也可以执行债务人的其他财产，公证书或执行证书明确清偿债务以其载明的可供执行财产为限的除外。

债权有担保的，按照《中华人民共和国物权法》第一百七十六条的规定处理。

8. 公证债权文书的执行过程中，可以依法追加、变更执行当事人。

9. 公证债权文书的执行申请受理后，债务人主动履行了全部或者部分义务，又以不知道申请执行时效期间届满为由请求返还已给付的款物的，不予支持；经法院强制执行并已将款物发还债权人，债务人以不知道申请执行时效期间届满为由请求返还已发还的款物的，不予支持。

三、公证债权文书执行案件的不予执行

10. 当事人在执行程序终结后提出不予执行公证债权文书申请的，不予支持。

前款中的执行程序终结包括被执行人自动履行完毕、人民法院强制执行完毕、当事人达成执行和解协议并履行完毕等实体性结案，不包括终结本次执行程序、委托执行、指定执行、提级执行等程序性结案。

公证债权文书被委托执行、指定执行、提级执行后，当事人提出不予执行申请的，由提出申请时负责该案件执行的人民法院审理。

11. 当事人以公证债权文书存在《最高人民法院关于适用〈中华人民共和国民事诉讼法〉的解释》第四百八十条第一款、第二款规定的情形为由申请不予执行的，由执行法院的执行裁判部门进行审理。执行法院经审理裁定驳回不予执行公证债权文书的申请，当事人不服的，可以自收到裁定之日起十日内向上一级人民法院申请复议。

12. 公证机构赋予强制执行效力的债权文书包括以下范围：

（1）借款合同、借用合同、无财产担保的租赁合同；

（2）赊欠货物的债权文书；

（3）各种借据、欠单；

（4）还款（物）协议；

（5）以给付赡养费、扶养费、抚育费、学费、赔（补）偿金为内容的协议；

（6）符合赋予强制执行效力条件的其他债权文书。

没有给付内容的公证书、没有给付内容的执行证书、未载明一般保证人补充清偿责任数额的执行证书、载明债权人和债务人互负给付义务的执行证书，属于《最高人民法院关于适用〈中华人民共和国民事诉讼法〉的解释》第四百八十条第一款第（一）项规定的"不得赋予强制执行效力的债权文书"。

13. 有下列情形之一的，可以认定为《最高人民法院关于适用〈中华人民共和国民事诉讼法〉的解释》第四百八十条第一款第（二）项规定的"严重违反法律规定的公证程序"：

（1）申请办理公证时被执行人一方未亲自且未委托代理人到场的；

（2）公证机构签发执行证书前未按照法律、司法解释、部门规章规定的程序或当事人约定的方式对债权债务履行情况进行核实的；

（3）未经双方当事人同意，执行证书载明的给付标的种类、品质与公证书载明的给付标的种类、品质不同的；

（4）其他严重违反法律规定的公证程序的情形。

14. 有下列情形之一的，可以认定为《最高人民法院关于适用〈中华人民共和国民事诉讼法〉的解释》第四百八十条第一款第（三）项规定的"公证债权文书的内容与事实不符"：

（1）执行证书载明债权人已经履行合同义务或者债务人未履行或未完全履行义务但与实际履行情况不符的；

（2）债权人与债务人就同一事项订立两份不同内容的债权文书，其中一份经过公证且赋予强制执行效力的；

（3）经公证的债权文书以合法形式掩盖非法目的；

（4）经公证的债权文书不是双方当事人的真实意思表示的；

（5）债权人或债务人在公证时对债权文书载明的有关给付内容未予同意但公证机构作出公证书和执行证书的；

（6）公证债权文书的内容与事实不符的其他情形。

15. 对于因民间借贷形成的公证债权文书，执行实施部门参照《最高人民法院关于审理民间借贷案件适用法律若干问题的规定》第二十六条的规定，对借款本金及年利率24%以内的利息部分予以执行，对超过年利率24%的利息部分不纳入执行范围。债权人对此提出异议的，执行裁判部门按照《中华人民共和国民事诉讼法》第二百二十五条的规定进行审理。

债务人依据《最高人民法院关于审理民间借贷案件适用法律若干问题的规定》第二十六条的规定，以约定的借款年利率超过24%为由申请不予执行的，执行裁判部门经审理，对年利率超过24%的利息部分裁定不予执行。

对于应当执行的借款本金、本息之和以及逾期利息、违约金或者其他费用，分别参照《最高人民法院关于审理民间借贷案件适用法律若干问题的规定》第二十七条、第二十八条、第三十条的规定予以认定。

关于前三款在执行中的适用问题，参照《最高人民法院关于认真学习贯彻适用〈最高人民法院关于审理民间借贷案件适用法律若干问题的规定〉的通知》的相关规定办理。

16. 债务人以经公证的债权文书未载明债务人不履行义务或不完全履行义务时债务人愿意接受依法强制执行的承诺为由，申请不予执行，经审理查明属实的，裁定不予执行。

经公证的债权文书有多个债务人，其中部分债务人以其未作出愿意接受依法强制执行的承诺为由申请不予执行，经审理查明属实的，对债权文书中涉及该债务人的部分裁定不予执行。应当不予执行的部分与其他部分不可分的，裁定不予执行整个公证债权文书。

17. 经公证的债权文书违反限购政策的，属于《最高人民法院关于适用〈中华人民共和国民事诉讼法〉的解释》第四百八十条第二款规定的"公证债权文书违背社会公共利益"。

18. 公证事项的利害关系人认为"公证债权文书的内容与事实不符"且损害其合法权益的，利害关系人可以向执行法院提出不予执行申请，执行法院受理后立"执异字号"案件进行审理。执行裁判部门经审理查明属实的，裁定对公证债权文书不予执行；当事人不服的，可以向上一级人民法院申请复议。经审理查明不属实的，裁定驳回不予执行申请；当事人不服的，可以向上一级人民法院申请复议。

19. 执行法院的执行实施部门发现公证债权文书存在《最高人民法院关于适用〈中华人民共和国民事诉讼法〉的解释》第四百八十条第一款规定的情形且损害国家、集体利益，或者存在《最高人民法院关于适用〈中华人民共和国民事诉讼法〉的解释》第四百八十条第二款规定的情形的，依职权裁定不予执行，并在裁定中载明当事人可以自裁定送达之日起十日内向上一级人民法院申请复议。当事人逾期未申请复议的，该裁定发生法律效力。当事人申请复议，复议结果维持该裁定的，该裁定发生法律效力；复议结果撤销该裁定的，执行法院继续执行。

20. 公证债权文书的部分内容符合《最高人民法院关于适用〈中华人民共和国民事诉讼法〉的解释》第四百八十条第一款、第二款规定的情形的，裁定对该部分内容不予执行。应当不予执行的部分与其他部分不可分的，裁定不予执行整个公证债权文书。

当事人对部分不予执行裁定不服的，可以就该裁定向上一级人民法院申请复议。

21. 公证机构自行撤销公证债权文书的，终结对该公证债权文书的执行，终结对不予执行申请的审理。

公证机构自行更正或补正公证债权文书的，执行法院以更正或补正后的公证债权文书作为执行依据，继续执行或继续审理不予执行申请。

22. 本纪要自下发之日起执行。

23. 市高级法院以前制定的规范性文件与本纪要不一致的，以本纪要为准。本纪要下发后，市高级法院又制定新的规范性文件的，以新的规范性文件为准。法律法规、司法解释有新的规定的，按照其规定办理。

24. 本纪要由市高级法院执行局负责解释。

四、诉讼外调解协议与实现担保物权裁定

【条文主旨】诉讼外调解协议司法确认申请

第一百九十四条　申请司法确认调解协议，由双方当事人依照人民调解法等法律，自调解协议生效之日起三十日内，共同向调解组织所在地基层人民法院提出。

【条文主旨】确认调解协议的审查

第一百九十五条　人民法院受理申请后，经审查，符合法律规定的，裁定调解协议有效，一方当事人拒绝履行或者未全部履行的，对方当事人可以向人民法院申请执行；不符合法律规定的，裁定驳回申请，当事人可以通过调解方式变更原调解协议或者达成新的调解协议，也可以向人民法院提起诉讼。

【条文主旨】实现担保物权的申请

第一百九十六条　申请实现担保物权，由担保物权人以及其他有权请求实现担保物权的人依照物权法等法律，向担保财产所在地或者担保物权登记地基层人民法院提出。

【条文主旨】实现担保物权的审查

第一百九十七条　人民法院受理申请后，经审查，符合法律规定的，裁定拍卖、变卖担保财产，当事人依据该裁定可以向人民法院申请执行；不符合法律规定的，裁定驳回申请，当事人可以向人民法院提起诉讼。

第二节　申请执行的时效期间

【条文主旨】申请执行期间及时效中止、中断的事由、后果

第二百三十九条　申请执行的期间为二年。申请执行时效的中止、中断，适用法律有关诉讼时效中止、中断的规定。

前款规定的期间，从法律文书规定履行期间的最后一日起计算；法律文书规定分期履行的，从规定的每次履行期间的最后一日起计算；法律文书未规定履行期间的，从法律文书生效之日起计算。

【条文主旨】剩余债务继续执行

第二百五十四条　人民法院采取本法第二百四十二条、第二百四十三条、第二百四十四条规定的执行措施后，被执行人仍不能偿还债务的，应当继续履行义务。债权人发现被执行人有其他财产的，可以随时请求人民法院执行。

▶相关法律

★**中华人民共和国民事诉讼法**（2017 年 7 月 1 日施行　主席令第 71 号）（节录）

第二百四十二条　被执行人未按执行通知履行法律文书确定的义务，人民法院有权向有关单位查询被执行人的存款、债券、股票、基金份额等财产情况。人民法院有权根据不同情形扣押、冻结、划拨、变价被执行人的财产。人民法院查询、扣押、冻结、划拨、变价的财产不得超出被执行人应当履行义务的范围。

人民法院决定扣押、冻结、划拨、变价财产，应当作出裁定，并发出协助执行通知书，有关单位必须办理。

第二百四十三条　被执行人未按执行通知履行法律文书确定的义务，人民法院有权扣留、提取被执行人应当履行义务部分的收入。但应当保留被执行人及其所扶养家属的生活必需费用。

人民法院扣留、提取收入时，应当作出裁定，并发出协助执行通知书，被执行人所在单位、银行、信用合作社和其他有储蓄业务的单位必须办理。

第二百四十四条　被执行人未按执行通知履行法律文书确定的义务，人民法院有权查封、扣押、冻结、拍卖、变卖被执行人应当履行义务部分的财产。但应当保留被执行人及其所扶养家属的生活必需品。

采取前款措施，人民法院应当作出裁定。

▶司法解释一

★**最高人民法院关于审理劳动争议案件适用法律若干问题的解释（二）**（2006 年 10 月 1 日施行　法释〔2006〕6 号）（节录）

第十五条　人民法院作出的财产保全裁定中，应当告知当事人在劳动仲裁机构的裁决书或者在人民法院的裁判文书生效后三个月内申请强制执行。逾期不申请的，人民法院应当裁定解除保全措施。

▶司法解释二

★**最高人民法院关于适用《中华人民共和国民事诉讼法》执行程序若干问题的解释**（2009 年 1 月 1 日施行　法释〔2008〕13 号）（节录）

第二十七条　在申请执行时效期间的最后六个月内，因不可抗力或者其他障碍不能行使请求权的，申请执行时效中止。从中止时效的原因消除之日起，申请执行时效期间继续计算。

第二十八条　申请执行时效因申请执行、当事人双方达成和解协议、当事人一方提出履行要求或者同意履行义务而中断。从中断时起，申请执行时效期间重新计算。

第二十九条　生效法律文书规定债务人负有不作为义务的，申请执行时效期间从债务人违反不作为义务之日起计算。

▶ **司法解释三**

　★最高人民法院关于适用《中华人民共和国民事诉讼法》的解释（2015 年 2 月 4 日施行　法释〔2015〕5 号）（节录）

　第四百六十八条　申请恢复执行原生效法律文书，适用民事诉讼法第二百三十九条申请执行期间的规定。申请执行期间因达成执行中的和解而中断，其期间自和解协议约定履行前线的最后一日重新计算。

　第四百八十三条　申请执行人超过申请执行时效期间向人民法院申请强制执行的，人民法院应予以受理。被执行人对申请执行时效期间提出异议，人民法院经审查异议成立的，裁定不予执行。

　被执行人履行全部或部分义务后，又以不知道申请执行时效期间届满为由请求执行回转的，人民法院不予支持。

　第五百一十七条　债权人根据民事诉讼法第二百五十四条规定请求人民法院继续执行的，不受民事诉讼法第二百三十九条规定申请执行时效期间的限制。

　第五百一十九条　经过调查未发现可供执行的财产，在申请执行人签字确认或者执行法院组成合议庭审查核实并经院长批准后，可以裁定终结本次执行程序。

　依照前款规定终结执行后，申请执行人发现被执行人有可供执行财产的，可以再次申请执行。再次申请不受申请执行时效期间的规定。

　第五百二十条　因撤销申请而终结执行后，当事人在民事诉讼法第二百三十九条规定的申请执行时效期间内再次申请执行的，人民法院应当受理。

　第五百二十一条　在执行终结六个月内，被执行人或者其他人对已执行的标的有妨害行为的，人民法院可以依申请排除妨害，并可以依照民事诉讼法第一百一十一条规定进行处罚。因妨害行为给执行债权人或者其他人造成损失的，受害人可以另行起诉。

▶ **司法解释性文件**

　★最高人民法院关于适用《中华人民共和国民事诉讼法》若干问题的意见（1992 年 7 月 14 日施行　法发〔1992〕22 号）（节录）

　267. 申请恢复执行原法律文书，适用民事诉讼法第二百一十九条①申请执行期限的规定。申请执行期限因达成执行中的和解协议而中止，其期限自和解协议所定履行期限的最后一日起连续计算。

---

　①　已修改为民事诉讼第二百三十九条。1991 年民事诉讼法第二百一十九条规定："申请执行的期限，双方或者一方当事人是公民的为一年，双方是法人或者其他组织的为六个月。前款规定的期限，从法律文书规定履行期间的最后一日起计算；法律文书规定分期履行的，从规定的每次履行期间的最后一日起计算。"2007 年修正为本条款内容。

296. 债权人依照民事诉讼法第二百三十三条①的规定请求人民法院继续执行的，不受民事诉讼法第二百一十九②条所定期限的限制。

▶▶ **相关答复**

★最高人民法院执行工作办公室关于申请执行人在法定期限内向法院申请执行主债务人但未申请执行负有连带责任的担保人，在法定申请期限届满后，法院是否可以依申请人的申请强制执行连带责任人的请示的答复（2005 年 6 月 15 日施行 〔2004〕执他字第 29 号）③

广东省高级人民法院：

你院《关于申请执行人在法定期限内向法院申请执行主债务人但未申请执行负有连带责任的担保人，在法定申请期限届满后，法院是否可以依申请人的申请强制执行连带责任人的请示》收悉。经研究，答复如下：

同意你院审委会多数意见。生效法律文书确定保证人和主债务人承担连带责任的，连带责任保证人与主债务人即各自独立对债权人承担全部连带债务，债权人向连带责任保证人和主债务人申请强制执行的期限应当同时开始计算。债权人在法定申请强制执行期限内只对主债务人申请执行，而未申请执行保证人的，在申请执行期限届满后即丧失了对连带责任保证人申请强制执行的权利。

此复

▶▶ **典型案例**④

【关键词】

民事诉讼 执行复议 涉外仲裁裁决 执行管辖 申请执行期间起算

【裁判要点】

当事人向我国法院申请执行发生法律效力的涉外仲裁裁决，发现被申请执行人或者其财产在我国领域内的，我国法院即对该案具有执行管辖权。当事人

---

① 已修改为民事诉讼法第二百五十四条。

② 已修改为民事诉讼法第二百三十九条。

③ 最高人民法院执行工作办公室《关于权利人逾期申请执行保证人不应予以立案的答复》（〔2000〕执他字第 18 号）亦认为逾期申请强制执行保证人已丧失了法定立案条件，人民法院不应予以执行立案。编者认为，最高人民法院《关于适用〈中华人民共和国民事诉讼法〉的解释》（2015 年 2 月 4 日施行 法释〔2015〕5 号）第四百八十三条规定"申请执行人超过申请执行时效期间向人民法院申请强制执行的，人民法院应予以受理"，因此，该解释施行后对超过逾期申请执行保证人的人民法院应予以立案，在保证人对申请执行时效期间提出异议后，人民法院经审查异议成立的，裁定不予执行。

④ 指导案例 37 号：《上海金纬机械制造有限公司与瑞士瑞泰克公司仲裁裁决执行复议案》（最高人民法院审判委员会讨论通过，2014 年 12 月 18 日发布），转引自 http://www.chinacourt.org/article/detail/2014/12/id/1520784.shtml，浏览日期：2016 年 6 月 28 日。

申请法院强制执行的时效期间,应当自发现被申请执行人或者其财产在我国领域内之日起算。

【相关法条】

《中华人民共和国民事诉讼法》第二百三十九条、第二百七十三条

【基本案情】

上海金纬机械制造有限公司(以下简称金纬公司)与瑞士瑞泰克公司(RETECH Aktiengesellschaft,以下简称瑞泰克公司)买卖合同纠纷一案,由中国国际经济贸易仲裁委员会于 2006 年 9 月 18 日作出仲裁裁决。2007 年 8 月 27 日,金纬公司向瑞士联邦兰茨堡(Lenzburg)法院(以下简称兰茨堡法院)申请承认和执行该仲裁裁决,并提交了由中国中央翻译社翻译、经上海市外事办公室及瑞士驻上海总领事认证的仲裁裁决书翻译件。同年 10 月 25 日,兰茨堡法院以金纬公司所提交的仲裁裁决书翻译件不能满足《承认及执行外国仲裁裁决公约》(以下简称《纽约公约》)第四条第二点关于"译文由公设或宣誓之翻译员或外交或领事人员认证"的规定为由,驳回金纬公司申请。其后,金纬公司又先后两次向兰茨堡法院递交了分别由瑞士当地翻译机构翻译的仲裁裁决书译件和由上海上外翻译公司翻译、上海市外事办公室、瑞士驻上海总领事认证的仲裁裁决书翻译件以申请执行,仍被该法院分别于 2009 年 3 月 17 日和 2010 年 8 月 31 日,以仲裁裁决书翻译文件没有严格意义上符合《纽约公约》第四条第二点的规定为由,驳回申请。

2008 年 7 月 30 日,金纬公司发现瑞泰克公司有一批机器设备正在上海市浦东新区展览,遂于当日向上海市第一中级人民法院(以下简称上海一中院)申请执行。上海一中院于同日立案执行并查封、扣押了瑞泰克公司参展机器设备。瑞泰克公司遂以金纬公司申请执行已超过《中华人民共和国民事诉讼法》(以下简称《民事诉讼法》)规定的期限为由提出异议,要求上海一中院不受理该案,并解除查封,停止执行。

【裁判结果】

上海市第一中级人民法院于 2008 年 11 月 17 日作出〔2008〕沪一中执字第 640 - 1 民事裁定,驳回瑞泰克公司的异议。裁定送达后,瑞泰克公司向上海市高级人民法院申请执行复议。2011 年 12 月 20 日,上海市高级人民法院作出〔2009〕沪高执复议字第 2 号执行裁定,驳回复议申请。

【裁判理由】

法院生效裁判认为:本案争议焦点是我国法院对该案是否具有管辖权以及申请执行期间应当从何时开始起算。

一、关于我国法院的执行管辖权问题

根据《民事诉讼法》的规定,我国涉外仲裁机构作出的仲裁裁决,如果

被执行人或者其财产不在中华人民共和国领域内的，应当由当事人直接向有管辖权的外国法院申请承认和执行。鉴于本案所涉仲裁裁决生效时，被执行人瑞泰克公司及其财产均不在我国领域内，因此，人民法院在该仲裁裁决生效当时，对裁决的执行没有管辖权。

2008 年 7 月 30 日，金纬公司发现被执行人瑞泰克公司有财产正在上海市参展。此时，被申请执行人瑞泰克公司有财产在中华人民共和国领域内的事实，使我国法院产生了对本案的执行管辖权。申请执行人依据《民事诉讼法》"一方当事人不履行仲裁裁决的，对方当事人可以向被申请人住所地或者财产所在地的中级人民法院申请执行"的规定，基于被执行人不履行仲裁裁决义务的事实，行使民事强制执行请求权，向上海一中院申请执行。这符合我国《民事诉讼法》有关人民法院管辖涉外仲裁裁决执行案件所应当具备的要求，上海一中院对该执行申请有管辖权。

考虑到《纽约公约》规定的原则是，只要仲裁裁决符合公约规定的基本条件，就允许在任何缔约国得到承认和执行。《纽约公约》的目的在于便利仲裁裁决在各缔约国得到顺利执行，因此并不禁止当事人向多个公约成员国申请相关仲裁裁决的承认与执行。被执行人一方可以通过举证已经履行了仲裁裁决义务进行抗辩，向执行地法院提交已经清偿债务数额的证据，这样即可防止被执行人被强制重复履行或者超标的履行的问题。因此，人民法院对该案行使执行管辖权，符合《纽约公约》规定的精神，也不会造成被执行人重复履行生效仲裁裁决义务的问题。

二、关于本案申请执行期间起算问题

依照《民事诉讼法》（2007 年修正）第二百一十五条的规定："申请执行的期间为二年。""前款规定的期间，从法律文书规定履行期间的最后一日起计算；法律文书规定分期履行的，从规定的每次履行期间的最后一日起计算；法律文书未规定履行期间的，从法律文书生效之日起计算。"鉴于我国法律有关申请执行期间起算，是针对生效法律文书作出时，被执行人或者其财产在我国领域内的一般情况作出的规定；而本案的具体情况是，仲裁裁决生效当时，我国法院对该案并没有执行管辖权，当事人依法向外国法院申请承认和执行该裁决而未能得到执行，不存在怠于行使申请执行权的问题；被执行人一直拒绝履行裁决所确定的法律义务；申请执行人在发现被执行人有财产在我国领域内之后，即向人民法院申请执行。考虑到这类情况下，外国被执行人或者其财产何时会再次进入我国领域内，具有较大的不确定性，因此，应当合理确定申请执行期间起算点，才能公平保护申请执行人的合法权益。

鉴于债权人取得有给付内容的生效法律文书后，如债务人未履行生效文书所确定的义务，债权人即可申请法院行使强制执行权，实现其实体法上的请求权，此项权利即为民事强制执行请求权。民事强制执行请求权的存在依赖于实体权利，取得依赖于执行根据，行使依赖于执行管辖权。执行管辖权是民事强制执行请求权的基础和前提。在司法实践中，人民法院的执行管辖权与当事人的民事强制执行请求权不能是抽象或不确定的，而应是具体且可操作的。义务人瑞泰克公司未履行裁决所确定的义务时，权利人金纬公司即拥有了民事强制执行请求权，但是，根据《民事诉讼法》的规定，对于涉外仲裁机构作出的仲裁申请执行，如果被执行人或者其财产不在中华人民共和国领域内，应当由当事人直接向有管辖权的外国法院申请承认和执行。此时，因被执行人或者其财产不在我国领域内，我国法院对该案没有执行管辖权，申请执行人金纬公司并非其主观上不愿或怠于行使权利，而是由于客观上纠纷本身没有产生人民法院执行管辖连接点，导致其无法向人民法院申请执行。人民法院在受理强制执行申请后，应当审查申请是否在法律规定的时效期间内提出。具有执行管辖权是人民法院审查申请执行人相关申请的必要前提，因此应当自执行管辖确定之日，即发现被执行人可供执行财产之日，开始计算申请执行人的申请执行期限。

第二章　执行管辖

第一节　一般管辖

【条文主旨】执行管辖一般规定

第二百二十四条　发生法律效力的民事判决、裁定，以及刑事判决、裁定中的财产部分，由第一审人民法院或者与第一审人民法院同级的被执行的财产所在地人民法院执行。

法律规定的由人民法院执行的其他法律文书，由被执行人所在地或者被执行人的财产所在地人民法院执行。

▶ **相关法律**

★**中华人民共和国海事诉讼特别程序法**①（2000 年 7 月 1 日施行　主席令第 28 号）（节录）

第十一条　当事人申请执行海事仲裁裁决，申请承认和执行外国法院判决、裁定以及国外海事仲裁裁决的，向被执行的财产所在地或者被执行人住所地海事法院提出。被执行的财产所在地或者被执行人住所地没有海事法院的，向被执行的财产所在地或者被执行人住所地的中级人民法院提出。

▶ **司法解释一**

★**最高人民法院关于人民法院执行工作若干问题的规定（试行）**（1998 年 7 月 8 日施行　法释〔1998〕15 号）（节录）

10. 仲裁机构作出的国内仲裁裁决、公证机关依法赋予强制执行效力的公证债权文书，由被执行人住所地或被执行的财产所在地人民法院执行。

前款案件的级别管辖，参照各地法院受理诉讼案件的级别管辖的规定确定。

11. 在国内仲裁过程中，当事人申请财产保全，经仲裁机构提交人民法院的，由被申请人住所地或被申请保全的财产所在地的基层人民法院裁定并执行；申请证据保全的，由证据所在地的基层人民法院裁定并执行。

12. 在涉外仲裁过程中，当事人申请财产保全，经仲裁机构提交人民法院的，由被申请人住所地或被申请保全的财产所在地的中级人民法院裁定并执

---

① 《中华人民共和国海事诉讼特别程序法》是海事案件审理和执行程序的主要依据，主要涉及海事案件的管辖、海事请求保全、海事强制令、债权登记与受偿程序等。

行；申请证据保全的，由证据所在地的中级人民法院裁定并执行。

13. 专利管理机关依法作出的处理决定和处罚决定，由被执行人住所地或财产所在地的省、自治区、直辖市有权受理专利纠纷案件的中级人民法院执行。

14. 国务院各部门、各省、自治区、直辖市人民政府和海关依照法律、法规作出的处理决定和处罚决定，由被执行人住所地或财产所在地的中级人民法院执行。

15. 两个以上人民法院都有管辖权的，当事人可以向其中一个人民法院申请执行；当事人向两个以上人民法院申请执行的，由最先立案的人民法院管辖。

16. 人民法院之间因执行管辖权发生争议的，由双方协商解决；协商不成的，报请双方共同的上级人民法院指定管辖。

17. 基层人民法院和中级人民法院管辖的执行案件，因特殊情况需要由上级人民法院执行的，可以报请上级人民法院执行。

▶ 司法解释二

★最高人民法院关于审理涉及人民调解协议的民事案件的若干规定（2002 年 11 月 1 日施行　法释〔2002〕29 号）（节录）

第十条　具有债权内容的调解协议，公证机关依法赋予强制执行效力的，债权人可以向被执行人住所地或者被执行人的财产所在地人民法院申请执行。

▶ 司法解释三

★最高人民法院关于适用《中华人民共和国仲裁法》若干问题的解释（2006 年 9 月 8 日施行　法释〔2006〕7 号）（节录）

第二十九条　当事人申请执行仲裁裁决案件，由被执行人住所地或者被执行的财产所在地的中级人民法院管辖。

▶ 司法解释四

★最高人民法院关于适用《中华人民共和国民事诉讼法》执行程序若干问题的解释（2009 年 1 月 1 日施行　法释〔2008〕13 号）（节录）

第一条　申请执行人向被执行的财产所在地人民法院申请执行的，应当提供该人民法院辖区有可供执行财产的证明材料。

第二条　对两个以上人民法院都有管辖权的执行案件，人民法院在立案前发现其他有管辖权的人民法院已经立案的，不得重复立案。

立案后发现其他有管辖权的人民法院已经立案的，应当撤销案件；已经采取执行措施的，应当将控制的财产交先立案的执行法院处理。

第四条　对人民法院采取财产保全措施的案件，申请执行人向采取保全措施的人民法院以外的其他有管辖权的人民法院申请执行的，采取保全措施的人民法院应当将保全的财产交执行法院处理。

▶ **司法解释五**

★最高人民法院关于人民调解协议司法确认程序的若干规定（2011 年 3 月 30 日施行　法释〔2011〕5 号）（节录）

第九条　人民法院依法作出确认决定后，一方当事人拒绝履行或者未全部履行的，对方当事人可以向作出确认决定的人民法院申请强制执行。

▶ **司法解释六**

★最高人民法院关于刑事裁判涉财产部分执行的若干规定（2014 年 11 月 6 日施行　法释〔2014〕13 号）（节录）

第二条　刑事裁判涉财产部分，由第一审人民法院执行。第一审人民法院可以委托财产所在地的同级人民法院执行。

第三条　人民法院办理刑事裁判涉财产部分执行案件的期限为六个月。有特殊情况需要延长的，经本院院长批准，可以延长。

▶ **司法解释七**

★最高人民法院关于适用《中华人民共和国民事诉讼法》的解释（2015 年 2 月 4 日施行　法释〔2015〕5 号）（节录）

第四百六十二条　发生法律效力的实现担保物权裁定、确认调解协议裁定、支付令，由作出裁定、支付令的人民法院或者与其同级的被执行人财产所在地的人民法院执行。

认定财产无主的判决，由作出判决的人民法院将无主财产收归国家或集体所有。

▶ **司法解释性文件一**

★最高人民法院关于适用《中华人民共和国民事诉讼法》若干问题的意见（1992 年 7 月 14 日施行　法发〔1992〕22 号）（节录）

255. 发生法律效力的支付令，由制作支付令的人民法院负责执行。

256. 民事诉讼法第二百零一条①第二款规定的由人民法院执行的其他法律文书，包括仲裁裁决书、公证债权文书。

其他法律文书由被执行人住所地或者被执行人的财产所在地人民法院执行；当事人分别向上述人民法院申请执行的，由最先接受申请的人民法院执行。

▶ **司法解释性文件二**

★最高人民法院关于进一步贯彻"调解优先、调判结合"工作原则的若干意见（2010 年 6 月 7 日施行　法发〔2010〕16 号）（节录）

29. 进一步完善调解衔接机制。对经人民调解、行政调解、行业调解或者

---

①　已修改为民事诉讼法第二百二十四条。

其他具有调解职能的组织调解达成的协议，需要确认效力的，有管辖权的人民法院应当依法及时审查确认；符合强制执行条件的，人民法院应当依法及时执行。具有债权内容的诉讼外调解协议，经公证机关依法赋予强制执行效力的，债权人可以向被执行人住所地或者被执行的财产所在地人民法院申请执行。

▶相关答复

★**最高人民法院关于劳动行政部门作出责令用人单位支付劳动者工资报酬、经济补偿和赔偿金的劳动监察指令书是否属于可申请法院强制执行的具体行政行为的答复**（1998 年 5 月 17 日施行 〔1998〕法行字第 1 号）

广东省高级人民法院：

你院《关于如何处理〈劳动监察指令书〉问题的请示》收悉。经研究，原则同意你院意见，即：劳动行政部门作出责令用人单位支付劳动者工资报酬、经济补偿和赔偿金的劳动监察指令书，不属于可申请人民法院强制执行的具体行政行为，人民法院对此类案件不予受理。劳动行政部门作出责令用人单位支付劳动者工资报酬、经济补偿和赔偿金的行政处理决定书，当事人既不履行又不申请复议或者起诉的，劳动行政部门可以依法申请人民法院强制执行。

第二节　申请变更管辖和指令管辖

【条文主旨】申请变更执行法院

第二百二十六条 人民法院自收到申请执行书之日起超过六个月未执行的，申请执行人可以向上一级人民法院申请执行。上一级人民法院经审查，可以责令原人民法院在一定期限内执行，也可以决定由本院执行或指令其他人民法院执行。

▶司法解释一

★**最高人民法院关于严格执行案件审理期限制度的若干规定**（2000 年 9 月 28 日施行 法释〔2000〕29 号）（节录）

第九条 下列期间不计入审理、执行期限：

……

（七）审理当事人提出的管辖权异议和处理法院之间的管辖争议的期间；

（八）民事、行政、执行案件由有关专业机构进行审计、评估、资产清理的期间；

（九）中止诉讼（审理）或执行至恢复诉讼（审理）或执行的期间；

（十）当事人达成执行和解或者提供执行担保后，执行法院决定暂缓执行的期间；

（十一）上级人民法院通知暂缓执行的期间；

（十二）执行中拍卖、变卖被查封、扣押财产的期间。

▶ 司法解释二

★最高人民法院关于适用《中华人民共和国民事诉讼法》执行程序若干问题的解释（2009 年 1 月 1 日施行　法释〔2008〕13 号）（节录）

第十一条　依照民事诉讼法第二百零三条①的规定，有下列情形之一的，上一级人民法院可以根据申请执行人的申请，责令执行法院限期执行或者变更执行法院：

（一）债权人申请执行时被执行人有可供执行的财产，执行法院自收到申请执行书之日起超过六个月对该财产未执行完结的；

（二）执行过程中发现被执行人可供执行的财产，执行法院自发现财产之日起超过六个月对该财产未执行完结的；

（三）对法律文书确定的行为义务的执行，执行法院自收到申请执行书之日起超过六个月未依法采取相应执行措施的；

（四）其他有条件执行超过六个月未执行的。

第十二条　上一级人民法院依照民事诉讼法第二百零三条规定责令执行法院限期执行的，应当向其发出督促执行令，并将有关情况书面通知申请执行人。

上一级人民法院决定由本院执行或者指令本辖区其他人民法院执行的，应当作出裁定，送达当事人并通知有关人民法院。

第十三条　上一级人民法院责令执行法院限期执行，执行法院在指定期间内无正当理由仍未执行完结的，上一级人民法院应当裁定由本院执行或者指令本辖区其他人民法院执行。

第十四条　民事诉讼法第二百零三条规定的六个月期间，不应当计算执行中的公告期间、鉴定评估期间、管辖争议处理期间、执行争议协调期间、暂缓执行期间以及中止执行期间。

▶ 司法解释三

★最高人民法院关于铁路运输法院案件管辖范围的若干规定（2012 年 8 月 1 日施行　法释〔2012〕10 号）（节录）

第五条　省、自治区、直辖市高级人民法院对本院及下级人民法院的执行案件，认为需要指定执行的，可以指定辖区内的铁路运输法院执行。

---

①　已修改为民事诉讼法第二百二十六条，下同。

➡ **司法解释性文件一**

★**最高人民法院关于高级人民法院统一管理执行工作若干问题的规定**
(2000 年 1 月 14 日施行　法发〔2000〕3 号)(节录)

八、高级人民法院对本院及下级人民法院的执行案件,认为需要指定执行的,可以裁定指定执行。

高级人民法院对最高人民法院函示指定执行的案件,应当裁定指定执行。

九、高级人民法院对下级人民法院的下列案件可以裁定提级执行:

1. 高级人民法院指令下级人民法院限期执结,逾期未执结需要提级执行的;

2. 下级人民法院报请高级人民法院提级执行,高级人民法院认为应当提级执行的;

3. 疑难、重大和复杂的案件,高级人民法院认为应当提级执行的。

高级人民法院对最高人民法院函示提级执行的案件,应当裁定提级执行。

➡ **司法解释性文件二**

★**最高人民法院关于执行案件督办工作的规定(试行)**(2006 年 5 月 18 日施行　法发〔2006〕11 号)(节录)

第五条　对于上级法院督办的执行案件,被督办法院应当按照上一级法院的要求,及时制作案件督办函,并附案件相关材料函转至执行法院。被督办法院负责在上一级法院限定的期限届满前,将督办案件办理情况书面报告上一级法院,并附相关材料。

第六条　下级法院逾期未报告工作情况或案件处理结果的,上级法院根据情况可以进行催报,也可以直接调卷审查,指定其他法院办理,或者提级执行。

➡ **司法解释性文件三**

★**最高人民法院关于人民法院办理执行案件若干期限的规定**(2007 年 1 月 1 日施行　法发〔2006〕35 号)(节录)

第一条　被执行人有财产可供执行的案件,一般应当在立案之日起 6 个月内执结;非诉执行案件一般应当在立案之日起 3 个月内执结。

有特殊情况须延长执行期限的,应当报请本院院长或副院长批准。

申请延长执行期限的,应当在期限届满前 5 日内提出。

第十三条　下列期间不计入办案期限:

1. 公告送达执行法律文书的期间;

2. 暂缓执行的期间;

3. 中止执行的期间;

4. 就法律适用问题向上级法院请示的期间;

5. 与其他法院发生执行争议报请共同的上级法院协调处理的期间。

▶**司法解释性文件四**

★最高人民法院关于人民法院执行公开的若干规定（2007 年 1 月 1 日施行 法发〔2006〕35 号）（节录）

第十五条 人民法院未能按照最高人民法院《关于人民法院办理执行案件若干期限的规定》中规定的期限完成执行行为的，应当及时向申请执行人说明原因。

▶**浙江省高院规定**

★浙江省高级人民法院《2009 年上半年全省法院执行案件情况分析会议纪要》（2009 年 5 月 31 日施行 浙高法〔2009〕159 号）（节录）

33. 权利人向上一级人民法院申请执行的，由上一级人民法院执行机构先行审查，再移交立案庭立案。不符合条件的，由执行机构通知驳回申请。

第三节 管辖权异议

▶**司法解释**

★最高人民法院关于适用《中华人民共和国民事诉讼法》执行程序若干问题的解释（2009 年 1 月 1 日施行 法释〔2008〕13 号）（节录）

第三条 人民法院受理执行申请后，当事人对管辖权有异议的，应当自收到执行通知书之日起十日内提出。

人民法院对当事人提出的异议，应当审查。异议成立的，应当撤销执行案件，并告知当事人向有管辖权的人民法院申请执行；异议不成立的，裁定驳回。当事人对裁定不服的，可以向上一级人民法院申请复议。

管辖权异议审查和复议期间，不停止执行。

▶**相关答复一**

★最高人民法院执行局关于法院能否以公司证券登记结算地为财产所在地获得管辖权问题的复函（2010 年 7 月 15 日施行 〔2010〕执监字 16 号）

广东省高级人民法院：

关于唐山钢铁集团有限责任公司执行申诉一案，你院《关于深圳中院执行中华乐业有限公司与唐山钢铁集团有限责任公司仲裁裁决一案的情况报告》收悉。经研究，答复如下：

经核查，唐山钢铁集团有限责任公司作为上市公司，其持有的证券在上市交易前存管于中国证券登记结算有限责任公司深圳分公司，深圳中院以此认定为被执行人的财产所在地受理了当事人一方的执行申请。本院认为，证券登记结算机构是为证券交易提供集中登记、存管于结算服务的机构，但证券登记结算机构存管的仅是股权凭证，不能将股权凭证所在地视为股权所在地。由于股权与其发行公司具有密切的联系，因此，应当将股权的发行公司住所地认定为该类型财产所在地。深圳中院将证券登记结算机构所在地认定为上市公司的财产所在地予以立案执行不当。

请你院监督深圳中院依法撤销案件及法律文书，并告知申请人依法向有管辖权的人民法院申请执行。同时，鉴于深圳中院已对被执行人的股权采取冻结措施，为防止冻结财产被转移，请你院监督深圳中院做好已控被执行人财产与新的执行法院的衔接工作，避免申请执行人的权益受到损害。

▶ 相关答复二

★最高人民法院关于湖北安陆市政府反映河南焦作中院"错误裁定"、"错误执行"案及河南高院反映焦作中院在执行安陆市政府时遭到暴力抗法案的复函（2002 年 12 月 25 日施行　〔2002〕执监字第 262 号）

河南省高级人民法院：

关于湖北省安陆市政府向我院反映焦作市中级人民法院执行湖北三鹏化工股份有限公司一案的有关问题，经研究，现提出如下处理意见：

经核查，焦作市中级人民法院立案执行的依据是河南省修武县公证处〔2001〕修证经字第 18 号"具有强制执行效力的债权文书公证书"。该公证书认定湖北三鹏化工股份有限公司如不能在约定的期限内履行还款义务，申请人丁慈咪有权向申请人所在地人民法院申请强制执行。

本院认为，关于此类执行管辖问题，《中华人民共和国民事诉讼法》第201 条第 2 款、最高人民法院《关于适用〈中华人民共和国民事诉讼法〉若干问题的意见》第 256 条和《关于人民法院执行工作若干问题的规定（试行）》第 10 条均已有明确规定，即公证机关依法赋予强制执行效力的公证债权文书，由被执行人住所地或被执行人的财产所在地人民法院执行。据此，当事人无权约定执行管辖，公证机关也无权确认当事人约定执行管辖，焦作市中级人民法院更不能依据当事人的约定予以立案执行。请你院监督焦作市中级人民法院依法撤销案件及相关法律文书，并告知申请人依法向有管辖权的人民法院申请执行。

▶ 浙江省高院规定一

★浙江省高级人民法院《2009 年上半年全省法院执行案件情况分析会议纪要》（2009 年 5 月 31 日施行　浙高法〔2009〕159 号）（节录）

6. 人民法院受理执行申请后，当事人对管辖权有异议的，由执行机构负责审查，并在七日内作出裁定。

➤**浙江省高院规定二**

★**浙江省高级人民法院关于合理配置民事执行权的规定**（2009 年 9 月 1 日施行　浙高法〔2009〕312 号）（节录）

第十二条　执行实施过程中，有下列情形的，应当移送执行审查机构进行审查处理：

......

（二）对执行管辖权的异议；

......

第三章 执行机构与执行权

【条文主旨】执行机构与一般执行程序

第二百二十八条 执行工作由执行员进行。

采取强制执行措施时，执行员应当出示证件。执行完毕后，应当将执行情况制作笔录，由在场的有关人员签名或者盖章。

人民法院根据需要可以设立执行机构。

▶ **司法解释**

★最高人民法院关于人民法院执行工作若干问题的规定（试行）（1998 年 7 月 8 日施行 法释〔1998〕15 号）（节录）

一、执行机构及其职责

1. 人民法院根据需要，依据有关法律的规定，设立执行机构，专门负责执行工作。

2. 执行机构负责执行下列生效法律文书：

（1）人民法院民事、行政判决、裁定、调解书，民事制裁决定、支付令，以及刑事附带民事判决、裁定、调解书；

（2）依法应由人民法院执行的行政处罚决定、行政处理决定；

（3）我国仲裁机构作出的仲裁裁决和调解书；人民法院依据《中华人民共和国仲裁法》有关规定作出的财产保全和证据保全裁定；

（4）公证机关依法赋予强制执行效力的关于追偿债款、物品的债权文书；

（5）经人民法院裁定承认其效力的外国法院作出的判决、裁定，以及国外仲裁机构作出的仲裁裁决；

（6）法律规定由人民法院执行的其他法律文书。

3. 人民法院在审理民事、行政案件中作出的财产保全和先予执行裁定，由审理案件的审判庭负责执行。

4. 人民法庭审结的案件，由人民法庭负责执行。其中复杂、疑难或被执行人不在本法院辖区的案件，由执行机构负责执行。①

5. 执行程序中重大事项的办理，应由三名以上执行员讨论，并报经院长批准。

———————————

① 司法实践中，目前基本由执行部门负责执行，人民法庭不再负责执行工作。

6. 依据民事诉讼法第二百一十七条或第二百六十条的规定对仲裁裁决是否有不予执行事由进行审查的，应组成合议庭进行。

7. 执行机构应配备必要的交通工具、通讯设备、音像设备和警械用具等，以保障及时有效地履行职责。

8. 执行人员执行公务时，应向有关人员出示工作证和执行公务证，并按规定着装。必要时应由司法警察参加。

执行公务证由最高人民法院统一制发。

9. 上级人民法院执行机构负责本院对下级人民法院执行工作的监督、指导和协调。

➡ 司法解释性文件

★最高人民法院关于执行权合理配置和科学运行的若干意见（2011 年 10 月 19 日施行 法发〔2011〕15 号）

为了促进执行权的公正、高效、规范、廉洁运行，实现立案、审判、执行等机构之间的协调配合，完善执行工作的统一管理，根据《中华人民共和国民事诉讼法》和有关司法解释的规定，提出以下意见。

一、关于执行权分权和高效运行机制

1. 执行权是人民法院依法采取各类执行措施以及对执行异议、复议、申诉等事项进行审查的权力，包括执行实施权和执行审查权。

2. 地方人民法院执行局应当按照分权运行机制设立和其他业务庭平行的执行实施和执行审查部门，分别行使执行实施权和执行审查权。

3. 执行实施权的范围主要是财产调查、控制、处分、交付和分配以及罚款、拘留措施等实施事项。执行实施权由执行员或者法官行使。

4. 执行审查权的范围主要是审查和处理执行异议、复议、申诉以及决定执行管辖权的移转等审查事项。执行审查权由法官行使。

5. 执行实施事项的处理应当采取审批制，执行审查事项的处理应当采取合议制。

6. 人民法院可以将执行实施程序分为财产查控、财产处置、款物发放等不同阶段并明确时限要求，由不同的执行人员集中办理，互相监督，分权制衡，提高执行工作质量和效率。执行局的综合管理部门应当对分段执行实行节点控制和流程管理。

7. 执行中因情况紧急必须及时采取执行措施的，执行人员经执行指挥中心指令，可依法采取查封、扣押、冻结等财产保全和其他控制性措施，事后两个工作日内应当及时补办审批手续。

8. 人民法院在执行局内建立执行信访审查处理机制，以有效解决消极执行和不规范执行问题。执行申诉审查部门可以参与涉执行信访案件的接访工作，并应当采取排名通报、挂牌督办等措施促进涉执行信访案件的及时处理。

9. 继续推进全国法院执行案件信息管理系统建设，积极参与社会信用体系建设。执行信息部门应当发挥职能优势，采取多种措施扩大查询范围，实现执行案件所有信息在法院系统内的共享，推进执行案件信息与其他部门信用信息的共享，并通过信用惩戒手段促使债务人自动履行义务。

二、关于执行局与立案、审判等机构之间的分工协作

10. 执行权由人民法院的执行局行使；人民法庭可根据执行局授权执行自审案件，但应接受执行局的管理和业务指导。

11. 办理执行实施、执行异议、执行复议、执行监督、执行协调、执行请示等执行案件和案外人执行异议之诉、申请执行人执行异议之诉、执行分配方案异议之诉、代位析产之诉等涉执行的诉讼案件，由立案机构进行立案审查，并纳入审判和执行案件统一管理体系。

人民法庭经授权执行自审案件，可由其自行办理立案登记手续，并纳入执行案件的统一管理。

12. 案外人执行异议之诉、申请执行人执行异议之诉、执行分配方案异议之诉、代位析产之诉等涉执行的诉讼，由人民法院的审判机构按照民事诉讼程序审理。逐步促进涉执行诉讼审判的专业化，具备条件的人民法院可以设立专门审判机构，对涉执行的诉讼案件集中审理。

案外人、当事人认为据以执行的判决、裁定错误的，由作出生效判决、裁定的原审人民法院或其上级人民法院按照审判监督程序审理。

13. 行政非诉案件、行政诉讼案件的执行申请，由立案机构登记后转行政审判机构进行合法性审查；裁定准予强制执行的，再由立案机构办理执行立案登记后移交执行局执行。

14. 强制清算的实施由执行局负责，强制清算中的实体争议由民事审判机构负责审理。

15. 诉前、申请执行前的财产保全申请由立案机构进行审查并作出裁定；裁定保全的，移交执行局执行。

16. 诉中财产保全、先予执行的申请由相关审判机构审查并作出裁定；裁定财产保全或者先予执行的，移交执行局执行。

17. 当事人、案外人对财产保全、先予执行的裁定不服申请复议的，由作出裁定的立案机构或者审判机构按照民事诉讼法第九十九条①的规定进行审查。

---

① 已修改为民事诉讼法第一百零八条，下同。

当事人、案外人、利害关系人对财产保全、先予执行的实施行为提出异议的，由执行局根据异议事项的性质按照民事诉讼法第二百零二条①或者第二百零四条②的规定进行审查。

当事人、案外人的异议既指向财产保全、先予执行的裁定，又指向实施行为的，一并由作出裁定的立案机构或者审判机构分别按照民事诉讼法第九十九条和第二百零二条或者第二百零四条的规定审查。

18. 具有执行内容的财产刑和非刑罚制裁措施的执行由执行局负责。

19. 境外法院、仲裁机构作出的生效法律文书的执行申请，由审判机构负责审查；依法裁定准予执行或者发出执行令的，移交执行局执行。

20. 不同法院因执行程序，执行与破产、强制清算、审判等程序之间对执行标的产生争议，经自行协调无法达成一致意见的，由争议法院的共同上级法院执行局中的协调指导部门处理。

21. 执行过程中依法需要变更、追加执行主体的，由执行局按照法定程序办理；应当通过另诉或者提起再审追加、变更的，由审判机构按照法定程序办理。

22. 委托评估、拍卖、变卖由司法辅助部门负责，对评估、拍卖、变卖所提异议由执行局审查。

23. 被执行人对国内仲裁裁决提出不予执行抗辩的，由执行局审查。

24. 立案、审判机构在办理民商事和附带民事诉讼案件时，应当根据案件实际，就追加诉讼当事人、申请诉前、诉中和申请执行前的财产保全等内容向当事人作必要的释明和告知。

25. 立案、审判机构在办理民商事和附带民事诉讼案件时，除依法缺席判决等无法准确查明当事人身份和地址的情形外，应当在有关法律文书中载明当事人的身份证号码，在卷宗中载明送达地址。

26. 审判机构在审理确权诉讼时，应当查询所要确权的财产权属状况，发现已经被执行局查封、扣押、冻结的，应当中止审理；当事人诉请确权的财产被执行局处置的，应当撤销确权案件；在执行局查封、扣押、冻结后确权的，应当撤销确权判决或者调解书。

27. 对符合法定移送执行条件的法律文书，审判机构应当在法律文书生效后及时移送执行局执行。

三、关于执行工作的统一管理

28. 中级以上人民法院对辖区人民法院的执行工作实行统一管理。下级人

---

① 已修改为民事诉讼法第二百二十五条，下同。
② 已修改为民事诉讼法第二百二十七条，下同。

民法院拒不服从上级人民法院统一管理的，依照有关规定追究下级人民法院有关责任人的责任。

29. 上级人民法院可以根据本辖区的执行工作情况，组织集中执行和专项执行活动。

30. 对下级人民法院违法、错误的执行裁定、执行行为，上级人民法院有权指令下级人民法院自行纠正或者通过裁定、决定予以纠正。

31. 上级人民法院在组织集中执行、专项执行或其他重大执行活动中，可以统一指挥和调度下级人民法院的执行人员、司法警察和执行装备。

32. 上级人民法院根据执行工作需要，可以商政府有关部门编制辖区内人民法院的执行装备标准和业务经费计划。

33. 上级人民法院有权对下级人民法院的执行工作进行考核，考核结果向下级人民法院通报。

▶ 浙江省高院规定

★浙江省高级人民法院关于合理配置民事执行权的规定（2009 年 9 月 1 日施行 浙高法〔2009〕312 号）（节录）

第三条 人民法院的执行机构行使执行实施权、执行审查权。

第五条 执行实施权由执行法官、执行员、司法警察等具体负责行使。

第四条 案外人、当事人分别提起的案外人异议之诉、许可执行之诉、分配方案异议之诉，由执行法院相应的审判机构负责审理。

第六条 执行实施权的内容主要包括：

（一）送达有关执行法律文书；

（二）调查核实被执行人的财产状况；

（三）实施查封、扣押、查询、冻结、扣划、拍卖、变卖、提取、搜查、腾退等措施；

（四）裁定有关财产权证照转移；

（五）裁定以物抵债；

（六）实施拘传、罚款、拘留等措施；

（七）采取限制出境措施；

（八）制定分配方案；

（九）办理执行款物的交付；

（十）对违反协助义务的协助执行人民事责任的确定；

（十一）对约定利息或者迟延履行期间债务利息数额的确定；

（十二）对执行和解协议是否履行完毕以及是否应当恢复执行；

（十三）对案件实体终结执行；

（十四）对执行回转的范围、数额、孳息的确定；

（十五）涉及变更、追加执行当事人；

（十六）其他执行实施行为。

第七条　第六条第（一）（二）（三）（四）项可由执行法官、执行员或者司法警察组织实施。

第八条　办理第六条第（五）（六）（七）（八）（十）（十一）（十二）（十三）（十四）（十五）项应当由三名以上执行法官或者执行员、司法警察讨论决定。

第九条　为提高执行效率，有条件的人民法院对财产调查、财产控制等环节，可以由执行机构的专门人员集中采取措施。不具备条件的，可以由相对固定的人员行使。

第十条　办理执行款物交付时，应当由案件承办人提出意见报实施机构负责人审核并报局领导批准。

第十一条　执行中财产的评估、拍卖应当由执行机构以外的其他部门组织实施。

执行机构对执行标的物的起拍价、保留价有建议权；并可以视情决定重新拍卖和再次拍卖。

第十二条　执行实施过程中，有下列情形的，应当移送执行审查机构进行审查处理：

（一）对是否符合立案条件的异议；

（二）对执行管辖权的异议；

（三）对本规定第六条第（三）（四）（五）（十）（十一）（十二）（十三）（十四）（十五）项的异议；

（四）对为使债务人的财产免于诉讼保全或者解除已采取的保全措施提供保证的保证责任的确定；

（五）案外人异议审查和案外人异议之诉审理期间，申请执行人提供担保请求继续执行有错误，给对方造成损失的赔偿责任的确定；

（六）转化执行中赔偿金数额的确定；

（七）执行程序中对夫妻债务性质的认定；

（八）对公证债权文书应否裁定不予执行；

（九）对国内仲裁裁决应否裁定不予执行；

（十）其他需要审查的事项。

第十三条　当事人、利害关系人不服针对第十二条第（一）（二）（三）（四）（五）（六）（七）项作出裁定的，可以向上一级人民法院申请复议。该复议案件由上一级法院负责办理执行复议案件的机构办理。

第十四条 案外人对执行标的物主张所有权或者其他阻止执行标的物转让、交付的权利而提出异议的,由执行审查机构审查并作出裁定。

第十五条 执行审查、执行复议案件一般实行合议制,由执行法官办理。

第十六条 本规定 2009 年 9 月 1 日起施行。

第四章 执行实施前的准备

第一节 受理与立案

▶ **司法解释一**

★最高人民法院关于人民法院执行工作若干问题的规定（试行）（1998 年 7 月 8 日施行 法释〔1998〕15 号）（节录）

18. 人民法院受理执行案件应当符合下列条件：

（1）申请或移送执行的法律文书已经生效；

（2）申请执行人是生效法律文书确定的权利人或其继承人、权利承受人；

（3）申请执行人在法定期限内提出申请；

（4）申请执行的法律文书有给付内容，且执行标的和被执行人明确；

（5）义务人在生效法律文书确定的期限内未履行义务；

（6）属于受申请执行的人民法院管辖。

人民法院对符合上述条件的申请，应当在七日内予以立案；不符合上述条件之一的，应当在七日内裁定不予受理。

▶ **司法解释二**

★最高人民法院关于适用《中华人民共和国民事诉讼法》执行程序若干问题的解释（2009 年 1 月 1 日施行 法释〔2008〕13 号）（节录）

第二条 对两个以上人民法院都有管辖权的执行案件，人民法院在立案前发现其他有管辖权的人民法院已经立案的，不得重复立案。

立案后发现其他有管辖权的人民法院已经立案的，应当撤销案件；已经采取执行措施的，应当将控制的财产交先立案的执行法院处理。

▶ **司法解释三**

★最高人民法院关于刑事裁判涉财产部分执行的若干规定（2014 年 11 月 6 日施行 法释〔2014〕13 号）（节录）

第七条 由人民法院执行机构负责执行的刑事裁判涉财产部分，刑事审判部门应当及时移送立案部门审查立案。

移送立案应当提交生效裁判文书及其附件和其他相关材料，并填写《移送执行表》。《移送执行表》应当载明以下内容：

（一）被执行人、被害人的基本信息；

（二）已查明的财产状况或者财产线索；

（三）随案移送的财产和经处置财产的情况；

（四）查封、扣押、冻结财产的情况；

（五）移送执行的时间；

（六）其他需要说明的情况。

人民法院立案部门经审查，认为属于移送范围且移送材料齐全的，应当在七日内立案，并移送执行机构。

▶司法解释四

★最高人民法院关于适用《中华人民共和国民事诉讼法》的解释（2015 年 2 月 4 日施行　法释〔2015〕5 号）（节录）

第四百六十三条　当事人申请人民法院执行生效法律文书应当具备下列条件：

（一）权利义务主体明确；

（二）给付内容明确。

法律文书确定继续履行合同的，应当明确继续履行的具体内容。

▶司法解释性文件一

★最高人民法院关于人民法院执行公开的若干规定（2007 年 1 月 1 日施行　法发〔2006〕35 号）（节录）

第三条　人民法院应当向社会公开执行案件的立案标准和启动程序。

人民法院对当事人的强制执行申请立案受理后，应当及时将立案的有关情况、当事人在执行程序中的权利和义务以及可能存在的执行风险书面告知当事人；不予立案的，应当制作裁定书送达申请人，裁定书应当载明不予立案的法律依据和理由。

第四条　人民法院应当向社会公开执行费用的收费标准和根据，公开执行费减、缓、免交的基本条件和程序。

第五条　人民法院受理执行案件后，应当及时将案件承办人或合议庭成员及联系方式告知双方当事人。

第六条　人民法院在执行过程中，申请执行人要求了解案件执行进展情况的，执行人员应当如实告知。

▶司法解释性文件二

★最高人民法院关于执行案件立案、结案若干问题的意见（2015 年 1 月 1 日施行　法发〔2014〕26 号）（节录）

第一条　本意见所称执行案件包括执行实施类案件和执行审查类案件。

执行实施类案件是指人民法院因申请执行人申请、审判机构移送、受托、提级、指定和依职权，对已发生法律效力且具有可强制执行内容的法律文书所确定的事项予以执行的案件。

执行审查类案件是指在执行过程中，人民法院审查和处理执行异议、复议、申诉、请示、协调以及决定执行管辖权的移转等事项的案件。

第二条 执行案件统一由人民法院立案机构进行审查立案，人民法庭经授权执行自审案件的，可以自行审查立案，法律、司法解释规定可以移送执行的，相关审判机构可以移送立案机构办理立案登记手续。

立案机构立案后，应当依照法律、司法解释的规定向申请人发出执行案件受理通知书。

第三条 人民法院对符合法律、司法解释规定的立案标准的执行案件，应当予以立案，并纳入审判和执行案件统一管理体系。

人民法院不得有审判和执行案件统一管理体系之外的执行案件。

任何案件不得以任何理由未经立案即进入执行程序。

第四条 立案机构在审查立案时，应当按照本意见确定执行案件的类型代字和案件编号，不得违反本意见创设案件类型代字。

第五条 执行实施类案件类型代字为"执字"，按照立案时间的先后顺序确定案件编号，单独进行排序；但执行财产保全裁定的，案件类型代字为"执保字"，按照立案时间的先后顺序确定案件编号，单独进行排序；恢复执行的，案件类型代字为"执恢字"，按照立案时间的先后顺序确定案件编号，单独进行排序。

第六条 下列案件，人民法院应当按照恢复执行案件予以立案：

（一）申请执行人因受欺诈、胁迫与被执行人达成和解协议，申请恢复执行原生效法律文书的；

（二）一方当事人不履行或不完全履行执行和解协议，对方当事人申请恢复执行原生效法律文书的；

（三）执行实施案件以裁定终结本次执行程序方式报结后，如发现被执行人有财产可供执行，申请执行人申请或者人民法院依职权恢复执行的；

（四）执行实施案件因委托执行结案后，确因委托不当被已立案的受托法院退回委托的；

（五）依照民事诉讼法第二百五十七条的规定而终结执行的案件，申请执行的条件具备时，申请执行人申请恢复执行的。

第七条 除下列情形外，人民法院不得人为拆分执行实施案件：

（一）生效法律文书确定的给付内容为分期履行的，各期债务履行期间届满，被执行人未自动履行，申请执行人可分期申请执行，也可以对几期或全部到期债权一并申请执行；

（二）生效法律文书确定有多个债务人各自单独承担明确的债务的，申请执行人可以对每个债务人分别申请执行，也可以对几个或全部债务人一并申请执行；

（三）生效法律文书确定有多个债权人各自享有明确的债权的（包括按份共有），每个债权人可以分别申请执行；

（四）申请执行赡养费、扶养费、抚养费的案件，涉及金钱给付内容的，人民法院应当根据申请执行时已发生的债权数额进行审查立案，执行过程中新发生的债权应当另行申请执行；涉及人身权内容的，人民法院应当根据申请执行时义务人未履行义务的事实进行审查立案，执行过程中义务人延续消极行为的，应当依据申请执行人的申请一并执行。

第八条 执行审查类案件按下列规则确定类型代字和案件编号：

（一）执行异议案件类型代字为"执异字"，按照立案时间的先后顺序确定案件编号，单独进行排序；

（二）执行复议案件类型代字为"执复字"，按照立案时间的先后顺序确定案件编号，单独进行排序；

（三）执行监督案件类型代字为"执监字"，按照立案时间的先后顺序确定案件编号，单独进行排序；

（四）执行请示案件类型代字为"执请字"，按照立案时间的先后顺序确定案件编号，单独进行排序；

（五）执行协调案件类型代字为"执协字"，按照立案时间的先后顺序确定案件编号，单独进行排序。

第九条 下列案件，人民法院应当按照执行异议案件予以立案：

（一）当事人、利害关系人认为人民法院的执行行为违反法律规定，提出书面异议的；

（二）执行过程中，案外人对执行标的提出书面异议的；

（三）人民法院受理执行申请后，当事人对管辖权提出异议的；

（四）申请执行人申请追加、变更被执行人的；

（五）被执行人以债权消灭、超过申请执行期间或者其他阻止执行的实体事由提出阻止执行的；

（六）被执行人对仲裁裁决或者公证机关赋予强制执行效力的公证债权文书申请不予执行的；

（七）其他依法可以申请执行异议的。

第十条 下列案件，人民法院应当按照执行复议案件予以立案：

（一）当事人、利害关系人不服人民法院针对本意见第九条第（一）项、第（三）项、第（五）项作出的裁定，向上一级人民法院申请复议的；

（二）除因夫妻共同债务、出资人未依法出资、股权转让引起的追加和对一人公司股东的追加外，当事人、利害关系人不服人民法院针对本意见第九条第（四）项作出的裁定，向上一级人民法院申请复议的；

（三）当事人不服人民法院针对本意见第九条第（六）项作出的不予执行公证债权文书、驳回不予执行公证债权文书申请、不予执行仲裁裁决、驳回不予执行仲裁裁决申请的裁定，向上一级人民法院申请复议的；

（四）其他依法可以申请复议的。

第十一条 上级人民法院对下级人民法院，最高人民法院对地方各级人民法院依法进行监督的案件，应当按照执行监督案件予以立案。

第十二条 下列案件，人民法院应当按照执行请示案件予以立案：

（一）当事人向人民法院申请执行内地仲裁机构作出的涉港澳仲裁裁决或者香港特别行政区、澳门特别行政区仲裁机构作出的仲裁裁决或者临时仲裁庭在香港特别行政区、澳门特别行政区作出的仲裁裁决，人民法院经审查认为裁决存在依法不予执行的情形，在作出裁定前，报请所属高级人民法院进行审查的，以及高级人民法院同意不予执行，报请最高人民法院的；

（二）下级人民法院依法向上级人民法院请示的。

第十三条 下列案件，人民法院应当按照执行协调案件予以立案：

（一）不同法院因执行程序、执行与破产、强制清算、审判等程序之间对执行标的产生争议，经自行协调无法达成一致意见，向共同上级人民法院报请协调处理的；

（二）对跨高级人民法院辖区的法院与公安、检察等机关之间的执行争议案件，执行法院报请所属高级人民法院与有关公安、检察等机关所在地的高级人民法院商有关机关协调解决或者报请最高人民法院协调处理的；

（三）当事人对内地仲裁机构作出的涉港澳仲裁裁决分别向不同人民法院申请撤销及执行，受理执行申请的人民法院对受理撤销申请的人民法院作出的决定撤销或者不予撤销的裁定存在异议，亦不能直接作出与该裁定相矛盾的执行或者不予执行的裁定，报请共同上级人民法院解决的；

（四）当事人对内地仲裁机构作出的涉港澳仲裁裁决向人民法院申请执行且人民法院已经作出应予执行的裁定后，一方当事人向人民法院申请撤销该裁决，受理撤销申请的人民法院认为裁决应予撤销且该人民法院与受理执行申请的人民法院非同一人民法院时，报请共同上级人民法院解决的；

（五）跨省、自治区、直辖市的执行争议案件报请最高人民法院协调处理的；

（六）其他依法报请协调的。

➡️ **司法解释性文件三**

★**最高人民法院关于人民法院推行立案登记制改革的意见**（2015年5月1日施行　法发〔2015〕6号）（节录）

二、登记立案范围

（四）生效法律文书有给付内容且执行标的和被执行人明确，权利人或其继承人、权利承受人在法定期限内提出申请，属于受申请人民法院管辖的；

➡️ **相关答复**

★**最高人民法院关于判决书主文已经判明担保人承担担保责任后有权向被担保人追偿，该追偿权是否须另行诉讼问题请示的答复**（2009年5月8日施行〔2009〕执他字第4号）

四川省高级人民法院：

你院〔2008〕川执监字第34号《关于成都达义物业有限责任公司申请执行西藏华西药业集团有限责任公司借款合同纠纷一案的请示》收悉。经研究，答复如下：

原则同意你院倾向性意见中无须另行诉讼的意见。即对人民法院的生效判决书已经确定担保人承担担保责任后，可向主债务人行使追偿权的案件，担保人无须另行诉讼，可以直接向人民法院申请执行。但行使追偿权的范围应当限定在抵押担保责任范围内。

第二节　执行通知与财产调查

一、执行通知与财产调查

【条文主旨】执行通知

　第二百四十条　执行员接到申请执行书或者移交执行书，应当向被执行人发出执行通知，并可以立即采取执行措施。

➡️ **司法解释一**

★**最高人民法院关于人民法院执行工作若干问题的规定（试行）**（1998年7月8日施行　法释〔1998〕15号）（节录）

24. 人民法院决定受理执行案件后，应当在三日内[①]向被执行人发出执行

---

　① 执行实施的每个环节以及执行审查都有相应的执行办案期限的规定，参见相应的章节。

通知书，责令其在指定的期间内履行生效法律文书确定的义务，并承担民事诉讼法第二百三十二条①规定的迟延履行期间的债务利息或迟延履行金。

25. 执行通知书的送达，适用民事诉讼法关于送达的规定。

26. 被执行人未按执行通知书指定的期间履行生效法律文书确定的义务的，应当及时采取执行措施。

在执行通知书指定的期限内，被执行人转移、隐匿、变卖、毁损财产的，应当立即采取执行措施。

人民法院采取执行措施，应当制作裁定书，送达被执行人。

27. 人民法院执行非诉讼生效法律文书，必要时可向制作生效法律文书的机构调取卷宗材料。

28. 申请执行人应当向人民法院提供其所了解的被执行人的财产状况或线索。被执行人必须如实向人民法院报告其财产状况。

人民法院在执行中有权向被执行人、有关机关、社会团体、企业事业单位或公民个人，调查了解被执行人的财产状况，对调查所需的材料可以进行复制、抄录或拍照，但应当依法保密。

29. 为查明被执行人的财产状况和履行义务的能力，可以传唤被执行人或被执行人的法定代表人或负责人到人民法院接受询问。

30. 被执行人拒绝按人民法院的要求提供其有关财产状况的证据材料的，人民法院可以按照民事诉讼法第二百二十七条的规定进行搜查。

31. 人民法院依法搜查时，对被执行人可能存放隐匿的财物及有关证据材料的处所、箱柜等，经责令被执行人开启而拒不配合的，可以强制开启。

▶ 司法解释二

★ 最高人民法院关于适用《中华人民共和国民事诉讼法》执行程序若干问题的解释（2009 年 1 月 1 日施行　法释〔2008〕13 号）（节录）

第三十条　执行员依照民事诉讼法第二百一十六条（修改后"第二百四十条"）规定立即采取强制执行措施的，可以同时或者自采取强制执行措施之日起三日内发送执行通知书。

▶ 司法解释三

★ 最高人民法院关于刑事裁判涉财产部分执行的若干规定（2014 年 11 月 6 日施行　法释〔2014〕13 号）（节录）

第八条　人民法院可以向刑罚执行机关、社区矫正机构等有关单位调查被

---

① 2007 年被修改为民事诉讼法第二百二十九条，现已修改为民事诉讼法第二百五十三条。

执行人的财产状况，并可以根据不同情形要求有关单位协助采取查封、扣押、冻结、划拨等执行措施。

▶ **司法解释四**

★最高人民法院关于适用《中华人民共和国民事诉讼法》的解释（2015年2月4日施行 法释〔2015〕5号）（节录）

第四百八十二条 人民法院应当在收到申请执行书或者移交执行书后十日内发出执行通知。

执行通知中除应责令被执行人履行法律文书确定的义务外，还应通知其承担民事诉讼法第二百五十三条规定的迟延履行利息或者迟延履行金。

▶ **司法解释五**

★最高人民法院关于民事执行中财产调查若干问题的规定（2017年5月1日施行 法释〔2017〕8号）

为规范民事执行财产调查，维护当事人及利害关系人的合法权益，根据《中华人民共和国民事诉讼法》等法律的规定，结合执行实践，制定本规定。

第一条 执行过程中，申请执行人应当提供被执行人的财产线索；被执行人应当如实报告财产；人民法院应当通过网络执行查控系统进行调查，根据案件需要应当通过其他方式进行调查的，同时采取其他调查方式。

第二条 申请执行人提供被执行人财产线索，应当填写财产调查表。财产线索明确、具体的，人民法院应当在七日内调查核实；情况紧急的，应当在三日内调查核实。财产线索确实的，人民法院应当及时采取相应的执行措施。

申请执行人确因客观原因无法自行查明财产的，可以申请人民法院调查。

第三条 人民法院依申请执行人的申请或依职权责令被执行人报告财产情况的，应当向其发出报告财产令。金钱债权执行中，报告财产令应当与执行通知同时发出。

人民法院根据案件需要再次责令被执行人报告财产情况的，应当重新向其发出报告财产令。

第四条 报告财产令应当载明下列事项：

（一）提交财产报告的期限；

（二）报告财产的范围、期间；

（三）补充报告财产的条件及期间；

（四）违反报告财产义务应承担的法律责任；

（五）人民法院认为有必要载明的其他事项。

报告财产令应附财产调查表，被执行人必须按照要求逐项填写。

第五条 被执行人应当在报告财产令载明的期限内向人民法院书面报告下

列财产情况：

（一）收入、银行存款、现金、理财产品、有价证券；

（二）土地使用权、房屋等不动产；

（三）交通运输工具、机器设备、产品、原材料等动产；

（四）债权、股权、投资权益、基金份额、信托受益权、知识产权等财产性权利；

（五）其他应当报告的财产。

被执行人的财产已出租、已设立担保物权等权利负担，或者存在共有、权属争议等情形的，应当一并报告；被执行人的动产由第三人占有，被执行人的不动产、特定动产、其他财产权等登记在第三人名下的，也应当一并报告。

被执行人在报告财产令载明的期限内提交书面报告确有困难的，可以向人民法院书面申请延长期限；申请有正当理由的，人民法院可以适当延长。

第六条 被执行人自收到执行通知之日前一年至提交书面财产报告之日，其财产情况发生下列变动的，应当将变动情况一并报告：

（一）转让、出租财产的；

（二）在财产上设立担保物权等权利负担的；

（三）放弃债权或延长债权清偿期的；

（四）支出大额资金的；

（五）其他影响生效法律文书确定债权实现的财产变动。

第七条 被执行人报告财产后，其财产情况发生变动，影响申请执行人债权实现的，应当自财产变动之日起十日内向人民法院补充报告。

第八条 对被执行人报告的财产情况，人民法院应当及时调查核实，必要时可以组织当事人进行听证。

申请执行人申请查询被执行人报告的财产情况的，人民法院应当准许。申请执行人及其代理人对查询过程中知悉的信息应当保密。

第九条 被执行人拒绝报告、虚假报告或者无正当理由逾期报告财产情况的，人民法院可以根据情节轻重对被执行人或者其法定代理人予以罚款、拘留；构成犯罪的，依法追究刑事责任。

人民法院对有前款规定行为之一的单位，可以对其主要负责人或者直接责任人员予以罚款、拘留；构成犯罪的，依法追究刑事责任。

第十条 被执行人拒绝报告、虚假报告或者无正当理由逾期报告财产情况的，人民法院应当依照相关规定将其纳入失信被执行人名单。

第十一条 有下列情形之一的，财产报告程序终结：

（一）被执行人履行完毕生效法律文书确定义务的；

（二）人民法院裁定终结执行的；

（三）人民法院裁定不予执行的；

（四）人民法院认为财产报告程序应当终结的其他情形。

发出报告财产令后，人民法院裁定终结本次执行程序的，被执行人仍应依照本规定第七条的规定履行补充报告义务。

第十二条 被执行人未按执行通知履行生效法律文书确定的义务，人民法院有权通过网络执行查控系统、现场调查等方式向被执行人、有关单位或个人调查被执行人的身份信息和财产信息，有关单位和个人应当依法协助办理。

人民法院对调查所需资料可以复制、打印、抄录、拍照或以其他方式进行提取、留存。

申请执行人申请查询人民法院调查的财产信息的，人民法院可以根据案件需要决定是否准许。申请执行人及其代理人对查询过程中知悉的信息应当保密。

第十三条 人民法院通过网络执行查控系统进行调查，与现场调查具有同等法律效力。

人民法院调查过程中作出的电子法律文书与纸质法律文书具有同等法律效力；协助执行单位反馈的电子查询结果与纸质反馈结果具有同等法律效力。

第十四条 被执行人隐匿财产、会计账簿等资料拒不交出的，人民法院可以依法采取搜查措施。

人民法院依法搜查时，对被执行人可能隐匿财产或者资料的处所、箱柜等，经责令被执行人开启而拒不配合的，可以强制开启。

第十五条 为查明被执行人的财产情况和履行义务的能力，可以传唤被执行人或被执行人的法定代表人、负责人、实际控制人、直接责任人员到人民法院接受调查询问。

对必须接受调查询问的被执行人、被执行人的法定代表人、负责人或者实际控制人，经依法传唤无正当理由拒不到场的，人民法院可以拘传其到场；上述人员下落不明的，人民法院可以依照相关规定通知有关单位协助查找。

第十六条 人民法院对已经办理查封登记手续的被执行人机动车、船舶、航空器等特定动产未能实际扣押的，可以依照相关规定通知有关单位协助查找。

第十七条 作为被执行人的法人或其他组织不履行生效法律文书确定的义务，申请执行人认为其有拒绝报告、虚假报告财产情况，隐匿、转移财产等逃避债务情形或者其股东、出资人有出资不实、抽逃出资等情形的，可以书面申请人民法院委托审计机构对该被执行人进行审计。人民法院应当自收到书面申请之日起十日内决定是否准许。

第十八条 人民法院决定审计的，应当随机确定具备资格的审计机构，并责令被执行人提交会计凭证、会计账簿、财务会计报告等与审计事项有关的资料。

被执行人隐匿审计资料的，人民法院可以依法采取搜查措施。

第十九条 被执行人拒不提供、转移、隐匿、伪造、篡改、毁弃审计资料，阻挠审计人员查看业务现场或者有其他妨碍审计调查行为的，人民法院可以根据情节轻重对被执行人或其主要负责人、直接责任人员予以罚款、拘留；构成犯罪的，依法追究刑事责任。

第二十条 审计费用由提出审计申请的申请执行人预交。被执行人存在拒绝报告或虚假报告财产情况，隐匿、转移财产或者其他逃避债务情形的，审计费用由被执行人承担；未发现被执行人存在上述情形的，审计费用由申请执行人承担。

第二十一条 被执行人不履行生效法律文书确定的义务，申请执行人可以向人民法院书面申请发布悬赏公告查找可供执行的财产。申请书应当载明下列事项：

（一）悬赏金的数额或计算方法；

（二）有关人员提供人民法院尚未掌握的财产线索，使该申请执行人的债权得以全部或部分实现时，自愿支付悬赏金的承诺；

（三）悬赏公告的发布方式；

（四）其他需要载明的事项。

人民法院应当自收到书面申请之日起十日内决定是否准许。

第二十二条 人民法院决定悬赏查找财产的，应当制作悬赏公告。悬赏公告应当载明悬赏金的数额或计算方法、领取条件等内容。

悬赏公告应当在全国法院执行悬赏公告平台、法院微博或微信等媒体平台发布，也可以在执行法院公告栏或被执行人住所地、经常居住地等处张贴。申请执行人申请在其他媒体平台发布，并自愿承担发布费用的，人民法院应当准许。

第二十三条 悬赏公告发布后，有关人员向人民法院提供财产线索的，人民法院应当对有关人员的身份信息和财产线索进行登记；两人以上提供相同财产线索的，应当按照提供线索的先后顺序登记。

人民法院对有关人员的身份信息和财产线索应当保密，但为发放悬赏金需要告知申请执行人的除外。

第二十四条 有关人员提供人民法院尚未掌握的财产线索，使申请发布悬赏公告的申请执行人的债权得以全部或部分实现的，人民法院应当按照悬赏公告发放悬赏金。

悬赏金从前款规定的申请执行人应得的执行款中予以扣减。特定物交付执行或者存在其他无法扣减情形的，悬赏金由该申请执行人另行支付。

有关人员为申请执行人的代理人、有义务向人民法院提供财产线索的人员或者存在其他不应发放悬赏金情形的，不予发放。

第二十五条　执行人员不得调查与执行案件无关的信息，对调查过程中知悉的国家秘密、商业秘密和个人隐私应当保密。

第二十六条　本规定自 2017 年 5 月 1 日起施行。

本规定施行后，本院以前公布的司法解释与本规定不一致的，以本规定为准。

▶司法解释性文件一

★**最高人民法院关于适用《中华人民共和国民事诉讼法》若干问题的意见**（1992 年 7 月 14 日施行　法发〔1992〕22 号）（节录）

254. 强制执行的标的应当是财物或者行为。当事人拒绝履行发生法律效力的判决、裁定、调解书、支付令的，人民法院应向当事人发出执行通知。在执行通知指定的期间被执行人仍不履行的，应当强制执行。

▶司法解释性文件二

★**最高人民法院关于人民法院办理执行案件若干期限的规定**（2007 年 1 月 1 日施行　法发〔2006〕35 号）（节录）

第二条　人民法院应当在立案后 7 日内确定承办人。

第三条　承办人收到案件材料后，经审查认为情况紧急、需立即采取执行措施的，经批准后可立即采取相应的执行措施。

第四条　承办人应当在收到案件材料后 3 日内向被执行人发出执行通知书，通知被执行人按照有关规定申报财产，责令被执行人履行生效法律文书确定的义务。

被执行人在指定的履行期间内有转移、隐匿、变卖、毁损财产等情形的，人民法院在获悉后应当立即采取控制性执行措施。

第五条　承办人应当在收到案件材料后 3 日内通知申请执行人提供被执行人财产状况或财产线索。

第六条　申请执行人提供了明确、具体的财产状况或财产线索的，承办人应当在申请执行人提供财产状况或财产线索后 5 日内进行查证、核实。情况紧急的，应当立即予以核查。

申请执行人无法提供被执行人财产状况或财产线索，或者提供财产状况或财产线索确有困难，需人民法院进行调查的，承办人应当在申请执行人提出调查申请后 10 日内启动调查程序。

根据案件具体情况，承办人一般应当在 1 个月内完成对被执行人收入、银行存款、有价证券、不动产、车辆、机器设备、知识产权、对外投资权益及收益、到期债权等资产状况的调查。

第七条 执行中采取评估、拍卖措施的，承办人应当在 10 日内完成评估、拍卖机构的遴选。

▶ **司法解释性文件三**

★**最高人民法院关于人民法院执行公开的若干规定**（2007 年 1 月 1 日施行 法发〔2006〕35 号）（节录）

第七条 人民法院对申请执行人提供的财产线索进行调查后，应当及时将调查结果告知申请执行人；对依职权调查的被执行人财产状况和被执行人申报的财产状况，应当主动告知申请执行人。

▶ **司法解释性文件四**

★**中央政法委、最高人民法院关于规范集中清理执行积案结案标准的通知**（2009 年 3 月 19 日施行 法发〔2009〕15 号）（节录）

二、执行法院应依法穷尽财产调查措施，并将调查结果告知申请执行人。只有在积极采取法律赋予的调查手段、穷尽对被执行人财产状况的相关调查措施之后，才可以将有关案件认定为无财产可供执行的案件。

1. 申请执行人不能提供被执行人的财产或财产线索的，执行法院应当要求被执行人进行财产申报。·

被执行人进行了财产申报，或者申请执行人提供了被执行人的财产或财产线索的，执行法院必须进行调查核实。调查结果应当告知申请执行人。

如果根据有关线索认定被执行人有履行能力，但无法查到确切财产下落的，执行法院可以根据案件具体情况，采取在征信系统记录、通过媒体公布不履行义务信息等合法措施。

2. 被执行人申报无财产或申请执行人无法提供被执行人财产或财产线索的，执行法院应按照下列情况处理：

（1）被执行人是法人的，应当向有关金融机构查询银行存款，向有关房地产管理部门查询房地产登记，向法人登记机关查询股权，向有关车管部门查询车辆等。

（2）被执行人是自然人的，应当向被执行人所在单位及居住地周边群众调查了解被执行人的财产状况或财产线索，包括被执行人的经济收入来源、被执行人到期债权等。如果根据财产线索判断被执行人有较高收入，应当按照对法人的调查途径进行调查。

3. 作为被执行人的企业法人被撤销、注销、吊销营业执照或者歇业的，在申请执行人提出清算或审计申请并预交相关费用后，执行法院可以责令股东进行清算或者由执行法院委托中介机构进行审计。

4. 需要查找被执行人的案件，执行依据中记载被执行人地址或者联系方式的，必须根据该线索进行查找或联系。无其他适当线索的，被执行人是法人的，应根据登记机关的登记资料查找其负责人；被执行人是自然人的，应到其户籍所在地、住所地（暂住地）向当地公安派出所、居委会、村委会、被执行人的亲属和邻居进行调查。

5. 如果认定被执行人下落不明且无财产可供执行，案卷中必须具备下列材料：

（1）被执行人是法人的，其注册登记情况、法律文书中注明的营业地址现场调查情况或者登记机关的书面证明材料。

（2）被执行人是自然人的，其近亲属、邻居、当地村委会、居委会、公安派出所的调查笔录或者证明材料。

6. 认定被执行人无财产可供执行的，必须将所采取的各种财产调查措施的材料归入案卷。包括工作记录、调查（询问）笔录、谈话笔录、当事人书面确认材料、被查询单位出具的书面查询结果，以及其他能够证明被执行人财产状况和执行法院进行相关调查工作情况的材料。

7. 执行法院应当及时将案件执行情况向申请执行人反馈，反馈情况记录必须归入案卷。

▶ 司法解释性文件五

★最高人民法院关于执行案件立案、结案若干问题的意见（2015 年 1 月 1 日施行　法发〔2014〕26 号）（节录）

第十六条　有下列情形之一的，可以以"终结本次执行程序"方式结案：

（一）被执行人确无财产可供执行，申请执行人书面同意人民法院终结本次执行程序的；

（二）因被执行人无财产而中止执行满两年，经查证被执行人确无财产可供执行的；

（三）申请执行人明确表示提供不出被执行人的财产或财产线索，并在人民法院穷尽财产调查措施之后，对人民法院认定被执行人无财产可供执行书面表示认可的；

（四）被执行人的财产无法拍卖变卖，或者动产经两次拍卖、不动产或其他财产权经三次拍卖仍然流拍，申请执行人拒绝接受或者依法不能交付其抵债，经人民法院穷尽财产调查措施，被执行人确无其他财产可供执行的；

（五）经人民法院穷尽财产调查措施，被执行人确无财产可供执行或虽有财产但不宜强制执行，当事人达成分期履行和解协议，且未履行完毕的；

（六）被执行人确无财产可供执行，申请执行人属于特困群体，执行法院已经给予其适当救助的。

……

本条第一款第（三）（四）（五）项中规定的"人民法院穷尽财产调查措施"，是指至少完成下列调查事项：

（一）被执行人是法人或其他组织的，应当向银行业金融机构查询银行存款，向有关房地产管理部门查询房地产登记，向法人登记机关查询股权，向有关车管部门查询车辆等情况；

（二）被执行人是自然人的，应当向被执行人所在单位及居住地周边群众调查了解被执行人的财产状况或财产线索，包括被执行人的经济收入来源、被执行人到期债权等。如果根据财产线索判断被执行人有较高收入，应当按照对法人或其他组织的调查途径进行调查；

（三）通过最高人民法院的全国法院网络执行查控系统和执行法院所属高级人民法院的"点对点"网络执行查控系统能够完成的调查事项；

（四）法律、司法解释规定必须完成的调查事项。

▶ **浙江省高院规定一**

★浙江省高级人民法院关于执行案件流程管理的规定（2003 年 3 月 1 日施行　浙高法〔2003〕26 号）（节录）

第五条　执行实施机构自收到执行案件之日起 3 日内，必须向被执行人发出《执行通知书》和《申报财产通知书》；向申请执行人发出《提供被执行人财产线索通知书》。

▶ **浙江省高院规定二**

★浙江省高级人民法院《2009 年上半年全省法院执行案件情况分析会议纪要》（2009 年 5 月 31 日施行　浙高法〔2009〕159 号）（节录）

7. 案件执行中，应当依法向当事人发出执行通知书。符合民事诉讼法第二百一十六条①第二款的规定情形立即采取强制执行措施的，执行通知书可以同时或者在三日内发出。

---

①　已修改为民事诉讼法第二百四十条。

二、被执行人财产报告义务

【条文主旨】被执行人财产报告

第二百四十一条　被执行人未按执行通知履行法律文书确定的义务，应当报告当前以及收到执行通知之日前一年的财产情况。被执行人拒绝报告或者虚假报告的，人民法院可以根据情节轻重对被执行人或者其法定代理人、有关单位的主要负责人或者直接责任人员予以罚款、拘留。

▶ **司法解释**

★最高人民法院关于适用《中华人民共和国民事诉讼法》执行程序若干问题的解释（2009 年 1 月 1 日施行　法释〔2008〕13 号）（节录）

第三十一条　人民法院依照民事诉讼法第二百一十七条[1]规定责令被执行人报告财产情况的，应当向其发出报告财产令。报告财产令中应当写明报告财产的范围、报告财产的期间、拒绝报告或者虚假报告的法律后果等内容。

第三十二条　被执行人依照民事诉讼法第二百一十七条的规定，应当书面报告下列财产情况：

（一）收入、银行存款、现金、有价证券；

（二）土地使用权、房屋等不动产；

（三）交通运输工具、机器设备、产品、原材料等动产；

（四）债权、股权、投资权益、基金、知识产权等财产性权利；

（五）其他应当报告的财产。

被执行人自收到执行通知之日前一年至当前财产发生变动的，应当对该变动情况进行报告。

被执行人在报告财产期间履行全部债务的，人民法院应当裁定终结报告程序。

第三十三条　被执行人报告财产后，其财产情况发生变动，影响申请执行人债权实现的，应当自财产变动之日起十日内向人民法院补充报告。

第三十四条　对被执行人报告的财产情况，申请执行人请求查询的，人民法院应当准许。申请执行人对查询的被执行人财产情况，应当保密。

第三十五条　对被执行人报告的财产情况，执行法院可以依申请执行人的申请或者依职权调查核实。

---

[1]　已修改为民事诉讼法第二百四十一条。

第五章 执行实施之金钱给付

第一节 对银行存款、债券等的执行

> 【条文主旨】对存款、债券、股票、基金份额等财产的执行与协助执行
>
> 第二百四十二条 被执行人未按执行通知履行法律文书确定的义务，人民法院有权向有关单位查询被执行人的存款、债券、股票、基金份额等财产情况。人民法院根据不同情形扣押、冻结、划拨、变价被执行人的财产。人民法院查询、扣押、冻结、划拨、变价的财产不得超过被执行人应当履行义务的范围。
>
> 人民法院决定扣押、冻结、划拨、变价财产，应当作出裁定，并发出协助执行通知书，有关单位必须办理。

▶ **司法解释一**

★最高人民法院关于人民法院执行工作若干问题的规定（试行）（1998 年 7 月 8 日施行 法释〔1998〕15 号）（节录）

32. 查询、冻结、划拨被执行人在银行（含其分理处、营业所和储蓄所）、非银行金融机构、其他有储蓄业务的单位（以下简称金融机构）的存款①，依照中国人民银行、最高人民法院、最高人民检察院、公安部《关于查询、冻结、扣划企业事业单位、机关、团体银行存款的通知》②的规定办理。

33. 金融机构擅自解冻被人民法院冻结的款项，致冻结款项被转移的，人

---

① 存在被执行人银行账户中的存款并非绝对属于被执行人的财产，如有执行异议，人民法院应当予以审查。最高人民法院《关于长顺县法院划拨所有权尚未转移给被执行人的款项问题的函》（1997 年 1 月 13 日 经监〔1997〕17 号）认为被执行人账户上的存款，因有预留印鉴手续，该笔款项的所有权尚未转移，仍归案外人所有。

② 最高人民法院《关于军队单位作为经济纠纷案件的当事人可否对其银行账户上的存款采取诉讼保全和军用费用能否强行划拨偿还债务问题的批复》（1990 年 10 月 9 日 法经复〔1990〕15 号）答复：该通知同样适用于军队系统的企事业单位。人民法院在审理经济纠纷案件过程中，如果发现该军队机关或所属单位以不准用于从事经营性业务往来结算的账户从事经营性业务往来结算和经营性借贷或者担保等违反国家政策、法律的，人民法院有权依法对其账户动用的资金采取诉讼保全措施和执行措施。

民法院有权责令其限期追回已转移的款项。在限期内未能追回的，应当裁定该金融机构在转移的款项范围内以自己的财产向申请执行人承担责任。

34. 被执行人为金融机构的，对其交存在人民银行的存款准备金和备付金不得冻结和扣划，但对其在本机构、其他金融机构的存款，及其在人民银行的其他存款可以冻结、划拨，并可对被执行人的其他财产采取执行措施，但不得查封其营业场所。

35. 作为被执行人的公民，其收入转为储蓄存款的，应当责令其交出存单。拒不交出的，人民法院应当作出提取其存款的裁定，向金融机构发出协助执行通知书，并附生效法律文书，由金融机构提取被执行人的存款交人民法院或存入人民法院指定的帐户。

▶ **司法解释二**

★**最高人民法院关于网络查询、冻结被执行人存款的规定**（2013 年 9 月 2 日施行　法释〔2013〕20 号）

为规范人民法院办理执行案件过程中通过网络查询、冻结被执行人存款及其他财产的行为，进一步提高执行效率，根据《中华人民共和国民事诉讼法》的规定，结合人民法院工作实际，制定本规定。

第一条　人民法院与金融机构已建立网络执行查控机制的，可以通过网络实施查询、冻结被执行人存款等措施。

网络执行查控机制的建立和运行应当具备以下条件：

（一）已建立网络执行查控系统，具有通过网络执行查控系统发送、传输、反馈查控信息的功能；

（二）授权特定的人员办理网络执行查控业务；

（三）具有符合安全规范的电子印章系统；

（四）已采取足以保障查控系统和信息安全的措施。

第二条　人民法院实施网络执行查控措施，应当事前统一向相应金融机构报备有权通过网络采取执行查控措施的特定执行人员的相关公务证件。办理具体业务时，不再另行向相应金融机构提供执行人员的相关公务证件。

人民法院办理网络执行查控业务的特定执行人员发生变更的，应当及时向相应金融机构报备人员变更信息及相关公务证件。

第三条　人民法院通过网络查询被执行人存款时，应当向金融机构传输电子协助查询存款通知书。多案集中查询的，可以附汇总的案件查询清单。

对查询到的被执行人存款需要冻结或者续行冻结的，人民法院应当及时向金融机构传输电子冻结裁定书和协助冻结存款通知书。

对冻结的被执行人存款需要解除冻结的，人民法院应当及时向金融机构传输电子解除冻结裁定书和协助解除冻结存款通知书。

第四条 人民法院向金融机构传输的法律文书，应当加盖电子印章。

作为协助执行人的金融机构完成查询、冻结等事项后，应当及时通过网络向人民法院回复加盖电子印章的查询、冻结等结果。

人民法院出具的电子法律文书、金融机构出具的电子查询、冻结等结果，与纸质法律文书及反馈结果具有同等效力。

第五条 人民法院通过网络查询、冻结、续冻、解冻被执行人存款，与执行人员赴金融机构营业场所查询、冻结、续冻、解冻被执行人存款具有同等效力。

第六条 金融机构认为人民法院通过网络执行查控系统采取的查控措施违反相关法律、行政法规规定的，应当向人民法院书面提出异议。人民法院应当在 15 日内审查完毕并书面回复。

第七条 人民法院应当依据法律、行政法规规定及相应操作规范使用网络执行查控系统和查控信息，确保信息安全。

人民法院办理执行案件过程中，不得泄露通过网络执行查控系统取得的查控信息，也不得用于执行案件以外的目的。

人民法院办理执行案件过程中，不得对被执行人以外的非执行义务主体采取网络查控措施。

第八条 人民法院工作人员违反第七条规定的，应当按照《人民法院工作人员处分条例》给予纪律处分；情节严重构成犯罪的，应当依法追究刑事责任。

第九条 人民法院具备相应网络扣划技术条件，并与金融机构协商一致的，可以通过网络执行查控系统采取扣划被执行人存款措施。

第十条 人民法院与工商行政管理、证券监管、土地房产管理等协助执行单位已建立网络执行查控机制，通过网络执行查控系统对被执行人股权、股票、证券账户资金、房地产等其他财产采取查控措施的，参照本规定执行。

▶ **司法解释性文件一**

★最高人民法院关于适用《中华人民共和国民事诉讼法》若干问题的意见（1992 年 7 月 14 日施行　法发〔1992〕22 号）（节录）

280. 人民法院可以直接向银行及其营业所、储蓄所、信用合作社以及其他有储蓄业务的单位查询、冻结、划拨被执行人的存款。外地法院可以直接到被执行人住所地、被执行财产所在地银行及其营业所、储蓄所、信用合作社以及其他有储蓄业务的单位查询、冻结、划拨被执行人应当履行义务部分的存款，无需由当地人民法院出具手续。

➡️ **司法解释性文件二**

★**最高人民法院、中国人民银行关于依法规范人民法院执行和金融机构协助执行的通知**（2009 年 9 月 4 日施行 法发〔2000〕21 号）

各省、自治区、直辖市高级人民法院，解放军军事法院，新疆维吾尔自治区高级人民法院生产建设兵团分院，中国人民银行各分行，中国工商银行，中国农业银行，中国银行，中国建设银行及其他金融机构：

为依法保障当事人的合法权益，维护经济秩序，根据《中华人民共和国民事诉讼法》，现就规范人民法院执行和银行（含其分理处、营业所和储蓄所）以及其他办理存款业务的金融机构（以下统称金融机构）协助执行的有关问题通知如下：

一、人民法院查询被执行人在金融机构的存款时，执行人员应当出示本人工作证和执行公务证，并出具法院协助查询存款通知书。金融机构应当立即协助办理查询事宜，不需办理签字手续，对于查询的情况，由经办人签字确认。对协助执行手续完备拒不协助查询的，按照民事诉讼法第一百零二条规定处理。

人民法院对查询到的被执行人在金融机构的存款，需要冻结的，执行人员应当出示本人工作证和执行公务证，并出具法院冻结裁定书和协助冻结存款通知书。金融机构应当立即协助执行。对协助执行手续完备拒不协助冻结的，按照民事诉讼法第一百零二条规定处理。

人民法院扣划被执行人在金融机构存款的，执行人员应当出示本人工作证和执行公务证，并出具法院扣划裁定书和协助扣划存款通知书，还应当附生效法律文书副本。金融机构应当立即协助执行。对协助执行手续完备拒不协助扣划的，按照民事诉讼法第一百零二条规定处理。

人民法院查询、冻结、扣划被执行人在金融机构的存款时，可以根据工作情况要求存款人开户的营业场所的上级机构责令该营业场所做好协助执行工作，但不得要求该上级机构协助执行。

二、人民法院要求金融机构协助冻结、扣划被执行人的存款时，冻结、扣划裁定和协助执行通知书适用留置送达的规定。

三、对人民法院依法冻结、扣划被执行人在金融机构的存款，金融机构应当立即予以办理，在接到协助执行通知书后，不得再扣划应当协助执行的款项用以收贷收息；不得为被执行人隐匿、转移存款。违反此项规定的，按照民事诉讼法第一百零二条的有关规定处理。

四、金融机构在接到人民法院的协助执行通知书后，向当事人通风报信，致使当事人转移存款的，法院有权责令该金融机构限期追回，逾期未追回的，按照民事诉讼法第一百零二条的规定予以罚款、拘留；构成犯罪的，依法追究刑事责任，并建议有关部门给予行政处分。

五、对人民法院依法向金融机构查询或查阅的有关资料，包括被执行人开户、存款情况以及会计凭证、账簿、有关对账单等资料（含电脑储存资料），金融机构应当及时如实提供并加盖印章；人民法院根据需要可抄录、复制、照相，但应当依法保守秘密。

六、金融机构作为被执行人，执行法院到有关人民银行查询其在人民银行开户、存款情况的，有关人民银行应当协助查询。

七、人民法院在查询被执行人存款情况时，只提供单位账户名称而未提供账号的，开户银行应当根据银发〔1997〕94 号《关于贯彻落实中共中央政法委〈关于司法机关冻结、扣划银行存款问题的意见〉的通知》第二条的规定，积极协助查询并书面告知。

八、金融机构的分支机构作为被执行人的，执行法院应当向其发出限期履行通知书，期限为十五日；逾期未自动履行的，依法予以强制执行；对被执行人未能提供可供执行财产的，应当依法裁定逐级变更其上级机构为被执行人，直至其总行、总公司。每次变更前，均应当给予被变更主体十五日的自动履行期限；逾期未自动履行的，依法予以强制执行。

九、人民法院依法可以对银行承兑汇票保证金采取冻结措施，但不得扣划。如果金融机构已对汇票承兑或者已对外付款，根据金融机构的申请，人民法院应当解除对银行承兑汇票保证金相应部分的冻结措施。银行承兑汇票保证金已丧失保证金功能时，人民法院可以依法采取扣划措施。

十、有关人民法院在执行由两个人民法院或者人民法院与仲裁、公证等有关机构就同一法律关系作出的两份或者多份生效法律文书的过程中，需要金融机构协助执行的，金融机构应当协助最先送达协助执行通知书的法院，予以查询、冻结，但不得扣划。有关人民法院应当就该两份或多份生效法律文书上报共同上级法院协调解决，金融机构应当按照共同上级法院的最终协调意见办理。

十一、财产保全和先予执行依照上述规定办理。

此前的规定与本通知有抵触的，以本通知为准。

▶**司法解释性文件三**

★**最高人民法院、中国人民银行关于人民法院查询和人民银行协助查询被执行人人民币银行结算账户开户银行名称的联合通知**（2010 年 7 月 14 日法发〔2010〕27 号）

各省、自治区、直辖市高级人民法院，解放军军事法院，新疆维吾尔自治区高级人民法院生产建设兵团分院，中国人民银行上海总部，各分行、营业管理部、省会（首府）城市中心支行，深圳市中心支行：

为维护债权人合法权益和国家司法权威，根据《中华人民共和国民事诉讼法》、《中华人民共和国中国人民银行》等法律，现就人民法院通过人民币银行结算账户管理系统查询被执行人银行结算账户开户银行名称的有关事项通知如下：

一、人民法院查询对象限于生效法律文书所确定的被执行人，包括法人、其他组织和自然人。

二、人民法院需要查询被执行人银行结算账户开户银行名称的，人民银行上海总部，被执行人注册地（身份证发证机关所在地）所在省（自治区、直辖市）人民银行各分行、营业管理部、省会（首府）城市中心支行及深圳市中心支行应当予以查询。

三、人民法院查询被执行人结算账户开户银行名称的，由被执行人注册地（身份证发证机关所在地）所在省（自治区、直辖市）高级人民法院（另含深圳市中级人民法院）统一集中批量办理。

四、高级人民法院（另含深圳市中级人民法院）审核汇总有关查询申请后，应当就协助查询被执行人名称（姓名、身份证号码）、注册地（身份证发证机关所在地）、执行法院、执行案号等事项填写《协助查询书》（见附件1），加盖高级人民法院（另含深圳市中级人民法院）公章后于每周一上午（节假日顺延）安排专人向所在地人民银行上述机构送交《协助查询书》（并附协助查询书的电子版光盘）。

五、人民银行上述机构街道高级人民法院（另含深圳市中级人民法院）送达的《协助查询书》后，应当核查《协助查询书》的要素是否完备。经核查无误后，在5个工作日内通过人民币银行结算账户管理系统查询被执行人的银行结算账户开户行名称，根据查询结果如实填写《协助查询答复书》（见附件2）。并加盖人民银行公章或协助查询专用章。经核查《协助查询书》要素不完备的，人民银行上述机构不予查询，并及时通知相关人民法院。

六、被执行人的人民币银行结算账户开户银行名称由银行业金融机构向人民银行报备，人民银行只对银行业金融机构报备的被执行人的人民币银行结算账户开户银行名称进行汇总，不负责审查真实性和准确性。

七、人民法院应当依法使用人民银行上述机构提供的被执行人银行结算账户开户银行名称信息，为当事人保守秘密。

人民银行上述机构以及工作人员在协助查询过程中应当保守查询密码，不得向查询当事人及其关联人泄漏与查询有关的信息。

八、人民银行上述机构因按本通知协助人民法院查询被执行人银行结算账户开户银行名称而被起诉的，人民法院应不予受理。

九、人民法院对人民银行上述机构及工作人员执行本通知规定，或依法执行公务的行为，不应采取强制措施。如发生争议，高级人民法院（另含深圳市中级人民法院）与人民银行上述机构应当协商解决；协商不成的，应及时报请最高人民法院和中国人民银行处理。

十、本通知自下发之日起正式实施，原下发的《最高人民法院　中国人民银行关于在全国清理执行积案期间人民法院查询法人被执行人人民币银行结算账户开户银行名称的通知》（法发〔2009〕5号）同时废止。

▶ 司法解释性文件四

★**最高人民法院、中国银监会关于人民法院与银行业金融机构开展网络执行查控和联合信用惩戒工作的意见**（2014年10月24日施行　法〔2014〕266号）

各省、自治区、直辖市高级人民法院，解放军军事法院，新疆维吾尔自治区高级人民法院生产建设兵团分院；各银监局；各政策性银行、国有商业银行、股份制商业银行、邮储银行、各省级农村信用联社：

为维护司法权威，防范金融风险，保障当事人合法权益，推动社会信用体系建设，根据《中华人民共和国民事诉讼法》《中华人民共和国商业银行法》及《关于建立和完善执行联动机制若干问题的意见》等规定，结合工作实际，最高人民法院和中国银行业监督管理委员会就人民法院和银行业金融机构开展网络执行查控和联合信用惩戒工作，提出如下意见：

一、最高人民法院、中国银行业监督管理委员会鼓励和支持各级人民法院与银行业金融机构通过网络信息化方式，开展执行与协助执行、联合对失信被执行人进行信用惩戒等工作。

二、最高人民法院、中国银行业监督管理委员会鼓励和支持银行业金融机构与人民法院建立网络执行查控机制，通过网络查询被执行人存款和其他金融资产信息，办理其他协助事项。

银行业金融机构应当推进电子信息化建设，协助人民法院建立网络执行查控机制。

三、中国银行业监督管理委员会督促指导各银行业金融机构确定专门机构和人员负责网络执行查控工作，及时准确反馈办理结果；鼓励和支持开发批量自动查控功能，实现查询数据的准确和高效。

四、中国银行业监督管理委员会鼓励和支持人民法院与银行业金融机构在完备法律手续、保证资金安全的情况下，逐步通过网络实施查询、冻结、扣划等执行措施。

银行业金融机构尚未与人民法院建立网络执行查控机制，或者协助事项不能通过网络办理的，应当根据法律、司法解释和有关规定，协助人民法院现场办理。

五、中国银行业监督管理委员会鼓励和支持银行业金融机构与人民法院以全国法院执行案件信息系统为基础，建立全国网络执行查控机制。

全国网络执行查控机制建设主要采取两种模式。一是"总对总"联网，即最高人民法院通过中国银行业监督管理委员会金融专网通道与各银行业金融机构总行网络对接。各级人民法院通过最高人民法院网络执行查控系统实施查控。二是"点对点"联网，即高级人民法院通过当地银监局金融专网通道与各银行业金融机构省级分行网络对接。本地人民法院通过高级人民法院执行查控系统实施本地查控，外地法院通过最高人民法院网络中转接入当地高级人民法院执行查控系统实施查控。

各级人民法院与银行业金融机构及其分支机构已协议通过专线或其他网络建立网络查控机制的，可继续按原有模式建设和运行。本意见下发后，采用第二款以外模式建设的，应当经最高人民法院和中国银行业监督管理委员会同意。

六、人民法院与银行业金融机构建立了网络执行查控机制的，通过网络执行查控系统对被执行人存款或其他金融资产采取查控措施，按照《最高人民法院关于网络查询、冻结被执行人存款的规定》（法释〔2013〕20号）执行。

七、各级法院应当加强管理，确保依照法律、法规、司法解释以及金融监管规定，查询和使用被执行人银行账户等信息，确保有关人员严格遵守保密规定。

八、最高人民法院、中国银行业监督管理委员会鼓励和支持银行业金融机构与人民法院建立联合信用惩戒机制。银行业金融机构与人民法院通过网络传输等方式，共享失信被执行人名单及其他执行案件信息；银行业金融机构依照法律、法规规定，在融资信贷等金融服务领域，对失信被执行人等采取限制贷款、限制办理信用卡等措施。

九、上级法院和银行业监管机构应当加强对网络执行查控机制和联合信用惩戒机制建设的监督指导，协调处理两个机制建设和运行中产生的分歧和争议。

建立了合作关系的人民法院、银行业金融机构应当安排专人协调处理两个机制运行中发生的争议。协调无果的，可通过上级法院、银行业监管机构协调解决。

建立了合作关系的人民法院、银行业金融机构应当制定应急预案，配备专门的技术人员处理两个机制运行中的突发事件，保障系统安全。

十、银行业金融机构依法协助人民法院办理网络执行查控措施，当事人或者利害关系人有异议的，银行业金融机构应当告知其根据民事诉讼法第二百二十五条之规定向执行法院提出，但银行业金融机构未按照协助执行通知书办理的除外。

十一、人民法院与银行业金融机构关于协助执行的有关规范性文件与本意见不一致的，以本意见为准。

▶ 相关答复一

★ 最高人民法院关于银行擅自划拨法院已冻结的款项如何处理问题的函（1989年3月26日施行 法（经）函〔1989〕10号）

江西省高级人民法院：

你院赣法经〔1986〕第03号关于对银行擅自划拨已冻结款项如何处理的请示收悉，经研究答复如下：

根据《民事诉讼法（试行）》第一百六十四条和最高人民法院、中国人民银行《关于查询、冻结和扣划企业事业单位、机关、团体的银行存款的联合通知》的规定，银行有义务协助人民法院冻结企业事业单位、机关、团体的银行存款，已被冻结款项的解冻，应以人民法院的通知为凭，银行不得自行解冻，只有超过六个月冻结期限，法院未办理继续冻结手续的才视为自动撤销冻结。南宁市常乐贸易公司的银行存款于1985年6月27日被法院依法冻结。据你院来文所述，九江市中级人民法院的执行人员于1985年12月18日到工商银行南宁市支行民生路信用部要求划拨被冻结的款项时，该款已被民生路信用部扣划抵还其贷款。民生路信用部的行为，显属违反《民事诉讼法（试行）》和最高人民法院、中国人民银行联合通知的规定，应责成信用部将款追回并可依据《民事诉讼法（试行）》第七十七条的规定对直接人员追究责任。

▶ 相关答复二

★ 最高人民法院关于法院冻结财产的户名与账号不符银行能否自行解冻的请示的答复（1997年1月20日施行 法经〔1997〕32号）

江西省高级人民法院：

你院赣高法研〔1996〕6号请示收悉，经研究，答复如下：

人民法院根据当事人申请，对财产采取冻结措施，是我国民事诉讼法赋予人民法院的职权，其他单位、组织和个人均不得加以妨碍。人民法院在完成对财产冻结手续后，银行如发现被冻结的户名与账号不符量，应主动向法院提出存在的问题，由法院更正，而不能自行解冻；如因自行解冻不当造成损失，应视其过错程度承担相应的法律责任。

此复

➡ **相关答复三**

　　★ **最高人民法院就新疆高院《关于执行我院〔1999〕新经初字第10号民事判决书而义务协助单位持不同意见要求协调的报告》的复函**（2000年9月4日施行　〔2000〕执协字第34号）

新疆维吾尔自治区高级人民法院：

　　你院〔1999〕新执字第35-2号《关于执行我院〔1999〕新经初字第10号民事判决书而义务协助单位持不同意见要求协调的报告》收悉。经研究，答复如下：

　　北京三峡兴业商贸公司三门峡分公司（以下简称兴业公司）向中国农业银行河南省三门峡市湖滨区支行营业部（以下简称湖滨支行）申请办理银行承兑汇票，以张朝钧在湖滨支行的人民币240万元存款作担保，并将存单交给湖滨支行作质押，取得湖滨支行开出的金额为人民币240万元的银行承兑汇票。中国农业银行杭州市西湖支行（以下简称西湖支行）依据此银行承兑汇票依法办理了贴现手续，支付了对价款，同时成为此银行汇票的合法持票人；在该汇票到期日，承兑行湖滨支行应无条件向西湖支行支付此笔票据款项。依据《担保法》的有关规定，湖滨支行对张朝钧出质的人民币240万元存单享有质权。故你院〔1999〕新执字第35-1号民事裁定书裁定扣划湖滨支行享有质权的存款人民币240万元及相应利息、裁定"终止执行"西湖支行合法持有的VIV03784522号银行承兑汇票是错误的。请你院在接到此件后，十日内撤销〔1999〕新执字第35-1号民事裁定书。

第二节　对被执行人收入的执行

【条文主旨】对被执行人收入的执行

　　第二百四十三条　被执行人未按执行通知履行法律文书确定的义务，人民法院有权扣留、提取被执行人应当履行义务部分的收入。但应当保留被执行人及其所扶养家属的生活必需费用。

　　人民法院扣留、提取收入时，应当作出裁定，并发出协助执行通知书，被执行人所在单位、银行、信用合作社和其他有储蓄业务的单位必须办理。

➡ **司法解释**

　　★ **最高人民法院关于人民法院执行工作若干问题的规定（试行）**（1998年7月8日施行　法释〔1998〕15号）（节录）

　　36. 被执行人在有关单位的收入尚未支取的，人民法院应当作出裁定，向该单位发出协助执行通知书，由其协助扣留或提取。

37. 有关单位收到人民法院协助执行被执行人收入的通知后，擅自向被执行人或其他人支付的，人民法院有权责令其限期追回；逾期未追回的，应当裁定其在支付的数额内向申请执行人承担责任。

第三节　对其他财产的执行

一、对其他财产的查控

【条文主旨】查封、扣押、冻结等执行措施的采取

第二百四十四条　被执行人未按执行通知履行法律文书确定的义务，人民法院有权查封、扣押、冻结、拍卖、变卖被执行人应当履行义务部分的财产。但应当保留被执行人及其所扶养家属的生活必需品。

采取前款措施，人民法院应当作出裁定。

【条文主旨】查封、扣押财产的程序

第二百四十五条　人民法院查封、扣押财产时，被执行人是公民的，应当通知被执行人或者他的成年家属到场；被执行人是法人或者其他组织的，应当通知其法定代表人或者主要负责人到场。拒不到场的，不影响执行。被执行人是公民的，其工作单位或者财产所在地的基层组织应当派人参加。

对被查封、扣押的财产，执行员必须造具清单，由在场人签名或者盖章后，交被执行人一份。被执行人是公民的，也可以交他的成年家属一份。

【条文主旨】被查封财产的保管

第二百四十六条　被查封的财产，执行员可以指定被执行人负责保管。因被执行人的过错造成的损失，由被执行人承担。

▶ 司法解释一

★最高人民法院关于人民法院执行工作若干问题的规定（试行）（1998年7月8日施行　法释〔1998〕15号）（节录）

38. 被执行人无金钱给付能力的，人民法院有权裁定对被执行人的其他财产采取查封、扣押措施。裁定书应送达被执行人。

采取前款措施需有关单位协助的，应当向有关单位发出协助执行通知书，连同裁定书副本一并送达有关单位。

39. 查封、扣押财产的价值应当与被执行人履行债务的价值相当。

40. 人民法院对被执行人所有的其他人享有抵押权、质押权或留置权的财产，可以采取查封、扣押措施。财产拍卖、变卖后所得价款，应当在抵押权人、质押权人或留置权人优先受偿后，其余额部分用于清偿申请执行人的债权。

41. 对动产的查封，应当采取加贴封条的方式。不便加贴封条的，应当张贴公告。

对有产权证照的动产或不动产的查封，应当向有关管理机关发出协助执行通知书，要求其不得办理查封财产的转移过户手续，同时可以责令被执行人将有关财产权证照交人民法院保管。必要时也可以采取加贴封条或张贴公告的方法查封。

既未向有关管理机关发出协助执行通知书，也未采取加贴封条或张贴公告的办法查封的，不得对抗其他人民法院的查封。

42. 被查封的财产，可以指令由被执行人负责保管。如继续使用被查封的财产对其价值无重大影响，可以允许被执行人继续使用。因被执行人保管或使用的过错造成的损失，由被执行人承担。

43. 被扣押的财产，人民法院可以自行保管，也可以委托其他单位或个人保管。对扣押的财产，保管人不得使用。

44. 被执行人或其他人擅自处分已被查封、扣押、冻结财产的，人民法院有权责令责任人限期追回财产或承担相应的赔偿责任。

45. 被执行人的财产经查封、扣押后，在人民法院指定的期间内履行义务的，人民法院应当及时解除查封、扣押措施。

51. 对被执行人从有关企业中应得的已到期的股息或红利等收益，人民法院有权裁定禁止被执行人提取和有关企业向被执行人支付，并要求有关企业直接向申请执行人支付。

对被执行人预期从有关企业中应得的股息或红利等收益，人民法院可以采取冻结措施，禁止到期后被执行人提取和有关企业向被执行人支付。到期后人民法院可从有关企业中提取，并出具提取收据。

52. 对被执行人在其他股份有限公司中持有的股份凭证（股票）①，人民法院可以扣押，并强制被执行人按照公司法的有关规定转让，也可以直接采取

---

① 最高人民法院执行工作办公室《关于执行股份有限公司发起人股份问题的复函》（2000 年 1 月 10 日 〔2000〕执他字第 1 号）答复称：人民法院执行被执行人持有的发起人的股份不受《公司法》关于发起人股份在 3 年内不得转让规定的限制，有关公司和部门应当协助人民法院办理转让股份的变更登记手续。

拍卖、变卖的方式进行处分，或直接将股票抵偿给债权人，用于清偿被执行人的债务。

53. 对被执行人在有限责任公司、其他法人企业中的投资权益或股权，人民法院可以采取冻结措施。

冻结投资权益或股权的，应当通知有关企业不得办理被冻结投资权益或股权的转移手续，不得向被执行人支付股息或红利。被冻结的投资权益或股权，被执行人不得自行转让。

54. 被执行人在其独资开办的法人企业中拥的投资权益被冻结后，人民法院可以直接裁定予以转让，以转让所得清偿其对申请执行人的债务。[①]

对被执行人在有限责任公司中被冻结的投资权益或股权，人民法院可以依据《中华人民共和国公司法》第三十五条、第三十六条的规定，征得全体股东过半数同意后，予以拍卖、变卖或以其他方式转让。不同意转让的股东，应当购买该转让的投资权益或股权，不购买的，视为同意转让，不影响执行。

人民法院也可允许并监督被执行人自行转让其投资权益或股权，将转让所得收益用于清偿对申请执行人的债务。

55. 对被执行人在中外合资、合作经营企业中的投资权益或股权，在征得合资或合作他方的同意和对外经济贸易主管机关的批准后，可以对冻结的投资权益或股权予以转让。

如果被执行人除在中外合资、合作企业中的股权以外别无其他财产可供执行，其他股东又不同意转让的，可以直接强制转让被执行人的股权，但应当保护合资他方的优先购买权。

56. 有关企业收到人民法院发出的协助冻结通知后，擅自向被执行人支付股息或红利，或擅自为被执行人办理已冻结股权的转移手续，造成已转移的财产无法追回的，应当在所支付的股息或红利或转移的股权价值范围内向申请执行人承担责任。

---

① 最高人民法院执行工作办公室《关于如何执行投资权益的请示的答复》（2001 年 12 月 11 日 〔2000〕执他字第 20 号）答复：即使是对被执行人在其独自开办的法人企业的投资权益的执行，也不能无视该法人企业作为市场主体的独立性，将其财产径行作为被执行人的财产予以执行。最高人民法院执行工作办公室《关于如何对被执行人在另一家公司所拥有的股份进行变现执行的请示的答复》（2002 年 9 月 20 日 〔2002〕执他字第 12 号）答复称：执行机构在执行程序中，不可以裁定公司不具备法人资格。

▶**司法解释二**

★**最高人民法院关于人民法院民事执行中查封、扣押、冻结财产的规定**

（2005 年 1 月 1 日施行　法释〔2004〕15 号）

第一条　人民法院查封、扣押、冻结被执行人的动产、不动产及其他财产权，应当作出裁定，并送达被执行人和申请执行人。

采取查封、扣押、冻结措施需要有关单位或者个人协助的，人民法院应当制作协助执行通知书，连同裁定书副本一并送达协助执行人。查封、扣押、冻结裁定书和协助执行通知书送达时发生法律效力。

第二条　人民法院可以查封、扣押、冻结被执行人占有的动产、登记在被执行人名下的不动产、特定动产及其他财产权。

未登记的建筑物和土地使用权，依据土地使用权的审批文件和其他相关证据确定权属。

对于第三人占有的动产或者登记在第三人名下的不动产、特定动产及其他财产权，第三人书面确认该财产属于被执行人的，人民法院可以查封、扣押、冻结。

第三条　作为执行依据的法律文书生效后至申请执行前，债权人可以向有执行管辖权的人民法院申请保全债务人的财产。人民法院可以参照民事诉讼法第九十二条的规定作出保全裁定，保全裁定应当立即执行。

第四条　诉讼前、诉讼中及仲裁中采取财产保全措施的，进入执行程序后，自动转为执行中的查封、扣押、冻结措施，并适用本规定第二十九条关于查封、扣押、冻结期限的规定。

第五条　人民法院对被执行人下列的财产不得查封、扣押、冻结：

（一）被执行人及其所扶养家属生活所必需的衣服、家具、炊具、餐具及其他家庭生活必需的物品；

（二）被执行人及其所扶养家属所必需的生活费用，当地有最低生活保障标准的，必需的生活费用依照该标准确定；

（三）被执行人及其所扶养家属完成义务教育所必需的物品；

（四）未公开的发明或者未发表的著作；

（五）被执行人及其所扶养家属用于身体缺陷所必需的辅助工具、医疗物品；

（六）被执行人所得的勋章及其他荣誉表彰的物品；

（七）根据《中华人民共和国缔结条约程序法》，以中华人民共和国、中华人民共和国政府或者中华人民共和国政府部门名义同外国、国际组织缔结的条约、协定和其他具有条约、协定性质的文件中规定免于查封、扣押、冻结的财产；

（八）法律或者司法解释规定的其他不得查封、扣押、冻结的财产。①

第六条 对被执行人及其所扶养家属生活所必需的居住房屋，人民法院可以查封，但不得拍卖、变卖或者抵债。

第七条 对于超过被执行人及其所扶养家属生活所必需的房屋和生活用品，人民法院根据申请执行人的申请，在保障被执行人及其所扶养家属最低生活标准所必需的居住房屋和普通生活必需品后，可予以执行。

第八条 查封、扣押动产的，人民法院可以直接控制该项财产。人民法院将查封、扣押的动产交付其他人控制的，应当在该动产上加贴封条或者采取其他足以公示查封、扣押的适当方式。

第九条 查封不动产的，人民法院应当张贴封条或者公告，并可以提取保存有关财产权证照。

查封、扣押、冻结已登记的不动产、特定动产及其他财产权，应当通知有关登记机关办理登记手续。未办理登记手续的，不得对抗其他已经办理了登记手续的查封、扣押、冻结行为。

第十条 查封尚未进行权属登记的建筑物时，人民法院应当通知其管理人或者该建筑物的实际占有人，并在显著位置张贴公告。

第十一条 扣押尚未进行权属登记的机动车辆时，人民法院应当在扣押清单上记载该机动车辆的发动机编号。该车辆在扣押期间权利人要求办理权属登记手续的，人民法院应当准许并及时办理相应的扣押登记手续。

第十二条 查封、扣押的财产不宜由人民法院保管的，人民法院可以指定被执行人负责保管；不宜由被执行人保管的，可以委托第三人或者申请执行人保管。

由人民法院指定被执行人保管的财产，如果继续使用对该财产的价值无重大影响，可以允许被执行人继续使用；由人民法院保管或者委托第三人、申请执行人保管的，保管人不得使用。

第十三条 查封、扣押、冻结担保物权人占有的担保财产，一般应当指定该担保物权人作为保管人；该财产由人民法院保管的，质权、留置权不因转移占有而消灭。

第十四条 对被执行人与其他人共有的财产，人民法院可以查封、扣押、冻结，并及时通知共有人。

---

① 最高人民法院、最高人民检察院、公安部、中国证券监督管理委员会《关于查询、冻结、扣划证券和证券交易结算资金有关问题的通知》（2008年3月1日施行 法发〔2008〕4号）第五、六、七条规定的证券、资金等不得冻结、扣划。

　　共有人协议分割共有财产，并经债权人认可的，人民法院可以认定有效。查封、扣押、冻结的效力及于协议分割后被执行人享有份额内的财产；对其他共有人享有份额内的财产的查封、扣押、冻结，人民法院应当裁定予以解除。

　　共有人提起析产诉讼或者申请执行人代位提起析产诉讼的，人民法院应当准许。诉讼期间中止对该财产的执行。

　　第十五条　对第三人为被执行人的利益占有的被执行人的财产，人民法院可以查封、扣押、冻结；该财产被指定给第三人继续保管的，第三人不得将其交付给被执行人。

　　对第三人为自己的利益依法占有的被执行人的财产，人民法院可以查封、扣押、冻结，第三人可以继续占有和使用该财产，但不得将其交付给被执行人。

　　第三人无偿借用被执行人的财产的，不受前款规定的限制。

　　第十六条　被执行人将其财产出卖给第三人，第三人已经支付部分价款并实际占有该财产，但根据合同约定被执行人保留所有权的，人民法院可以查封、扣押、冻结；第三人要求继续履行合同的，应当由第三人在合理期限内向人民法院交付全部余款后，裁定解除查封、扣押、冻结。

　　第十七条　被执行人将其所有的需要办理过户登记的财产出卖给第三人，第三人已经支付部分或者全部价款并实际占有该财产，但尚未办理产权过户登记手续的，人民法院可以查封、扣押、冻结；第三人已经支付全部价款并实际占有，但未办理过户登记手续的，如果第三人对此没有过错，人民法院不得查封、扣押、冻结。

　　第十八条　被执行人购买第三人的财产，已经支付部分价款并实际占有该财产，但第三人依合同约定保留所有权，申请执行人已向第三人支付剩余价款或者第三人书面同意剩余价款从该财产变价款中优先支付的，人民法院可以查封、扣押、冻结。

　　第三人依法解除合同的，人民法院应当准许，已经采取的查封、扣押、冻结措施应当解除，但人民法院可以依据申请执行人的申请，执行被执行人因支付价款而形成的对该第三人的债权。

　　第十九条　被执行人购买需要办理过户登记的第三人的财产，已经支付部分或者全部价款并实际占有该财产，虽未办理产权过户登记手续，但申请执行人已向第三人支付剩余价款或者第三人同意剩余价款从该财产变价款中优先支付的，人民法院可以查封、扣押、冻结。

　　第二十条　查封、扣押、冻结被执行人的财产时，执行人员应当制作笔录，载明下列内容：

（一）执行措施开始及完成的时间；

（二）财产的所在地、种类、数量；

（三）财产的保管人；

（四）其他应当记明的事项。

执行人员及保管人应当在笔录上签名，有民事诉讼法第二百二十四条规定的人员到场的，到场人员也应当在笔录上签名。

第二十一条 查封、扣押、冻结被执行人的财产，以其价额足以清偿法律文书确定的债权额及执行费用为限，不得明显超标的额查封、扣押、冻结。

发现超标的额查封、扣押、冻结的，人民法院应当根据被执行人的申请或者依职权，及时解除对超标的额部分财产的查封、扣押、冻结，但该财产为不可分物且被执行人无其他可供执行的财产或者其他财产不足以清偿债务的除外。

第二十二条 查封、扣押的效力及于查封、扣押物的从物和天然孳息。

第二十三条 查封地上建筑物的效力及于该地上建筑物使用范围内的土地使用权，查封土地使用权的效力及于地上建筑物，但土地使用权与地上建筑物的所有权分属被执行人与他人的除外。

地上建筑物和土地使用权的登记机关不是同一机关的，应当分别办理查封登记。

第二十四条 查封、扣押、冻结的财产灭失或者毁损的，查封、扣押、冻结的效力及于该财产的替代物、赔偿款。人民法院应当及时作出查封、扣押、冻结该替代物、赔偿款的裁定。

第二十五条 查封、扣押、冻结协助执行通知书在送达登记机关时，登记机关已经受理被执行人转让不动产、特定动产及其他财产的过户登记申请，尚未核准登记的，应当协助人民法院执行。人民法院不得对登记机关已经核准登记的被执行人已转让的财产实施查封、扣押、冻结措施。

查封、扣押、冻结协助执行通知书在送达登记机关时，其他人民法院已向该登记机关送达了过户登记协助执行通知书的，应当优先办理过户登记。

第二十六条 被执行人就已经查封、扣押、冻结的财产所作的移转、设定权利负担或者其他有碍执行的行为，不得对抗申请执行人。

第三人未经人民法院准许占有查封、扣押、冻结的财产或者实施其他有碍执行的行为的，人民法院可以依据申请执行人的申请或者依职权解除其占有或者排除其妨害。①

人民法院的查封、扣押、冻结没有公示的，其效力不得对抗善意第三人。

第二十七条　人民法院查封、扣押被执行人设定最高额抵押权的抵押物的，应当通知抵押权人。抵押权人受抵押担保的债权数额自收到人民法院通知时起不再增加。

人民法院虽然没有通知抵押权人，但有证据证明抵押权人知道查封、扣押事实的，受抵押担保的债权数额从其知道该事实时起不再增加。

第二十八条　对已被人民法院查封、扣押、冻结的财产，其他人民法院可以进行轮候查封、扣押、冻结。查封、扣押、冻结解除的，登记在先的轮候查封、扣押、冻结即自动生效。

其他人民法院对已登记的财产进行轮候查封、扣押、冻结的，应当通知有关登记机关协助进行轮候登记，实施查封、扣押、冻结的人民法院应当允许其他人民法院查阅有关文书和记录。

其他人民法院对没有登记的财产进行轮候查封、扣押、冻结的，应当制作笔录，并经实施查封、扣押、冻结的人民法院执行人员及被执行人签字，或者书面通知实施查封、扣押、冻结的人民法院。

第二十九条　人民法院冻结被执行人的银行存款及其他资金的期限不得超过六个月，查封、扣押动产的期限不得超过一年，查封不动产、冻结其他财产权的期限不得超过二年。法律、司法解释另有规定的除外。

申请执行人申请延长期限的，人民法院应当在查封、扣押、冻结期限届满前办理续行查封、扣押、冻结手续，续行期限不得超过前款规定期限的二分之一。

第三十条　查封、扣押、冻结期限届满，人民法院未办理延期手续的，查封、扣押、冻结的效力消灭。

查封、扣押、冻结的财产已经被执行拍卖、变卖或者抵债的，查封、扣押、冻结的效力消灭。

第三十一条　有下列情形之一的，人民法院应当作出解除查封、扣押、冻

---

①　最高人民法院《关于人民法院能否在执行程序中以被执行人擅自出租查封房产为由认定该租赁合同无效或解除该租赁合同的答复》（2009 年 2 月 22 日　〔2009〕执他字第 7 号），认为被执行人擅自处分查封物，与第三人签订租赁合同，并不当然无效，只是不得对抗申请执行人。第三人依据租赁合同占有查封物的，人民法院可以解除其占有，但不应当在裁定中直接宣布租赁合同无效或解除租赁合同，而仅应指出租赁合同不能对抗申请执行人。

结裁定，并送达申请执行人、被执行人或者案外人：

（一）查封、扣押、冻结案外人财产的；

（二）申请执行人撤回执行申请或者放弃债权的；

（三）查封、扣押、冻结的财产流拍或者变卖不成，申请执行人和其他执行债权人又不同意接受抵债的；

（四）债务已经清偿的；

（五）被执行人提供担保且申请执行人同意解除查封、扣押、冻结的；

（六）人民法院认为应当解除查封、扣押、冻结的其他情形。

解除以登记方式实施的查封、扣押、冻结的，应当向登记机关发出协助执行通知书。

第三十二条 财产保全裁定和先予执行裁定的执行适用本规定。

第三十三条 本规定自 2005 年 1 月 1 日起施行。施行前本院公布的司法解释与本规定不一致的，以本规定为准。

▶ **司法解释三**

★最高人民法院关于人民法院执行设定抵押的房屋的规定（2005 年 12 月 21 日施行 法释〔2005〕14 号）（节录）

第一条 对于被执行人所有的已经依法设定抵押的房屋，人民法院可以查封，并可以根据抵押权人的申请，依法拍卖、变卖或者抵债。

▶ **司法解释四**

★最高人民法院关于适用《中华人民共和国民事诉讼法》的解释（2015 年 2 月 4 日施行 法释〔2015〕5 号）（节录）

第一百五十八条 人民法院对债务人到期应得的收益，可以采取财产保全措施，限制其支取，通知有关单位协助执行。

第四百七十九条 在执行中，被执行人通过仲裁程序将人民法院查封、扣押、冻结的财产确权或者分割给案外人的，不影响人民法院执行程序的进行。

案外人不服的，可以根据民事诉讼法第二百二十七条规定提出异议。

第四百八十五条 人民法院有权查询被执行人的身份信息与财产信息，掌握相关信息的单位和个人必须按照协助执行通知书办理。

第四百八十六条 对被执行的财产，人民法院非经查封、扣押、冻结不得处分。对银行存款等各类可以直接扣划的财产，人民法院的扣划裁定同时具有冻结的法律效力。

第四百八十七条 人民法院冻结被执行人的银行存款的期限不得超过一年，查封、扣押动产的期限不得超过两年，查封不动产、冻结其他财产权的期限不得超过三年。

申请执行人申请延长期限的，人民法院应当在查封、扣押、冻结期限届满前办理续行查封、扣押、冻结手续，续行期限不得超过前款规定的期限。

人民法院也可以依职权办理续行查封、扣押、冻结手续。

➡ 司法解释性文件一

★最高人民法院、国土资源部、建设部关于依法规范人民法院执行和国土资源房地产管理部门协助执行若干问题的通知（2004 年 3 月 1 日施行　法发〔2004〕5 号）

各省、自治区、直辖市高级人民法院，解放军军事法院，新疆维吾尔自治区高级人民法院生产建设兵团分院；各省、自治区、直辖市国土资源厅（国土环境资源厅、国土资源和房屋管理局、房屋土地资源管理局、规划和国土资源局），新疆生产建设兵团国土资源局；各省、自治区建设厅，新疆生产建设兵团建设局，各直辖市房地产管理局：

为保证人民法院生效判决、裁定及其他生效法律文书依法及时执行，保护当事人的合法权益，根据《中华人民共和国民事诉讼法》、《中华人民共和国土地管理法》、《中华人民共和国城市房地产管理法》等有关法律规定，现就规范人民法院执行和国土资源、房地产管理部门协助执行的有关问题通知如下：

一、人民法院在办理案件时，需要国土资源、房地产管理部门协助执行的，国土资源、房地产管理部门应当按照人民法院的生效法律文书和协助执行通知书办理协助执行事项。国土资源、房地产管理部门依法协助人民法院执行时，除复制有关材料所必需的工本费外，不得向人民法院收取其他费用。登记过户的费用按照国家有关规定收取。

二、人民法院对土地使用权、房屋实施查封或者进行实体处理前，应当向国土资源、房地产管理部门查询该土地、房屋的权属。人民法院执行人员到国土资源、房地产管理部门查询土地、房屋权属情况时，应当出示本人工作证和执行公务证，并出具协助查询通知书。人民法院执行人员到国土资源、房地产管理部门办理土地使用权或者房屋查封、预查封登记手续时，应当出示本人工作证和执行公务证，并出具查封、预查封裁定书和协助执行通知书。

三、对人民法院查封或者预查封的土地使用权、房屋，国土资源、房地产管理部门应当及时办理查封或者预查封登记。国土资源、房地产管理部门在协助人民法院执行土地使用权、房屋时，不对生效法律文书和协助执行通知书进行实体审查。国土资源、房地产管理部门认为人民法院查封、预查封或者处理的土地、房屋权属错误的，可以向人民法院提出审查建议，但不应当停止办理协助执行事项。

四、人民法院在国土资源、房地产管理部门查询并复制或者抄录的书面材料，由土地、房屋权属的登记机构或者其所属的档案室（馆）加盖印章。无法查询或者查询无结果的，国土资源、房地产管理部门应当书面告知人民法院。

五、人民法院查封时，土地、房屋权属的确认以国土资源、房地产管理部门的登记或者出具的权属证明为准。权属证明与权属登记不一致的，以权属登记为准。在执行人民法院确认土地、房屋权属的生效法律文书时，应当按照人民法院生效法律文书所确认的权利人办理土地、房屋权属变更、转移登记手续。

六、土地使用权和房屋所有权归属同一权利人的，人民法院应当同时查封；土地使用权和房屋所有权归属不一致的，查封被执行人名下的土地使用权或者房屋。

七、登记在案外人名下的土地使用权、房屋，登记名义人（案外人）书面认可该土地、房屋实际属于被执行人时，执行法院可以采取查封措施。如果登记名义人否认该土地、房屋属于被执行人，而执行法院、申请执行人认为登记为虚假时，须经当事人另行提起诉讼或者通过其他程序，撤销该登记并登记在被执行人名下之后，才可以采取查封措施。

八、对被执行人因继承、判决或者强制执行取得，但尚未办理过户登记的土地使用权、房屋的查封，执行法院应当向国土资源、房地产管理部门提交被执行人取得财产所依据的继承证明、生效判决书或者执行裁定书及协助执行通知书，由国土资源、房地产管理部门办理过户登记手续后，办理查封登记。

九、对国土资源、房地产管理部门已经受理被执行人转让土地使用权、房屋的过户登记申请，尚未核准登记的，人民法院可以进行查封，已核准登记的，不得进行查封。

十、人民法院对可以分割处分的房屋应当在执行标的额的范围内分割查封，不可分割的房屋可以整体查封。分割查封的，应当在协助执行通知书中明确查封房屋的具体部位。

十一、人民法院对土地使用权、房屋的查封期限不得超过二年。期限届满可以续封一次，续封时应当重新制作查封裁定书和协助执行通知书，续封的期限不得超过一年。确有特殊情况需要再续封的，应当经过所属高级人民法院批准，且每次再续封的期限不得超过一年。查封期限届满，人民法院未办理继续查封手续的，查封的效力消灭。

十二、人民法院在案件执行完毕后，对未处理的土地使用权、房屋需要解除查封的，应当及时作出裁定解除查封，并将解除查封裁定书和协助执行通知书送达国土资源、房地产管理部门。

十三、被执行人全部缴纳土地使用权出让金但尚未办理土地使用权登记的，人民法院可以对该土地使用权进行预查封。

十四、被执行人部分缴纳土地使用权出让金但尚未办理土地使用权登记的，对可以分割的土地使用权，按已缴付的土地使用权出让金，由国土资源管理部门确认被执行人的土地使用权，人民法院可以对确认后的土地使用权裁定预查封。对不可以分割的土地使用权，可以全部进行预查封。被执行人在规定的期限内仍未全部缴纳土地出让金的，在人民政府收回土地使用权的同时，应当将被执行人缴纳的按照有关规定应当退还的土地出让金交由人民法院处理，预查封自动解除。

十五、下列房屋虽未进行房屋所有权登记，人民法院也可以进行预查封：

（一）作为被执行人的房地产开发企业，已办理了商品房预售许可证且尚未出售的房屋；

（二）被执行人购买的已由房地产开发企业办理了房屋权属初始登记的房屋；

（三）被执行人购买的办理了商品房预售合同登记备案手续或者商品房预告登记的房屋。

十六、国土资源、房地产管理部门应当依据人民法院的协助执行通知书和所附的裁定书办理预查封登记。土地、房屋权属在预查封期间登记在被执行人名下的，预查封登记自动转为查封登记，预查封转为正式查封后，查封期限从预查封之日起开始计算。

十七、预查封的期限为二年。期限届满可以续封一次，续封时应当重新制作预查封裁定书和协助执行通知书，预查封的续封期限为一年。确有特殊情况需要再续封的，应当经过所属高级人民法院批准，且每次再续封的期限不得超过一年。

十八、预查封的效力等同于正式查封。预查封期限届满之日，人民法院未办理预查封续封手续的，预查封的效力消灭。

十九、两个以上人民法院对同一宗土地使用权、房屋进行查封的，国土资源、房地产管理部门为首先送达协助执行通知书的人民法院办理查封登记手续后，对后来办理查封登记的人民法院作轮候查封登记，并书面告知该土地使用权、房屋已被其他人民法院查封的事实及查封的有关情况。

二十、轮候查封登记的顺序按照人民法院送达协助执行通知书的时间先后进行排列。查封法院依法解除查封的，排列在先的轮候查封自动转为查封；查封法院对查封的土地使用权、房屋全部处理的，排列在后的轮候查封自动失效；查封法院对查封的土地使用权、房屋部分处理的，对剩余部分，排列在后的轮候查封自动转为查封。预查封的轮候登记参照第十九条和本条第一款的规定办理。

二十一、已被人民法院查封、预查封并在国土资源、房地产管理部门办理了查封、预查封登记手续的土地使用权、房屋，被执行人隐瞒真实情况，到国土资源、房地产管理部门办理抵押、转让等手续的，人民法院应当依法确认其行为无效，并可视情节轻重，依法追究有关人员的法律责任。国土资源、房地产管理部门应当按照人民法院的生效法律文书撤销不合法的抵押、转让等登记，并注销所颁发的证照。

二十二、国土资源、房地产管理部门对被人民法院依法查封、预查封的土地使用权、房屋，在查封、预查封期间不得办理抵押、转让等权属变更、转移登记手续。国土资源、房地产管理部门明知土地使用权、房屋已被人民法院查封、预查封，仍然办理抵押、转让等权属变更、转移登记手续的，对有关的国土资源、房地产管理部门和直接责任人可以依照民事诉讼法第一百零二条的规定处理。

二十三、在变价处理土地使用权、房屋时，土地使用权、房屋所有权同时转移；土地使用权与房屋所有权归属不一致的，受让人继受原权利人的合法权利。

二十四、人民法院执行集体土地使用权时，经与国土资源管理部门取得一致意见后，可以裁定予以处理，但应当告知权利受让人到国土资源管理部门办理土地征用和国有土地使用权出让手续，缴纳土地使用权出让金及有关税费。对处理农村房屋涉及集体土地的，人民法院应当与国土资源管理部门协商一致后再行处理。

二十五、人民法院执行土地使用权时，不得改变原土地用途和出让年限。

二十六、经申请执行人和被执行人协商同意，可以不经拍卖、变卖，直接裁定将被执行人以出让方式取得的国有土地使用权及其地上房屋经评估作价后交由申请执行人抵偿债务，但应当依法向国土资源和房地产管理部门办理土地、房屋权属变更、转移登记手续。

二十七、人民法院制作的土地使用权、房屋所有权转移裁定送达权利受让人时即发生法律效力，人民法院应当明确告知权利受让人及时到国土资源、房地产管理部门申请土地、房屋权属变更、转移登记。国土资源、房地产管理部门依据生效法律文书进行权属登记时，当事人的土地、房屋权利应当追溯到相关法律文书生效之时。

二十八、人民法院进行财产保全和先予执行时适用本通知。

二十九、本通知下发前已经进行的查封，自本通知实施之日起计算期限。

三十、本通知自 2004 年 3 月 1 日起实施。

▶**司法解释性文件二**

★**最高人民法院关于人民法院执行公开的若干规定**（2007 年 1 月 1 日施行　法发〔2006〕35 号）（节录）

第八条　人民法院采取查封、扣押、冻结、划拨等执行措施的，应当依法制作裁定书送达被执行人，并在实施执行措施后将有关情况及时告知双方当事人，或者以方便当事人查询的方式予以公开。

▶**司法解释性文件三**

★**最高人民法院、国家工商总局关于加强信息合作规范执行与协助执行的通知**（2014 年 10 月 10 日施行　法发〔2014〕251 号）

各省、自治区、直辖市高级人民法院，解放军军事法院，新疆维吾尔自治区高级人民法院生产建设兵团分院；各省、自治区、直辖市工商行政管理局：

按照中央改革工商登记制度的决策部署，根据全国人大常委会、国务院对注册资本登记制度改革涉及的法律、行政法规的修改决定，以及国务院印发的《注册资本登记制度改革方案》《企业信息公示暂行条例》，最高人民法院、国家工商行政管理总局就加强信息合作、规范人民法院执行与工商行政管理机关协助执行等事项通知如下：

一、进一步加强信息合作

1. 各级人民法院与工商行政管理机关通过网络专线、电子政务平台等媒介，将双方业务信息系统对接，建立网络执行查控系统，实现网络化执行与协助执行。

2. 人民法院与工商行政管理机关要积极创造条件，逐步实现人民法院通过企业信用信息公示系统自行公示相关信息。

3. 已建立网络执行查控系统的地区，可以通过该系统办理协助事项。

有关网络执行查控系统要求、电子文书要求、法律效力等规定，按照《最高人民法院关于网络查询、冻结被执行人存款的规定》（法释〔2013〕20号）执行。通过网络冻结、强制转让股权、其他投资权益（原按照法释〔2013〕20 号第九、十条等规定执行）的程序，按照本通知要求执行，但协助请求、结果反馈的方式由现场转变为通过网络操作。

4. 未建成网络执行查控系统的地区，工商行政管理机关有条件的，可以设立专门的司法协助窗口或者指定专门的机构或者人员办理协助执行事务。

5. 各级人民法院与工商行政管理机关通过网络专线、电子政务平台等媒介，建立被执行人、失信被执行人名单、刑事犯罪人员等信息交换机制。工商行政管理机关将其作为加强市场信用监管的信息来源。

二、进一步规范人民法院执行与工商行政管理机关协助执行

6. 人民法院办理案件需要工商行政管理机关协助执行的，工商行政管理机关应当按照人民法院的生效法律文书和协助执行通知书办理协助执行事项。

人民法院要求协助执行的事项，应当属于工商行政管理机关的法定职权范围。

7. 工商行政管理机关协助人民法院办理以下事项：

（1）查询有关主体的设立、变更、注销登记，对外投资，以及受处罚等情况及原始资料（企业信用信息公示系统已经公示的信息除外）；

（2）对冻结、解除冻结被执行人股权、其他投资权益进行公示；

（3）因人民法院强制转让被执行人股权，办理有限责任公司股东变更登记；

（4）法律、行政法规规定的其他事项。

8. 工商行政管理机关在企业信用信息公示系统中设置"司法协助"栏目，公开登载人民法院要求协助执行的事项。

人民法院要求工商行政管理机关协助公示时，应当制作协助公示执行信息需求书，随协助执行通知书等法律文书一并送达工商行政管理机关。工商行政管理机关按照协助公示执行信息需求书，发布公示信息。

公示信息应当记载执行法院，执行裁定书及执行通知书文号，被执行人姓名（名称），被冻结或转让的股权、其他投资权益所在市场主体的姓名（名称），股权、其他投资权益数额，受让人，协助执行的时间等内容。

9. 人民法院对股权、其他投资权益进行冻结或者实体处分前，应当查询权属。

人民法院应先通过企业信用信息公示系统查询有关信息。需要进一步获取有关信息的，可以要求工商行政管理机关予以协助。

执行人员到工商行政管理机关查询时，应当出示工作证或者执行公务证，并出具协助查询通知书。协助查询通知书应当载明被查询主体的姓名（名称）、查询内容，并记载执行依据、人民法院经办人员的姓名和电话等内容。

10. 人民法院对从工商行政管理机关业务系统、企业信用信息公示系统以及公司章程中查明属于被执行人名下的股权、其他投资权益，可以冻结。

11. 人民法院冻结股权、其他投资权益时，应当向被执行人及其股权、其他投资权益所在市场主体送达冻结裁定，并要求工商行政管理机关协助公示。

人民法院要求协助公示冻结股权、其他投资权益时，执行人员应当出示工作证或者执行公务证，向被冻结股权、其他投资权益所在市场主体登记的工商行政管理机关送达执行裁定书、协助公示通知书和协助公示执行信息需求书。

协助公示通知书应当载明被执行人姓名（名称），执行依据，被冻结的股权、其他投资权益所在市场主体的姓名（名称），股权、其他投资权益数额，冻结期限，人民法院经办人员的姓名和电话等内容。

工商行政管理机关应当在收到通知后三个工作日内通过企业信用信息公示系统公示。

12. 股权、其他投资权益被冻结的，未经人民法院许可，不得转让，不得设定质押或者其他权利负担。

有限责任公司股东的股权被冻结期间，工商行政管理机关不予办理该股东的变更登记、该股东向公司其他股东转让股权被冻结部分的公司章程备案，以及被冻结部分股权的出质登记。

13. 工商行政管理机关在多家法院要求冻结同一股权、其他投资权益的情况下，应当将所有冻结要求全部公示。

首先送达协助公示通知书的执行法院的冻结为生效冻结。送达在后的冻结为轮候冻结。有效的冻结解除的，轮候的冻结中，送达在先的自动生效。

14. 冻结股权、其他投资权益的期限不得超过两年。申请人申请续行冻结的，人民法院应当在本次冻结期限届满三日前按照本通知第 11 条办理。续冻期限不得超过一年。续行冻结没有次数限制。

有效的冻结期满，人民法院未办理续行冻结的，冻结的效力消灭。按照前款办理了续行冻结的，冻结效力延续，优先于轮候冻结。

15. 人民法院对被执行人股权、其他投资权益等解除冻结的，应当通知当事人，同时通知工商行政管理机关公示。

人民法院通知和工商行政管理机关公示的程序，按照本通知第 11 条办理。

16. 人民法院强制转让被执行人的股权、其他投资权益，完成变价等程序后，应当向受让人、被执行人或者其股权、其他投资权益所在市场主体送达转让裁定，要求工商行政管理机关协助公示并办理有限责任公司股东变更登记。

人民法院要求办理有限责任公司股东变更登记的，执行人员应当出示工作证或者执行公务证，送达生效法律文书副本或者执行裁定书、协助执行通知书、协助公示执行信息需求书、合法受让人的身份或资格证明，到被执行人股权所在有限责任公司登记的工商行政管理机关办理。

法律、行政法规对股东资格、持股比例等有特殊规定的，人民法院要求工商行政管理机关办理有限责任公司股东变更登记前，应当进行审查，并确认该公司股东变更符合公司法第二十四条、第五十八条的规定。

工商行政管理机关收到人民法院上述文书后，应当在三个工作日内直接在业务系统中办理，不需要该有限责任公司另行申请，并及时公示股东变更登记信息。公示后，该股东权利以公示信息确定。

17. 人民法院可以对有关材料查询、摘抄、复制，但不得带走原件。

工商行政管理机关对人民法院复制的书面材料应当核对并加盖印章。人民法院要求提供电子版，工商行政管理机关有条件的，应当提供。

对于工商行政管理机关无法协助的事项，人民法院要求出具书面说明的，工商行政管理机关应当出具。

18. 工商行政管理机关对按人民法院要求协助执行产生的后果，不承担责任。

当事人、案外人对工商行政管理机关协助执行的行为不服，提出异议或者行政复议的，工商行政管理机关不予受理；向人民法院起诉的，人民法院不予受理。

当事人、案外人认为人民法院协助执行要求存在错误的，应当按照民事诉讼法第二百二十五条之规定，向人民法院提出执行异议，人民法院应当受理。

当事人认为工商行政管理机关在协助执行时扩大了范围或者违法采取措施造成其损害，提起行政诉讼的，人民法院应当受理。

19. 人民法院冻结股权、其他投资权益的通知在 2014 年 2 月 28 日之前送达工商行政管理机关、冻结到期日在 2014 年 3 月 1 日以后的，工商行政管理机关应当在 2014 年 11 月 30 日前将冻结信息公示。公示后续行冻结的，按照本通知第 11 条办理。

冻结到期日在 2014 年 3 月 1 日以后、2014 年 11 月 30 日前，人民法院送达了续行冻结通知书的，续行冻结有效。工商行政管理机关还应当在 2014 年 11 月 30 日前公示续行冻结信息。

人民法院对股权、其他投资权益的冻结未设定期限的，工商行政管理机关应当在 2014 年 11 月 30 日前将冻结信息公示。从公示之日起满两年，人民法院未续行冻结的，冻结的效力消灭。

各高级人民法院与各省级工商行政管理局可以根据本通知，结合本地实际，制定贯彻实施办法。对执行本通知的情况和工作中遇到的问题，要及时报告最高人民法院、国家工商行政管理总局。

▶ **相关答复一**

★ 最高人民法院研究室关于对有义务协助执行单位拒不协助予以罚款后又拒不执行应如何处理问题的答复（1993 年 9 月 27 日施行）

湖南省高级人民法院：

你院湘高法研字〔1993〕第 1 号《关于对罚款决定书拒不执行应如何处

理的请示报告》收悉。经研究，答复如下：

根据《中华人民共和国民事诉讼法》第一百零三条第一款第（二）项和第二款的规定，人民法院依据生效判决、裁定，通知有关银行协助执行划拨被告在银行的存款，而银行拒不划拨的，人民法院可对该银行或者其主要负责人或者直接责任人员予以罚款，并可向同级政府的监察机关或者有关机关提出给予纪律处分的司法建议。被处罚人拒不履行罚款决定的，人民法院可以根据民事诉讼法第二百三十一条的规定，予以强制执行。执行中，被处罚人如以暴力、威胁或者其他方法阻碍司法工作人员执行职务的，依照民事诉讼法第一百零二条第一款第（五）项、第二款规定，人民法院可对被处罚人或对有上述行为的被处罚单位的主要负责人或者直接责任人员予以罚款、拘留，构成犯罪的，依照刑法第一百五十七条的规定追究刑事责任。

▶ **相关答复二**

★**最高人民法院关于转卖人民法院查封房屋行为无效问题的复函**（1997 年 4 月 7 日施行　〔1997〕经他字第 8 号）

北京市高级人民法院：

你院京高法〔1996〕385 号《关于查封房屋因未告知房管部门被出卖应如何执行的请示》收悉，经研究，答复如下：

北京市第二中级人民法院在审理广州市海珠区南华西物资公司诉北京亚运特需供应公司购销合同纠纷一案中，依法作出的〔1994〕中法调字第 23 号民事裁定书虽未抄告房管部门，但已送达当事人，根据《中华人民共和国民事诉讼法》第一百四十一条①规定，诉前保全的裁定是不准上诉的裁定，依该裁定书保全查封被告的房产，属合法有效。北京亚运特需供应公司在此后擅自将其已被查封的房产转卖给北京沃克曼贸易开发有限责任公司的行为是违法的，所订立的房屋买卖合同系无效合同。北京市高级人民法院〔1995〕高经终字第 11 号民事判决书确定该案保全查封的房产为执行的标的物是正确的。北京亚运特需供应公司在其未能履行生效判决书所确定的还债义务时，以拍卖或变卖本案保全查封的房产的价款偿还债务，于法有据。至于北京沃克曼开发有限责任公司是否为善意第三人及其利益的保护等问题，可通过诉讼另案解决。

---

① 　已修改为民事诉讼法一百五十五条。

▶ **相关答复三**

★ **最高人民法院关于人民法院查封的财产被转卖是否保护善意取得人利益问题的复函**（1999 年 11 月 17 日施行 〔1999〕执他字第 21 号）

河北省高级人民法院：

你院《关于被执行人转卖法院查封财产第三人善意取得是否应予保护的请示》收悉。经研究，答复如下：

人民法院依法查封的财产被转卖的，对买受人原则上不适用善意取得制度。但鉴于所请示的案件中，有关法院在执行本案时，对液化气铁路罐车的查封手续不够完备，因此在处理时对申请执行人和买受人的利益均应给予照顾，具体可对罐车或其变价款在申请执行人和买受人之间进行公平合理分配。

▶ **相关答复四**

★ **最高人民法院执行工作办公室关于被执行人拒不申报退税款，税务机关又不协助应如何处理的答复**（2000 年 12 月 19 日施行 〔2000〕执他字第 33 号）

天津市高级人民法院：

你院〔1999〕津高法执请字第 32 号《关于被执行人拒不申报退税款，税务机关又不协助应如何处理的请示报告》收悉。经研究，答复如下：

根据国家税务总局《出口货物退（免）税管理办法》的有关规定，企业出口退税款，须经出口企业申请，由国家税务机关审查批准后，通过银行办理退税款事项。如果作为被执行人的出口企业拒不办理申报手续及负有协助义务的机关拒不协助，可以依照民事诉讼法第 102 条、103 条①的有关规定分别追究责任。

此复。

▶ **相关答复五**

★ **最高人民法院关于民事执行中查封、扣押、冻结财产有关期限问题的答复**（2006 年 7 月 11 日施行 法函〔2006〕76 号）

上海市高级人民法院：

你院《关于民事执行续行查封、扣押、冻结财产问题的请示》（沪高法〔2006〕12 号）收悉。经研究，答复如下：

同意你院倾向性意见，即《最高人民法院关于人民法院民事执行中查封、扣押、冻结财产的规定》施行前采取的查封、扣押、冻结措施，除了当时法律、司法解释及有关通知对期限问题有专门规定的以外，没有期限限制。但人民法院应当对有关案件尽快处理。

---

① 已分别修改为民事诉讼法第一百一十一条、第一百一十四条。

▶ **相关答复六**

★**最高人民法院关于人民法院在执行程序中能否查封被执行人拥有的药品批准文号的请示的答复**（2010 年 6 月 10 日施行　〔2010〕执他字第 2 号）

安徽省高级人民法院：

你院〔2009〕皖执复字第 0022 号《人民法院在执行程序中能否查封被执行人拥有的药品批准文号的请示报告》收悉。经研究，答复如下：

原则同意你院第二种少数人意见。药品批准文号系国家药品监督管理部门准许企业生产的合法标志，该批准文号受行政许可法的调整，本身不具有财产价值。因此，人民法院在执行中对药品批准文号不应进行查封。

▶ **典型案例**

★**最高人民法院执行办公室关于中国工商银行西安市东新街支行对陕西省高级人民法院强制执行 2000 万元提出异议一案的处理意见**（2003 年 5 月 13 日施行　执监字〔2000〕第 346 - 2 号）

陕西省高级人民法院：

中国工商银行西安市东新街支行（原中国工商银行陕西省分行，以下简称陕西工行）对你院强制执行该行 2000 万元人民币提出异议一案，本院已审查完毕，作出如下处理意见：

一、基本事实

1996 年初，陕西省高级人民法院（以下简称陕西高院）分别审理了西安证券公司诉青海证券有限责任公司、湖北省潜江市城市信用社、海南省证券公司、海南省三亚市国债券经营有限公司、海南省东方八所城市信用社等五起国债回购纠纷案件。1996 年 8 月 12 日、8 月 23 日，根据原告的诉讼保全申请和五被告的证明，陕西高院分别作出〔1996〕陕经初字第 23、24、25、26、31 号民事裁定书，保全查封了五被告交存在西安证券交易中心（以下简称西交中心）总面值为 1330 万元、到期兑现值为 1908 余万元及利息的国债券。1996 年 9 月至 1997 年 1 月，陕西高院对上述五案依法分别作出判决书、调解书，确认五被告应分别退还原告购券款及利息。在此期间，西交中心曾提出对上述国债券享有质押权的异议，经陕西高院审查后认为异议理由不成立并予书面驳回。上述五案进入执行程序后，陕西高院向西交中心发出协助执行通知书，但西交中心以国债券不存在为由拒不协助执行。陕西高院遂以西交中心擅自处分法院冻结财产且在指定的期限内未能追回为由，于 1998 年 6 月 19 日裁定冻结了西交中心在陕西工行营业部 273033 - 38 账户上的存款 2000 万元人民币。后陕西高院裁定扣划上述款项时，发现该账户已于 1998 年 7 月 10 日销户，冻结款项全部流失。因陕西工行擅自解冻行为造成法院冻结款项流失，陕西高院责令陕西工行在限期内追回已转移的款项，并拟强制执行陕西工行已追回的 2000 万元款项。对此陕西工行向本院提出异议，请求本院监督陕西高院的执行行为。

二、相关法院和当事人的意见和理由

陕西高院认为，西交中心属于不以营利为目的的事业法人，无权以债权债务主体的身份直接进行交易，故其对铺底券（国债券）享有的质押权因其进行国债回购交易行为本身违法而无效。券商欠西交中心的债务只能是佣金和有关费用，如因此以券商交存的铺底券作为质押物应有明确的约定，故西交中心关于对国债券享有质押权的异议不成立。西交中心擅自处分法院冻结的国债券且在限期内未能追回，应承担相应的责任。该院冻结西交中心在陕西工行营业部 273033－38 账户内的存款合法有效，并未超标的冻结。西交中心在存续期间进行了大量的自营业务，273033－38 账户是混合账户，该账户上的资金既包括证券清算资金，也有西交中心的自营资金。该院冻结的 2000 万元并未超出西交中心的自营资金部分。陕西工行擅自解冻法院冻结账户内的款项，已按照要求追回，应以该款承担相应的责任。

陕西工行认为，西交中心在该行开立的 273033－38 账户是证券交易账户，该账户内的资金均是股民保证金，陕西高院冻结该账户违反了最高人民法院的有关司法解释，影响了证券资金结算业务。

三、分析意见

本院认为，陕西高院对五被告人寄存在西交中心的国债券实施查封时，除海南省证券公司外，其余四被告人在西交中心均实际存有与查封数额相等的国债券实物。陕西高院未对海南省证券公司的 300 万元国债券实物是否存在进行核实确有失误，故对该笔 300 万元国债券的查封效力不予认可。对其余四被告人交存的国债券查封手续完备，程序合法，查封效力应予维持。陕西高院驳回西交中心对国债券享有质押权主张的理由成立，本院予以支持。西交中心作为协助执行人拒不履行协助义务，并擅自处分已被法院查封的国债券，且在限期内不能追回，根据最高人民法院《关于执行工作若干问题的规定（试行）》第四十四条的规定，应承担相应的赔偿责任。陕西高院冻结西交中心的银行存款合法有效。陕西工行所举证据不足以证明 273033－38 账户为股民保证金账户，亦不足以证明该账户上的资金全部为股民保证金。陕西工行未经人民法院许可，将 273033－38 账户销户致使该账户内的资金流失，是擅自解冻被人民法院冻结款项的行为，根据最高人民法院《关于执行工作若干问题的规定（试行）》第三十三条的规定，应在转移款项范围内承担责任。

四、处理结论

陕西工行的异议理由不成立，本院不予支持。接到本函后陕西高院可恢复执行，但应按照有效查封保全的国债券价值重新核对应执行的数额后，在已冻结的 2000 万元人民币范围内依法执行，并将落实情况于 1 个月内报告我院。

二、查控财产的变价

【条文主旨】被查控财产的拍卖、变卖

第二百四十七条　财产被查封、扣押后，执行员应当责令被执行人在指定期间履行法律文书确定的义务。被执行人逾期不履行的，人民法院应当拍卖被查封、扣押的财产；不适于拍卖或者当事人双方同意不进行拍卖的，人民法院可以委托有关单位变卖或者自行变卖。国家禁止自由买卖的物品，交有关单位按照国家规定的价格收购。

▶ **相关法律**

中华人民共和国海关法（2017 年 11 月 5 日施行　主席令第 81 号）（节录）

第三十七条　海关监管货物，未经海关许可，不得开拆、提取、交付、发运、调换、改装、抵押、质押、留置、转让、更换标记、移作他用或者进行其他处置。

海关加施的封志，任何人不得擅自开启或者损毁。

人民法院判决、裁定或者有关行政执法部门决定处理海关监管货物的，应当责令当事人办结海关手续。

▶ **司法解释一**

★最高人民法院关于人民法院执行工作若干问题的规定（试行）（1998 年 7 月 8 日施行　法释〔1998〕15 号）（节录）

46. 人民法院对查封、扣押的被执行人财产进行变价时，应当委托拍卖机构进行拍卖。

财产无法委托拍卖、不适于拍卖或当事人双方同意不需要拍卖的，人民法院可以交由有关单位变卖或自行组织变卖。

47. 人民法院对拍卖、变卖被执行人的财产，应当委托依法成立的资产评估机构进行价格评估。

48. 被执行人申请对人民法院查封的财产自行变卖的，人民法院可以准许，但应当监督其按照合理价格在指定的期限内进行，并控制变卖的价款。

49. 拍卖、变卖被执行人的财产成交后，必须即时钱物两清。

委托拍卖、组织变卖被执行人财产所发生的实际费用，从所得价款中优先扣除。所得价款超出执行标的数额和执行费用的部分，应当退还被执行人。

50. 被执行人不履行生效法律文书确定的义务，人民法院有权裁定禁止被执行人转让其专利权、注册商标专用权①、著作权（财产权部分）等知识产权。上述权利有登记主管部门的，应当同时向有关部门发出协助执行通知书，要求其不得办理财产权转移手续，必要时可以责令被执行人将产权或使用权证照交人民法院保存。

对前款财产权，可以采取拍卖、变卖等执行措施。

➡ 司法解释二

★最高人民法院关于冻结、拍卖上市公司国有股和社会法人股若干问题的规定（2001 年 9 月 30 日施行 法释〔2001〕28 号）

为了保护债权人以及其他当事人的合法权益，维护证券市场的正常交易秩序，根据《中华人民共和国证券法》、《中华人民共和国公司法》、《中华人民共和国民事诉讼法》，参照《中华人民共和国拍卖法》等法律的有关规定，对人民法院在财产保全和执行过程中，冻结、拍卖上市公司国有股和社会法人股（以下均简称股权）等有关问题，作如下规定：

第一条 人民法院在审理民事纠纷案件过程中，对股权采取冻结、评估、拍卖和办理股权过户等财产保全和执行措施，适用本规定。

第二条 本规定所指上市公司国有股，包括国家股和国有法人股。国家股指有权代表国家投资的机构或部门向股份有限公司出资或依据法定程序取得的股份；国有法人股指国有法人单位，包括国有资产比例超过 50% 的国有控股企业，以其依法占有的法人资产向股份有限公司出资形成或者依据法定程序取得的股份。

本规定所指社会法人股是指非国有法人资产投资于上市公司形成的股份。

第三条 人民法院对股权采取冻结、拍卖措施时，被保全人和被执行人应当是股权的持有人或者所有权人。被冻结、拍卖股权的上市公司非依据法定程序确定为案件当事人或者被执行人，人民法院不得对其采取保全或执行措施。

第四条 人民法院在审理案件过程中，股权持有人或者所有权人作为债务人，如有偿还能力的，人民法院一般不应对其股权采取冻结保全措施。

人民法院已对股权采取冻结保全措施的，股权持有人、所有权人或者第三人提供了有效担保，人民法院经审查符合法律规定的，可以解除对股权的冻结。

---

① 《中华人民共和国商标法实施细则》第二十一条第二款规定，转让注册商标的，商标注册人对其在同一种或类似商品上注册的相同或者近似的商标，必须一并办理。因此，法院在执行注册商标专用权过程中，应当根据该规定对注册商标以及同一种或类似上商品上注册的相同或者近似的商标一并执行。最高人民法院《关于对注册商标专用权进行财产保全和执行等问题的复函》（〔2001〕民三函字第 3 号）作出了相应的答复。

第五条　人民法院裁定冻结或者解除冻结股权，除应当将法律文书送达负有协助执行义务的单位以外，还应当在作出冻结或者解除冻结裁定后 7 日内，将法律文书送达股权持有人或者所有权人并书面通知上市公司。

人民法院裁定拍卖上市公司股权，应当于委托拍卖之前将法律文书送达股权持有人或者所有权人并书面通知上市公司。

被冻结或者拍卖股权的当事人是国有股份持有人的，人民法院在向该国有股份持有人送达冻结或者拍卖裁定时，应当告其于 5 日内报主管财政部门备案。

第六条　冻结股权的期限不超过一年。如申请人需要延长期限的，人民法院应当根据申请，在冻结期限届满前办理续冻手续，每次续冻期限不超过 6 个月。逾期不办理续冻手续的，视为自动撤销冻结。

第七条　人民法院采取保全措施，所冻结的股权价值不得超过股权持有人或者所有权人的债务总额。股权价值应当按照上市公司最近期报表每股资产净值计算。

股权冻结的效力及于股权产生的股息以及红利、红股等孳息，但股权持有人或者所有权人仍可享有因上市公司增发、配售新股而产生的权利。

第八条　人民法院采取强制执行措施时，如果股权持有人或者所有权人在限期内提供了方便执行的其他财产，应当首先执行其他财产。其他财产不足以清偿债务的，方可执行股权。

本规定所称可供方便执行的其他财产，是指存款、现金、成品和半成品、原材料、交通工具等。

人民法院执行股权，必须进行拍卖。[①]

股权的持有人或者所有权人以股权向债权人质押的，人民法院执行时也应当通过拍卖方式进行，不得直接将股权执行给债权人。

第九条　拍卖股权之前，人民法院应当委托具有证券从业资格的资产评估机构对股权价值进行评估。资产评估机构由债权人和债务人协商选定。不能达成一致意见的，由人民法院召集债权人和债务人提出候选评估机构，以抽签方式决定。

第十条　人民法院委托资产评估机构评估时，应当要求资产评估机构严格依照国家规定的标准、程序和方法对股权价值进行评估，并说明其应当对所作出的评估报告依法承担相应责任。

---

① 最高人民法院执行工作办公室《致陕西省高级人民法院的复函》答复称：人民法院执行股权，必须进行拍卖。

人民法院还应当要求上市公司向接受人民法院委托的资产评估机构如实提供有关情况和资料；要求资产评估机构对上市公司提供的情况和资料保守秘密。

第十一条 人民法院收到资产评估机构作出的评估报告后，须将评估报告分别送达债权人和债务人以及上市公司。债权人和债务人以及上市公司对评估报告有异议的，应当在收到评估报告后 7 日内书面提出。人民法院应当将异议书交资产评估机构，要求该机构在 10 日之内作出说明或者补正。

第十二条 对股权拍卖，人民法院应当委托依法成立的拍卖机构进行。拍卖机构的选定，参照本规定第九条规定的方法进行。

第十三条 股权拍卖保留价，应当按照评估值确定。

第一次拍卖最高应价未达到保留价时，应当继续进行拍卖，每次拍卖的保留价应当不低于前次保留价的 90%。经三次拍卖仍不能成交时，人民法院应当将所拍卖的股权按第三次拍卖的保留价折价抵偿给债权人。

人民法院可以在每次拍卖未成交后主持调解，将所拍卖的股权参照该次拍卖保留价折价抵偿给债权人。

第十四条 拍卖股权，人民法院应当委托拍卖机构于拍卖日前 10 天，在《中国证券报》、《证券时报》或者《上海证券报》上进行公告。

第十五条 国有股权竞买人应当具备依法受让国有股权的条件。

第十六条 股权拍卖过程中，竞买人已经持有的该上市公司股份数额和其竞买的股份数额累计不得超过该上市公司已经发行股份数额的 30%。如竞买人累计持有该上市公司股份数额已达到 30% 仍参与竞买的，须依照《中华人民共和国证券法》的相关规定办理，在此期间应当中止拍卖程序。

第十七条 拍卖成交后，人民法院应当向证券交易市场和证券登记结算公司出具协助执行通知书，由买受人持拍卖机构出具的成交证明和财政主管部门对股权性质的界定等有关文件，向证券交易市场和证券登记结算公司办理股权变更登记。

▶ 司法解释三

★**最高人民法院关于审理期货纠纷案件若干问题的规定**（2003 年 7 月 1 日施行 法释〔2003〕10 号）（节录）

第五十八条 人民法院保全与会员资格相应的会员资格费或者交易席位，应当依法裁定不得转让该会员资格，但不得停止该会员交易席位的使用。人民法院在执行过程中，有权依法采取强制措施转让该交易席位。

第五十九条 期货交易所、期货公司为债务人的，人民法院不得冻结、划拨期货公司在期货交易所或者客户在期货公司保证金账户中的资金。

有证据证明该保证金账户中有超出期货公司、客户权益资金的部分，期货交易所、期货公司在人民法院指定的合理期限内不能提出相反证据的，人民法院可以依法冻结、划拨该账户中属于期货交易所、期货公司的自有资金。

第六十条 期货公司为债务人的，人民法院不得冻结、划拨专用结算账户中未被期货合约占用的用于担保期货合约履行的最低限额的结算准备金；期货公司已经结清所有持仓并清偿客户资金的，人民法院可以对结算准备金依法予以冻结、划拨。

期货公司有其他财产的，人民法院应当依法先行冻结、查封、执行期货公司的其他财产。

第六十一条 客户、自营会员为债务人的，人民法院可以对其保证金、持仓依法采取保全和执行措施。

▶ 司法解释四

★最高人民法院关于审理出口退税托管账户质押贷款案件有关问题的规定
（2004 年 12 月 7 日施行 法释〔2004〕18 号）

为正确审理涉及出口退税专用账户质押贷款纠纷案件，维护相关当事人的合法权益，根据《中华人民共和国民法通则》、《中华人民共和国合同法》、《中华人民共和国担保法》等有关规定，结合人民法院审判实践，制定本规定。

第一条 本规定适用于审理、执行涉及出口退税专用账户质押贷款的案件。

本规定所称出口退税专用账户质押贷款，是指借款人将出口退税专用账户托管给贷款银行，并承诺以该账户中的退税款作为还款保证的贷款。

第二条 以出口退税专用账户质押方式贷款的，应当签订书面质押贷款合同。质押贷款合同自贷款银行实际托管借款人出口退税专用账户时生效。

第三条 出口退税专用账户质押贷款银行，对质押账户内的退税款享有优先受偿权。

第四条 人民法院审理和执行案件时，不得对已设质的出口退税专用账户内的款项采取财产保全措施或者执行措施。

第五条 借款人进入破产程序时，贷款银行对已经设质的出口退税专用账户内的款项享有优先受偿权，但应以被担保债权尚未受偿的数额为限。

第六条 有下列情形之一的，不受本《规定》第三、四、五条规定的限制，人民法院可以采取财产保全或者执行措施：

（一）借款人将非退税款存入出口退税专用账户的；

（二）贷款银行将出口退税专用账户内的退税款扣还其他贷款，且数额已经超出质押贷款金额的；

（三）贷款银行同意税务部门转移出口退税专用账户的；

（四）贷款银行有其他违背退税账户专用性质，损害其他债权人利益行为的。

第七条 本规定自公布之日起施行。

▶**司法解释五**

★**最高人民法院关于人民法院民事执行中拍卖、变卖财产的规定**（2005 年 1 月 1 日施行 法释〔2004〕16 号）

第一条 在执行程序中，被执行人的财产被查封、扣押、冻结后，人民法院应当及时进行拍卖、变卖或者采取其他执行措施。

第二条 人民法院对查封、扣押、冻结的财产进行变价处理时，应当首先采取拍卖的方式，但法律、司法解释另有规定的除外。

第三条 人民法院拍卖被执行人财产，应当委托具有相应资质的拍卖机构进行，并对拍卖机构的拍卖进行监督，但法律、司法解释另有规定的除外。

第四条 对拟拍卖的财产，人民法院应当委托具有相应资质的评估机构进行价格评估。对于财产价值较低或者价格依照通常方法容易确定的，可以不进行评估。

当事人双方及其他执行债权人申请不进行评估的，人民法院应当准许。

对被执行人的股权进行评估时，人民法院可以责令有关企业提供会计报表等资料；有关企业拒不提供的，可以强制提取。

第五条 评估机构由当事人协商一致后经人民法院审查确定；协商不成的，从负责执行的人民法院或者被执行人财产所在地的人民法院确定的评估机构名册中，采取随机的方式确定；当事人双方申请通过公开招标方式确定评估机构的，人民法院应当准许。

第六条 人民法院收到评估机构作出的评估报告后，应当在五日内将评估报告发送当事人及其他利害关系人。当事人或者其他利害关系人对评估报告有异议的，可以在收到评估报告后十日内以书面形式向人民法院提出。

当事人或者其他利害关系人有证据证明评估机构、评估人员不具备相应的评估资质或者评估程序严重违法而申请重新评估的，人民法院应当准许。

第七条 拍卖机构由当事人协商一致后经人民法院审查确定；协商不成的，从负责执行的人民法院或者被执行人财产所在地的人民法院确定的拍卖机构名册中，采取随机的方式确定；当事人双方申请通过公开招标方式确定拍卖机构的，人民法院应当准许。

第八条 拍卖应当确定保留价。

拍卖保留价由人民法院参照评估价确定；未作评估的，参照市价确定，并应当征询有关当事人的意见。

人民法院确定的保留价①,第一次拍卖时,不得低于评估价或者市价的百分之八十;如果出现流拍,再行拍卖时,可以酌情降低保留价,但每次降低的数额不得超过前次保留价的百分之二十。

第九条 保留价确定后,依据本次拍卖保留价计算,拍卖所得价款在清偿优先债权和强制执行费用后无剩余可能的,应当在实施拍卖前将有关情况通知申请执行人。申请执行人于收到通知后五日内申请继续拍卖的,人民法院应当准许,但应当重新确定保留价;重新确定的保留价应当大于该优先债权及强制执行费用的总额。

依照前款规定流拍的,拍卖费用由申请执行人负担。

第十条 执行人员应当对拍卖财产的权属状况、占有使用情况等进行必要的调查,制作拍卖财产现状的调查笔录或者收集其他有关资料。

第十一条 拍卖应当先期公告。

拍卖动产的,应当在拍卖七日前公告;拍卖不动产或者其他财产权的,应当在拍卖十五日前公告。

第十二条 拍卖公告的范围及媒体由当事人双方协商确定;协商不成的,由人民法院确定。拍卖财产具有专业属性的,应当同时在专业性报纸上进行公告。

当事人申请在其他新闻媒体上公告或者要求扩大公告范围的,应当准许,但该部分的公告费用由其自行承担。

第十三条 拍卖不动产、其他财产权或者价值较高的动产的,竞买人应当于拍卖前向人民法院预交保证金。申请执行人参加竞买的,可以不预交保证金。保证金的数额由人民法院确定,但不得低于评估价或者市价的百分之五。

应当预交保证金而未交纳的,不得参加竞买。拍卖成交后,买受人预交的保证金充抵价款,其他竞买人预交的保证金应当在三日内退还;拍卖未成交的,保证金应当于三日内退还竞买人。

第十四条 人民法院应当在拍卖五日前以书面或者其他能够确认收悉的适

---

① 最高人民法院《关于对第三人通过法院变卖程序取得的财产能否执行回转及相关法律问题的请示复函》(2003 年 8 月 5 日 〔2001〕执他字第 22 号),认为在评估报告已经过期且自动失效的情况下据此报告确定拍卖保留价并委托拍卖的行为违反法定程序。最高人民法院《关于深圳市华旅汽车运输出租车牌照持有人对深圳市中级人民法院执行异议案的复函》(2001 年 10 月 30 日 〔2001〕执监字第 232 号)认为,在评估报告已经过期并自动失效的情况下,法院未经重新评估即确定拍卖保留价并委托拍卖的行为违反法定程序,鉴于指定价格大幅度高于原评估价格且已经公开拍卖完毕,可予以维持。但为维护程序公正和保证拍卖物的价格真实,应由法院另行指定评估机构按拍卖时的市场行情再行评估一次,如重新评估的价格未超过原拍卖价,则维持拍卖结果;如超过原拍卖价,则重新拍卖。

当方式，通知当事人和已知的担保物权人、优先购买权人①或者其他优先权人于拍卖日到场。

优先购买权人经通知未到场的，视为放弃优先购买权。

第十五条 法律、行政法规对买受人的资格或者条件有特殊规定的，竞买人应当具备规定的资格或者条件。

申请执行人、被执行人可以参加竞买。

第十六条 拍卖过程中，有最高应价时，优先购买权人可以表示以该最高价买受，如无更高应价，则拍归优先购买权人；如有更高应价，而优先购买权人不作表示的，则拍归该应价最高的竞买人。

顺序相同的多个优先购买权人同时表示买受的，以抽签方式决定买受人。

---

① 注：相关法律规定的优先购买权人主要有：

(1)《民法通则》第七十八条：财产可以由两个以上的公民、法人共有。

共有分为按份共有和共同共有。按份共有人按照各自的份额，对共有财产分享权利，分担义务。共同共有人对共有财产享有权利，承担义务。

按份共有财产的每个共有人有权要求将自己的份额分出或者转让。但在出售时，其他共有人在同等条件下，有优先购买的权利。

(2)《物权法》第一百零一条：按份共有人可以转让其享有的共有的不动产或者动产份额。其他共有人在同等条件下享有优先购买的权利。

(3) 最高人民法院《关于贯彻执行〈中华人民共和国民法通则〉若干问题的意见(试行)》第九十二条：共同共有财产分割后，一个或者数个原共有人出卖自己分得的财产时，如果出卖的财产与其他原共有人分得的财产属于一个整体或者配套使用，其他原共有人主张优先购买权的，应当予以支持。

(4)《合同法》第二百三十条：出租人出卖租赁房屋的，应当在出卖之前的合理期限内通知承租人，承租人享有以同等条件优先购买的权利。

(5)《公司法》第七十二条：有限责任公司的股东之间可以相互转让其全部或者部分股权。

股东向股东以外的人转让股权，应当经其他股东过半数同意。股东应就其股权转让事项书面通知其他股东征求同意，其他股东自接到书面通知之日起满三十日未答复的，视为同意转让。其他股东半数以上不同意转让的，不同意的股东应当购买该转让的股权；不购买的，视为同意转让。

经股东同意转让的股权，在同等条件下，其他股东有优先购买权。两个以上股东主张行使优先购买权的，协商确定各自的购买比例；协商不成的，按照转让时各自的出资比例行使优先购买权。

公司章程对股权转让另有规定的，从其规定。

第七十三条：人民法院依照法律规定的强制执行程序转让股东的股权时，应当通知公司及全体股东，其他股东在同等条件下有优先购买权。其他股东自人民法院通知之日起满二十日不行使优先购买权的，视为放弃优先购买权。

第十七条　拍卖多项财产时，其中部分财产卖得的价款足以清偿债务和支付被执行人应当负担的费用的，对剩余的财产应当停止拍卖，但被执行人同意全部拍卖的除外。

第十八条　拍卖的多项财产在使用上不可分，或者分别拍卖可能严重减损其价值的，应当合并拍卖。

第十九条　拍卖时无人竞买或者竞买人的最高应价低于保留价，到场的申请执行人或者其他执行债权人申请或者同意以该次拍卖所定的保留价接受拍卖财产的，应当将该财产交其抵债。

有两个以上执行债权人申请以拍卖财产抵债的，由法定受偿顺位在先的债权人优先承受；受偿顺位相同的，以抽签方式决定承受人。承受人应受清偿的债权额低于抵债财产的价额的，人民法院应当责令其在指定的期间内补交差额。

第二十条　在拍卖开始前，有下列情形之一的，人民法院应当撤回拍卖委托：

（一）据以执行的生效法律文书被撤销的；

（二）申请执行人及其他执行债权人撤回执行申请的；

（三）被执行人全部履行了法律文书确定的金钱债务的；

（四）当事人达成了执行和解协议，不需要拍卖财产的；

（五）案外人对拍卖财产提出确有理由的异议的；

（六）拍卖机构与竞买人恶意串通的；

（七）其他应当撤回拍卖委托的情形。

第二十一条　人民法院委托拍卖后，遇有依法应当暂缓执行或者中止执行的情形的，应当决定暂缓执行或者裁定中止执行，并及时通知拍卖机构和当事人。拍卖机构收到通知后，应当立即停止拍卖，并通知竞买人。

暂缓执行期限届满或者中止执行的事由消失后，需要继续拍卖的，人民法院应当在十五日内通知拍卖机构恢复拍卖。

第二十二条　被执行人在拍卖日之前向人民法院提交足额金钱清偿债务，要求停止拍卖的，人民法院应当准许，但被执行人应当负担因拍卖支出的必要费用。

第二十三条　拍卖成交或者以流拍的财产抵债的，人民法院应当作出裁定，并于价款或者需要补交的差价全额交付后十日内，送达买受人或者承受人。

第二十四条　拍卖成交后，买受人应当在拍卖公告确定的期限或者人民法院指定的期限内将价款交付到人民法院或者汇入人民法院指定的账户。①

第二十五条 拍卖成交或者以流拍的财产抵债后，买受人逾期未支付价款或者承受人逾期未补交差价而使拍卖、抵债的目的难以实现的，人民法院可以裁定重新拍卖。重新拍卖时，原买受人不得参加竞买。

重新拍卖的价款低于原拍卖价款造成的差价、费用损失及原拍卖中的佣金，由原买受人承担。人民法院可以直接从其预交的保证金中扣除。扣除后保证金有剩余的，应当退还原买受人；保证金数额不足的，可以责令原买受人补交；拒不补交的，强制执行。

第二十六条 拍卖时无人竞买或者竞买人的最高应价低于保留价，到场的申请执行人或者其他执行债权人不申请以该次拍卖所定的保留价抵债的，应当在六十日内再行拍卖。

第二十七条 对于第二次拍卖仍流拍的动产，人民法院可以依照本规定第十九条的规定将其作价交申请执行人或者其他执行债权人抵债。② 申请执行人或者其他执行债权人拒绝接受或者依法不能交付其抵债的，人民法院应当解除查封、扣押，并将该动产退还被执行人。

第二十八条 对于第二次拍卖仍流拍的不动产或者其他财产权，人民法院可以依照本规定第十九条的规定将其作价交申请执行人或者其他执行债权人抵债。申请执行人或者其他执行债权人拒绝接受或者依法不能交付其抵债的，应当在六十日内进行第三次拍卖。

第三次拍卖流拍且申请执行人或者其他执行债权人拒绝接受或者依法不能接受该不动产或者其他财产权抵债的，人民法院应当于第三次拍卖终结之日起七日内发出变卖公告。自公告之日起六十日内没有买受人愿意以第三次拍卖的保留价买受该财产，且申请执行人、其他执行债权人仍不表示接受该财产抵债的，应当解除查封、冻结，将该财产退还被执行人，但对该财产可以采取其他执行措施的除外。

第二十九条 动产拍卖成交或者抵债后，其所有权自该动产交付时起转移给买受人或者承受人。

---

① 最高人民法院《关于竞买人逾期支付价款是否应当重新拍卖的复函》（〔2006〕执监字第94-1号），认为不能简单认为只要买受人未如期支付价款，法院即应裁定重新拍卖，而应考虑哪种处理方式更有利于债权尽快实现，更有利于降低拍卖成本。
② 人民法院裁定义务抵债后的被执行人的财产，不应再列入被执行人破产财产。参见最高人民法院执行工作办公室《关于诸城兴贸玉米开发有限公司申请执行国营青岛味精厂案中有关财产评估、变卖等问题的复函》（2003年8月5日 〔2002〕执他字第14号）。

不动产、有登记的特定动产或者其他财产权拍卖成交或者抵债后，该不动产、特定动产的所有权、其他财产权自拍卖成交或者抵债裁定送达买受人或者承受人时起转移。

第三十条　人民法院裁定拍卖成交或者以流拍的财产抵债后，除有依法不能移交的情形外，应当于裁定送达后十五日内，将拍卖的财产移交买受人或者承受人。被执行人或者第三人占有拍卖财产应当移交而拒不移交的，强制执行。

第三十一条　拍卖财产上原有的担保物权及其他优先受偿权，因拍卖而消灭，拍卖所得价款，应当优先清偿担保物权人及其他优先受偿权人的债权，但当事人另有约定的除外。

拍卖财产上原有的租赁权及其他用益物权，不因拍卖而消灭，但该权利继续存在于拍卖财产上，对在先的担保物权或者其他优先受偿权的实现有影响的，人民法院应当依法将其除去后进行拍卖。

第三十二条　拍卖成交的，拍卖机构可以按照下列比例向买受人收取佣金：

拍卖成交价200万元以下的，收取佣金的比例不得超过5%；超过200万元至1000万元的部分，不得超过3%；超过1000万元至5000万元的部分，不得超过2%；超过5000万元至1亿元的部分，不得超过1%；超过1亿元的部分，不得超过0.5%。

采取公开招标方式确定拍卖机构的，按照中标方案确定的数额收取佣金。

拍卖未成交或者非因拍卖机构的原因撤回拍卖委托的，拍卖机构为本次拍卖已经支出的合理费用，应当由被执行人负担。

第三十三条　在执行程序中拍卖上市公司国有股和社会法人股的，适用最高人民法院《关于冻结、拍卖上市公司国有股和社会法人股若干问题的规定》。

第三十四条　对查封、扣押、冻结的财产，当事人双方及有关权利人同意变卖的，可以变卖。

金银及其制品、当地市场有公开交易价格的动产、易腐烂变质的物品、季节性商品、保管困难或者保管费用过高的物品，人民法院可以决定变卖。

第三十五条　当事人双方及有关权利人对变卖财产的价格有约定的，按照其约定价格变卖；无约定价格但有市价的，变卖价格不得低于市价；无市价但价值较大、价格不易确定的，应当委托评估机构进行评估，并按照评估价格进行变卖。

按照评估价格变卖不成的，可以降低价格变卖，但最低的变卖价不得低于评估价的二分之一。

变卖的财产无人应买的，适用本规定第十九条的规定将该财产交申请执行人或者其他执行债权人抵债；申请执行人或者其他执行债权人拒绝接受或者依法不能交付其抵债的，人民法院应当解除查封、扣押，并将该财产退还被执行人。

第三十六条 本规定自 2005 年 1 月 1 日起施行。施行前本院公布的司法解释与本规定不一致的，以本规定为准。

▶ **司法解释六**

★**最高人民法院关于人民法院执行设定抵押的房屋的规定**（2005 年 12 月 21 日施行 法释〔2005〕14 号）（节录）

第一条 对于被执行人所有的已经依法设定抵押的房屋，人民法院可以查封，并可以根据抵押权人的申请，依法拍卖、变卖或者抵债。

第二条 人民法院对已经依法设定抵押的被执行人及其所扶养家属居住的房屋，在裁定拍卖、变卖或者抵债后，应当给予被执行人六个月的宽限期。在此期限内，被执行人应当主动腾空房屋，人民法院不得强制被执行人及其所扶养家属迁出该房屋。

▶ **司法解释七**

★**最高人民法院关于人民法院委托评估、拍卖和变卖工作的若干规定**（2009 年 11 月 20 日施行 法释〔2009〕16 号）

为规范人民法院委托评估、拍卖和变卖工作，保障当事人的合法权益，维护司法公正，根据《中华人民共和国民事诉讼法》等有关法律的规定，结合人民法院委托评估、拍卖和变卖工作实际，制定本规定。

第一条 人民法院司法技术管理部门负责本院的委托评估、拍卖和流拍财产的变卖工作，依法对委托评估、拍卖机构的评估、拍卖活动进行监督。

第二条 根据工作需要，下级人民法院可将评估、拍卖和变卖工作报请上级人民法院办理。

第三条 人民法院需要对异地的财产进行评估或拍卖时，可以委托财产所在地人民法院办理。

第四条 人民法院按照公开、公平、择优的原则编制人民法院委托评估、拍卖机构名册。

人民法院编制委托评估、拍卖机构名册，应当先期公告，明确入册机构的条件和评审程序等事项。

第五条 人民法院在编制委托评估、拍卖机构名册时，由司法技术管理部门、审判部门、执行部门组成评审委员会，必要时可邀请评估、拍卖行业的专家参加评审。

第六条　评审委员会对申请加入人民法院委托评估、拍卖名册的机构，应当从资质等级、职业信誉、经营业绩、执业人员情况等方面进行审查、打分，按分数高低经过初审、公示、复审后确定进入名册的机构，并对名册进行动态管理。

第七条　人民法院选择评估、拍卖机构，应当在人民法院委托评估、拍卖机构名册内采取公开随机的方式选定。

第八条　人民法院选择评估、拍卖机构，应当通知审判、执行人员到场，视情况可邀请社会有关人员到场监督。

第九条　人民法院选择评估、拍卖机构，应当提前通知各方当事人到场；当事人不到场的，人民法院可将选择机构的情况，以书面形式送达当事人。

第十条　评估、拍卖机构选定后，人民法院应当向选定的机构出具委托书，委托书中应当载明本次委托的要求和工作完成的期限等事项。

第十一条　评估、拍卖机构接受人民法院的委托后，在规定期限内无正当理由不能完成委托事项的，人民法院应当解除委托，重新选择机构，并对其暂停备选资格或从委托评估、拍卖机构名册内除名。

第十二条　评估机构在工作中需要对现场进行勘验的，人民法院应当提前通知审判、执行人员和当事人到场。当事人不到场的，不影响勘验的进行，但应当有见证人见证。评估机构勘验现场，应当制作现场勘验笔录。

勘验现场人员、当事人或见证人应当在勘验笔录上签字或盖章确认。

第十三条　拍卖财产经过评估的，评估价即为第一次拍卖的保留价；未作评估的，保留价由人民法院参照市价确定，并应当征询有关当事人的意见。

第十四条　审判、执行部门未经司法技术管理部门同意擅自委托评估、拍卖，或对流拍财产进行变卖的，按照有关纪律规定追究责任。

第十五条　人民法院司法技术管理部门，在组织评审委员会审查评估、拍卖入册机构，或选择评估、拍卖机构，或对流拍财产进行变卖时，应当通知本院纪检监察部门。纪检监察部门可视情况派员参加。

第十六条　施行前本院公布的司法解释与本规定不一致的，以本规定为准。

▶ 司法解释八

★最高人民法院关于审理期货纠纷案件若干问题的规定（二）（2011年1月17日施行　法释〔2011〕1号）（节录）

第四条　期货公司为债务人，债权人请求冻结、划拨以下账户中资金或者有价证券的，人民法院不予支持：

（一）客户在期货公司保证金账户中的资金；

（二）客户向期货公司提交的用于充抵保证金的有价证券。

第五条 实行会员分级结算制度的期货交易所的结算会员为债务人，债权人请求冻结、划拨结算会员以下资金或者有价证券的，人民法院不予支持：

（一）非结算会员在结算会员保证金账户中的资金；

（二）非结算会员向结算会员提交的用于充抵保证金的有价证券。

第六条 有证据证明保证金账户中有超过上述第三条、第四条、第五条规定的资金或者有价证券部分权益的，期货交易所、期货公司或者期货交易所结算会员在人民法院指定的合理期限内不能提出相反证据的，人民法院可以依法冻结、划拨超出部分的资金或者有价证券。

有证据证明期货交易所、期货公司、期货交易所结算会员自有资金与保证金发生混同，期货交易所、期货公司或者期货交易所结算会员在人民法院指定的合理期限内不能提出相反证据的，人民法院可以依法冻结、划拨相关账户内的资金或者有价证券。

▶ **司法解释九**

★ **最高人民法院关于人民法院委托评估、拍卖工作的若干规定**（2012 年 1 月 1 日施行 法释〔2011〕21 号）

为进一步规范人民法院委托评估、拍卖工作，促进审判执行工作公正、廉洁、高效，维护当事人的合法权益，根据《中华人民共和国民事诉讼法》等有关法律规定，结合人民法院工作实际，制定本规定。

第一条 人民法院司法辅助部门负责统一管理和协调司法委托评估、拍卖工作。

第二条 取得政府管理部门行政许可并达到一定资质等级的评估、拍卖机构，可以自愿报名参加人民法院委托的评估、拍卖活动。

人民法院不再编制委托评估、拍卖机构名册。

第三条 人民法院采用随机方式确定评估、拍卖机构。高级人民法院或者中级人民法院可以根据本地实际情况统一实施对外委托。

第四条 人民法院委托的拍卖活动应在有关管理部门确定的统一交易场所或网络平台上进行，另有规定的除外。

第五条 受委托的拍卖机构应通过管理部门的信息平台发布拍卖信息，公示评估、拍卖结果。

第六条 涉国有资产的司法委托拍卖由省级以上国有产权交易机构实施，拍卖机构负责拍卖环节相关工作，并依照相关监管部门制定的实施细则进行。

第七条 《中华人民共和国证券法》规定应当在证券交易所上市交易或

转让的证券资产的司法委托拍卖，通过证券交易所实施，拍卖机构负责拍卖环节相关工作；其他证券类资产的司法委托拍卖由拍卖机构实施，并依照相关监管部门制定的实施细则进行。

第八条 人民法院对其委托的评估、拍卖活动实行监督。出现下列情形之一，影响评估、拍卖结果，侵害当事人合法利益的，人民法院将不再委托其从事委托评估、拍卖工作。涉及违反法律法规的，依据有关规定处理：

（1）评估结果明显失实；

（2）拍卖过程中弄虚作假、存在瑕疵；

（3）随机选定后无正当理由不能按时完成评估拍卖工作；

（4）其他有关情形。

第九条 各高级人民法院可参照本规定，结合各地实际情况，制定实施细则，报最高人民法院备案。

第十条 本规定自 2012 年 1 月 1 日起施行。此前的司法解释和有关规定，与本规定相抵触的，以本规定为准。

▶ **司法解释十**

★**最高人民法院关于刑事裁判涉财产部分执行的若干规定**（2014 年 11 月 6 日施行 法释〔2014〕13 号）（节录）

第十二条 被执行财产需要变价的，人民法院执行机构应当依法采取拍卖、变卖等变价措施。

涉案财物最后一次拍卖未能成交，需要上缴国库的，人民法院应当通知有关财政机关以该次拍卖保留价予以接收；有关财政机关要求继续变价的，可以进行无保留价拍卖。需要退赔被害人的，以该次拍卖保留价以物退赔；被害人不同意以物退赔的，可以进行无保留价拍卖。

第十三条 被执行人在执行中同时承担刑事责任、民事责任，其财产不足以支付的，按照下列顺序执行：

（一）人身损害赔偿中的医疗费用；

（二）退赔被害人的损失；

（三）其他民事债务；

（四）罚金；

（五）没收财产。

债权人对执行标的依法享有优先受偿权，其主张优先受偿的，人民法院应当在前款第（一）项规定的医疗费用受偿后，予以支持。

▶**司法解释十一**

★最高人民法院关于适用《中华人民共和国民事诉讼法》的解释（2015 年 2 月 4 日施行 法释〔2015〕5 号）（节录）

第四百八十八条 依照民事诉讼法第二百四十七条规定，人民法院在执行中需要拍卖被执行人财产的，可以由人民法院自行组织拍卖，也可以交由具有相应资质的拍卖机构拍卖。

交拍卖机构拍卖的，人民法院应当对拍卖活动进行监督。

第四百八十九条 拍卖评估需要对现场进行检查、勘验的，人民法院应当责令被执行人、协助义务人予以配合。被执行人、协助义务人不予配合的，人民法院可以强制进行。

第四百九十条 人民法院执行中需要变卖被执行人财产的，可以交由有关单位变卖，也可以由人民法院直接变卖。

对变卖的财产，人民法院或者其工作人员不得买受。

第四百九十一条 经申请执行人和被执行人同意，且不损害其他债权人合法权益和社会公共利益的，人民法院可以不经拍卖、变卖，直接将被执行人的财产作价交申请执行人抵偿债务。对剩余债务，被执行人应当继续清偿。

第四百九十二条 被执行人的财产无法拍卖或者变卖的，经申请执行人同意，且不损害其他债权人合法权益和社会公共利益的，人民法院可以将该项财产作价后交付申请执行人抵偿债务，或者交付申请执行人管理；申请执行人拒绝接收或者管理的，退回被执行人。

第四百九十三条 拍卖成交或者依法定程序裁定以物抵债的，标的物所有权自拍卖成交裁定或者以物抵债裁定送达买受人或者接受抵债物的债权人时转移。

▶**司法解释十二**

★最高人民法院关于扣押与拍卖船舶适用法律若干问题的规定（2015 年 3 月 1 日施行 法释〔2015〕6 号）

为规范海事诉讼中扣押与拍卖船舶，根据《中华人民共和国民事诉讼法》《中华人民共和国海事诉讼特别程序法》等法律，结合司法实践，制定本规定。

第一条 海事请求人申请对船舶采取限制处分或者抵押等保全措施的，海事法院可以依照民事诉讼法的有关规定，裁定准许并通知船舶登记机关协助执行。

前款规定的保全措施不影响其他海事请求人申请扣押船舶。

第二条 海事法院应不同海事请求人的申请，可以对本院或其他海事法院已经扣押的船舶采取扣押措施。

先申请扣押船舶的海事请求人未申请拍卖船舶的，后申请扣押船舶的海事请求人可以依据海事诉讼特别程序法第二十九条的规定，向准许其扣押申请的海事法院申请拍卖船舶。

第三条　船舶因光船承租人对海事请求负有责任而被扣押的，海事请求人依据海事诉讼特别程序法第二十九条的规定，申请拍卖船舶用于清偿光船承租人经营该船舶产生的相关债务的，海事法院应予准许。

第四条　海事请求人申请扣押船舶的，海事法院应当责令其提供担保。但因船员劳务合同、海上及通海水域人身损害赔偿纠纷申请扣押船舶，且事实清楚、权利义务关系明确的，可以不要求提供担保。

第五条　海事诉讼特别程序法第七十六条第二款规定的海事请求人提供担保的具体数额，应当相当于船舶扣押期间可能产生的各项维持费用与支出、因扣押造成的船期损失和被请求人为使船舶解除扣押而提供担保所支出的费用。

船舶扣押后，海事请求人提供的担保不足以赔偿可能给被请求人造成损失的，海事法院应责令其追加担保。

第六条　案件终审后，海事请求人申请返还其所提供担保的，海事法院应将该申请告知被请求人，被请求人在三十日内未提起相关索赔诉讼的，海事法院可以准许海事请求人返还担保的申请。

被请求人同意返还，或生效法律文书认定被请求人负有责任，且赔偿或给付金额与海事请求人要求被请求人提供担保的数额基本相当的，海事法院可以直接准许海事请求人返还担保的申请。

第七条　船舶扣押期间由船舶所有人或光船承租人负责管理。

船舶所有人或光船承租人不履行船舶管理职责的，海事法院可委托第三人或者海事请求人代为管理，由此产生的费用由船舶所有人或光船承租人承担，或在拍卖船舶价款中优先拨付。

第八条　船舶扣押后，海事请求人依据海事诉讼特别程序法第十九条的规定，向其他有管辖权的海事法院提起诉讼的，可以由扣押船舶的海事法院继续实施保全措施。

第九条　扣押船舶裁定执行前，海事请求人撤回扣押船舶申请的，海事法院应当裁定予以准许，并终结扣押船舶裁定的执行。

扣押船舶裁定作出后因客观原因无法执行的，海事法院应当裁定终结执行。

第十条　船舶拍卖未能成交，需要再次拍卖的，适用拍卖法第四十五条关于拍卖日七日前发布拍卖公告的规定。

第十一条　拍卖船舶由拍卖船舶委员会实施，海事法院不另行委托拍卖机构进行拍卖。

第十二条 海事法院拍卖船舶应当依据评估价确定保留价。保留价不得公开。

第一次拍卖时，保留价不得低于评估价的百分之八十；因流拍需要再行拍卖的，可以酌情降低保留价，但降低的数额不得超过前次保留价的百分之二十。

第十三条 对经过两次拍卖仍然流拍的船舶，可以进行变卖。变卖价格不得低于评估价的百分之五十。

第十四条 依照本规定第十三条变卖仍未成交的，经已受理登记债权三分之二以上份额的债权人同意，可以低于评估价的百分之五十进行变卖处理。仍未成交的，海事法院可以解除船舶扣押。

第十五条 船舶经海事法院拍卖、变卖后，对该船舶已采取的其他保全措施效力消灭。

第十六条 海事诉讼特别程序法第一百一十一条规定的申请债权登记期间的届满之日，为拍卖船舶公告最后一次发布之日起第六十日。

前款所指公告为第一次拍卖时的拍卖船舶公告。

第十七条 海事法院受理债权登记申请后，应当在船舶被拍卖、变卖成交后，依照海事诉讼特别程序法第一百一十四条的规定作出是否准予的裁定。

第十八条 申请拍卖船舶的海事请求人未经债权登记，直接要求参与拍卖船舶价款分配的，海事法院应予准许。

第十九条 海事法院裁定终止拍卖船舶的，应当同时裁定终结债权登记受偿程序，当事人已经缴纳的债权登记申请费予以退还。

第二十条 当事人在债权登记前已经就有关债权提起诉讼的，不适用海事诉讼特别程序法第一百一十六条第二款的规定，当事人对海事法院作出的判决、裁定可以依法提起上诉。

第二十一条 债权人依照海事诉讼特别程序法第一百一十六条第一款的规定提起确权诉讼后，需要判定碰撞船舶过失程度比例的，当事人对海事法院作出的判决、裁定可以依法提起上诉。

第二十二条 海事法院拍卖、变卖船舶所得价款及其利息，先行拨付海事诉讼特别程序法第一百一十九条第二款规定的费用后，依法按照下列顺序进行分配：

（一）具有船舶优先权的海事请求；

（二）由船舶留置权担保的海事请求；

（三）由船舶抵押权担保的海事请求；

（四）与被拍卖、变卖船舶有关的其他海事请求。

依据海事诉讼特别程序法第二十三条第二款的规定申请扣押船舶的海事请求人申请拍卖船舶的，在前款规定海事请求清偿后，参与船舶价款的分配。

依照前款规定分配后的余款，按照民事诉讼法及相关司法解释的规定执行。

第二十三条 当事人依照民事诉讼法第十五章第七节的规定，申请拍卖船舶实现船舶担保物权的，由船舶所在地或船籍港所在地的海事法院管辖，按照海事诉讼特别程序法以及本规定关于船舶拍卖受偿程序的规定处理。

第二十四条 海事法院的上级人民法院扣押与拍卖船舶的，适用本规定。

执行程序中拍卖被扣押船舶清偿债务的，适用本规定。

第二十五条 本规定施行前已经实施的船舶扣押与拍卖，本规定施行后当事人申请复议的，不适用本规定。

本规定施行后，最高人民法院1994年7月6日制定的《关于海事法院拍卖被扣押船舶清偿债务的规定》（法发〔1994〕14号）同时废止。最高人民法院以前发布的司法解释和规范性文件与本规定不一致的，以本规定为准。

▶ **司法解释十三**

★**最高人民法院关于人民法院网络司法拍卖若干问题的规定**（2017年1月1日起施行 法释〔2016〕18号）

为了规范网络司法拍卖行为，保障网络司法拍卖公开、公平、公正、安全、高效，维护当事人的合法权益，根据《中华人民共和国民事诉讼法》等法律的规定，结合人民法院执行工作的实际，制定本规定。

第一条 本规定所称的网络司法拍卖，是指人民法院依法通过互联网拍卖平台，以网络电子竞价方式公开处置财产的行为。

第二条 人民法院以拍卖方式处置财产的，应当采取网络司法拍卖方式，但法律、行政法规和司法解释规定必须通过其他途径处置，或者不宜采用网络拍卖方式处置的除外。

第三条 网络司法拍卖应当在互联网拍卖平台上向社会全程公开，接受社会监督。

第四条 最高人民法院建立全国性网络服务提供者名单库。网络服务提供者申请纳入名单库的，其提供的网络司法拍卖平台应当符合下列条件：

（一）具备全面展示司法拍卖信息的界面；

（二）具备本规定要求的信息公示、网上报名、竞价、结算等功能；

（三）具有信息共享、功能齐全、技术拓展等功能的独立系统；

（四）程序运作规范、系统安全高效、服务优质价廉；

（五）在全国具有较高的知名度和广泛的社会参与度。

最高人民法院组成专门的评审委员会，负责网络服务提供者的选定、评审和除名。最高人民法院每年引入第三方评估机构对已纳入和新申请纳入名单库的网络服务提供者予以评审并公布结果。

第五条 网络服务提供者由申请执行人从名单库中选择；未选择或者多个申请执行人的选择不一致的，由人民法院指定。

第六条 实施网络司法拍卖的，人民法院应当履行下列职责：

（一）制作、发布拍卖公告；

（二）查明拍卖财产现状、权利负担等内容，并予以说明；

（三）确定拍卖保留价、保证金的数额、税费负担等；

（四）确定保证金、拍卖款项等支付方式；

（五）通知当事人和优先购买权人；

（六）制作拍卖成交裁定；

（七）办理财产交付和出具财产权证照转移协助执行通知书；

（八）开设网络司法拍卖专用账户；

（九）其他依法由人民法院履行的职责。

第七条 实施网络司法拍卖的，人民法院可以将下列拍卖辅助工作委托社会机构或者组织承担：

（一）制作拍卖财产的文字说明及视频或者照片等资料；

（二）展示拍卖财产，接受咨询，引领查看，封存样品等；

（三）拍卖财产的鉴定、检验、评估、审计、仓储、保管、运输等；

（四）其他可以委托的拍卖辅助工作。

社会机构或者组织承担网络司法拍卖辅助工作所支出的必要费用由被执行人承担。

第八条 实施网络司法拍卖的，下列事项应当由网络服务提供者承担：

（一）提供符合法律、行政法规和司法解释规定的网络司法拍卖平台，并保障安全正常运行；

（二）提供安全便捷配套的电子支付对接系统；

（三）全面、及时展示人民法院及其委托的社会机构或者组织提供的拍卖信息；

（四）保证拍卖全程的信息数据真实、准确、完整和安全；

（五）其他应当由网络服务提供者承担的工作。

网络服务提供者不得在拍卖程序中设置阻碍适格竞买人报名、参拍、竞价以及监视竞买人信息等后台操控功能。

网络服务提供者提供的服务无正当理由不得中断。

第九条　网络司法拍卖服务提供者从事与网络司法拍卖相关的行为，应当接受人民法院的管理、监督和指导。

第十条　网络司法拍卖应当确定保留价，拍卖保留价即为起拍价。

起拍价由人民法院参照评估价确定；未作评估的，参照市价确定，并征询当事人意见。起拍价不得低于评估价或者市价的百分之七十。

第十一条　网络司法拍卖不限制竞买人数量。一人参与竞拍，出价不低于起拍价的，拍卖成交。

第十二条　网络司法拍卖应当先期公告，拍卖公告除通过法定途径发布外，还应同时在网络司法拍卖平台发布。拍卖动产的，应当在拍卖十五日前公告；拍卖不动产或者其他财产权的，应当在拍卖三十日前公告。

拍卖公告应当包括拍卖财产、价格、保证金、竞买人条件、拍卖财产已知瑕疵、相关权利义务、法律责任、拍卖时间、网络平台和拍卖法院等信息。

第十三条　实施网络司法拍卖的，人民法院应当在拍卖公告发布当日通过网络司法拍卖平台公示下列信息：

（一）拍卖公告；

（二）执行所依据的法律文书，但法律规定不得公开的除外；

（三）评估报告副本，或者未经评估的定价依据；

（四）拍卖时间、起拍价以及竞价规则；

（五）拍卖财产权属、占有使用、附随义务等现状的文字说明、视频或者照片等；

（六）优先购买权主体以及权利性质；

（七）通知或者无法通知当事人、已知优先购买权人的情况；

（八）拍卖保证金、拍卖款项支付方式和账户；

（九）拍卖财产产权转移可能产生的税费及承担方式；

（十）执行法院名称，联系、监督方式等；

（十一）其他应当公示的信息。

第十四条　实施网络司法拍卖的，人民法院应当在拍卖公告发布当日通过网络司法拍卖平台对下列事项予以特别提示：

（一）竞买人应当具备完全民事行为能力，法律、行政法规和司法解释对买受人资格或者条件有特殊规定的，竞买人应当具备规定的资格或者条件；

（二）委托他人代为竞买的，应当在竞价程序开始前经人民法院确认，并通知网络服务提供者；

（三）拍卖财产已知瑕疵和权利负担；

（四）拍卖财产以实物现状为准，竞买人可以申请实地看样；

（五）竞买人决定参与竞买的，视为对拍卖财产完全了解，并接受拍卖财产一切已知和未知瑕疵；

（六）载明买受人真实身份的拍卖成交确认书在网络司法拍卖平台上公示；

（七）买受人悔拍后保证金不予退还。

第十五条 被执行人应当提供拍卖财产品质的有关资料和说明。

人民法院已按本规定第十三条、第十四条的要求予以公示和特别提示，且在拍卖公告中声明不能保证拍卖财产真伪或者品质的，不承担瑕疵担保责任。

第十六条 网络司法拍卖的事项应当在拍卖公告发布三日前以书面或者其他能够确认收悉的合理方式，通知当事人、已知优先购买权人。权利人书面明确放弃权利的，可以不通知。无法通知的，应当在网络司法拍卖平台公示并说明无法通知的理由，公示满五日视为已经通知。

优先购买权人经通知未参与竞买的，视为放弃优先购买权。

第十七条 保证金数额由人民法院在起拍价的百分之五至百分之二十范围内确定。

竞买人应当在参加拍卖前以实名交纳保证金，未交纳的，不得参加竞买。申请执行人参加竞买的，可以不交保证金；但债权数额小于保证金数额的按差额部分交纳。

交纳保证金，竞买人可以向人民法院指定的账户交纳，也可以由网络服务提供者在其提供的支付系统中对竞买人的相应款项予以冻结。

第十八条 竞买人在拍卖竞价程序结束前交纳保证金经人民法院或者网络服务提供者确认后，取得竞买资格。网络服务提供者应当向取得资格的竞买人赋予竞买代码、参拍密码；竞买人以该代码参与竞买。

网络司法拍卖竞价程序结束前，人民法院及网络服务提供者对竞买人以及其他能够确认竞买人真实身份的信息、密码等，应当予以保密。

第十九条 优先购买权人经人民法院确认后，取得优先竞买资格以及优先竞买代码、参拍密码，并以优先竞买代码参与竞买；未经确认的，不得以优先购买权人身份参与竞买。

顺序不同的优先购买权人申请参与竞买的，人民法院应当确认其顺序，赋予不同顺序的优先竞买代码。

第二十条 网络司法拍卖从起拍价开始以递增出价方式竞价，增价幅度由人民法院确定。竞买人以低于起拍价出价的无效。

网络司法拍卖的竞价时间应当不少于二十四小时。竞价程序结束前五分钟内无人出价的，最后出价即为成交价；有出价的，竞价时间自该出价时点顺延五分钟。竞买人的出价时间以进入网络司法拍卖平台服务系统的时间为准。

竞买代码及其出价信息应当在网络竞买页面实时显示，并储存、显示竞价全程。

第二十一条 优先购买权人参与竞买的，可以与其他竞买人以相同的价格出价，没有更高出价的，拍卖财产由优先购买权人竞得。

顺序不同的优先购买权人以相同价格出价的，拍卖财产由顺序在先的优先购买权人竞得。

顺序相同的优先购买权人以相同价格出价的，拍卖财产由出价在先的优先购买权人竞得。

第二十二条 网络司法拍卖成交的，由网络司法拍卖平台以买受人的真实身份自动生成确认书并公示。

拍卖财产所有权自拍卖成交裁定送达买受人时转移。

第二十三条 拍卖成交后，买受人交纳的保证金可以充抵价款；其他竞买人交纳的保证金应当在竞价程序结束后二十四小时内退还或者解冻。拍卖未成交的，竞买人交纳的保证金应当在竞价程序结束后二十四小时内退还或者解冻。

第二十四条 拍卖成交后买受人悔拍的，交纳的保证金不予退还，依次用于支付拍卖产生的费用损失、弥补重新拍卖价款低于原拍卖价款的差价、冲抵本案被执行人的债务以及与拍卖财产相关的被执行人的债务。

悔拍后重新拍卖的，原买受人不得参加竞买。

第二十五条 拍卖成交后，买受人应当在拍卖公告确定的期限内将剩余价款交付人民法院指定账户。拍卖成交后二十四小时内，网络服务提供者应当将冻结的买受人交纳的保证金划入人民法院指定账户。

第二十六条 网络司法拍卖竞价期间无人出价的，本次拍卖流拍。流拍后应当在三十日内在同一网络司法拍卖平台再次拍卖，拍卖动产的应当在拍卖七日前公告；拍卖不动产或者其他财产权的应当在拍卖十五日前公告。再次拍卖的起拍价降价幅度不得超过前次起拍价的百分之二十。

再次拍卖流拍的，可以依法在同一网络司法拍卖平台变卖。

第二十七条 起拍价及其降价幅度、竞价增价幅度、保证金数额和优先购买权人竞买资格及其顺序等事项，应当由人民法院依法组成合议庭评议确定。

第二十八条 网络司法拍卖竞价程序中，有依法应当暂缓、中止执行等情形的，人民法院应当决定暂缓或者裁定中止拍卖；人民法院可以自行或者通知网络服务提供者停止拍卖。

网络服务提供者发现系统故障、安全隐患等紧急情况的，可以先行暂缓拍卖，并立即报告人民法院。

暂缓或者中止拍卖的，应当及时在网络司法拍卖平台公告原因或者理由。

暂缓拍卖期限届满或者中止拍卖的事由消失后，需要继续拍卖的，应当在五日内恢复拍卖。

第二十九条　网络服务提供者对拍卖形成的电子数据，应当完整保存不少于十年，但法律、行政法规另有规定的除外。

第三十条　因网络司法拍卖本身形成的税费，应当依照相关法律、行政法规的规定，由相应主体承担；没有规定或者规定不明的，人民法院可以根据法律原则和案件实际情况确定税费承担的相关主体、数额。

第三十一条　当事人、利害关系人提出异议请求撤销网络司法拍卖，符合下列情形之一的，人民法院应当支持：

（一）由于拍卖财产的文字说明、视频或者照片展示以及瑕疵说明严重失实，致使买受人产生重大误解，购买目的无法实现的，但拍卖时的技术水平不能发现或者已经就相关瑕疵以及责任承担予以公示说明的除外；

（二）由于系统故障、病毒入侵、黑客攻击、数据错误等原因致使拍卖结果错误，严重损害当事人或者其他竞买人利益的；

（三）竞买人之间，竞买人与网络司法拍卖服务提供者之间恶意串通，损害当事人或者其他竞买人利益的；

（四）买受人不具备法律、行政法规和司法解释规定的竞买资格的；

（五）违法限制竞买人参加竞买或者对享有同等权利的竞买人规定不同竞买条件的；

（六）其他严重违反网络司法拍卖程序且损害当事人或者竞买人利益的情形。

第三十二条　网络司法拍卖被人民法院撤销，当事人、利害关系人、案外人认为人民法院的拍卖行为违法致使其合法权益遭受损害的，可以依法申请国家赔偿；认为其他主体的行为违法致使其合法权益遭受损害的，可以另行提起诉讼。

第三十三条　当事人、利害关系人、案外人认为网络司法拍卖服务提供者的行为违法致使其合法权益遭受损害的，可以另行提起诉讼；理由成立的，人民法院应当支持，但具有法定免责事由的除外。

第三十四条　实施网络司法拍卖的，下列机构和人员不得竞买并不得委托他人代为竞买与其行为相关的拍卖财产：

（一）负责执行的人民法院；

（二）网络服务提供者；

（三）承担拍卖辅助工作的社会机构或者组织；

（四）第（一）至（三）项规定主体的工作人员及其近亲属。

第三十五条 网络服务提供者有下列情形之一的，应当将其从名单库中除名：

（一）存在违反本规定第八条第二款规定操控拍卖程序、修改拍卖信息等行为的；

（二）存在恶意串通、弄虚作假、泄漏保密信息等行为的；

（三）因违反法律、行政法规和司法解释等规定受到处罚，不适于继续从事网络司法拍卖的；

（四）存在违反本规定第三十四条规定行为的；

（五）其他应当除名的情形。

网络服务提供者有前款规定情形之一，人民法院可以依照《中华人民共和国民事诉讼法》的相关规定予以处理。

第三十六条 当事人、利害关系人认为网络司法拍卖行为违法侵害其合法权益的，可以提出执行异议。异议、复议期间，人民法院可以决定暂缓或者裁定中止拍卖。

案外人对网络司法拍卖的标的提出异议的，人民法院应当依据《中华人民共和国民事诉讼法》第二百二十七条及相关司法解释的规定处理，并决定暂缓或者裁定中止拍卖。

第三十七条 人民法院通过互联网平台以变卖方式处置财产的，参照本规定执行。

执行程序中委托拍卖机构通过互联网平台实施网络拍卖的，参照本规定执行。

本规定对网络司法拍卖行为没有规定的，适用其他有关司法拍卖的规定。

第三十八条 本规定自 2017 年 1 月 1 日起施行。施行前最高人民法院公布的司法解释和规范性文件与本规定不一致的，以本规定为准。

▶**司法解释十四**

★**最高人民法院关于人民法院确定财产处置参考价若干问题的规定**

（2018 年 9 月 1 日施行 法释〔2018〕15 号）

为公平、公正、高效确定财产处置参考价，维护当事人、利害关系人的合法权益，根据《中华人民共和国民事诉讼法》等法律规定，结合人民法院工作实际，制定本规定。

第一条 人民法院查封、扣押、冻结财产后，对需要拍卖、变卖的财产，应当在三十日内启动确定财产处置参考价程序。

第二条 人民法院确定财产处置参考价，可以采取当事人议价、定向询价、网络询价、委托评估等方式。

第三条 人民法院确定参考价前，应当查明财产的权属、权利负担、占有使用、欠缴税费、质量瑕疵等事项。

人民法院查明前款规定事项需要当事人、有关单位或者个人提供相关资料的，可以通知其提交；拒不提交的，可以强制提取；对妨碍强制提取的，参照民事诉讼法第一百一十一条、第一百一十四条的规定处理。

查明本条第一款规定事项需要审计、鉴定的，人民法院可以先行审计、鉴定。

第四条 采取当事人议价方式确定参考价的，除一方当事人拒绝议价或者下落不明外，人民法院应当以适当的方式通知或者组织当事人进行协商，当事人应当在指定期限内提交议价结果。

双方当事人提交的议价结果一致，且不损害他人合法权益的，议价结果为参考价。

第五条 当事人议价不能或者不成，且财产有计税基准价、政府定价或者政府指导价的，人民法院应当向确定参考价时财产所在地的有关机构进行定向询价。

双方当事人一致要求直接进行定向询价，且财产有计税基准价、政府定价或者政府指导价的，人民法院应当准许。

第六条 采取定向询价方式确定参考价的，人民法院应当向有关机构出具询价函，询价函应当载明询价要求、完成期限等内容。

接受定向询价的机构在指定期限内出具的询价结果为参考价。

第七条 定向询价不能或者不成，财产无需由专业人员现场勘验或者鉴定，且具备网络询价条件的，人民法院应当通过司法网络询价平台进行网络询价。

双方当事人一致要求或者同意直接进行网络询价，财产无需由专业人员现场勘验或者鉴定，且具备网络询价条件的，人民法院应当准许。

第八条 最高人民法院建立全国性司法网络询价平台名单库。

司法网络询价平台应当同时符合下列条件：

（一）具备能够依法开展互联网信息服务工作的资质；

（二）能够合法获取并整合全国各地区同种类财产一定时期的既往成交价、政府定价、政府指导价或者市场公开交易价等不少于三类价格数据，并保证数据真实、准确；

（三）能够根据数据化财产特征，运用一定的运算规则对市场既往交易价格、交易趋势予以分析；

（四）程序运行规范、系统安全高效、服务质优价廉；

（五）能够全程记载数据的分析过程，将形成的电子数据完整保存不少于十年，但法律、行政法规、司法解释另有规定的除外。

第九条　最高人民法院组成专门的评审委员会，负责司法网络询价平台的选定、评审和除名。每年引入权威第三方对已纳入和新申请纳入名单库的司法网络询价平台予以评审并公布结果。

司法网络询价平台具有下列情形之一的，应当将其从名单库中除名：

（一）无正当理由拒绝进行网络询价；

（二）无正当理由一年内累计五次未按期完成网络询价；

（三）存在恶意串通、弄虚作假、泄露保密信息等行为；

（四）经权威第三方评审认定不符合提供网络询价服务条件；

（五）存在其他违反询价规则以及法律、行政法规、司法解释规定的情形。

司法网络询价平台被除名后，五年内不得被纳入名单库。

第十条　采取网络询价方式确定参考价的，人民法院应当同时向名单库中的全部司法网络询价平台发出网络询价委托书。网络询价委托书应当载明财产名称、物理特征、规格数量、目的要求、完成期限以及其他需要明确的内容等。

第十一条　司法网络询价平台应当在收到人民法院网络询价委托书之日起三日内出具网络询价报告。网络询价报告应当载明财产的基本情况、参照样本、计算方法、询价结果及有效期等内容。

司法网络询价平台不能在期限内完成询价的，应当在期限届满前申请延长期限。全部司法网络询价平台均未能在期限内出具询价结果的，人民法院应当根据各司法网络询价平台的延期申请延期三日；部分司法网络询价平台在期限内出具网络询价结果的，人民法院对其他司法网络询价平台的延期申请不予准许。

全部司法网络询价平台均未在期限内出具或者补正网络询价报告，且未按照规定申请延长期限的，人民法院应当委托评估机构进行评估。

人民法院未在网络询价结果有效期内发布一拍拍卖公告或者直接进入变卖程序的，应当通知司法网络询价平台在三日内重新出具网络询价报告。

第十二条　人民法院应当对网络询价报告进行审查。网络询价报告均存在财产基本信息错误、超出财产范围或者遗漏财产等情形的，应当通知司法网络询价平台在三日内予以补正；部分网络询价报告不存在上述情形的，无需通知其他司法网络询价平台补正。

第十三条 全部司法网络询价平台均在期限内出具询价结果或者补正结果的，人民法院应当以全部司法网络询价平台出具结果的平均值为参考价；部分司法网络询价平台在期限内出具询价结果或者补正结果的，人民法院应当以该部分司法网络询价平台出具结果的平均值为参考价。

当事人、利害关系人依据本规定第二十二条的规定对全部网络询价报告均提出异议，且所提异议被驳回或者司法网络询价平台已作出补正的，人民法院应当以异议被驳回或者已作出补正的各司法网络询价平台出具结果的平均值为参考价；对部分网络询价报告提出异议的，人民法院应当以网络询价报告未被提出异议的各司法网络询价平台出具结果的平均值为参考价。

第十四条 法律、行政法规规定必须委托评估、双方当事人要求委托评估或者网络询价不能或不成的，人民法院应当委托评估机构进行评估。

第十五条 最高人民法院根据全国性评估行业协会推荐的评估机构名单建立人民法院司法评估机构名单库。按评估专业领域和评估机构的执业范围建立名单分库，在分库下根据行政区划设省、市两级名单子库。

评估机构无正当理由拒绝进行司法评估或者存在弄虚作假等情形的，最高人民法院可以商全国性评估行业协会将其从名单库中除名；除名后五年内不得被纳入名单库。

第十六条 采取委托评估方式确定参考价的，人民法院应当通知双方当事人在指定期限内从名单分库中协商确定三家评估机构以及顺序；双方当事人在指定期限内协商不成或者一方当事人下落不明的，采取摇号方式在名单分库或者财产所在地的名单子库中随机确定三家评估机构以及顺序。双方当事人一致要求在同一名单子库中随机确定的，人民法院应当准许。

第十七条 人民法院应当向顺序在先的评估机构出具评估委托书，评估委托书应当载明财产名称、物理特征、规格数量、目的要求、完成期限以及其他需要明确的内容等，同时应当将查明的财产情况及相关材料一并移交给评估机构。

评估机构应当出具评估报告，评估报告应当载明评估财产的基本情况、评估方法、评估标准、评估结果及有效期等内容。

第十八条 评估需要进行现场勘验的，人民法院应当通知当事人到场；当事人不到场的，不影响勘验的进行，但应当有见证人见证。现场勘验需要当事人、协助义务人配合的，人民法院依法责令其配合；不予配合的，可以依法强制进行。

第十九条　评估机构应当在三十日内出具评估报告。人民法院决定暂缓或者裁定中止执行的期间，应当从前述期限中扣除。

评估机构不能在期限内出具评估报告的，应当在期限届满五日前书面向人民法院申请延长期限。人民法院决定延长期限的，延期次数不超过两次，每次不超过十五日。

评估机构未在期限内出具评估报告、补正说明，且未按照规定申请延长期限的，人民法院应当通知该评估机构三日内将人民法院委托评估时移交的材料退回，另行委托下一顺序的评估机构重新进行评估。

人民法院未在评估结果有效期内发布一拍拍卖公告或者直接进入变卖程序的，应当通知原评估机构在十五日内重新出具评估报告。

第二十条　人民法院应当对评估报告进行审查。具有下列情形之一的，应当责令评估机构在三日内予以书面说明或者补正：

（一）财产基本信息错误；

（二）超出财产范围或者遗漏财产；

（三）选定的评估机构与评估报告上签章的评估机构不符；

（四）评估人员执业资格证明与评估报告上署名的人员不符；

（五）具有其他应当书面说明或者补正的情形。

第二十一条　人民法院收到定向询价、网络询价、委托评估、说明补正等报告后，应当在三日内发送给当事人及利害关系人。

当事人、利害关系人已提供有效送达地址的，人民法院应当将报告以直接送达、留置送达、委托送达、邮寄送达或者电子送达的方式送达；当事人、利害关系人下落不明或者无法获取其有效送达地址，人民法院无法按照前述规定送达的，应当在中国执行信息公开网上予以公示，公示满十五日即视为收到。

第二十二条　当事人、利害关系人认为网络询价报告或者评估报告具有下列情形之一的，可以在收到报告后五日内提出书面异议：

（一）财产基本信息错误；

（二）超出财产范围或者遗漏财产；

（三）评估机构或者评估人员不具备相应评估资质；

（四）评估程序严重违法。

对当事人、利害关系人依据前款规定提出的书面异议，人民法院应当参照民事诉讼法第二百二十五条的规定处理。

第二十三条　当事人、利害关系人收到评估报告后五日内对评估报告的参照标准、计算方法或者评估结果等提出书面异议的，人民法院应当在三日内交评估机构予以书面说明。评估机构在五日内未作说明或者当事人、利害关系人对作出的说明仍有异议的，人民法院应当交由相关行业协会在指定期限内组织专业技术评审，并根据专业技术评审出具的结论认定评估结果或者责令原评估机构予以补正。

当事人、利害关系人提出前款异议，同时涉及本规定第二十二条第一款第一、二项情形的，按照前款规定处理；同时涉及本规定第二十二条第一款第三、四项情形的，按照本规定第二十二条第二款先对第三、四项情形审查，异议成立的，应当通知评估机构三日内将人民法院委托评估时移交的材料退回，另行委托下一顺序的评估机构重新进行评估；异议不成立的，按照前款规定处理。

第二十四条 当事人、利害关系人未在本规定第二十二条、第二十三条规定的期限内提出异议或者对网络询价平台、评估机构、行业协会按照本规定第二十二条、第二十三条所作的补正说明、专业技术评审结论提出异议的，人民法院不予受理。

当事人、利害关系人对议价或者定向询价提出异议的，人民法院不予受理。

第二十五条 当事人、利害关系人有证据证明具有下列情形之一，且在发布一拍拍卖公告或者直接进入变卖程序之前提出异议的，人民法院应当按照执行监督程序进行审查处理：

（一）议价中存在欺诈、胁迫情形；

（二）恶意串通损害第三人利益；

（三）有关机构出具虚假定向询价结果；

（四）依照本规定第二十二条、第二十三条作出的处理结果确有错误。

第二十六条 当事人、利害关系人对评估报告未提出异议、所提异议被驳回或者评估机构已作出补正的，人民法院应当以评估结果或者补正结果为参考价；当事人、利害关系人对评估报告提出的异议成立的，人民法院应当以评估机构作出的补正结果或者重新作出的评估结果为参考价。专业技术评审对评估报告未作出否定结论的，人民法院应当以该评估结果为参考价。

第二十七条 司法网络询价平台、评估机构应当确定网络询价或者委托评估结果的有效期，有效期最长不得超过一年。

当事人议价的，可以自行协商确定议价结果的有效期，但不得超过前款规定的期限；定向询价结果的有效期，参照前款规定确定。

人民法院在议价、询价、评估结果有效期内发布一拍拍卖公告或者直接进入变卖程序，拍卖、变卖时未超过有效期六个月的，无需重新确定参考价，但法律、行政法规、司法解释另有规定的除外。

第二十八条 具有下列情形之一的，人民法院应当决定暂缓网络询价或者委托评估：

（一）案件暂缓执行或者中止执行；

（二）评估材料与事实严重不符，可能影响评估结果，需要重新调查核实；

（三）人民法院认为应当暂缓的其他情形。

第二十九条 具有下列情形之一的，人民法院应当撤回网络询价或者委托评估：

（一）申请执行人撤回执行申请；

（二）生效法律文书确定的义务已全部执行完毕；

（三）据以执行的生效法律文书被撤销或者被裁定不予执行；

（四）人民法院认为应当撤回的其他情形。

人民法院决定网络询价或者委托评估后，双方当事人议价确定参考价或者协商不再对财产进行变价处理的，人民法院可以撤回网络询价或者委托评估。

第三十条 人民法院应当在参考价确定后十日内启动财产变价程序。拍卖的，参照参考价确定起拍价；直接变卖的，参照参考价确定变卖价。

第三十一条 人民法院委托司法网络询价平台进行网络询价的，网络询价费用应当按次计付给出具网络询价结果与财产处置成交价最接近的司法网络询价平台；多家司法网络询价平台出具的网络询价结果相同或者与财产处置成交价差距相同的，网络询价费用平均分配。

人民法院依照本规定第十一条第三款规定委托评估机构进行评估或者依照本规定第二十九条规定撤回网络询价的，对司法网络询价平台不计付费用。

第三十二条 人民法院委托评估机构进行评估，财产处置未成交的，按照评估机构合理的实际支出计付费用；财产处置成交价高于评估价的，以评估价为基准计付费用；财产处置成交价低于评估价的，以财产处置成交价为基准计付费用。

人民法院依照本规定第二十九条规定撤回委托评估的，按照评估机构合理的实际支出计付费用；人民法院依照本规定通知原评估机构重新出具评估报告的，按照前款规定的百分之三十计付费用。

人民法院依照本规定另行委托评估机构重新进行评估的，对原评估机构不计付费用。

第三十三条 网络询价费及委托评估费由申请执行人先行垫付，由被执行人负担。

申请执行人通过签订保险合同的方式垫付网络询价费或者委托评估费的，

保险人应当向人民法院出具担保书。担保书应当载明因申请执行人未垫付网络询价费或者委托评估费由保险人支付等内容，并附相关证据材料。

第三十四条　最高人民法院建设全国法院询价评估系统。询价评估系统与定向询价机构、司法网络询价平台、全国性评估行业协会的系统对接，实现数据共享。

询价评估系统应当具有记载当事人议价、定向询价、网络询价、委托评估、摇号过程等功能，并形成固化数据，长期保存、随案备查。

第三十五条　本规定自 2018 年 9 月 1 日起施行。

最高人民法院此前公布的司法解释及规范性文件与本规定不一致的，以本规定为准。

▶ **司法解性文件释一**

★**最高人民法院关于适用《中华人民共和国民事诉讼法》若干问题的意见**（1992 年 7 月 14 日施行　法发〔1992〕22 号）（节录）

281. 人民法院在执行中需要变卖被执行人财产的，可以交有关单位变卖，也可以由人民法院直接变卖。由人民法院直接变卖的，变卖前应就价格问题征求物价等有关部门的意见，作价应当公平合理。

对变卖的财产，人民法院或其工作人员不得买受。

301. 经申请执行人和被执行人同意，可以不经拍卖、变卖，直接将被执行人的财产作价交申请执行人抵偿债务，对剩余债务，被执行人应当继续清偿。

302. 被执行人的财产无法拍卖或变卖的，经申请执行人同意，人民法院可以将该项财产作价后交付申请执行人抵偿债务，或者交付申请执行人管理；申请执行人拒绝接收或管理的，退回被执行人。

▶ **司法解释性文件二**

★**最高人民法院关于冻结、扣划证券交易结算资金有关问题的通知**（2004 年 11 月 9 日施行　法〔2004〕239 号）

为了保障金融安全和社会稳定，维护证券市场正常交易结算秩序，保护当事人的合法权益，保障人民法院依法执行，经商中国证券监督管理委员会，现就人民法院冻结、扣划证券交易结算资金有关问题通知如下：

一、人民法院办理涉及证券交易结算资金的案件，应当根据资金的不同性质区别对待。证券交易结算资金，包括客户交易结算资金和证券公司从事自营证券业务的自有资金。证券公司将客户交易结算资金全额存放于客户交易结算资金专用存款帐户和结算备付金帐户，将自营证券业务的自有资金存放于自有资金专用存款帐户，而上述帐户均应报中国证券监督管理委员会备案。因此，对证券市场主体为被执行人的案件，要区别处理：

当证券公司为被执行人时，人民法院可以冻结、扣划该证券公司开设的自有资金存款帐户中的资金，但不得冻结、扣划该证券公司开设的客户交易结算资金专用存款帐户中的资金。

当客户为被执行人时，人民法院可以冻结、扣划该客户在证券公司营业部开设的资金帐户中的资金，证券公司应当协助执行。但对于证券公司在存管银行开设的客户交易结算资金专用存款帐户中属于所有客户共有的资金，人民法院不得冻结、扣划。

二、人民法院冻结、扣划证券结算备付金时，应当正确界定证券结算备付金与自营结算备付金。证券结算备付金是证券公司从客户交易结算资金、自营证券业务的自有资金中缴存于中国证券登记结算有限责任公司（以下简称登记结算公司）的结算备用资金，专用于证券交易成交后的清算，具有结算履约担保作用。登记结算公司对每个证券公司缴存的结算备付金分别设立客户结算备付金帐户和自营结算备付金帐户进行帐务管理，并依照经中国证券监督管理委员会批准的规则确定结算备付金最低限额。因此，对证券公司缴存在登记结算公司的客户结算备付金，人民法院不得冻结、扣划。

当证券公司为被执行人时，人民法院可以向登记结算公司查询确认该证券公司缴存的自营结算备付金余额；对其最低限额以外的自营结算备付金，人民法院可以冻结、扣划，登记结算公司应当协助执行。

三、人民法院不得冻结、扣划新股发行验资专用帐户中的资金。登记结算公司在结算银行开设的新股发行验资专用帐户，专门用于证券市场的新股发行业务中的资金存放、调拨，并按照中国证券监督管理委员会批准的规则开立、使用、备案和管理，故人民法院不得冻结、扣划该专用帐户中的资金。

四、人民法院在执行中应当正确处理清算交收程序与执行财产顺序的关系。当证券公司或者客户为被执行人时，人民法院可以冻结属于该被执行人的已完成清算交收后的证券或者资金，并以书面形式责令其在 7 日内提供可供执行的其他财产。被执行人提供了其他可供执行的财产的，人民法院应当先执行该财产；逾期不提供或者提供的财产不足清偿债务的，人民法院可以执行上述已经冻结的证券或者资金。

对被执行人的证券交易成交后进入清算交收期间的证券或者资金，以及被执行人为履行清算交收义务交付给登记结算公司但尚未清算的证券或者资金，人民法院不得冻结、扣划。

五、人民法院对被执行人证券帐户内的流通证券采取执行措施时，应当查明该流通证券确属被执行人所有。

人民法院执行流通证券，可以指令被执行人所在的证券公司营业部在 30 个交易日内通过证券交易将该证券卖出，并将变卖所得价款直接划付到人民法院指定的帐户。

六、人民法院在冻结、扣划证券交易结算资金的过程中，对于当事人或者协助执行人对相关资金是否属客户交易结算资金、结算备付金提出异议的，应当认真审查；必要时，可以提交中国证券监督管理委员会作出审查认定后，依法处理。

七、人民法院在证券交易、结算场所采取保全或者执行措施时，不得影响证券交易、结算业务的正常秩序。

八、本通知自发布之日起执行。发布前最高人民法院的其他规定与本通知的规定不一致的，以本通知为准。

特此通知。

▶ **司法解释性文件三**

★**最高人民法院关于人民法院执行公开的若干规定**（2007 年 1 月 1 日施行 法发〔2006〕35 号）（节录）

第十条 人民法院拟委托评估、拍卖或者变卖被执行人财产的，应当及时告知双方当事人及其他利害关系人，并严格按照《中华人民共和国民事诉讼法》和最高人民法院《关于人民法院民事执行中拍卖、变卖财产的规定》等有关规定，采取公开的方式选定评估机构和拍卖机构，并依法公开进行拍卖、变卖。

评估结束后，人民法院应当及时向双方当事人及其他利害关系人送达评估报告；拍卖、变卖结束后，应当及时将结果告知双方当事人及其他利害关系人。

▶ **司法解释性文件四**

★**最高人民法院、最高人民检察院、公安部、中国证券监督管理委员会关于查询、冻结、扣划证券和证券交易结算资金有关问题通知**（2008 年 3 月 1 日施行 法发〔2008〕4 号）

各省、自治区、直辖市高级人民法院、人民检察院、公安厅（局），解放军军事法院、军事检察院，新疆维吾尔自治区高级人民法院生产建设兵团分院，新疆生产建设兵团人民检察院、公安局：

为维护正常的证券交易结算秩序，保护公民、法人和其他组织的合法权益，保障执法机关依法执行公务，根据《中华人民共和国刑事诉讼法》、《中华人民共和国民事诉讼法》、《中华人民共和国证券法》等法律以及司法解释的规定，现就人民法院、人民检察院、公安机关查询、冻结、扣划证券和证券交易结算资金的有关问题通知如下：

一、人民法院、人民检察院、公安机关在办理案件过程中，按照法定权限需要通过证券登记结算机构或者证券公司查询、冻结、扣划证券和证券交易结算资金的，证券登记结算机构或者证券公司应当依法予以协助。

二、人民法院要求证券登记结算机构或者证券公司协助查询、冻结、扣划证券和证券交易结算资金，人民检察院、公安机关要求证券登记结算机构或者证券公司协助查询、冻结证券和证券交易结算资金时，有关执法人员应当依法出具相关证件和有效法律文书。

执法人员证件齐全、手续完备的，证券登记结算机构或者证券公司应当签收有关法律文书并协助办理有关事项。

拒绝签收人民法院生效法律文书的，可以留置送达。

三、人民法院、人民检察院、公安机关可以依法向证券登记结算机构查询客户和证券公司的证券账户、证券交收账户和资金交收账户内已完成清算交收程序的余额、余额变动、开户资料等内容。

人民法院、人民检察院、公安机关可依法向证券公司查询客户的证券账户和资金账户、证券交收账户和资金交收账户内的余额、余额变动、证券及资金流向、开户资料等内容。

查询自然人账户的，应当提供自然人姓名和身份证件号码；查询法人账户的，应当提供法人名称和营业执照或者法人注册登记证书号码。

证券登记结算机构或者证券公司应当出具书面查询结果并加盖业务专用章。查询机关对查询结果有疑问时，证券登记结算机构、证券公司在必要时应当进行书面解释并加盖业务专用章。

四、人民法院、人民检察院、公安机关按照法定权限冻结、扣划相关证券、资金时，应当明确冻结、扣划证券、资金所在的账户名称、账户号码、冻结期限，所冻结、扣划证券的名称、数量或者资金的数额。扣划时，还应当明确拟划入的账户名称、账号。

冻结证券和交易结算资金时，应当明确冻结的范围是否及于孳息。

本通知规定的以证券登记结算机构名义建立的各类专门清算交收账户不得整体冻结。

五、证券登记结算机构依法按照业务规则收取并存放于专门清算交收账户内的下列证券，不得冻结、扣划：

（一）证券登记结算机构设立的证券集中交收账户、专用清偿账户、专用处置账户内的证券；

（二）证券公司按照业务规则在证券登记结算机构开设的客户证券交收账户、自营证券交收账户和证券处置账户内的证券。

六、证券登记结算机构依法按照业务规则收取并存放于专门清算交收账户内的下列资金，不得冻结、扣划：

（一）证券登记结算机构设立的资金集中交收账户、专用清偿账户内的资金；

（二）证券登记结算机构依法收取的证券结算风险基金和结算互保金；

（三）证券登记结算机构在银行开设的结算备付金专用存款账户和新股发行验资专户内的资金，以及证券登记结算机构为新股发行网下申购配售对象开立的网下申购资金账户内的资金；

（四）证券公司在证券登记结算机构开设的客户资金交收账户内的资金；

（五）证券公司在证券登记结算机构开设的自营资金交收账户内最低限额自营结算备付金及根据成交结果确定的应付资金。

七、证券登记结算机构依法按照业务规则要求证券公司等结算参与人、投资者或者发行人提供的回购质押券、价差担保物、行权担保物、履约担保物，在交收完成之前，不得冻结、扣划。

八、证券公司在银行开立的自营资金账户内的资金可以冻结、扣划。

九、在证券公司托管的证券的冻结、扣划，既可以在托管的证券公司办理，也可以在证券登记结算机构办理。不同的执法机关同一交易日分别在证券公司、证券登记结算机构对同一笔证券办理冻结扣划手续的，证券公司协助办理的为在先冻结、扣划。

冻结、扣划未在证券公司或者其他托管机构托管的证券或者证券公司自营证券的，由证券登记结算机构协助办理。

十、证券登记结算机构受理冻结、扣划要求后，应当在受理日对应的交收日交收程序完成后根据交收结果协助冻结、扣划。

证券公司受理冻结、扣划要求后，应当立即停止证券交易，冻结时已经下单但尚未撮合成功的应当采取撤单措施。冻结后，根据成交结果确定的用于交收的应付证券和应付资金可以进行正常交收。在交收程序完成后，对于剩余部分可以扣划。同时，证券公司应当根据成交结果计算出等额的应收资金或者应收证券交由执法机关冻结或者扣划。

十一、已被人民法院、人民检察院、公安机关冻结的证券或证券交易结算资金，其他人民法院、人民检察院、公安机关或者同一机关因不同案件可以进行轮候冻结。冻结解除的，登记在先的轮候冻结自动生效。

轮候冻结生效后，协助冻结的证券登记结算机构或者证券公司应当书面通知做出该轮候冻结的机关。

十二、冻结证券的期限不得超过二年，冻结交易结算资金的期限不得超过六个月。

需要延长冻结期限的，应当在冻结期限届满前办理续行冻结手续，每次续行冻结的期限不得超过前款规定的期限。

十三、不同的人民法院、人民检察院、公安机关对同一笔证券或者交易结算资金要求冻结、扣划或者轮候冻结时，证券登记结算机构或者证券公司应当按照送达协助冻结、扣划通知书的先后顺序办理协助事项。

十四、要求冻结、扣划的人民法院、人民检察院、公安机关之间，因冻结、扣划事项发生争议的，要求冻结、扣划的机关应当自行协商解决。协商不成的，由其共同上级机关决定；没有共同上级机关的，由其各自的上级机关协商解决。

在争议解决之前，协助冻结的证券登记结算机构或者证券公司应当按照争议机关所送达法律文书载明的最大标的范围对争议标的进行控制。

十五、依法应当予以协助而拒绝协助，或者向当事人通风报信，或者与当事人通谋转移、隐匿财产的，对有关的证券登记结算机构或者证券公司和直接责任人应当依法进行制裁。

十六、以前规定与本通知规定内容不一致的，以本通知为准。

十七、本通知中所规定的证券登记结算机构，是指中国证券登记结算有限责任公司及其分公司。

十八、本通知自 2008 年 3 月 1 日起实施。

▶司法解释性文件五

★最高人民法院关于依法审理和执行被风险处置证券公司相关案件的通知
（2009 年 5 月 26 日施行 法发〔2009〕35 号）
各省、自治区、直辖市高级人民法院，解放军军事法院，新疆维吾尔自治区高级人民法院生产建设兵团分院：

为维护证券市场和社会的稳定，依法审理和执行被风险处置证券公司的相关案件，现就有关问题通知如下：

一、为统一、规范证券公司风险处置中个人债权的处理，保持证券市场运行的连续性和稳定性，中国人民银行、财政部、中国银行业监督管理委员会、中国证券监督管理委员会联合制定发布了《个人债权及客户证券交易结算资金收购意见》。国家对个人债权和客户交易结算资金的收购，是国家有关行政部门和金融监管机构采取的特殊行政手段。相关债权是否属于应当收购的个人债权或者客户交易结算资金范畴，系由中国人民银行、金融监管机构以及依据《个人债权及客户证券交易结算资金收购意见》成立的甄别确认小组予以确认的，不属人民法院审理的范畴。因此，有关当事人因上述执行机关在风险处置过程中甄别确认其债权不属于国家收购范围的个人债权或者客户证券交易结算资金，向人民法院提起诉讼，请求确认其债权应纳入国家收购范围的，人民法院不予受理。国家收购范围之外的债权，有关权利人可以在相关证券公司进入破产程序后向人民法院申报。

二、托管是相关监管部门对高风险证券公司的证券经纪业务等涉及公众客户的业务采取的行政措施，托管机构仅对被托管证券公司的经纪业务行使经营管理权，不因托管而承继被托管证券公司的债务。因此，有关权利人仅以托管为由向人民法院提起诉讼，请求判令托管机构承担被托管证券公司债务的，人民法院不予受理。

三、处置证券类资产是行政处置过程中的一个重要环节，行政清算组依照法律、行政法规及国家相关政策，对证券类资产采取市场交易方式予以处置，在合理估价的基础上转让证券类资产，受让人支付相应的对价。因此，证券公司的债权人向人民法院提起诉讼，请求判令买受人承担证券公司债务偿还责任的，人民法院对其诉讼请求不予支持。

四、破产程序作为司法权介入的特殊偿债程序，是在债务人财产不足以清偿债务的情况下，以法定的程序和方法，为所有债权人创造获得公平受偿的条件和机会，以使所有债权人共同享有利益、共同分担损失。鉴此，根据企业破产法第十九条的规定，人民法院受理证券公司的破产申请后，有关证券公司财产的保全措施应当解除，执行程序应当中止。具体如下：

1. 人民法院受理破产申请后，已对证券公司有关财产采取了保全措施，包括执行程序中的查封、冻结、扣押措施的人民法院应当解除相应措施。人民法院解除有关证券公司财产的保全措施时，应当及时通知破产案件管理人并将有关财产移交管理人接管，管理人可以向受理破产案件的人民法院申请保全。

2. 人民法院受理破产申请后，已经受理有关证券公司执行案件的人民法院，对证券公司财产尚未执行或者尚未执行完毕的程序应当中止执行。当事人在破产申请受理后向有关法院申请对证券公司财产强制执行的，有关法院对其申请不予受理，并告知其依法向破产案件管理人申报债权。破产申请受理后人民法院未中止执行的，对于已经执行了的证券公司财产，执行法院应当依法执行回转，并交由管理人作为破产财产统一分配。

3. 管理人接管证券公司财产、调查证券公司财产状况后，发现有关法院仍然对证券公司财产进行保全或者继续执行，向采取保全措施或执行措施的人民法院提出申请的，有关人民法院应当依法及时解除保全或中止执行。

4. 受理破产申请的人民法院在破产宣告前裁定驳回申请人的破产申请，并终结证券公司破产程序的，应当在作出终结破产程序的裁定前，告知管理人通知原对证券公司财产采取保全措施的人民法院恢复原有的保全措施，有轮候保全的，以原采取保全措施的时间确定轮候顺位。对恢复受理证券公司为被执行人的执行案件，适用申请执行时效中断的规定。

五、证券公司进入破产程序后，人民法院作出的刑事附带民事赔偿或者涉及追缴赃款赃物的判决应当中止执行，由相关权利人在破产程序中以申报债权等方式行使权利；刑事判决中罚金、没收财产等处罚，应当在破产程序债权人获得全额清偿后的剩余财产中执行。

六、要进一步严格贯彻最高人民法院、最高人民检察院、公安部、中国证监会《关于查询、冻结、扣划证券和证券交易结算资金有关问题的通知》（法发〔2008〕4号），依法执行有关证券和证券交易结算资金。

各高级人民法院要及时组织辖区内法院有关部门认真学习和贯彻落实本通知精神，并依法监督下级法院严格执行，对未按照上述规定审理和执行有关案件的，上级人民法院应当依法予以纠正并追究相关人员的责任。

▶司法解释性文件六

★最高人民法院关于转发住房和城乡建设部《关于无证房产依据协助执行文书办理产权登记有关问题的函》的通知（2012年6月15日施行　法〔2012〕151号）

各省、自治区、直辖市高级人民法院，解放军军事法院，新疆维吾尔自治区高级人民法院生产建设兵团分院：

现将住房和城乡建设部《关于无证房产依据协助执行文书办理产权登记有关问题的函》（建法函〔2012〕102号）转发你们，请参照执行，并在执行中注意如下问题：

一、各级人民法院在执行程序中，既要依法履行强制执行职责，又要尊重房屋登记机构依法享有的行政权力；既要保证执行工作的顺利开展，也要防止"违法建筑"等不符合法律、行政法规规定的房屋通过协助执行行为合法化。

二、执行程序中处置未办理初始登记的房屋时，具备初始登记条件的，执行法院处置后可以依法向房屋登记机构发出《协助执行通知书》；暂时不具备初始登记条件的，执行法院处置后可以向房屋登记机构发出《协助执行通知书》，并载明待房屋买受人或承受人完善相关手续具备初始登记条件后，由房屋登记机构按照《协助执行通知书》予以登记；不具备初始登记条件的，原则上进行"现状处置"，即处置前披露房屋不具备初始登记条件的现状，买受人或承受人按照房屋的权利现状取得房屋，后续的产权登记事项由买受人或承受人自行负责。

三、执行法院向房屋登记机构发出《协助执行通知书》，房屋登记机构认为不具备初始登记条件并作出书面说明的，执行法院应在30日内依照法律和有关规定，参照行政规章，对其说明理由进行审查。理由成立的，撤销或变更《协助执行通知书》并书面通知房屋登记机构；理由不成立的，书面通知房屋登记机构限期按《协助执行通知书》办理。

特此通知。

▶ **相关答复一**

★**最高人民法院关于执行旅行社质量保证金问题的通知**（2000 年 1 月 8 日施行　法〔2001〕1 号）（节录）

各省、自治区、直辖市高级人民法院、新疆维吾尔自治区高级人民法院生产建设兵团分院：

人民法院在执行涉及旅行社的案件时，遇有下列情形而旅行社不承担或无力承担赔偿责任的，可以执行旅行社质量保证金：

（1）旅行社因自身过错未达到合同约定的服务质量标准而造成旅游者的经济权益损失；

（2）旅行社的服务未达到国家或行业规定的标准而造成旅游者的经济权益损失；

（3）旅行社破产后造成旅游者预交旅行费损失；

（4）人民法院判决、裁定及其他生效法律文书认定的旅行社损害旅游者合法权益的情形。

除上述情形之外，不得执行旅行社质量保证金。同时，执行涉及旅行社的经济赔偿案件时，不得从旅游行政部门行政经费帐户上划转行政经费资金。

特此通知。

▶ **相关答复二**

★**最高人民法院关于人民法院能否提取投保人在保险公司所投的第三人责任险应得的保险赔偿款问题的复函**（2000 年 7 月 13 日施行　〔2000〕执他字第 15 号）

江苏省高级人民法院：

你院〔1999〕苏法执他字第 15 号《关于人民法院能否提取投保人在保险公司所投的第三人责任险应得的保险赔偿款的请示》收悉。经研究，答复如下：

人民法院受理此类申请执行案件，如投保人不履行义务时，人民法院可以依据债权人（或受益人）的申请向保险公司发出协助执行通知书，由保险公司依照有关规定理赔，并给付申请执行人；申请执行人对保险公司理赔数额有异议的，可通过诉讼予以解决；如保险公司无正当理由拒绝理赔的，人民法院可依法予以强制执行。

▶**相关答复三**

★**最高人民法院执行工作办公室对甘肃高院《关于能否强制执行金昌市东区管委会有关财产的请示》的复函**①（2001 年 4 月 19 日施行　〔2001〕执他字第 10 号）

甘肃省高级人民法院：

你院甘高法〔1999〕07 号《关于能否强制执行金昌市东区管委会有关财产的请示》收悉。经研究，答复如下：

我们认为，预算内资金和预算外资金均属国家财政性资金，其用途国家有严格规定，不能用来承担连带经济责任。金昌市东区管委会属行政性单位，人民法院在执行涉及行政性单位承担连带责任的生效法律文书时，只能用该行政单位财政资金以外的自有资金清偿债务。为了保证行政单位正常的履行职能，不得对行政单位的办公用房、车辆等其他办公必需品采取执行措施。

此复

▶**相关答复四**

★**最高人民法院研究室关于执行程序中能否扣划离退休人员离休金退休金清偿其债务问题的答复**（2002 年 1 月 30 日施行　法研〔2002〕13 号）

天津市高级人民法院：

你院津高法〔2001〕28 号《关于劳动保障部门应依法协助人民法院扣划被执行人工资收入的请示》收悉。经研究，答复如下：

为公平保护债权人和离退休债务人的合法权益，根据《民法通则》和《民事诉讼法》的有关规定，在离退休人员的其他可供执行的财产或者收入不足偿还其债务的情况下，人民法院可以要求其离退休金发放单位或者社会保障机构协助扣划其离休金或退休金，用以偿还该离退休人员的债务。上述单位或者机构应当予以协助。

人民法院在执行时应当为离退休人员留出必要的生活费用。生活费用标准可参照当地的有关标准确定。

▶**相关答复五**

★**最高人民法院关于空难死亡赔偿金能否作为遗产处理的复函**（2005 年 3 月 22 日施行　〔2004〕民一他字第 26 号）

广东省高级人民法院：

你院粤高法民一请字〔2004〕1 号《关于死亡赔偿金能否作为遗产处理的

---

①　最高人民法院在相关答复中表示对粮棉油收购资金、社会保险基金、国有企业下岗职工基本生活保证资金、国防科研经费等专项资金或具有特定性质和用途的资金以及中国人民银行及其分支机构的办公楼、运钞车、营业场所等不得冻结、扣划或查封。

请示》收悉。经研究，答复如下：

空难死亡赔偿金是基于死者死亡对死者近亲属所支付的赔偿。获得空难死亡赔偿金的权利人是死者近亲属，而非死者。故空难死亡赔偿金不宜认定为遗产。

以上意见，供参考。

▶ 相关答复六

★最高人民法院关于能否要求社保机构协助冻结、扣划被执行人的养老金问题的复函（2014 年 6 月 26 日施行 〔2014〕执他字第 22 号）

浙江省高级人民法院：

你院浙高法〔2014〕29 号《关于请求商人力资源和社会保障部废止劳社厅函〔2002〕27 号复函的报告》收悉。经研究，提出如下意见：

一、被执行人应得的养老金应当视为被执行人在第三人处的固定收入，属于其责任财产的范围，依照《中华人民共和国民事诉讼法》第二百四十三条之规定，人民法院有权冻结、扣划。但是，在冻结、扣划前，应当预留被执行人及其所抚养家属必须的生活费用。

二、《中华人民共和国民事诉讼法》第二百四十二条规定："人民法院决定扣押、冻结、划拨、变价财产，应当作出裁定，并发出协助执行通知书，有关单位必须办理。"本院《关于人民法院执行工作若干问题的规定（试行）》第 36 条也规定："被执行人在有关单位的收入尚未支取的，人民法院应当作出裁定，向该单位发出协助执行通知书，由其协助扣留或提取。"依照前述规定，社会保障机构作为养老金发放机构，有义务协助人民法院冻结、扣划被执行人应得的养老金。

三、在执行被执行人的养老金时，应当注意向社会保障机构做好解释工作，讲清法律规定的精神，取得理解和支持。如其仍拒绝协助的，可以依法制裁。

▶ 相关答复七

★最高人民法院关于首先查封法院与优先债权执行法院处分查封财产有关问题的批复（2016 年 4 月 14 日施行 法释〔2016〕6 号）

福建省高级人民法院：

你院《关于解决法院首封处分权与债权人行使优先受偿债权冲突问题的请示》（闽高法〔2015〕261 号）收悉。经研究，批复如下：

一、执行过程中，应当由首先查封、扣押、冻结（以下简称查封）法院负责处分查封财产。但已进入其他法院执行程序的债权对查封财产有顺位在先的担保物权、优先权（该债权以下简称优先债权），自首先查封之日起已超过 60

日，且首先查封法院就该查封财产尚未发布拍卖公告或者进入变卖程序的，优先债权执行法院可以要求将该查封财产移送执行。

二、优先债权执行法院要求首先查封法院将查封财产移送执行的，应当出具商请移送执行函，并附确认优先债权的生效法律文书及案件情况说明。

首先查封法院应当在收到优先债权执行法院商请移送执行函之日起15日内出具移送执行函，将查封财产移送优先债权执行法院执行，并告知当事人。

移送执行函应当载明将查封财产移送执行及首先查封债权的相关情况等内容。

三、财产移送执行后，优先债权执行法院在处分或继续查封该财产时，可以持首先查封法院移送执行函办理相关手续。

优先债权执行法院对移送的财产变价后，应当按照法律规定的清偿顺序分配，并将相关情况告知首先查封法院。

先查封债权尚未经生效法律文书确认的，应当按照首先查封债权的清偿顺位，预留相应份额。

四、首先查封法院与优先债权执行法院就移送查封财产发生争议的，可以逐级报请双方共同的上级法院指定该财产的执行法院。

共同的上级法院根据首先查封债权所处的诉讼阶段、查封财产的种类及所在地、各债权数额与查封财产价值之间的关系等案件具体情况，认为由首先查封法院执行更为妥当的，也可以决定由首先查封法院继续执行，但应当督促其在指定期限内处分查封财产。

此复。

▶ **浙江省高院规定一**

★**浙江省高级人民法院关于加强执行程序运行重点环节监督管理的若干规定**（2009年8月30日施行　浙高法〔2009〕312号）（节录）

第八条　执行中需委托评估、拍卖被执行人财产价值较小的，由执行实施人员提出书面意见，经执行实施机构负责人批准后，移交本院对外委托管理部门办理。

第九条　执行实施部门应当对拍卖的执行标的物提出建议保留价。

确定的保留价高于评估价的，报本院院长决定。

第十条　执行标的拍卖、变卖应当在执行实施机构移交之日起30个工作日内进行。有特殊情况需要延长的，经本院院长批准，可以延长，延长的期限不得超过10日。

第十一条　执行标的委托评估、拍卖中产生的争议、异议由对外委托拍卖工作指导小组负责处理。

➡️ 浙江省高院规定二

★浙江省高级人民法院关于进一步完善委托评估拍卖管理工作的意见

（2009 年 12 月 11 日施行　浙高法〔2009〕426 号）

本省各级人民法院、宁波海事法院：

为认真贯彻落实最高人民法院《关于人民法院委托评估、拍卖和变卖工作的若干规定》（以下简称《若干规定》）及省人大常委会《关于加强全省法院民事执行工作的决定》，结合我省委托评估、拍卖工作中出现的新情况，现就进一步完善委托评估拍卖管理工作提出如下意见：

一、各级人民法院对外委托管理部门在选择评估机构时，无论是执行中的评估还是审判中的评估，均应当按《若干规定》的要求在评估机构名册内采取公开随机的方式选定。目前还没有建立评估机构名册的基层法院，可以根据实际需要按规定的程序建立名册；也可以在中级人民法院的名册内按《若干规定》的要求选定评估机构。

二、各级人民法院对外委托管理部门应加强对评估机构的监督，需要评估机构对现场进行勘验、对实物进行盘点，而评估机构未进行勘验、盘点的，对外委托管理部门可以责令其重新评估。

三、各级人民法院审判、执行部门在决定进行评估、拍卖时，应当征询各方当事人对人民法院选择评估、拍卖机构时是否到场的意见，如明确表示不到场的，应予记录并移交对外委托管理部门。各级人民法院在通知各方当事人及选择评估、拍卖机构时，应当充分运用短信群发平台、网络视频等技术手段，以方便当事人。

四、各级人民法院执行机构对委托评估、拍卖的执行财产状况及瑕疵情况应认真调查核实，对外委托管理部门也应认真审查，符合条件的，方可进行委托。已经委托拍卖而确需暂缓的，应当由执行机构书面决定，禁止无正当理由随意中止拍卖。

五、评估机构在评估时，对执行财产可评估市场价，但最终结论应以司法处置价（司法处置价又称快速变现价，是快速收回现金的一种交易价格，主要用于司法拍卖）为准，评估的司法处置价即为第一次拍卖的保留价，且不得向竞买人公开。

执行机构需要确定建议保留价时，应当由三人以上集体讨论。对外委托管理部门确定的保留价与执行机构的建议保留价正负相差 10% 以上的，应当报请分管对外委托管理部门的院领导批准。

六、各中级人民法院在选定拍卖机构时，对财产价值较低的拍卖财产可以根据就近、便利的原则确定拍卖机构。"财产价值较低"的标准以及选取拍卖机构的具体方法由各中级人民法院根据本辖区的具体情况决定，并报我院司法鉴定处批准。

基层人民法院因案件执行实际需要，要求对财产价值较低的拍卖财产及时变现的，中级人民法院可不进行捆绑式委托拍卖。

七、拍卖机构接受委托后，应当在拍卖财产所在地的媒体和中级人民法院、执行法院的外网上刊登拍卖公告。委托法院对刊登拍卖公告的范围有要求的，一般应当按要求办理。

八、拍卖不动产的，拍卖机构一般应当在拍卖财产所在地或委托法院所在地组织拍卖。

九、各级人民法院不得以任何方式、任何名义接受评估机构、拍卖机构的佣金分成或者赞助、资助等。

▶ 浙江省高院规定三

★浙江省高级人民法院实施《最高人民法院关于人民法院委托评估、拍卖工作的若干规定》细则（试行）（2012 年 4 月 10 日施行　浙高法〔2012〕90 号）

为进一步规范全省人民法院委托评估、拍卖工作，促进司法公正，维护当事人的合法权益，根据最高人民法院《关于人民法院委托评估、拍卖工作的若干规定》及《关于实施〈最高人民法院关于人民法院委托评估、拍卖工作的若干规定〉有关问题的通知》，制定本细则。

第一条　省高级人民法院、各中级人民法院司法鉴定处是委托评估、拍卖的管理部门；各基层人民法院遵循审判、执行与委托评估、拍卖相分离的原则设置职能部门承担委托评估、拍卖工作；暂未设置独立机构的，统一挂靠司法行政装备管理科，无司法行政装备管理科的挂靠办公室。

第二条　各级人民法院不再编制评估、拍卖机构名册。取得政府管理部门行政许可并达到一定资质等级的评估、拍卖机构，可以自愿报名参加人民法院委托的评估、拍卖活动。

第三条　拍卖机构具有 A 级以上资质或具有从事国有产权转让业务资格的，可以自愿报名参加人民法院委托的拍卖活动。

拍卖机构的分公司报名参加人民法院委托的拍卖活动的，成立应满三年，且其总公司应具有 AA 级以上资质。

总公司及其分公司或其多家分公司在同一个中级人民法院辖区内的，只能由一家公司参加。

第四条　评估机构具有以下资质的，可以自愿报名参加人民法院委托的评估活动。

（1）房地产评估机构具有二级以上资质；分公司参加的，其总公司应具有一级资质；

（2）土地评估机构具有 B 级以上资质；分公司参加的，其总公司应具A 级资质；

（3）资产评估机构具有省财政厅颁发的资产评估资格且成立应满五年；

（4）保险公估机构具有保监会颁发的经营保险公估业务资格；

（5）二手车评估机构具有省商务厅颁发的二手车鉴定评估资格；

（6）矿业权评估机构具有国土部颁发的矿业权评估资格。

第五条 各中级人民法院可根据各地的实际情况提高评估、拍卖机构入选的资质条件，所提高的入选资质条件需经省高级人民法院管理部门批准并予以公告。

评估、拍卖机构曾有行贿行为或近三年内有本细则第十六条规定情形的，不具备入选资格。

第六条 符合资质条件的评估、拍卖机构，每年需向所在地中级人民法院提出申请，作为年度人民法院委托评估、拍卖的入选机构。

各中级人民法院应将入选机构报省高级人民法院管理部门审核。

第七条 各中级人民法院及所辖基层人民法院的委托评估、拍卖案件均使用中级人民法院的入选机构。

拍卖机构统一由中级人民法院采用随机的方式在入选机构中选定。

评估机构由各中级人民法院确定选定的方法。

第八条 在办理具体案件时，省高级人民法院和各中级人民法院可以根据评估、拍卖财产的价值和标的的疑难复杂情况，提高评估、拍卖机构的资质条件。

提高评估、拍卖机构资质条件后入选机构数量不足的，可使用其他中级人民法院的入选机构，但需向建立该入选机构的中级人民法院了解机构情况。

第九条 省高级人民法院和各中级人民法院可根据实际情况，在必要时统一实施对外委托。

第十条 各中级人民法院对拍卖活动应确定统一的交易场所或网络平台。

第十一条 各级人民法院委托拍卖案件，按规定在相关报纸和其他新闻媒体上发布拍卖公告外，还须在"人民法院诉讼资产网"上发布拍卖公告，公示评估、拍卖相关信息和结果。

第十二条 拍卖标的为国有及国有控股企业的资产及其权益，人民法院委托拍卖机构后，应通过省级国有产权交易机构的国有产权交易平台进行拍卖。

第十三条 拍卖标的为在证券交易所或国务院批准的其他证券交易场所交易、转让的证券，包括股票、国债、公司债券、封闭式基金等证券类资产，人民法院通过证券公司委托证券交易所或国务院批准的其他证券交易场所，由其设立的司法拍卖机构进行拍卖。

第十四条 拍卖机构与国有产权交易机构、证券交易所的职责及佣金分配由委托法院确定。

第十五条 人民法院管理部门应加强对委托评估、拍卖活动的监督。评估、拍卖机构出现下列情形之一的，暂停其司法评估、拍卖资格，暂停期限为三个月至一年。

（1）无正当理由，不能按时完成评估、拍卖工作的；

（2）因疏忽、过失，致使出具不当评估、拍卖报告的；

（3）遗失、损毁评估、拍卖材料，未造成后果的；

（4）受到有关部门处罚的；

（5）不按规定收取费用的；

（6）明知有法定回避情形而不主动提出回避的；

（7）评估、拍卖过程中有其他违规行为应当暂停的情形。

第十六条 评估、拍卖机构出现下列情形之一的，人民法院取消其司法评估、拍卖资格。取消司法评估、拍卖资格的机构三年内不得重新入选。

（1）以不正当手段取得评估、拍卖案件的；

（2）违反规定，擅自接受业务部门直接委托的；

（3）无正当理由，拒绝接受人民法院委托的；

（4）无正当理由，拒不出庭接受质询的；

（5）评估结果明显失实，造成严重后果的；

（6）出具虚假拍卖公告或拍卖成交确认书等；

（7）操纵竞价或者恶意串通，损害他人权益的；

（8）受到有关部门较重处罚的；

（9）机构主要负责人或实际出资人在执业经营中因违法被追究刑事责任的；

（10）评估、拍卖过程中有其他严重违规行为应当取消的情形。

第十七条 出现行贿行为的，人民法院取消其司法评估、拍卖资格，并不得重新入选。

第十八条 本细则未作规定的，按照最高人民法院及本院有关规定执行。

▶**浙江省高院规定四**

★浙江省高级人民法院执行局、司法鉴定处关于评估拍卖变卖被执行人财产中若干疑难问题的解答（2012年9月10日施行）

一、浙江省高级人民法院《关于进一步完善委托评估拍卖管理工作的意见》（浙高法〔2009〕426号）规定，对未向执行人员明确表示选择评估、拍卖机构时不到场的当事人，对外委托管理部门应通知其届时到场。该通知是否必须按照民事诉讼法规定的方式送达？

答：关于执行文书及执行中有关资料的送达，《执行规定》仅规定："执行通知书的送达，适用民事诉讼法关于送达的规定。"通知各方当事人在法院选择评估、拍卖机构时到场，主要是起到监督的作用。鉴于目前被执行人故意逃避执行的情况非常普遍，而法院确定评估、拍卖机构又采取公开随机的方式选定。因此，需要通知当事人尤其是被执行人在选择评估、拍卖机构时到场的，执行法院的司法技术管理部门可以制作书面通知邮寄至生效法律文书载明的当事人住所地，也可以通过电话、短信、邮件等方式告知。

二、被执行人下落不明的，评估报告是否必须公告送达？

答：关于评估报告的送达，最高人民法院〔2002〕执他字第14号批复明确：评估报告未送达给有关当事人，并不影响依据评估报告确定（拍卖）变卖的价格。鉴于目前被执行人借逃避送达拖延执行的情况非常普遍，为了提高执行效力，维护申请执行人的合法权益，对评估报告可以采取请被执行人的近亲属转交、张贴在被执行人所在的自然村或者小区公共活动场所、邮寄至生效法律文书载明的被执行人住所地等方式送达，无须公告送达。

三、执行人员向当事人及其他利害关系人送达评估报告后，当事人或者其他利害关系人针对评估报告提出异议，对此由执行机构还是司法技术管理部门负责处理？

答：由司法技术管理部门负责处理。

四、对被执行人的股权进行评估时，有关企业拒不提供法院责令其提供的会计报表等资料，执行法院强制提取未能取得，可否对有关企业及责任人采取民事强制措施？

答：执行法院未评估确定被执行人股权的价值，责令有关企业提供会计报表等资料，此时有关企业属于负有协助调查义务的单位。如有关企业无正当理由拒不协助调查的，或者隐藏被执行人履行能力的重要证据，妨碍执行法院查明被执行人履行能力的，执行法院可以按照《民事诉讼法》第一百零三条（2012年8月31日修正后的《民事诉讼法》第一百一十四条）、《执行规定》第100条第（4）项之规定，对有关企业及其主要负责人或者直接责任人员予以罚款；仍不履行协助义务的，还可以对主要负责人或者直接责任人员予以拘留。

五、被执行人的财产因客观原因无法评估的，能否进行拍卖？

答：被执行人的财产因客观原因无法评估（包括无法估价、找不到对应的评估机构评估等情况）的，执行法院视情确定适当的起拍价和保留价，报经省高级法院司法鉴定处同意后进行拍卖。拍卖时应尽量采用公告范围广、参与人数多、公开程度高、综合成本低的方式，如网络司法拍卖。

▶ 浙江省高院规定五

★**浙江省高级人民法院关于执行非住宅房屋时案外人主张租赁权的若干问题解答**（2014年9月11日施行 浙高法办〔2014〕39号）

人民法院在执行中拍卖被执行人的非住宅房屋（以下简称房屋）时，经常遇到案外人以其对该房屋享有租赁权为由，主张拍卖不破除租赁。而申请执行人则认为被执行人与案外人恶意串通虚构租赁关系，要求法院不予采信。为了保障申请执行人和房屋承租人的合法权益，确保执行程序顺利进行，维护司法权威，省高院经深入调研，依照《中华人民共和国物权法》、《中华人民共和国合同法》、《中华人民共和国民事诉讼法》等法律及相关司法解释的规定，对执行被执行人的房屋时案外人主张租赁权涉及的主要问题作出解答，供全省法院办案中参考。

一、人民法院执行被执行人的房屋时，案外人以其在案涉房屋设定抵押或者被人民法院查封之前（以下简称抵押、查封前）已与被执行人签订租赁合同且租赁期限未满为由，主张拍卖不破除租赁，执行机构应如何审查？

答：执行机构可根据案外人及当事人提供的证据，重点围绕租赁合同的真实性、租赁合同签订的时间节点、案外人是否占有案涉房屋等问题进行审查。如果租赁合同真实、合同签订于案涉房屋抵押、查封前且案外人在抵押、查封前已依据合同合法占有案涉房屋至今的，执行中应当保护案外人的租赁权。

二、执行机构审查租赁合同的真实性，如何把握标准？

答：执行机构一般作形式审查，经审查发现当事人自认或者有其他明确的证据证明租赁合同为虚假，或者名为租赁实为借贷担保、房屋使用权抵债等关系的，对租赁合同的真实性不予认可。

租赁合同未生效或者已在另案中被撤销、确认无效的，对案外人的租赁权不予认可。

三、执行机构审查租赁合同是否签订于案涉房屋抵押、查封前，如何把握标准？

答：如果在抵押、查封前，租赁合同的当事人已经根据《中华人民共和国城市房地产管理法》第五十四条、住房和城乡建设部制定的《商品房屋租赁管理办法》第十四条、第十九条的规定办理了租赁登记备案手续的，执行机构应当认定租赁合同签订于抵押、查封前。

经审查发现有下列情形之一的，一般也可认定租赁合同签订于抵押、查封前：

1. 租赁合同的当事人在抵押、查封前已就相应租赁关系提起诉讼或仲裁的；

2. 租赁合同的当事人在抵押、查封前已办理租赁合同公证的；

3. 有其他确切证据证明租赁合同签订于抵押、查封前的，如租赁合同当事人已在抵押、查封前缴纳相应租金税、在案涉房屋所在物业公司办理租赁登记、向抵押权人声明过租赁情况等。

四、执行机构审查案外人是否在抵押、查封前已经占有且至今占有案涉房屋，如何把握标准？

答：有下列情形之一的，可以认定案外人在抵押、查封前已经占有且至今占有案涉房屋：

1. 案外人在抵押、查封前已经在且至今仍在案涉房屋内生产经营的；

2. 案外人在抵押、查封前已经领取以案涉房屋作为住所地的营业执照且至今未变更住所地的；

3. 案外人在抵押、查封前已经由其且至今仍由其支付案涉房屋水电、物业管理等费用的；

4. 案外人在抵押、查封前已经对案涉房屋根据租赁用途进行装修的；

5. 案外人提供其他确切证据证明其已在抵押、查封前直接占有案涉房屋的。

五、对问题一所述情况，程序上应如何处理？当事人和案外人如何救济？

答：执行实施人员根据本解答第十条的规定进行现场查封时已经发现有案外人依据租赁合同占有案涉房屋的，在处置前应告知申请执行人拟带租拍卖。申请执行人提出异议的，移送执行审查机构参照《中华人民共和国民事诉讼法》第二百二十七条的规定进行处理。

根据本解答第十条的规定发布拍卖预告后，有其他案外人主张租赁权的，执行实施人员应向其告知虚构租赁关系对抗执行的法律后果。如案外人坚持其主张的，告知其提交异议书和相应证据材料，并移交执行审查机构依照《中华人民共和国民事诉讼法》第二百二十七条的规定进行审查处理。

申请执行人或案外人对执行审查机构作出的裁定不服的，可依法提起执行异议之诉。

六、人民法院执行已设定抵押的房屋时，在抵押权设立后承租房屋的案外人以被执行人出租房屋时未告知抵押情况等为由，主张实现抵押权不得影响其租赁权,如何处理?

答:抵押登记具有公示公信效力。此外,房屋出租人负有向承租人告知房屋抵押情况的义务。基于此,《中华人民共和国物权法》第一百九十条明确规定:抵押权设立后抵押财产出租的,该租赁关系不得对抗已登记的抵押权。最高人民法院《关于适用〈中华人民共和国担保法〉若干问题的解释》第六十六条亦规定:抵押人将已抵押的财产出租的,抵押权实现后,租赁合同对受让人不具有约束力。故在题述情况下,人民法院应当按照最高人民法院《关于人民法院民事执行中拍卖、变卖财产的规定》第三十一条的规定,将案涉房屋上的租赁权涤除后再依法拍卖。

七、人民法院执行已先期查封的房屋时,在查封后承租房屋的案外人以其不知道房屋被查封为由,主张拍卖房屋不得影响其租赁权,如何处理?

答:最高人民法院《关于人民法院民事执行中查封、扣押、冻结财产的规定》第二十六条规定:"被执行人就已经查封、扣押、冻结的财产所作的移转、设定权利负担或者其他有碍执行的行为,不得对抗申请执行人。"该条中的"设立权利负担"包括设定租赁关系。最高人民法院《关于审理城镇房屋租赁合同纠纷案件具体应用法律若干问题的解释》第二十条亦规定,租赁房屋在租赁期间发生所有权变动,承租人请求房屋受让人继续履行原租赁合同的,人民法院应予支持。但房屋在出租前已被人民法院依法查封的除外。故在题述情况下,人民法院应当将案涉房屋上的租赁权涤除后再依法拍卖。

八、对问题六、七所述情况,程序上应如何处理?当事人和案外人如何救济?

答:执行实施机构应当作出裁定(裁定样式另行发布),明确案外人与被执行人之间的租赁关系不得对抗申请执行人,对案外人的租赁权依法予以涤除。案外人不服提出异议的,执行审查机构应当按照《中华人民共和国民事诉讼法》第二百二十五条的规定进行处理。

在问题六、七所述情况下,执行实施机构对案涉房屋上的租赁权不予涤除的,申请执行人可以依照《中华人民共和国民事诉讼法》第二百二十五条的规定提出异议。

九、人民法院如何防止被执行人与案外人恶意串通,虚构租赁关系,对抗对房屋的执行?

答:一是要积极倡导房屋出租人和承租人进行房屋租赁备案登记;二是引导市场主体在接受房屋抵押前查明现状,如是否存在案外人占有等情况,并固定相关证据;三是要在保全和执行环节严格落实现场查封制度;四是对虚构租赁关系、对抗法院执行的行为,一经查实,要依据《中华人民共和国民事诉讼法》第一百一十一条的规定对相关责任人予以罚款、拘留。构成贷款诈骗、骗取贷款、拒不执行判决裁定等犯罪的，依法追究刑事责任。

十、房屋现场查封制度的具体要求有哪些？

答：对房屋进行查封时，除了在建设（房地产）主管部门办理查封登记外，还应根据最高人民法院《关于人民法院民事执行中查封、扣押、冻结财产的规定》第九条、第二十条之规定，到现场查封并制作笔录。笔录中应载明房屋实际状况、使用情形等事项，执行人员及保管人应当在笔录上签名，有《中华人民共和国民事诉讼法》第二百四十五条规定的人员到场的，到场人员也应当在笔录上签名。发现查封的房屋部分或全部为案外人占有的，应当场询问案外人的姓名（或名称）、住所（或住所地）、占有原因、占有期限等内容并记入查封笔录。案外人主张系承租房屋的，应责令其当场提供租赁合同、租金支付凭据等。

拟对查封的房屋进行拍卖的，执行实施机构应当在作出拍卖裁定时一并作出拍卖预告。预告中须载明，对拟拍卖房屋享有租赁权等权益的案外人应当在指定期限内向执行法院申报，逾期不申报的自行承担不利后果。拍卖预告应当在现场张贴。

▶浙江省高院规定六

★浙江省高级人民法院关于执行程序中执行"一处住房"相关问题的解答
（2014 年 9 月 22 日施行　浙高法执〔2014〕12 号）

一、执行程序中"一处住房"的含义？

本解答所谓"一处住房"，是指被执行人及其所扶养家属生活的唯一居住房屋。

根据《最高人民法院关于人民法院民事执行中查封、扣押、冻结财产的规定》第七条之规定，对于超过被执行人及其所扶养家属生活所必需的居住房屋人民法院可予以执行。

一般情况下，被执行人有其他财产可供执行的，不宜对其唯一居住房屋采取处分性执行措施。

"一处住房"的执行仅限于城镇房屋，农村房屋涉及农村集体土地，小产权房涉及国家政策，应按相关规定执行，不属本解答范畴。

二、执行程序中不能被认定为"一处住房"的情形有哪些？

人民法院在执行程序中查明有下列情形之一的，不能认定被执行人仅有"一处住房"，应当予以执行：

1. 一审诉讼、仲裁案件立案受理后，被执行人因转让其他住房而形成一处住房的；

2. 被执行人在城镇虽只有一处住房，但在当地（县级的市、县、区）农村有宅基地并自建住房的；

3. 被执行人的一处住房用于出租、出借的；

4. 被执行人及其所扶养家属连续一年以上未居住的；

5. 一处住房系执行案件债务所指向的标的物的；

6. 其他不宜认定为"一处住房"的情形。

三、如何认定"一处住房"是否"超过生活所必需"？

下列情形虽属于"一处住房"，但应认为超出"生活所必需"，人民法院可以执行：

1. 住房面积超过 80 平方米，或住房面积虽然不到 80 平方米，但超过被执行人及其所扶养家属维持最低生活标准所必需（按当地廉租住房保障相关规定）的住房面积 50% 以上的；

2. 被执行人及其所扶养的家属共同居住的住房面积超过 60 平方米，且房屋单价高于当地住房均价的 50% 以上的。

四、执行"一处住房"时，如何解决临时住房？

为使房屋拍卖后顺利交付给买受人，拍卖前宜先解决好临时住房，面积不低于当地廉租住房保障规定所确定的人均标准。地段选择上可尽量满足被执行人根据其生活、工作需要提出的合理要求。

解决临时住房可选择采用下列方式：

1. 申请执行人自愿提供临时住房，使用期不低于六个月；

2. 由被执行人自行租房，申请执行人先行垫付不低于一年的租房费用。

上述两种方式产生的租金或费用应从房产拍卖后保留给被执行人的保障费用中据实结算。

五、执行"一处住房"时，如何保障被执行人及其所扶养家属的居住权？

人民法院执行"一处住房"时，对于本解答第二条所列的情形，原则上对被执行人及其所扶养的共同居住家属不再提供保障；对于第三条所列的情形，应当为被执行人及其所扶养的共同居住家属保留保障最低居住条件所需费用（简称保障费用）。

保障费用可在拍卖款中先行提留。

对于被执行人的保障费用，人民法院不得执行。

六、保障费用的标准如何确定？

因经济发展程度不同，保障费用的标准由各地法院自行确定，主要应考虑以下因素：

1. 保障对象包括被执行人及其所扶养的共同居住的家属，但该家属名下另有住房的除外；

2. 被执行人及其所扶养的共同居住的家属人数为 3 人（含）以下的，保障费用面积计算标准按当地廉租住房保障规定所确定的人均保障面积确定；超出三人的，对超出部分人员减半计算面积；

3. 保障费用单价参照当地上一年度的二手房均价，无二手房均价的，按"一处住房"拍卖、变卖的价格计算；

4. 被执行人自行按时腾空的，可适当上浮保障费用，一般掌握在总保障费用 10% 的幅度内。

因侵权责任、追索劳动报酬等纠纷案，申请执行人生活困难，不执行将影响到其生存权的案件，人民法院可以酌情减少或不予发放保障费用，但应给被执行人保留不少于一年的租房费用。

七、保障费用的发放时间该如何把握？

采取申请执行人自愿提供临时住房方式的，保障费用应在被执行人搬离临时住房之后发放，并扣除期间产生的租金和费用。

八、人民法院执行"一处住房"时，具体操作上应注意什么问题？

1. 执行"一处住房"，应当以申请执行人的申请作为前置条件，由其向人民法院出具承诺书，承诺书内容包括同意发放保障费用、提供临时住房或临时住房租金等；

2. 执行"一处住房"，应当查清住房状况、常住人口状况，填写拍卖呈报表，明确拍卖理由和对被执行人及其所扶养亲属的保障措施，执行人员讨论后报执行局长或分管院长批准；

3. 准予拍卖的，应当向被执行人发出执行裁定书和迁出告知书；

4. 拍卖一般以住房腾空为前提，被执行人拒绝腾空的，执行法院可以作出强制迁出裁定和公告，强制执行；

5. 强制迁出应当作出风险评估和执行预案，可协调利用政府及相关部门、基层组织、社会舆论的力量。执行过程中应注意证据保全，制作财产清单，全程摄像，刻录存档。必要时可以邀请公证处公证、媒体参与报道、当地基层组织见证；

6. 强制迁出过程中出现意外情况或引起矛盾激化、难以实施的，应当及时报告执行局长或分管院长并暂停执行行为。

九、对已经设定抵押的"一处住房"该如何执行？

对于已经依法设定抵押的"一处住房"，可以执行，且不需为被执行人保留保障费用。在申请执行人提供临时住房确有困难的情况下，如果该抵押由债务人设立，可以要求申请执行人先行垫付不低于半年的租房费用；如该抵押为第三人设立，可以要求申请执行人先行垫付不低于一年的租房费用。

➡ **浙江省高院规定七**

★浙江省高级人民法院关于加强和规范对被执行人拥有的人身保险产品财产利益执行的通知（2015年3月6日施行　浙高法执〔2015〕8号）

本省各级人民法院执行局：

近年来，随着资金理财化倾向明显，加上我省法院通过"点对点"网络查控系统查询、冻结被执行人的银行存款越来越便捷、有效，不少被执行人转而购买具有理财性质的人身保险产品。为加强和规范对此类人身保险产品的执行，现就有关问题通知如下：

一、投保人购买传统型、分红型、投资连接型、万能型人身保险产品，依保单约定可获得的生存保险金，或以现金方式支付的保单红利，或退保后保单的现金价值，均属于投保人、被保险人或受益人的财产权。当投保人、被保险人或受益人作为被执行人时，该财产权属于责任财产，人民法院可以执行。

二、各级法院应加强对被执行人拥有的人身保险产品的查控，保险机构负有协助法院查询、冻结、处置被执行人拥有的人身保险产品财产利益的义务。

三、人民法院要求保险机构协助查询、冻结、处置被执行人拥有的人身保险产品及其财产利益时，执行人员应当出具本人工作证和执行公务证，并出具执行裁定书、协助执行通知书（样式附后）等法律文书。

四、保险机构对人身保险产品财产利益的协助冻结内容，既包括不允许被执行人提取该财产利益，也包括不允许将保单约定有权获得该财产利益的权利人变更为被执行人以外的第三人，或对保单约定的红利支付方式进行变更。执行法院应在协助冻结通知书中载明要求协助的具体内容。

五、人民法院要求保险机构协助扣划保险产品退保后可得财产利益时，一般应提供投保人签署的退保申请书。但被执行人下落不明，或者拒绝签署退保申请书的，执行法院可以向保险机构发出执行裁定书、协助执行通知书要求协助扣划保险产品退保后可得财产利益，保险机构负有协助义务。

六、保单尚在犹豫期内的，保险产品退保后，人民法院可执行被执行人缴纳的保险费。

超过犹豫期未发生保险事故的，只能执行保单的现金价值。负有协助义务的保险机构应当根据相关法律法规的规定和保单的约定计算确定保单的现金价值，提供给执行法院。

七、保险机构没有正当理由拒绝履行协助执行义务的，执行法院可依据《中华人民共和国民事诉讼法》第一百一十四条的规定对相关保险机构采取民事制裁措施。

本通知执行中有何问题，请及时报告我局。

▶ 江苏省高院规定一

★江苏省高级人民法院关于执行疑难若干问题的解答 （2013 年 12 月 18 日施行）（节录）

9. 当事人对审计、评估、鉴定报告提出异议，如何确定审查范围并作出处理结果？

答：当事人对审计、评估、鉴定报告提出异议，要求重新审计、评估、鉴定的，法院主要审查审计、评估、鉴定的程序是否合法，审计、评估、鉴定机构（以下统称专业机构）及出具报告的审计师、评估师、鉴定人员是否具有法定资质、评估结果是否公正等。

经审查，当事人异议不成立的，裁定驳回其异议。异议成立的，裁定异议成立，同时根据原审计、评估、鉴定报告的具体情况，责令专业机构限期补正审计、评估、鉴定报告或者直接裁定原审计、评估、鉴定报告无效。专业机构拒绝补正或当事人、利害关系人对补正结果仍有异议，经审查认为其异议确有理由的，裁定原审计、评估、鉴定报告无效。原审计、评估、鉴定报告经裁定无效的，由司法辅助部门委托其他专业机构重新审计、评估、鉴定。对于审计、评估、鉴定报告被裁定无效的专业机构及相关人员，如确属恶意串通、弄虚作假，审计、评估、鉴定结果明显失实等情形的，人民法院将不再委托其从事委托审计、评估、鉴定工作。同时，执行部门应责令相关专业机构退回审计、评估、鉴定费用，拒不退还的，强制执行。

10. 什么情况下可以认定司法拍卖无效？

答：司法委托拍卖非经法定程序，非属严重瑕疵，不宜认定拍卖无效。

拍卖无效主要有以下情形：

（一）执行依据自始不存在或者尚未发生效力。

（二）买受人不具有法律规定的竞买资格。

（三）拍卖前未发布拍卖公告。

（四）拍卖物以低于保留价的价格拍定。

（五）竞买人之间、拍卖人与竞买人之间恶意串通。

（六）拍卖人或者被执行人故意隐瞒拍卖物的重大瑕疵，从而严重影响拍卖结果的公正性。

（七）其他严重违反拍卖法律规定的情形。

11. 以评估报告超期为由提出拍卖无效的，如何认定？

答：采取法院委托拍卖的方式，评估报告超期的时间节点是法院作出委托拍卖行为的时间；采取法院自行拍卖的方式，评估报告超期的时间节点是发布拍卖公告的时间。只要执行法院作出委托拍卖行为时或者发布拍卖公告时评估报告没有超期，如果每次拍卖都在法定的间隔 60 日内进行，那么该评估报告可以从第一次拍卖一直使用到第二次拍卖、第三次拍卖以及重新拍卖。如果拍卖间隔时间过长，拍卖标的物市场价格变动较大，应当重新评估。

评估报告超期情况下的拍卖一般无效，但是为维持法律关系的稳定，如果属于以下两种情况之一，虽然评估报告超期，不应一律认定拍卖无效：

（一）当事人及利害关系人在拍卖之前合意以超期的评估报告作为拍卖依据的，应当认定拍卖有效。

（二）当事人及利害关系人在拍卖之前虽没有合意以超期的评估报告作为拍卖依据，但是公开拍卖程序规范且拍卖价超过评估价，法院另行指定评估机构按原评估时的市场行情对执行标的再行评估一次，如重新评估的价格未超过原拍卖价，也可以认定拍卖有效；如超过原拍卖价过大，则拍卖无效。

13. 在执行被执行人名下财产的过程中，承租人提出执行异议，应如何处理？

答：就租赁权而言，只有执行措施可能或者已经妨害租赁权行使的时候，承租人才可以提起执行异议；如果执行行为不妨害承租人占有、使用租赁物，承租人不应提起执行异议，已经提起执行异议的，应当予以驳回。

承租人在执行法院采取执行措施（包括诉讼保全措施）之后取得租赁权的，承租人的租赁权不能对抗申请执行人的债权，其提出的异议按照民诉法第二百二十五条处理。承租人在执行法院采取执行措施（包括诉讼保全措施）之前取得租赁权的，承租人依据其租赁权提出执行异议，按照民诉法第二百二十七条处理。

14. 抵押合同约定担保范围包括本金、利息、实现债权的费用等，但抵押权登记簿上或者他项权证上记载的主债权仅为本金部分，其他相关债权人认为抵押权人仅能就本金部分优先受偿，从而提出执行异议，应当如何处理？

答：抵押合同与抵押权登记簿、他项权证上记载的抵押权的担保范围应当一致。如果出现不一致，鉴于权证登记的公示效力，应以登记的内容确定具体数额。

15. 对担保人存入银行保证金账户的保证金，一旦执行法院采取执行措施后，银行往往以其对该保证金享有优先受偿权为由提出执行异议，应当如何处理？

答：银行在经营贷款或承兑汇票等业务过程中，往往要求担保人（主要是融资性担保公司）提供一定比例的保证金存入债权银行作为履约担保，在保证金合同担保的银行贷款到期后，如借款人未足额偿还借款本息，银行有权直接从保证金账户扣除相应保证金偿还借款。该保证金的性质可以认定为金钱质押，法律依据是《最高人民法院关于适用〈中华人民共和国担保法〉若干问题的解释》第八十五条："债务人或者第三人将其金钱以特户、封金、保证金等形式特定化后，移交债权人占有作为债权的担保，债务人不履行债务时，债权人可以以该金钱优先受偿。"

对银行提出的执行异议，重在审查该保证金是否"特定化"，即是否担保特定债权且银行可以优先受偿。在银行经营业务中，保证金和担保债权可能并未一一对应，保证金的额度还会发生增减变化。在这种情况下，应当结合担保人与银行之间的约定以及贷出和偿还等贷款情况，对保证金账户中的资金性质进行区分后认定。

17. 对无证房产如何执行？

答：被执行人对无证房产虽不享有所有权，但是在执行过程中可通过执行措施限制其占有、使用、收益和处分，从而敦促其履行法定义务。根据案件具体情况，可采取以下几种执行措施：

（一）执行无证房产产生的收益。

（二）进行实地查封。

（三）对于行政机关虽认定为违章建筑，但限期改正后能够转为合法建筑的，可以等该建筑合法化后再行拍卖。

（四）转让无证房产的使用权。

执行过程中既不要代替行政机关认定违章建筑，也不宜作出权属认定，可以称被执行的违章建筑为"无证房产"。

18. 首查封法院急于处置查封财产的，如何处理？

答：首查封法院在执行查封（诉讼中的查封自执行立案之日起转化为执行查封）生效之日起1个月内（对于不能长期保存的物品在合理时间内）无正当理由未启动评估、拍卖（变卖）等财产处置程序的，可以认定为急于处置查封财产。

轮候查封法院与急于处置查封财产的首查封（以下均包括扣押）法院就处置查封财产问题应先协商处理，协商不成的，应层报共同上级法院，按照下列情况处理：

（一）首查封法院执行的债权是普通债权，仅有一个轮候查封法院执行的债权享有抵押权等优先受偿权，首查封法院急于处置查封财产的，由执行优先受偿债权的轮候查封法院处置查封财产。

（二）首查封法院执行的债权是普通债权，有多个轮候查封法院执行的债权享有抵押权等优先受偿权，首查封法院急于处置查封财产的，一般由在先的执行优先受偿债权的轮候查封法院处置查封财产；特殊情况下经共同上级法院批准（为方便处置查封财产或为保障查封财产拍卖价值的最大化），也可以由在后的执行优先受偿债权的轮候查封法院处置查封财产。

（三）所有债权都不享有抵押权等优先受偿权，首查封法院怠于处置查封财产的（包括权利人故意不申请执行等情形），由顺序在先的轮候查封法院负责处置查封财产，在先的轮候查封法院不愿意处置的，由在后的轮候查封法院处置。

财产处置法院处置查封财产所得款项（拍卖变卖款或以物抵债后的分配款），应当按照法律规定予以分配。在被执行人的财产不足清偿时，区别被执行人有无法人资格。对于有法人资格的被执行人，同一顺位的金钱债权按照法院采取执行措施的先后顺序受偿，作为例外，在企业法人未经清理或清算即撤销、注销或歇业的，按各债权额的比例进行分配；对不具有法人资格的被执行人，如公民和其他组织，则不区分采取执行措施的先后，同一顺位的金钱债权一律按照各债权额的比例进行分配。

财产处置法院裁定将查封财产拍卖（变卖）给买受人或以物抵债给债权人后，首查封法院及其他查封自动生效的轮候查封法院立即对查封财产予以解封。首查封法院及其他查封自动生效的轮候查封法院不按照以上规定配合轮候查封法院处置查封财产的，应由共同的上级法院协调处理，并追究首查封法院及相关责任人的责任。

▶ 江苏省高院规定二

★江苏省高级人民法院关于人民法院执行程序中司法评估、拍卖有关问题的规定（试行）（2015 年 9 月 22 日施行　〔2015〕4 号）

为了进一步规范执行程序中司法评估工作，提高司法拍卖成交率，根据《最高人民法院关于人民法院民事执行中拍卖、变卖财产的规定》等有关规定，现对我省法院执行程序中司法评估、拍卖有关问题规定如下：

一、保留价确定方式

1. 当事人双方及其他执行债权人申请不进行评估的，人民法院应当准许。保留价由当事人双方及其他执行债权人协商确定。

2. 在对标的物评估价自主定价前，由人民法院执行局参照市场价格给定基准价。人民法院执行局所给定的市场价格应当依据各级发改委（局）市场价格监测目录或国土、房管部门的市场价格统计标准确定。

3. 在人民法院的主持下，执行债权人与债务人在基准价的基础上进行上浮或下调协商，并确定拍卖保留价。

4. 执行债务人下落不明，标的物属于商品房、商铺、车辆等可以依据市场价格统计标准确定的物品或者小额物品的，由人民法院执行局依据各级发改委（局）市场价格监测目录或国土、房管部门的市场价格统计标准确定基准价后，直接征求执行债权人意见确定拍卖保留价。

5. 执行债权人与债务人之间达不成一致意见并且标的物无法根据市场价格统计标准确定基准价的，由人民法院司法技术鉴定部门委托商业评估公司进行评估。

6. 执行法院发布拍卖公告时评估报告没有超期，且第二次、第三次拍卖都在法定 60 日内进行的，除发生重大市场价格变动因素外，第二次、第三次拍卖以及重新拍卖无需重新对标的物进行评估。

7. 拍卖财产经过评估的，评估价即为第一次拍卖的保留价；如果出现流拍再进行拍卖时，第二次、第三次拍卖的保留价一般应当在前一次拍卖保留价的基础上降低百分之二十。

二、评估费收取

8. 在拍卖物的成交价高于评估价时，评估费按照拍卖物评估价的一定比例收取；在拍卖物的成交价低于评估价时，评估费按照拍卖物成交价的一定比例收取；拍卖物未拍卖成交的，不收取评估费。（具体收费比例依照江苏省涉案财产价格鉴证收费项目标准确定）

三、瑕疵调查责任

9. 标的物上的权属瑕疵由人民法院负责调查。人民法院应对实际占有情况、是否存在租赁及租金给付情况、相关税、费负担情况等瑕疵情况进行调查，将调查结果在委托评估时一并交付评估公司。评估公司在评估过程中，应结合标的物的权属瑕疵合理确定评估价。

10. 标的物上的质量瑕疵由评估公司在勘验过程中负责调查并将调查结果提交法院确认。经法院确认后的质量瑕疵作为评估公司合理确定评估价的考虑因素。

四、委托评估及反馈评估结果

11. 人民法院的委托评估书应载明以下内容：

（1）委托人的名称和受托人的名称；

（2）简要案情及委托评估目的；

（3）委托评估的价值类型；

（4）委托评估的基准日；

（5）需要评估鉴定的标的物相关情况；

（6）要求提交评估报告的期限和方式；

（7）委托人承办人员姓名和联系电话；

（8）当事人双方或其代理人的联系方式；

（9）委托日期；

（10）其他委托要求和需要说明的情况。

为满足网上司法拍卖需要，人民法院在出具委托评估书时应一并提供标的物情况调查表，并要求评估公司提供标的物相关照片和视频资料。

12. 评估公司在制作评估报告时，应根据评估报告内容截取相关信息填入标的物情况调查表，并制作符合格式和大小要求的照片和视频资料，在向委托法院提交评估报告时一并提交。

五、估价测算

13. 评估公司在出具评估报告时，应同时评估标的物的市场价值和快速变现价值，一并提交人民法院。人民法院可以以快速变现价值作为一拍保留价。

六、其他

14. 本规定自下发之日起试行。

15. 本规定由江苏省高级人民法院审判委员会负责解释。

附：1. 车辆竞价标的调查情况表（略）

2. 不动产竞价标的调查情况表（略）

➡ 江苏省高院规定三

★江苏省高级人民法院关于印发《关于首查封普通债权法院与轮候查封优先债权执行法院之间处分查封房地产等相关问题的解答》等指导意见的通知（2015 年 11 月 24 日施行　苏高法电〔2015〕742 号）

各市中级人民法院执行局、各基层人民法院执行局：

为解决执行实践中较为突出的问题，统一全省法院的执行尺度，省法院执行局在充分调研的基础上制定了《关于首查封普通债权法院与轮候查封优先债权执行法院之间处分查封房地产等相关问题的解答》、《关于执行不动产时承租人主张租赁权的若干问题解答》、《关于抵押债权优先受偿范围的补充解答》、《关于执行"唯一住房"相关问题的解答》。现印发给你们，供办案时参考。实践中如有问题，请及时报告我局。

附件：

1. 关于首查封普通债权法院与轮候查封优先债权执行法院之间处分查封房地产等相关问题的解答

2. 关于执行不动产时承租人主张租赁权的若干问题解答

3. 关于抵押债权优先受偿范围的补充解答

4. 关于执行"唯一住房"相关问题的解答

附件1：

关于首查封普通债权法院与轮候查封优先债权执行法院之间
处分查封房地产等相关问题的解答

执行实务中首查封普通债权法院（以下简称普通债权法院）在扣除执行费用、优先债权后无剩余变价款可分配，往往怠于启动变价程序，而进入执行程序的在先轮候优先债权执行法院（以下简称优先债权法院）对查封房地产因没有处分权只能等待首查封普通债权法院处分，所涉执行案件中止执行程序，导致有财产可供执行案件债权人的债权无法得到清偿，如何打破这种执行僵局，公平保护各方债权人的合法利益和提高执行效率，现就相关问题作出解答，供实践中参照执行。

一、普通债权法院与优先债权法院之间如何确定查封房地产的处分法院？

普通债权法院与优先债权法院均系江苏法院的，应当由已经进入执行程序且享有优先债权的在先轮候执行法院负责查封房屋的处分。

普通债权法院已经启动房地产评估或拍卖程序且处分房地产价值在扣除执行费用、优先债权后有剩余分配变价款的除外。

二、优先债权法院取得房地产处分权有哪些内容？

优先债权法院取得房地产的处分权包括对查封房地产的续封、评估、拍卖、变卖、过户等内容。

三、普通债权法院与优先债权法院之间如何办理房地产处分权移送手续？

优先债权法院向普通债权法院发请求移送函，并附能够证明债权人享有抵押、质押、留置等优先债权的相关材料，普通债权法院应当在收到函件后15日内作出回函并将查封房地产移送优先债权法院处分；普通债权法院在15日内不予回函的视为不同意移送处分；普通债权法院在15日内回函不同意移送处分及不予回函的，优先债权法院在收到回函或15日届满后7日内与普通债权法院进行协商处理或逐级报请共同的上级法院协调处理，上级法院在收到请求协调函后15日内依据上述第一条规定处理。优先债权法院在取得房地产处分权后应当及时启动处分程序。

普通债权法院的债权人与债务人达成和解协议或债权人不同意移送处分权的，不影响房地产处分权的移送。

四、优先债权法院对房地产的续封和解封如何操作？

优先债权法院取得房地产处分权的，可以对房地产行使续封手续。优先债权法院需要解除查封的，应当向普通债权法院发送解除查封函，普通债权法院在收函7日内解除查封或委托优先债权法院解除查封。普通债权法院不予解除查封或委托解除查封的，优先债权法院直接报请上级法院或共同的上级法院解除查封。上级法院接受报请后在 3 日内立案监督，并在立案后 15 日内直接裁定解除查封。

五、优先债权法院在执行变价后如何处理？

优先债权法院在扣除执行费用并清偿优先债权后有剩余变价款的，应当将剩余变价款移交给普通债权法院，由普通债权法院依法处理，普通债权法院案件尚在诉讼程序的，由优先债权法院予以留存，待审判确定后依法处理。

六、涉及外省普通债权法院、同一法院普通债权审判庭对查封房地产处分权移送问题如何协调？

涉及外省普通债权法院移送房地产处分权的，我省优先债权法院逐级向省法院执行局提出申请，由省法院执行局参照本解答协调外省法院移送房地产处分权；同一法院普通债权审判庭对房地产处分权移送参照本解答执行。

七、涉及其他不动产、动产及其他财产权利的普通债权法院与优先债权法院之间处分查封财产问题如何适用？

涉及其他不动产、动产及其他财产权利的普通债权法院与优先债权法院之间处分查封财产问题参照本解答执行。

附件 2：

关于执行不动产时承租人主张租赁权的若干问题解答

执行实务中法院在拍卖被执行人的不动产时，承租人以对该不动产享有租赁权为由，主张拍卖不破租赁，导致不动产流拍；而申请执行人认为被执行人与承租人恶意串通、虚构租赁法律关系，承租人实际上没有占有使用不动产，或占有使用不动产在申请执行人设立抵押权、法院查封之后，要求法院除去租赁关系继续拍卖变价，尽快实现申请人的合法利益。为了遏制被执行人与承租人通过虚假租赁规避执行行为，保护债权人合法利益，依据《中华人民共和国民事诉讼法》、《中华人民共和国物权法》、《中华人民共和国合同法》等法律及相关司法解释的规定，对执行被执行人的不动产时承租人主张租赁权涉及的主要问题作出解答，供实践中参照执行。

一、被执行人与承租人在申请执行人设立抵押权、法院查封之前已签订合法有效的书面租赁合同并由承租人占有使用该不动产的，法院如何处置？

承租人在申请人对该不动产设立抵押权、法院查封之前已签订了书面租赁合同并占有使用该不动产的，承租人取得了该不动产的租赁权，法院在租赁期内带租拍卖。

被执行人与承租人虽在抵押权设立、法院查封之前订立租赁合同并交付使用该不动产，但申请执行人有证据证明，被执行人与承租人之间恶意串通，以明显不合理的低价租赁，或伪造交付租金证据的，适用《最高人民法院关于办理执行异议和复议案件若干问题的规定》第31条第2款规定处理。

二、承租人在申请执行人设立抵押权、法院查封之后占有使用该不动产的，执行法院如何处置？

这种情形下，无论被执行人与承租人订立的租赁合同在申请执行人设立抵押权、法院查封之前或之后，只要承租人在申请执行人设立抵押权、法院查封之后占有使用该不动产的，法院根据申请执行人的申请或依职权裁定除去租赁关系后拍卖该不动产。

三、承租人占有使用不动产有哪些情形？

承租人占有使用不动产主要是指承租人（包括次承租人）已支付租金且对该不动产已经用于生活、生产、经营、装修等情形。承租人以已向被执行人支付全部租金、以该不动产使用权抵债、已向房产管理部门登记备案、以在该不动产所在地为新设公司营业地址为由主张租赁权，请求法院带租拍卖或拍卖后阻止向受让人移交占有的，而该不动产仍为被执行人或其他人占有使用的，不属于承租人占有使用的情形。

四、在法院带租、除去租赁关系拍卖两种情形下，申请执行人、承租人如何救济？

带租拍卖时，申请执行人提出应当除去租赁关系，对带租拍卖提出异议，法院依据民事诉讼法第225条规定处理。

除去租赁关系拍卖时，承租人提出应当带租拍卖，对除去租赁关系拍卖提出异议，法院依据民事诉讼法第227条规定处理。

附件3：

关于抵押债权优先受偿范围的补充解答

省法院执行局2013年制定的《关于执行疑难若干问题解答》第14条规定：抵押合同约定担保范围包括本金、利息、实现债权的费用等，但抵押权登记簿上或者他项权证上记载的主债权仅为本金部分，其他相关债权人认为抵押权人仅能就本金部分优先受偿，从而提出执行异议，应当如何处理？抵押合同与抵押权登记簿、他项权证上记载的抵押权的担保范围应当一致。如果出现不一致，鉴于权证登记的公示效力，应以登记的内容确定具体数额。

执行实务中在适用该条规定时出现了以下问题：

一是审判庭作出的关于抵押债权受偿范围的判决、裁定并没有完全依照省院民二庭关于抵押债权优先受偿范围以抵押登记簿上或者他项权证上记载的债权数额为准的规定来裁判，有的判决确定的抵押债权优先范围包括本金、利息、违约金、实现抵押权费用，而执行法院仍然按照本金部分执行，抵押债权人尤其是金融机构提出异议；

二是抵押债权人与债务人诉讼中的调解约定抵押债权优先受偿的范围包括本金、利息、违约金、实现抵押权费用，与该条规定发生冲突；

三是抵押债权人直接申请参与分配，如何确定抵押债权人优先受偿的范围，是按照抵押权登记簿上或者他项权证上记载的主债权数额还是抵押合同约定的优先受偿范围来执行，执行实务中存在争议；

四是外省法院与我们协调案件时提出不同意见，如浙江高院出台的意见明确抵押债权优先受偿范围包括本金、利息、违约金、实现抵押权费用。

执行法院的执行依据是生效判决书、调解书、裁定书等，抵押债权人优先受偿的范围应当严格按照生效的判决、调解书、裁定书确定的优先受偿范围来执行，无需审查抵押债权人在他项权证上或登记簿上记载的优先受偿债权数额。

抵押债权人直接向法院申请执行或参与分配的，其优先受偿的债权数额如何确定，倾向于有抵押登记的以抵押登记确定的范围为准，没有抵押登记的以抵押合同约定的范围为准。

附件4：

关于执行"唯一住房"相关问题的解答

为规范执行程序中涉及"唯一住房"的执行，均衡保护债权人的债权与被执行人及其所扶养家属的居住权，根据《中华人民共和国民事诉讼法》及相关司法解释的规定和精神，结合全省法院执行工作实际，制定本解答。

本解答所称"唯一住房"是指被执行人及其所扶养家属生活所必需的唯一可居住房屋。

本解答所涉"唯一住房"的执行仅适用于权属明确的城镇房屋，农村宅基地上的房屋、小产权房及其他无证房产等涉及国家土地制度和政策，按照相关规定执行，不适用本解答。

一、被执行人名下仅登记有一套"唯一住房"，对该"唯一住房"什么情形下可以执行？

登记在被执行人名下虽只有一套住房，但有下列情形之一的，人民法院对登记在其名下的"唯一住房"仍可执行：

（一）对被执行人有赡养、扶养、抚养义务的人名下有其他能够维持生活必需的居住房屋的；

（二）一审诉讼或仲裁立案后，被执行人为逃避债务转让其名下其他房屋的；

（三）被执行人在其户籍所在地或拟执行的"唯一住房"所在地农村享有宅基地并自建住房或被执行人享有小产权房等权属上有瑕疵而无法自由流转的

住房的；

（四）被执行人将其"唯一住房"用于出租、出借或虽未出租、出借，但超过一年无人居住的；

（五）被执行人的"唯一住房"系执行依据确定的被执行人应当交付的房屋的；

（六）申请执行人按照当地廉租住房保障面积标准为被执行人及所扶养家属提供居住房屋，或者同意参照当地（县级市、县、区范围）房屋租赁市场平均租金标准从该房屋的变价款中扣除五至八年房屋租金的；

（七）其他可以执行的情形。

二、如何认定"唯一住房"是否超出"生活所必需"？

是否超过"生活所必需"由各地法院根据经济发展水平自行确定，原则上参照以下标准：

（一）面积过大。住房建筑面积达到当地住房和城乡建设部门公布的廉租住房保障面积的150%的；（例：南京三人以上廉租住房保障面积为50平方米，若拟执行的"唯一住房"面积达到 $50 \times 150\% = 75$ 平方米，便可认为超过生活所必需）

（二）市场价值过高。住房建筑面积达到当地住房和城乡建设部门公布的廉租住房保障面积且房屋单价达到当地（县级市、县、区范围）住房均价的150%的。（例：若南京某区拟执行"唯一住房"建筑面积为65平方米，其所在区的住房均价为10000元/平方米，但因"唯一住房"为学区房或其他因素，其市场价值达到15000元/平方米，则可认为超过生活所必需）

对于已经依法设定抵押的"唯一住房"，申请执行人为抵押权人的，人民法院无需审查其是否超过"生活所必需"，可以执行，但被执行人为低保对象且无法自行解决居住问题的除外。

三、执行"唯一住房"应遵循哪些原则？

为均衡保障债权人的债权与被执行人的居住权，执行"唯一住房"时应遵循以下原则：

（一）穷尽其他执行措施原则。一般情况下，若有证据证明被执行人有其他财产可供执行的，不宜对其"唯一住房"采取处分性执行措施。

（二）申请人申请在先原则。执行被执行人的"唯一住房"应以申请执行人的申请为前置条件，人民法院不得依职权主动对被执行人的"唯一住房"采取处分性执行措施。

（三）解决临时住房在先原则。对于确实无处居住的被执行人，在对其"唯一住房"采取处分性执行措施前，宜事先解决好被执行人及其所扶养家属的临时住房，由申请执行人提供临时性住房或先行垫付租房费用。

（四）有益执行原则。执行"唯一住房"时，应当综合考量处置该房产时可能产生的评估、公告、执行、生活保障等费用，若除去上述各项费用后并无余值或余值不大，则原则上不宜对该"唯一住房"采取处分性执行措施。

四、执行"唯一住房"程序上应当如何操作？

人民法院在执行"唯一住房"时，可按以下程序进行：

（一）应申请执行人申请执行"唯一住房"，人民法院应当要求申请执行人出具自愿提供临时住房或承担临时住房租金的承诺书，对于需要支付生活保障费用的被执行人，申请执行人需在承诺书中一并承诺同意从变价款中支付此笔费用。

（二）执行人员对于拟拍卖的"唯一住房"，应当查明住房基本情况、被执行人及其所扶养家属的人数等信息，填写拍卖呈报表，并在呈报表中说明符合唯一住房处置条件的理由和对被执行人及其所扶养家属的生活保障措施。经合议庭讨论后报执行局长或分管院长审批。

（三）准予拍卖的，应当向被执行人发出执行裁定书和迁出告知书。不符合拍卖条件的，应当及时告知申请执行人并说明理由。

（四）执行裁定书和迁出告知书送达后，被执行人未在指定的期限内腾空房屋的，执行法院可以作出强制迁出裁定和公告，强制执行。

（五）对拟执行的"唯一住房"依法评估交付拍卖。

（六）拍卖成交扣除相关费用后，其余部分依法分配。

五、执行"唯一住房"时，被执行人的临时住房如何解决？

执行"唯一住房"前，应首先解决好被执行人及其所扶养家属的临时住房，临时住房的面积标准参照当地廉租住房的面积标准；临时住房的地段可参照被执行人的合理要求，尽量方便其生活、工作。

申请执行人自愿提供临时住房的，使用期限原则上不超过六个月。申请执行人提供的临时住房可计收租金，租金标准由申请执行人和被执行人双方协商确定，协商不成的，由人民法院参照当地房屋租赁市场平均租金标准确定。

被执行人自行租房的，可由申请执行人先行垫付六个月的租金。

上述使用房屋的费用或租金应从保留给被执行人的生活保障费用中予以扣除。

对于本解答第一条所列情形，原则上可以不再为被执行人解决临时住房。

六、哪些情况下应当对被执行人及其所扶养家属给予生活保障？如何保障？

对于本解答第一条所列情形，原则上可以不再为被执行人及其所扶养的家属给予生活保障；对于本解答第二条第一款所列超出"生活所必需"的情形，一般应当为被执行人及其所扶养的家属提供生活保障。

为被执行人及其所扶养家属提供生活保障可采取以下方式：

（一）保留租金。申请执行人同意参照当地房屋租赁市场平均租金标准从该房屋的变价款中扣除五至八年租金作为被执行人及其所扶养家属的生活保障费用。此笔款项可在房屋变价款中先行提留。人民法院不得对其强制执行。

（二）房屋置换。申请执行人自愿以以小换大、以远换近、以劣换优等方式为被执行人及其所扶养家属提供保障其基本生活的住房，与被执行人的"唯一住房"进行置换，置换房屋的面积、地段可参照本解答关于临时住房的标准。

➡ 江苏省高院规定四

★**江苏省高级人民法院关于执行疑难问题的解答**（2018 年 6 月 12 日施行 苏高法〔2018〕86 号）

为解决执行工作中较为突出的疑难问题，统一全省执行尺度，根据相关法律、司法解释的规定及精神，结合执行工作实际，制定本解答。

一、在集体土地上建造的房屋，是否可以处置？

（一）在集体土地上未经批准建造的房屋，是否可以处置？

参照《最高人民法院关于转发住房与城乡建设部〈关于无证房产依据协助执行文书办理产权登记有关问题的函〉的通知》（法〔2012〕151 号），可以进行"现状处置"。处置时应在拍卖公告中披露房屋不具备登记条件的现状及土地性质，买受人或承受人按照房屋现状取得房屋，后续的产权登记事项及将来可能面临的拆除、拆迁及补偿不能等风险由买受人或承受人自行负责。变价不成的，债权人可以接受该房屋抵债。变价或抵债裁定中应载明上述内容和风险。

（二）在租赁的集体土地上建造的厂房及厂区内的办公楼、宿舍、仓库等，是否可以处置？

在不改变租赁合同前提下，可不征得集体经济组织同意进行"现状处置"，但处置前应告知集体经济组织。处置时应当充分披露租赁合同内容，特别是公告租赁剩余期限、租金标准及支付等情况。

确定保留价需考虑租金支付情况。成交或抵债后，被执行人作为承租人的权利义务由受让人继受。

拍卖前租赁期限已届满，租赁合同对于房屋归属及补偿有约定的，尊重租赁合同的约定。如约定房屋收归集体组织但给予承租人（被执行人）补偿的，执行补偿款。没有约定收归集体组织的，被执行人继续使用租赁土地，集体组织没有提出异议的，原租赁合同继续有效，但租赁期限为不定期，执行法院可以对房屋进行处置。租金标准及支付方式由执行法院与集体组织协商确定。不能协商确定的,执行法院可以参照市价标准确定。

二、在国有建设用地上建造的无证房屋,是否可以处置?

依据《最高人民法院关于转发住房与城乡建设部〈关于无证房产依据协助执行文书办理产权登记有关问题的函〉的通知》(法〔2012〕151号),对于国有建设用地上建造的无证房屋可以处置。执行法院应就该房屋是否可转化为有证房屋征求行政机关意见,并作为确定无证房屋价值的参考。

处置未办理初始登记的房屋,具备初始登记条件的,执行法院处置后应当向房屋登记机构发出《协助执行通知书》;暂时不具备初始登记条件的,执行法院处置后应当向房屋登记机构发出《协助执行通知书》,并载明待房屋买受人或承受人完善相关手续具备初始登记条件后,由房屋登记机构按照《协助执行通知书》予以登记;不具备初始登记条件的,原则上进行"现状处置",即处置前披露房屋不具备初始登记条件的现状,买受人或承受人按照房屋的权利现状取得房屋,后续的产权登记事项由买受人或承受人自行负责。

三、被执行人购买的预售商品房,如何执行?

被执行人已将房款全部支付给开发商(被执行人自付一部分,银行贷款一部分),银行办理了抵押预告登记(预抵押登记),开发商在预售房产办理抵押权登记之前对银行贷款承担阶段性连带担保责任的商品房预售情形下,预售的商品房被法院预查封后,开发商或被执行人以仲裁或诉讼方式解除合同的,不得对抗人民法院的执行,人民法院可以继续执行预售房产。

人民法院在办理预售商品房预查封时,除向房产登记部门送达预查封有关法律文书之外,还应及时向开发商送达预查封裁定和协助执行通知书,告知预售商品房已被法院预查封,擅自向被执行人退款承担法律责任。

在人民法院办理预售商品房预查封后向开发商送达预查封裁定和协助执行通知书前,开发商已退还给被执行人的款项,在变价款中预先扣除支付给开发商。向开发商送达预查封裁定和协助执行通知书后,开发商擅自退还给被执行人的款项,由开发商自行追索。

对于开发商已退还银行的相应款项,在变价款中预先扣除支付给开发商。开发商尚未退还银行相应款项的,在变价款中预先扣除银行贷款相应款项支付给银行,并通知开发商。

四、对于被执行人与案外人(含配偶)共有的财产以及未成年子女名下财产,如何执行?

生效法律文书仅载明被执行人个人为债务人,对于下列财产,执行法院可以执行。

（一）被执行人配偶名下的存款、股权（股份）、金融理财产品等，婚后登记在被执行人配偶单方名下的房产、车辆以及婚后登记在被执行人和其配偶双方名下的房产、车辆等财产；

（二）登记在被执行人及其他人名下的共有财产以及登记在案外人名下但案外人承认属于被执行人财产或同意作为被执行人财产接受强制执行的财产；

（三）对于被执行人未成年子女名下与其收入明显不相称的较大数额存款，登记在被执行人未成年子女单方名下的房产、车辆或者登记在被执行人和其未成年子女名下的房产等，执行法院可以执行。

对于共有财产，应当先行实物分割后执行，但不能实物分割或分割会导致财产价值明显减损的，执行法院可以整体处置。

对于处置后变价款的执行，以被执行人在共有财产中所占份额为限。被执行人在共有财产中所占份额，以登记公示为准；没有登记公示的，按照出资额确定；不能确定出资额的，视为等额享有。但对于被执行人配偶单方名下以及被执行人与其配偶双方名下的夫妻共同财产，原则上以 1/2 份额为限执行。

在人民法院整体处置前，共有人愿意支付被执行人应有份额部分对应的价款申请排除执行，债权人和债务人对此予以认可的，人民法院可以准许。处置时鼓励共有人积极参与竞买，共有人竞买成交后仅需支付被执行人应有份额部分对应的价款即可。

共有人及未成年人子女基于实体权利提出异议的，适用民事诉讼法第 227 条审查处理。

五、房屋腾空过程中清理出的物品，如何处置？

被执行人下落不明的，腾空房屋时，必须使用执法记录仪同步全程录音像，同时邀请公证人员对清理出的物品清单进行公证。腾空清理出的被执行人及案外人（承租人、保管人、现居住人、非法占有人等）的物品，执行法院可以指定申请执行人或其他人保管，并通知权利人限期 30 日内领取。拒不领取或下落不明的，执行法院可以处分该财产。处分所得价款，扣除搬迁、保管及拍卖变卖等相关必要费用后，暂时保管于法院账户，并通知权利人限期领取，但权利人明确表示放弃的除外。

处分被执行人物品所得价款，可用于清偿债务，清偿债务后有剩余的，退还给被执行人，被执行人下落不明的，可以向有关机构提存；处分案外人物品所得价款，经通知领取拒不领取的，可以向有关机构提存。

依法不能处置或变价不成的物品经通知领取拒不领取的，可将物品向提存机构提存，构成妨碍执行的，可以根据民事诉讼法第一百一十一条处罚。但权利人明确表示抛弃该物品的，执行法院可以酌情处理。

六、被执行人的股权（股份）如何处置？

执行被执行人所持上市公司流通股（股票）时，执行法院在采取控制措施后，经申请执行人同意，可以责令被执行人限期 30 日内自行处置，并由执行法院控制相应价款，也可以直接指令证券公司限期抛售（强制平仓）或者按照收盘价直接抵债给债权人并办理过户手续。被执行人自行处置时，不得损害债权人利益。

执行被执行人所持上市公司限售流通股（股票），可以先将限售流通股强制扣划至申请执行人账户，待限售股办理解禁手续转为流通股后再行处置。在此过程中，执行法院视情可以冻结申请执行人该账户，防止变价款高于执行标的额时申请执行人转移变价款损害被执行人利益。

执行被执行人所持上市公司国有股或社会法人股时，如果股权持有人或所有权人在限期内提供了方便执行的其他财产，应当首先执行其他财产。其他财产不足以清偿债务的，方可执行股权，且应当采取拍卖的方式。

执行被执行人所持其他股权或股份，应当采用拍卖方式。

七、拍卖股权时，保留价如何确定？

拍卖股权（上市公司国有股和社会法人股除外）时，保留价可以由当事人协商确定；也可以根据最近三个月成交价、股权所在公司出具的价格意见（向股权所在公司的询价）确定；同时，还可以参照在税务、工商部门备案或提交的资产负债表、损益表、净资产表以及该公司公布的年度报表等确定股权价值。必要时，可以就确定价格征询评估公司、会计事务所、审计部门等有关专业机构或人士的意见。

以上方式无法确定保留价的，委托评估机构对股权进行评估。股权价值评估时，人民法院可以责令被执行人及股权所在的公司提供评估所需的财务会计报表等资料。未在指定期限内提供的，可以向税务、工商部门调取资产负债表、损益表、净资产表及该公司公布的年度报表等财务资料交予评估公司评估，同时，可以根据情节轻重，对拒不执行及拒不协助执行的被执行人及股权所在公司及其主要负责人或直接责任人员进行相应处罚。

被执行人对依职权确定股权价值提出异议的，应当提供能证实其主张的财务资料。仅提出异议而拒不提供相应财务资料证实的，仍以原评估价进行拍卖。在股权保留价确定之前，人民法院通知被执行人提交确定股权保留价所需材料无正当理由拒不提交，在保留价确定后提出异议并提交财务资料的，可以根据民事诉讼法第一百一十一条进行相应处罚。人民法院可以根据被执行人提交的能确定股权价值的财务资料进行评估或补充评估或据此调整股权价格。

八、拍定人未在拍卖公告确定的期限内支付余款的，如何处理？

拍定人明确表示放弃买受或明确表示拒绝支付余款的，以及执行法院责令限期（以不超过 15 日为宜）支付余款逾期仍未支付的，视为"悔拍"，可以没收保证金，并裁定重新拍卖，但债权人同意延迟付款的除外。

执行法院支持银行贷款的拍卖，因银行放款方面原因导致余款迟延支付的，原则上不视为"悔拍"。

对于超过拍卖公告确定的期限付款的，债权人主张迟延履行利息损失的，可以责令拍定人支付。

九、评估报告已超过有效期，能否使用？

评估报告的有效期按照评估报告载明的期限确定。评估报告是否超过有效期的判断节点为拍卖公告发布时间。发布拍卖公告时评估报告没有超过有效期，处置过程中评估报告有效期届满不影响拍卖、变卖和以物抵债程序的继续进行。

评估报告已超过有效期的，除超期时间过长或市场行情发生重大变化外，原则上可以依该评估报告确定保留价。当事人不同意以该评估报告确定保留价的，应当提供证据证明市场行情发生了重大变化导致评估价值明显偏离市场价值。不能提供证据证明的，仍以该评估报告确定保留价，已提供证据证明的，应当重新定价。当事人同意以超期的评估报告确定保留价的，可以直接确定保留价，也可以根据当前市场情况，以该评估报告为基础由当事人协商确定保留价或法院依职权调整评估报告确定的价格并经当事人同意后作为拍卖保留价。

十、执行程序中，如何送达相关法律文书？

在审判、执行阶段，当事人提供送达地址确认书的，应当向送达地址确认书确认的地址进行送达。委托代理人的，代理人确认的送达地址视为当事人的送达地址。同意电子送达的，可以采用传真、电子信箱、微信号、手机短信等方式进行送达，或者以诉讼服务平台、微信公众号等平台为依托进行电子送达。

因当事人提供的送达地址不准确、送达地址变更未书面告知人民法院，导致法律文书未能被受送达人实际接收的，直接送达的，法律文书留在该地址之日为送达之日；邮寄送达的，文书被退回之日为送达之日。

当事人未确认送达地址或以拒接电话、避而不见送达人员、搬离原住所等躲避、规避送达，人民法院不能或无法要求其确认送达地址的，可以分别以下列情形处理：1. 当事人在诉讼所涉及的合同、往来函件中对送达地址有明确约定的，以约定的地址为送达地址；2. 没有约定的，以当事人在执行立案时或执行程序中提交的书面材料中载明的地址为送达地址；3. 没有约定、当事人也未提交书面材料或者书面材料中未载明地址的，以一年内进行其他诉讼、仲裁、执行案件中提供的地址为送达地址；4. 无以上情形的，以当事人一年内进行民事活动时经常使用的地址为送达地址。人民法院按照上述地址进行送达的，可以同时以电话、微信等方式通知受送达人。依上述方式仍不能确认送达地址的，自然人以其户籍登记的住所或者在经常居住地登记的住址为送达地址，法人或者其他组织以其工商登记或其他依法登记、备案的住所地为送达地址。以上述地址送达的为有效送达，无需公告送达。

对于移动通信工具能够接通但无法直接送达、邮寄送达的，除裁定书外，可以采取电话送达的方式，由送达人员告知当事人诉讼文书内容，并记录拨打、接听电话号码、通话时间、送达诉讼文书内容，通话过程应当录音以存卷备查。

在送达工作中，可以借助基层组织的力量和社会力量，加强与基层组织和有关部门的沟通、协调，为做好送达工作创造良好的外部环境。有条件的地方可以要求基层组织协助送达，并可适当支付费用。

十一、被执行人送达地址不明的，如何送达询价或评估报告？

因被执行人拒不提供送达地址或因被执行人下落不明无法获知送达地址的，询价或评估报告无需公告送达，可采取被执行人的近亲属转交、张贴在被执行人所在自然村或小区公共活动场所、邮寄至生效法律文书载明的被执行人住所地等方式送达。

向利害关系人送达询价或评估报告时，参照对被执行人的送达方式。

▶ **典型案例**

★**两处房产竟当一处卖——依法监督一起错误执行案申请人获得 300 万元补偿**①

【基本案情】

1998 年 8 月 26 日，通过一纸《短期借款合同》，宁波某集团公司（下称"某集团"）向原中国某银行宁波市分行营业部（1998 年 11 月 24 日改名为中国某银行宁波市明都支行，下称"明都支行"）借款人民币 2000 万元。截止到约定偿还日，某集团没有偿还本息，明都支行向法院起诉要求某集团还款。

2000 年 7 月 24 日，原执行法院作出判决，要求某集团偿还明都支行本息共计 2184 万余元。判决生效后，该集团未按期履行判决，明都支行向法院申请强制执行。执行期间，明都支行将债权转让给中国某银行宁波市东门支行

---

① 参见屠春技、兰学鑫：《两处房产竟当一处卖——浙江宁波依法监督一起错误执行案申请人获得 300 万元补偿》，载《检察日报》2015 年 3 月 20 日。

（下称"东门支行"）。

2002 年 4 月 12 日，东门支行与相关方、大连华美建设发展有限公司（下称"大连公司"）等 5 方达成执行和解协议。大连公司以其名下一处位于大连市中山区共存巷 12 号秀月小区 4 号楼临街底层的商业用房（建筑面积 493 平方米）及一套别墅，抵偿某集团所欠利息 450 万元及诉讼费 14 万余元。

2005 年 12 月 22 日，东门支行向原执行法院出具了一份"关于大连市中山区共存巷 12 号秀月小区 4 号楼房产变更地址函"，表示：该行受偿时，大连公司用于抵偿的中山区共存巷 12 号秀月小区 4 号楼底层商业用房尚属在建工程。房产竣工后，实际地址为大连市中山区共存巷 12 号底层商业用房（12－1，1－1，1－2，1－3）、（12－2，1－1），共存巷 4 号楼底层商业用房（1－1，1－2，1－3），并据此向法院申请执行变更裁定。

2005 年 12 月 26 日，原执行法院作出民事裁定，将"大连市中山区共存巷 12 号秀月小区 4 号楼临街底层商业用房（建筑面积 493 平方米）"更正为"大连市中山区共存巷 12 号底层商业用房（12－1，1－1，1－2，1－3）、（12－2，1－1），共存巷 4 号楼底层商业用房（1－1，1－2，1－3）"。

根据执行和解协议，法院将涉案房产进行了拍卖。2006 年 1 月 17 日，竞买人王某以 50 万元拍卖竞得标的。拍卖成交确认书载明的成交标的为"大连市中山区共存巷 4 号楼临街房产、大连市中山区共存巷 12 号楼临街房产"。王某因此实际占有了位于共存巷 4 号和共存巷 12 号的两处商业用房。2011 年 11 月 8 日，大连市房地产交易登记中心将面积为 204.5 平方米的共存巷 4 号房产内部登记到了王某名下。

在此后近 4 年的时间里，大连公司向原执行法院提出异议问题均没有得到解决。2014 年初，大连公司向宁波市检察院申请对该案进行监督。根据修改后民诉法赋予检察机关的执行监督权，该院于 2014 年 3 月 5 日正式对此案立案调查。

【调查核实】

通过详细审阅，检察官发现，用于抵偿债务的共存巷 12 号秀月小区 4 号楼就是共存巷 12 号底层商业用房（12－1，1－1，1－2，1－3）、（12－2，1－1），原执行法院民事裁定书裁定的房产明显超出执行和解协议的范围。

由于此案系异地执行且结案多年，如何查明超标的执行的事实成为办案的最大难点。根据大连公司提供的线索，承办检察官反复向大连市国土资源、房地产管理部门以及地名办查询，并调取秀月小区建筑和规划图纸，邀请相关专业人士共同核定图纸信息。在调阅大连市地名办的门牌编码示意图后，检察官发现共存巷 4 号是正式门牌号，其对应的建筑应当是秀月小区 1 号楼。证据显示，共存巷 4 号楼与共存巷 12 号楼属于完全不同的两套房产。同时，宁波市检察院民行处负责人多次向原执行法院执行局及执行法官了解当时的执行情况，对此案作进一步核实。

通过深入调查，执行疑团被破解：依据《最高人民法院、国土资源部、建设部关于依法规范人民法院执行和国土资源房地产管理部门协助执行若干问题的通知》第二条"人民法院对土地使用权、房屋实施查封或者进行实体处理前，应当向国土资源、房地产管理部门查询该土地、房屋的权属"，而在此案中，法院在未审慎查明事实的前提下，仅依靠东门支行的变更地址函就作出了裁定变更，致使民事裁定书出现错误。大连公司所有的大连市中山区共存巷 4 号楼底商（建筑面积 204.5 平方米）被超标的执行，该公司由此蒙受了巨大经济损失。

【检察建议】

经过检委会讨论决定，宁波市检察院于 2014 年 4 月 6 日向原执行法院发出检察建议书，建议法院纠正执行程序中存在的问题，尽快将该案进行纠正，归还超标的执行的商业用房或给予大连公司相应的补偿，并加强执行案件管理。

检察建议发出后，原执行法院高度重视，在认同检察机关监督意见的基础上，明确表示将尽最大努力纠正原执行中存在的问题。随后，在检察机关的配合下，法院指派精干力量全力纠错，在历经 9 个多月的多方协调后，终于达成补偿协议，大连公司最终获得补偿款 300 万元。

【案件评析】

《最高人民法院关于人民法院民事执行中拍卖、变卖财产的规定》第十条规定："执行人员应当对拍卖财产的权属状况、占有使用情况等进行必要的调查，制作拍卖财产现状的调查笔录或者收集其他有关资料。"由此可见，对拍卖财产的权属状况、使用情况等尽行必要的调查是执行人员必须履行的执行职责，只有严格按照相关规定进行调查，才能避免案例中类似的执行错误。

第四节　执行实施之迟延履行责任

【条文主旨】迟延履行的责任

第二百五十三条　被执行人未按判决、裁定和其他法律文书指定的期间履行给付金钱义务的，应当加倍支付迟延履行期间的债务利息。被执行人未按判决、裁定和其他法律文书指定的期间履行其他义务的，应当支付迟延履行金。

▶司法解释一

★**最高人民法院关于人民法院执行工作若干问题的规定（试行）**（1998 年 7 月 8 日施行　法释〔1998〕15 号）（节录）

24. 人民法院决定受理执行案件后，应当在三日内①向被执行人发出执行通知书，责令其在指定的期间内履行生效法律文书确定的义务，并承担民事诉讼法第二百二十九条②规定的迟延履行期间的债务利息或迟延履行金。

▶司法解释二

★**最高人民法院关于执行程序中计算迟延履行期间的债务利息适用法律若干问题的解释**（2014 年 8 月 1 日实施　法释〔2014〕8 号）

为规范执行程序中迟延履行期间债务利息的计算，根据《中华人民共和国民事诉讼法》的规定，结合司法实践，制定本解释。

第一条　根据民事诉讼法第二百五十三条规定加倍计算之后的迟延履行期间的债务利息，包括迟延履行期间的一般债务利息和加倍部分债务利息。

迟延履行期间的一般债务利息，根据生效法律文书确定的方法计算；生效法律文书未确定给付该利息的，不予计算。

加倍部分债务利息的计算方法为：加倍部分债务利息＝债务人尚未清偿的生效法律文书确定的除一般债务利息之外的金钱债务×日万分之一点七五×迟延履行期间。

第二条　加倍部分债务利息自生效法律文书确定的履行期间届满之日起计算；生效法律文书确定分期履行的，自每次履行期间届满之日起计算；生效法律文书未确定履行期间的，自法律文书生效之日起计算。

第三条　加倍部分债务利息计算至被执行人履行完毕之日；被执行人分次履行的，相应部分的加倍部分债务利息计算至每次履行完毕之日。

人民法院划拨、提取被执行人的存款、收入、股息、红利等财产的，相应部分的加倍部分债务利息计算至划拨、提取之日；人民法院对被执行人财产拍卖、变卖或者以物抵债的，计算至成交裁定或者抵债裁定生效之日；人民法院对被执行人财产通过其他方式变价的，计算至财产变价完成之日。

非因被执行人的申请，对生效法律文书审查而中止或者暂缓执行的期间及再审中止执行的期间，不计算加倍部分债务利息。

第四条　被执行人的财产不足以清偿全部债务的，应当先清偿生效法律文

---

①　执行实施的每个环节以及执行审查都有相应的执行办案期限的规定，参见相应的章节。

②　已修改为民事诉讼法第二百五十三条。

书确定的金钱债务，再清偿加倍部分债务利息，但当事人对清偿顺序另有约定的除外。

第五条 生效法律文书确定给付外币的，执行时以该种外币按日万分之一点七五计算加倍部分债务利息，但申请执行人主张以人民币计算的，人民法院应予准许。

以人民币计算加倍部分债务利息的，应当先将生效法律文书确定的外币折算或者套算为人民币后再进行计算。

外币折算或者套算为人民币的，按照加倍部分债务利息起算之日的中国外汇交易中心或者中国人民银行授权机构公布的人民币对该外币的中间价折合成人民币计算；中国外汇交易中心或者中国人民银行授权机构未公布汇率中间价的外币，按照该日境内银行人民币对该外币的中间价折算成人民币，或者该外币在境内银行、国际外汇市场对美元汇率，与人民币对美元汇率中间价进行套算。

第六条 执行回转程序中，原申请执行人迟延履行金钱给付义务的，应当按照本解释的规定承担加倍部分债务利息。

第七条 本解释施行时尚未执行完毕部分的金钱债务，本解释施行前的迟延履行期间债务利息按照之前的规定计算；施行后的迟延履行期间债务利息按照本解释计算。

本解释施行前本院发布的司法解释与本解释不一致的，以本解释为准。

▶ 司法解释三

★**最高人民法院关于适用《中华人民共和国民事诉讼法》的解释**（2015年2月4日施行 法释〔2015〕5号）（节录）

第五百零六条 被执行人迟延履行的，迟延履行期间的利息或者迟延履行金自判决、裁定和其他法律文书指定的履行期间届满之日起计算。

第五百零七条 被执行人未按判决、裁定和其他法律文书指定的期间履行非金钱给付义务的，无论是否已给申请执行人造成损失，都应当支付迟延履行金。已经造成损失的，双倍补偿申请执行人已经受到的损失；没有造成损失的，迟延履行金可以由人民法院根据具体案件情况决定。

▶ 司法解释性文件

★**最高人民法院关于适用《中华人民共和国民事诉讼法》若干问题的意见**（1992年7月14日施行 法发〔1992〕22号）（节录）

293. 被执行人迟延履行的，迟延履行期间的利息或迟延履行金自判决、裁定和其他法律文书指定的履行期间届满的次日起计算。

294. 民事诉讼法第二百三十二条规定的加倍支付迟延履行期间的债务利

息，是指在按银行同期贷款最高利率计付的债务利息上增加一倍。

295. 被执行人未按判决、裁定和其他法律文书指定的期间履行非金钱给付义务的，无论是否已给申请执行人造成损失，都应当支付迟延履行金。已经造成损失的，双倍补偿申请执行人已经受到的损失；没有造成损失的，迟延履行金可以由人民法院根据具体案件情况决定。

▶ 相关答复

★最高人民法院关于暂缓执行期间是否计算双倍贷款利息的问题的答复
（2006 年 12 月 1 日施行 〔2005〕执监字第 59 – 1 号）
山东省高级人民法院：

根据你院《关于执行华和国际租赁有限公司与中国建设银行费县支行融资租赁合同担保纠纷一案的情况汇报》，现就有关的法律适用问题提出如下意见：

关于暂缓执行期间是否计算双倍贷款利息的问题，按照《民事诉讼法》第二百三十二条的规定，被执行人未按判决履行的，即应当加倍支付迟延履行期间的债务利息。暂缓执行并未改变被执行人未按判决履行的状态，而且此案暂缓执行是因为被执行人申诉，为被执行人的利益而采取的。在申诉复查期间暂缓执行已经保护了被执行人的利益，申诉被驳回的，被执行人应当承担未按判决履行的不利后果。

▶ 北京市高院规定

★北京市高、中级法院执行局（庭）长座谈会（第四次会议）纪要——关于计付迟延履行利息、迟延履行金若干问题的意见[①]（2014 年）

为进一步解决迟延履行利息、迟延履行金计付中的疑难问题，统一司法尺度，规范办理程序，切实保护当事人的合法权益，市高、中级法院执行局（庭）长座谈会于 2012 年 10 月 22 日至 23 日召开了第四次会议。与会同志通过认真讨论，就计付迟延履行利息、迟延履行金的若干问题取得了基本共识。现纪要如下：

一、计付迟延履行利息、迟延履行金的指导思想

迟延履行利息、迟延履行金属于申请执行人的民事权利，其有权予以处分。迟延履行利息、迟延履行金的计付，依法可由当事人协商解决；协商不成的，适用本纪要的相关规定。

二、迟延履行利息、迟延履行金计付期间的确定

---

① 转引自【法宝引证码】CLI. 13. 904255。

（一）计付迟延履行利息、迟延履行金的起算日

被执行人迟延履行的，迟延履行利息或迟延履行金自执行依据指定的履行期间届满的次日起计算；执行依据未指定履行期间的，迟延履行利息或迟延履行金自执行依据生效之日（本会议纪要认为：执行依据系当庭宣判的，以宣判之日为执行依据的生效之日；执行依据系庭后送达的，一般以送达最后一方当事人之日为执行依据的生效之日。）的次日起计算。执行依据确定分期履行义务的，对每一期的迟延履行利息或迟延履行金分别予以计算。

以下为几种特殊情况的特殊处理：

1. 据以执行的生效法律文书经过再审，再审维持原审结果的，迟延履行利息自原生效法律文书指定的履行期间届满的次日或原生效法律文书生效之日的次日起计算。再审改变原审结果的，因改判而增加的债务部分，迟延履行利息自再审裁判文书指定的履行期间届满的次日或再审裁判文书生效之日的次日起计算；改判中维持的部分，迟延履行利息自原生效法律文书指定的履行期间届满的次日或原生效法律文书生效之日的次日起计算。

2. 同一执行依据确定双方当事人互为给付义务，并由同一法院执行，且一方当事人为金钱给付义务，一方当事人为行为给付义务，若义务履行无先后顺序，双方当事人均迟延履行的，共同的迟延履行期间均不计付迟延履行利息或迟延履行金；一方当事人先履行，一方当事人后履行的，后履行义务的一方当事人应当向先履行义务的一方当事人支付迟延履行利息或迟延履行金，迟延履行利息或迟延履行金自先履行义务一方当事人履行完毕义务的次日起计算。

3. 同一执行依据确定双方当事人互为给付义务，并由同一法院执行，且一方当事人为金钱给付义务，一方当事人为行为给付义务，若义务履行有先后顺序且先义务履行系后义务履行的条件的，负有先履行义务的一方当事人迟延履行的，应当向对方当事人支付迟延履行利息或迟延履行金，迟延履行利息或迟延履行金自执行依据指定的履行期间届满的次日或执行依据生效之日的次日起计算；负有后履行义务的一方当事人在负有先履行义务的一方当事人履行义务之后仍迟延履行的，应当向对方当事人支付迟延履行利息或迟延履行金，迟延履行利息或迟延履行金自先履行义务一方当事人履行完毕义务的次日起计算。

4. 执行依据确定双方当事人互为行为给付义务的，参照上述第2款、第3款规定的精神办理。

（二）计付迟延履行利息、迟延履行金的截止日

1. 执行过程中，若执行的财产为货币类财产，计算迟延履行利息截至案款到达执行法院账户之日，但因可归责于被执行人的原因（如需要进行案款

分配、因可归责于被执行人的原因而暂缓或中止执行等）而未发还案款的除外。

2. 执行过程中，若执行的财产为非货币类财产，需对该财产予以拍卖、变卖或以其他方式变价的，计算迟延履行利息截至拍卖、变卖裁定送达买受人之日或以物抵债裁定送达申请执行人之日。

3. 诉讼前、诉讼中已足额保全财产，执行依据生效后未申请执行的，若被保全的为货币类财产，不计算迟延履行利息。若被保全的为非货币类财产，计算迟延履行利息截至拍卖、变卖裁定送达买受人之日或以物抵债裁定送达申请执行人之日；被执行人在判决生效后向申请执行人表示愿以被保全的财产履行债务并催促申请执行人及时申请执行，申请执行人不及时申请执行的，自被执行人向申请执行人作出催促申请执行的意思表示之日至申请执行之日，不计算迟延履行利息。

4. 诉讼前、诉讼中已保全财产但未足额，执行依据生效后未申请执行的，对已保全财产的债务部分，参照上述第 3 款的规定计算迟延履行利息。对未保全财产的债务部分，参照上述第 1 款、第 2 款的规定计算迟延履行利息。

5. 执行中需要进行案款分配的，计算迟延履行利息截至分配方案确定之日。分配方案确定之日，以分配方案最终核准人的核准时间为准。

6. 执行依据生效后、申请执行前，被执行人主动要求履行执行依据确定的给付义务并作出实际履行行为，有证据表明申请执行人无正当理由拒绝受领的，计算迟延履行利息截至被执行人作出实际履行行为之日。

7. 计算迟延履行金截至行为义务履行完毕之日。

（三）迟延履行利息、迟延履行金计付期间的扣除

1. 暂缓执行后恢复执行的，暂缓执行期间不计算迟延履行利息或迟延履行金，但因可归责于被执行人的原因（如被执行人要求对申请执行人行使抵销权的申请被驳回的）暂缓执行的除外。

2. 因申请执行人申请再审而暂缓执行或中止执行的，暂缓执行或中止执行期间不计算迟延履行利息或迟延履行金。

3. 因被执行人申请再审而暂缓执行或中止执行，其再审请求未被支持的，暂缓执行或中止执行期间计算迟延履行利息或迟延履行金；其再审请求被部分支持的，对维持的部分，暂缓执行或中止执行期间计算迟延履行利息或迟延履行金。

4. 因申请执行人表示可以延期执行而中止执行的，中止执行期间不计算迟延履行利息或迟延履行金。

5. 因作为申请执行人的公民死亡，尚未确定继承人，或者作为申请执行

人的法人或其他组织终止，尚未确定权利义务承受人而中止执行的，中止执行期间不计算迟延履行利息或迟延履行金；因作为被执行人的公民死亡，尚未确定继承人，或者作为被执行人的法人或其他组织终止，尚未确定权利义务承受人而中止执行的，中止执行期间计算迟延履行利息或迟延履行金。

6. 因被执行人确无财产而中止执行或终结本次执行程序的，中止执行期间或终结本次执行程序后至债务履行完毕前计算迟延履行利息。

7. 因被执行人申请撤销仲裁裁决而中止执行，撤销仲裁裁决的申请被驳回的，中止执行期间计算迟延履行利息或迟延履行金。

8. 因被执行人提出不予执行仲裁裁决申请并提供适当担保而中止执行，其不予执行申请被驳回的，中止执行期间计算迟延履行利息或迟延履行金。

9. 因被执行人申请自己破产而中止执行，破产申请被驳回后恢复执行的，中止执行期间计算迟延履行利息；因申请执行人申请被执行人破产而中止执行，破产申请被驳回后恢复执行的，中止执行期间不计算迟延履行利息。

10. 当事人达成和解协议后，因被执行人不履行和解协议导致恢复执行的，和解协议履行期间计算迟延履行利息或迟延履行金。

11. 被执行财产拍卖成交后，买受人迟延支付拍卖价款但法院未决定重新拍卖的，该迟延支付拍卖价款期间的迟延履行利息由买受人承担。

12. 被执行人申请不予执行公证债权文书被驳回的，申请不予执行公证债权文书案件的审查期间计算迟延履行利息或迟延履行金。

三、迟延履行利息计算基数的确定

迟延履行利息的计算基数包括执行依据确定的主债务本金、利息、违约金（罚息、滞纳金）。对于案件受理费、申请保全费、评估费、鉴定费、公告费、仲裁费等因诉讼或仲裁所支出的费用，执行依据的主文未确定由一方当事人向另一方当事人支付的，不计算迟延履行利息；执行依据的主文确定由一方当事人向另一方当事人支付的，计算迟延履行利息。

执行依据确定的为外币给付义务，执行时以人民币给付的，迟延履行利息的基数以被执行人实际履行义务之日该种外币的汇率兑换为人民币的金额计算。

四、利率的确定

被执行人迟延履行执行依据确定的金钱给付义务的，应当按照中国人民银行公布的同期贷款基准利率的双倍计算迟延履行利息。对"同期贷款基准利率"，具体把握如下：

（一）根据迟延履行期间的长短确定应当适用的中国人民银行公布的同档贷款基准利率：迟延履行期间不超过6个月的，按照中国人民银行公布的6个月以内（含6个月）档的贷款基准利率计算迟延履行利息；迟延履行期间逾6个月、不超过1年的，按照中国人民银行公布的6个月至1年（含1年）档的贷款基准利率计算迟延履行利息；迟延履行期间逾1年、不超过3年的，按照中国人民银行公布的1至3年（含3年）档的贷款基准利率计算迟延履行利息；迟延履行期间逾3年、不超过5年的，按照中国人民银行公布的3至5年（含5年）档的贷款基准利率计算迟延履行利息；迟延履行期间逾5年的，按照中国人民银行公布的5年以上档的贷款基准利率计算迟延履行利息。

（二）迟延履行期间，中国人民银行公布的同期贷款基准利率发生变化的，根据该利率的变化分段计算迟延履行利息。

（三）迟延履行期间逾1年的，每整年的迟延履行利息按照同期贷款基准利率的年利率计算，剩余期间的迟延履行利息按照同期贷款基准利率的日利率计算。日利率按照同期贷款基准利率的年利率除以365天计算。

五、清偿顺序的确定

执行案款不足的，应当先行扣除案件受理费、申请保全费、申请执行费、评估费、鉴定费、公告费、仲裁费等因诉讼或仲裁所支出的费用（执行依据确定由一方当事人向另一方当事人支付的除外），剩余部分按照《最高人民法院关于在执行工作中如何计算迟延履行期间的债务利息等问题的批复》规定的本息并还原则办理。

六、迟延履行利息、迟延履行金给付义务主体的扩张

变更或追加被执行人的，被变更或追加后的被执行人承受原被执行人给付迟延履行利息或迟延履行金的义务，法律、司法解释另有规定的除外。

案外人在执行过程中为被执行人提供担保，若无特别约定的，担保责任的范围包括迟延履行利息或迟延履行金。

七、确定迟延履行利息的程序

申请执行人主张迟延履行利息的，应当由其提供计算迟延履行利息的方法及结果，被执行人对此没有异议或者虽有异议但经协商后与申请执行人达成一致的，经执行实施机构审查确认后即可认定迟延履行利息的数额。当事人对迟延履行利息的计算无法达成一致的，由执行实施机构作出书面决定。

八、确定迟延履行金的标准和程序

被执行人迟延履行非金钱给付义务，给申请执行人造成损失的，应当双倍补偿申请执行人的损失。申请执行人提出有损失并要求双倍补偿其损失的，其在主张迟延履行金时应当列明所受损失的具体数额，并提供相应证据。

被执行人迟延履行非金钱给付义务，未给申请执行人造成损失或者申请执行人未主张有损失的，应当综合迟延履行的原因、迟延履行期间的长短、迟延

履行给申请执行人造成的影响等因素酌定迟延履行金的数额。

申请执行人主张迟延履行金的，应当由其提供计算迟延履行金的方法及结果，被执行人对此没有异议或者虽有异议但经协商后与申请执行人达成一致的，经执行实施机构审查确认后即可认定迟延履行金的数额。当事人对迟延履行金的计算无法达成一致的，由执行实施机构作出书面决定。

九、其他问题

申请执行人在执行立案时或执行过程中未明确表示放弃迟延履行利息或迟延履行金的，执行标的额包括迟延履行利息、迟延履行金。执行法院可以根据被执行人可能要承担的迟延履行利息或迟延履行金数额，对相应价值的被执行人财产采取控制性措施。

执行依据生效后申请执行前，债务人已自动履行完毕执行依据确定的主债务，债权人认为债务人未支付迟延履行利息或迟延履行金而就此单独申请执行的，执行法院应予受理。

执行案件实体性结案后（即执行依据确定的债权债务消灭），但迟延履行利息、迟延履行金未执行或未全部执行，申请执行人认可结案，其再就计付迟延履行利息、迟延履行金单独申请执行的，执行法院不予受理；申请执行人未认可结案，其就计付迟延履行利息、迟延履行金主张继续执行的，执行法院应予执行。

执行财产刑案件、行政非诉案件，不计付迟延履行利息或迟延履行金。

根据《最高人民法院关于人民法院民事调解工作若干问题的规定》第十条、第十九条的规定，调解协议约定了一方不履行该协议应当承担的民事责任，且不履行该协议的当事人已承担了该民事责任，对方当事人又要求其给付迟延履行利息或迟延履行金的，执行法院不予支持。

当事人对执行法院就迟延履行利息、迟延履行金的计算作出的书面决定提出异议，执行审查机构经审查发现迟延履行利息、迟延履行金的计算确有错误的，可以交由执行实施机构自行纠正，也可以裁定撤销该执行行为，由执行实施机构重新计算。

▶ **典型案例**

★浙江宁波办结首例涉外仲裁执行监督案 ①

2008 年 9 月 12 日，最高人民法院关于是否应不予执行〔2007〕中国贸仲沪裁字第 224 号仲裁裁决请示的答复（〔2008〕民四他字第 34 号）认为，奥

---

① 参见屠春技、胡洵贤：《浙江宁波办结首例涉外仲裁执行监督案》，载《检察日报》2014 年 7 月 24 日。

克斯集团有限公司向宁波市中级人民法院申请不予执行仲裁裁决的理由不能得到支持。中国国际经济贸易仲裁委员会上海分会作出的〔2007〕中国贸仲沪裁字第224号仲裁裁决应予执行。奥克斯集团有限公司应向瑞克－李普萨有限公司支付90.75万欧元及仲裁费人民币20.8161万元。

瑞克－李普萨有限公司向宁波市中级人民法院申请执行，2007年12月，宁波市中级人民法院执行立案后向奥克斯集团有限公司发出执行通知书，然而，奥克斯集团有限公司只是分多次支付了90.75万欧元本金，并未支付逾期迟延履行金和仲裁费，宁波市中级人民法院亦未予执行。

2013年，瑞克－李普萨有限公司向宁波市人民检察院反映本案存在的执行问题。根据修改后民诉法赋予检察机关的执行监督权，宁波市人民检察院决定依法立案调查。

宁波市人民检察院调取了执行案卷，并认真进行了调查核实，最终确认奥克斯集团有限公司应当支付瑞克－李普萨有限公司逾期迟延履行金和仲裁费。2013年11月，宁波市人民检察院向宁波市中级人民法院发出检察建议，认为除仲裁裁决所确定的款项外，奥克斯集团有限公司还应加倍支付迟延履行期间的债务利息；宁波市中级人民法院对生效仲裁裁决所确定的内容超过法定期限未予全部执行，应依法及时采取措施，尽快将本案执行完毕。后宁波市中级人民法院书面回复，采纳了检察建议，并在宁波市人民检察院的配合下将奥克斯集团有限公司应承担的迟延履行金及仲裁费用全部执行到位。

第五节　执行实施之到期债权执行

▶**司法解释一**
★**最高人民法院关于人民法院执行工作若干问题的规定（试行）**（1998年7月8日施行　法释〔1998〕15号）（节录）

61. 被执行人不能清偿债务，但对本案以外的第三人享有到期债权的，人民法院可以依申请执行人或被执行人的申请，向第三人发出履行到期债务的通知（以下简称履行通知）。履行通知必须直接送达第三人。

履行通知应当包含下列内容：

（1）第三人直接向申请执行人履行其对被执行人所负的债务，不得向被执行人清偿；

（2）第三人应当在收到履行通知后的十五日内向申请执行人履行债务；

（3）第三人对履行到期债权有异议的，应当在收到履行通知后的十五日内向执行法院提出；

（4）第三人违背上述义务的法律后果。

62. 第三人对履行通知的异议一般应当以书面形式提出，口头提出的，执行人员应记入笔录，并由第三人签字或盖章。

63. 第三人在履行通知指定的期间内提出异议的，人民法院不得对第三人强制执行，对提出的异议不进行审查。

64. 第三人提出自己无履行能力或其与申请执行人无直接法律关系，不属于本规定所指的异议。

第三人对债务部分承认、部分有异议的，可以对其承认的部分强制执行。

65. 第三人在履行通知指定的期限内没有提出异议，而又不履行的，执行法院有权裁定对其强制执行。此裁定同时送达第三人和被执行人。①

66. 被执行人收到人民法院履行通知后，放弃其对第三人的债权或延缓第三人履行期限的行为无效，人民法院仍可在第三人无异议又不履行的情况下予以强制执行。

67. 第三人收到人民法院要求其履行到期债务的通知后，擅自向被执行人履行，造成已向被执行人履行的财产不能追回的，除在已履行的财产范围内与被执行人承担连带清偿责任外，可以追究其妨害执行的责任。

68. 在对第三人作出强制执行裁定后，第三人确无财产可供执行的，不得就第三人对他人享有的到期债权强制执行。②

69. 第三人按照人民法院履行通知向申请执行人履行了债务或已被强制执行后，人民法院应当出具有关证明。

➡️ 司法解释二

★最高人民法院关于依法制裁规避执行行为的若干意见（2011 年 5 月 27 日施行　法〔2011〕195 号）（节录）

12. 依法执行已经生效法律文书确认的被执行人的债权。对于被执行人已

---

① 最高人民法院执行工作办公室《关于到期债权执行中第三人超过法定期限提出异议等问题如何处理的请示的答复》（2006 年 3 月 13 日施行　〔2005〕执他字第 19 号）："二、第三人收到履行到期债务通知书后，未在法定期限内提出异议，并不发生承认债务存在的实体法律效力。三、考虑到目前我国尚无第三人异议之诉的法律制度，为公平保护各方当事人的合法权益……可在执行程序中通过对被执行人与第三人双方往来进行逐笔核对……最终决定是否继续执行。"

② 最高人民法院《关于在执行程序中能否将被执行人享有到期债权的第三人的开办单位裁定追加为被执行主体的请示的答复》（2005 年 1 月 24 日施行　〔2004〕执他字第 28 号）：裁定追加第三人的开办单位于法无据。

经生效法律文书确认的债权，执行法院可以书面通知被执行人在限期内向有管辖权的人民法院申请执行该生效法律文书。限期届满被执行人仍怠于申请执行的，执行法院可以依法强制执行该到期债权。

被执行人已经申请执行的，执行法院可以请求执行该债权的人民法院协助扣留相应的执行款物。

13. 依法保全被执行人的未到期债权。对被执行人的未到期债权，执行法院可以依法冻结，待债权到期后参照到期债权予以执行。第三人仅以该债务未到期为由提出异议的，不影响对该债权的保全。

14. 引导申请执行人依法诉讼。被执行人怠于行使债权对申请执行人造成损害的，执行法院可以告知申请执行人依照《中华人民共和国合同法》第七十三条的规定，向有管辖权的人民法院提起代位权诉讼。

被执行人放弃债权、无偿转让财产或者以明显不合理的低价转让财产，对申请执行人造成损害的，执行法院可以告知申请执行人依照《中华人民共和国合同法》第七十四条的规定向有管辖权的人民法院提起撤销权诉讼。

▶ 司法解释三

★最高人民法院关于适用《中华人民共和国民事诉讼法》的解释（2015年2月4日施行　法释〔2015〕5号）（节录）

第五百零一条　人民法院执行被执行人对他人的到期债权，可以作出冻结债权的裁定，并通知该他人向申请执行人履行。

该他人对到期债权有异议，申请执行人请求对异议部分强制执行的，人民法院不予支持。利害关系人对到期债权有异议的，人民法院应当按照民事诉讼法第二百二十七条规定处理。

对生效法律文书确定的到期债权，该他人予以否认的，人民法院不予支持。

▶ 司法解释性文件

★最高人民法院关于适用《中华人民共和国民事诉讼法》若干问题的意见（1992年7月14日施行　法发〔1992〕22号）（节录）

300. 被执行人不能清偿债务，但对第三人享有到期债权的，人民法院可依申请执行人的申请，通知该第三人向申请执行人履行债务。该第三人对债务没有异议但又在通知指定的期限内不履行的，人民法院可以强制执行。

▶ 江苏省高院规定

★江苏省高级人民法院关于执行疑难若干问题的解答（2013年12月18日施行）（节录）

16. 如何有效执行第三人到期债权以及未到期债权？

答：在执行中，对被执行人在第三人处的到期债权，应当向第三人送达履行到期债务通知书，并做好执行笔录，告知相关后果。第三人在履行通知指定的期间内没有提出异议，后来又反悔，提出异议的，不予支持。债务人对第三人享有的到期债权，法院在诉讼阶段已采取保全措施，要求第三人不得对本案债务人清偿且交待了异议权，第三人当时对其到期债务没有异议，但在执行程序中又提出异议的，不予支持，且在执行阶段无需再次向其送达履行到期债务通知书，仅送达协助执行通知书即可。如果在诉讼阶段未交待异议权，应当允许第三人在执行阶段提出异议。

第三人未在法定时间内提出执行异议，事后主张行使对被执行人到期债权的抵销权的，不能对抗执行案件债权人，第三人不按照履行到期债务的通知履行义务的，执行法院可以直接执行第三人的财产。第三人在法院执行之后可以另行向被执行人主张权利。

关于被执行人对第三人的未到期债权，执行法院应当向第三人送达执行裁定和协助执行通知书，进行冻结或查封，待债权到期后参照到期债权予以执行。此时第三人的地位是协助执行义务人，第三人提出的执行异议，如果针对的是查封、冻结、扣押、提取等执行措施，依照民诉法第二百二十五条处理。

执行法院对到期债权或未到期债权采取强制执行措施，不应当超出履行到期债务通知或者查封（冻结）未到期债权裁定确定的第三人债权价值。例如被执行人在第三人处有未到期债权 150 万元，甲法院冻结其中的 100 万元，乙法院随后冻结其中的 50 万元，甲法院不能在扣划的时候超出 100 万元的范围。

▶ **典型案例**

★**指导案例 36 号：中投信用担保有限公司与海通证券股份有限公司等证券权益纠纷执行复议案**（最高人民法院审判委员会讨论通过　2014 年 12 月 18 日发布）

【关键词】

民事诉讼　执行复议　到期债权　协助履行

【裁判要点】

被执行人在收到执行法院执行通知之前，收到另案执行法院要求其向申请执行人的债权人直接清偿已经法院生效法律文书确认的债务的通知，并清偿债务的，执行法院不能将该部分已清偿债务纳入执行范围。

【相关法条】

《中华人民共和国民事诉讼法》第二百二十四条第一款

【基本案情】

中投信用担保有限公司（以下简称中投公司）与海通证券股份有限公司（以下简称海通证券）、海通证券股份有限公司福州广达路证券营业部（以下简称海通证券营业部）证券权益纠纷一案，福建省高级人民法院（以下简称福建高院）于 2009 年 6 月 11 日作出〔2009〕闽民初字第 3 号民事调解书，已经发生法律效力。中投公司于 2009 年 6 月 25 日向福建高院申请执行。福建高院于同年 7 月 3 日立案执行，并于当月 15 日向被执行人海通证券营业部、海通证券发出〔2009〕闽执行字第 99 号执行通知书，责令其履行法律文书确定的义务。

被执行人海通证券及海通证券营业部不服福建高院〔2009〕闽执行字第 99 号执行通知书，向该院提出书面异议。异议称：被执行人已于 2009 年 6 月 12 日根据北京市东城区人民法院（以下简称北京东城法院）的履行到期债务通知书，向中投公司的执行债权人潘鼎履行其对中投公司所负的到期债务 11222761.55 元，该款汇入了北京东城法院账户；上海市第二中级人民法院（以下简称上海二中院）为执行上海中维资产管理有限公司与中投公司纠纷案，向其发出协助执行通知书，并于 2009 年 6 月 22 日扣划了海通证券的银行存款 8777238.45 元。以上共计向中投公司的债权人支付了 2000 万元，故其与中投公司之间已经不存在未履行〔2009〕闽民初字第 3 号民事调解书确定的付款义务的事实，福建高院向其发出的执行通知书应当撤销。为此，福建高院作出〔2009〕闽执异字第 1 号裁定书，认定被执行人异议成立，撤销〔2009〕闽执行字第 99 号执行通知书。申请执行人中投公司不服，向最高人民法院提出了复议申请。申请执行人的主要理由是：北京东城法院的履行到期债务通知书和上海二中院的协助执行通知书，均违反了最高人民法院给江苏省高级人民法院的〔2000〕执监字第 304 号关于法院判决的债权不适用《关于适用〈中华人民共和国民事诉讼法〉若干问题的意见》第 300 条规定（以下简称意见第 300 条）的复函精神，福建高院的裁定错误。

【裁判结果】

最高人民法院于 2010 年 4 月 13 日作出〔2010〕执复字第 2 号执行裁定，驳回中投信用担保有限公司的复议请求，维持福建高院〔2009〕闽执异字第 1 号裁定。

【裁判理由】

最高人民法院认为：最高人民法院〔2000〕执监字第 304 号复函是针对个案的答复，不具有普遍效力。随着民事诉讼法关于执行管辖权的调整，该函中基于执行只能由一审法院管辖，认为经法院判决确定的到期债权不适用意见第 300 条的观点已不再具有合理性。对此问题正确的解释应当是：对经法院判决（或调解书，以下通称判决）确定的债权，也可以由非判决法院按照意见第 300 条规定的程序执行。因该到期债权已经法院判决确定，故第三人（被执行人的债务人）不能提出债权不存在的异议（否认生效判决的定论）。本案中，北京东城法院和上海二中院正是按照上述精神对福建高院〔2009〕闽民初字第3号民事调解书确定的债权进行执行的。被执行人海通证券无权对生效调解书确定的债权提出异议，不能对抗上海二中院强制扣划行为，其自动按照北京东城法院的通知要求履行，也是合法的。

被执行人海通证券营业部、海通证券收到有关法院通知的时间及其协助有关法院执行，是在福建高院向其发出执行通知之前。在其协助有关法院执行后，其因〔2009〕闽民初字第3号民事调解书而对于申请执行人中投公司负有的2000万元债务已经消灭，被执行人有权请求福建高院不得再依据该调解书强制执行。

综上，福建高院〔2009〕闽执异字第1号裁定书认定事实清楚，适用法律正确。故驳回中投公司的复议请求，维持福建高院〔2009〕闽执异字第1号裁定。

第六节　执行实施之参与分配

▶ **相关法律**

★**中华人民共和国合同法**（1999年10月1日施行　主席令第15号）（节录）

第二百八十六条　发包人未按照约定支付价款的，承包人可以催告发包人在合理期限内支付价款。发包人逾期不支付的，除按照建设工程的性质不宜折价、拍卖的以外，承包人可以与发包人协议将该工程折价，也可以申请人民法院将该工程依法拍卖。建设工程的价款就该工程折价或者拍卖的价款优先受偿。

▶ **司法解释一**

★**最高人民法院关于人民法院执行工作若干问题的规定（试行）**（1998年7月8日施行　法释〔1998〕15号）（节录）

88. 多份生效法律文书确定金钱给付内容的多个债权人分别对同一被执行人申请执行，各债权人对执行标的物均无担保物权的，按照执行法院采取执行措施的先后顺序受偿。

多个债权人的债权种类不同的，基于所有权和担保物权而享有的债权，优先于金钱债权受偿。有多个担保物权的，按照各担保物权成立的先后顺序清偿。①

一份生效法律文书确定金钱给付内容的多个债权人对同一被执行人申请执行，执行的财产不足清偿全部债务的，各债权人对执行标的物均无担保物权的，按照各债权比例受偿。

89. 被执行人为企业法人，其财产不足清偿全部债务的，可告知当事人依法申请被执行人破产。

90. 被执行人为公民或其他组织，其全部或主要财产已被一个人民法院因执行确定金钱给付的生效法律文书而查封、扣押或冻结，无其他财产可供执行或其他财产不足清偿全部债务的，在被执行人的财产被执行完毕前，对该被执行人已经取得金钱债权执行依据的其他债权人可以申请对该被执行人的财产参与分配。

91. 对参与被执行人财产的具体分配，应当由首先查封、扣押或冻结的法院主持进行。

首先查封、扣押、冻结的法院所采取的执行措施如系为执行财产保全裁定，具体分配应当在该院案件审理终结后进行。

92. 债权人申请参与分配的，应当向其原申请执行法院提交参与分配申请书，写明参与分配的理由，并附有执行依据。该执行法院应将参与分配申请书转交给主持分配的法院，并说明执行情况。

93. 对人民法院查封、扣押或冻结的财产有优先权、担保物权的债权人，可以申请参加参与分配程序，主张优先受偿权。

94. 参与分配案件中可供执行的财产，在对享有优先权、担保权的债权人依照法律规定的顺序优先受偿后，按照各个案件债权额的比例进行分配。

---

① 最高人民法院《关于建设工程价款优先受偿问题的批复》（2002 年 6 月 27 日施行法释〔2002〕16 号）答复：一、依照《合同法》第二百八十六条认定建筑工程的承包人的优先权优于抵押权和其他债权。二、消费者支付购买商品房的全部或者大部分款项后，承包人就该商品房享有的工程价款优先受偿权不得对抗买受人。三、建筑工程价款包括承包人为建设工程应当支付的工作人员报酬、材料款等实际支出的费用，不包括承包人因发包人违约所造成的损失。四、建设工程承包人行使优先权的期限为六个月，自建设工程竣工之日或者建设工程合同约定的竣工之日起计算。五、本批复第一条至第三条自公布之日起施行，第四条自公布之日起六个月后施行。2003 年 8 月 28 日，最高人民法院对福建高院《关于执行中国建设银行厦门市分行诉远华集团有限公司、厦门东盛建设发展公司借款合同纠纷一案中涉及几个相关法律、政策问题的请求》的答复函（〔2002〕执他字第 21 号）答复称：如果作为执行标的的建设工程竣工或者停工于《中华人民共和国合同法》实施之前，则工程承包人从该建设工程价款中受偿的权利不得对抗已经在该工程上设定的抵押权。

95. 被执行人的财产被分配给各债权人后，被执行人对其剩余债务应当继续清偿。债权人发现被执行人有其他财产的，人民法院可以根据债权人的申请继续依法执行。

96. 被执行人为企业法人，未经清理或清算而撤销、注销或歇业，其财产不足清偿全部债务的，应当参照本规定 90 条至 95 条的规定，对各债权人的债权按比例清偿。

▶ **司法解释二**

★最高人民法院关于适用《中华人民共和国民事诉讼法》执行程序若干问题的解释（2009 年 1 月 1 日施行　法释〔2008〕13 号）（节录）

第二十五条　多个债权人对同一被执行人申请执行或者对执行财产申请参与分配的，执行法院应当制作财产分配方案，并送达各债权人和被执行人。债权人或者被执行人对分配方案有异议的，应当自收到分配方案之日起十五日内向执行法院提出书面异议。

第二十六条　债权人或者被执行人对分配方案提出书面异议的，执行法院应当通知未提出异议的债权人或被执行人。

未提出异议的债权人、被执行人收到通知之日起十五日内未提出反对意见的，执行法院依异议人的意见对分配方案审查修正后进行分配；提出反对意见的，应当通知异议人。异议人可以自收到通知之日起十五日内，以提出反对意见的债权人、被执行人为被告，向执行法院提起诉讼；异议人逾期未提起诉讼的，执行法院依原分配方案进行分配。

诉讼期间进行分配的，执行法院应当将与争议债权数额相应的款项予以提存。

▶ **司法解释三**

★最高人民法院关于刑事裁判涉财产部分执行的若干规定（2014 年 11 月 6 日施行　法释〔2014〕13 号）（节录）

第十三条　被执行人在执行中同时承担刑事责任、民事责任，其财产不足以支付的，按照下列顺序执行：

（一）人身损害赔偿中的医疗费用；

（二）退赔被害人的损失；

（三）其他民事债务；

（四）罚金；

（五）没收财产。

债权人对执行标的依法享有优先受偿权，其主张优先受偿的，人民法院应当在前款第（一）项规定的医疗费用受偿后，予以支持。

➡️ **司法解释四**

★最高人民法院关于适用《中华人民共和国民事诉讼法》的解释（2015 年 2 月 4 日施行 法释〔2015〕5 号）（节录）

第五百零八条 被执行人为公民或者其他组织，在执行程序开始后，被执行人的其他已经取得执行依据的债权人发现被执行人的财产不能清偿所有债权的，可以向人民法院申请参与分配。

对人民法院查封、扣押、冻结的财产有优先权、担保物权的债权人，可以直接申请参与分配，主张优先受偿权。

第五百零九条 申请参与分配，申请人应当提交申请书。申请书应当写明参与分配和被执行人不能清偿所有债权的事实、理由，并附有执行依据。

参与分配申请应当在执行程序开始后，被执行人的财产执行终结前提出。

第五百一十条 参与分配执行中，执行所得价款扣除执行费用，并清偿应当优先受偿的债权后，对于普通债权，原则上按照其占全部申请参与分配债权数额的比例受偿。清偿后的剩余债务，被执行人应当继续清偿。债权人发现被执行人有其他财产的，可以随时请求人民法院执行。

第五百一十一条 多个债权人对执行财产申请参与分配的，执行法院应当制作财产分配方案，并送达各债权人和被执行人。债权人或者被执行人对分配方案有异议的，应当自收到分配方案之日起十五日内向执行法院提出书面异议。

第五百一十二条 债权人或者被执行人对分配方案提出书面异议的，执行法院应当通知未提出异议的债权人、被执行人。

未提出异议的债权人、被执行人自收到通知之日起十五日内未提出反对意见的，执行法院依异议人的意见对分配方案审查修正后进行分配；提出反对意见的，应当通知异议人。异议人可以自收到通知之日起十五日内，以提出反对意见的债权人、被执行人为被告，向执行法院提起诉讼；异议人逾期未提起诉讼的，执行法院按照原分配方案进行分配。

诉讼期间进行分配的，执行法院应当提存与争议债权数额相应的款项。

第五百一十三条 在执行中，作为被执行人的企业法人符合企业破产法第二条第一款规定情形的，执行法院经申请执行人之一或者被执行人同意，应当裁定中止对该被执行人的执行，将执行案件相关材料移送被执行人住所地人民法院。

第五百一十四条 被执行人住所地人民法院应当自收到执行案件相关材料之日起三十日内，将是否受理破产案件的裁定告知执行法院。不予受理的，应当将相关案件材料退回执行法院。

第五百一十五条　被执行人住所地人民法院裁定受理破产案件的，执行法院应当解除对被执行人财产的保全措施。被执行人住所地人民法院裁定宣告被执行人破产的，执行法院应当裁定终结对该被执行人的执行。

被执行人住所地人民法院不受理破产案件的，执行法院应当恢复执行。

第五百一十六条　当事人不同意移送破产或者被执行人住所地人民法院不受理破产案件的，执行法院就执行变价所得财产，在扣除执行费用及清偿优先受偿的债权后，对于普通债权，按照财产保全和执行中查封、扣押、冻结财产的先后顺序清偿。

第五百一十七条　债权人根据民事诉讼法第二百五十四条规定请求人民法院继续执行的，不受民事诉讼法第二百三十九条规定申请执行时效期间的限制。

▶ **司法解释五**

★最高人民法院关于首先查封法院与优先债权执行法院处分查封财产有关问题的批复（2016 年 4 月 14 日施行　法释〔2016〕6 号）

福建省高级人民法院：

你院《关于解决法院首封处分权与债权人行使优先受偿债权冲突问题的请示》（闽高法〔2015〕261 号）收悉。经研究，批复如下：

一、执行过程中，应当由首先查封、扣押、冻结（以下简称查封）法院负责处分查封财产。但已进入其他法院执行程序的债权对查封财产有顺位在先的担保物权、优先权（该债权以下简称优先债权），自首先查封之日起已超过60 日，且首先查封法院就该查封财产尚未发布拍卖公告或者进入变卖程序的，优先债权执行法院可以要求将该查封财产移送执行。

二、优先债权执行法院要求首先查封法院将查封财产移送执行的，应当出具商请移送执行函，并附确认优先债权的生效法律文书及案件情况说明。

首先查封法院应当在收到优先债权执行法院商请移送执行函之日起 15 日内出具移送执行函，将查封财产移送优先债权执行法院执行，并告知当事人。

移送执行函应当载明将查封财产移送执行及首先查封债权的相关情况等内容。

三、财产移送执行后，优先债权执行法院在处分或继续查封该财产时，可以持首先查封法院移送执行函办理相关手续。

优先债权执行法院对移送的财产变价后，应当按照法律规定的清偿顺序分配，并将相关情况告知首先查封法院。

首先查封债权尚未经生效法律文书确认的，应当按照首先查封债权的清偿顺位，预留相应份额。

四、首先查封法院与优先债权执行法院就移送查封财产发生争议的，可以逐级报请双方共同的上级法院指定该财产的执行法院。

共同的上级法院根据首先查封债权所处的诉讼阶段、查封财产的种类及所在地、各债权数额与查封财产价值之间的关系等案件具体情况，认为由首先查封法院执行更为妥当的，也可以决定由首先查封法院继续执行，但应当督促其在指定期限内处分查封财产。

此复。

司法解释性文件一

★最高人民法院关于适用《中华人民共和国民事诉讼法》若干问题的意见（1992年7月14日施行　法发〔1992〕22号）（节录）

297. 被执行人为公民或者其他组织，在执行程序开始后，被执行人的其他已经取得执行依据的或者已经起诉的债权人发现被执行人的财产不能清偿所有债权的，可以向人民法院申请参与分配。

298. 申请参与分配，申请人应提交申请书，申请书应写明参与分配和被执行人不能清偿所有债权的事实和理由，并附有执行依据。

司法解释性文件二

★最高人民法院关于人民法院执行公开的若干规定（2007年1月1日施行　法发〔2006〕35号）（节录）

第十一条　人民法院在办理参与分配的执行案件时，应当将被执行人财产的处理方案、分配原则和分配方案以及相关法律规定告知申请参与分配的债权人。必要时，应当组织各方当事人举行听证会。

司法解释性文件三

★最高人民法院关于执行案件移送破产审查若干问题的指导意见（2017年1月20日施行　法发〔2017〕2号）

推进执行案件移送破产审查工作，有利于健全市场主体救治和退出机制，有利于完善司法工作机制，有利于化解执行积案，是人民法院贯彻中央供给侧结构性改革部署的重要举措，是当前和今后一段时期人民法院服务经济社会发展大局的重要任务。为促进和规范执行案件移送破产审查工作，保障执行程序与破产程序的有序衔接，根据《中华人民共和国企业破产法》《中华人民共和国民事诉讼法》《最高人民法院关于适用〈中华人民共和国民事诉讼法〉的解释》等规定，现对执行案件移送破产审查的若干问题提出以下意见。

一、执行案件移送破产审查的工作原则、条件与管辖

1. 执行案件移送破产审查工作，涉及执行程序与破产程序之间的转换衔接，不同法院之间，同一法院内部执行部门、立案部门、破产审判部门之间，应坚持依法有序、协调配合、高效便捷的工作原则，防止推诿扯皮，影响司法

效率，损害当事人合法权益。

2. 执行案件移送破产审查，应同时符合下列条件：

（1）被执行人为企业法人；

（2）被执行人或者有关被执行人的任何一个执行案件的申请执行人书面同意将执行案件移送破产审查；

（3）被执行人不能清偿到期债务，并且资产不足以清偿全部债务或者明显缺乏清偿能力。

3. 执行案件移送破产审查，由被执行人住所地人民法院管辖。在级别管辖上，为适应破产审判专业化建设的要求，合理分配审判任务，实行以中级人民法院管辖为原则、基层人民法院管辖为例外的管辖制度。中级人民法院经高级人民法院批准，也可以将案件交由具备审理条件的基层人民法院审理。

二、执行法院的征询、决定程序

4. 执行法院在执行程序中应加强对执行案件移送破产审查有关事宜的告知和征询工作。执行法院采取财产调查措施后，发现作为被执行人的企业法人符合破产法第二条规定的，应当及时询问申请执行人、被执行人是否同意将案件移送破产审查。申请执行人、被执行人均不同意移送且无人申请破产的，执行法院应当按照《最高人民法院关于适用〈中华人民共和国民事诉讼法〉的解释》第五百一十六条的规定处理，企业法人的其他已经取得执行依据的债权人申请参与分配的，人民法院不予支持。

5. 执行部门应严格遵守执行案件移送破产审查的内部决定程序。承办人认为执行案件符合移送破产审查条件的，应提出审查意见，经合议庭评议同意后，由执行法院院长签署移送决定。

6. 为减少异地法院之间移送的随意性，基层人民法院拟将执行案件移送异地中级人民法院进行破产审查的，在作出移送决定前，应先报请其所在地中级人民法院执行部门审核同意。

7. 执行法院作出移送决定后，应当于五日内送达申请执行人和被执行人。申请执行人或被执行人对决定有异议的，可以在受移送法院破产审查期间提出，由受移送法院一并处理。

8. 执行法院作出移送决定后，应当书面通知所有已知执行法院，执行法院均应中止对被执行人的执行程序。但是，对被执行人的季节性商品、鲜活、易腐烂变质以及其他不宜长期保存的物品，执行法院应当及时变价处置，处置的价款不作分配。受移送法院裁定受理破产案件的，执行法院应当在收到裁定书之日起七日内，将该价款移交受理破产案件的法院。

案件符合终结本次执行程序条件的，执行法院可以同时裁定终结本次执行程序。

9. 确保对被执行人财产的查封、扣押、冻结措施的连续性，执行法院决定移送后、受移送法院裁定受理破产案件之前，对被执行人的查封、扣押、冻结措施不解除。查封、扣押、冻结期限在破产审查期间届满的，申请执行人可以向执行法院申请延长期限，由执行法院负责办理。

三、移送材料及受移送法院的接收义务

10. 执行法院作出移送决定后，应当向受移送法院移送下列材料：

（1）执行案件移送破产审查决定书；

（2）申请执行人或被执行人同意移送的书面材料；

（3）执行法院采取财产调查措施查明的被执行人的财产状况，已查封、扣押、冻结财产清单及相关材料；

（4）执行法院已分配财产清单及相关材料；

（5）被执行人债务清单；

（6）其他应当移送的材料。

11. 移送的材料不完备或内容错误，影响受移送法院认定破产原因是否具备的，受移送法院可以要求执行法院补齐、补正，执行法院应于十日内补齐、补正。该期间不计入受移送法院破产审查的期间。

受移送法院需要查阅执行程序中的其他案件材料，或者依法委托执行法院办理财产处置等事项的，执行法院应予协助配合。

12. 执行法院移送破产审查的材料，由受移送法院立案部门负责接收。受移送法院不得以材料不完备等为由拒绝接收。立案部门经审核认为移送材料完备的，应以"破申"作为案件类型代字编制案号登记立案，并及时将案件移送破产审判部门进行破产审查。破产审判部门在审查过程中发现本院对案件不具有管辖权的，应当按照《中华人民共和国民事诉讼法》第三十六条的规定处理。

四、受移送法院破产审查与受理

13. 受移送法院的破产审判部门应当自收到移送的材料之日起三十日内作出是否受理的裁定。受移送法院作出裁定后，应当在五日内送达申请执行人、被执行人，并送交执行法院。

14. 申请执行人申请或同意移送破产审查的，裁定书中以该申请执行人为申请人，被执行人为被申请人；被执行人申请或同意移送破产审查的，裁定书中以该被执行人为申请人；申请执行人、被执行人均同意移送破产审查的，双方均为申请人。

15. 受移送法院裁定受理破产案件的，在此前的执行程序中产生的评估费、公告费、保管费等执行费用，可以参照破产费用的规定，从债务人财产中随时清偿。

16. 执行法院收到受移送法院受理裁定后，应当于七日内将已经扣划到账的银行存款、实际扣押的动产、有价证券等被执行人财产移交给受理破产案件的法院或管理人。

17. 执行法院收到受移送法院受理裁定时，已通过拍卖程序处置且成交裁定已送达买受人的拍卖财产，通过以物抵债偿还债务且抵债裁定已送达债权人的抵债财产，已完成转账、汇款、现金交付的执行款，因财产所有权已经发生变动，不属于被执行人的财产，不再移交。

五、受移送法院不予受理或驳回申请的处理

18. 受移送法院做出不予受理或驳回申请裁定的，应当在裁定生效后七日内将接收的材料、被执行人的财产退回执行法院，执行法院应当恢复对被执行人的执行。

19. 受移送法院作出不予受理或驳回申请的裁定后，人民法院不得重复启动执行案件移送破产审查程序。申请执行人或被执行人以有新证据足以证明被执行人已经具备了破产原因为由，再次要求将执行案件移送破产审查的，人民法院不予支持。但是，申请执行人或被执行人可以直接向具有管辖权的法院提出破产申请。

20. 受移送法院裁定宣告被执行人破产或裁定终止和解程序、重整程序的，应当自裁定作出之日起五日内送交执行法院，执行法院应当裁定终结对被执行人的执行。

六、执行案件移送破产审查的监督

21. 受移送法院拒绝接收移送的材料，或者收到移送的材料后不按规定的期限作出是否受理裁定的，执行法院可函请受移送法院的上一级法院进行监督。上一级法院收到函件后应当指令受移送法院在十日内接收材料或作出是否受理的裁定。

受移送法院收到上级法院的通知后，十日内仍不接收材料或不作出是否受理裁定的，上一级法院可以径行对移送破产审查的案件行使管辖权。上一级法院裁定受理破产案件的，可以指令受移送法院审理。

▶**浙江省高院规定一**

★**浙江省高级人民法院《2009 年上半年全省法院执行案件情况分析会议纪要》**（2009 年 5 月 31 日施行　浙高法〔2009〕159 号）（节录）

八、关于参与分配异议的处理

28. 债权人或者被执行人对分配方案提出书面异议的，主持分配的执行法院应当在五日内通知未提出异议的债权人或者被执行人。

29. 未提出异议的债权人或者被执行人收到主持分配的执行法院的通知之

日起十五日内提出反对意见的，主持分配的执行法院应当在五日内通知异议人，并告知其可向该院提起诉讼。

30. 参与分配异议之诉由主持分配的执行法院的执行裁决机构或者相关审判庭负责审理。

31. 参与分配异议之诉经审理，认为异议人的理由不成立的，经生效判决驳回其诉讼请求后，执行机构按原分配方案进行分配；理由成立的，根据异议人的诉讼请求作出相应的裁判，执行机构按生效法律文书确定的结果进行分配。

▶ **浙江省高院规定二**

★**浙江省高级人民法院执行局执行中处理建设工程价款优先受偿权有关问题的解答**（2010 年 1 月 10 日施行　浙高法执〔2012〕2 号）

在建设工程施工合同纠纷案件的执行和涉及建设工程的参与分配中，经常遇到建设工程价款优先受偿权问题，争议也比较大。为正确处理此类问题，省高院执行局经深入调研，依照《中华人民共和国合同法》、最高人民法院《关于审理建设工程施工合同纠纷案件适用法律若干问题的解释》、《关于建设工程价款优先受偿权问题的批复》等法律、司法解释的规定，就其中的几个突出问题作出解答，供办案时参考。

一、行使优先权的六个月期限应该如何理解？

六个月期限的起算点应区分以下情况予以确定：发生建设工程施工合同纠纷时工程已实际竣工的，工程实际竣工之日为六个月的起算点；发生建设工程施工合同纠纷时工程未实际竣工的，约定的竣工之日为六个月的起算点；约定的竣工日期早于实际停工日期的，实际停工之日为六个月的起算点。

权利人未在上述期限内行使优先权的，建设工程价款优先受偿权丧失。

二、哪些方式可以认定为具有行使优先权的效力？

建设工程承包人自行与发包人协商以该工程折价抵偿尚未支付的工程价款，或者提起诉讼、申请仲裁要求确认其对该工程拍卖价款享有优先受偿权，或者直接申请法院将该工程拍卖以实现工程款债权，或者申请参加对建设工程变价款的参与分配程序主张优先受偿权，均属于对建设工程价款依法行使优先权。

建设工程承包人提起诉讼、申请仲裁仅要求判决或裁决由发包人向其支付工程款，未要求确认其对该工程拍卖价款享有优先受偿权的，不视为行使优先权。

三、建设工程价款优先受偿权的范围如何掌握？

建设工程价款优先受偿权的范围为建设工程的工程价款，包括承包人应当支付的工作人员报酬、材料款和用于建设工程的垫资款等。工程价款的利息不在优先受偿范围内。

发包人应当支付的违约金或者因为发包人违约所造成的损失，不属于建设工程价款优先受偿权的受偿范围。

四、建设工程承包人对工程占用范围内的土地使用权的拍卖价款是否享有优先受偿权？

建设工程承包人只能在其承建工程拍卖价款的范围内行使优先受偿权，对该工程占用范围内的土地使用权的拍卖价款不能主张优先受偿。

实际操作中可对建设工程和土地使用权分开进行价值评估，确定各自在总价值中的比例，然后一并拍卖，拍卖成交后再确定建设工程承包人可以优先受偿的金额。

五、建设工程承包人承建的部分工程因另案被执行的，承包人行使优先权的工程价款范围如何掌握？

建设工程承包人承建的部分工程因发包人的其他债务被人民法院执行的，承包人只能根据被执行的工程占其承建的全部工程的比例，对相应的工程价款主张优先受偿。

六、装饰装修工程承包人、工程勘察人或设计人是否享有优先受偿权？

装饰装修工程承包人主张工程价款优先受偿权的，可予以支持。但装修装饰工程的发包人不是该建筑的所有权人，或者承包人与该建筑物的所有权人之间没有合同关系的除外。享有优先权的承包人只能在建筑物因装修装饰而增加价值的范围内优先受偿。

工程勘察人或设计人就工程勘察或设计费主张优先受偿权的，不予支持。

▶浙江省高院规定三

★浙江省高级人民法院关于多个债权人对同一被执行人申请执行和执行异议处理中若干疑难问题的解答（2012 年 3 月 5 日施行　浙高法执〔2012〕5 号）（节录）

多个债权人对同一被执行人申请执行时，应采用什么样的处理原则？适用平等分配原则时，哪些债权人有资格申请参与分配，被执行人多项财产被不同法院查封时如何实行分配，申请参与分配的截止日期如何确定，分配中对优先权如何保护，优先受偿权受制于财产处置权时如何解决？等等问题，我省各地法院和执行人员理解不一，做法各异。关于执行行为异议和执行标的异议的处理，由于法律和司法解释中缺乏具体的程序规定，执行审查机构和执行法官在一些问题的处理上无所适从。

为正确处理这两类问题，省高院执行局经深入调研，广泛听取意见，依照《中华人民共和国民事诉讼法》、最高人民法院《关于适用〈中华人民共和国民事诉讼法〉若干问题的意见》、《关于人民法院执行工作若干问题的规定（试行）》、《关于适用〈中华人民共和国民事诉讼法〉执行程序若干问题的解释》等法律、司法解释的规定，就其中的 23 个突出问题作出解答，供办案时参考。

一、关于多个债权人对同一被执行人申请执行中的问题

（一）两个以上普通债权人分别对同一被执行人申请执行，哪些情况下按照各债权比例受偿？

答：具有以下情形之一的，按照各债权比例受偿：

1. 被执行人为公民或其他组织，其可供执行的财产不足清偿全部债务；

2. 被执行人为企业法人，未经清理或清算而撤销、注销或歇业，其可供执行的财产不足清偿全部债务；

3. 系同一份生效法律文书确定的债权，且被执行人可供执行的财产不足清偿全部债务。

（二）不同生效法律文书确定金钱给付内容的两个以上普通债权人分别对同一被执行人申请执行，哪些情况下适用最高人民法院《关于人民法院执行工作若干问题的规定（试行）》（以下简称《执行规定》）第 88 条第 1 款的规定，按照执行法院采取执行措施的先后顺序受偿？

答：具有以下情形之一的，适用《执行规定》第 88 条第 1 款的规定，按照执行法院采取执行措施的先后顺序受偿：

1. 被执行人为公民或其他组织，其可供执行的财产足以清偿全部债务；

2. 被执行人为企业法人，其可供执行的财产足以清偿全部债务，或者虽不足清偿全部债务，但尚在经营。

（三）问题（一）第 2 种情形中的"歇业"应如何掌握？

答："歇业"是指企业法人终止经营的状态，企业法人歇业，依法应当向工商部门办理注销登记。根据《中华人民共和国企业法人登记管理条例》第二十二条的规定，企业法人领取营业执照后，满六个月尚未开展经营活动或者停止经营活动满一年的，视同歇业。

企业法人因资金链断裂、负责人逃匿或主要财产被执行处置等原因而停止经营的，可按歇业处理。

（四）被执行人为公民、其他组织或者未经清理或清算而撤销、注销、歇业的企业法人，其多项财产分别被不同法院查封，部分法院查封的财产足以清偿其执行中的债务，但被执行人可供执行的全部财产相加不足清偿已为生效法律文书所确定的债务，此种情况下是各自执行还是适用参与分配？

答：被执行人的多项财产分别被不同法院查封，部分法院查封的财产虽足

以清偿其执行的债务，但被执行人的资产负债表，或者审计报告、资产评估报告等显示其可供执行的全部财产不足以清偿已为生效法律文书所确定的全部债务，此种情况仍属于《执行规定》第90条和第96条规定的"财产不足以清偿全部债务"，应适用参与分配。

（五）被执行人的多项财产分别被不同法院查封、符合参与分配条件的，如何实行分配？

答：各查封法院对适用参与分配意见一致的，由每项财产的在先查封法院对各自查封的财产进行分配。

各查封法院对适用参与分配不能形成一致意见，或者涉及的法院较多的，可由各查封法院的共同上级法院通过提级执行或指定执行将所有案件管辖权集中至一家法院，由该法院处置财产并主持分配。或者由共同的上级法院作出决定，确定其中一家法院对被执行人所有可供执行的财产统一处置，统一分配。

（六）已经起诉或申请仲裁但尚未取得执行依据的普通债权人申请参与分配，如何处理？

答：根据最高人民法院《关于适用〈中华人民共和国民事诉讼法〉若干问题的意见》第297条，已经取得执行依据或者已经起诉的债权人都可以申请参与分配。但《执行规定》第90条规定，已经取得执行依据的债权人才有资格申请参与分配。根据"后法优于前法"的原则，已经起诉或申请仲裁但尚未取得执行依据的债权人申请参与分配的，法院一般不予准许。

但有以下情形之一的，主持分配的法院应当按照相关债权人诉讼或申请仲裁请求给付的债权数额确定其可分得的款项予以留存，待该债权人取得执行依据后支付：

1. 在先查封为财产保全，所涉案件尚未审结，经协调由首先进入终局执行的法院处置财产并主持分配，在先查封的申请人要求参与分配的；

2. 被执行人的职工主张支付被拖欠的工资和医疗、伤残补助、抚恤费用，应当划入职工个人账户的基本养老保险、基本医疗保险费用，以及法律、行政法规规定应当支付给职工的补偿金的；

3. 人身损害赔偿纠纷案件的受害人向被执行人主张赔偿金，不能实现将严重影响受害人生活的。

（七）尚未取得执行依据的优先权人申请参加参与分配程序，主张优先受偿权的，如何处理？

答：对执行标的物享有优先权的债权人，即使未取得执行依据，其申请参加参与分配程序，主张优先受偿的，应予允许。

对该优先权存在与否及其数额，由主持分配法院的执行机构审查认定。对于符合形式要件的优先权，原则上可予认定。

（八）问题（七）中的优先权包括哪些？

答：根据现行法律和司法解释的规定。包括：

1. 《中华人民共和国物权法》、《中华人民共和国担保法》、《中华人民共和国民法通则》规定的"担保物权"；

2. 《中华人民共和国海商法》第二十一条和第二十二条规定的"船舶优先权"；

3. 《中华人民共和国民用航空法》第十八条和第十九条规定的"民用航空器优先权"；

4. 《中华人民共和国合同法》第二百八十六条规定的"建设工程价款优先受偿权"；

5. 《中华人民共和国担保法》第五十六条规定的"土地使用权出让金优先权"；

6. 《中华人民共和国税收征收管理法》第四十五条规定的"税收优先权"；

7. 《中华人民共和国民办教育促进法》第五十九条规定的"应退受教育者学杂费用优先权"；

8. 最高人民法院《关于建设工程价款优先受偿权问题的批复》第二条规定的"已交付全部或大部分款项的商品房买受人（消费者）优先权"；

9. 最高人民法院《关于人民法院民事执行中查封、扣押、冻结财产的规定》第十八条、第十九条规定的"基于保留所有权或未转移登记而产生的剩余价款优先受偿权"。

（九）尚未取得执行依据的优先权人申请参加参与分配程序，主张优先受偿权，而被执行人或其他债权人对优先权存在与否及其数额提出异议，如何处理？

答：可依照最高人民法院《关于适用〈中华人民共和国民事诉讼法〉执行程序若干问题的解释》（以下简称《民诉法执行程序解释》）第二十六条的规定，按分配方案异议处理。

（十）债权人申请对保证人的财产参与分配的，应不应当准许？

答：要区分是一般保证的保证人还是连带责任保证的保证人。如债权人申请对一般保证的保证人的财产参与分配的，必须提供主债务人已无财产可供执行的证据，否则不允许其参与分配。如债权人申请对连带责任保证的保证人的财产参与分配的，应当允许。

（十一）债权人在主债务人尚有财产可供执行的情况下，先申请对连带责任保证的保证人的财产参与分配，使得该保证人为主债务人的案件的申请执行人受偿比例降低，如何解决这一问题？

答：该保证人为主债务人的案件的执行法院可在保证人向主债务人行使追

偿权后，对追偿所得予以执行，并在未足额受偿的债权人中再次分配。

如果该保证人怠于行使追偿权，上述法院可按执行已决到期债权的方法（第三人无权对履行到期债务的通知提出异议）在保证人可追偿的数额范围内对其为之担保的主债务人予以执行，执行所得在未足额受偿的债权人中再次分配。

（十二）申请参与分配的截止日期如何确定

答：主持分配法院的执行程序中只有一个申请执行人的，其他债权人申请参与分配（根据《执行规定》第92条的规定，应通过其原申请执行法院向主持分配的法院转交参与分配申请书，下同）的截止日期，为执行价款支付给申请执行人的前一工作日，或者执行标的物因以物抵债而将产权转移给承受人的前一工作日。

主持分配法院的执行程序中已有两个以上债权人参与分配的，其他债权人申请参与分配的截止日期，为执行法院将分配方案送达第一个当事人的前一工作日。

（十三）《浙江省高级人民法院关于在立案和审判中兼顾案件执行问题座谈会纪要》（浙高法〔2009〕116号）第三条第（四）项规定首先申请财产保全并成功保全债务人财产的债权人在参与该财产变价所得价款的分配时，可适当多分，但最高不得超过20%（即1:1.2的系数）。具体如何确定分配比例？

答：举例说明如下：

甲、乙、丙均申请执行丁，申请执行标的额分别为200万元、300万元和100万元，符合参与分配条件。在诉讼中，甲首先申请财产保全并成功保全丁的全部财产，后拍卖得款300万元。主持分配的法院决定给甲多分20%（即增加0.2的系数）。分配时，先计算出乙、丙的受偿比例（以A指代），确定系数1，再乘以（1+20%）得出甲的受偿比例。乙、丙受偿比例的计算方法为：甲债权200万元×A×（1+20%）+（乙债权300万元+丙债权100万元）×A＝可分配金额300万元，由此计算出A＝46.875%。则甲的受偿比例为46.875%×1.2＝56.25%。

需要注意的是，当首先申请财产保全并成功保全债务人财产的债权人的申请执行标的额远大于可分配金额，或者其他债权人的受偿比例已经较高（达到83.34%以上）时，奖励的系数应视情降低，以免出现首先申请财产保全并成功保全债务人财产的债权人分走全部款项或超额受偿的情况。

（十四）被执行人已设定抵押的财产被执行普通债权的法院在先查封，如抵押财产的价值低于或相当于抵押债权额的，应由哪个法院处置？

答：此种情况下，在先查封法院应将抵押财产的处分权移交给执行抵押债权的法院。在先查封法院不同意移交的，执行抵押债权的法院可以报请其与在先查封法院的共同上级法院协调处理。

（十五）被执行人已设定抵押的财产被执行普通债权的法院在先查封，该财产的价值高于抵押债权额，但执行普通债权的法院急于处分，或者其当事人以执行和解等为由要求暂不处分财产，执行抵押债权的法院应如何处理？

答：执行抵押债权的法院可以报请其与在先查封法院的共同上级法院协调处理，要求移转抵押财产处置权。

（十六）在先查封为财产保全，但案件尚未审结，或虽已审结但债权人急于申请执行，而其他涉及同一被执行人的案件亟待执行，应如何处理？

答：首先进入终局执行的法院可以报请其与在先查封法院的共同上级法院，决定由首先进入终局执行的法院处置财产并主持分配。

对于财产保全申请人诉讼中的债权，分配法院应当按照其诉讼请求数额计算出可分得的款项予以留存，视诉讼结果作出相应的处理。

（十七）债权人申请参与分配，但分配法院认为其不具备参与分配条件而未将其列入分配方案，该债权人提出异议的，怎么处理？

答：对该债权人的异议，可依照《中华人民共和国民事诉讼法》（以下简称《民诉法》）第二百零二条的规定，作为执行行为异议处理。

如该债权人的异议或复议申请得到支持，主持分配的法院将其列入分配方案后，其他债权人就该债权人的分配资格问题又提出异议的，不予受理。

➡ **浙江省高院规定四**

★浙江省高级人民法院关于执行程序与破产程序衔接若干问题的纪要
（2016 年 5 月 9 日施行　浙高法〔2016〕62 号）

为贯彻落实企业破产法、民事诉讼法及其司法解释的规定，推进执行程序与破产程序的衔接（以下简称执破衔接）工作，在总结司法经验基础上，就相关问题纪要如下：

第一条（原则要求）各级法院要提高对执破衔接工作重要性的认识，按照合法合规、协作配合、高效便捷、强化监督的原则，积极、有序推进执破衔接工作。

第二条（执行通知书中的释明）执行法院依照民事诉讼法第二百四十条规定对作为被执行人的企业法人（以下简称被执行人）发出执行通知时，可以同时告知最高人民法院《关于适用〈中华人民共和国民事诉讼法〉的解释》（以下简称民诉法解释）有关执破衔接的规定。

第三条（执破衔接工作的启动）在执行程序中，符合以下情形之一的，执行法院可以启动执破衔接工作：

（一）经执行法院穷尽财产调查措施并采取强制执行措施，被执行人仍然无法清偿债务的；

（二）执行法院根据民诉法解释第五百一十九条第一款和最高人民法院《关于执行案件立案、结案若干问题的意见》（以下简称执行结案意见）第十六条规定，经合议庭审查并经院长批准后，裁定终结对被执行人本次执行程序的。

执行法院启动执破衔接工作，应由执行员填写《执行案件转破产程序审查意见登记表》，报该院执行实施部门负责人批准后实施。

各级法院可以制定执破衔接的操作细则，但不得以该操作细则作为不接受其他法院（包括下级法院）依法移送执行案件相关材料的理由。

同一执行案件有多个企业法人的，可以根据本《纪要》分别启动执破衔接工作。

第四条（启动执破衔接工作后的释明和意见征询）执破衔接工作启动后，执行员应根据执行案件的具体情况，向申请执行人或被执行人释明企业破产法、民事诉讼法及其民诉法解释中执破衔接的相关规定和本《纪要》的相关内容，并特别征询申请执行人或被执行人是否同意被执行人进入破产程序的意见。释明和征询意见的过程应记入笔录，由申请执行人或被执行人签字。

经释明和征询，至少有一位申请执行人同意被执行人进入破产程序的，即属于符合民诉法解释第五百一十三条规定的"申请执行人同意"的情形。申请执行人对法院受理破产案件不持异议的，视为同意。

执行员在必要时可邀请该院商事审判庭的法官参加释明和意见征询工作。

第五条（裁定中止执行）经释明和征询意见，申请执行人或被执行人表示同意法院受理破产案件，并表示不另行提出企业破产申请的，执行法院即可作出中止对被执行人执行的裁定。

在作出中止对被执行人执行的裁定后，执行法院可以应申请执行人的请求，根据民诉法解释第五百一十九条的规定，作出终结本次执行程序的裁定。

前款规定的中止对被执行人执行的民事裁定书，应阐明中止执行的理由。对被执行人执行行为的中止，不影响对同一执行案件其他被执行人的执行。

中止执行裁定作出后法院裁定受理破产案件前，执行法院对被执行人所涉季节性商品、鲜活、易腐烂变质以及其他不宜长期保存的物品和宜先行处置的财产，必要时可予以变价并保存价款，待被执行人进入破产程序后移交破产案件管理人。

第六条（执行法院内立案庭登记并向商事审判庭转递相关材料）执行法院对被执行人有受理破产申请管辖权的，执行员将相关材料交该院立案庭，立案庭在三日内对相关材料登记后转递该院商事审判庭审查。

前款所指相关材料包括：

（一）由执行员拟稿，执行实施部门负责人签署并加盖执行实施部门印章的《执行案件转破产程序审查意见登记表》；

（二）经执行法院采取强制执行措施后，被执行人无法清偿债务的相关材料；

（三）向申请执行人或被执行人释明和征询意见，以及申请执行人或被执行人同意法院受理破产案件相关内容的谈话笔录；

（四）中止对被执行人执行的民事裁定书、执行立案信息表、执行依据；

（五）被执行人涉执债务清单，查封、扣押、冻结财产清单，已掌握的会计账簿等材料；

（六）执行实施部门已穷尽财产调查措施的相关材料，主要包括但不限于：银行存款、房地产、车辆、股权登记查询资料，工商登记基本材料以及向网络执行查控系统和"点对点"查控系统调取的信息及反馈结果；

（七）执行程序中对被执行人财产依法处置的相关材料；

（八）执行实施部门在执行程序中发现的被执行人及其相关人员隐匿、转移财产等涉嫌逃废债行为线索的相关材料；

（九）执行实施部门认为应当移交的其他材料。

第（一）至第（四）项材料属于商事审判庭审查立案的必备材料；第（五）至第（九）项材料不完整的，商事审判庭可以要求执行实施部门补齐，但不影响商事审判庭的审查进程。

第七条（执行法院内商事审判庭审查立案之一）商事审判庭收到该院立案庭登记并转递的相关材料后，应即组成合议庭进行审查，并区别以下情况进行处理：

（一）申请执行人同意被执行人进入破产程序的，商事审判庭在收到相关材料之日起五日内通知被执行人（即债务人，下同）。债务人有异议的，应当自收到通知之日起七日内向法院提出。商事审判庭应当自异议期满之日起十日内裁定是否受理破产案件；债务人未在收到通知之日起七日内提出异议的，商事审判庭应在收到相关材料之日起十五日内裁定受理破产案件。

（二）债务人同意进入破产程序的，商事审判庭在收到相关材料之日起十五日内裁定受理破产案件。

第八条（执行法院内商事审判庭审查立案之二）商事审判庭对相关材料进行形式审查，本《纪要》第六条第二款第（一）至第（四）项列举的材料具备的，商事审判庭应当裁定受理破产案件。

商事审判庭裁定受理或不受理破产案件后，应根据企业破产法第十一条规定将裁定送达破产案件申请人（即执行程序中同意债务人进入破产程序的申请执行人或被执行人）。并根据民诉法解释第五百一十四条规定，至迟在收到执行案件相关材料之日起三十日内将裁定告知立案庭和执行实施部门。

裁定不予受理破产案件的，商事审判庭应根据企业破产法第十二条第一款规定，自裁定作出之日起五日内送达申请执行人或被执行人，裁定应具体说明不予受理的理由。申请执行人或被执行人对裁定不服的，可以自裁定送达之日起十日内向上一级法院提起上诉，由上一级法院商事审判庭进行审理。

不予受理破产案件裁定生效后，商事审判庭应即向该院执行实施部门退回相关材料。执行实施部门收到退回的相关材料后，应即裁定恢复对被执行人的执行。

商事审判庭裁定受理破产案件至破产宣告前，经过审理，认为债务人不符合企业破产法第二条第一款和最高人民法院《关于适用〈中华人民共和国企业破产法〉若干问题的规定（一）》（以下简称破产法解释一）第二条第一款规定的相关情形的，应当根据企业破产法第十二条第二款规定作出驳回破产申请的裁定。执行程序中同意债务人进入破产程序的申请执行人或被执行人对裁定不服的，可以自裁定送达之日起十日内向上一级法院提起上诉，由上一级法院商事审判庭进行审理。

立案庭根据该院执行实施部门、商事审判庭的要求，办理执破衔接过程中相关案号的编立等事项。

第九条（执行法院向破产管辖法院移送相关材料）执行法院对被执行人没有受理破产申请管辖权的，应向本省有受理破产申请管辖权的法院（以下简称破产管辖法院）发出《执行案件转破产程序移送函》，并附本《纪要》第六条第二款第（二）至第（九）项规定的相关材料（含执行法院联系人和联系方式）。

第十条（破产管辖法院对相关材料的审查）破产管辖法院立案庭接收并登记执行法院移送的相关材料，在收到相关材料后三日内以法院名义向执行法院回函确认并将材料转递破产管辖法院商事审判庭审查。

《执行案件转破产程序移送函》和本《纪要》第六条第二款第（二）至第（四）项材料属于破产管辖法院审查立案的必备材料；第（五）至第（九）项材料不完整的，破产管辖法院可以要求执行法院补齐，但不影响破产管辖法院的审查进程。

破产管辖法院商事审判庭收到立案庭登记并转递的执行法院移送的相关材料后，应即组成合议庭进行审查，并按照本《纪要》第七条、第八条的要求，依法作出受理或不受理破产案件的裁定，并将裁定书送达执行程序中同意受理破产案件的申请执行人或被执行人，至迟在收到执行案件相关材料之日起三十日内将裁定事项告知执行法院。

不予受理破产案件裁定生效后，破产管辖法院应即通过该院立案庭向执行法院退回执破衔接的相关材料。执行法院收到退回材料后，应即裁定恢复对被执行人的执行。

破产管辖法院裁定受理破产案件至破产宣告前，经过实质审理，认为债务人不符合企业破产法第二条第一款和破产法解释一规定的相关情形的，应当根据企业破产法第十二条第二款规定作出驳回破产申请的裁定。执行程序中同意债务人进入破产程序的申请执行人或被执行人对裁定不服的，可以自裁定送达之日起十日内向上一级法院提起上诉，由上一级法院商事审判庭进行审理。

执行法院和破产管辖法院立案庭根据执行法院执行实施部门和破产管辖法院商事审判庭的要求，办理执破衔接过程中相关案号的编制等事项。

第十一条（指定破产案件管理人）商事审判庭在审查过程中，如拟裁定受理破产案件的，应由专人负责指定破产案件管理人工作。可以在被执行人所在县（县级市、区）或地理上接壤的县（县级市、区）有住所、列入本院编制的管理人名册并有履职经历的社会中介机构中通过抽签方式指定临时管理人。

申请执行人自愿组建（包括会同其他债权人组建）简易清算组，并承诺简易清算组的费用和报酬不在被执行人财产中列支的，商事审判庭可以同意简易清算组在被申请人进入破产程序后履行正式管理人职责。

临时管理人、简易清算组指定的具体要求适用本院《破产案件管理人指定工作规程》。

商事审判庭完成临时管理人、简易清算组指定的相关工作后，应根据企业破产法第十三条规定，在受理破产案件裁定书中指定临时管理人或简易清算组履行管理人职责。

除依照有关规定应当通过竞争方式指定管理人的情形外，被执行人进入破产程序后，经债权人会议（或债权人委员会）表决同意，受理破产案件的法院可指定临时管理人或简易清算组为正式管理人。

债务人存在无产可破等情形的，受理破产案件的法院可以同意使用各地建立的管理人援助资金。

第十二条（及时裁定宣告债务人破产）法院裁定受理破产案件后，经审查，如不存在对债务人适用破产重整或和解程序可能的，应及时根据企业破产法第一百零七条规定宣告债务人破产。

债务人符合最高人民法院《关于债权人对人员下落不明或者财产状况不

清的债务人申请破产清算案件如何处理的批复》规定情形的，也可以在受理破产案件后即宣告债务人破产并终结破产程序。破产管辖法院宣告债务人破产的情况应及时函告执行法院。

债务人被宣告破产的，执行法院应根据民诉法解释第五百一十五条规定裁定终结对被执行人（即破产程序中的债务人）的执行。

第十三条（转破产程序后执行案件的结案）被执行人是执行案件的唯一被执行人，并符合民诉法解释第五百一十九条规定的裁定终结本次执行的情形的，执行法院启动执破衔接相关工作后，即可根据执行结案意见第十四条第（二）项规定办理执行案件的结案手续。

债务人是执行案件的唯一被执行人并被法院裁定宣告破产的，执行法院根据执行结案意见第十七条第（八）项规定，办理执行案件的结案手续。

债务人是执行案件的唯一被执行人并被法院裁定进入破产重整或和解程序的，法院裁定批准重整计划或裁定认可和解协议后，执行法院可以根据执行结案意见第十四条第（二）项规定，以符合"终结本次执行程序"的事由办理执行案件的结案手续。

第十四条（破产程序启动后保全措施的解除和委托继续保全）破产案件受理后，执行法院必须严格执行企业破产法第十九条的规定，解除对债务人的保全措施。破产管辖法院也可以根据最高人民法院《关于适用〈中华人民共和国企业破产法〉若干问题的规定（二）》（以下简称破产法解释二）第六条规定，委托执行法院继续原有的财产保全措施。执行法院应当予以协助。

第十五条（参与分配的限制适用）民诉法解释施行后，对企业法人为被执行人的执行案件，不再适用参与分配，但已取得执行依据的债权人一致同意适用参与分配的除外。

第十六条（执破衔接工作的停止）执破衔接工作的实施不影响债权人和债务人依法申请债务人破产的权利。遇有有管辖权的法院根据债权人或债务人的申请裁定受理针对被执行人的破产申请（含重整、和解和清算申请）的，执行法院应立即停止执破衔接工作并严格依照企业破产法第十九条的规定，无条件解除保全措施并中止执行程序。

第十七条（执破衔接工作的监督之一）执行法院和破产管辖法院之间没有上下级监督关系，破产管辖法院收到执行案件相关材料后三十日内既未作出受理破产申请裁定，也未向执行法院退回执行案件相关材料的，执行法院可函请破产管辖法院的上一级法院进行监督。上一级法院在收到执行法院函告后，由商事审判庭进行审查，如认为被执行人符合企业破产法第二条第一款规定情形的，应在三十日内书面通知破产管辖法院作出受理破产案件的裁定；如认为被执行人不符合企业破产法第二条第一款规定情形的，应责成破产管辖法院函告执行法院并将相关案件材料退回执行法院。

破产管辖法院收到上级法院的书面通知后十五日内，仍不裁定受理破产案件，上级法院应参照破产法解释一第九条第二款、第三款规定，径行裁定受理企业破产案件并指定管理人，同时指令破产管辖法院审理该案件。

破产管辖法院在审理企业破产案件中，需要查阅执行法院在执行程序中的相关材料，或者依法委托执行法院办理司法协助事项的，执行法院应予办理。

第十八条（执破衔接工作的监督之二）破产管辖法院受理破产（含破产重整、和解和清算）申请后，应将受理破产案件裁定书上传《浙江法院公开网》并立即通知执行法院。执行法院收到破产管辖法院的通知（附受理破产申请裁定书）并通过《浙江法院公开网》确认破产管辖法院受理案件后，应当根据企业破产法第十九条的规定，无条件解除对债务人财产的保全措施并中止执行程序。破产申请受理后，生效民事判决书或者调解书尚未执行完毕的，执行法院亦应根据破产法解释二第二十二条规定中止对破产案件债务人的执行。

第十九条（附则）执破衔接工作涉及省外法院的，根据民事诉讼法、企业破产法及其司法解释办理。

法律、司法解释对执破衔接有新的规定的，适用法律、司法解释的规定。

▶ **北京市高院规定**

★**北京市高、中级法院执行局（庭）长座谈会（第五次会议）纪要——关于案款分配及参与分配若干问题的意见**①（2013 年 8 月 21 日施行）

为进一步解决案款分配及参与分配中的疑难问题，统一司法尺度，规范办理程序，切实维护当事人的合法权益，市高、中级法院执行局（庭）长座谈会于 2013 年 8 月 15 日至 16 日召开了第五次会议。与会同志通过认真讨论，就案款分配及参与分配的若干问题取得了基本共识。现纪要如下：

一、案款分配、参与分配程序的适用范围

1. 本纪要中的案款分配，是指根据《最高人民法院关于人民法院执行工作若干问题的规定（试行）》（以下简称《执行规定》）第 88 条的规定分配案款。

本纪要中的参与分配，是指根据《执行规定》第 90 条至第 95 条的规定分配案款。

2. 多份生效法律文书确定金钱给付内容的多个债权人分别对同一被执行

---

① 转引自【法宝引证码】CLI. 13. 796156。

人申请执行，被执行人的财产足以清偿全部债务的，按照《执行规定》第88条第一款、第二款的规定进行案款分配；被执行人的财产不足清偿全部债务的，区分以下情形分别予以处理：

（1）被执行人为自然人或其他组织（指非法人组织），按照《执行规定》第90条至第95条的规定进行参与分配，法律、司法解释另有规定的除外。

（2）被执行人为企业法人，且符合《执行规定》第96条规定条件的，参照《执行规定》第90条至第95条的规定处理；不符合《执行规定》第96条规定条件的，依照《执行规定》第89条的规定告知当事人依法申请被执行人破产，告知情况记入笔录。当事人申请被执行人破产并被法院受理的，相关执行案件中止执行，被执行人被法院裁定宣告破产的，相关执行案件终结执行；当事人不申请被执行人破产或其破产申请未被法院受理的，按照《执行规定》第88条第一款、第二款的规定进行案款分配。

《执行规定》第96条中的"歇业"是指，根据《中华人民共和国企业法人登记管理条例》第二十二条的规定，企业法人领取营业执照后，满六个月尚未开展经营活动或者停止经营活动满一年。企业法人被吊销营业执照满一年且未注销的，视为该条规定中的"歇业"；企业法人被吊销营业执照未满一年，或经登记机关许可暂停营业而处于停止经营状态的，不视为该条规定中的"歇业"。当事人主张企业法人歇业的，由其提供相应证据予以证明。

被执行的企业法人被撤销、注销或歇业，其主管部门、清算组织或其他负有清算责任的主体向登记主管机关或其他有权机关出具了债权债务清理、清算完结的证明或负责清理、清算债权债务的文件的，不适用《执行规定》第96条的规定。其主管部门、清算组织或其他负有清算责任的主体出具不实的债权债务清理、清算完结证明办理法人注销登记的，可告知债权人依法另行起诉追究相关责任主体的民事责任；其主管部门、清算组织或其他负有清算责任的主体承诺未了结的债权债务由其负责而未实际履行该承诺的，可告知债权人依照《中华人民共和国民事诉讼法》第二百三十二条的规定申请追加其为被执行人。

（3）被执行人为机关法人、事业单位法人、社会团体法人等其他法人的，按照《执行规定》第88条第一款、第二款的规定进行案款分配。

3. 一份生效法律文书确定金钱给付内容的多个债权人对同一被执行人申请执行，执行的财产不足清偿全部债务，该生效法律文书已确定各债权的受偿顺位或者其中有法律规定的可优先受偿的债权的，按照该生效法律文书确定的顺位和相关法律的规定分配案款；该生效法律文书未确定各债权的受偿顺位且无法律规定的可优先受偿的债权的，根据《执行规定》第88条第三款的规定，各债权按比例受偿。

二、案款分配程序的具体适用

4. 多份生效法律文书确定金钱给付内容的多个债权人分别对同一被执行人申请执行，各债权人对执行标的物均无担保物权和法律规定的其他优先受偿权（即各债权均为普通债权）的，根据《执行规定》第88条第一款的规定，按照执行法院对执行标的物采取控制性措施（如查封、扣押、冻结等）的先后顺序受偿。

5. 多份生效法律文书确定金钱给付内容的多个债权人分别对同一被执行人申请执行，其中有债权人对执行标的物享有担保物权或法律规定的其他优先受偿权的，对执行标的物或其变价款，根据《执行规定》第88条第二款的规定，按照以下规则确定各债权的受偿顺位：

（1）对执行标的物享有担保物权的债权优先于普通债权受偿。执行标的物上存在多个担保物权的，按照有关担保物权的法律、司法解释的规定确定其债权的受偿顺位。

（2）执行标的物为建筑物的，建设工程价款中享有优先权的部分优先于基于担保物权的债权受偿。执行标的物为房屋的，对该房屋的变价款，消费者（指符合《中华人民共和国消费者权益保护法》中消费者条件的买受人）为购买该房屋（特指用于生活消费的住房）所支付的款项优先于建设工程价款受偿。

（3）多个债权中有职工工资债权（包括劳动报酬、经济补偿、赔偿金、职工基本医疗保险费、失业保险费、基本养老保险费等）的，对案款分配时本地区上一年度职工平均工资（上一年度职工平均工资未公布的，按照上上年度职工平均工资）范围内的工资部分，比照建设工程价款优先权的顺位受偿，剩余工资部分作为普通债权受偿。被执行人欠缴职工基本医疗保险费、失业保险费、基本养老保险费，该职工尚未取得执行依据的，在分配案款时可为其预留相应数额的款项。

（4）执行标的物为船舶或民用航空器的，按照《中华人民共和国海商法》、《中华人民共和国民用航空法》等法律及相关司法解释的规定，确定船舶优先权、民用航空器优先权的债权与其他债权之间的受偿顺位。

（5）本款前几项中优先于普通债权的债权受偿完毕后，案款有剩余的，各普通债权按照执行法院对执行标的物采取控制性措施的先后顺序受偿。

6. 根据《中华人民共和国民办教育促进法》第五十九条的规定，被执行人为民办学校的，其财产优先清偿应退受教育者学费、杂费和其他费用，并扣除本纪要第18条所列费用后，剩余款项用于案款分配。

三、参与分配程序的具体适用

（一）适用参与分配程序的条件

7. 同时符合以下三个条件的，按照《执行规定》第 90 条至第 95 条的规定进行参与分配程序：

（1）被执行人为自然人（包括外国人和无国籍人）或其他组织（指非法人组织）。

（2）被执行人的全部财产或主要财产已被一个法院查封、扣押或冻结。

（3）被执行人无其他财产可供执行或其他财产不足清偿全部债务。

《执行规定》第 90 条中，"全部财产"是指主持分配的法院控制了被执行人的全部财产，被执行人无其他可供执行财产；"全部债务"是指申请参与分配并符合参与分配条件和程序的债权之和（包括迟延履行利息和迟延履行金）。

（二）申请参与分配的债权人主体资格

8. 按照《执行规定》第 90 条的规定，有权申请参与分配的主体为已经取得执行依据的债权人。

（三）申请参与分配的截止日

9. 申请参与分配的截止日是指主持分配的法院收到申请参与分配的债权人的执行法院转交参与分配申请书的最后日期。

10. 按照《执行规定》第 90 条的规定，若执行标的物为货币类财产，以案款到达主持分配法院的账户之日作为申请参与分配的截止日；若执行标的物为非货币类财产，需对该财产予以拍卖、变卖或以其他方式变价的，以拍卖、变卖裁定送达买受人之日或以物抵债裁定送达申请执行人之日作为申请参与分配的截止日。

前款中的以物抵债裁定应当载明执行标的物折抵的价款数额，但不应载明折抵的债权数额，待分配方案确定后再作出认定。

同一案件中，法院执行多项财产的，各项财产分别确定申请参与分配的截止日；同一项财产（指同一项执行措施控制的财产）为可分的多个财产的，以被处置的最后一个财产确定申请参与分配的截止日。

（四）主持参与分配的法院

11. 对被执行人财产的处置和具体分配，按照《执行规定》第 91 条的规定，原则上由首先查封、扣押或冻结的法院主持进行。本市法院之间亦可协商由非首封的法院主持进行；协商不成的，可报请高级法院予以协调。

（五）申请参与分配的程序

12. 按照《执行规定》第 92 条的规定，债权人申请参与分配的，应当向其执行法院提交参与分配申请书，并附执行依据。该执行法院向主持分配的法院转交参与分配申请时，应当提供以下材料：

（1）申请参与分配的债权人提交的参与分配申请书及所附执行依据。参与分配申请书应当写明申请参与分配的理由及法律依据。

（2）该执行法院出具的执行情况说明。执行情况说明的内容应当包括：执行案号，当事人基本情况，应执行标的额，已执行标的额，未受偿标的额，对被执行人财产的调查情况，以及已控制但未处置完毕的被执行人财产及其价值等。

对该执行法院转交的参与分配申请及上述材料，主持分配的法院应当予以登记。该执行法院派人直接转交的，应当由转交人签字确认；以其他方式转交的，应当由主持分配的法院2人或2人以上签字确认。主持分配的法院收到参与分配申请的日期以登记的日期为准。该执行法院提供的材料不齐备的，通知其限期补正，并将该情况告知申请参与分配的债权人。该执行法院在指定期限内补正材料的，以主持分配的法院第一次收到其转交的参与分配申请的日期作为申请参与分配的日期；逾期未补正的，再次通知其补正，并告知其未在申请参与分配截止日前补正的，不准予该债权人参与分配，并将该情况通知申请参与分配的债权人。

（六）参与分配申请的审查程序

13. 主持分配的法院对上条所列材料进行审查，对不符合参与分配条件和程序的债权人，不准予其参与分配。对符合参与分配条件和程序的债权人，若截至申请参与分配的截止日可分配的财产足以清偿全部债务的，适用案款分配程序的相关规定办理；若截至申请参与分配的截止日可分配的财产不足清偿全部债务的，视情况分别作出以下处理：

（1）被执行人的全部财产被主持分配的法院控制的，申请参与分配并符合参与分配条件和程序的债权按照本纪要第15条、第16条的规定受偿。

（2）被执行人的主要财产被主持分配的法院控制，申请参与分配并符合参与分配条件和程序的债权人的执行法院未控制被执行人的其他可供执行财产的，其债权按照本纪要第15条、第16条的规定受偿；其执行法院控制了被执行人的其他可供执行财产但截至申请参与分配的截止日尚未完成处置的，不准予其在本案中参与分配，但被控制的财产经完成法定的拍卖、变卖程序后仍无法变现的除外。

（七）申请参加参与分配程序的条件及相关程序

14. 按照《执行规定》第93条的规定，对法院查封、扣押或冻结的财产享有担保物权和法律规定的其他优先受偿权的债权人，可以申请参加参与分配程序，主张优先受偿权。该债权人未取得执行依据，主持参与分配的法院告知其依照相关法律规定取得执行依据，但在分配案款时为其预留相应款项。对被欠缴基本医疗保险费、失业保险费、基本养老保险费的职工，劳动行政主管部门作出要求被执行人补缴上述保险费的文书的，在分配案款时也应为其预留相应款项。

（八）参与分配程序中的债权受偿顺位

15. 按照《执行规定》第94条的规定，享有担保物权和法律规定的其他优先受偿权的债权，其受偿顺位按照本纪要第5条第（1）、（2）、（3）、（4）项的相关规定办理。享有担保物权和法律规定的其他优先受偿权的债权受偿完毕后，案款有剩余的，各普通债权按比例受偿。

参与分配程序中，若执行标的物为诉讼前、诉讼中、仲裁前或仲裁中依债权人申请所保全的财产，在清偿对该标的物享有担保物权和法律规定的其他优先受偿权的债权后，对该债权人因申请财产保全所支出的成本及其损失，视具体情况优先予以适当补偿，但补偿额度不得超过其未受偿债权金额的20%；其剩余债权作为普通债权受偿。

16. 被执行人为民办学校的，各债权人的债权受偿顺位按照本纪要第6条的规定办理。

（九）参与分配后的继续执行

17. 按照《执行规定》第95条的规定，被执行人的财产被分配给各债权人后，被执行人对其剩余债务应当继续清偿。债权人发现被执行人有其他财产的，人民法院可以根据债权人的申请继续依法执行。

四、其他问题

（一）案款分配及参与分配中应先行扣除的款项

18. 案款执行到位后，应当先行扣除案件受理费、申请保全费、申请执行费、评估费、鉴定费、公告费、保管费等因诉讼、仲裁或执行所支出的费用（执行依据确定由一方当事人向另一方当事人支付的除外），剩余部分用于案款分配或参与分配。

19. 根据《中华人民共和国担保法》第五十六条的规定，执行标的物为划拨的国有土地使用权的，对该土地使用权的变价款，在依法缴纳相当于应缴纳的土地使用权出让金的款额，并扣除本纪要第18条所列费用后，剩余款项用于案款分配或参与分配。

（二）民事债权与行政罚款、司法罚款、刑事罚金、没收财产的受偿顺位

20. 同一被执行人既有民事债权执行案件，又有行政罚款、司法罚款或者刑事罚金、没收财产执行案件的，民事债权优先受偿。刑事退赔案件中权利人的权利视为普通民事债权，可申请参加案款分配或参与分配程序。

（三）迟延履行利息或迟延履行金的受偿

21. 被执行人财产足以清偿全部债务的，各债权人在案款分配程序中受偿的债权数额中包括迟延履行利息或迟延履行金；被执行人财产不足清偿全部债务的，各债权人在案款分配或参与分配程序中受偿的债权数额中不包括迟延履行利息或迟延履行金，执行依据确定的债权清偿完毕后，案款有剩余的，各债权的迟延履行利息或迟延履行金按比例受偿。

（四）替代履行费用的受偿

22. 因被执行人拒不履行生效法律文书中指定的行为，执行法院委托有关单位或他人替代履行的，因替代履行发生的费用可申请参加案款分配或参与分配程序。

（五）被执行人增资前、后发生债权的受偿顺位

23. 被执行人的开办单位因增加注册资金不实被追加为被执行人的，对执行到位的注册资金，优先清偿发生在增加注册资金之后的债权，案款有剩余的，用于清偿发生在增加注册资金之前的债权。发生在增加注册资金前、后的债权，是指同一位阶的债权。

（六）分配方案的制作、审批及内容

24. 案款分配或参与分配程序中，主持分配的法院应当经合议庭合议后制作书面的财产分配方案，并逐级报本院执行局局长或主管院长审批。分配方案应当载明可供分配的款项总额、待分配的债权总额、各债权人的基本情况及其债权的性质和数额、分配顺位、各债权的受偿比例及数额、分配的法律依据、提出异议的权利等内容。

（七）案款分配或参与分配中异议的处理

25. 案款分配或参与分配程序中，债权人或者被执行人提出的以下异议，适用《最高人民法院关于适用〈中华人民共和国民事诉讼法〉执行程序若干问题的解释》第二十五条、第二十六条的规定进行处理：

（1）执行依据确定的债权是否已经履行或部分履行及履行的数额，以及该债权是否已经超过申请执行时效；

（2）执行依据确定的建设工程价款是否享有优先受偿权及优先受偿的款项范围；

（3）担保物权人以及其他有权请求实现担保物权的人申请执行法院作出的拍卖、变卖担保财产的裁定，该裁定未明确债权数额，当事人对分配方案中确定的债权数额提出异议的；

（4）其他应当通过参与分配异议及参与分配异议之诉处理的情形。

参与分配异议及参与分配异议之诉的审查和审理期间，主持分配的法院对

争议债权的相应款项可依法予以提存。

26. 债权人、被执行人对主持分配的法院在案款分配或参与分配程序中的以下执行行为提出的异议,适用《中华人民共和国民事诉讼法》第二百二十五条的规定进行处理:

(1) 是否适用案款分配程序或参与分配程序的决定;

(2) 申请参与分配的债权人是否适合的认定;

(3) 债权人申请参与分配是否逾期的认定;

(4) 分配方案的送达;

(5) 其他应当通过执行行为异议处理的情形。

债权人、被执行人对分配方案中分配顺位及分配数额的确定提出异议的,由执行实施机构进行初步审查。经审查,因法院工作失误或计算错误导致分配顺位及分配数额确定错误的,由执行实施机构依法予以纠正;认为分配顺位及分配数额的确定不存在错误的,适用《最高人民法院关于适用〈中华人民共和国民事诉讼法〉执行程序若干问题的解释》第二十五条、第二十六条的规定进行处理。

五、本纪要的适用

27. 案款分配或参与分配程序中,法院可依各方债权人达成的合意制作分配方案并进行分配;达不成合意的,适用本纪要的相关规定。

▶**江苏省高院规定**

★**江苏省高级人民法院关于执行疑难若干问题的解答**(2013 年 12 月 17 日施行)(节录)

12. 如何确定参与分配的时点?

答:关于参与分配的时点,《最高人民法院关于人民法院执行工作若干问题的规定(试行)》规定为"在被执行人的财产被执行完毕前"。可以分三种情况进行具体界定:

(一) 拍卖、变卖被执行人财产的,时点为拍卖、变卖成交之日的前一日,不因以后因买受人不缴价款而再拍卖或变卖而变动。

(二) 依法交债权人以物抵债的,时点为送达债权人以物抵债裁定之日的前一日。

(三) 上述两种处置方式以外的被执行财产,时点为当次分配表已送达任一债权人之日的前一日,不因以后因债权人提出异议而重作分配表而变动。

在上述时点以后提出参与分配申请的债权人,只能参与分配剩余财产。

➡️ **典型案例**

★上海福福服饰有限公司诉上海唐氏印务有限公司执行分配方案异议之诉纠纷案①——**首封债权人优于轮候查封债权人执行受偿并无法律依据**（《人民法院案例选》2015年第4辑）

【关键词】

首封　轮候查封　执行分配方案

【裁判要点】

根据我国相关法律法规，轮候查封的多个债权执行时，除法定优先债权优先受偿外；对于并存的多个普通债权，当被执行人财产足以清偿全部债务时适用查封优先原则，根据查封顺序先后受偿；当被查封财产不足以清偿全部债务时，应根据被执行人的主体分别适用破产和参与分配制度，按各债权的比例平等分配。因此，在案件执行中，给予首封普通债权人优于轮候查封债权人的特殊分配权益的分配方案，在立法尚无明文规定的情况下，不应得到支持。

【案件索引】

一审：上海市黄浦区人民法院〔2014〕黄民二（商）初字第829号（2014年12月18日）

【基本案情】

原告诉称：其向上海市长宁区人民法院（以下简称长宁法院）申请执行〔2010〕长民二（商）初字第1898号（以下简称第1898号案）民事判决书中确定的案外人上海乡村高尔夫服饰有限公司（以下简称服饰公司）、上海乡村高尔夫针纺内衣有限公司（以下简称针纺公司）、吴建平对原告的清偿义务，在执行过程中，原告得知被告以上海市黄浦区人民法院（以下简称黄浦法院）〔2011〕黄浦民二（商）初字第177号（以下简称第177号案）民事判决书为依据，申请执行服饰公司、吴建平的财产。经法院查实，服饰公司、针纺公司均未查到有财产可供执行，吴建平有本市吴中路×××弄××号×××室的房屋（以下简称房屋）一套和沪A3T668路虎汽车（以下简称汽车）一辆。但因房屋已设有高额抵押权，故吴建平可供执行的财产实际仅为汽车。该车拍卖后可供分配的金额为人民币234694.19元（以下币种均为人民币）。故，原告

---

① 浙江省高级人民法院《关于在立案和审判中兼顾案件执行问题座谈会纪要》（2009年4月3日　浙高法〔2009〕116号）第三条第（四）项规定首先申请财产保全并成功保全债务人财产的债权人在参与该财产变价所得价款的分配时，可适当多分，但最高不得超过20%（即1:1.2的系数）。编者认为，尽管立法上对首封普通债权人在参与分配中是否可以适当多分没有明文规定，但如地方法院对此已作出了明确规定的情况下辖区法院应参照执行。

申请对该汽车拍卖款参与分配，要求按原、被告债权额比例受偿。但黄浦法院书面告知被告，综合考虑当事人的首封权益，将汽车拍卖款中的20%优先分配给被告，剩余的钱款按照原、被告债权比例分配。原告认为法院的分配方案缺乏法律依据，遂提起本案诉讼，请求判令：（1）确认原告有权按照债权额的比例参与汽车拍卖款的分配，应分得执行款222273.56元；（2）被告承担本案诉讼费用。

被告辩称：不同意原告的诉讼请求和理由，法院所作的执行分配方案合法合理，应按照该执行分配方案执行。

法院经审理查明：2010年11月，长宁法院受理原告与服饰公司、针纺公司、吴建平买卖合同纠纷一案，并查封了吴建平名下的涉案房屋，该房屋上设有三个抵押权。2011年3月，长宁法院作出第1898号案民事判决：服饰公司、针纺公司应于判决生效之日起十日内共同支付原告货款8101220.82元，及逾期付款利息，吴建平承担连带清偿责任。

2011年12月，黄浦法院受理被告与服饰公司、吴建平买卖合同、保证合同纠纷一案，并于2012年1月首先查封了本案的汽车，长宁法院于同年2月对该车轮候查封。2012年1月，黄浦法院作出第177号案民事判决：服饰公司应于判决生效之日起十日内支付原告货款452695.60元，吴建平承担连带保证责任。

2011年7月，原告向长宁法院申请执行第1898号案民事判决书。2012年4月，被告向黄浦法院申请执行第177号案民事判决书，执行案号为〔2012〕黄浦执字第1834号。同年6月，长宁法院对吴建平名下的房屋和汽车进行司法委托拍卖。7月，长宁法院发函黄浦法院，称除去评估、拍卖费用，吴建平名下的房屋拍卖后已无多余钱款用于分配，汽车拍卖后可分配金额为234694.19元（以下简称拍卖余款）。之后，长宁法院将拍卖余款移交黄浦法院进行分配。8月，原告向黄浦法院申请参与汽车拍卖余款234694.19元的分配。10月，黄浦法院向原告出具执行告知书，告知原告：被告反对其参与分配，且其参与分配申请不符合法定条件，按照执行法院采取强制措施的先后顺序受偿，拍卖余款将全部分配给被告。2013年12月，被告同意原告参与分配：2014年5月，黄浦法院向原告出具执行告知书，告知原告分配方案（以下简称系争分配方案）：综合考虑当事人的首封权益，将汽车拍卖款的20%计46940元优先分配给被告，余款按照原、被告债权比例分配，故，原告可分得177803.19元执行分配款。原告不服，遂提起诉讼。

【裁判结果】

上海市黄浦区人民法院于2014年12月18日作出〔2014〕黄民二（商）初字第829号民事判决：原告上海福福服饰有限公司在〔2012〕黄浦执字第

1834 号案中的执行分配金额为人民币 222273.56 元。宣判后，双方均未上诉。

【裁判理由】

法院生效裁判认为：根据本案证据，服饰公司已无财产可供执行，且吴建平名下的房屋拍卖款除去评估、拍卖费用，已无多余钱款用于分配，原告可供执行第 1898 号案民事判决书的财产主要为吴建平名下的汽车。根据最高人民法院《关于人民法院执行工作若干问题的规定（试行)》（以下简称《执行规定》）第九十条的规定，在尚未执行完毕汽车拍卖余款前，原告有权根据第 1898 号案民事判决书参与黄浦法院对汽车拍卖余款的分配过程。虽然黄浦法院为汽车的首先查封法院，但根据《执行规定》第九十四的规定，参与分配案件中可供执行的财产，在对享有优先权、担保权的债权人依照法律规定的顺序优先受偿后，按照各个案件债权额的比例进行分配。本案中，原、被告对汽车均无优先权、担保权，故应根据各自债权数额的比例，即 8101220.82 元：452695.60 元，对拍卖余款 234694.19 元进行分配，因此，原告应得分配执行款 222273.56 元，被告应得分配执行款 12420.63 元。系争执行分配方案中的"首封权益""优先分配 20%"，并无相关法律依据，应当依法予以调整。综上，原告主张依据债权额的比例分配汽车拍卖余款，于法有据，应当予以确认。据此，依照最高人民法院《关于适用〈中华人民共和国民事诉讼法〉执行程序若干问题的解释》第二十五条、第二十六条第一款和第二款、最高人民法院《执行规定》第九十条、第九十四条之规定，判决：确认原告上海福福服饰有限公司在本院〔2012〕黄浦执字第 1834 号案中的执行分配金额为人民币 222273.56 元。

【案例注解】

本案涉及实践中争议较大的轮候查封中多个债权如何清偿，特别是对首先查封的债权人是否应当特殊对待，适当对其多分配的问题。对此，实践中的观点不一、做法亦不同。检索我国与之相关的法律法规，不难发现，轮候查封债权的执行应按照以下顺序：（1）法定优先权债权先于普通债权受偿。根据《执行规定》第九十三条规定，对查封财产有优先权、担保物权的债权人，可以申请参加参与分配程序，主张优先受偿权。（2）多个普通债权并存时，若被查封财产足够时，按债权查封顺序先后受偿。根据《执行规定》第八十八条第一款规定，多份生效法律文书确定金钱给付内容的多个债权人分别对同一被执行人申请执行，各债权人对执行标的物均无担保物权的，按照执行法院采取执行措施的先后顺序受偿。（3）多个普通债权并存时，被查封财产不足的，分别适用破产与参与分配制度。被执行人为企业法人的，根据《执行规定》第八十九条规定，当事人可依法申请被执行人破产按债权比例分配。被执行人为公民或其他组织的，根据《执行规定》第九十条、第九十四条规定在被执行人的财产被执行完毕前，对该被执行人已取得金钱债权执行依据的其他债权人可以申请对该被执行人的财产参与分配，按照各债权额的比例分配。实际上，对比破产与参与分配制度的分配原则，不难发现，总体而言两者贯彻的是按债权比例平等分配的原则。

法定优先权债权在轮候查封中先于普通债权受偿，是法律基于保护特殊主体的特殊权利的目的，通过专门法律赋予其优先受偿法律效力的结果。而《执行规定》第八十八条规定的查封优先原则，体现的是当被查封财产足够清偿债权时，立法追求的公平、效率价值目标。从债权人的角度来说，查封优先原则能够激励债权人为了更好、更快地实现自己的债权，积极行使诉权、主动调查债务人的财产，向法院交纳一定的保全费和保证金，更早地办理查封手续；从执行法院的角度来说，查封优先原则亦能激励执行法院尽快执行，提高执行工作效率。与查封优先原则不同，破产与参与分配制度从总体来说，更多体现了当被查封的财产不足于清偿所有债权时，立法的债权平等保护理念，即立法从查封优先原则下的保护债权人的个别清偿，转向了按各债权的比例平等保护各债权人的公平清偿。从保护的利益角度来说，此时的立法设计更偏向于一种类似"平均主义"的公平理念。

本案中，被告虽系涉案汽车的"首封"权利人，原告为轮候查封债权人，但因被执行人吴建平名下的房屋已无多余钱款用于分配，原、被告可供执行财产主要为吴建平名下的汽车。而吴建平为自然人，因此根据《执行规定》第九十条、第九十四条的规定，原告有权申请参与第1834号案的分配，并按债权比例受偿拍卖余款。系争执行分配方案中考虑被告的"首封权益"而对其"优先分配20%"，虽实践中有的地方法院亦是这样操作的，但国家和上海市并未对此出台相关的法律法规，因此系争分配方案并无充分的法律依据，应当依法予以调整。故判决支持了原告按债权比例计算应当分配的金额。

第七节　执行实施之委托执行

【条文主旨】委托执行及适用条件、办理程序

第二百二十九条　被执行人或者被执行的财产在外地的，可以委托当地人民法院代为执行。受委托人民法院收到委托函件后，必须在十五日内开始执行，不得拒绝。执行完毕后，应当将执行结果及时函复委托人民法院；在三十日内如果还未执行完毕，也应当将执行情况函告委托人民法院。

受委托人民法院自收到函件之日起十五日内不执行的，委托人民法院可以请求受委托人民法院的上级人民法院指令受委托人民法院执行。

▶️**司法解释一**

★**最高人民法院关于人民法院执行工作若干问题的规定（试行）（1998 年 7 月 8 日施行 法释〔1998〕15 号）（节录）**

111. 凡需要委托执行的案件，委托法院应在立案后一个月内办妥委托执行手续。超过此期限委托的，应当经对方法院同意。

112. 委托法院明知被执行人有下列情形的，应当及时依法裁定中止执行或终结执行，不得委托当地法院执行：

（1）无确切住所，长期下落不明，又无财产可供执行的；

（2）有关法院已经受理以被执行人为债务人的破产案件或者已经宣告其破产的。

113. 委托执行一般应在同级人民法院之间进行。经对方法院同意，也可委托上一级的法院执行。

被执行人是军队企业的，可以委托其所在地的军事法院执行。

执行标的物是船舶的，可以委托有关海事法院执行。

114. 委托法院应当向受委托法院出具书面委托函，并附送据以执行的生效法律文书副本原件、立案审批表复印件及有关情况说明，包括财产保全情况、被执行人的财产状况、生效法律文书履行的情况，并注明委托法院地址、联系电话、联系人等。

115. 委托执行案件的实际支出费用，由受委托法院向被执行人收取，确有必要的，可以向申请执行人预收。委托法院已经向申请执行人预收费用的，应当将预收的费用转交受委托法院。

116. 案件委托执行后，未经受委托法院同意，委托法院不得自行执行。

117. 受委托法院接到委托后，应当及时将指定的承办人、联系电话、地址等告知委托法院；如发现委托执行的手续、资料不全，应及时要求委托法院补办。但不得据此拒绝接受委托。

118. 受委托法院对受托执行的案件应当严格按照民事诉讼法和最高人民法院有关规定执行，有权依法采取强制执行措施和对妨害执行行为的强制措施。

119. 被执行人在受委托法院当地有工商登记或户籍登记，但人员下落不明，如有可供执行的财产，可以直接执行其财产。

120. 对执行担保和执行和解的情况以及案外人对非属法律文书指定交付的执行标的物提出的异议，受委托法院可以按照有关法律规定处理，并及时通知委托法院。

121. 受委托法院在执行中，认为需要变更被执行人的，应当将有关情况函告委托法院，由委托法院依法决定是否作出变更被执行人的裁定。

122. 受托法院认为受托执行的案件应当中止、终结执行的，应提供有关证据材料，函告委托法院作出裁定。受托法院提供的证据材料确实、充分的，委托法院应当及时作出中止或终结执行的裁定。

123. 受托法院认为委托执行的法律文书有错误，如执行可能造成执行回转困难或无法执行回转的，应当首先采取查封、扣押、冻结等保全措施，必要时要将保全款项划到法院账户，然后函请委托法院审查。受托法院按照委托法院的审查结果继续执行或停止执行。

124. 人民法院在异地执行时，当地人民法院应当积极配合，协同排除障碍，保证执行人员的人身安全和执行装备、执行标的物不受侵害。

125. 两个或两个以上人民法院在执行相关案件中发生争议的，应当协商解决。协商不成的，逐级报请上级法院，直至报请共同的上级法院协调处理。

执行争议经高级人民法院协商不成的，由有关的高级人民法院书面报请最高人民法院协调处理。

126. 执行中发现两地法院或人民法院与仲裁机构就同一法律关系作出不同裁判内容的法律文书的，各有关法院应当立即停止执行，报请共同的上级法院处理。

127. 上级法院协调处理有关执行争议案件，认为必要时，可以决定将有关款项划到本院指定的账户。

128. 上级法院协调下级法院之间的执行争议所作出的处理决定，有关法院必须执行。

▶ 司法解释二

★最高人民法院关于委托执行若干问题的规定（2011 年 5 月 16 日施行 法释〔2011〕11 号）（节录）

为了规范委托执行工作，维护当事人的合法权益，根据《中华人民共和国民事诉讼法》的规定，结合司法实践，制定本规定。

第一条 执行法院经调查发现被执行人在本辖区内已无财产可供执行，且在其他省、自治区、直辖市内有可供执行财产的，应当将案件委托异地的同级人民法院执行。

执行案件中有三个以上被执行人或者三处以上被执行财产在本省、自治区、直辖市辖区以外，且分属不同异地的，执行法院根据案件具体情况，报经高级人民法院批准后可以异地执行。

第二条 案件委托执行后，受托法院应当依法立案，委托法院应当在收到受托法院的立案通知书后作委托结案处理。

委托异地法院协助查询、冻结、查封、调查或者送达法律文书等有关事项的，受托法院不作为委托执行案件立案办理，但应当积极予以协助。

第三条　委托执行应当以执行标的物所在地或者执行行为实施地的同级人民法院为受托执行法院。有两处以上财产在异地的，可以委托主要财产所在地的人民法院执行。

被执行人是现役军人或者军事单位的，可以委托对其有管辖权的军事法院执行。

执行标的物是船舶的，可以委托有管辖权的海事法院执行。

第四条　委托执行案件应当由委托法院直接向受托法院办理委托手续，并层报各自所在的高级人民法院备案。

事项委托应当以机要形式送达委托事项的相关手续，不需报高级人民法院备案。

第五条　案件委托执行时，委托法院应当提供下列材料：

（一）委托执行函；

（二）申请执行书和委托执行案件审批表；

（三）据以执行的生效法律文书副本；

（四）有关案件情况的材料或者说明，包括本辖区无财产的调查材料、财产保全情况、被执行人财产状况、生效法律文书的履行情况等；

（五）申请执行人地址、联系电话；

（六）被执行人身份证件或者营业执照复印件、地址、联系电话；

（七）委托法院执行员和联系电话；

（八）其他必要的案件材料等。

第六条　委托执行时，委托法院应当将已经查封、扣押、冻结的被执行人的异地财产，一并移交受托法院处理，并在委托执行函中说明。

委托执行后，委托法院对被执行人财产已经采取查封、扣押、冻结等措施的，视为受托法院的查封、扣押、冻结措施。受托法院需要继续查封、扣押、冻结，持委托执行函和立案通知书办理相关手续。续封续冻时，仍为原委托法院的查封冻结顺序。

查封、扣押、冻结等措施的有效期限在移交受托法院时不足1个月的，委托法院应当先行续封或者续冻，再移交受托法院。

第七条　受托法院收到委托执行函后，应当在7日内予以立案，并及时将立案通知书通过委托法院送达申请执行人，同时将指定的承办人、联系电话等书面告知委托法院。

委托法院收到上述通知书后，应当在7日内书面通知申请执行人案件已经委托执行，并告知申请执行人可以直接与受托法院联系执行相关事宜。

第八条　受托法院如发现委托执行的手续、材料不全，可以要求委托法院补办。委托法院应当在 30 日内完成补办事项，在上述期限内未完成的，应当作出书面说明。委托法院既不补办又不说明原因的，视为撤回委托，受托法院可以将委托材料退回委托法院。

第九条　受托法院退回委托的，应当层报所在辖区高级人民法院审批。高级人民法院同意退回后，受托法院应当在 15 日内将有关委托手续和案卷材料退回委托法院，并作出书面说明。

委托执行案件退回后，受托法院已立案的，应当作销案处理。委托法院在案件退回原因消除之后可以再行委托。确因委托不当被退回的，委托法院应当决定撤销委托并恢复案件执行，报所在的高级人民法院备案。

第十条　委托法院在案件委托执行后又发现有可供执行财产的，应当及时告知受托法院。受托法院发现被执行人在受托法院辖区外另有可供执行财产的，可以直接异地执行，一般不再行委托执行。根据情况确需再行委托的，应当按照委托执行案件的程序办理，并通知案件当事人。

第十一条　受托法院未能在 6 个月内将受托案件执结的，申请执行人有权请求受托法院的上一级人民法院提级执行或者指定执行，上一级人民法院应当立案审查，发现受托法院无正当理由不予执行的，应当限期执行或者作出裁定提级执行或者指定执行。

第十二条　执行法院赴异地执行案件时，应当持有其所在辖区高级人民法院的批准函件，但异地采取财产保全措施和查封、扣押、冻结等非处分性执行措施的除外。

异地执行时，可以根据案件具体情况，请求当地法院协助执行，当地法院应当积极配合，保证执行人员的人身安全和执行装备、执行标的物不受侵害。

第十三条　高级人民法院应当对辖区内委托执行和异地执行工作实行统一管理和协调，履行以下职责：

（一）统一管理跨省、自治区、直辖市辖区的委托和受托执行案件；

（二）指导、检查、监督本辖区内的受托案件的执行情况；

（三）协调本辖区内跨省、自治区、直辖市辖区的委托和受托执行争议案件；

（四）承办需异地执行的有关案件的审批事项；

（五）对下级法院报送的有关委托和受托执行案件中的相关问题提出指导性处理意见；

（六）办理其他涉及委托执行工作的事项。

第十四条　本规定所称的异地是指本省、自治区、直辖市以外的区域。各省、自治区、直辖市内的委托执行，由各高级人民法院参照本规定，结合实际情况，制定具体办法。

第十五条　本规定施行之后，其他有关委托执行的司法解释不再适用。

▶ **司法解释性文件**

★最高人民法院关于人民法院预防和处理执行突发事件的若干规定（试行）（2009年10月1日施行　法发〔2009〕50号）（节录）

第十八条　异地执行发生执行突发事件的，执行人员应当在第一时间将有关情况通报发生地法院，发生地法院应当积极协助组织开展应急处理工作。发生地法院必须立即派员赶赴现场，同时报告当地党委和政府，协调公安等有关部门出警控制现场，采取有效措施进行控制，防止事态恶化。

第八节　执行和解

【条文主旨】执行和解

第二百三十条　在执行中，双方当事人自行和解达成协议的，执行员应当将协议内容记入笔录，由双方当事人签名或者盖章。①

申请执行人因受欺诈、胁迫与被执行人达成和解协议，或者当事人不履行和解协议的，人民法院可以根据当事人的申请，恢复对原生效法律文书的执行。

▶ **司法解释一**

★最高人民法院关于人民法院执行工作若干问题的规定（试行）（1998年7月8日施行　法释〔1998〕15号）（节录）

86. 在执行中，双方当事人可以自愿达成和解协议，变更生效法律文书确定的履行义务主体、标的物及其数额、履行期限和履行方式。

和解协议一般应当采取书面形式。执行人员应将和解协议副本附卷。无书面协议的，执行人员应将和解协议的内容记入笔录，并由双方当事人签名或盖章。

---

① 当事人之间的和解协议属于当事人之间自主达成的私法意义上的协议，原则上由当事人自主履行，人民法院一般并不干预。实践中，为了履行和解协议中关于已经被法院查封财产过户的约定，人民法院也可出具过户裁定和协助执行通知书，但是，不宜对和解协议的效力予以确认。——《法院能否裁定确认当事人之间的以物抵债和解协议》，载《人民司法》2011年第13期。

87. 当事人之间达成的和解协议合法有效并已履行完毕的，人民法院作执行结案处理。

▶**司法解释二**

★最高人民法院关于适用《中华人民共和国民事诉讼法》的解释（2015 年 2 月 4 日施行　法释〔2015〕5 号）（节录）

第四百六十六条　申请执行人与被执行人达成和解协议后请求中止执行或者撤回执行申请的，人民法院可以裁定中止执行或者终结执行。

第四百六十七条　一方当事人不履行或者不完全履行在执行中双方自愿达成的和解协议，对方当事人申请执行原生效法律文书的，人民法院应当恢复执行，但和解协议已履行的部分应当扣除。和解协议已经履行完毕的，人民法院不予恢复执行。①

第四百六十八条　申请恢复执行原生效法律文书，适用民事诉讼法第二百三十九条申请执行期间的规定。申请执行期间因达成执行中的和解协议而中断，其期间自和解协议约定履行期限的最后一日起重新计算。

▶**司法解释三**

★最高人民法院关于执行和解若干问题的规定（2018 年 3 月 1 日施行　法释〔2018〕3 号）

为了进一步规范执行和解，维护当事人、利害关系人的合法权益，根据《中华人民共和国民事诉讼法》等法律规定，结合执行实践，制定本规定。

第一条　当事人可以自愿协商达成和解协议，依法变更生效法律文书确定的权利义务主体、履行标的、期限、地点和方式等内容。

和解协议一般采用书面形式。

第二条　和解协议达成后，有下列情形之一的，人民法院可以裁定中止执行：

（一）各方当事人共同向人民法院提交书面和解协议的；

（二）一方当事人向人民法院提交书面和解协议，其他当事人予以认可的；

（三）当事人达成口头和解协议，执行人员将和解协议内容记入笔录，由各方当事人签名或者盖章的。

---

①　最高人民法院《关于当事人对迟延履行和解协议的争议应当另诉解决的复函》（2005 年 6 月 24 日施行　〔2005〕执监字第 24－1 号）认为执行和解协议的履行尽管存在瑕疵，但和解协议确已履行完毕，人民法院应不予恢复执行。至于当事人对迟延履行和解协议的争议，不属于执行程序处理，应由当事人另诉解决。

第三条 中止执行后，申请执行人申请解除查封、扣押、冻结的，人民法院可以准许。

第四条 委托代理人代为执行和解，应当有委托人的特别授权。

第五条 当事人协商一致，可以变更执行和解协议，并向人民法院提交变更后的协议，或者由执行人员将变更后的内容记入笔录，并由各方当事人签名或者盖章。

第六条 当事人达成以物抵债执行和解协议的，人民法院不得依据该协议作出以物抵债裁定。

第七条 执行和解协议履行过程中，符合合同法第一百零一条规定情形的，债务人可以依法向有关机构申请提存；执行和解协议约定给付金钱的，债务人也可以向执行法院申请提存。

第八条 执行和解协议履行完毕的，人民法院作执行结案处理。

第九条 被执行人一方不履行执行和解协议的，申请执行人可以申请恢复执行原生效法律文书，也可以就履行执行和解协议向执行法院提起诉讼。

第十条 申请恢复执行原生效法律文书，适用民事诉讼法第二百三十九条申请执行期间的规定。

当事人不履行执行和解协议的，申请恢复执行期间自执行和解协议约定履行期间的最后一日起计算。

第十一条 申请执行人以被执行人一方不履行执行和解协议为由申请恢复执行，人民法院经审查，理由成立的，裁定恢复执行；有下列情形之一的，裁定不予恢复执行：

（一）执行和解协议履行完毕后申请恢复执行的；

（二）执行和解协议约定的履行期限尚未届至或者履行条件尚未成就的，但符合合同法第一百零八条规定情形的除外；

（三）被执行人一方正在按照执行和解协议约定履行义务的；

（四）其他不符合恢复执行条件的情形。

第十二条 当事人、利害关系人认为恢复执行或者不予恢复执行违反法律规定的，可以依照民事诉讼法第二百二十五条规定提出异议。

第十三条 恢复执行后，对申请执行人就履行执行和解协议提起的诉讼，人民法院不予受理。

第十四条 申请执行人就履行执行和解协议提起诉讼，执行法院受理后，可以裁定终结原生效法律文书的执行。执行中的查封、扣押、冻结措施，自动转为诉讼中的保全措施。

第十五条 执行和解协议履行完毕，申请执行人因被执行人迟延履行、瑕疵履行遭受损害的，可以向执行法院另行提起诉讼。

第十六条　当事人、利害关系人认为执行和解协议无效或者应予撤销的，可以向执行法院提起诉讼。执行和解协议被确认无效或者撤销后，申请执行人可以据此申请恢复执行。

被执行人以执行和解协议无效或者应予撤销为由提起诉讼的，不影响申请执行人申请恢复执行。

第十七条　恢复执行后，执行和解协议已经履行部分应当依法扣除。当事人、利害关系人认为人民法院的扣除行为违反法律规定的，可以依照民事诉讼法第二百二十五条规定提出异议。

第十八条　执行和解协议中约定担保条款，且担保人向人民法院承诺在被执行人不履行执行和解协议时自愿接受直接强制执行的，恢复执行原生效法律文书后，人民法院可以依申请执行人申请及担保条款的约定，直接裁定执行担保财产或者保证人的财产。

第十九条　执行过程中，被执行人根据当事人自行达成但未提交人民法院的和解协议，或者一方当事人提交人民法院但其他当事人不予认可的和解协议，依照民事诉讼法第二百二十五条规定提出异议的，人民法院按照下列情形，分别处理：

（一）和解协议履行完毕的，裁定终结原生效法律文书的执行；

（二）和解协议约定的履行期限尚未届至或者履行条件尚未成就的，裁定中止执行，但符合合同法第一百零八条规定情形的除外；

（三）被执行人一方正在按照和解协议约定履行义务的，裁定中止执行；

（四）被执行人不履行和解协议的，裁定驳回异议；

（五）和解协议不成立、未生效或者无效的，裁定驳回异议。

第二十条　本规定自 2018 年 3 月 1 日起施行。

本规定施行前本院公布的司法解释与本规定不一致的，以本规定为准。

▶ **司法解释性文件**

★最高人民法院关于适用《中华人民共和国民事诉讼法》若干问题的意见（1992 年 7 月 14 日施行　法发〔1992〕22 号）（节录）

266. 一方当事人不履行或者不完全履行在执行中双方自愿达成的和解协议，对方当事人申请执行原生效法律文书的，人民法院应当恢复执行，但和解协议已履行的部分应当扣除。和解协议已经履行完毕的，人民法院不予恢复执行。

267. 申请恢复执行原法律文书，适用民事诉讼法第二百一十九条申请执行期限的规定。申请执行期限因达成执行中的和解协议而中止，其期限自和解协议所定履行期限的最后一日起连续计算。

▶**浙江省高院规定一**

★**浙江省高级人民法院关于规范执行和解工作的规定（试行）**（2006 年 9 月 1 日施行　浙高法〔2006〕143 号）

为进一步规范执行和解工作，根据《中华人民共和国民事诉讼法》等法律和有关司法解释的规定，结合我省执行工作实际，制定本规定。

第一条　执行人员应当依法维护生效法律文书严肃性，保障执行当事人合法权益。

第二条　执行和解应当遵循自愿、合法原则。

执行人员不得强迫执行当事人进行执行和解，不得以任何方式对和解协议的内容施加影响。

第三条　有履行生效法律文书确定债务能力的被执行人，请求人民法院召集双方当事人进行和解的，不予支持。

第四条　执行当事人请求执行人员指导其签订执行和解协议的，执行人员应当对执行和解协议必备要素以及不履行和解协议的法律后果等予以释明。

第五条　执行和解协议一般采取书面形式。无书面协议的，执行人员应将和解协议的内容记入笔录，并由双方当事人签名或者盖章。

第六条　执行和解协议违反法律规定或者损害国家、集体、第三人利益的，人民法院不予认可。

第七条　执行当事人自行协商以物抵债的，对该抵债物人民法院不出具法律文书。

第八条　执行人员不得在执行和解协议上签名、盖章。

第九条　执行人员在执行和解中违反法律规定的，依照《人民法院执行工作纪律处分办法（试行）》追究责任。

第十条　本规定由浙江省高级人民法院审判委员会负责解释。

第十一条　本规定自 2006 年 9 月 1 日起施行。

▶**浙江省高院规定二**

★**浙江省高级人民法院关于执行和解结案方式若干规定**（2010 年 9 月 1 日施行　浙高法〔2010〕247 号）

为规范和完善执行和解结案方式，根据法律和最高法院有关规定，结合实际，对当事人达成和解协议尚未履行完毕的案件结案方式，作如下规定：

第一条　达成执行和解协议且具备下列情形之一的，可以按"和解"报结：

1. 有与和解协议履行金额相当的可供执行的被执行人财产查控在案，申请执行人书面表示该查控财产暂缓处理；

2. 第三人为和解协议履行提供了担保；

3. 和解协议约定分期履行，履行期限超过一年，已经履行了首期；

4. 和解协议约定分期履行，已经履行了约定金额二分之一以上。

第二条　以和解方式结案的，需经合议庭审议，由执行局长审批，但存在以下三种情形的，应报经分管院长审批：

1. 和解协议中涉及减免债务超过本金50%的；

2. 和解协议中涉及减免债务虽不到本金50%但社会影响较大的；

3. 合议庭有不同意见的。

第四条　审查以和解方式结案的案件，应当根据法律、司法解释和《浙江省高级人民法院关于规范执行和解工作的规定（试行）》（浙高法〔2006〕143号），重点审查一下内容：

1. 是否违反法律、法规的禁止性规定；

2. 是否违背当事人的真实意愿；

3. 是否损害第三人利益；

4. 是否告知当事人与执行和解相关的权利义务、法律后果；

5. 是否存在不宜和解的其他情形。

第五条　执行到位金额按报结时实际履行的金额填报。

案件报结后继续履行的金额应当逐次补充录入。

第六条　人民法院应当加强执行和解案件的管理，定期监督和解协议履行情况，发现有不履行或不完全履行和解协议情形的，主动督促履行；发现超过协议履行期限没有履行完毕，主动告知申请执行人可以申请恢复执行及其相应的期限。

第七条　被执行人以及与和解相关的义务主体不履行或不完全履行和解协议的，申请执行人可以向人民法院申请恢复执行原生效法律文书。案件恢复执行应当重新立案，编立"执恢字"字号。

第八条　申请恢复执行原生效法律文书的，应当以书面形式提出。

第九条　本规定自2010年9月1日起施行。

第九节　执行担保与暂缓执行

【条文主旨】执行担保

第二百三十一条　在执行中，被执行人向人民法院提供担保，并经申请执行人同意的，人民法院可以决定暂缓执行及暂缓执行的期限。被执行人逾期仍不履行的，人民法院有权执行被执行人的担保财产或者担保人的财产。

▶ **司法解释一**

★**最高人民法院关于人民法院执行工作若干问题的规定（试行）**（1998 年 7 月 8 日施行　法释〔1998〕15 号）（节录）

84. 被执行人或其担保人以财产向人民法院提供执行担保的，应当依据《中华人民共和国担保法》的有关规定，按照担保物的种类、性质，将担保物移交执行法院，或依法到有关机关办理登记手续。

85. 人民法院在审理案件期间，保证人为被执行人提供保证，人民法院据此未对被执行人的财产采取保全措施或解除保全措施的，案件审结后如果被执行人无财产可供执行或其财产不足清偿债务时，即使生效法律文书中未确定保证人承担责任，人民法院有权裁定执行保证人在保证责任范围内的财产。

133. 上级法院在监督、指导、协调下级法院执行案件中，发现据以执行的生效法律文书确有错误的，应当书面通知下级法院暂缓执行，并按照审判监督程序处理。

134 上级法院在申诉案件复查期间，决定对生效法律文书暂缓执行的，有关审判庭应当将暂缓执行的通知抄送执行机构。

135. 上级法院通知暂缓执行的，应同时指定暂缓执行的期限。暂缓执行的期限一般不得超过三个月。有特殊情况需要延长的，应报经院长批准，并及时通知下级法院。

暂缓执行的原因消除后，应当及时通知执行法院恢复执行。期满后上级法院未通知继续暂缓执行的，执行法院可以恢复执行。

▶ **司法解释二**

★**最高人民法院关于适用《中华人民共和国担保法》若干问题的解释**（2000 年 12 月 13 日施行　法释〔2000〕44 号）（节录）

第一百三十二条　在案件审理或者执行程序中，当事人提供财产担保的，人民法院应当对该财产的权属证书予以扣押，同时向有关部门发出协助执行通知书，要求其在规定的时间内不予办理担保财产的转移手续。

▶ **司法解释三**

★**最高人民法院关于适用《中华人民共和国民事诉讼法》的解释**（2015 年 2 月 4 日施行　法释〔2015〕5 号）（节录）

第四百六十九条　人民法院依照民事诉讼法第二百三十一条规定决定暂缓执行的，如果担保是有期限的，暂缓执行的期限应当与担保期限一致，但最长不得超过一年。被执行人或者担保人对担保的财产在暂缓执行期间有转移、隐藏、变卖、毁损等行为的，人民法院可以恢复强制执行。

第四百七十条　根据民事诉讼法第二百三十一条规定向人民法院提供执行

担保的，可以由被执行人或者他人提供财产担保，也可以由他人提供保证。担保人应当具有代为履行或者代为承担赔偿责任的能力。

他人提供执行保证的，应当向执行法院出具保证书，并将保证书副本送交申请执行人。被执行人或者他人提供财产担保的，应当参照物权法、担保法的有关规定办理相应手续。

第四百七十一条 被执行人在人民法院决定暂缓执行的期限届满后仍不履行义务的，人民法院可以直接执行担保财产，或者裁定执行担保人的财产，但执行担保人的财产以担保人应当履行义务部分的财产为限。

▶ **司法解释四**
....
★**最高人民法院关于执行担保若干问题的规定**（2018 年 3 月 1 日施行 法释〔2018〕4 号）

为了进一步规范执行担保，维护当事人、利害关系人的合法权益，根据《中华人民共和国民事诉讼法》等法律规定，结合执行实践，制定本规定。

第一条 本规定所称执行担保，是指担保人依照民事诉讼法第二百三十一条规定，为担保被执行人履行生效法律文书确定的全部或者部分义务，向人民法院提供的担保。

第二条 执行担保可以由被执行人提供财产担保，也可以由他人提供财产担保或者保证。

第三条 被执行人或者他人提供执行担保的，应当向人民法院提交担保书，并将担保书副本送交申请执行人。

第四条 担保书中应当载明担保人的基本信息、暂缓执行期限、担保期间、被担保的债权种类及数额、担保范围、担保方式、被执行人于暂缓执行期限届满后仍不履行时担保人自愿接受直接强制执行的承诺等内容。

提供财产担保的，担保书中还应当载明担保财产的名称、数量、质量、状况、所在地、所有权或者使用权归属等内容。

第五条 公司为被执行人提供执行担保的，应当提交符合公司法第十六条规定的公司章程、董事会或者股东会、股东大会决议。

第六条 被执行人或者他人提供执行担保，申请执行人同意的，应当向人民法院出具书面同意意见，也可以由执行人员将其同意的内容记入笔录，并由申请执行人签名或者盖章。

第七条 被执行人或者他人提供财产担保，可以依照物权法、担保法规定办理登记等担保物权公示手续；已经办理公示手续的，申请执行人可以依法主张优先受偿权。

申请执行人申请人民法院查封、扣押、冻结担保财产的，人民法院应当准许，但担保书另有约定的除外。

第八条 人民法院决定暂缓执行的，可以暂缓全部执行措施的实施，但担保书另有约定的除外。

第九条 担保书内容与事实不符，且对申请执行人合法权益产生实质影响的，人民法院可以依申请执行人的申请恢复执行。

第十条 暂缓执行的期限应当与担保书约定一致，但最长不得超过一年。

第十一条 暂缓执行期限届满后被执行人仍不履行义务，或者暂缓执行期间担保人有转移、隐藏、变卖、毁损担保财产等行为的，人民法院可以依申请执行人的申请恢复执行，并直接裁定执行担保财产或者保证人的财产，不得将担保人变更、追加为被执行人。

执行担保财产或者保证人的财产，以担保人应当履行义务部分的财产为限。被执行人有便于执行的现金、银行存款的，应当优先执行该现金、银行存款。

第十二条 担保期间自暂缓执行期限届满之日起计算。

担保书中没有记载担保期间或者记载不明的，担保期间为一年。

第十三条 担保期间届满后，申请执行人申请执行担保财产或者保证人财产的，人民法院不予支持。他人提供财产担保的，人民法院可以依其申请解除对担保财产的查封、扣押、冻结。

第十四条 担保人承担担保责任后，提起诉讼向被执行人追偿的，人民法院应予受理。

第十五条 被执行人申请变更、解除全部或者部分执行措施，并担保履行生效法律文书确定义务的，参照适用本规定。

第十六条 本规定自 2018 年 3 月 1 日起施行。

本规定施行前成立的执行担保，不适用本规定。

本规定施行前本院公布的司法解释与本规定不一致的，以本规定为准。

▶**司法解释性文件**

★**最高人民法院关于正确适用暂缓执行措施若干问题的规定**（2002 年 9 月 28 日施行　法发〔2002〕16 号）

为了在执行程序中正确适用暂缓执行措施，维护当事人及其他利害关系人的合法权益，根据《中华人民共和国民事诉讼法》和其他有关法律的规定，结合司法实践，制定本规定。

第一条 执行程序开始后，人民法院因法定事由，可以决定对某一项或者某几项执行措施在规定的期限内暂缓实施。

执行程序开始后，除法定事由外，人民法院不得决定暂缓执行。

第二条　暂缓执行由执行法院或者其上级人民法院作出决定，由执行机构统一办理。

人民法院决定暂缓执行的，应当制作暂缓执行决定书，并及时送达当事人。

第三条　有下列情形之一的，经当事人或者其他利害关系人申请，人民法院可以决定暂缓执行：

（一）执行措施或者执行程序违反法律规定的；

（二）执行标的物存在权属争议的；

（三）被执行人对申请执行人享有抵销权的。

第四条　人民法院根据本规定第三条决定暂缓执行的，应当同时责令申请暂缓执行的当事人或者其他利害关系人在指定的期限内提供相应的担保。

被执行人或者其他利害关系人提供担保申请暂缓执行，申请执行人提供担保要求继续执行的，执行法院可以继续执行。

第五条　当事人或者其他利害关系人提供财产担保的，应当出具评估机构对担保财产价值的评估证明。

评估机构出具虚假证明给当事人造成损失的，当事人可以对担保人、评估机构另行提起损害赔偿诉讼。

第六条　人民法院在收到暂缓执行申请后，应当在十五日内作出决定，并在作出决定后五日内将决定书发送当事人或者其他利害关系人。

第七条　有下列情形之一的，人民法院可以依职权决定暂缓执行：

（一）上级人民法院已经受理执行争议案件并正在处理的；

（二）人民法院发现据以执行的生效法律文书确有错误，并正在按照审判监督程序进行审查的。

人民法院依照前款规定决定暂缓执行的，一般应由申请执行人或者被执行人提供相应的担保。

第八条　依照本规定第七条第一款第（一）项决定暂缓执行的，由上级人民法院作出决定。依照本规定第七条第一款第（二）项决定暂缓执行的，审判机构应当向本院执行机构发出暂缓执行建议书，执行机构收到建议书后，应当办理暂缓相关执行措施的手续。

第九条　在执行过程中，执行人员发现据以执行的判决、裁定、调解书和支付令确有错误的，应当依照最高人民法院《关于适用〈中华人民共和国民事诉讼法〉若干问题的意见》第258条的规定处理。

在审查处理期间，执行机构可以报经院长决定对执行标的暂缓采取处分性措施，并通知当事人。

第十条 暂缓执行的期间不得超过三个月。因特殊事由需要延长的，可以适当延长，延长的期限不得超过三个月。

暂缓执行的期限从执行法院作出暂缓执行决定之日起计算。暂缓执行的决定由上级人民法院作出的，从执行法院收到暂缓执行决定之日起计算。

第十一条 人民法院对暂缓执行的案件，应当组成合议庭对是否暂缓执行进行审查，必要时应当听取当事人或者其他利害关系人的意见。

第十二条 上级人民法院发现执行法院对不符合暂缓执行条件的案件决定暂缓执行，或者对符合暂缓执行条件的案件未予暂缓执行的，应当作出决定予以纠正。执行法院收到该决定后，应当遵照执行。

第十三条 暂缓执行期限届满后，人民法院应当立即恢复执行。

暂缓执行期限届满前，据以决定暂缓执行的事由消灭的，如果该暂缓执行的决定是由执行法院作出的，执行法院应当立即作出恢复执行的决定；如果该暂缓执行的决定是由执行法院的上级人民法院作出的，执行法院应当将该暂缓执行事由消灭的情况及时报告上级人民法院，该上级人民法院应当在收到报告后十日内审查核实并作出恢复执行的决定。

第十四条 本规定自公布之日起施行。本规定施行后，其他司法解释与本规定不一致的，适用本规定。

▶ **典型案例**

★**华某良与宁波海泰科医疗设备制造有限公司、李某东民间借贷纠纷执行异议审查案**①

【要点提示】

设立执行担保制度，目的在于维护债权人的合法权益，尽量避免因强制执行给社会经济发展造成不利。本文拟从执行担保的司法强制性、与一般担保的区别及既判力的扩张等方面对执行担保人性质进行解析。

【案例索引】

一审：浙江省宁波市镇海区人民法院〔2011〕甬镇商初字第220号（2011年4月25日）

二审：浙江省宁波市中级人民法院〔2011〕浙甬商终字第502号（2011年6月29日）

执行：浙江省宁波市镇海区人民法院〔2012〕甬镇执异字第7号（2012年5月28日）

---

① 最高人民法院中国应用法学研究所：【分类号】115212012123786，2012年5月28日，第3辑（总第81辑）。

【案　情】

异议人（执行担保人）：李旭丽

委托代理人：胡伟（系异议人丈夫）

申请执行人：华某良

委托代理人：周寅虎

被执行人：宁波海泰科医疗设备制造有限公司

法定代表人：李某东，该公司总经理

被执行人：李某东

异议人（执行担保人）李旭丽称：申请执行人华某良与被执行人宁波海泰科医疗设备制造有限公司（以下简称"海泰科公司"）、李某东民间借贷纠纷一案，镇海法院在执行过程中，双方当事人于2011年12月7日达成了和解协议，约定被执行人李某东应归还申请执行人华某良欠款人民币70万元，异议人为被执行人李某东提供担保，在李某东不履行的情况下，承担相应的法律责任。和解协议约定李某东在不履行的情况下，可拍卖李某东所有的位于宁波市江东区兴宁巷12号101室房屋。因李某东未能按照和解协议按时履约，镇海法院于2012年2月27日查封了执行担保人李旭丽所有的位于宁波市江东区彩虹北路7弄20号501室、宁波市海曙区紫薇巷7号306室的房屋二套并启动了拍卖程序。异议人认为，镇海法院的执行行为存在严重的程序问题，异议人只是作为被执行人李某东的一般保证人，只能在李某东没有财产导致无法履行的前提下才承担约定额度的履行义务，现法院明知李某东名下有房屋可供执行，却绕开李某东的财产，启动对异议人名下房产的拍卖程序，违背了法律规定的一般保证的偿还顺序，也不符合法院执行应该遵循的法定程序，严重侵害了异议人的合法权益，故请求先执行被执行人李某东的财产，停止对异议人李旭丽个人财产的强制执行程序。

申请执行人华某良答辩称：根据和解协议，异议人应当承担连带保证责任，故请求驳回异议人的异议请求，并继续执行担保人李旭丽的财产。

被执行人海泰科公司、李某东答辩称：李某东名下有位于宁波市鄞州区姜山镇东方新村51幢2号、宁波市江东区兴宁巷12号101室的房屋可供执行，异议人承担的是一般保证责任，同意异议人的异议请求。

宁波市镇海区人民法院认定事实如下：本院在执行〔2011〕甬镇执民字第1111号申请执行人华某良与被执行人海泰科公司、李某东民间借贷纠纷一案中，双方当事人于2011年12月7日自行达成和解协议，约定海泰科公司、李某东应归还华某良人民币70万元，于2011年12月31日前归还10万元，剩余60万元在2012年1月31日前归还；如海泰科公司、李某东不能按期归还欠款，则华某良可以按判决书确定的数额申请恢复强制执行，并可拍卖被执行人李某东所有的位于宁波市江东区兴宁巷 12 号 101 室房屋清偿债务；李旭丽、胡伟自愿作为被执行人李某东的担保人，保证李某东按上述约定的期限履行，逾期不履行的，则承担相应的法律责任。同日，李旭丽、胡伟向本院出具担保书，承诺自愿作为被执行人李某东的担保人，保证李某东在 2011 年 12 月 31 日前归还 10 万元及该案诉讼费、执行费 25419 元，于 2012 年 1 月 31 日前归还 60 万元，逾期不履行的，愿意依照《中华人民共和国民事诉讼法》的相关规定承担法律责任。后被执行人向申请执行人归还了 5 万元，余款 65 万元至今未还。2012 年 2 月 27 日，本院作出〔2011〕甬镇执民字第 1111 - 2 号执行裁定，裁定查封、拍卖执行担保人李旭丽所有的位于宁波市江东区彩虹北路 7 弄 20 号 501 室、宁波市海曙区紫薇巷 7 号 306 室房屋二套。

【审　判】

宁波市镇海区人民法院认为，《中华人民共和国担保法》（以下简称《担保法》）第 19 条规定："当事人对保证方式没有约定或者约定不明确的，按照连带责任保证承担保证责任。"《民事诉讼法》第 208 条规定："在执行中，被执行人向人民法院提供担保，并经申请执行人同意的，人民法院可以决定暂缓执行及暂缓执行的期限。被执行人逾期仍不履行的，人民法院有权执行被执行人的担保财产或者担保人的财产。"根据申请执行人华某良、被执行人宁波海泰科医疗设备制造有限公司、李某东及担保人李旭丽、胡伟于 2011 年 12 月 7 日达成的和解协议及李旭丽、胡伟出具的担保书，担保人李旭丽在本案中依法应承担连带保证责任，在被执行人宁波海泰科医疗设备制造有限公司、李某东未按约履行的情况下，本院可依法裁定执行担保人李旭丽的财产。异议人主张其只是作为被执行人李某东的一般保证人，只能在李某东没有财产导致无法履行的情况下，才承担约定额度的履行义务，没有事实依据，也与法相悖，故本院对异议人的异议请求不予支持。据此，依照《中华人民共和国民事诉讼法》第二百零二条和《最高人民法院关于适用〈中华人民共和国民事诉讼法〉执行程序若干问题的解释》第五条的规定，裁定如下：

驳回异议人（执行担保人）李旭丽的异议。

【评　析】

本案的焦点问题是法院能否直接执行担保人的财产，亦即如何对民事强制执行中执行担保的性质进行认定？

第一种意见认为，和解协议及担保协议均系当事三方真实意思表示，且协议内容不违反国家法律规定，故该协议是合法有效的，对三方都具有约束力。故在被执行人海泰科公司、李某东未能按约履行还款义务且担保人李旭丽、胡伟也未按约定承担起担保责任的前提下，申请执行人华某良有权依照和解协议及担保协议直接向法院申请强制执行担保人李旭丽的财产。

第二种意见认为，虽然和解协议及担保协议合法有效，但法律并没有赋予其具有强制执行的效力，故申请执行人不能直接向法院申请强制执行和解协议中的担保人；同时，和解协议中的担保行为也不同于执行担保，该和解协议中的担保仅仅是对申请执行人与被执行人达成的和解协议进行担保，其只是对被执行人就依照该协议约定的内容履行义务进行担保。而《民事诉讼法》第207条第2款明确规定："一方当事人不履行和解协议的，人民法院可以根据对方当事人的申请，恢复对原生效法律文书的执行。"故我国法律也明确了执行和解协议不具有强制执行力，若被执行人不履行或不完全履行和解协议或协议中担保人不履行担保义务的，申请执行人只能向法院申请恢复对原生效的法律文书的执行。并且，在执行过程中直接执行第三人的财产，明显将民事判决效力扩张至第三人，有违民事判决既判力原则。本案中，被执行人海泰科公司、李某东未按和解协议履行，且担保人李旭丽、胡伟也未履行担保义务，则申请执行人华某良只能向人民法院申请对原生效法律文书的执行，而不能直接向法院申请对担保人李旭丽的财产进行强制执行。

笔者认同第一种意见。原因有三：

（一）执行担保的司法强制性

学术界和实务界对执行担保性质的论述多有不同。第一种观点认为，执行担保属于司法程序中的担保，是被执行人向人民法院提供担保，执行担保体现的是公法上的强制执行法律关系，不同于《担保法》规定的平等主体之间的民事担保合同，执行担保的当事人是执行法院和被执行人，并以此作为区分执行担保与一般民事担保的标志。第二种观点认为，执行担保法律关系是一种复合型法律关系，执行担保仍是被执行人对申请执行人的担保，申请执行人是担保权人，执行法院充当中立的司法监督。笔者认为，执行担保的性质认定关键在于确定法院行使权力的性质，是作为中立的司法监督者行使司法性质的判断权还是参与担保合意的达成行使行政性质的决定权。在"司法权"或是"行政权"的性质争论上，执行担保延续了执行权性质的争议。民事审判权与执行权性质上同属于民事权利的司法救济，均具有司法性的特点，但强制执行正是民事法律中露出牙齿的一部。民事执行权的司法强制性是其本质性质，决定了民事执行权的最终目的在于实现生效裁判所确认的权利。笔者认为，民事执行权的司法权性质不应质疑，其本质是通过司法强制力实现私权。执行担保形式上是法院执行部门在实现胜诉方权利的过程中选择以担保为载体，但实质上仍是司法权的强制性在主导执行担保的成立、监督执行担保人的担保行为及追究执行担保人在债权未实现时所应承担的法律责任。

（二）执行担保不同于一般的民事担保

（1）执行担保的终极目标是为了确保债的履行。从执行担保的设置目的来看，是通过执行担保实现暂缓执行，以给当事人足够的时间和空间实现履行义务，避免国家公权的对债务履行的干预，体现了公权力的谦抑性。（2）法院执行部门虽然主导了执行担保的成立，但并不在这一法律关系上承担民事上的权利义务，并非执行担保中的法律关系主体之一。（3）执行担保是建立在申请执行人同意的基础上的，换言之，执行担保同样体现了私法自治的精神。因此，执行担保在担保主体、担保方式、担保期限等方面具有其特殊性，不同于一般的民事担保，是一种特殊的民事担保。在此认识基础上，《民事诉讼法》第208条"被执行人逾期仍不履行的，人民法院有权执行被执行人的担保财产或者担保人的财产"和《最高人民法院执行工作办公室关于执行担保问题的函》（法经〔1996〕423号）"在债务人已提供特定财产担保的情况下，其所提供的担保合法有效，且超出担保债务价值。在此情况下……执行法院应执行担保财产，而不应再对被执行人和担保人的其他财产采取执行措施"规定的寓意不言自明。

（三）执行担保中既判力的扩张

根据民诉法基本原理，既判力一般仅限于确定的主体之间，但在某些特定情况下，判决的既判力会产生扩张，特殊情形下基于确保诉讼解决纠纷的效果和能力的目的，既判力及执行力则应当扩张及第三人。在执行担保制度中，需要厘清既判力的扩张问题，即既判力是否及于第三人。执行担保在事实上扩大了执行对象的范围，因民事执行权具有扩张的必然因素，且需要在公平与效率的价值取向之间综合平衡。由于民事执行担保机制是建立在私法基础上的一种特殊制度，不管是申请执行人、被执行人还是担保人，都明知执行担保可能带来的后果，因此既判力和执行权及于担保人并不会违背公权力的谦抑性原则，相反这是建立在私法自治基础上的纠纷解决机制。

第六章　执行实施之行为的执行

第一节　交付财物或票证

【条文主旨】交付财物或票证的执行

第二百四十九条　法律文书指定交付的财物或者票证，由执行员传唤双方当事人当面交付，或者由执行员转交，并由被交付人签收。

有关单位持有该项财物或者票证的，应当根据人民法院的协助执行通知书转交，并由被交付人签收。

有关公民持有该项财物或者票证的，人民法院通知其交出。拒不交出的，强制执行。①

▶ **相关法律**

★中华人民共和国婚姻法（2001 年 4 月 28 日施行　主席令第 51 号）（节录）

第四十八条　对拒不执行有关扶养费、抚养费、赡养费、财产分割、遗产继承、探望子女等判决或裁定的，由人民法院依法强制执行。有关个人和单位应负协助执行的责任。

▶ **司法解释一**

★最高人民法院关于人民法院执行工作若干问题的规定（试行）（1998 年 7 月 8 日施行　法释〔1998〕15 号）（节录）

57. 生效法律文书确定被执行人交付特定标的物的，应当执行原物。原物被隐匿或非法转移的，人民法院有权责令其交出。原物确已变质、损坏或灭失的，应当裁定折价赔偿或按标的物的价值强制执行被执行人的其他财产。

58. 有关单位或公民持有法律文书指定交付的财物或票证，在接到人民法院协助执行通知书或通知书后，协同被执行人转移财物或票证的，人民法院有权责令其限期追回；逾期未追回的，应当裁定其承担赔偿责任。

---

①　最高人民法院《关于第三人无偿占有生效法律文书指定交付的财产如何处理的答复》（2006 年 10 月 9 日　〔2006〕执他字第 14 号）答复：如果法院能够认定第三人无偿占有了生效法律文书指定交付的财产，可以依照民事诉讼法第二百二十八条（现修改为第二百四十九条）第三款，通知第三人交出。拒不交出的，确有必要时，可将第三人追加为被执行人。

59. 被执行人的财产经拍卖、变卖或裁定以物抵债后，需从现占有人处交付给买受人或申请执行人的，适用民事诉讼法第二百二十八条①、第二百二十九条②和本规定57条、58条的规定。

▶**司法解释二**

★**最高人民法院关于适用《中华人民共和国婚姻法》若干问题的解释（一）**（2001年12月27日施行　法释〔2001〕30号）（节录）

第三十二条　婚姻法第四十八条关于对拒不执行有关探望子女等判决和裁定的，由人民法院依法强制执行的规定，是指对拒不履行协助另一方行使探望权的有关个人和单位采取拘留、罚款等强制措施，不能对子女的人身、探望行为进行强制执行。

▶**司法解释三**

★**最高人民法院关于适用《中华人民共和国民事诉讼法》的解释**（2015年2月4日施行　法释〔2015〕5号）（节录）

第四百九十四条　执行标的物为特定物的，应当执行原物。原物确已毁损或者灭失的，经双方当事人同意，可以折价赔偿。

双方当事人对折价赔偿不能协商一致的，人民法院应当终结执行程序。申请执行人可以另行起诉。

第四百九十五条　他人持有法律文书指定交付的财务或者票证，人民法院依照民事诉讼法第二百四十九条第二款、第三款规定发出协助执行通知书后，据不转交的，可以强制执行，并可以依照民事诉讼法第一百一十四条、第一百一十五条规定处理。

他人持有期间财务或者票据毁损、灭失的，参照本解释第四百九十四条规定处理。

他人主张合法持有财务或者票证的，可以根据民事诉讼法第二百二十七条规定提出执行异议。

▶**司法解释性文件**

★**最高人民法院关于适用《中华人民共和国民事诉讼法》若干问题的意见**（1992年7月14日施行　法发〔1992〕22号）（节录）

290. 法人或其他组织持有法律文书指定交付的财物或者票证，在人民法院发出协助执行通知后，拒不转交的，强制执行，并可依照民事诉讼法第一百

---

① 已修改为民事诉讼法第二百四十九条。
② 已修改为民事诉讼法第二百五十条。

零三条的规定处理。

291. 有关单位和个人持有法律文书指定交付的财物或者票证，因其过失被毁损或灭失的，人民法院可责令持有人赔偿；拒不赔偿的，人民法院可按被执行的财物或者票证的价值强制执行。

第二节 强制迁出房屋或退出土地

【条文主旨】迁出房屋或退出土地的执行

第二百五十条 强制迁出房屋或者强制退出土地，由院长签发公告，责令被执行人在指定期间履行。被执行人逾期不履行的，由执行员强制执行。

强制执行时，被执行人是公民的，应当通知被执行人或者他的成年家属到场；被执行人是法人或者其他组织的，应当通知其法定代表人或者主要负责人到场。拒不到场的，不影响执行。被执行人是公民的，其工作单位或者房屋、土地所在地的基层组织应当派人参加。执行员应当将强制执行情况记入笔录，由在场人签名或者盖章。

强制迁出房屋被搬出的财物，由人民法院派人运至指定处所，交给被执行人。被执行人是公民的，也可以交给他的成年家属。因拒绝接收而造成的损失，由被执行人承担。[1]

司法解释

★最高人民法院关于人民法院执行设定抵押的房屋的规定（2005年12月21日施行 法释〔2005〕14号）（节录）

第二条 人民法院对已经依法设定抵押的被执行人及其所扶养家属居住的房屋，在裁定拍卖、变卖或者抵债后，应当给予被执行人六个月的宽限期。在此期限内，被执行人应当主动腾空房屋，人民法院不得强制被执行人及其所扶养家属迁出该房屋。

第三条 上述宽限期届满后，被执行人仍未迁出的，人民法院可以作出强

---

[1] 最高人民法院《关于〈执行程序中能否对案外人财产进行处理的请示〉的答复》（2010年3月8日 〔2010〕执他字第1号）答复：执行程序中案外人无合法依据占有被执行的标的物不动产的，执行法院依法可以强制迁出；案外人拒不迁出，对标的物上的财产，执行法院可以指定他人保管并通知领取；案外人不领取或下落不明的，为避免保管费用过高或者财产价值减损，执行法院可以处分该财产，处分所得价款，扣除搬迁、保管及拍卖变卖等相关费用后，保存于执行法院账户，通知该案外人领取。

制迁出裁定，并按照民事诉讼法第二百二十六条的规定执行。

强制迁出时，被执行人无法自行解决居住问题的，经人民法院审查属实，可以由申请执行人为被执行人及其所扶养家属提供临时住房。

第四条　申请执行人提供的临时住房，其房屋品质、地段可以不同于被执行人原住房，面积参照建设部、财政部、民政部、国土资源部和国家税务总局联合发布的《城镇最低收入家庭廉租住房管理办法》所规定的人均廉租住房面积标准确定。

第五条　申请执行人提供的临时住房，应当计收租金。租金标准由申请执行人和被执行人双方协商确定；协商不成的，由人民法院参照当地同类房屋租金标准确定，当地无同类房屋租金标准可以参照的，参照当地房屋租赁市场平均租金标准确定。

已经产生的租金，可以从房屋拍卖或者变卖价款中优先扣除。

第六条　被执行人属于低保对象且无法自行解决居住问题的，人民法院不应强制迁出。

第七条　本规定自公布之日起施行。施行前本院已公布的司法解释与本规定不一致的，以本规定为准。

▶北京市高院规定

★北京市高、中级法院执行局（庭）长座谈会（第六次会议）纪要——关于强制执行腾房类案件若干问题的意见（2015 年）

为进一步解决腾房类案件强制执行过程中的疑难问题，统一司法尺度，规范办理程序，切实维护当事人的合法权益，市高、中级法院执行局（庭）长座谈会于 2014 年 11 月 19 日召开了第六次会议。与会同志通过认真讨论，就强制执行腾房类案件中的若干问题取得了基本共识。现纪要如下：

一、腾房类执行案件的界定

本纪要所称腾房类执行案件主要有两类：一类是执行依据直接确定被执行人腾退房屋的案件；另一类是执行过程中对房屋进行变价后交付过程中的腾退事项。

二、办理腾房类执行案件的基本原则

1. 说服教育与强制执行相结合的原则。根据此类案件的特点，将说服教育作为重要的方式方法，对被执行人及相关人员加强法律释明和思想疏导，促使其自动履行。经说服教育仍不自动履行的，坚决采取法律规定的强制执行措施和强制措施予以执行。

2. 直接执行与间接执行相结合的原则。经说服教育仍拒不腾退的，可依法采取直接强制执行措施予以腾退，也可采取法律、司法解释规定的间接强制执行措施，迫使其自动履行腾退房屋的义务。

3. 强制执行全程留痕的原则。注重利用现代化的信息技术手段，对执行现场进行记录。携带执法记录仪，对执行现场进行录音录像。对重大、疑难、复杂案件的执行现场，还可安排专门人员对执行过程进行录音录像。根据案件的实际需要，可使用单兵系统、指挥车等执行装备。必要时，还可与执行指挥中心进行联接，对执行现场进行同步远程监控、指挥协调。音像资料于采取执行措施的同时或之后上传至执行办案系统。

4. 立审执协调配合的原则。执行部门积极主动地加强与立案、审判部门的协调配合，敦促立案部门按照《最高人民法院关于房地产案件受理问题的通知》（法发〔1992〕38号）等文件的规定和精神审慎地进行审查立案，敦促审判部门进行实地察看或现场勘验，并在判决时充分考虑执行依据的可执行性问题。发现执行依据内容不明确的，主动与审判部门进行沟通，请其作出说明；执行部门积极做当事人的工作，促成其和解解决。

三、强制执行的前期准备

（一）强制执行前的审查

收到执行案件后，及时按照《北京市法院执行工作规范（2013年修订）》（以下简称《执行工作规范》）的相关规定进行审查。经审查，发现不符合《执行工作规范》第三十三条第一款第（一）项至第（五）项规定的受理条件的，适用《执行工作规范》第二百零八条的规定进行处理；发现执行依据确有错误的，适用《最高人民法院关于适用〈中华人民共和国民事诉讼法〉若干问题的意见（法发〔1992〕22号）》第258条的规定进行处理。

（二）执行通知的发送和法律释明工作

进入执行程序后，向被执行人发出执行通知。执行通知除责令被执行人履行执行依据确定的义务外，一并告知其不自动履行义务可能导致的法律后果，包括承担可能产生的替代履行费用、迟延履行金等。

注重做被执行人及相关人员的说服教育工作，找准其拒不腾退的真实原因，有针对性地进行法律释明，促使被执行人及相关人员自动履行腾退义务。必要时，可与房屋所在地的基层政府、基层组织或被执行人及相关人员所在单位共同开展说服教育工作。

（三）预先采取财产查控措施

强制执行腾房类案件，可对被执行人的相应财产预先采取查控措施。查控财产的价值范围包括申请执行费及替代履行费用、迟延履行金、罚款等可能产生的费用。

（四）现场勘查工作

被执行人未自动履行腾退义务的，根据案件执行的需要，做好现场勘查工作，了解掌握涉腾退房屋的实际占有使用人员、房屋内的物品以及房屋周边环境等基本情况。

对现场勘查的情况制作笔录或工作记录，留存相应的图像、视频资料。

（五）强制腾退风险评估和强制腾退预案的制定

强制执行前，根据前期说服教育工作和现场勘查的情况进行风险评估。有必要的，制定风险评估报告。根据风险评估情况，有必要的，制定详细、周延的强制腾退预案。

风险评估报告应当包括以下内容：

1. 被执行人及相关人员的对抗情绪是否激烈；

2. 被腾退房屋内水、电、气等的布局；

3. 被腾退房屋周边的环境，是否容易引发聚集围观；

4. 强制腾退房屋的时机；

5. 是否可能引发不良舆论；

6. 是否存在其他可能引发暴力抗法、恶性事件或不良社会影响的因素。

强制腾退预案应当包括以下内容：

1. 当事人的基本情况；

2. 基本案情；

3. 现场状况；

4. 基本流程；

5. 现场指挥、参与人员及工作分工；

6. 执行风险提示、管控和处理；

7. 突发事件的应急处置；

8. 其他。

根据案件的具体情况，风险评估报告（情况）和强制腾退预案可向庭、局、院领导报告。

强制执行因征收拆迁案件引发的房屋腾退案件的，按照《最高人民法院关于严格执行法律法规和司法解释依法妥善办理征收拆迁案件的通知》（法〔2012〕148号）的要求报经上一级人民法院审查批准方可采取强制手段。

四、腾房类案件的直接强制执行

（一）强制执行的告知

强制腾退房屋，由院长签发公告，责令被执行人在指定期间内自动履行腾退房屋的义务。被执行人逾期不履行的，强制执行。

被执行人是公民的,通知被执行人或者其成年家属到场;被执行人是法人或者其他组织的,通知其法定代表人或者主要负责人到场。拒不到场的,不影响执行。

(二)强制执行的见证

被执行人是公民的,告知其工作单位或者房屋所在地的基层组织派人参加。被执行人的单位或者房屋所在地的基层组织派人参加的,由到场人员在笔录上签名或者盖章;被执行人的单位或者房屋所在地的基层组织未派人参加,或虽派人参加但拒绝在笔录上签名或者盖章的,不影响执行和执行的效力。

(三)强制执行现场控制及突发事件的处置

进入执行现场后,查清被腾退房屋内的人员情况,对被执行人及相关人员实现有效控制,并排除危险物品。发生抗拒执行的行为或妨害执行行为等紧急情况,必须立即采取拘留措施的,可立即采取。在拘留后,立即报告院长补办批准手续。

执行现场的外围设立警戒线,禁止无关人员进入现场。根据案件需要,执行法院可协调由公安交通管理部门对周边道路进行封闭及疏导车辆。有必要的,安排现场医疗救护和消防措施。

对老弱病残人员,可由执行人员或法警与其近亲属或被执行人工作单位、房屋所在地基层组织所派人员进行看护。对未成年人,可要求其监护人或成年近亲属带离执行现场;其监护人和近亲属拒绝的,可由执行人员、法警或被执行人工作单位、房屋所在地基层组织所派人员将未成年人带离执行现场。

对于执行现场发生的突发事件,按照强制腾退预案及时妥善予以处置;必要时,可通过本院的执行指挥办公室向市高级人民法院执行指挥中心请求指导、协调、支援。

(四)对被执行人及相关人员的腾退和腾退财物的交接或保存

强制执行开始时,对被执行人及房屋的实际占有使用人员进行说服教育,督促其自行离开。拒不离开的,强制带离。

强制执行前,要求被执行人明确接收财物的处所,并告知其拒不接收财物的法律后果,包括因拒绝接收造成的损失由被执行人承担。被执行人不明确处所的,可根据案件的实际情况指定处所:由人民法院强制执行的因征收拆迁案件引发的房屋腾退案件,可协调有关部门指定临时周转房或安置房作为接收财物的处所。在其他腾房类执行案件中,可指定预先查明的被执行人的其他居所作为接收财物的处所;未查明被执行人有其他居所的,可要求申请执行人联系、租赁临时处所作为接收财物的指定处所,并由其预付或垫付一定期间的租赁费。

对于预付或垫付的租赁费，申请执行人不愿承担的，由被执行人负担。应由被执行人负担的租赁费，被执行人拒不自动支付的，可对其强制执行。

对现场的财产进行清理登记前，告知被执行人自行取走贵重财物，告知和取走的过程进行录像并制作笔录。清理登记现场财物时，进行拍照、录像，并制作财物清单。清理登记后，由清理登记人员负责监督搬运人员将财物搬运到指定处所。被执行人是公民的，可以交给他的成年家属。

对于被执行人拒绝接收且不宜长期保管、保管困难或者保管费用过高的物品，可通过评估、拍卖、变卖等程序及时依法予以处置。

五、腾房类案件的间接强制执行

对拒不履行腾退义务的被执行人，可采取责令支付迟延履行金、罚款、拘留、限制出境、在征信系统记录、通过媒体公布不履行义务信息等间接强制执行措施。各种间接强制执行措施可单独适用，也可同时适用。

间接强制执行措施可以单独适用，也可以与直接强制执行措施一并适用。

在同一案件的执行过程中，间接强制执行措施可以多次适用。

被执行人对间接强制执行措施提出异议的，适用《中华人民共和国民事诉讼法（2012年修正）》（以下简称《民事诉讼法》）第二百二十五条的规定进行处理，但拘留作为间接强制执行措施采取的，适用《民事诉讼法》第一百一十六条的规定进行处理。［注：对决定不服的，可以向上一级人民法院申请复议一次。复议期间不停止执行。］

六、腾房类案件执行中强制措施的采取

强制执行过程中，被执行人或者其他人有妨害执行行为的，可以对其采取罚款、拘留等强制措施。

罚款、拘留已经作为间接强制执行措施采取的，不影响其作为强制措施采取。

被执行人或者其他人对作为强制措施的罚款、拘留的决定不服的，适用《民事诉讼法》第一百一十六条的规定进行处理。

七、其他问题

（一）案外人占有被腾退房屋的处理

腾房类案件的执行过程中，发现案外人实际占有被腾退房屋的，首先对其进行说服教育，督促其自行腾退。

案外人在执行依据作出后占有被腾退房屋的，经说服教育仍拒不腾退的，可将其作为协助执行义务人一并予以腾退。案外人提出执行行为异议或案外人异议的，依照《民事诉讼法》的相关规定进行审查。

（二）执行过程中对房屋进行变价后交付引发的腾退事项中，对"被执行

人及其所扶养家属生活所必需的房屋"的界定

1. "被执行人所扶养的家属"是指与被执行人共同居住在被执行的房屋内并由其赡养的父母或岳父母、扶养的配偶及抚养的子女。

2. "被执行人及其所扶养家属生活所必需的居住房屋"的界定。被执行人及其所扶养家属生活所必需的人均住房面积原则上为上一年度（上一年度没有发布的，以最近年度发布的为准）房屋所在地城镇或农村人均住房建筑面积［注：2013 年，北京市统计局、国家统计局北京调查总队联合发布《北京市2013 年国民经济和社会发展统计公报》，显示全市城镇居民人均住房建筑面积31.31 平方米，农村居民人均住房面积 51.35 平方米。］的 60%。

被执行人及其所扶养家属生活所必需的居住房屋，根据案件的具体情况，可以是相应面积的自有产权住房，也可以是通过租赁取得房屋使用权的住房。为被执行人及其所扶养家属保留的自有产权住房，可以是同类地段相应面积的住房，也可以是同类地段相应面积住房的价值；为被执行人及其所扶养家属通过租赁取得房屋使用权的，可以是同类地段相应面积住房 3 年的房屋租金，也可以是相应的租赁住房。

（三）迟延履行金的确定

腾房类执行案件迟延履行金的确定与执行，适用《执行工作规范》第九章的规定办理。

计算迟延履行金，申请执行人的损失可参照同类地段类似房屋市场租金的标准确定。

（四）本次执行程序终结的条件、程序及恢复执行

经严格按照法律、司法解释的规定及本纪要的要求，采取了各种强制执行措施、强制措施，但因客观原因不能实际执结的，可裁定本次执行程序终结。

以本次执行程序终结方式结案的，参照《执行工作规范》第三百五十三条规定的程序办理。

申请执行人举证证明以本次执行程序终结方式结案的案件具备执行条件的，应当及时恢复执行。

八、本纪要的适用

退出土地的案件以及其他案件执行过程中涉及房屋腾退事项的，参照本纪要办理。

本纪要下发之后受理的案件以及下发之前已经受理但未执行完毕的案件，适用本纪要办理。

第三节　财产权证照转移

【条文主旨】财产权证照转移手续办理

第二百五十一条　在执行中，需要办理有关财产权证照①转移手续的，人民法院可以向有关单位发出协助执行通知书，有关单位必须办理。

▶ **司法解释一**

★最高人民法院关于行政机关根据法院的协助执行通知书实施的行政行为是否属于人民法院行政诉讼受案范围的批复（2004 年 7 月 20 日实施　法释〔2004〕6 号）

山东省高级人民法院：

你院"关于行政机关根据法院的协助执行通知书实施的行政行为是否属于人民法院行政诉讼受案范围的请示"收悉。经研究，批复如下：

行政机关根据人民法院的协助执行通知书实施的行为，是行政机关必须履行的法定协助义务，不属于人民法院行政诉讼受案范围。但如果当事人认为行政机关在协助执行时扩大了范围或违法采取措施造成其损害，提起行政诉讼的，人民法院应当受理。

此复。

▶ **司法解释二**

★最高人民法院关于适用《中华人民共和国民事诉讼法》的解释（2015 年2 月 4 日施行　法释〔2015〕5 号）（节录）

第五百零二条　人民法院在执行中需要办理房产证、土地证、林权证、专利证书、商标证书、车辆执照等有关财产权证照转移手续的，可以依照民事诉讼法第二百五十一条规定办理。

---

①　司法实践中，往往会出现车辆登记单位（个人）与实际出资购买人不一致的情况，对此如何执行？最高人民法院《关于执行案件中车辆登记单位与实际出资购买人不一致应如何处理问题的复函》（2000 年 11 月 21 日施行　〔2000〕执他字第 25 号）认为应当依据公平、等价有偿原则，确定机动车归实际出资购买人所有，法院不应执行。同时，公安部在给最高人民法院研究室《关于机动车财产所有权转移时间问题的复函》（2000 年 6 月 16 日　公交管〔2000〕110 号）中认为，根据现行机动车登记法规和有关规定，公安机关办理的机动车登记，是准予或者不准予机动车上道路行驶的登记，不是机动车所有权证登记。因此，将车辆管理部门办理过户登记的时间作为机动车财产所有权转移的时间没有法律依据。

➡ 司法解释性文件一

★最高人民法院关于人民法院办理执行案件若干期限的规定（2007年1月1日施行 法发〔2006〕35号）（节录）

第八条 执行中涉及不动产、特定动产及其他财产需办理过户登记手续的，承办人应当在5日内向有关登记机关送达协助执行通知书。

➡ 司法解释性文件二

★最高人民法院办公厅关于审理公司登记行政案件若干问题的座谈会纪要（2012年3月7日施行 法办〔2012〕62号）（节录）

五、执行生效裁判和仲裁裁决的问题

对登记机关根据生效裁判、仲裁裁决或者人民法院协助执行通知书确定的内容作出的变更、撤销等登记行为，利害关系人不服提起行政诉讼的，人民法院不予受理，但登记行为与文书内容不一致的除外。

公司登记依据的生效裁判、仲裁裁决被依法撤销，利害关系人申请登记机关重新作出登记行为，登记机关拒绝办理，利害关系人不服提起行政诉讼的，人民法院应予受理。

多份生效裁判、仲裁裁决或者人民法院协助执行通知书涉及同一登记事项且内容相互冲突，登记机关拒绝办理登记，利害关系人提起行政诉讼的，人民法院经审理应当判决驳回原告的诉讼请求，同时建议有关法院或者仲裁机关依法妥善处理。

➡ 相关答复

★最高人民法院办公厅关于房地产管理部门协助人民法院执行造成转移登记错误，人民法院对当事人提起的行政诉讼的受理及赔偿责任问题的复函（2006年12月15日施行 法办〔2006〕610号）

建设部办公厅：

你部《关于房地产权属登记机关协助人民法院执行造成转移登记错误，人民法院对当事人提起的行政诉讼的受理及赔偿责任问题的函》（建住房函〔2006〕281号）收悉。经研究，函复如下：

一、根据最高人民法院《关于行政机关根据法院的协助执行通知书实施的行政行为是否属于人民法院行政诉讼受案范围的批复》（法释〔2004〕6号）的规定，行政机关根据人民法院的协助执行通知书实施的行为，是行政机关必须履行的法定协助义务，不属于人民法院行政诉讼受案范围。但如果当事人认为行政机关在协助时缩小或扩大了范围或违法采取措施造成其损害，提起行政诉讼的，人民法院应当受理。

二、根据最高人民法院、国土资源部、建设部《关于依法规范人民法院执行和国土资源房地产管理部门协助执行若干问题的通知》（法发〔2004〕5号）第三条规定，国土资源、房地产管理部门在协助人民法院执行土地使用权、房屋时，不对生效法律文书和协助执行通知书进行实体审查。国土资源、房地产管理部门认为人民法院查封、预查封或者处理的土地、房屋权属错误的，可以向人民法院提出审查建议，但不应当停止办理协助执行事项。

三、根据最高人民法院《关于人民法院民事执行中查封、扣押、冻结财产的规定》（法释〔2004〕15号）第二十八条规定，对已被人民法院查封的财产，其他人民法院可以进行轮候查封。查封解除的，登记在先的轮候查封即自动生效。在查封尚未解除之前，轮候查封的法院要求协助处置查封标的物的，房地产管理部门应当及时告知查封法院，以便人民法院之间及时协调，在协调期间，协助执行的义务机关暂停协助执行事项。轮候查封的法院违法要求协助义务机关处置查封标的物造成执行申请人损失的，应当进行执行回转，无法执行回转的，根据《最高人民法院关于审理人民法院国家赔偿确认案件若干问题的规定（试行）》（法释〔2004〕10号）第十一条第（八）项的规定，由错误发出协助执行通知的法院承担司法赔偿责任，协助执行义务机关不承担赔偿责任。

此复。

第四节　法律文书指定行为

【条文主旨】法律文书指定行为的执行

第二百五十二条　对判决、裁定和其他法律文书指定的行为，被执行人未按执行通知履行的，人民法院可以强制执行或者委托有关单位或者其他人完成，费用由被执行人承担。

▶司法解释一

★最高人民法院关于人民法院执行工作若干问题的规定（试行）（1998年7月8日施行　法释〔1998〕15号）（节录）

60. 被执行人拒不履行生效法律文书中指定的行为的，人民法院可以强制其履行。

对于可以替代履行的行为，可以委托有关单位或他人完成，因完成上述行为发生的费用由被执行人承担。

对于只能由被执行人完成的行为，经教育，被执行人仍拒不履行的，人民法院应当按照妨害执行行为的有关规定处理。

➡️ **司法解释二**

　　★**最高人民法院关于适用《中华人民共和国民事诉讼法》的解释**（2015 年
2 月 4 日施行　法释〔2015〕5 号）（节录）

　　第五百零三条　被执行人不履行生效法律文书确定的行为义务，该义务可
由他人完成的，人民法院可以选定代履行人；法律、行政法规对履行该行为义
务有资格限制的，应当从有资格的人中选定。必要时，可以通过招标的方式确
定代履行人。

　　申请执行人可以从符合条件的人中推荐代履行人，也可以申请自己代为履
行，是否准许，由人民法院决定。

　　第五百零四条　代履行费用的数额由人民法院根据案件具体情况确定，并
由被执行人在指定的期限内预先支付。被执行人未预付的，人民法院可以对该
费用强制执行。

　　代履行结束后，被执行人可以查阅、复制费用清单以及主要凭证。

　　第五百零五条　被执行人不履行法律文书指定的行为，且该项行为只能由
被执行人完成的，人民法院可以依照民事诉讼法第一百一十一条第一款第六项
规定处理。

　　被执行人在人民法院确定的履行期间内仍不履行的，人民法院可以依照民
事诉讼法第一百一十一条第一款第六项规定再次处理。

　　第五百二十一条　在执行终结六个月内，被执行人或者其他人对已执行的
标的有妨害行为的，人民法院可以依申请排除妨害，并可以依照民事诉讼法第
一百一十一条规定进行处罚。因妨害行为给执行债权人或者其他人造成损失
的，受害人可以另行起诉。①

---

　　①　最高人民法院执行工作办公室《关于已执行完毕的案件被执行人又恢复到执行前
的状况应如何处理问题的复函》（2001 年 1 月 2 日施行　〔2015〕执他字第 34 号）答复：
该行为虽属新发生的侵权事实，但是与已经生效的法律文书认定的侵权事实并无区别，如
果申请执行人另行起诉，人民法院将会作出相同的裁判，不仅增加申请人诉累，而且增加
法院审判负担，对此应当认定为对已执行标的的妨害行为，依照适用民事诉讼若干问题意
见第三百零三条（现修改为本条款）规定作出拘留、罚款，直至追究刑事责任的处理，不
能要求申请人另行起诉；如果妨害行为造成新的损失，受害人可以另行起诉。

➡**典型案例**

★浙江东航建设集团有限公司与浙江省慈溪市慈吉教育集团建设工程承包合同纠纷执行案①——**完成行为的替代履行问题**

【裁判要旨】【要点提示】

在要求被执行人完成行为的执行案件中，法院应根据生效判决确定的履行标准，责令被执行人履行义务。如被执行人不能按判决确定的标准完成行为，而该行为在性质上可由他人替代完成的，可依法由其他主体代替被执行人履行，必要时也可交由申请执行人自行履行，费用由被执行人承担。如果执行依据确认双方互负金钱给付义务的，法院也可根据案件具体情况，在不违反公平合理的原则下，将金钱给付义务进行折抵。

【案　　号】

〔2009〕浙甬民执字第93号　〔2010〕浙执复字第12号　〔2010〕执监字第183号

【案　　情】

申请执行人：浙江省慈溪市慈吉教育集团（以下简称慈吉集团）。

被执行人（申诉人）：浙江东航建设集团有限公司（以下简称东航公司）。

慈吉集团与东航公司签订建设工程承包合同，约定东航公司承建慈吉集团慈吉中学教学楼D、E、F楼及图书馆工程，工程面积为25000平方米。后双方因工程质量及工程款等事项发生纠纷，工程至今仍未通过竣工验收。东航公司向浙江省宁波市中级人民法院起诉要求支付工程款。宁波中院于2002年12月18日作出〔2002〕甬民初字第11号民事判决。宣判后，慈吉集团不服该判决，向浙江省高级人民法院提起上诉。浙江高院于2003年8月1日作出〔2003〕浙民一终字第27号民事裁定，将本案发回重审。

重审期间，应慈吉集团申请，宁波中院委托国家建筑工程质量监督检验中心对案涉工程进行鉴定。该中心于2005年4月、5月对慈吉中学教学楼和图书馆的工程质量，分别出具了检验报告和补充检验报告，认定工程施工质量存在多处与设计要求不符之处，而且存在多处工程质量问题，会影响用户使用安全，宜请原设计单位出具处理方案。但该中心拒绝对工程进行安全评估。依慈吉集团申请，宁波中院又委托工程原设计单位——浙江省建筑设计研究院对修复加固方案进行鉴定。该院于2005年8月出具修复方案，分别从标高及层高调整、结构修复加固、建筑修复、给排水修复、电气修复5个方面提出加固修复方案，其中标高及层高调整方案为顶升（迫降）。根据该方案，宁波中院又

---

① 参见《人民司法·案例》2011年第10期。

依据慈吉集团申请，委托浙江韦宁工程审价咨询有限公司对修复费用进行鉴定。该公司于 2007 年 7 月、10 月出具工程造价咨询报告及补充报告，并在接受双方当事人质询后对部分费用进行了调整。根据鉴定报告，教学楼 D、E、F 楼修复加固方案的修复费用为 18650889 元，图书馆修复加固方案的修复费用为 15114656 元，共计 33765545 元。其中结构修复方案主要针对建筑物标高、层高的修复，费用为 32313281 元；建筑修复和水电重新安装两项方案费用为 1452264 元。

宁波中院经重审认为，浙江省建筑设计研究院的加固方案费用高达 3300 多万元，大大超过工程造价，经济上不合理，有关顶升、迫降方案施工难度高、风险大，而对工程地坪高、层高不予调整仍可满足正常使用，对该院出具的修复方案不予采纳，工程质量维修以符合国家规范要求较为合理，判决认定工程造价按 18379900 元计算。2008 年 2 月 2 日，宁波中院作出〔2003〕甬民一重字第 2 号民事判决：1. 慈吉集团支付东航公司工程款 10779898 元，其中 7779898 元判决生效之日起 10 日内支付，余款 300 万元在东航公司完成维修义务后 10 日内支付；2. 东航公司在 6 个月内对工程质量问题予以维修，维修后工程质量应符合国家建设工程规范要求。

宣判后，东航公司、慈吉集团均不服重审判决，提起上诉。

浙江高院经审理认为，剩余工程款项应在工程竣工验收合格后支付，慈吉集团要求东航公司对案涉工程进行修复和加固，使工程质量符合设计要求并通过竣工验收合格，此抗辩有法律依据。而原审认为工程质量不满足设计要求但符合国家规范要求的，可不予维修，由东航公司对慈吉集团进行补偿不当，应予纠正。据此，该院于 2008 年 5 月 30 日作出〔2008〕浙民一终字第 110 号民事判决：东航公司在判决生效之日起 6 个月内对慈吉集团中学教学楼 D、E、F 楼及图书馆质量予以加固、修复，并通过竣工验收合格；在通过竣工验收合格后 10 日内，慈吉集团应支付给东航公司工程款 11162763 元。

宁波中院执行期间，东航公司向最高人民法院申请再审。最高人民法院立案审查后，予以驳回。

因东航公司不履行生效判决，慈吉集团向宁波中院申请执行。宁波中院于 2009 年 1 月 15 日立案执行。执行过程中，慈吉集团要求东航公司严格遵循设计图纸及施工技术标准全面修复上述工程存在的工程质量问题；东航公司认为除标高及楼层层高外，其他工程质量问题有能力进行加固和修复。但慈吉集团认为，东航公司所提出的修复方案空洞、不具备可操作性，其修复结果不能达到工程设计要求，无法全面修复慈吉中学教学楼 D、E、F 楼及图书馆工程质量问题。另外，针对东航公司的修复方案，慈吉集团向宁波中院提交了由原设计单位——浙江省建筑设计研究院出具的修复加固方案。东航公司认为，如果根据该方案进行修复，所花费用太大，其不愿根据慈吉集团提供的方案进行修复。慈吉集团认为，如果东航公司无法根据设计图纸及技术标准进行修复，慈吉集团愿意自行修复，修复费用要1800余万元。为此，宁波中院前后多次协调均未果。

【裁　　决】

宁波中院于2010年1月29日作出〔2009〕浙甬民执字第93-1号执行裁定。裁定认为：首先，虽然东航公司应根据设计图纸及技术标准对所承建的慈吉中学教学楼D、E、F楼及图书馆工程的质量问题进行全面修复加固，但加固修复费用高达33765545元，大大超过工程造价，经济上不合理，同时对于用顶升（迫降）的修复方案来解决楼层层高的质量问题，施工难度大、风险大，东航公司无能力来修复。其次，即使东航公司有能力依照慈吉集团提供的修复方案，对除所建工程标高和层高外的工程质量问题进行修复，不但费用超过工程造价，而且仍不能全面、彻底地解决所承建工程的所有质量问题，最终无法通过竣工验收。再次，因为东航公司无法全面、彻底地解决所承建工程的所有质量问题，无法通过竣工验收，因此只有将所承建的工程拆除重建，因物价和人工费上涨等原因，费用肯定大大高于工程造价，经济上不合理；同时，考虑到所涉工程虽存在较多质量问题，但不属于危房，慈吉集团修理后仍可使用。因此，在东航公司无法对所承建的慈吉中学教学楼D、E、F楼及图书馆工程质量问题按原设计要求进行全面修复加固的前提下，慈吉集团要求自行修复，应予准许。所涉修复费用应以法院认定的工程造价18379900元为限，由东航公司赔偿给慈吉集团。基于上述理由，裁定：一、慈吉集团自行对东航公司所承建的慈吉中学教学楼D、E、F楼及图书馆工程的工程质量予以修复加固。二、东航公司应赔偿工程质量修复加固费用18379900元（扣除慈吉集团尚未支付的工程款11162763元），尚应支付7217137元。三、东航公司向慈吉集团支付代为支付的诉讼费用205436.15元。宁波中院还在该裁定中直接赋予当事人向浙江高院申请复议的权利。

裁决后，东航公司不服裁定，向浙江高院申请复议。称：宁波中院的裁定无权改变浙江高院的判决内容；无权变更申请执行人的执行请求；无权对争议工程进行造价折抵；慈吉集团阻挠东航公司进场对工程进行修复加固，导致其无法履行判决。

浙江高院经复议认为，宁波中院的裁定存在如下问题：首先，在程序上，〔2009〕浙甬民执字第93-1号执行裁定属于执行实施裁定，当事人对该裁定提出异议，应由执行裁决部门对该异议进行审查，而不应直接在实施裁定中赋予当事人复议权。因本案情况特殊，浙江高院决定不再发回，而在内函中予以指出。其次，宁波中院裁定慈吉集团自行修复，由东航公司赔偿费用，实际上是在执行程序中行使了审判权，超越了执行权限。该院遂于2010年7月27日作出〔2010〕浙执复字第12号执行裁定，认为涉案工程系教学设施，由于执行双方就工程维修问题争执不下，至今未通过竣工验收，存在巨大安全隐患。东航公司虽然提供了修复方案，但该方案无法按原设计要求对工程进行修复，无法获得业主方慈吉集团的认可，故实际上仍难以通过竣工验收。现慈吉集团提出自行组织修复的替代履行方案，符合法律规定，应予准许。因替代履行发生的费用应由东航公司承担，以工程造价为限。东航公司的复议理由不能成立。但宁波中院的执行裁定主文第二项将东航公司应支付慈吉集团替代履行费用表述为赔偿工程质量修复加固费用属于用词不当，有改变原判决内容之嫌，应予纠正。基于上述理由，裁定：一、维持宁波中院〔2009〕浙甬民执字第93-1号执行裁定第一、三项；二、变更宁波中院〔2009〕浙甬民执字第93-1号执行裁定第二项为东航公司应支付工程质量修复加固费用18379900元（扣除慈吉集团尚未支付的工程款11162763元），尚应支付7217137元。

裁决后，东航公司不服复议裁定，向最高人民法院申诉。该公司认为，浙江两级法院执行裁定改变原生效判决内容，让慈吉集团自行修复工程，并将工程款与修复费用折抵不当，且修复费用以工程造价为限没有法律依据，请求撤销浙江高院〔2010〕浙执复字第12号执行裁定及宁波中院〔2009〕浙甬民执字第93-1号执行裁定。

最高人民法院经审查认为：东航公司在执行过程中提出，除案涉工程的标高及层高外，其他工程质量问题该公司有能力进行加固和修复，并就其他工程质量问题提出了修复方案。但慈吉集团不接受该公司的方案，要求东航公司严格遵循设计图纸及施工技术标准全面修复工程。东航公司未能提出符合原设计要求的修复方案，不能达到判决要求的修复标准，且该修复行为在性质上并非只能由东航公司完成。故本案替代履行的条件成就，根据民事诉讼法第二百二十八条①、最高人民法院《关于人民法院执行工作若干问题的规定（试行）》（以下简称《执行规定》）第60条第2款，可以由有关单位或其他人代替东航公司完成修复行为，费用由东航公司承担。上述规定并未将申请执行人排除在替代履行的主体之外，本案由申请执行人自行修复不违背公平合理的原则，有利于案件执行，应予准许。东航公司承担修复费用与慈吉集团支付工程款均为金钱给付义务，依债务性质可以相互折抵。且折抵之后，有利于降低案件执行

---

①　已修改为民事诉讼法第二百五十二条。

成本。浙江高院对此予以折抵并无不当，应予维持。修复费用的确定应以替代履行实际发生的费用为准。但从案涉工程原设计单位出具的修复方案和宁波中院对该方案委托鉴定的结果看，修复费用大大超出工程造价。如委托第三方修复，东航公司可能承担的费用远高于浙江两级法院在执行裁定中要求该公司承担的数额。另外，慈吉集团提出愿意自行修复工程，修复费用以工程造价为限，属慈吉集团处分自身权利的行为，由此可能出现的风险由慈吉集团自行承担。而东航公司一直未能提出低于工程造价并能全面修复案涉工程质量问题的方案。执行法院在慈吉集团做出让步的基础上，根据公平合理的原则裁定东航公司承担的修复费用以工程造价为限，与原设计单位的修复方案所需费用相比，较为公平合理。因此，东航公司的申诉请求不能成立，予以驳回。

第七章 执行当事人的变更、追加

第一节 申请执行人的变更

▶ **司法解释一**

★最高人民法院关于人民法院执行工作若干问题的规定（试行）（1998 年 7 月 8 日施行 法释〔1998〕15 号）（节录）

18. 人民法院受理执行案件应当符合下列条件：

（1）申请或移送执行的法律文书已经生效；

（2）申请执行人是生效法律文书确定的权利人或其继承人、权利承受人；[①]

（3）申请执行人在法定期限内提出申请；

（4）申请执行的法律文书有给付内容，且执行标的和被执行人明确；

（5）义务人在生效法律文书确定的期限内未履行义务；

（6）属于受申请执行的人民法院管辖。

人民法院对符合上述条件的申请，应当在七日内予以立案；不符合上述条件之一的，应当在七日内裁定不予受理。

▶ **司法解释二**

★最高人民法院关于民事执行中变更、追加当事人若干问题的规定（2016 年 12 月 1 日施行 法释〔2016〕21 号）（节录）

为正确处理民事执行中变更、追加当事人问题，维护当事人、利害关系人的合法权益，根据《中华人民共和国民事诉讼法》等法律规定，结合执行实践，制定本规定。

第一条 执行过程中，申请执行人或其继承人、权利承受人可以向人民法院申请变更、追加当事人。申请符合法定条件的，人民法院应予支持。

---

① 最高人民法院《关于判决确定的金融不良债权多次转让人民法院能否裁定变更申请主体请示的答复》（2009 年 6 月 16 日 〔2009〕执他字第 1 号）答复：《最高人民法院关于人民法院执行工作若干问题的规定（试行）》对申请执行人的资格已明确，其中第 18 条第一款（2）中的"权利承受人"，包含通过债权转让的方式承受债权的人。依法从金融资产管理公司受让债权的受让人将债权再行转让给其他普通受让人的，执行法院可以依据上述规定，依债权转让协议以及受让人或者转让人的申请，裁定变更申请执行主体。未排除普通受让人再行转让给其他普通受让人是变更申请主体。

第二条 作为申请执行人的公民死亡或被宣告死亡，该公民的遗嘱执行人、受遗赠人、继承人或其他因该公民死亡或被宣告死亡依法承受生效法律文书确定权利的主体，申请变更、追加其为申请执行人的，人民法院应予支持。

作为申请执行人的公民被宣告失踪，该公民的财产代管人申请变更、追加其为申请执行人的，人民法院应予支持。

第三条 作为申请执行人的公民离婚时，生效法律文书确定的权利全部或部分分割给其配偶，该配偶申请变更、追加其为申请执行人的，人民法院应予支持。

第四条 作为申请执行人的法人或其他组织终止，因该法人或其他组织终止依法承受生效法律文书确定权利的主体，申请变更、追加其为申请执行人的，人民法院应予支持。

第五条 作为申请执行人的法人或其他组织因合并而终止，合并后存续或新设的法人、其他组织申请变更其为申请执行人的，人民法院应予支持。

第六条 作为申请执行人的法人或其他组织分立，依分立协议约定承受生效法律文书确定权利的新设法人或其他组织，申请变更、追加其为申请执行人的，人民法院应予支持。

第七条 作为申请执行人的法人或其他组织清算或破产时，生效法律文书确定的权利依法分配给第三人，该第三人申请变更、追加其为申请执行人的，人民法院应予支持。

第八条 作为申请执行人的机关法人被撤销，继续履行其职能的主体申请变更、追加其为申请执行人的，人民法院应予支持，但生效法律文书确定的权利依法应由其他主体承受的除外；没有继续履行其职能的主体，且生效法律文书确定权利的承受主体不明确，作出撤销决定的主体申请变更、追加其为申请执行人的，人民法院应予支持。

第九条 申请执行人将生效法律文书确定的债权依法转让给第三人，且书面认可第三人取得该债权，该第三人申请变更、追加其为申请执行人的，人民法院应予支持。

第三十五条 本规定自 2016 年 12 月 1 日起施行。

本规定施行后，本院以前公布的司法解释与本规定不一致的，以本规定为准。

▶ 司法解释性文件一

★最高人民法院关于金融资产管理公司收购、处置银行不良资产有关问题的补充通知（2005 年 5 月 30 日施行　法〔2005〕62 号）（节录）

三、金融资产管理公司转让、处置已经涉及诉讼、执行或者破产等程序的不良债权时，人民法院应当根据债权转让协议和转让人或者受让人的申请，裁定变更诉讼或者执行主体。

▶ **司法解释性文件二**

★**最高人民法院关于审理涉及金融不良债权转让案件工作座谈会纪要**
（2009 年 3 月 30 日施行 法发〔2009〕19 号）（节录）

十、关于诉讼或执行主体的变更

会议认为，金融资产管理公司转让已经涉及诉讼、执行或者破产等程序的不良债权的，人民法院应当根据债权转让合同以及受让人或者转让人的申请，裁定变更诉讼主体或者执行主体。在不良债权转让合同被认定无效后，金融资产管理公司请求变更受让人为金融资产管理公司以通过诉讼继续追索国有企业债务人的，人民法院应予支持。人民法院裁判金融不良债权转让合同无效后当事人履行相互返还义务时，应从不良债权最终受让人开始逐一与前手相互返还，直至完成第一受让人与金融资产管理公司的相互返还。后手受让人直接对金融资产管理公司主张不良债权转让合同无效并请求赔偿的，人民法院不予支持。

▶ **典型案例**

★**李晓玲、李鹏裕申请执行厦门海洋实业（集团）股份有限公司、厦门海洋实业总公司执行复议案**（2014 年 12 月 18 日 法发〔2014〕327 号）

【关键词】

民事诉讼 执行复议 权利承受人 申请执行

【裁判要点】

生效法律文书确定的权利人在进入执行程序前合法转让债权的，债权受让人即权利承受人可以作为申请执行人直接申请执行，无需执行法院作出变更申请执行人的裁定。

【相关法条】

《中华人民共和国民事诉讼法》第二百三十六条第一款

【基本案情】

原告投资 2234 中国第一号基金公司（Investments 2234 China Fund Ⅰ B.V.，以下简称 2234 公司）与被告厦门海洋实业（集团）股份有限公司（以下简称海洋股份公司）、厦门海洋实业总公司（以下简称海洋实业公司）借款合同纠纷一案，2012 年 1 月 11 日由最高人民法院作出终审判决，判令：海洋实业公司应于判决生效之日起偿还 2234 公司借款本金 2274 万元及相应利息；2234 公司对蜂巢山路 3 号的土地使用权享有抵押权。在该判决作出之前的 2011 年 6 月 8 日，2234 公司将其对于海洋股份公司和海洋实业公司的 2274 万元本金债权转让给李晓玲、李鹏裕，并签订《债权转让协议》。2012 年 4 月

19 日，李晓玲、李鹏裕依据上述判决和《债权转让协议》向福建省高级人民法院（以下简称福建高院）申请执行。4 月 24 日，福建高院向海洋股份公司、海洋实业公司发出〔2012〕闽执行字第 8 号执行通知。海洋股份公司不服该执行通知，以执行通知中直接变更执行主体缺乏法律依据，申请执行人李鹏裕系公务员，其受让不良债权行为无效，由此债权转让合同无效为主要理由，向福建高院提出执行异议。福建高院在异议审查中查明：李鹏裕系国家公务员，其本人称，在债权转让中，未实际出资，并已于 2011 年 9 月退出受让的债权份额。

福建高院认为：一、关于债权转让合同效力问题。根据《最高人民法院关于审理涉及金融不良债权转让案件工作座谈会纪要》（以下简称《纪要》）第六条关于金融资产管理公司转让不良债权存在"受让人为国家公务员、金融监管机构工作人员"的情形无效和《中华人民共和国公务员法》第五十三条第十四项明确禁止国家公务员从事或者参与营利性活动等相关规定，作为债权受让人之一的李鹏裕为国家公务员，其本人购买债权受身份适格的限制。李鹏裕称已退出所受让债权的份额，该院受理的执行案件未做审查仍将李鹏裕列为申请执行人显属不当。二、关于执行通知中直接变更申请执行主体的问题。最高人民法院〔2009〕执他字第 1 号《关于判决确定的金融不良债权多次转让人民法院能否裁定变更申请执行主体请示的答复》（以下简称 1 号答复）认为："《最高人民法院关于人民法院执行工作若干问题的规定（试行）》（以下简称《执行规定》），已经对申请执行人的资格予以明确。其中第 18 条第 1 款规定：'人民法院受理执行案件应当符合下列条件：……（2）申请执行人是生效法律文书确定的权利人或其继承人、权利承受人。'该条中的'权利承受人'，包含通过债权转让的方式承受债权的人。依法从金融资产管理公司受让债权的受让人将债权再行转让给其他普通受让人的，执行法院可以依据上述规定，依债权转让协议以及受让人或者转让人的申请，裁定变更申请执行主体。"据此，该院在执行通知中直接将本案受让人作为申请执行主体，未作出裁定变更，程序不当，遂于 2012 年 8 月 6 日作出〔2012〕闽执异字第 1 号执行裁定，撤销〔2012〕闽执行字第 8 号执行通知。

李晓玲不服，向最高人民法院申请复议，其主要理由如下：一、李鹏裕的公务员身份不影响其作为债权受让主体的适格性。二、申请执行前，两申请人已同 2234 公司完成债权转让，并通知了债务人（即被执行人），是合法的债权人；根据《执行规定》有关规定，申请人只要提交生效法律文书、承受权利的证明等，即具备申请执行人资格，这一资格在立案阶段已予审查，并向申请人送达了案件受理通知书；1 号答复适用于执行程序中依受让人申请变更的情形，而本案申请人并非在执行过程中申请变更执行主体，因此不需要裁定变更申请执行主体。

【裁判结果】

最高人民法院于 2012 年 12 月 11 日作出〔2012〕执复字第 26 号执行裁定：撤销福建高院〔2012〕闽执异字第 1 号执行裁定书，由福建高院向两被执行人重新发出执行通知书。

【裁判理由】

最高人民法院认为：本案申请复议中争议焦点问题是，生效法律文书确定的权利人在进入执行程序前合法转让债权的，债权受让人即权利承受人可否作为申请执行人直接申请执行，是否需要裁定变更申请执行主体，以及执行中如何处理债权转让合同效力争议问题。

一、关于是否需要裁定变更申请执行主体的问题。变更申请执行主体是在根据原申请执行人的申请已经开始了的执行程序中，变更新的权利人为申请执行人。根据《执行规定》第 18 条、第 20 条的规定，权利承受人有权以自己的名义申请执行，只要向人民法院提交承受权利的证明文件，证明自己是生效法律文书确定的权利承受人的，即符合受理执行案件的条件。这种情况不属于严格意义上的变更申请执行主体，但二者的法律基础相同，故也可以理解为广义上的申请执行主体变更，即通过立案阶段解决主体变更问题。1 号答复的意见是，《执行规定》第 18 条可以作为变更申请执行主体的法律依据，并且认为债权受让人可以视为该条规定中的权利承受人。本案中，生效判决确定的原权利人 2234 公司在执行开始之前已经转让债权，并未作为申请执行人参加执行程序，而是权利受让人李晓玲、李鹏裕依据《执行规定》第 18 条的规定直接申请执行。因其申请已经法院立案受理，受理的方式不是通过裁定而是发出受理通知，债权受让人已经成为申请执行人，故并不需要执行法院再作出变更主体的裁定，然后发出执行通知，而应当直接发出执行通知。实践中有的法院在这种情况下先以原权利人作为申请执行人，待执行开始后再作出变更主体裁定，因其只是增加了工作量，而并无实质性影响，故并不被认为程序上存在问题。但不能由此反过来认为没有作出变更主体裁定是程序错误。

二、关于债权转让合同效力争议问题，原则上应当通过另行提起诉讼解决，执行程序不是审查判断和解决该问题的适当程序。被执行人主张转让合同无效所援引的《纪要》第五条也规定：在受让人向债务人主张债权的诉讼中，债务人提出不良债权转让合同无效抗辩的，人民法院应告知其向同一人民法院另行提起不良债权转让合同无效的诉讼；债务人不另行起诉的，人民法院对其抗辩不予支持。关于李鹏裕的申请执行人资格问题。因本案在异议审查中查明，李鹏裕明确表示其已经退出债权受让，不再参与本案执行，故后续执行中应不再将李鹏裕列为申请执行人。但如果没有其他因素，该事实不影响另一债权受让人李晓玲的受让和申请执行资格。李晓玲要求继续执行的，福建高院应以李晓玲为申请执行人继续执行。

第二节 被执行人的变更与追加

【条文主旨】 被执行人死亡或中止情形下的被执行主体的变更

第二百三十二条 作为被执行人的公民死亡的，以其遗产偿还债务。作为被执行人的法人或者其他组织终止的，由其权利义务承受人履行义务。

▶ **司法解释一**

★最高人民法院关于人民法院执行工作若干问题的规定（试行）（1998 年7 月 8 日施行 法释〔1998〕15 号）（节录）

76. 被执行人为无法人资格的私营独资企业，无能力履行法律文书确定的义务的，人民法院可以裁定执行该独资企业业主的其他财产。

77. 被执行人为个人合伙组织或合伙型联营企业，无能力履行生效法律文书确定的义务的，人民法院可以裁定追加该合伙组织的合伙人或参加该联营企业的法人为被执行人。

78. 被执行人为企业法人的分支机构不能清偿债务时，可以裁定企业法人为被执行人。企业法人直接经营管理的财产仍不能清偿债务的，人民法院可以裁定执行该企业法人其他分支机构的财产。

若必须执行已被承包或租赁的企业法人分支机构的财产时，对承包人或承租人投入及应得的收益应依法保护。

79. 被执行人按法定程序分立为两个或多个具有法人资格的企业，分立后存续的企业按照分立协议确定的比例承担债务；不符合法定程序分立的，裁定由分立后存续的企业按照其从被执行企业分得的资产占原企业总资产的比例对申请执行人承担责任。[①]

---

① 关于变更、追加改制企业的相关法律规定：最高人民法院《关于审理与企业改制相关民事纠纷案件若干问题的规定》（2003 年 2 月 1 日施行 法释〔2003〕1 号）第 4、5、6、7、8、9、10、11、12、24、25、26、27、28、29、32、34、35 条；最高人民法院对《商务部关于请确认〈关于审理与企业改制相关的民事纠纷案件若干问题的规定〉是否适用外商投资的函》的复函（2003 年 10 月 20 日施行 〔2003〕民二外复第 13 号）。

80. 被执行人无财产清偿债务，如果其开办单位对其开办时投入的注册资金不实或抽逃注册资金，可以裁定变更或追加其开办单位为被执行人，在注册资金不实或抽逃注册资金的范围内，对申请执行人承担责任。①

81. 被执行人被撤销、注销或歇业后，上级主管部门或开办单位无偿接受被执行人的财产，致使被执行人无遗留财产清偿债务或遗留财产不足清偿的，可以裁定由上级主管部门或开办单位在所接受的财产范围内承担责任。

82. 被执行人的开办单位已经在注册资金范围内或接受财产的范围内向其他债权人承担了全部责任的，人民法院不得裁定开办单位重复承担责任。

83. 依照民事诉讼法第二百一十三条、最高人民法院关于适用民事诉讼法若干问题的意见第 271 条至第 274 条及本规定裁定变更或追加被执行主体的，由执行法院的执行机构办理。②

▶ **司法解释二**

★最高人民法院关于适用《中华人民共和国民事诉讼法》的解释（2015 年 2 月 4 日施行　法释〔2015〕5 号）（节录）

第四百七十二条　依照民事诉讼法第二百三十二条规定，执行中作为被执行人的法人或者其他组织分立、合并的，人民法院可以裁定变更后的法人或者其他组织为被执行人；被注销的，如果依照有关实体法的规定有权利义务承受人的，可以裁定该权利义务人为被执行人。

第四百七十三条　其他组织在执行中不能履行法律文书确定的义务的，人民法院可以裁定执行对该其他组织依法承担义务的法人或者公民个人的财产。

第四百七十四条　在执行中，作为被执行人的法人或者其他组织名称变更的，人民法院可以裁定变更后的法人或其他组织为被执行人。

---

① 最高人民法院〔2009〕执复字第 13 号民事裁定书认为："人民法院在执行程序中裁定被执行人的开办单位承担注册资金不实的责任，应当以作出裁定时开办单位对被执行人的出资是否到位为依据开办单位在开办时未足额投入注册资金，开办以后以其他方式补足了注册资金的，应为法律所允许。"开办单位实际上是企业投资人或者股东，这主要缘于公司法将股东的出资义务从实收资本制度变为了认缴资本制，即允许股东在法定期间内缴足出资额。

② 最高人民法院《关于人民法院在执行程序中能否将已参加过诉讼、但生效裁判未判决其承担实体义务的当事人追加或变更为被执行人的问题的答复》（2007 年 6 月 20 日施行　〔2007〕执他字第 5 号）："……除非追加或变更该当事人为被执行人的事实和理由，已在诉讼过程中经审判部门审查并予以否定，否则，并不受生效裁判未判决该当事人承担实体义务的限制。人民法院有权根据相关法律规定，直接在执行程序中作出追加或变更该当事人为被执行人的裁定。"

第四百七十五条 作为被执行人的公民死亡，其遗产继承人没有放弃继承的，人民法院可以裁定变更被执行人，由该继承人在遗产范围内偿还债务。继承人放弃继承的，人民法院可以直接执行被执行人的遗产。

▶ **司法解释三**

★**最高人民法院关于民事执行中变更、追加当事人若干问题的规定**
(2016 年 12 月 1 日施行　法释〔2016〕21 号)（节录）

第十条 作为被执行人的公民死亡或被宣告死亡，申请执行人申请变更、追加该公民的遗嘱执行人、继承人、受遗赠人或其他因该公民死亡或被宣告死亡取得遗产的主体为被执行人，在遗产范围内承担责任的，人民法院应予支持。继承人放弃继承或受遗赠人放弃受遗赠，又无遗嘱执行人的，人民法院可以直接执行遗产。

作为被执行人的公民被宣告失踪，申请执行人申请变更该公民的财产代管人为被执行人，在代管的财产范围内承担责任的，人民法院应予支持。

第十一条 作为被执行人的法人或其他组织因合并而终止，申请执行人申请变更合并后存续或新设的法人、其他组织为被执行人的，人民法院应予支持。

第十二条 作为被执行人的法人或其他组织分立，申请执行人申请变更、追加分立后新设的法人或其他组织为被执行人，对生效法律文书确定的债务承担连带责任的，人民法院应予支持。但被执行人在分立前与申请执行人就债务清偿达成的书面协议另有约定的除外。

第十三条 作为被执行人的个人独资企业，不能清偿生效法律文书确定的债务，申请执行人申请变更、追加其投资人为被执行人的，人民法院应予支持。个人独资企业投资人作为被执行人的，人民法院可以直接执行该个人独资企业的财产。

个体工商户的字号为被执行人的，人民法院可以直接执行该字号经营者的财产。

第十四条 作为被执行人的合伙企业，不能清偿生效法律文书确定的债务，申请执行人申请变更、追加普通合伙人为被执行人的，人民法院应予支持。

作为被执行人的有限合伙企业，财产不足以清偿生效法律文书确定的债务，申请执行人申请变更、追加未按期足额缴纳出资的有限合伙人为被执行人，在未足额缴纳出资的范围内承担责任的，人民法院应予支持。

第十五条 作为被执行人的法人分支机构，不能清偿生效法律文书确定的债务，申请执行人申请变更、追加该法人为被执行人的，人民法院应予支持。法人直接管理的责任财产仍不能清偿债务的，人民法院可以直接执行该法人其他分支机构的财产。

作为被执行人的法人，直接管理的责任财产不能清偿生效法律文书确定债务的，人民法院可以直接执行该法人分支机构的财产。

第十六条　个人独资企业、合伙企业、法人分支机构以外的其他组织作为被执行人，不能清偿生效法律文书确定的债务，申请执行人申请变更、追加依法对该其他组织的债务承担责任的主体为被执行人的，人民法院应予支持。

第十七条　作为被执行人的企业法人，财产不足以清偿生效法律文书确定的债务，申请执行人申请变更、追加未缴纳或未足额缴纳出资的股东、出资人或依公司法规定对该出资承担连带责任的发起人为被执行人，在尚未缴纳出资的范围内依法承担责任的，人民法院应予支持。

第十八条　作为被执行人的企业法人，财产不足以清偿生效法律文书确定的债务，申请执行人申请变更、追加抽逃出资的股东、出资人为被执行人，在抽逃出资的范围内承担责任的，人民法院应予支持。

第十九条　作为被执行人的公司，财产不足以清偿生效法律文书确定的债务，其股东未依法履行出资义务即转让股权，申请执行人申请变更、追加该原股东或依公司法规定对该出资承担连带责任的发起人为被执行人，在未依法出资的范围内承担责任的，人民法院应予支持。

第二十条　作为被执行人的一人有限责任公司，财产不足以清偿生效法律文书确定的债务，股东不能证明公司财产独立于自己的财产，申请执行人申请变更、追加该股东为被执行人，对公司债务承担连带责任的，人民法院应予支持。

第二十一条　作为被执行人的公司，未经清算即办理注销登记，导致公司无法进行清算，申请执行人申请变更、追加有限责任公司的股东、股份有限公司的董事和控股股东为被执行人，对公司债务承担连带清偿责任的，人民法院应予支持。

第二十二条　作为被执行人的法人或其他组织，被注销或出现被吊销营业执照、被撤销、被责令关闭、歇业等解散事由后，其股东、出资人或主管部门无偿接受其财产，致使该被执行人无遗留财产或遗留财产不足以清偿债务，申请执行人申请变更、追加该股东、出资人或主管部门为被执行人，在接受的财产范围内承担责任的，人民法院应予支持。

第二十三条　作为被执行人的法人或其他组织，未经依法清算即办理注销登记，在登记机关办理注销登记时，第三人书面承诺对被执行人的债务承担清偿责任，申请执行人申请变更、追加该第三人为被执行人，在承诺范围内承担清偿责任的，人民法院应予支持。

第二十四条 执行过程中，第三人向执行法院书面承诺自愿代被执行人履行生效法律文书确定的债务，申请执行人申请变更、追加该第三人为被执行人，在承诺范围内承担责任的，人民法院应予支持。

第二十五条 作为被执行人的法人或其他组织，财产依行政命令被无偿调拨、划转给第三人，致使该被执行人财产不足以清偿生效法律文书确定的债务，申请执行人申请变更、追加该第三人为被执行人，在接受的财产范围内承担责任的，人民法院应予支持。

第二十六条 被申请人在应承担责任范围内已承担相应责任的，人民法院不得责令其重复承担责任。

第二十七条 执行当事人的姓名或名称发生变更的，人民法院可以直接将姓名或名称变更后的主体作为执行当事人，并在法律文书中注明变更前的姓名或名称。

第二十八条 申请人申请变更、追加执行当事人，应当向执行法院提交书面申请及相关证据材料。

除事实清楚、权利义务关系明确、争议不大的案件外，执行法院应当组成合议庭审查并公开听证。经审查，理由成立的，裁定变更、追加；理由不成立的，裁定驳回。

执行法院应当自收到书面申请之日起六十日内作出裁定。有特殊情况需要延长的，由本院院长批准。

第二十九条 执行法院审查变更、追加被执行人申请期间，申请人申请对被申请人的财产采取查封、扣押、冻结措施的，执行法院应当参照民事诉讼法第一百条的规定办理。

申请执行人在申请变更、追加第三人前，向执行法院申请查封、扣押、冻结该第三人财产的，执行法院应当参照民事诉讼法第一百零一条的规定办理

第三十五条 本规定自2016年12月1日起施行。

本规定施行后，本院以前公布的司法解释与本规定不一致的，以本规定为准。

▶**司法解释性文件一**

★最高人民法院关于适用《中华人民共和国民事诉讼法》若干问题的意见（1992年7月14日施行 法发〔1992〕22号）（节录）

271. 依照民事诉讼法第二百一十三条的规定，执行中作为被执行人的法人或者其他组织分立、合并的，其权利义务由变更后的法人或者其他组织承受；被撤销的，如果依有关实体法的规定有权利义务承受人的，可以裁定该权利义务承受人为被执行人。

272. 其他组织在执行中不能履行法律文书确定的义务的，人民法院可以

裁定执行对该其他组织依法承担义务的法人或者公民个人的财产。

273. 在执行中，作为被执行人的法人或者其他组织名称变更的，人民法院可裁定变更后的法人或者其他组织为被执行人。

274. 作为被执行人的公民死亡，其遗产继承人没有放弃继承的，人民法院可以裁定变更被执行人，由该继承人在遗产的范围内偿还债务。继承人放弃继承的，人民法院可以直接执行被执行人的遗产。

▶**司法解释性文件二**

★**最高人民法院、中国人民银行关于依法规范人民法院执行和金融机构协助执行的通知**（2000 年 9 月 4 日施行　法发〔2000〕21 号）（节录）

八、金融机构的分支机构作为被执行人的，执行法院应当向其发出限期履行通知书，期限为十五日；逾期未自动履行的，依法予以强制执行；对被执行人未能提供可供执行财产的，应当依法裁定逐级变更其上级机构为被执行人，直至其总行、总公司。每次变更前，均应当给予被变更主体十五日的自动履行期限；逾期未自动履行的，依法予以强制执行。

▶**司法解释性文件三**

★**最高人民法院关于加强人民法院审判公开工作的若干意见**（2007 年 6 月 4 日施行　法发〔2007〕20 号）（节录）

19. 对办案过程中涉及当事人或案外人重大权益的事项，法律没有规定办理程序的，各级人民法院应当根据实际情况，建立灵活、方便的听证机制，举行听证。对当事人、利害关系人提出的执行异议、变更或追加被执行人的请求、经调卷复查认为符合再审条件的申诉申请再审案件，人民法院应当举行听证。

▶**司法解释性文件四**

★**最高人民法院关于依法制裁规避执行行为的若干意见**（2011 年 5 月 27 日施行　法〔2011〕195 号）（节录）

20. 依法变更追加被执行人主体或者告知申请执行人另行起诉。有充分证据证明被执行人通过离婚析产、不依法清算、改制重组、关联交易、财产混同等方式恶意转移财产规避执行的，执行法院可以通过依法变更追加被执行人或者告知申请执行人通过诉讼程序追回被转移的财产。

▶**司法解释性文件五**

★**最高人民法院关于执行权合理配置和科学运行的若干意见**（2011 年 10 月 19 日施行　法发〔2011〕15 号）（节录）

21. 执行过程中依法需要变更、追加执行主体的，由执行局按照法定程序办理；应当通过另诉或者提起再审追加、变更的，由审判机构按照法定程序办理。

▶ **相关答复一**

★**最高人民法院执行工作办公室关于执行程序中可否以注册资金未达法定数额为由裁定企业不具备法人资格问题的函**（1997 年 12 月 16 日施行〔1997〕法经字第 389 号）

江苏省高级人民法院：

黑龙江省五常市邮电局对你院〔1996〕苏法执字第 43 - 12 号民事裁定书不服，向我院申诉称：该局于 1993 年 2 月组建了五常市邮电实业开发公司（以下简称邮电公司），注册资金 20 万元，工商局核发了企业法人营业执照。1995 年 6 月，邮电公司因与他人进行购销活动产生纠纷诉至你院。你院经审理于 1996 年 1 月 10 日作出〔1995〕苏经初字第 50 号民事判决书。你院在执行此判决时，以邮电公司的注册资金未达到《中华人民共和国企业法人登记条例实施细则》第十五条第七项规定的数额为由，于 1997 年 6 月 26 日裁定邮电公司不具备法人资格，其应承担的向债权人返还定金 200 万元、赔偿损失400 万元的义务，由其开办单位五常市邮电局承担。该局认为邮电公司具有法人资格，应独立承担民事责任，请求撤销你院〔1996〕苏法执字第 43 - 12 号民事裁定书。

我院认为，你院在执行生效判决过程中，以被执行人注册资金未达到《中华人民共和国企业法人登记条例实施细则》第十五条第七项规定的数额为由，裁定变更被执行主体的做法无法律依据。现将有关材料随函转去，请你院认真核查，如情况属实，应纠正错误，撤销你院〔1996〕苏法执字第 43 - 12号裁定书，并将结果报告我院。

▶ **相关答复二**

★**最高人民法院关于执行程序中被执行人无偿转让抵押财产人民法院应如何处理的答复**（2006 年 10 月 27 日施行 〔2006〕执他字第 13 号）

山东省高级人民法院：

你院《关于执行程序中被执行人无偿转让抵押财产人民法院应如何处理的请示》收悉。经研究，答复如下：

作为执行标的物的抵押财产在执行程序中被转让的，如果抵押财产已经依法办理了抵押登记，则不论转让行为是有偿还是无偿，也不论是否通知了抵押权人，只要抵押权人没有放弃抵押权，人民法院均可以直接对该抵押物进行执行。因此，你院可以直接对被执行人已经设定抵押的财产采取执行措施，必要时，可以将抵押财产的现登记名义人列为被执行人。

此复

▶相关答复三

★最高人民法院关于案外人香港广俊有限公司（下称广俊公司）执行异议一案处理问题的答复（2007年3月8日施行 〔1998〕执他字第2-4号）

广东省高级人民法院：

关于案外人香港广俊有限公司（下称广俊公司）执行异议一案，你院〔2004〕粤高法执监字第67号报告已收悉。经研究，答复如下：

原则同意你院审判委员会多数人意见。即广州中院否认广俊公司的独立法人资格无事实和法律依据，强制执行广俊公司的具体房产不当，应予纠正。

现案外人广俊公司与债权人广州发展集团有限公司（下称广发集团）在本院主持下已经达成执行和解协议。按照和解协议的有关条款，广发集团已经向本院提交了撤销相关执行裁定书的申请，请求将已执行过户的北京建成大厦房产执行回转，并准许该公司将此案涉及的全部债权及权益转让给广俊公司。本院认为，和解协议系双方在本院主持下自愿达成，且相关内容与本院及你院多数人意见一致的，故已予以确认。请你院接到本函后监督广州市中级人民法院立即撤销相关执行裁定书。

此复

【答复要点】

执行法院否认公司独立法人资格无事实和法律依据，强制执行公司的具体房产不当，应予纠正。

▶北京市高院规定

★北京市高、中级法院执行局（庭）长座谈会（第二次会议）纪要——关于变更或追加执行当事人若干问题的意见① （2010年9月17日施行）

为进一步规范变更或追加执行当事人案件的办理程序，统一司法尺度，依法、妥善、公正处理此类案件，切实保护当事人和案外第三人的合法权益，市高级法院执行局于2010年9月1日至2日召开了市高、中级法院执行局（庭）长座谈会第二次会议。与会同志通过认真讨论，就办理变更或追加执行当事人案件的主要问题取得了基本共识。现纪要如下：

一、变更或追加执行当事人应遵循的原则

会议认为，此类案件事关当事人和案外第三人的合法权利，也关乎执行程序是否合法，因此，各级法院执行机构必须高度重视。在办理中应当坚持以下原则：

---

① 转引自【法宝引证码】CLI.13.796039。

（一）事由法定原则。变更或追加执行当事人的，必须有执行方面的程序法律或司法解释的明确规定；执行方面的程序法律或司法解释未作规定的，执行机构不得裁定变更或追加执行当事人。

（二）依申请启动原则。审查变更或追加执行当事人的程序依当事人或案外第三人的申请启动，执行法院原则上不得依职权启动。

（三）事前审查原则。变更或追加执行当事人，原则上应当依程序进行审查后作出裁定，不得未经审查而迳行裁定变更或追加执行当事人。

（四）程序公开原则。变更或追加执行当事人的审查程序应当公开、透明，确保各方当事人参与到审查程序中，进行举证、质证、辩论，充分保障其程序权利。

二、变更或追加执行当事人审查程序的启动

会议认为，当事人或案外第三人申请变更或追加执行当事人的，应当向立案部门提出书面申请。申请书应当载明被申请变更或追加当事人的名称或姓名、住所地等基本情况，以及申请的事由、明确的法律依据和所涉执行案件的案号，并附初步的证据材料。对已经受理的变更或追加申请，经审查，没有明确的被申请变更或追加的主体的，裁定撤销案件。

当事人或案外第三人向执行法院申请变更或追加执行当事人，同时又通过诉讼程序要求被变更或追加的主体承担责任的，执行机构中止对案件的审查。诉讼案件裁定驳回起诉的，执行机构恢复审查程序；判决驳回诉讼请求的，执行机构裁定撤销案件。中、基层法院裁定撤销案件的，应当在裁定中载明当事人或案外第三人可向上一级法院申请复议。

执行法院裁定驳回变更或追加申请后，当事人或案外第三人以同一理由再次提出变更或追加申请，并附有新的关键证据的，执行法院应当受理并依法审查。执行法院裁定变更或追加执行当事人后，被变更或追加的当事人提出变更或追加裁定确认错误，可以按照《最高人民法院关于人民法院发现本院作出的诉前保全裁定和在执行程序中作出的裁定确有错误以及人民检察院对人民法院作出的诉前保全裁定提出抗诉人民法院应当如何处理的批复》（法释〔1998〕17号）的规定提交本院审判委员会讨论决定，或者按照执行监督程序处理。

三、变更或追加执行当事人案件的审查机构和程序

会议认为，变更或追加执行当事人应当由专门机构审查处理并有完备的程序保障。

除因当事人名称或姓名变更需要变更执行当事人，由执行实施机构直接处理外，变更或追加执行当事人的案件均由执行审查机构办理。

变更或追加执行当事人属于执行中的重大事项，应当组成合议庭进行审查。

变更或追加执行当事人原则上应当进行听证审查。但变更或追加的事实清楚、关系简单的，可不进行听证，通过通知当事人到庭谈话、查阅案卷等方式进行审查。审查后应当作出裁定，并及时送达各方当事人。裁定中应当载明当事人可向上一级法院申请复议。

被申请变更或追加的主体不到庭的，不影响审查程序的进行。经审查，证据充分、符合法定情形的，裁定予以变更或追加；证据不充分或不符合法定情形的，裁定驳回变更或追加申请。

四、变更或追加被执行人的法定情形（事由）

会议认为，根据现行法律和司法解释的规定，变更或追加被执行人的法定情形如下：

（一）变更被执行人的情形

1. 遗产继承人。依据《最高人民法院关于适用〈中华人民共和国民事诉讼法〉若干问题的意见》（以下简称《民诉法适用意见》）第274条规定，作为被执行人的公民死亡的，以其遗产偿还债务。其遗产继承人没有放弃继承的，可以裁定变更遗产继承人为被执行人，由该继承人在所继承的遗产范围内偿还债务。

2. 分立、合并后的法人企业。依据《民诉法适用意见》第271条规定，执行中作为被执行人的法人或者其他组织分立、合并的，原被执行人不再存续的，可以裁定变更承受其权利义务的法人或者其他组织为被执行人。

3. 法人或者其他组织终止后的权利义务承受人。依据《中华人民共和国民事诉讼法》（以下简称《民事诉讼法》）第二百零九条规定，作为被执行人的法人或者其他组织终止的，由其权利义务承受人履行义务。依据《民诉法适用意见》第271条规定，执行中作为被执行人的法人或者其他组织被撤销的，如果依有关实体法的规定有权利义务承受人的，可以裁定该权利义务承受人为被执行人。

（二）追加被执行人的情形

1. 私营独资企业业主。依据《最高人民法院关于人民法院执行工作若干问题的规定（试行）》（以下简称《执行规定》）第76条规定，被执行人为无法人资格的私营独资企业，无能力履行法律文书确定的义务的，人民法院可以裁定执行该独资企业业主的其他财产。

2. 合伙组织的合伙人或参加该联营企业的法人。依据《执行规定》第77条规定，被执行人为个人合伙组织或合伙型联营企业，无能力履行生效法律文书确定的义务的，人民法院可以裁定追加该合伙组织的合伙人或参加该联营企业的法人为被执行人。被执行人为有限合伙企业，无能力履行生效法律文书确定的义务的，人民法院可以裁定追加该合伙企业的普通合伙人为被执行人，不得裁定追加该合伙企业的有限合伙人为被执行人。

3. 企业法人。依据《执行规定》第78条规定，被执行人为企业法人的分支机构不能清偿债务时，可以裁定追加企业法人为被执行人。企业法人直接经营管理的财产仍不能清偿债务的，执行实施机构可以迳行裁定执行该企业法人其他分支机构的财产。若必须执行已被承包或租赁的企业法人分支机构的财产时，对承包人或承租人投入及应得的收益应依法保护。

4. 分立、合并后的法人企业。依据《民诉法适用意见》第271条规定，执行中作为被执行人的法人或者其他组织分立、合并的，原被执行人依然存续的，可以裁定追加其他承受其权利义务的法人或者其他组织为被执行人。

5. 对其他组织（非法人）依法承担义务的法人或者公民个人。依据《民诉法适用意见》第272条规定，其他组织在执行中不能履行法律文书确定的义务的，人民法院可以裁定执行对该其他组织依法承担义务的法人或者公民个人的财产。

6. 注册资金不实或抽逃注册资金的企业法人的开办单位或股东。依据《执行规定》第80条规定，被执行人无财产清偿债务，如果其开办单位或股东对其开办时投入的注册资金不实或抽逃注册资金，可以裁定变更或追加其开办单位或股东为被执行人，在注册资金不实或抽逃注册资金的范围内，对申请执行人承担责任。

7. 无偿接受被执行人财产的上级主管部门或开办单位（股东）。依据《执行规定》第81条规定，被执行人被撤销、注销或歇业后，上级主管部门或开办单位（股东）无偿接受被执行人的财产，致使被执行人无遗留财产清偿债务或遗留财产不足清偿的，可以裁定由上级主管部门或开办单位（股东）在所接受的财产范围内承担责任。

需要特别注意的有两点：第一，依据《执行规定》第82条的规定，在上述第6、7种情形中，被执行人的开办单位（股东）或上级主管部门已经在注册资金范围内或接受财产的范围内向其他债权人承担了全部责任的，人民法院不得裁定开办单位或上级主管部门重复承担责任。第二，被执行人为个人独资企业（通常所称的"一人公司"），无财产清偿债务的，不得依据《中华人民共和国公司法》的相关规定在执行程序中裁定追加其投资人为被执行人。

对上述"变更被执行人的情形"中的第1种情形和"追加被执行人的情形"中的第6、7种情形，执行审查机构原则上应进行实质审查，不得仅通过形式审查或以表面证据判断即作出裁定。

五、变更申请执行人的法定情形（事由）

根据最高人民法院执行局的指导意见，申请变更申请执行人的法律依据是《执行规定》第18条第1款第（2）项的规定（"申请执行人是生效法律文书确定的权利人或其继承人、权利承受人"），该规定中所说的"权利承受人"既包括因主体消亡或组织形式发生变更而承继其权利的主体，也包括因债权转让而受让其债权的主体。概括起来，主要有以下几种情形：

（一）基于权利承继发生的申请执行人变更

1. 债权人系自然人的，该自然人死亡或者被宣告失踪的，其权利继受人可申请变更为申请执行人。权利继受人包括继承人、受遗赠人、遗嘱执行人、遗产管理人或者财产代管人。

2. 债权人系法人或其他组织的，可申请变更申请执行人的主体包括：

（1）作为债权人的法人分立的，分立协议中确定继受该债权的新设立法人可申请变更为申请执行人。

（2）作为债权人的法人与其他人合并的，合并后新设立的法人可申请变更为申请执行人。

（3）作为债权人的企业法人依法破产或者被注销的，其清算组织或者负有清算义务的人可申请变更为申请执行人。

（4）作为债权人的机关法人被撤销的，继续行使其权利的机关可申请变更为申请执行人。被撤销机关的职权无其他部门继续行使的，作出撤销决定的机关可申请变更为申请执行人。

（5）作为债权人的其他组织被撤销的，开办该组织的公民或者法人可申请变更为申请执行人。

（6）其他因债权人的主体发生变更而承继其权利的情形。

（二）基于债权转让发生的主体变更

执行程序中，因债权转让，受让人申请变更其为申请执行人的，裁定予以变更。但应当注意以下问题：

1. 债权受让人以债权转让为由申请变更其为申请执行人的，执行法院应当对每一次债权转让的协议及程序的真实性、合法性进行审查。对因相关转让协议的当事人不到庭等原因，导致债权转让的协议及程序的真实性和合法性无法查清的，不予变更。

需要注意的是，金融资产管理公司转让已经处于执行程序中的不良债权，受让人向执行法院申请变更其为申请执行人的，执行法院应当根据最高人民法院有关通知要求和《最高人民法院关于审理涉及金融不良债权转让案件工作座谈会纪要》有关内容予以审查处理。执行法院应当重点审查不良债权的可转让性、受让人的适格性及债权转让协议及其程序的真实性和合法性。对存在违反相关规定的情形的，应不予变更。

2. 变更申请执行人的裁定中，应当载明当事人可向上一级法院申请复议。

3. 当事人或案外第三人主张已生效的变更申请执行人的裁定确有错误的，可以按照《最高人民法院关于人民法院发现本院作出的诉前保全裁定和在执行程序中作出的裁定确有错误以及人民检察院对人民法院作出的诉前保全裁定提出抗诉人民法院应当如何处理的批复》（法释〔1998〕17号）的规定提交本院审判委员会讨论决定，或者按照执行监督程序处理。

对因作为债权人的自然人死亡或被宣告失踪而发生的申请执行人变更和基于债权转让发生的主体变更，执行审查机构原则上应进行实质审查，不得仅通过形式审查或以表面证据判断即作出裁定。

六、变更或追加执行当事人相关的几个问题

（一）申请追加被执行人的配偶或前配偶为被执行人的问题

执行依据确定的债务人为夫妻一方的，根据现行法律和司法解释的规定，执行法院不能裁定追加其配偶为被执行人。执行此类案件按下列方式处理：

1. 申请执行人主张判决确定的债务为夫妻共同债务，申请追加被执行人的配偶为被执行人的，告知其通过其他程序另行主张。

2. 对被执行人名下的财产或者夫妻共同名下的财产，可以查封、扣押、冻结。

被执行人的配偶以被执行人名下的财产为夫妻共同财产为由提出异议的，按照《民事诉讼法》第二百零四条关于案外人异议的规定处理。

被执行人的配偶对夫妻共同财产的性质无争议，仅以法院不得查封、扣押、冻结共同财产为由提出异议的，按照《民事诉讼法》第二百零二条关于执行异议的规定处理。

3. 申请执行人以被执行人的配偶实际占有或登记在其名下的财产为夫妻共同财产为由，书面申请查封、扣押、冻结该共同财产的，执行法院可以查封、扣押、冻结。被执行人的配偶以该财产为其个人财产为由提出异议的，按照《民事诉讼法》第二百零四条关于案外人异议的规定处理。

夫妻离婚后，民事判决或调解书对财产已经进行分割的，或者双方已经协议对财产进行分割的，不能追加被执行人的前配偶为被执行人，也不能执行前配偶实际占有或登记在其名下的财产。夫妻离婚后，对财产没有进行分割的，对夫妻关系存续期间夫妻共同名下的财产及被执行人配偶名下的财产，根据申请执行人的书面申请可予以查封、扣押、冻结。查封、扣押、冻结后，执行法院应当及时通知被执行人的前配偶，并告知其可依法提出异议。

对查封、扣押、冻结的夫妻共同财产，按照《最高人民法院关于人民法院民事执行中查封、扣押、冻结财产的规定》第十四条的规定处理。需要注意的是，对夫妻共同财产的执行，针对的是夫妻共同财产的整体，无需对夫妻共同财产中的单个财产逐一进行分割。可执行的被执行人在夫妻共同财产中的共有部分，不得超过夫妻共同财产价值总额的一半。

（二）关于追加公司股东为被执行人的前提条件

会议认为，根据相关法律和司法解释的规定，在追加公司股东为被执行人的案件中，应当以被执行人无财产清偿债务为前提条件。确认"被执行人无财产清偿债务"，应当注意以下几个问题：

1. 执行法院应当按照《北京市高级人民法院关于执行实施案件结案的若干规定（试行）》的有关规定，履行依职权调查财产的职责。按照规定完成依职权调查财产的职责后，仍未发现被执行人有财产可供执行的，可以认定被执行人无财产清偿债务。执行法院不能以申请执行人未提供财产线索为由，不履行依职权调查财产的职责。

2. 被申请追加人主张被执行人有财产清偿债务的，对其主张负有举证责任。

3. 可供执行的财产不包括虽然属于被执行人所有但法律和司法解释规定人民法院不得查封、扣押、冻结或拍卖、变卖、抵债的财产。

4. 对经二次拍卖流拍且无法交付抵债的动产，以及经三次拍卖流拍且无法交付抵债亦无法采取其他执行措施的不动产或者其他财产权的，可以认定为被执行人无财产可供执行。

5. 执行法院控制的财产明显不足以清偿全部债务，或者执行法院采取的财产控制性措施为轮候查封、冻结的，可视为被执行人无财产可供执行。

（三）执行担保人、协助义务人或其他人、被执行人的到期债务人执行的有关问题

会议认为，在下列情形下，由执行实施机构依据法律、司法解释的有关规定迳行处理，而不按申请或追加执行当事人的程序办理：

1. 在执行程序中执行担保人应当承担担保责任的，可迳行裁定执行担保财产以及担保人的财产。

2. 协助义务人不履行协助义务，或者协助义务人或其他人擅自解除法院已采取的执行措施致使可执行财产转移或灭失，责令其限期追回而未追回的，可迳行裁定协助义务人或其他人承担赔偿责任。

3. 被执行人的到期债务人在履行通知指定的期限内没有提出异议而又不

履行的，可迳行裁定对其强制执行。

当事人对以上三种情形下作出的裁定不服的，可以按照《民事诉讼法》第二百零二条的规定提出执行异议。

七、关于本会议纪要的适用

会议认为，《纪要》的内容和精神仅适用于《纪要》下发之后发生的执行行为和异议、复议审查行为。法律、司法解释或最高人民法院关于本《纪要》所涉问题有新的规定或新的指导意见，或者市高级人民法院有新的规定或指导意见的，按照新的规定和意见办理。

▶ **江苏省高院规定一**

★**江苏省高级人民法院关于统一夫妻共同债务、出资人未依法出资、股权转让、一人公司等四类案件追加当事人及适用程序问题的通知**（2015 年 12 月 15 日施行　苏高法电〔2015〕784 号）

各市中级人民法院、各基层人民法院：

根据《最高人民法院关于执行案件立案、结案若干问题的意见》第十条第（二）项的规定，当事人、利害关系人不服人民法院作出的因夫妻共同债务、出资人未依法出资、股权转让、一人公司等四类案件引起的追加被执行人的裁定，提出异议的，人民法院不适用异议复议程序予以审查。在法律和司法解释对当事人异议之诉没有明确规定的情况下，出现了法律适用上的冲突。实践中，人民法院对此四类案件的审查处理方式不尽相同。为维护生效法律文书的司法权威，保障当事人、利害关系人的救济权利，统一全省法院的执法尺度，现就该四类案件是否追加当事人及审查适用的程序通知如下：

一、对于夫妻共同债务、出资人未依法出资、股权转让、一人公司等四类案件，原则上应严格按照执行依据确定的义务承受人确定被执行人，除法律和司法解释明确规定的情形外，不得在执行程序中追加执行依据确定的义务承受人以外的人为被执行人。申请执行人认为执行依据确定的义务承受人以外的人应当承担责任的，可以另行向人民法院提起诉讼。

二、对于在执行程序中认定为夫妻共同债务的案件，如果符合法律、司法解释等规定的追加条件的，可以作出追加被执行人的配偶为被执行人的裁定，予以追加。被执行人的配偶不服人民法院作出的追加裁定，提出书面异议的，人民法院适用《中华人民共和国民事诉讼法》第二百二十五条的规定，对其异议进行审查。

根据案件具体情况，如果直接执行被执行人配偶的财产更为适宜的，可以不追加被执行人的配偶为被执行人，直接执行其财产。被执行人的配偶提出书面异议的，人民法院适用《中华人民共和国民事诉讼法》第二百二十七条的规定审查处理。

三、对于出资人未依法出资的案件，如果符合《最高人民法院关于人民法院执行工作若干问题的规定（试行）》第80条规定的情形，可以作出追加出资不实或抽逃出资的主体为被执行人的裁定，予以追加。被追加的主体不服人民法院作出的追加裁定，提出书面异议的，人民法院适用《中华人民共和国民事诉讼法》第二百二十五条的规定，对其异议进行审查。

四、对于股权转让、一人公司案件，应严格按照执行依据确定的义务承受人确定被执行人，在法律和司法解释没有明确规定的情况下，不得追加股权转让的股东、一人公司的股东为被执行人。申请执行人认为股权转让的股东、一人公司的股东应当承担责任的，可以另行向人民法院提起诉讼。

五、本通知下发后，法律或司法解释对此四类案件的处理作出新规定的，以新规定为准。

▶江苏省高院规定二

★江苏省高级人民法院关于执行疑难若干问题的解答（2013年12月17日施行）（节录）

8. 除《中华人民共和国公司法》及其解释的相关规定之外，哪些情况下也可以追加股东为被执行人？

答：股东增资不实，不论公司债务发生在不实增资之前或之后，都可以追加增资不实的股东为被执行人，在增资不实的范围内承担补充责任。

发起人出资不实，可以追加其他发起人为被执行人，与该发起人一起在出资不实的范围内向公司债权人承担连带赔偿责任。其他股东出资不实，可以追加发起人为被执行人，与出资不实的股东向公司债权人承担连带赔偿责任。

股东认缴出资的期限未到，可以先采取保全措施，待认缴期限届满后再采取执行措施。

股东被追加为被执行人后，股东的股东仍然有出资不实或者抽逃出资的事实的，一般不再连续追加股东。

追加股东为被执行人的裁定在异议或复议期内虽然不发生立即强制执行的效力，但对被追加股东具有限定其偿还债务对象的效力，该裁定被撤销或执行完毕之前，被追加股东对该裁定以外的其他债权人以同样理由承担责任不影响追加裁定效力，也不能对抗本案执行。

被执行人进入破产程序后，对被追加为被执行人的股东的执行应当中止。

▶ **典型案例**

★**毛海兰与河南天工建设集团有限公司执行异议案**①

【要点提示】

有限责任公司成立后，公司股东的出资便转化为公司的财产，公司股东也就丧失了对出资的所有权。因此，公司的股东在公司成立后不得抽回其出资；公司股东在公司成立后抽逃出资行为，实质上是一种侵犯公司财产的行为。公司分立时，应当按照法定的程序对其财产进行分割和对债权债务进行协商处理并公告。否则，公司应当承担不利的法律后果。

【案例索引】

执行：河南省南阳市卧龙区人民法院〔2011〕宛龙执字第 22 - 3 号（2011 年 12 月 20 日）

执行复议：河南省南阳市中级人民法院〔2012〕南中执复字第 07 号（2012 年 3 月 26 日）

【案　　情】

异议人（追加的被执行人）：河南天工建设集团有限公司（以下简称天工集团）

申请执行人：毛海兰

被执行人河南天工建设集团钢结构工程有限公司（以下简称钢结构公司）

2011 年 11 月 3 日，河南省南阳市卧龙区人民法院（以下简称卧龙法院）在执行本案时，因被执行人钢结构公司无可供执行的财产，依据申请执行人毛海兰提供的财产线索和追加申请，作出了〔2011〕宛龙执字第 22 - 2 号执行裁定书，追加天工集团为本案被执行人，并在 800 万元抽逃注册资金的范围内，向申请执行人毛海兰清偿债务。天工集团不服该裁定，于 2011 年 11 月 9 日向卧龙法院提出了执行异议。

天工集团提出异议的主要理由是：异议人与钢结构公司之间 800 万元的转款行为，系正常的业务往来。(1) 钢结构公司原是天工集团的分公司，后改制成独立法人企业。改制前的全部流动资金和固定资产均属于我集团所有。改制时双方依照内部财务往来账目进行了清算。截至 2007 年 4 月 19 日，钢结构公司欠我集团资产产价值 340.73 万元。改制后，钢结构公司成为独立法人，具有自己的独立财产权，应该把占用我集团的资产予以归还。因此，钢结构公司于 2007 年 5 月 17 日先期向我集团偿还了 249 万元。剩下的 449036.47 元在

---

① 最高人民法院中国应用法学研究所：【分类号】115612012123864，2012 第 4 辑（总第 82 辑），2012 年 3 月 26 日。

2011年4月15日以借款形式抵冲完毕。（2）我集团曾向钢结构公司借款281万元，现已陆续偿还完毕。（3）钢结构公司在公司设立验资时，由于自然人股东出资尚未完全到位，钢结构公司于2007年4月23日向我集团分两笔借款270万元用于验资注册。验资后，钢结构公司在2007年5月17日向我集团偿还了270万元的借款。综上，该800万元的转款行为实属还款，系正常的业务往来，根本不存在抽逃和无偿占用出资问题。

一审法院查明：2007年4月23日，钢结构公司由天工集团申请注册成立，注册资金800万元。其中，法人股东天工集团出资408万元，占注册资本的51%，自然人股东18人出资392万元，占注册资本49%，各股东都是以人民币现金的方式出资。根据南阳市方圆有限责任会计师事务所（以下简称方圆会计所），于2007年4月23日所出具的宛方会验〔2007〕10号验资报告，钢结构公司各股东的出资到位时间均为2007年4月23日。2007年5月17日，钢结构公司将注册资金800万元的现金，通过银行转账的方式又全部转入了天工集团的银行账户内。2007年5月25日，南阳市工商行政管理局为钢结构公司颁发了工商营业执照。

南阳市中级人民法院补充查明：（1）钢结构公司于2007年4月23日注册资金的开户银行为建行南阳分行，存款账户号为41001522310050202972。（2）2007年4月23日，天工集团作为法人股东向钢结构公司的注册资金开户银行的账号内缴存注册资金408万元，其他18名自然人股东，分别向该账号内缴存注册资金共计392万元。同日，经方圆会计所验资，全体股东在钢结构公司建行南阳分行41001522310050202972账号内的货币出资金额合计800万元，占注册资本总额的100%。（3）钢结构公司从2007年4月23日完成注册资金当天至5月17日，此间20天，钢结构公司在建行南阳分行的注册资金开户银行为41001522310050202972的账号内，仅于5月17日发生一笔转款业务即向天工集团转款800万元。（4）从钢结构公司分立时向工商机关提交的变更登记申请表、股东会决议、董事会决议、公司章程等相关证据材料看，均没有显示该公司在注册成立时两个企业分立过程中有关债权债务分割情况的说明。（5）2007年5月25日钢结构公司领取工商营业执照。

【审　判】

一审法院经审查后认为，我国《公司法》第36条明确规定，公司成立后，股东不得抽逃出资。天工集团作为钢结构公司的主要股东，在钢结构公司成立及刚验资以后，就将注册资金全部抽走，应当认定天工集团抽逃资金800万元的事实存在。天工集团虽然辩称，在钢结构公司作为非法人企业时，投入的资产340万元，应由钢结构公司偿还，于法无据，本院不予采信；分三笔借天工集团的 270 万元，系天工集团第二、三公司分别出具的借据手续，与钢结构公司无关；2007 年 5 月 17 日天工集团借钢结构公司 281 万元，系以借款形式掩盖其抽逃资金行为。因此，天工集团所提执行异议理由不能成立。一审法院根据《中华人民共和国民事诉讼法》第二百零二条之规定，作出〔2011〕宛龙执字第 22-3 号执行裁定书，驳回了天工集团公司所提出的异议申请。天工集团不服，向河南省南阳市中级人民法院（以下简称南阳中院）申请复议。

南阳中院经审查后认为，本案所争议的焦点是：天工集团作为钢结构公司的企业投资人是否具有抽逃和无偿占用注册资金行为。并据此作如下评析，钢结构公司从 2007 年 4 月 23 日验资后至 5 月 17 日，在比较短的时间内，天工集团作为该公司的法人股东便将 800 万元注册资金从所开办的企业转走，事实清楚，证据确实，属于抽逃注册资金行为，具有追加其为被执行人的法定情形。对于天工集团所称，钢结构公司于 2007 年 5 月 17 日通过银行向其转款的 800 万元是钢结构公司偿还对集团公司的先前欠款以及相互间的借款行为，并不是抽逃出资和无偿占有行为的抗辩理由也于法不符。我国《公司法》第 176 条规定，公司分立时应当进行财产分割。股东会决议通过董事会提出的方案时，特别要通过公司债务的分担协议。为妥善处理财产分割，董事会还应当编制资产负债表及财产清单，经股东会授权后，由董事会负责实施。为履行对债权人的保护程序，有利于企业分立时债务的核查和确认，还应在公司分立决议作出后 10 日内，将公司分立决议通知债权人并于 30 日内在报纸上公告。《公司登记管理条例》第 39 条规定，公司分立申请登记，在提交分立决议等有关证明材料的同时，还要提交分立时债务清偿或者债务担保情况的说明。依据上述法律规定，钢结构公司在与天工集团分立时，应严格履行企业分立的法定程序，尤其是对分立时的债权债务要依法进行明确分割并予以公示，但天工集团不能提供相关的证据材料，其辩解理由没有证据支持。

另，依据我国《公司法》规定，在钢结构公司成立后，公司股东的出资便转化为公司的财产，公司股东也就丧失了对出资的所有权。因而，《公司法》规定，有限责任公司的股东在公司成立后不得抽回其出资；公司股东在公司成立后抽逃出资行为，实质上是一种侵犯公司财产的行为。由于公司的财产遭到侵害，公司债权人的利益也因此受到损害。《最高人民法院关于人民法院执行工作若干问题的规定（试行）》第 80 条规定："被执行人无财产清偿债务，如果其开办单位对其开办时投入的注册资金不实或抽逃注册资金，可以裁定变更或追加其开办单位为被执行人，在注册资金不实或抽逃注册资金的范围内，对申请执行人承担责任。"这里的"开办单位"，实际上是指企业的投资者。据此，一审法院追加天工集团为申请执行人毛海兰申请执行钢结构公司一案的被执行人，在其抽逃和无偿占有注册资金的范围内对申请执行人承担责任，符合法律规定，依法应予支持。综上，申请复议人天工集团的复议理由不能成立，依法应予驳回。依照《中华人民共和国民事诉讼法》第二百零二条和《最高人民法院关于适用〈中华人民共和国民事诉讼法〉执行程序若干问题的解释》第八条、第九条的规定，据此作出了〔2012〕南中执复字第07号执行复议裁定书，驳回了天工集团的复议申请。

【评　　析】

一、从表现形式上来看，异议人天工集团抽逃和无偿占有注册资金的行为比较明显

我国《公司法》第28条第1款规定："股东应当按期足额缴纳公司章程中规定的各自所认缴的出资额。"因此，对有限责任公司来讲，又叫注册资本。注册资金，是企业因成立或增资所投入资本金的总和，是企业法人、公司经营管理的实有财产。它是企业法人、公司取得法人资格、能够独立承担民事责任的基础。根据现在普遍认同的资本三原则（即资本确定原则、资本维持原则以及资本不变原则）的要求，股东出资构成的注册资本是公司信誉及其承担责任的物质基础。因此，我国《公司法》第36条明确规定："公司成立后，股东不得抽逃出资。"即法律规定公司发起人、股东出资后，不得抽回出资。公司的发起人、股东在公司成立后，抽逃其出资，被认为是对公司债权人、社会公众和公司登记机关的欺骗。就本案，天工集团作为钢结构公司的发起人和主要持股股东，在公司成立且资本到位并验资后，就匆匆将注册资金的货币出资部分，以"拨款"为名，全部转回其集团公司的账上，造成公司刚刚成立就成为名副其实的"空壳"公司。

二、从事实与法理上来讲，天工集团的异议不能成立

1. 天工集团的异议理由，故意混淆了公司注册资本与实收资本的关系

注册资本，股东不仅出资还应当经过验资和依法登记的程序。因此，它也叫法定资本；实收资本则是指投资者按照公司章程或合同、协议的约定，实际投入公司的资本。在公司经营过程当中，实收资本可以小于、等于或大于注册资本。公司成立时，如果注册资本足额缴纳，则实收资本等于注册资本。本案中，注册资金在公司成立时经过验资已经足额缴纳，公司实收资本应当是等于注册资本。但天工集团坚称钢结构公司是在原非法人企业——天工集团钢结构分公司的基础上改制设立。其原有生产经营的全部流动资金和固定资产均属其集团所有。钢结构公司独立后，上述流动资金和固定资产仍归公司管理和经营。如果天工集团的上述理由成立，钢结构公司的实收资本应当是大于注册资本。另外，无论是注册资本，或者是实收资本，其缴纳的数额、形式和方法，都应

当按照公司的章程或合同的约定来进行。事实上，钢结构公司在没有任何公司章程或者合同约定的情况下，如何能够接受、占有、使用、管理和经营原天工集团钢结构分公司的财产呢？

2. 天工集团作为公司发起人，在钢结构公司分立成为独立法人时，没有进行财产分割

我国《公司法》第176条第1款规定："公司分立，其财产作相应的分割。"在实践中，总公司为了实现资产扩张，降低投资风险，往往把其分公司改组成具有法人资格的全资子公司。此时总公司亦转化为母公司。母公司仅以其投资额为限对新设子公司债务负有限责任。天工集团正是采用这种派生分立的方式，将原天工集团钢结构分公司分立成为钢结构公司。但是，在新的公司成立和注册登记时，并没有显示是"分立"后的公司。因此，天工集团也就没有必要与原天工集团钢结构分公司的财产依法进行财产分割和对原有的债权、债务进行约定。天工集团钢结构分公司与之后成立的钢结构公司在法律上没有任何关系。同时，现行《公司法》规定，依法分立的公司，也要对于分立前的债务负连带责任，所以分立时是否清理财产与债务，对于执行程序影响不大。

3. 天工集团抽逃和无偿占有注册资金的行为，损害了债权人的合法权益

天工集团为了设立公司，在注册资金经过验资并获得公司登记所必需的验资报告以后，将注册资金全部抽走，造成公司刚刚成立就因流动资金短缺而无法正常经营，只能借债经营，给债权人造成了极大的风险，最终使债权人的利益遭受损害。

第三节　婚姻关系存续期间债务的执行

▶ **相关法律**

★**中华人民共和国婚姻法**（2001年4月28日施行　主席令第51号）（节录）

第十七条　夫妻在婚姻关系存续期间所得的下列财产，归夫妻共同所有：

（一）工资、奖金；

（二）生产、经营的收益；

（三）知识产权的收益；

（四）继承或赠与所得的财产，但本法第十八条第三项规定的除外；

（五）其他应当归共同所有的财产。

夫妻对共同所有的财产，有平等的处理权。

第十八条　有下列情形之一的，为夫妻一方的财产：

（一）一方的婚前财产；

（二）一方因身体受到伤害获得的医疗费、残疾人生活补助费等费用；

（三）遗嘱或赠与合同中确定只归夫或妻一方的财产；

（四）一方专用的生活用品；

（五）其他应当归一方的财产。

第十九条　夫妻可以约定婚姻关系存续期间所得的财产以及婚前财产归各自所有、共同所有或部分各自所有、部分共同所有。约定应当采用书面形式。没有约定或约定不明确的，适用本法第十七条、第十八条的规定。①

夫妻对婚姻关系存续期间所得的财产以及婚前财产的约定，对双方具有约束力。

夫妻对婚姻关系存续期间所得的财产约定归各自所有的，夫或妻一方对外所负的债务，第三人知道该约定的，以夫或妻一方所有的财产清偿。

第四十一条　离婚时，原为夫妻共同生活所负的债务，应当共同偿还。共同财产不足清偿的，或财产归各自所有的，由双方协议清偿；协议不成时，由人民法院判决。

▶ **司法解释一**

★最高人民法院关于适用《中华人民共和国婚姻法》若干问题的解释（一）（2001 年 12 月 27 日施行　法释〔2001〕30 号）（节录）

第十七条　婚姻法第十七条关于"夫或妻对夫妻共同所有的财产，有平等的处理权"的规定，应当理解为：

（一）夫或妻在处理夫妻共同财产上的权利是平等的。因日常生活需要而处理夫妻共同财产的，任何一方均有权决定。

（二）夫或妻非因日常生活需要对夫妻共同财产做重要处理决定，夫妻双方应当平等协商，取得一致意见。他人有理由相信其为夫妻双方共同意思表示的，另一方不得以不同意或不知道为由对抗善意第三人。

第十八条　婚姻法第十九条所称"第三人知道该约定的"，夫妻一方对此负有举证责任。

---

①　如果夫妻一方对外欠个人债务，且没有其他履行能力，应先就夫妻共同财产进行析产，将归夫妻一方的财产用于偿还债务。但是应该注意的是，财产分割不得损害夫妻另一方的合法权益，即使分给夫妻一方的财产不足以偿还债务，也不能以夫妻另一方的收入还债。——《法院能否扣划夫妻另一方的工资收入以清偿夫妻一方所欠的个人债务》，载《人民司法》2002 年第 1 期。

第十九条 婚姻法第十八条规定为夫妻一方所有的财产，不因婚姻关系的延续而转化为夫妻共同财产。但当事人另有约定的除外。

▶ **司法解释二**

★最高人民法院关于适用《中华人民共和国婚姻法》若干问题的解释（二）

（2004 年 4 月 1 日施行 法释〔2003〕19 号）（节录）

第十一条 婚姻关系存续期间，下列财产属于婚姻法第十七条规定的"其他应当归共同所有的财产"：

（一）一方以个人财产投资取得的收益；

（二）男女双方实际取得或者应当取得的住房补贴、住房公积金；

（三）男女双方实际取得或者应当取得的养老保险金、破产安置补偿费。

第十二条 婚姻法第十七条第三项规定的"知识产权的收益"，是指婚姻关系存续期间，实际取得或者已经明确可以取得的财产性收益。

第十三条 军人的伤亡保险金、伤残补助金、医药生活补助费属于个人财产。

第十四条 人民法院审理离婚案件，涉及分割发放到军人名下的复员费、自主择业费等一次性费用的，以夫妻婚姻关系存续年限乘以年平均值，所得数额为夫妻共同财产。

前款所称年平均值，是指将发放到军人名下的上述费用总额按具体年限均分得出的数额。其具体年限为人均寿命七十岁与军人入伍时实际年龄的差额。

第十五条 夫妻双方分割共同财产中的股票、债券、投资基金份额等有价证券以及未上市股份有限公司股份时，协商不成或者按市价分配有困难的，人民法院可以根据数量按比例分配。

第十六条 人民法院审理离婚案件，涉及分割夫妻共同财产中以一方名义在有限责任公司的出资额，另一方不是该公司股东的，按以下情形分别处理：

（一）夫妻双方协商一致将出资额部分或者全部转让给该股东的配偶，过半数股东同意、其他股东明确表示放弃优先购买权的，该股东的配偶可以成为该公司股东；

（二）夫妻双方就出资额转让份额和转让价格等事项协商一致后，过半数股东不同意转让，但愿意以同等价格购买该出资额的，人民法院可以对转让出资所得财产进行分割。过半数股东不同意转让，也不愿意以同等价格购买该出资额的，视为其同意转让，该股东的配偶可以成为该公司股东。

用于证明前款规定的过半数股东同意的证据，可以是股东会决议，也可以是当事人通过其他合法途径取得的股东的书面声明材料。

第十七条 人民法院审理离婚案件，涉及分割夫妻共同财产中以一方名义在合伙企业中的出资，另一方不是该企业合伙人的，当夫妻双方协商一致，将其合伙企业中的财产份额全部或者部分转让给对方时，按以下情形分别处理：

（一）其他合伙人一致同意的，该配偶依法取得合伙人地位；

（二）其他合伙人不同意转让，在同等条件下行使优先受让权的，可以对转让所得的财产进行分割；

（三）其他合伙人不同意转让，也不行使优先受让权，但同意该合伙人退伙或者退还部分财产份额的，可以对退还的财产进行分割；

（四）其他合伙人既不同意转让，也不行使优先受让权，又不同意该合伙人退伙或者退还部分财产份额的，视为全体合伙人同意转让，该配偶依法取得合伙人地位。

第十八条　夫妻以一方名义投资设立独资企业的，人民法院分割夫妻在该独资企业中的共同财产时，应当按照以下情形分别处理：

（一）一方主张经营该企业的，对企业资产进行评估后，由取得企业一方给予另一方相应的补偿；

（二）双方均主张经营该企业的，在双方竞价基础上，由取得企业的一方给予另一方相应的补偿；

（三）双方均不愿意经营该企业的，按照《中华人民共和国个人独资企业法》等有关规定办理。

第十九条　由一方婚前承租、婚后用共同财产购买的房屋，房屋权属证书登记在一方名下的，应当认定为夫妻共同财产。

第二十条　双方对夫妻共同财产中的房屋价值及归属无法达成协议时，人民法院按以下情形分别处理：

（一）双方均主张房屋所有权并且同意竞价取得的，应当准许；

（二）一方主张房屋所有权的，由评估机构按市场价格对房屋作出评估，取得房屋所有权的一方应当给予另一方相应的补偿；

（三）双方均不主张房屋所有权的，根据当事人的申请拍卖房屋，就所得价款进行分割。

第二十一条　离婚时双方对尚未取得所有权或者尚未取得完全所有权的房屋有争议且协商不成的，人民法院不宜判决房屋所有权的归属，应当根据实际情况判决由当事人使用。

当事人就前款规定的房屋取得完全所有权后，有争议的，可以另行向人民法院提起诉讼。

第二十二条　当事人结婚前，父母为双方购置房屋出资的，该出资应当认定为对自己子女的个人赠与，但父母明确表示赠与双方的除外。

当事人结婚后，父母为双方购置房屋出资的，该出资应当认定为对夫妻双方的赠与，但父母明确表示赠与一方的除外。

第二十三条 债权人就一方婚前所负个人债务向债务人的配偶主张权利的，人民法院不予支持。但债权人能够证明所负债务用于婚后家庭共同生活的除外。

第二十四条 债权人就婚姻关系存续期间夫妻一方以个人名义所负债务主张权利的，应当按夫妻共同债务处理。但夫妻一方能够证明债权人与债务人明确约定为个人债务，或者能够证明属于婚姻法第十九条第三款规定情形的除外。

第二十五条 当事人的离婚协议或者人民法院的判决书、裁定书、调解书已经对夫妻财产分割问题作出处理的，债权人仍有权就夫妻共同债务向男女双方主张权利。①

一方就共同债务承担连带清偿责任后，基于离婚协议或者人民法院的法律文书向另一方主张追偿的，人民法院应当支持。

第二十六条 夫或妻一方死亡的，生存一方应当对婚姻关系存续期间的共同债务承担连带清偿责任。

▶ **司法解释三**
★ **最高人民法院关于适用《中华人民共和国婚姻法》若干问题的解释（三）**
（2011 年 8 月 13 日施行　法释〔2011〕18 号）（节录）

第四条 婚姻关系存续期间，夫妻一方请求分割共同财产的，人民法院不予支持，但有下列重大理由且不损害债权人利益的除外：

（一）一方有隐藏、转移、变卖、毁损、挥霍夫妻共同财产或者伪造夫妻共同债务等严重损害夫妻共同财产利益行为的；

（二）一方负有法定扶养义务的人患重大疾病需要医治，另一方不同意支付相关医疗费用的。

第五条 夫妻一方个人财产在婚后产生的收益，除孳息和自然增值外，应认定为夫妻共同财产。

---

① 人民法院就双方对共同债务问题所作出的判决，仅是为了解决夫妻双方内部之间的债务分担问题，而不涉及夫妻与债权人之间关系的性质问题，此类判决没有改变原有的夫妻承担责任的性质，因此，并不意味着免除了双方的连带清偿责任，夫妻双方之间仍然对该笔共同债务负有连带清偿责任，一方偿还全部债务后，有权依据法院判决向原配偶主张自己的合法权利。——《离婚案件中，对夫妻共同债务分担的判决是否免除了双方的连带清偿责任》，载《人民司法》2003 年第 3 期。

第六条 婚前或者婚姻关系存续期间，当事人约定将一方所有的房产赠与另一方，赠与方在赠与房产变更登记之前撤销赠与，另一方请求判令继续履行的，人民法院可以按照合同法第一百八十六条的规定处理。

第七条 婚后由一方父母出资为子女购买的不动产，产权登记在出资人子女名下的，可按照婚姻法第十八条第（三）项的规定，视为只对自己子女一方的赠与，该不动产应认定为夫妻一方的个人财产。

由双方父母出资购买的不动产，产权登记在一方子女名下的，该不动产可认定为双方按照各自父母的出资份额按份共有，但当事人另有约定的除外。

第十条 夫妻一方婚前签订不动产买卖合同，以个人财产支付首付款并在银行贷款，婚后用夫妻共同财产还贷，不动产登记于首付款支付方名下的，离婚时该不动产由双方协议处理。

依前款规定不能达成协议的，人民法院可以判决该不动产归产权登记一方，尚未归还的贷款为产权登记一方的个人债务。双方婚后共同还贷支付的款项及其相对应财产增值部分，离婚时应根据婚姻法第三十九条第一款规定的原则，由产权登记一方对另一方进行补偿。

第十一条 一方未经另一方同意出售夫妻共同共有的房屋，第三人善意购买、支付合理对价并办理产权登记手续，另一方主张追回该房屋的，人民法院不予支持。

夫妻一方擅自处分共同共有的房屋造成另一方损失，离婚时另一方请求赔偿损失的，人民法院应予支持。

第十二条 婚姻关系存续期间，双方用夫妻共同财产出资购买以一方父母名义参加房改的房屋，产权登记在一方父母名下，离婚时另一方主张按照夫妻共同财产对该房屋进行分割的，人民法院不予支持。购买该房屋时的出资，可以作为债权处理。

第十三条 离婚时夫妻一方尚未退休、不符合领取养老保险金条件，另一方请求按照夫妻共同财产分割养老保险金的，人民法院不予支持；婚后以夫妻共同财产缴付养老保险费，离婚时一方主张将养老金账户中婚姻关系存续期间个人实际缴付部分作为夫妻共同财产分割的，人民法院应予支持。

第十四条 当事人达成的以登记离婚或者到人民法院协议离婚为条件的财产分割协议，如果双方协议离婚未成，一方在离婚诉讼中反悔的，人民法院应当认定该财产分割协议没有生效，并根据实际情况依法对夫妻共同财产进行分割。

第十五条 婚姻关系存续期间，夫妻一方作为继承人依法可以继承的遗产，在继承人之间尚未实际分割，起诉离婚时另一方请求分割的，人民法院应当告知当事人在继承人之间实际分割遗产后另行起诉。

第十六条 夫妻之间订立借款协议，以夫妻共同财产出借给一方从事个人经营活动或用于其他个人事务的，应视为双方约定处分夫妻共同财产的行为，离婚时可按照借款协议的约定处理。

第十八条 离婚后，一方以尚有夫妻共同财产未处理为由向人民法院起诉请求分割的，经审查该财产确属离婚时未涉及的夫妻共同财产，人民法院应当依法予以分割。

▶ 司法解释四

★最高人民法院关于审理涉及夫妻债务纠纷案件适用法律有关问题的解释（2018 年 1 月 18 日施行 法释〔2018〕2 号）

为正确审理涉及夫妻债务纠纷案件，平等保护各方当事人合法权益，根据《中华人民共和国民法总则》《中华人民共和国婚姻法》《中华人民共和国合同法》《中华人民共和国民事诉讼法》等法律规定，制定本解释。

第一条 夫妻双方共同签字或者夫妻一方事后追认等共同意思表示所负的债务，应当认定为夫妻共同债务。

第二条 夫妻一方在婚姻关系存续期间以个人名义为家庭日常生活需要所负的债务，债权人以属于夫妻共同债务为由主张权利的，人民法院应予支持。

第三条 夫妻一方在婚姻关系存续期间以个人名义超出家庭日常生活需要所负的债务，债权人以属于夫妻共同债务为由主张权利的，人民法院不予支持，但债权人能够证明该债务用于夫妻共同生活、共同生产经营或者基于夫妻双方共同意思表示的除外。

第四条 本解释自 2018 年 1 月 18 日起施行。

本解释施行后，最高人民法院此前作出的相关司法解释与本解释相抵触的，以本解释为准。

▶ 司法解释性文件

★最高人民法院关于办理涉夫妻债务纠纷案件有关工作的通知（2018 年 2 月 7 日施行 法明传〔2018〕71 号）

《最高人民法院关于审理涉及夫妻债务纠纷案件适用法律有关问题的解释》（以下简称《解释》），已自 2018 年 1 月 18 日起施行，为依法平等保护各方当事人合法权益，现就有关工作通知如下：

一、正在审理的一审、二审案件，适用《解释》的规定。

二、已经终审的案件，甄别时应当严格把握认定事实不清、适用法律错误、结果明显不公的标准。比如，对夫妻一方与债权人恶意串通坑害另一方，另一方在毫不知情的情况下无端背负巨额债务的案件等，应当依法予以纠正。

再审案件改判引用法律条文时，尽可能引用婚姻法第十七条、第四十一条等法律。

三、对于符合改判条件的终审案件，要加大调解力度，尽可能消化在再审审查阶段或者再审调解阶段。案件必须改判的，也要尽量做好当事人服判息诉工作。

四、对于符合上述改判条件的终审案件，也可由执行部门尽量通过执行和解等方式，解决对利益严重受损的配偶一方权益保护问题。

特此通知。

▶ 浙江省高院规定

★浙江省高级人民法院关于执行生效法律文书确定夫妻一方为债务人案件的相关法律问题解答（2014 年 2 月 26 日施行 浙高法〔2014〕38 号）

一、执行依据确定夫妻一方为债务人的案件，应当如何采取执行措施？

答：执行依据确定夫妻一方为债务人（指夫妻一方参加诉讼、仲裁或者公证），且未明确债务性质的，可以执行该债务人个人名下的财产或夫妻共同财产中属于债务人的份额。

执行机构根据相关证据经审查判断属于夫妻共同债务的，可以执行夫妻共同财产。夫妻共同财产经执行仍不足清偿的，可以执行夫妻另一方的个人财产。

个人财产是指《中华人民共和国婚姻法》及其司法解释明确规定属夫妻一方个人所有的财产。

二、执行程序中如何把握债务性质的判断标准？

答：执行依据对债务性质未予明确的，执行程序中可根据《中华人民共和国婚姻法》及其司法解释的规定进行判断和审查，即以债务是否发生在夫妻关系存续期间作为判断标准。

发生在夫妻关系存续期间的下列债务，执行机构在案外人异议审查时可认定为个人债务：

1. 夫妻一方能够证明债权人与债务人明确约定为个人债务，或者能够证明属于《中华人民共和国婚姻法》第十九条第三款规定情形的；

2. 夫妻一方擅自举债资助与其没有赡养、抚养、扶养义务人所产生的债务；

3. 夫妻一方因继承或者受赠归其个人所有的财产过程中所产生的债务；

4. 夫妻一方管理个人财产所产生的债务；

5. 夫妻一方擅自对外担保且另一方未因担保行为获益所产生的债务；

6. 夫妻一方因刑事犯罪被判处的财产刑部分；

7. 夫妻一方因赌博、吸贩毒等违法犯罪行为所产生的债务；

8. 为支付夫妻之间诉讼而产生的诉讼费用所产生的债务；

9. 法律、行政法规和司法解释规定的其他个人债务。

三、债务性质经判断为夫妻共同债务的，执行程序应当如何进行？

答：执行机构可直接作出裁定查封、扣押、冻结、变价夫妻共同财产或者非被执行人的夫妻另一方名下的财产，而无需裁定追加夫妻另一方为被执行人。

执行裁定书主文部分应当写明执行的具体财产。

四、债务性质经判断为个人债务，申请执行人对此有异议，应当如何处理？

答：债务性质经判断为夫妻一方个人债务的，执行机构不得对夫妻另一方个人所有的财产采取执行措施，申请执行人对判断为个人债务有异议，执行机构应当告知其另行诉讼解决。

申请执行人提起诉讼的，立案部门应当受理，案由为夫妻共同债务确认纠纷。

五、夫妻另一方以正在执行的债务不属于共同债务，法院执行夫妻共同财产不当为由而提出异议，应当如何处理？

答：夫妻另一方以正在执行的债务非共同债务，法院执行夫妻共同财产不当为由而提出异议，系对执行机构采取执行措施的财产概括主张实体权利，该异议可视作案外人异议，按照《中华人民共和国民事诉讼法》第二百二十七条的规定办理。执行机构可按本解答第二条确定的标准进行审查并作出裁定。异议人或者申请执行人不服裁定的，可依法提起案外人或者申请执行人执行异议之诉。

六、案外人执行异议之诉审理期间，执行机构可否对夫妻另一方的财产采取处分性执行措施？

答：该夫妻另一方提出案外人执行异议是为了阻却执行程序进行，且执行程序中对债务性质的判断主要是依据表面的证据，可能与审判部门经过实体审理后作出的判断不一致，故此类案件在案外人执行异议之诉审理期间，一般情况下不宜对相应财产采取处分性措施，执行机构应当根据判决的结果再行执行。但申请执行人提供足额有效担保并要求继续执行的，执行机构可采取处分性措施。

七、经判断为夫妻个人债务的案件，需要执行被执行人在夫妻共同财产中的份额，或者登记在夫妻另一方名下的共同财产，应当如何执行？夫妻另一方提出异议，如何救济？

答：经判断为夫妻个人债务的案件，应当执行属于被执行人所有或者其个人名下的财产。

执行人所有或者其个人名下的财产不足清偿的，可执行夫妻共同财产中的一半份额。如登记在夫妻另一方名下的财产系共同财产的，也可执行。执行机构可直接对上述共同财产采取相应的执行措施。

夫妻另一方对被执行人个人名下的财产主张权利，或者对登记在其名下的财产是否系共同财产或者财产份额提出异议的，按照《中华人民共和国民事诉讼法》第二百二十七条的规定办理。

夫妻另一方就财产份额提出异议，或者对被执行人个人名下的财产主张权利，案外人执行异议之诉审理期间不停止执行。

八、债务性质经判断为夫妻共同债务，但被执行人已离婚，申请执行人要求执行原夫妻另一方离婚时分得的财产或者其个人财产，应当如何处理？

答：可以裁定执行原夫妻另一方离婚时分得的财产或者其个人财产，而无需追加其为被执行人。原夫妻另一方对执行其财产不服而提出的异议，属于案外人异议，应当按照《中华人民共和国民事诉讼法》第二百二十七条规定处理。

▶江苏省高院规定

★江苏省高级人民法院关于执行疑难若干问题的解答（2013 年 12 月 17 日施行）（节录）

5. 申请执行人申请追加被执行人的配偶为被执行人，什么情形下执行机构应当审查？

答：执行依据中对债务性质已明确认定为个人债务的，不应在执行过程中追加被执行人的配偶（以下均包括原配偶）为被执行人。执行依据中没有对债务性质作出明确认定、申请执行人曾经在诉讼过程中撤回对配偶方的起诉、调解书虽列明配偶为当事人，但是未要求其承担实体责任的，执行过程中，申请执行人申请追加被执行人配偶为被执行人的，执行实施机构均应当予以审查，并作出是否追加的裁定。

6. 在执行过程中如何认定夫妻共同债务从而裁定追加配偶为被执行人？

答：执行依据载明的债务人为夫妻中的一方，对于在夫妻关系存续期间形成的债务，除非符合法律规定的个人债务的条件，一般推定为夫妻共同债务，被追加人主张不是夫妻共同债务的，由其负担举证责任。有证据证明被执行人因赌博、吸毒、犯罪等不法行为所负债务，应当认定为个人债务。与家庭生活有关的担保之债、侵权之债等应当认定为夫妻共同债务。与家庭生活无关的担保之债、侵权之债等一般不应认定为夫妻共同债务。

被追加为被执行人的配偶认为债务不属于夫妻共同债务而提出执行异议的，应按照民诉法第二百二十七条进行审查，最终通过异议之诉解决债务性质问题。

7. 是否必须先追加配偶为被执行人，然后才能采取执行措施？

答：原则上应先追加被执行人的配偶（或原配偶）为被执行人，再执行其名下的财产。但紧急情况下，为了防止其转移财产，可以在追加的同时采取控制性执行措施。

第四节　执行当事人变更、追加异议的处理

▶ **司法解释**

★最高人民法院关于民事执行中变更、追加当事人若干问题的规定

（2016 年 12 月 1 日施行　法释〔2016〕21 号）（节录）

第三十条　被申请人、申请人或其他执行当事人对执行法院作出的变更、追加裁定或驳回申请裁定不服的，可以自裁定书送达之日起十日内向上一级人民法院申请复议，但依据本规定第三十二条的规定应当提起诉讼的除外。

第三十一条　上一级人民法院对复议申请应当组成合议庭审查，并自收到申请之日起六十日内作出复议裁定。有特殊情况需要延长的，由本院院长批准。

被裁定变更、追加的被申请人申请复议的，复议期间，人民法院不得对其争议范围内的财产进行处分。申请人请求人民法院继续执行并提供相应担保的，人民法院可以准许。

第三十二条　被申请人或申请人对执行法院依据本规定第十四条第二款、第十七条至第二十一条规定作出的变更、追加裁定或驳回申请裁定不服的，可以自裁定书送达之日起十五日内，向执行法院提起执行异议之诉。

被申请人提起执行异议之诉的，以申请人为被告。申请人提起执行异议之诉的，以被申请人为被告。

第三十三条　被申请人提起的执行异议之诉，人民法院经审理，按照下列情形分别处理：

（一）理由成立的，判决不得变更、追加被申请人为被执行人或者判决变更责任范围；

（二）理由不成立的，判决驳回诉讼请求。

诉讼期间，人民法院不得对被申请人争议范围内的财产进行处分。申请人

请求人民法院继续执行并提供相应担保的，人民法院可以准许。

第三十四条　申请人提起的执行异议之诉，人民法院经审理，按照下列情形分别处理：

（一）理由成立的，判决变更、追加被申请人为被执行人并承担相应责任或者判决变更责任范围；

（二）理由不成立的，判决驳回诉讼请求。

第三十五条　本规定自 2016 年 12 月 1 日起施行。

本规定施行后，本院以前公布的司法解释与本规定不一致的，以本规定为准。

第八章　妨害执行之强制措施

第一节　拘传、罚款、拘留、搜查

【条文主旨】适用拘传的条件

第一百零九条　人民法院对必须到庭的被告，经两次传票传唤，无正当理由拒不到庭的，可以拘传。

【条文主旨】妨害民事诉讼行为的强制措施

第一百一十一条　诉讼参与人或者其他人有下列行为之一的，人民法院可以根据情节轻重予以罚款、拘留；构成犯罪的，依法追究刑事责任：

（一）伪造、毁灭重要证据，妨碍人民法院审理案件的；

（二）以暴力、威胁、贿买方法阻止证人作证或者指使、贿买、胁迫他人作伪证的；

（三）隐藏、转移、变卖、毁损已被查封、扣押的财产，或者已被清点并责令其保管的财产，转移已被冻结的财产的；

（四）对司法工作人员、诉讼参加人、证人、翻译人员、鉴定人、勘验人、协助执行的人，进行侮辱、诽谤、诬陷、殴打或者打击报复的；

（五）以暴力、威胁或者其他方法阻碍司法工作人员执行职务的；

（六）拒不履行人民法院已经发生法律效力的判决、裁定的。

人民法院对有前款规定的行为之一的单位，可以对其主要负责人或者直接责任人员予以罚款、拘留；构成犯罪的，依法追究刑事责任。

【条文主旨】被执行人虚假诉讼行为方式与法律后果

第一百一十三条　被执行人与他人恶意串通，通过诉讼、仲裁、调解等方式逃避履行法律文书确定的义务的，人民法院应当根据情节轻重予以罚款、拘留；构成犯罪的，依法追究刑事责任。

【条文主旨】对不履行协助义务的单位适用的强制措施

第一百一十四条　有义务协助调查、执行的单位有下列行为之一的，人民法院除责令其履行协助义务外，并可以予以罚款：

（一）有关单位拒绝或者妨碍人民法院调查取证的；

（二）有关单位接到人民法院协助执行通知书后，拒不协助查询、扣押、冻结、划拨、变价财产的；

（三）有关单位接到人民法院协助执行通知书后，拒不协助扣留被执行人的收入、办理有关财产权证照转移手续、转交有关票证、证照或者其他财产的；

（四）其他拒绝协助执行的。

人民法院对有前款规定的行为之一的单位，可以对其主要负责人或者直接责任人员予以罚款；对仍不履行协助义务的，可以予以拘留；并可以向监察机关或者有关机关提出予以纪律处分的司法建议。

【条文主旨】罚款与拘留的适用

第一百一十五条　对个人的罚款金额，为人民币十万元以下。对单位的罚款金额，为人民币五万元以上一百万元以下。

拘留的期限，为十五日以下。

被拘留的人，由人民法院交公安机关看管。在拘留期间，被拘留人承认并改正错误的，人民法院可以决定提前解除拘留。

【条文主旨】拘传、罚款、拘留适用的程序与救济途径

第一百一十六条　拘传、罚款、拘留必须经院长批准。

拘传应当发拘传票。

罚款、拘留应当用决定书。对决定不服的，可以向上一级人民法院申请复议一次。复议期间不停止执行。

【条文主旨】妨害民事诉讼的强制措施只能由人民法院

第一百一十七条　采取对妨害民事诉讼的强制措施必须由人民法院决定。任何单位和个人采取非法拘禁他人或者非法私自扣押他人财产追索债务的，应当依法追究刑事责任，或者予以拘留、罚款。

【条文主旨】搜查及适用条件、程序

第二百四十八条　被执行人不履行法律文书确定的义务，并隐匿财产的，人民法院有权发出搜查令，对被执行人及其住所或者财产隐匿地进行搜查。

采取前款措施，由院长签发搜查令。

▶ **司法解释一**

★最高人民法院关于人民法院执行工作若干问题的规定（试行）（1998年7月8日施行　法释〔1998〕15号）（节录）

97. 对必须到人民法院接受询问的被执行人或被执行人的法定代表人或负

责人，经两次传票传唤，无正当理由拒不到场的，人民法院可以对其进行拘传。

98. 对被拘传人的调查询问不得超过二十四小时，调查询问后不得限制被拘传人的人身自由。

99. 在本辖区以外采取拘传措施时，应当将被拘传人拘传到当地法院，当地法院应予以协助。

100. 被执行人或其他人有下列拒不履行生效法律文书或者妨害执行行为之一的，人民法院可以依照民事诉讼法第一百零二条的规定处理：

（1）隐藏、转移、变卖、毁损向人民法院提供执行担保的财产的；

（2）案外人与被执行人恶意串通转移被执行人财产的；

（3）故意撕毁人民法院执行公告、封条的；

（4）伪造、隐藏、毁灭有关被执行人履行能力的重要证据，妨碍人民法院查明被执行人财产状况的；

（5）指使、贿买、胁迫他人对被执行人的财产状况和履行义务的能力问题作伪证的；

（6）妨碍人民法院依法搜查的；

（7）以暴力、威胁或其他方法妨碍或抗拒执行的；

（8）哄闹、冲击执行现场的；

（9）对人民法院执行人员或协助执行人员进行侮辱、诽谤、诬陷、围攻、威胁、殴打或者打击报复的；

（10）毁损、抢夺执行案件材料、执行公务车辆、其他执行器械、执行人员服装和执行公务证件的。

101. 在执行过程中遇有被执行人或其他人拒不履行生效法律文书或者妨害执行情节严重，需要追究刑事责任的，应将有关材料移交有关机关处理。

➡️ **司法解释二**

★最高人民法院关于适用《中华人民共和国民事诉讼法》的解释（2015年2月4日施行　法释〔2015〕5号）（节录）

第一百七十四条　民事诉讼法第一百零九条规定的必须到庭的被告，是指负有赡养、抚育、扶养义务和不到庭就无法查清案情的被告。

人民法院对必须到庭才能查清案件基本事实的原告，经两次传票传唤，无正当理由拒不到庭的，可以拘传。

第一百七十五条　拘传必须用拘传票，并直接送达被拘传人；在拘传前，应当向被拘传人说明拒不到庭的后果，经批评教育仍拒不到庭的，可以拘传其到庭。

第一百七十六条　诉讼参与人或者其他人有下列行为之一的，人民法院可以适用民事诉讼法第一百一十条规定处理：

（一）未经准许进行录音、录像、摄影的；

有前款规定情形的，人民法院可以暂扣诉讼参与人或者其他人进行录音、录像、摄影、传播审判活动的器材，并责令其删除有关内容；拒不删除的，人民法院可以采取必要手段强制删除。

第一百七十八条　人民法院依照民事诉讼法第一百一十条至第一百一十四条的规定采取拘留措施的，应经院长批准，作出拘留决定书，由司法警察将被拘留人送交当地公安机关看管。

第一百七十九条　被拘留人不在本辖区的，作出拘留决定的人民法院应当派员到被拘留人所在地的人民法院，请该院协助执行，受委托的人民法院应当及时派员协助执行。被拘留人申请复议或者在拘留期间承认并改正错误，需要提前解除拘留的，受委托人民法院应当向委托人民法院转达或者提出建议，由委托人民法院审查决定。

第一百八十条　人民法院对被拘留人采取拘留措施后，应当在二十四小时内通知其家属；确实无法按时通知或者通知不到的，应当记录在案。

第一百八十一条　因哄闹、冲击法庭，用暴力、威胁等方法抗拒执行公务等紧急情况，必须立即采取拘留措施的，可在拘留后，立即报告院长补办批准手续。院长认为拘留不当的，应当解除拘留。

第一百八十二条　被拘留人在拘留期间认错悔改的，可以责令其具结悔过，提前解除拘留。提前解除拘留，应报经院长批准，并作出提前解除拘留决定书，交负责看管的公安机关执行。

第一百八十三条　民事诉讼法第一百一十条至第一百一十三条规定的罚款、拘留可以单独适用，也可以合并适用。

第一百八十四条　对同一妨害民事诉讼行为的罚款、拘留不得连续适用。发生新的妨害民事诉讼行为的，人民法院可以重新予以罚款、拘留。

第一百八十五条　被罚款、拘留的人不服罚款、拘留决定申请复议的，应当自收到决定书之日起三日内提出。上级人民法院应当在收到复议申请后五日内作出决定，并将复议结果通知下级人民法院和当事人。

第一百八十六条　上级人民法院复议时认为强制措施不当的，应当制作决定书，撤销或者变更下级人民法院作出的拘留、罚款决定。情况紧急的，可以在口头通知后三日内发出决定书。

第一百八十七条　民事诉讼法第一百一十一条第一款第五项规定的以暴力、威胁或者其他方法阻碍司法工作人员执行职务的行为，包括：

（一）在人民法院哄闹、滞留，不听从司法工作人员劝阻的；

（二）故意毁损、抢夺人民法院法律文书、查封标志的；

（三）哄闹、冲击执行公务现场，围困、扣押执行或者协助执行公务人员的；

（四）毁损、抢夺、扣留案件材料、执行公务车辆、其他执行公务器械、执行公务人员服装和执行公务证件的；

（五）以暴力、威胁或者其他方法阻碍司法工作人员查询、查封、扣押、冻结、划拨、拍卖、变卖财产的；

（六）以暴力、威胁或者其他方法阻碍司法工作人员执行职务的其他行为。

第一百八十八条　民事诉讼法第一百一十一条第一款第六项规定的拒不履行人民法院已经发生法律效力的判决、裁定的行为，包括：

（一）在法律文书发生法律效力后隐藏、转移、变卖、毁损财产或者无偿转让财产、以明显不合理的价格交易财产、放弃到期债权、无偿为他人提供担保等，致使人民法院无法执行的；

（二）隐藏、转移、毁损或者未经人民法院允许处分已向人民法院提供担保的财产的；

（三）违反人民法院限制高消费令进行消费的；

（四）有履行能力而拒不按照人民法院执行通知履行生效法律文书确定的义务的；

（五）有义务协助执行的个人接到人民法院协助执行通知书后，拒不协助执行的。

第一百八十九条　诉讼参与人或者其他人有下列行为之一的，人民法院可以适用民事诉讼法第一百一十一条的规定处理：

（三）伪造、隐藏、毁灭或者拒绝交出有关被执行人履行能力的重要证据，妨碍人民法院查明被执行人财产状况的；

（四）擅自解冻已被人民法院冻结的财产的；

（五）接到人民法院协助执行通知书后，给当事人通风报信，协助其转移、隐匿财产的。

第一百九十一条　单位有民事诉讼法第一百一十二条或者第一百一十三条①规定行为的，人民法院应当对该单位进行罚款，并可以对其主要负责人或

---

① 《民事诉讼法》第一百一十三条：被执行人与他人恶意串通，通过诉讼、仲裁、调解等方式逃避履行法律文书确定的法律义务的，人民法院应当根据情节轻重予以罚款、拘留；构成犯罪的，依法追究刑事责任。

者直接责任人员予以罚款、拘留；构成犯罪的，依法追究刑事责任。

第一百九十二条　有关单位接到人民法院协助执行通知书后，有下列行为之一的，人民法院可以适用民事诉讼法第一百一十四条规定处理：

（一）允许被执行人高消费的；

（二）允许被执行人出境的；

（三）拒不停止办理有关财产权证照转移手续、权属变更登记、规划审批等手续的；

（四）以需要内部请示、内部审批，有内部规定等为由拖延办理的。

第一百九十三条　人民法院对个人或者单位采取罚款措施时，应当根据其实施妨害民事诉讼行为的性质、情节、后果，当地的经济发展水平，以及诉讼标的额等因素，在民事诉讼法第一百一十五条第一款规定的限额内确定相应的罚款金额。

第四百八十四条　对必须接受调查询问的被执行人、被执行人法定代表人、负责人或者实际控制人，经依法传唤无正当理由拒不到场的，人民法院可以拘传其到场。

人民法院应当及时对被拘传人进行调查询问，调查询问的时间不得超过八小时；情况复杂的可以采取拘留措施的，调查询问的时间不得超过二十四小时。

人民法院在本辖区以外采取拘传措施时，可以将被拘传人拘传到当地人民法院，当地人民法院应予协助。

第四百九十六条　在执行中，被执行人隐匿财产、会计账簿等资料的，人民法院除可依照民事诉讼法第一百一十条第一款第六项规定对其处理外，还应责令被执行人交出隐匿的财产、会计账簿等资料。被执行人拒不交出的，人民法院可以采取搜查措施。

第四百九十七条　搜查人员应当按规定着装并出示搜查令和工作证件。

第四百九十八条　人民法院搜查时禁止无关人员进入搜查现场；搜查对象是公民的，应当通知被执行人或者他的成年家属以及基层组织派员到场；搜查对象是法人或者其他组织的，应当通知法定代表人或者主要负责人到场。拒不到场的，不影响搜查。

搜查妇女身体，应当由女执行人员进行。

第四百九十九条　搜查中发现应当依法采取查封、扣押措施的财产，依照民事诉讼法第二百四十五条第二款和二百四十七条规定办理。

第五百条　搜查应当制作搜查笔录，由搜查人员、被搜查人及其他在场人签名、捺印、或者盖章。拒绝签名、捺印或者盖章的，应当记入搜查笔录。

第五百二十一条 在执行终结六个月内，被执行人或者其他人对已执行的标的有妨害行为的，人民法院可以依申请排除妨害，并可以依照民事诉讼法第一百一十一条规定进行处罚。因妨害行为给执行债权人或者其他人造成损失的，受害人可以另行起诉。

➡ **司法解释性文件一**

★最高人民法院关于适用《中华人民共和国民事诉讼法》若干问题的意见（1992 年 7 月 14 日施行　法发〔1992〕22 号）（节录）

112. 民事诉讼法第一百条规定的必须到庭的被告，是指负有赡养、抚育、扶养义务和不到庭就无法查清案情的被告。

给国家、集体或他人造成损害的未成年人的法定代理人，如其必须到庭，经两次传票传唤无正当理由拒不到庭的，也可以适用拘传。

113. 拘传必须用拘传票，并直接送达被拘传人；在拘传前，应向被拘传人说明拒不到庭的后果，经批评教育仍拒不到庭的，可拘传其到庭。

114. 人民法院依照民事诉讼法第一百零一条、第一百零二条的规定，需要对诉讼参与人和其他人采取拘留措施的，应经院长批准，作出拘留决定书，由司法警察将被拘留人送交当地公安机关看管。

115. 被拘留人不在本辖区的，作出拘留决定的人民法院应派员到被拘留人所在地的人民法院，请该院协助执行，受委托的人民法院应及时派员协助执行。被拘留人申请复议或者在拘留期间承认并改正错误，需要提前解除拘留的，受委托人民法院应向委托人民法院转达或者提出建议，由委托人民法院审查决定。

116. 因哄闹、冲击法庭，用暴力、威胁等方法抗拒执行公务等紧急情况，必须立即采取拘留措施的，可在拘留后，立即报告院长补办批准手续。院长认为拘留不当的，应当解除拘留。

117. 被拘留人在拘留期间认错悔改的，可以责令其具结悔过，提前解除拘留。提前解除拘留，应报经院长批准，并作出提前解除拘留决定书，交负责看管的公安机关执行。

118. 民事诉讼法第一百零一条、第一百零二条规定的罚款、拘留可以单独适用，也可以合并适用。

119. 对同一妨害民事诉讼行为的罚款、拘留不得连续适用。但发生了新的妨害民事诉讼的行为，人民法院可以重新予以罚款、拘留。

120. 依照民事诉讼法第一百零六条的规定，人民法院对非法拘禁他人或者非法私自扣押他人财产追索债务的单位和个人予以拘留、罚款的，适用该法第一百零四条和第一百零五条的规定。

121. 被罚款、拘留的人不服罚款、拘留决定申请复议的，上级人民法院应在收到复议申请后五日内作出决定，并将复议结果通知下级人民法院和当事人。

122. 上级人民法院复议时认为强制措施不当，应当制作决定书，撤销或变更下级人民法院的拘留、罚款决定。情况紧急的，可以在口头通知后三日内发出决定书。

123. 当事人有下列情形之一的，可以依照民事诉讼法第一百零二条第一款第（六）项的规定处理：

（1）在法律文书发生法律效力后隐藏、转移、变卖，毁损财产，造成人民法院无法执行的；

（2）以暴力、威胁或者其他方法妨碍或抗拒人民法院执行的；

（3）有履行能力而拒不执行人民法院发生法律效力的判决书、裁定书、调解书和支付令的。

124. 有关单位有下列情形之一的，人民法院可以依照民事诉讼法第一百零二条的规定处理：

（1）擅自转移已被人民法院冻结的存款，或擅自解冻的；

（2）以暴力、威胁或者其他方法阻碍司法工作人员查询、冻结、划拨银行存款的；

（3）接到人民法院协助执行通知后，给当事人通风报信，协助其转移、隐匿财产的。

125. 依照民事诉讼法第一百零一条的规定，应当追究有关人员刑事责任的，由审理该案的审判组织直接予以判决；在判决前，应当允许当事人陈述意见或者委托辩护人辩护。

126. 依照民事诉讼法第一百零二条第一款第（六）项的规定，应当追究有关人员刑事责任的，由人民法院刑事审判庭直接受理并予以判决。

127. 依照民事诉讼法第一百零二条第（一）至（五）项和第一百零六条的规定，应当追究有关人员刑事责任的，依照刑事诉讼法的规定办理。

285. 执行中，被执行人隐匿财产的，人民法院除可依照民事诉讼法第一百零二条规定对其处理外，并应责令被执行人交出隐匿的财产或折价赔偿。被执行人拒不交出或赔偿的，人民法院可按被执行财产的价值强制执行被执行人的其他财产，也可以采取搜查措施，追回被隐匿的财产。

286. 人民法院依照民事诉讼法第二百二十七条规定对被执行人及其住所或者财产隐匿地进行搜查，必须符合以下条件：

（1）生效法律文书确定的履行期限已经届满；

（2）被执行人不履行法律文书确定的义务；

（3）认为有隐匿财产的行为。

搜查人员必须按规定着装并出示搜查令和身份证件。

287．人民法院搜查时禁止无关人员进入搜查现场；搜查对象是公民的，应通知被执行人或者他的成年家属以及基层组织派员到场；搜查对象是法人或者其他组织的，应通知法定代表人或者主要负责人到场，有上级主管部门的，也应通知主管部门有关人员到场。拒不到场的，不影响搜查。

搜查妇女身体，应由女执行人员进行。

288．搜查中发现应当依法扣押的财产，依照民事诉讼法第二百二十四条第二款和第二百二十六条的规定办理。

289．搜查应制作搜查笔录，由搜查人员、被搜查人及其他在场人签名或盖章。拒绝签名或者盖章的，应在搜查笔录中写明。

▶ 司法解释性文件二

★最高人民法院关于采取民事强制措施不得逐级变更由行为人的上级机构承担责任的通知（2004 年 7 月 9 日施行　法发〔2004〕127 号）

各省、自治区、直辖市高级人民法院，解放军军事法院，新疆维吾尔自治区高级人民法院生产建设兵团分院：

近一个时期，一些地方法院在执行银行和非银行金融机构（以下简称金融机构）作为被执行人或者协助执行人的案件中，在依法对该金融机构采取民事强制措施，作出罚款或者司法拘留决定后，又逐级对其上级金融机构直至总行、总公司采取民事强制措施，再次作出罚款或者司法拘留决定，造成不良影响。为纠正这一错误，特通知如下：

一、人民法院在执行程序中，对作为协助执行人的金融机构采取民事强制措施，应当严格依法决定，不得逐级变更由其上级金融机构负责。依据我院与中国人民银行于 2000 年 9 月 4 日会签下发的法发〔2000〕21 号即《关于依法规范人民法院执行和金融机构协助执行的通知》第八条的规定，执行金融机构时逐级变更其上级金融机构为被执行人须具备五个条件：其一，该金融机构须为被执行人，其债务已由生效法律文书确认；其二，该金融机构收到执行法院对其限期十五日内履行偿债义务的通知；其三，该金融机构逾期未能自动履行偿债义务，并经过执行法院的强制执行；其四，该金融机构未能向执行法院提供其可供执行的财产；其五，该金融机构的上级金融机构对其负有民事连带清偿责任。金融机构作为协助执行人因其妨害执行行为而被采取民事强制措施，不同于金融机构为被执行人的情况，因此，司法处罚责任应由其自行承担；逐级变更由其上级金融机构承担此责任，属适用法律错误。

二、在执行程序中，经依法逐级变更由上级金融机构为被执行人的，如该上级金融机构在履行此项偿债义务时有妨害执行行为，可以对该上级金融机构采取民事强制措施。但人民法院应当严格按照前述通知第八条的规定，及时向该上级金融机构发出允许其于十五日内自动履行偿债义务的通知，在其自动履行的期限内，不得对其采取民事强制措施。

三、采取民事强制措施应当坚持过错责任原则。金融机构的行为基于其主观上的故意并构成妨害执行的，才可以对其采取民事强制措施；其中构成犯罪的，也可以通过法定程序追究其刑事责任。这种民事强制措施和刑事惩罚手段只适用于有故意过错的金融机构行为人，以充分体现国家法律对违法行为的惩罚性。

四、金融机构对执行法院的民事强制措施即罚款和司法拘留的决定书不服的，可以依据《民事诉讼法》第105条①的规定，向上一级法院申请复议；当事人向执行法院提出复议申请的，执行法院应当立即报送上一级法院，不得扣押或者延误转交；上一级法院受理复议申请后，应当及时审查处理；执行法院在上一级法院审查复议申请期间，可以继续执行处罚决定，但经上一级法院决定撤销处罚决定的，执行法院应当立即照办。

以上通知，希望各级人民法院认真贯彻执行。执行过程中有什么情况和问题，应当及时层报我院执行工作办公室。

▶ **司法解释性文件三**

★最高人民法院关于人民法院执行公开的若干规定（2007年1月1日施行　法发〔2006〕35号）（节录）

第九条　人民法院采取拘留、罚款、拘传等强制措施的，应当依法向被采取强制措施的人出示有关手续，并说明对其采取强制措施的理由和法律依据。采取强制措施后，应当将情况告知其他当事人。

采取拘留或罚款措施的，应当在决定书中告知被拘留或者被罚款的人享有向上级人民法院申请复议的权利。

▶ **司法解释性文件四**

★最高人民法院关于依法制裁规避执行行为的若干意见（2011年5月27日施行　法〔2011〕195号）（节录）

15. 对规避执行行为加大民事强制措施的适用。被执行人既不履行义务又拒绝报告财产或者进行虚假报告、拒绝交出或者提供虚假财务会计凭证、协助执行义务人拒不协助执行或者妨碍执行、到期债务第三人提出异议后又擅自向被执行人清偿等，给申请执行人造成损失的，应当依法对相关责任人予以罚款、拘留。

---

① 已修改为民事诉讼法第一百一十六条。

➡ **相关答复**

★最高人民法院关于对因妨害民事诉讼被罚款拘留的人不服决定申请复议的期间如何确定问题的批复（1993 年 2 月 23 日施行 〔1993〕法民字第 7 号）

广东省高级人民法院：

你院《关于对因妨害民事诉讼被罚款拘留的人不服决定申请复议的期间如何确定问题的请示》收悉。经研究，同意你院意见，即不服人民法院作出的罚款、拘留决定的人，可在接到决定书之次日起三日内，向作出决定的人民法院提出书面申请，要求上一级人民法院复议，或直接向上一级人民法院申请复议。对提出书面申请有困难的，可以口头申请。当事人的口头申请，应当记入笔录，由当事人签名或者盖章。

第二节 其他制裁措施

【条文主旨】对被执行人的限制措施

第二百五十五条 被执行人不履行法律文书确定的义务的，人民法院可以对其采取或者通知有关单位协助采取限制出境①，在征信系统记录、通过媒体公布不履行义务信息以及法律规定的其他措施。

一、限制出境

➡ **司法解释**

★最高人民法院关于适用《中华人民共和国民事诉讼法》执行程序若干问题的解释（2009 年 1 月 1 日施行 法释〔2008〕13 号）（节录）

第三十六条 依照民事诉讼法第二百三十一条②规定对被执行人限制出境的，应当由申请执行人向执行法院提出书面申请；必要时，执行法院可以依职权决定。

第三十七条 被执行人为单位的，可以对其法定代表人、主要负责人或者影响债务履行的直接责任人员限制出境。

被执行人为无民事行为能力人或限制民事行为能力人的，可以对其法定代

---

① 《中华人民共和国出入境管理法》第十二条第（三）项、第二十八条第（二）项分别对中国公民、外国人作了"有未了结的民事案件，人民法院决定不准出境的"不准出境的规定。

② 已修改为民事诉讼法第二百五十五条。

理人限制出境。

　　第三十八条　在限制出境期间，被执行人履行法律文书确定的全部债务的，执行法院应当及时解除限制出境措施；被执行人提供充分、有效的担保或者申请执行人同意的，可以解除限制出境措施。

▶ **司法解释性文件一**

　　★最高人民法院、最高人民检察院、公安部、国家安全部关于依法限制外国人和中国公民出境问题的若干规定（1987 年 3 月 10 日施行　〔1987〕公发 16 号）

各省、自治区、直辖市高级人民法院，人民检察院，公安厅、局，国家安全厅、局：

　　根据《中华人民共和国外国人入境出境管理法》和《中华人民共和国公民出境入境管理法》① 的规定，已入境的外国人或华侨、港澳台同胞，以及需出境的中国公民，可凭有效护照或其他有效出入境证件出境，不需再办理签证，同时还规定了上述人员中不准出境的条件。

　　过去由于对不准外国人和中国公民出境的限制办法无明确规定，以致某些刑事、民事案件的诉讼当事人借出境之机逃避司法机关追究法律责任，给国家在经济上造成重大损失、政治上带来不利的影响；还有些本可以通过其他方法解决的，却采取限制出境甚至扣留证件的办法，也造成了不好影响。为有效地执行两个出入境管理法，处理好不准出境的问题，特制定《关于依法限制外国人和中国公民出境问题的若干规定》，现印发给你们，请认真执行。

　　附：

关于依法限制外国人和中国公民出境问题的若干规定

　　《中华人民共和国外国人入境出境管理法》第二十三条和《中华人民共和国公民出境入境管理法》第八条规定了对某些外国人和中国公民不准其出境，现将贯彻执行中的若干问题规定如下：

　　（一）需要限制已入境的外国人出境或者限制中国公民出境的，必须严格依照法律规定执行。在执行中应当注意：凡能尽早处理的，不要等到外国人或中国公民临出境时处理；凡可以通过其他方式处理的，不要采取扣留证件的办法限制出境；凡能在内地处理的，不要到出境口岸处理，要把确需在口岸阻止出境的人员控制在极少数。

　　（二）限制外国人或中国公民出境的审批权限：

　　1. 公安机关和国家安全机关认定的犯罪嫌疑人或有其他违反法律的行为

---

　　①　2013 年 7 月 1 日被《中华人民共和国出入境管理法》废止。

尚未处理并需要追究法律责任的，其限制出境的决定需经省、自治区、直辖市公安厅、局或国家安全厅、局批准。

2. 人民法院或人民检察院认定的犯罪嫌疑人或有其他违反法律的行为尚未处理并需要追究法律责任的，由人民法院或人民检察院决定限制出境并按有关规定执行，同时通报同级公安机关。

3. 国家安全机关对某些外国人或中国公民采取限制出境措施时，要及时通报公安机关。

4. 有未了结民事案件（包括经济纠纷案件）的，由人民法院决定限制出境并执行，同时通报公安机关。

5. 对其他需要在边防口岸限制出境的人员，可按 1985 年公安部、国家安全部《关于做好入出境查控工作的通知》（〔85〕公发 24 号文件）精神办理。

（三）人民法院、人民检察院、公安机关和国家安全机关在限制外国人和中国公民出境时，可以分别采取以下办法：

1. 向当事人口头通知或书面通知，在其案件（或问题）了结之前，不得离境；

2. 根据案件性质及当事人的具体情况，分别采取监视居住或取保候审的办法，或令其提供财产担保或交付一定数量保证金后准予出境；

3. 扣留当事人护照或其他有效出入境证件。但应在护照或其他出入境证件有效期内处理了结，同时发给本人扣留证件的证明。人民法院、人民检察院或国家安全机关扣留当事人护照或其他有效出入境证件，如在出入境证件有效期内不能了结的，应当提前通知公安机关。

（四）人民法院、人民检察院、国家安全机关及公安机关对某些不准出境的外国人和中国公民，需在边防检查站阻止出境的，应填写《口岸阻止人员出境通知书》（样式附后，自行印制）。在本省、自治区、直辖市口岸阻止出境的，应向本省、自治区、直辖市公安厅、局交控。在紧急情况下，如确有必要，也可先向边防检查站交控，然后按本通知的规定，补办交控手续。控制口岸超出本省、自治区、直辖市的，应通过有关省、自治区、直辖市公安厅、局办理交控手续。

➡️司法解释性文件二

★**外交部、最高人民法院、最高人民检察院、公安部、国家安全部、司法部关于处理涉外案件若干问题的规定**（1995 年 6 月 20 日施行　外发〔1995〕17 号）（节录）

二、关于涉外案件的内部通报问题

（一）遇有下列情况之一，公安机关、国家安全机关、人民检察院、人民法院，以及其他主管机关应当将有关案情、处理情况，以及对外表态口径于受理案件或采取措施的四十八小时内报上一级主管机关，同时通报同级人民政府外事办公室。

1. 对外国人实行行政拘留、刑事拘留、司法拘留、拘留审查、逮捕、监视居住、取保候审、扣留护照、限期出境、驱逐出境的案件；

▶ **司法解释性文件三**

★**最高人民法院关于当前经济审判工作应当注意的几个问题**（1998 年 11 月 23 日施行）（节录）

（五）关于审理涉外、涉港澳台案件问题近年来，涉外、涉港澳台经济纠纷案件上升幅度较大，审理时要特别注意以下问题：

第三，严格把握限制出境问题。在审理涉外、涉港澳台案件中，对当事人采取限制出境措施，应当适用于当事人在我国境内有未了结经济纠纷案件，如其出境可能造成案件无法审理、无法执行的情况。对境外企业法人在我国有尚未了结的经济纠纷案件，可对该企业法定代表人和业务的主管人员依法限制出境。对在我国的外商投资企业，如果该企业资不抵债，应当按照公司法、中外合资经营企业法等有关法律处理，不应限制外方的代表人和投资者出境；只有在外方股东利用投资蓄意欺诈的情况下，方可限制外方股东的法定代表人出境。确需限制外方当事人出境的，要严格按照《中华人民共和国外国人入境出境管理法》的规定执行。具体执行中要特别注意有理、有利、有节，同时必须注意限制外方当事人出境，绝不能限制其人身自由；对于任何限制其人身自由的做法，必须坚决依法予以制止。

▶ **司法解释性文件四**

★**第二次全国涉外商事海事审判工作会议纪要**（2005 年 12 月 26 日施行法发〔2005〕26 号）（节录）

八、关于限制当事人出境

93. 人民法院在审理涉外商事纠纷案件中，对同时具备下列条件的有关人员，可以采取措施限制其出境：（1）在我国确有未了结的涉外商事纠纷案件；（2）被限制出境人员是未了结案件中的当事人或者当事人的法定代表人、负责人；（3）有逃避诉讼或者逃避履行法定义务的可能；（4）其出境可能造成案件难以审理、无法执行的。

采取限制出境措施必须严格依照最高人民法院、最高人民检察院、公安部、国家安全部〔87〕公发 16 号《关于依法限制外国人和中国公民出境问题的若干规定》审查办理，从严掌握。

94. 限制出境措施在案件一方当事人提出申请后采取。人民法院在必要时，可以责令申请人提供有效的担保。

95. 限制出境采取扣留有效出境证件方式的，被扣证人或者其担保人向人民法院提供有效担保（提供担保的数额应相当于诉讼请求的数额）或者履行了法定义务后，人民法院应立即口头通知被扣证人解除限制，收回扣留证件证明，发还所扣留的证件，由被扣证人签收，限制其出境的扣证决定自行撤销。作出扣证决定的人民法院应将解除出境限制的有关情况书面通知公安、边检部门。

96. 人民法院采取限制出境措施过程中产生的费用，由申请人预交，最终应判令由败诉一方当事人负担。

▶ **司法解释性文件五**

★最高人民法院关于进一步做好边境地区涉外民商事案件审判工作的指导意见（2010 年 12 月 8 日施行　法发〔2010〕57 号）（节录）

七、人民法院在审理案件过程中，对外国人采取限制出境措施，应当从严掌握，必须同时具备以下条件：（一）被采取限制出境措施的人只能是在我国有未了结民商事案件的当事人或当事人的法定代表人、负责人；（二）当事人有逃避诉讼或者逃避履行法定义务的可能；（三）不采取限制出境措施可能造成案件难以审理或者无法执行。

二、媒体曝光

▶ **司法解释**

★最高人民法院关于适用《中华人民共和国民事诉讼法》执行程序若干问题的解释（2009 年 1 月 1 日施行　法释〔2008〕13 号）（节录）

第三十九条　依照民事诉讼法第二百三十一条的规定，执行法院可以依职权或者依申请执行人的申请，将被执行人不履行法律文书确定义务的信息，通过报纸、广播、电视、互联网等媒体公布。

媒体公布的有关费用由被执行人负担；申请执行人申请在媒体公布的，应当垫付有关费用。

▶ **司法解释性文件**

★最高人民法院关于依法制裁规避执行行为的若干意见（2011 年 5 月 27 日施行　法〔2011〕195 号）（节录）

六、依法采取多种措施，有效防范规避执行行为

22. 加大宣传力度。各地法院应当充分运用新闻媒体曝光、公开执行等手段，将被执行人因规避执行被制裁或者处罚的典型案例在新闻媒体上予以公布，以维护法律权威，提升公众自觉履行义务的法律意识。

三、信用惩戒

▶ **司法解释一**

★最高人民法院关于适用《中华人民共和国民事诉讼法》的解释（2015 年 2 月 4 日施行　法释〔2015〕5 号）（节录）

第五百一十八条　被执行人不履行法律文书确定的法律义务的，人民法院除对被执行人予以处罚外，还可以根据情节将其纳入失信被执行人名单，将被执行人不履行或者不完全履行义务的信息向其所在单位、征信机构以及其他相关机构通报。

▶ **司法解释二**

★最高人民法院关于公布失信被执行人名单信息的若干规定（2017 年 5 月 1 日施行　法释〔2017〕7 号）

为促使被执行人自觉履行生效法律文书确定的义务，推进社会信用体系建设，根据《中华人民共和国民事诉讼法》的规定，结合人民法院工作实际，制定本规定。

第一条　被执行人未履行生效法律文书确定的义务，并具有下列情形之一的，人民法院应当将其纳入失信被执行人名单，依法对其进行信用惩戒：

（一）有履行能力而拒不履行生效法律文书确定义务的；

（二）以伪造证据、暴力、威胁等方法妨碍、抗拒执行的；

（三）以虚假诉讼、虚假仲裁或者以隐匿、转移财产等方法规避执行的；

（四）违反财产报告制度的；

（五）违反限制消费令的；

（六）无正当理由拒不履行执行和解协议的。

第二条　被执行人具有本规定第一条第二项至第六项规定情形的，纳入失信被执行人名单的期限为二年。被执行人以暴力、威胁方法妨碍、抗拒执行情节严重或具有多项失信行为的，可以延长一至三年。

失信被执行人积极履行生效法律文书确定义务或主动纠正失信行为的，人民法院可以决定提前删除失信信息。

第三条　具有下列情形之一的，人民法院不得依据本规定第一条第一项的规定将被执行人纳入失信被执行人名单：

（一）提供了充分有效担保的；

（二）已被采取查封、扣押、冻结等措施的财产足以清偿生效法律文书确定债务的；

（三）被执行人履行顺序在后，对其依法不应强制执行的；

（四）其他不属于有履行能力而拒不履行生效法律文书确定义务的情形。

第四条 被执行人为未成年人的，人民法院不得将其纳入失信被执行人名单。

第五条 人民法院向被执行人发出的执行通知中，应当载明有关纳入失信被执行人名单的风险提示等内容。

申请执行人认为被执行人具有本规定第一条规定情形之一的，可以向人民法院申请将其纳入失信被执行人名单。人民法院应当自收到申请之日起十五日内审查并作出决定。人民法院认为被执行人具有本规定第一条规定情形之一的，也可以依职权决定将其纳入失信被执行人名单。

人民法院决定将被执行人纳入失信被执行人名单的，应当制作决定书，决定书应当写明纳入失信被执行人名单的理由，有纳入期限的，应当写明纳入期限。决定书由院长签发，自作出之日起生效。决定书应当按照民事诉讼法规定的法律文书送达方式送达当事人。

第六条 记载和公布的失信被执行人名单信息应当包括：

（一）作为被执行人的法人或者其他组织的名称、统一社会信用代码（或组织机构代码）、法定代表人或者负责人姓名；

（二）作为被执行人的自然人的姓名、性别、年龄、身份证号码；

（三）生效法律文书确定的义务和被执行人的履行情况；

（四）被执行人失信行为的具体情形；

（五）执行依据的制作单位和文号、执行案号、立案时间、执行法院；

（六）人民法院认为应当记载和公布的不涉及国家秘密、商业秘密、个人隐私的其他事项。

第七条 各级人民法院应当将失信被执行人名单信息录入最高人民法院失信被执行人名单库，并通过该名单库统一向社会公布。

各级人民法院可以根据各地实际情况，将失信被执行人名单通过报纸、广播、电视、网络、法院公告栏等其他方式予以公布，并可以采取新闻发布会或者其他方式对本院及辖区法院实施失信被执行人名单制度的情况定期向社会公布。

第八条 人民法院应当将失信被执行人名单信息，向政府相关部门、金融监管机构、金融机构、承担行政职能的事业单位及行业协会等通报，供相关单位依照法律、法规和有关规定，在政府采购、招标投标、行政审批、政府扶持、融资信贷、市场准入、资质认定等方面，对失信被执行人予以信用惩戒。

人民法院应当将失信被执行人名单信息向征信机构通报，并由征信机构在其征信系统中记录。

国家工作人员、人大代表、政协委员等被纳入失信被执行人名单的，人民法院应当将失信情况通报其所在单位和相关部门。

国家机关、事业单位、国有企业等被纳入失信被执行人名单的，人民法院应当将失信情况通报其上级单位、主管部门或者履行出资人职责的机构。

第九条　不应纳入失信被执行人名单的公民、法人或其他组织被纳入失信被执行人名单的，人民法院应当在三个工作日内撤销失信信息。

记载和公布的失信信息不准确的，人民法院应当在三个工作日内更正失信信息。

第十条　具有下列情形之一的，人民法院应当在三个工作日内删除失信信息：

（一）被执行人已履行生效法律文书确定的义务或人民法院已执行完毕的；

（二）当事人达成执行和解协议且已履行完毕的；

（三）申请执行人书面申请删除失信信息，人民法院审查同意的；

（四）终结本次执行程序后，通过网络执行查控系统查询被执行人财产两次以上，未发现有可供执行财产，且申请执行人或者其他人未提供有效财产线索的；

（五）因审判监督或破产程序，人民法院依法裁定对失信被执行人中止执行的；

（六）人民法院依法裁定不予执行的；

（七）人民法院依法裁定终结执行的。

有纳入期限的，不适用前款规定。纳入期限届满后三个工作日内，人民法院应当删除失信信息。

依照本条第一款规定删除失信信息后，被执行人具有本规定第一条规定情形之一的，人民法院可以重新将其纳入失信被执行人名单。

依照本条第一款第三项规定删除失信信息后六个月内，申请执行人申请将该被执行人纳入失信被执行人名单的，人民法院不予支持。

第十一条　被纳入失信被执行人名单的公民、法人或其他组织认为有下列情形之一的，可以向执行法院申请纠正：

（一）不应将其纳入失信被执行人名单的；

（二）记载和公布的失信信息不准确的；

（三）失信信息应予删除的。

第十二条　公民、法人或其他组织对被纳入失信被执行人名单申请纠正的，执行法院应当自收到书面纠正申请之日起十五日内审查，理由成立的，应当在三个工作日内纠正；理由不成立的，决定驳回。公民、法人或其他组织对驳回决定不服的，可以自决定书送达之日起十日内向上一级人民法院申请复议。上一级人民法院应当自收到复议申请之日起十五日内作出决定。

复议期间，不停止原决定的执行。

第十三条 人民法院工作人员违反本规定公布、撤销、更正、删除失信信息的，参照有关规定追究责任。

▶ **司法解释性文件**

★ **最高人民法院、最高人民检察院、国家发展和改革委员会等关于建立和完善执行联动机制若干问题的意见**（2010 年 7 月 7 日施行 法发〔2010〕15 号）（节录）

第十三条 人民银行应当协助人民法院查询人民币银行结算账户管理系统中被执行人的账户信息；将人民法院提供的被执行人不履行法律文书确定义务的情况纳入企业和个人信用信息基础数据库。

第十四条 银行业监管部门应当监督银行业金融机构积极协助人民法院查询被执行人的开户、存款情况，依法及时办理存款的冻结、轮候冻结和扣划等事宜。对金融机构拒不履行生效法律文书、拒不协助人民法院执行的行为，依法追究有关人员的责任。制定金融机构对被执行人申请贷款进行必要限制的规定，要求金融机构发放贷款时应当查询企业和个人信用信息基础数据库，并将被执行人履行生效法律文书确定义务的情况作为审批贷款时的考量因素。对拒不履行生效法律文书义务的被执行人，涉及金融债权的，可以采取不开新户、不发放新贷款、不办理对外支付等制裁措施。

第十七条 工商行政管理部门应当协助人民法院查询有关企业的设立、变更、注销登记等情况；依照有关规定，协助人民法院办理被执行人持有的有限责任公司股权的冻结、转让登记手续。对申请注销登记的企业，严格执行清算制度，防止被执行人转移财产，逃避执行。逐步将不依法履行生效法律文书确定义务的被执行人录入企业信用分类监管系统。

第十八条 人民法院应当将执行案件的有关信息及时、全面、准确地录入执行案件信息管理系统，并与有关部门的信息系统实现链接，为执行联动机制的顺利运行提供基础数据信息。

第十九条 人民法院认为有必要对被执行人采取执行联动措施的，应当制作协助执行通知书或司法建议函等法律文书，并送达有关部门。

第二十条 有关部门收到协助执行通知书或司法建议函后，应当在法定职责范围内协助采取执行联动措施。有关协助执行部门不应对生效法律文书和协助执行通知书、司法建议函等进行实体审查。对人民法院请求采取的执行联动措施有异议的，可以向人民法院提出审查建议，但不应当拒绝采取相应措施。

第二十一条 被执行人依法履行了生效法律文书确定的义务或者申请执行人同意解除执行联动措施的，人民法院经审查，认为符合有关规定的，应当解除相应措施。被执行人提供担保请求解除执行联动措施的，由人民法院审查决定。

➡ **相关文件**

★**中共中央办公厅、国务院办公厅关于加快推进失信被执行人信用监督、警示和惩戒机制建设的意见**（2016 年 9 月 25 日施行　中办发〔2016〕64 号）

人民法院通过司法程序认定的被执行人失信信息是社会信用信息重要组成部分。对失信被执行人进行信用监督、警示和惩戒，有利于促进被执行人自觉履行生效法律文书确定的义务，提高司法公信力，推进社会信用体系建设。为加快推进失信被执行人信用监督、警示和惩戒机制建设，现提出以下意见。

一、总体要求

（一）指导思想。全面贯彻落实党的十八大和十八届三中、四中、五中全会精神，深入学习贯彻习近平总书记系列重要讲话精神，紧紧围绕统筹推进"五位一体"总体布局和协调推进"四个全面"战略布局，牢固树立新发展理念，按照培育和践行社会主义核心价值观、推进信用信息共享、健全激励惩戒机制、提高全社会诚信水平的有关要求，进一步提高人民法院执行工作能力，加快推进失信被执行人跨部门协同监管和联合惩戒机制建设，构建一处失信、处处受限的信用监督、警示和惩戒工作体制机制，维护司法权威，提高司法公信力，营造向上向善、诚信互助的社会风尚。

（二）基本原则

——坚持合法性。对失信被执行人信用监督、警示和惩戒要严格遵照法律法规实施。

——坚持信息共享。破除各地区各部门之间以及国家机关与人民团体、社会组织、企事业单位之间的信用信息壁垒，依法推进信用信息互联互通和交换共享。

——坚持联合惩戒。各地区各部门要各司其职，相互配合，形成合力，构建一处失信、处处受限的信用监督、警示和惩戒体系。

——坚持政府主导和社会联动。各级政府要发挥主导作用，同时发挥各方面力量，促进全社会共同参与、共同治理，实现政府主导与社会联动的有效融合。

（三）建设目标。到 2018 年，人民法院执行工作能力显著增强，执行联动体制便捷、顺畅、高效运行。失信被执行人名单制度更加科学、完善，失信被执行人界定与信息管理、推送、公开、屏蔽、撤销等合法高效、准确及时。失信被执行人信息与各类信用信息互联共享，以联合惩戒为核心的失信被执行人信用监督、警示和惩戒机制高效运行。有效促进被执行人自觉履行人民法院生效裁判确定的义务，执行难问题基本解决，司法公信力大幅提升，诚实守信成为全社会共同的价值追求和行为准则。

二、加强联合惩戒

（一）从事特定行业或项目限制

1. 设立金融类公司限制。将失信被执行人相关信息作为设立银行业金融机构及其分支机构，以及参股、收购银行业金融机构审批的审慎性参考，作为设立证券公司、基金管理公司、期货公司审批，私募投资基金管理人登记的审慎性参考。限制失信被执行人设立融资性担保公司、保险公司。

2. 发行债券限制。对失信被执行人在银行间市场发行债券从严审核，限制失信被执行人公开发行公司债券。

3. 合格投资者额度限制。在合格境外机构投资者、合格境内机构投资者额度审批和管理中，将失信状况作为审慎性参考依据。

4. 股权激励限制。失信被执行人为境内国有控股上市公司的，协助中止其股权激励计划；对失信被执行人为境内国有控股上市公司股权激励对象的，协助终止其行权资格。

5. 股票发行或挂牌转让限制。将失信被执行人信息作为股票发行和在全国中小企业股份转让系统挂牌公开转让股票审核的参考。

6. 设立社会组织限制。将失信被执行人信息作为发起设立社会组织审批登记的参考，限制失信被执行人发起设立社会组织。

7. 参与政府投资项目或主要使用财政性资金项目限制。协助人民法院查询政府采购项目信息；依法限制失信被执行人作为供应商参加政府采购活动；依法限制失信被执行人参与政府投资项目或主要使用财政性资金项目。

（二）政府支持或补贴限制

1. 获取政府补贴限制。限制失信被执行人申请政府补贴资金和社会保障资金支持。

2. 获得政策支持限制。在审批投资、进出口、科技等政策支持的申请时，查询相关机构及其法定代表人、实际控制人、董事、监事、高级管理人员是否为失信被执行人，作为其享受该政策的审慎性参考。

（三）任职资格限制

1. 担任国企高管限制。失信被执行人为个人的，限制其担任国有独资公司、国有资本控股公司董事、监事、高级管理人员，以及国有资本参股公司国有股权方派出或推荐的董事、监事、高级管理人员；已担任相关职务的，按照有关程序依法免去其职务。

2. 担任事业单位法定代表人限制。失信被执行人为个人的，限制其登记为事业单位法定代表人。

3. 担任金融机构高管限制。限制失信被执行人担任银行业金融机构、证券公司、基金管理公司、期货公司、保险公司、融资性担保公司的董事、监事、高级管理人员。

4. 担任社会组织负责人限制。失信被执行人为个人的，限制其登记或备案为社会组织负责人。

5. 招录（聘）为公务人员限制。限制招录（聘）失信被执行人为公务员或事业单位工作人员，在职公务员或事业单位工作人员被确定为失信被执行人的，失信情况应作为其评先、评优、晋职晋级的参考。

6. 入党或党员的特别限制。将严格遵守法律、履行生效法律文书确定的义务情况，作为申请加入中国共产党、预备党员转为正式党员以及党员评先、评优、晋职晋级的重要参考。

7. 担任党代表、人大代表和政协委员限制。失信被执行人为个人的，不作为组织推荐的各级党代会代表、各级人大代表和政协委员候选人。

8. 入伍服役限制。失信被执行人为个人的，将其失信情况作为入伍服役和现役、预备役军官评先、评优、晋职晋级的重要参考。

（四）准入资格限制

1. 海关认证限制。限制失信被执行人成为海关认证企业；在失信被执行人办理通关业务时，实施严密监管，加强单证审核或布控查验。

2. 从事药品、食品等行业限制。对失信被执行人从事药品、食品安全行业从严审批；限制失信被执行人从事危险化学品生产经营储存、烟花爆竹生产经营、矿山生产和安全评价、认证、检测、检验等行业；限制失信被执行人担任上述行业单位主要负责人及董事、监事、高级管理人员，已担任相关职务的，按规定程序要求予以变更。

3. 房地产、建筑企业资质限制。将房地产、建筑企业不依法履行生效法律文书确定的义务情况，记入房地产和建筑市场信用档案，向社会披露有关信息，对其企业资质作出限制。

（五）荣誉和授信限制

1. 授予文明城市、文明村镇、文明单位、文明家庭、道德模范、慈善类奖项限制。将履行人民法院生效裁判情况作为评选文明村镇、文明单位、文明家庭的前置条件，作为文明城市测评的指标内容。有关机构及其法定代表人、实际控制人、董事、监事、高级管理人员为失信被执行人的，不得参加文明单位、慈善类奖项评选，列入失信被执行人后取得的文明单位荣誉称号、慈善类奖项予以撤销。失信被执行人为个人的，不得参加道德模范、慈善类奖项评选，列入失信被执行人后获得的道德模范荣誉称号、慈善类奖项予以撤销。

2. 律师和律师事务所荣誉限制。协助人民法院查询失信被执行人的律师身份信息、律师事务所登记信息；失信被执行人为律师、律师事务所的，在一定期限内限制其参与评先、评优。

3. 授信限制。银行业金融机构在融资授信时要查询拟授信对象及其法定代表人、主要负责人、实际控制人、董事、监事、高级管理人员是否为失信被执行人，对拟授信对象为失信被执行人的，要从严审核。

（六）特殊市场交易限制

1. 从事不动产交易、国有资产交易限制。协助人民法院查询不动产登记情况，限制失信被执行人及失信被执行人的法定代表人、主要负责人、实际控制人、影响债务履行的直接责任人员购买或取得房产、土地使用权等不动产；限制失信被执行人从事土地、矿产等不动产资源开发利用，参与国有企业资产、国家资产等国有产权交易。

2. 使用国有林地限制。限制失信被执行人申报使用国有林地项目；限制其申报重点林业建设项目。

3. 使用草原限制。限制失信被执行人申报草原征占用项目；限制其申报承担国家草原保护建设项目。

4. 其他国有自然资源利用限制。限制失信被执行人申报水流、海域、无居民海岛、山岭、荒地、滩涂等国有自然资源利用项目以及重点自然资源保护建设项目。

（七）限制高消费及有关消费

1. 乘坐火车、飞机限制。限制失信被执行人及失信被执行人的法定代表人、主要负责人、实际控制人、影响债务履行的直接责任人员乘坐列车软卧、G字头动车组列车全部座位、其他动车组列车一等以上座位、民航飞机等非生活和工作必需的消费行为。

2. 住宿宾馆饭店限制。限制失信被执行人及失信被执行人的法定代表人、主要负责人、实际控制人、影响债务履行的直接责任人员住宿星级以上宾馆饭店、国家一级以上酒店及其他高消费住宿场所；限制其在夜总会、高尔夫球场等高消费场所消费。

3. 高消费旅游限制。限制失信被执行人及失信被执行人的法定代表人、主要负责人、实际控制人、影响债务履行的直接责任人员参加旅行社组织的团队出境旅游，以及享受旅行社提供的与出境旅游相关的其他服务；对失信被执行人在获得旅游等级评定的度假区内或旅游企业内消费实行限额控制。

4. 子女就读高收费学校限制。限制失信被执行人及失信被执行人的法定代表人、主要负责人、实际控制人、影响债务履行的直接责任人员以其财产支付子女入学就读高收费私立学校。

5. 购买具有现金价值保险限制。限制失信被执行人及失信被执行人的法定代表人、主要负责人、实际控制人、影响债务履行的直接责任人员支付高额保费购买具有现金价值的保险产品。

6. 新建、扩建、高档装修房屋等限制。限制失信被执行人及失信被执行人的法定代表人、主要负责人、实际控制人、影响债务履行的直接责任人员新建、扩建、高档装修房屋，购买非经营必需车辆等非生活和工作必需的消费行为。

（八）协助查询、控制及出境限制

协助人民法院依法查询失信被执行人身份、出入境证件信息及车辆信息，协助查封、扣押失信被执行人名下的车辆，协助查找、控制下落不明的失信被执行人，限制失信被执行人出境。

（九）加强日常监管检查

将失信被执行人和以失信被执行人为法定代表人、主要负责人、实际控制人、董事、监事、高级管理人员的单位，作为重点监管对象，加大日常监管力度，提高随机抽查的比例和频次，并可依据相关法律法规对其采取行政监管措施。

（十）加大刑事惩戒力度

公安、检察机关和人民法院对拒不执行生效判决、裁定以及其他妨碍执行构成犯罪的行为，要及时依法侦查、提起公诉和审判。

（十一）鼓励其他方面限制

鼓励各级党政机关、人民团体、社会组织、企事业单位使用失信被执行人名单信息，结合各自主管领域、业务范围、经营活动，实施对失信被执行人的信用监督、警示和惩戒。

三、加强信息公开与共享

（一）失信信息公开

人民法院要及时准确更新失信被执行人名单信息，并通过全国法院失信被执行人名单信息公布与查询平台、有关网站、移动客户端、户外媒体等多种形式向社会公开，供公众免费查询；根据联合惩戒工作需要，人民法院可以向有关单位推送名单信息，供其结合自身工作依法使用名单信息。对依法不宜公开失信信息的被执行人，人民法院要通报其所在单位，由其所在单位依纪依法处理。

（二）纳入政府政务公开

各地区各部门要按照中共中央办公厅、国务院办公厅印发的《关于全面推进政务公开工作的意见》的有关要求，将失信被执行人信用监督、警示和惩戒信息列入政务公开事项，对失信被执行人信用监督、警示和惩戒要依据部门权力清单、责任清单和负面清单依法开展。

（三）信用信息共享

各地区各部门之间要进一步打破信息壁垒，实现信息共享，通过全国信用信息共享平台，加快推进失信被执行人信息与公安、民政、人力资源社会保障、国土资源、住房城乡建设、财政、金融、税务、工商、安全监管、证券、科技等部门信用信息资源共享，推进失信被执行人信息与有关人民团体、社会组织、企事业单位信用信息资源共享。

（四）共享体制机制建设

加快推进失信被执行人信用信息共享体制机制建设，建立健全政府与征信机构、信用评级机构、金融机构、社会组织之间的信用信息共享机制。建立社会信用档案制度，将失信被执行人信息作为重要信用评价指标纳入社会信用评价体系。

四、完善相关制度机制

（一）进一步提高执行查控工作能力

1. 加快推进网络执行查控系统建设。加大信息化手段在执行工作中的应用，整合完善现有法院信息化系统，实现网络化查找被执行人和控制财产的执行工作机制。要通过政务网、专网等实现人民法院执行查控网络与公安、民政、人力资源社会保障、国土资源、住房城乡建设、工商、交通运输、农业、人民银行、银行监管、证券监管、保险监管、外汇管理等政府部门，及各金融机构、银联、互联网企业等企事业单位之间的网络连接，建成覆盖全国地域及土地、房产、存款、金融理财产品、证券、股权、车辆等主要财产形式的网络化、自动化执行查控体系，实现全国四级法院互联互通、全面应用。

2. 拓展执行查控措施。人民法院要进一步拓展对被告和被执行人财产的查控手段和措施。研究制定被执行人财产报告制度、律师调查被执行人财产制度、公告悬赏制度、审计调查制度等财产查控制度。

3. 完善远程执行指挥系统。最高人民法院和各高级、中级人民法院以及有条件的基层人民法院要建立执行指挥中心和远程指挥系统，实现四级法院执行指挥系统联网运行。建立上下一体、内外联动、规范高效、反应快捷的执行指挥工作体制机制。建立四级法院统一的网络化执行办案平台、公开平台和案件流程节点管理平台。

（二）进一步完善失信被执行人名单制度

1. 完善名单纳入制度。各级人民法院要根据执行案件的办理权限，严格按照法定条件和程序决定是否将被执行人纳入失信名单。

2. 确保名单信息准确规范。人民法院要建立严格的操作规程和审核纠错机制，确保失信被执行人名单信息准确规范。

3. 风险提示与救济。在将被执行人纳入失信名单前，人民法院应当向被执行人发出风险提示通知。被执行人认为将其纳入失信名单错误的，可以自收到决定之日起 10 日内向作出决定的人民法院申请纠正，人民法院应当自收到申请之日起 3 日内审查，理由成立的，予以撤销；理由不成立的，予以驳回。被执行人对驳回不服的，可以向上一级人民法院申请复议。

4. 失信名单退出。失信被执行人全部履行了生效法律文书确定的义务，或与申请执行人达成执行和解协议并经申请执行人确认履行完毕，或案件依法终结执行等，人民法院要在 3 日内屏蔽或撤销其失信名单信息。屏蔽、撤销信息要及时向社会公开并通报给已推送单位。

5. 惩戒措施解除。失信名单被依法屏蔽、撤销的，各信用监督、警示和惩戒单位要及时解除对被执行人的惩戒措施。确需继续保留对被执行人信用监督、警示和惩戒的，必须严格按照法律法规的有关规定实施，并明确继续保留的期限。

6. 责任追究。进一步完善责任追究制度，对应当纳入而不纳入、违法纳入以及不按规定屏蔽、撤销失信名单等行为，要按照有关规定追究责任。

（三）进一步完善党政机关支持人民法院执行工作制度

1. 进一步加强协助执行工作。各地区各部门要按照建立和完善执行联动机制的有关要求，进一步抓好落实工作。各级执行联动机制工作领导小组要制定具体的工作机制、程序，明确各协助执行单位的具体职责。强化协助执行工作考核与问责，组织人事、政法等部门要建立协助执行定期联合通报机制，对协助执行不力的单位予以通报和追责。

2. 严格落实执行工作综治考核责任。将失信被执行人联合惩戒情况作为社会治安综合治理目标责任考核的重要内容。严格落实人民法院执行工作在社会治安综合治理目标责任考核中的有关要求。

3. 强化对党政机关干扰执行的责任追究。党政机关要自觉履行人民法院生效裁判，并将落实情况纳入党风廉政建设主体责任和监督责任范围。坚决落实中共中央办公厅、国务院办公厅印发的《领导干部干预司法活动、插手具体案件处理的记录、通报和责任追究规定》，以及《司法机关内部人员过问案件的记录和责任追究规定》，对有关部门及领导干部干预执行、阻扰执行、不配合执行工作的行为，依纪依法严肃处理。

五、加强组织领导

（一）加强组织实施

各地区各部门要高度重视对失信被执行人信用监督、警示和惩戒工作，将其作为推进全面依法治国、推进社会信用体系建设、培育和践行社会主义核心价值观的重要内容，切实加强组织领导。进一步加强和完善社会信用体系建设部际联席会议制度，形成常态化工作机制。各成员单位要确定专门机构、专业人员负责统筹协调、督促检查各项任务落实情况，并向部际联席会议报告，对工作落实不到位的，予以通报批评，强化问责。负有信息共享、联合惩戒职责的部门要抓紧制定实施细则，确定责任部门，明确时间表、路线图，确保各项措施在 2016 年年底前落实到位。各联合惩戒单位要在 2016 年年底前完成与全国信用信息共享平台联合惩戒系统的对接，通过网络自动抓取失信被执行人名单信息，及时反馈惩戒情况。同时要加快惩戒软件开发使用进度，将失信被执行人名单信息嵌入单位管理、审批、工作系统中，实现对失信被执行人名单信息的自动比对、自动拦截、自动监督、自动惩戒。

（二）强化工作保障

各地区各部门要认真落实中央关于解决人民法院执行难问题的要求，强化执行机构的职能作用，配齐配强执行队伍，大力推进执行队伍正规化、专业化、职业化建设。加快推进人民法院执行查控系统与执行指挥系统的软硬件建设，加快推进全国信用信息共享平台建设，加快推进各信息共享单位、联合惩戒单位的信息传输专线、存储设备等硬件建设和软件开发，加强人才、资金、设备、技术等方面的保障。

（三）完善相关法律规定

加快推进强制执行法等相关法律法规、司法解释及其他规范性文件的立改废释工作，及时将加强执行工作、推进执行联动、信用信息公开和共享、完善失信被执行人名单制度、加强联合惩戒等工作法律化、制度化，确保法律规范的科学性、针对性、实用性。

（四）加大宣传力度

加大对失信被执行人名单和信用惩戒的宣传力度，充分发挥新闻媒体的宣传、监督和舆论引导作用。利用报纸、广播、电视、网络等媒体，依法将失信被执行人信息、受惩戒情况等公之于众，形成舆论压力，扩大失信被执行人名单制度的影响力和警示力。

四、限制高消费

▶ **司法解释**

★**最高人民法院关于限制被执行人高消费及有关消费的若干规定**（2015 年 7 月 22 日施行　法释〔2015〕17 号）

为进一步加大执行力度，推动社会信用机制建设，最大限度保护申请执行人和被执行人的合法权益，根据《中华人民共和国民事诉讼法》的有关规定，结合人民法院民事执行工作的实践经验，制定本规定。

第一条 被执行人未按执行通知书指定的期间履行生效法律文书确定的给付义务的，人民法院可以采取限制消费措施，限制其高消费及非生活或者经营必需的有关消费。

纳入失信被执行人名单的被执行人，人民法院应当对其采取限制消费措施。

第二条 人民法院决定采取限制消费措施时，应当考虑被执行人是否有消极履行、规避执行或者抗拒执行的行为以及被执行人的履行能力等因素。

第三条 被执行人为自然人的，被采取限制消费措施后，不得有以下高消费及非生活和工作必需的消费行为：

（一）乘坐交通工具时，选择飞机、列车软卧、轮船二等以上舱位；

（二）在星级以上宾馆、酒店、夜总会、高尔夫球场等场所进行高消费；

（三）购买不动产或者新建、扩建、高档装修房屋；

（四）租赁高档写字楼、宾馆、公寓等场所办公；

（五）购买非经营必需车辆；

（六）旅游、度假；

（七）子女就读高收费私立学校；

（八）支付高额保费购买保险理财产品；

（九）乘坐G字头动车组列车全部座位、其他动车组列车一等以上座位等其他非生活和工作必需的消费行为。

被执行人为单位的，被采取限制消费措施后，被执行人及其法定代表人、主要负责人、影响债务履行的直接责任人员、实际控制人不得实施前款规定的行为。因私消费以个人财产实施前款规定行为的，可以向执行法院提出申请。执行法院审查属实的，应予准许。

第四条 限制消费措施一般由申请执行人提出书面申请，经人民法院审查决定；必要时人民法院可以依职权决定。

第五条 人民法院决定采取限制消费措施的，应当向被执行人发出限制消费令。限制消费令由人民法院院长签发。限制消费令应当载明限制消费的期间、项目、法律后果等内容。

第六条 人民法院决定采取限制消费措施的，可以根据案件需要和被执行人的情况向有义务协助调查、执行的单位送达协助执行通知书，也可以在相关媒体上进行公告。

第七条 限制消费令的公告费用由被执行人负担；申请执行人申请在媒体公告的，应当垫付公告费用。

第八条 被限制消费的被执行人因生活或者经营必需而进行本规定禁止的

消费活动的，应当向人民法院提出申请，获批准后方可进行。

第九条 在限制消费期间，被执行人提供确实有效的担保或者经申请执行人同意的，人民法院可以解除限制消费令；被执行人履行完毕生效法律文书确定的义务的，人民法院应当在本规定第六条通知或者公告的范围内及时以通知或者公告解除限制消费令。

第十条 人民法院应当设置举报电话或者邮箱，接受申请执行人和社会公众对被限制消费的被执行人违反本规定第三条的举报，并进行审查认定。

第十一条 被执行人违反限制消费令进行消费的行为属于拒不履行人民法院已经发生法律效力的判决、裁定的行为，经查证属实的，依照《中华人民共和国民事诉讼法》第一百一十一条的规定，予以拘留、罚款；情节严重，构成犯罪的，追究其刑事责任。

有关单位在收到人民法院协助执行通知书后，仍允许被执行人进行高消费及非生活或者经营必需的有关消费的，人民法院可以依照《中华人民共和国民事诉讼法》第一百一十四条的规定，追究其法律责任。

▶ **司法解释性文件**

★**最高人民法院关于依法制裁规避执行行为的若干意见**（2011 年 5 月 27 日施行　法〔2011〕195 号）（节录）

六、依法采取多种措施，有效防范规避执行行为

23. 充分运用限制高消费手段。各地法院应当充分运用限制高消费手段，逐步构建与有关单位的协作平台，明确有关单位的监督责任，细化协作方式，完善协助程序。

▶ **浙江省高院规定一**

★**浙江省高级人民法院、省公安厅关于贯彻《关于依法规范人民法院执行和公安机关协助执行若干问题的通知》的意见**（2007 年 10 月 23 日施行 浙高法〔2006〕205 号）

各级人民法院、宁波海事法院，各市、县（市、区）公安局：

为切实解决人民法院执行难问题，维护法律尊严、司法权威和社会稳定，省高级人民法院和省公安厅于 2006 年 9 月 7 日联合下发了《关于依法规范人民法院执行和公安机关协助执行若干问题的通知》，现将有关贯彻意见明确如下：

一、关于协助查找被执行人问题

（一）人民法院可以请求公安机关通过《打防控信息主干应用系统》及其他子系统查询被执行人户籍、暂住、住宿、出入境等信息，提取被执行人的电子照片。

人民法院查询上述信息的，应出具《协助查询被执行人信息函》，并附被

执行人清单,于每月 25 日集中交公安机关指挥中心(节假日顺延),公安机关指挥中心应当将查询结果及时反馈人民法院执行局。

(二)被执行人符合下列之一条件的,人民法院可以请求公安机关协查其下落:

1. 人民法院作出拘留决定后,被拘留对象潜逃的;

2. 人民法院立案执行后,被执行人下落不明连续超过 3 个月或长年在外,并经被执行人住所地居民委员会或村民委员会证实的。

(三)对具有下列情形之一的被执行人,人民法院经中级人民法院院长批准可以请求市级公安机关查找:

1. 因案件得不到执行,已经引发群体性上访或围攻党政机关、法院等严重影响社会稳定问题的;

2. 被执行人以暴力等手段抗拒执行,并发生执行人员伤亡等严重后果的;

3. 被执行人系非中国公民,且涉案金额特别巨大,如不及时查找将导致案件无法执行的。

(四)人民法院请求公安机关协查被执行人下落的,应向公安机关出具《协助查找被执行人函》。

公安机关发现被执行人下落后应当及时电话通知人民法院执行局;人民法院执行局应固定联系人和联系电话并确保 24 小时畅通;人民法院执行局发现被执行人系其他人民法院请求查找的,应当将相关信息在 24 小时内转告请求地法院。

人民法院请求市级公安机关查找被执行人下落的,应当由中级人民法院向市级公安机关出具《协助查找被执行人函》,并附中级人民法院院长批件;公安机关接到《协助查找被执行人函》和中级人民法院院长批件后,应当及时向局领导呈批,并将呈批结果在 2 个工作日内反馈中级人民法院。

二、关于协助控制被执行人问题

(五)对存在出境可能的被执行人,中级人民法院应当签发《法定不批准出境人员通报备案通知书》,并送达被执行人户籍所在地市、县(市、区)公安机关。公安机关接到通知后,对人民法院通报备案对象的出国(境)申请应当作出不予许可的决定。

人民法院应当严格依照法定程序审批《法定不批准出境人员通报备案通知书》,并由中级人民法院统一通报市公安局出入境管理部门:对通报备案不批准出境期限 3 个月以下的,由基层人民法院决定;3 个月以上 1 年以下的(不含 3 个月),由中级人民法院决定;1 年以上 5 年以下的(不含 1 年),由省高级人民法院决定。

通报备案不批准出境期限届满后需要延期的，人民法院应当在原通报备案期限届满前一个月内重新续报；到期不续报的，原《法定不批准出境人员通报备案通知书》自动解除。

人民法院对被执行人提前解除出境限制，应当通过原通报备案法院制发《撤销法定不批准出境人员通报备案通知书》并送达公安机关。

（六）对持有护照的被执行人，人民法院可以依法扣押护照。被执行人拒不交出护照的，人民法院可以提请护照签发机关宣布被执行人的护照作废。

人民法院需要提请公安机关宣布被执行人护照作废的，应当由中级人民法院制作《提请宣布护照作废函》并送达被执行人所在地市级公安机关，公安机关在收到中级人民法院的《提请宣布护照作废函》后应当及时作出护照作废的决定并将《宣布护照作废回执》回复中级人民法院。

（七）对需要限制被执行人出境的，人民法院应当作出限制其出境的裁定，并报送省公安厅办理边控手续。

人民法院办理边控时，应提交执行依据、边控裁定、限制出国（境）人员登记表、边控对象近一年来的出入境记录等材料。

（八）对涉嫌犯罪并潜逃的被执行人，人民法院可以请求公安机关立案侦查；公安机关经审查认为符合立案条件且依法可以采取刑事拘留措施的，应当将犯罪嫌疑人信息录入在逃人员信息库。

（九）公安机关人民警察在日常巡逻检查中发现人民法院要求协助查找对象，经当场盘问、检查确认其有违法犯罪嫌疑符合继续盘问条件的，可以依据《人民警察法》第九条之规定，将违法犯罪嫌疑人员带到公安机关继续盘问；经继续盘问查明不需对违法犯罪嫌疑人员作出处理决定的，应当立即通知当地人民法院执行局，当地人民法院执行局应当在接到通知后2个小时内将被执行人带至人民法院。

公安机关对不需作出处理决定但应当移交人民法院的继续盘问人员，适用继续盘问起止时间不得超过3小时；超过3小时而人民法院执行局仍未响应的，公安机关应当立即释放被盘问人。

人民法院应当建立健全异地执行协作机制，对于公安机关所在地法院先行接受被执行人的，执行地法院应当立即派员将被执行人带回。

（十）人民法院决定对被执行人司法拘留的，应将拘留决定书、执行拘留通知书等法律文书送达公安拘留所，公安拘留所应当按照规定及时予以收押。

三、关于协助查扣被执行人财产问题

（十一）公安机关在处理道理交通事故时应当及时查找、提取肇事车辆的保险单证；对于事故处理可能超过1个月以上并适用一般程序处理的，应当告知受害人及时向人民法院申请诉前保全。

人民法院受理交通肇事人身损害赔偿案件后，应当审查肇事车辆的情况，并在必要时依法采取财产保全。

人民法院依法对肇事车辆采取财产保全措施的，公安机关应当予以协助。

（十二）　人民法院需要通过公安机关查询被执行人有关财产典当、寄卖等信息的，应当向公安机关出具《协助查询被执行人财产函》，请求公安机关予以帮助；公安机关应当在职权范围内依法提供协助。

（十三）　人民法院可以请求公安机关交通部门对法院已经裁定查封的被执行人的车辆进行监控，并在办理年检、过户、查处交通违章过程中予以协助查扣；公安机关交通部门查扣车辆后应当及时通知人民法院。

人民法院要求对被执行人车辆进行监控、查扣的，应当向公安机关交通部门提供查封裁定和协助执行通知书。

人民法院接公安机关查扣到车辆的通知后，应立即与公安机关办理交接手续。

四、关于查处拒不执行判决裁定等违法犯罪行为问题

（十四）　对可能引发严重危害公共安全、严重影响社会治安问题的重大案件，人民法院在采取搜查、查封、扣押、强制腾退、强制开启、拘传、拘留等措施前，应当先行向公安机关通报，公安机关接到通报后应当依法积极协助。

（十五）　人民法院执行中遭遇暴力抗法，公安机关接到报警后，应当立即出警，并采取有效措施确保执行人员人身安全。

（十六）　人民法院移送的涉嫌构成拒不执行判决裁定、非法处置查封扣押冻结财产、妨害公务、虚假出资、抽逃出资、妨害清算、隐匿毁损财务帐册等犯罪的案件，公安机关应当依法受理，对调查后符合立案条件的，应当立即立案。

公安机关认为不符合立案条件或者经立案侦查发现不应追究当事人刑事责任的，应当在作出决定后7日内书面反馈人民法院。

五、关于建立协助人民法院执行工作机制问题

（十七）　各级人民法院应固定2名专门联络员，负责办理被执行人下落及财产信息查询，送交有关协助执行文书，以及处理请求公安机关协助人民法院执行的其他日常事务。

公安机关指挥中心、刑侦、治安、交通、出入境等部门应相应明确1名联络员，负责处理人民法院提请送交的相关事项。

（十八）　人民法院在请求公安机关协助执行中，应严格遵守法律和相关规定，执行人员在与公安机关联系工作时，应出示执行公务证和工作证。

本通知所称人民法院仅限浙江省行政区域；本通知自下发之日起执行。

➡ **浙江省高院规定二**

★**浙江省高级人民法院关于进一步强化强制执行措施的若干意见（试行）**

（2019 年 5 月 1 日施行　浙高法〔2019〕62 号）

为加强民事执行的强制性、规范性，依法惩戒逃避执行、抗拒执行行为，敦促被执行人主动履行生效法律文书确定的义务，根据诉讼法和相关司法解释规定，结合实际，制定本意见。

一、执行机构收到执行案件后，应当立即启动执行程序，并在 10 日内完成以下事项：

1. 向被执行人发出《执行通知书》；

2. 向被执行人发出《报告财产令》、《限制消费令》；

3. 财产网上查控以及被执行人户籍、婚姻、持有的证照、出入境记录等信息的调查。

二、被执行人应当按照《执行通知书》、《报告财产令》的要求立即履行债务或者报告财产。拒不报告财产又不履行的，在《执行通知书》和《报告财产令》发出后一个月内采取下列措施：

1. 纳入失信被执行人名单；

2. 限制出入境，或者责令交出出入境证照、宣布证照作废等；

3. 罚款、拘留。单位为被执行人，可视情同时对该单位的法定代表人、主要负责人、影响债务履行的直接责任人员、实际控制人予以罚款、拘留。

三、被执行人报告财产不实，应当在查明之日起 10 日内，对被执行人予以罚款、拘留。

四、被执行人应当遵守《限制消费令》的规定。被执行人违反《限制消费令》，执行法院应当自查明之日起 10 日内予以罚款、拘留。

五、执行法院发出查封、扣押裁定书、责令交付通知书后，被执行人应当按照要求将指定的车辆等动产移交执行法院。拒不移交的，在 10 日内予以罚款、拘留。

确有正当理由无法移交的，被执行人应当向执行法院书面报告车辆等动产的权属和占有、使用等情况。

六、被执行人或其他相关人员拒不腾退涉案房屋、土地的，执行人员应当在腾退期限届满之日起一个月内，根据情节轻重予以罚款、拘留、移送公安机关追究刑事责任。

七、被执行人拒不报告财产、虚假报告财产、违反限制消费令，经采取罚款、拘留等强制执行措施后仍拒不执行的，应当在一个月内移送公安机关追究刑事责任。

八、被执行人或其他相关人员具有非法处置查封、扣押、冻结的财产、虚假诉讼等抗拒执行行为之一，情节轻微尚不构成犯罪的，应当在 10 日内作出拘留决定；情节严重涉嫌犯罪的，应当在一个月内移送公安机关追究刑事责任。

九、对作出了拘留决定而被执行人又下落不明的，10 日内提请公安机关协助控制被执行人。

十、罚款、拘留可以单独适用，也可以合并适用。

同一案件中发生新的妨害执行事由的，可以重新予以罚款、拘留。

对个人的罚款金额，一般不少于人民币一千元。对单位的罚款金额，一般不少于人民币五万元。

在拘留期间被执行人具有积极履行债务等认错悔改情形的，可以责令具结悔过，提前解除拘留。

十一、应当采取强制执行措施而不采取的，依法依纪追究承办人责任。

具有特殊情形暂不宜采取强制执行措施的，应当报经批准。具体情形另行制定。

十二、本意见适用于金钱给付类民事执行案件。

同一被执行人在同一执行法院内具有系列执行案件，可以基于其中一个案件实施本意见的强制执行措施，强制执行措施的材料在其他案件中备案。

十三、本意见自二○一九年五月一日起施行。

第九章　执行中止与终结

【条文主旨】再审中止执行及例外情形

第二百零六条　按照审判监督程序决定再审的案件，裁定中止原判决、裁定、调解书的执行，但追索赡养费、扶养费、抚育费、抚恤金、医疗费用、劳动报酬等案件，可以不中止执行。

【条文主旨】中止执行的情形

第二百五十六条　有下列情形之一的，人民法院应当裁定中止执行：

（一）申请人表示可以延期执行的；

（二）案外人对执行标的提出确有理由的异议的；

（三）作为一方当事人的公民死亡，需要等待继承人继承权利或者承担义务的；

（四）作为一方当事人的法人或者其他组织终止，尚未确定权利义务承受人的；

（五）人民法院认为应当中止执行的其他情形。

中止的情形消失后，恢复执行。

【条文主旨】终结执行的情形

第二百五十七条　有下列情形之一的，人民法院裁定终结执行：

（一）申请人撤销申请的；

（二）据以执行的法律文书被撤销的；

（三）作为被执行人的公民死亡，无遗产可供执行，又无义务承担人的；

（四）追索赡养费、扶养费、抚育费案件的权利人死亡的；

（五）作为被执行人的公民因生活困难无力偿还借款，无收入来源，又丧失劳动能力的；

（六）人民法院认为应当终结执行的其他情形。

【条文主旨】中止执行与终结执行裁定生效的规定

第二百五十八条　中止和终结执行的裁定，送达当事人后立即生效。①

---

① 终结裁定如未送达被执行人则不发生法律效力，案件可以继续执行。

▶ **司法解释一**

★ **最高人民法院关于人民法院执行工作若干问题的规定（试行）（1998 年 7 月 8 日施行 法释〔1998〕15 号）（节录）**

102. 有下列情形之一的，人民法院应当依照民事诉讼法第二百三十二条① 第一款第五项的规定裁定中止执行：

（1）人民法院已受理以被执行人为债务人的破产申请的；

（2）被执行人确无财产可供执行的；

（3）执行的标的物是其他法院或仲裁机构正在审理的案件争议标的物，需要等待该案件审理完毕确定权属的；

（4）一方当事人申请执行仲裁裁决，另一方当事人申请撤销仲裁裁决的；

（5）仲裁裁决的被申请执行人依据民事诉讼法第二百一十七②条第二款的规定向人民法院提出不予执行请求，并提供适当担保的。

103. 按照审判监督程序提审或再审的案件，执行机构根据上级法院或本院作出的中止执行裁定书中止执行。

104. 中止执行的情形消失后，执行法院可以根据当事人的申请或依职权恢复执行。

恢复执行应当书面通知当事人。

105. 在执行中，被执行人被人民法院裁定宣告破产的，执行法院应当依照民事诉讼法第二百三十五条③第六项的规定，裁定终结执行。

106. 中止执行和终结执行的裁定书应当写明中止或终结执行的理由和法律依据。

▶ **司法解释二**

★ **最高人民法院关于适用《中华人民共和国民事诉讼法》的解释（2015 年 2 月 4 日施行 法释〔2015〕5 号）（节录）**

第三百九十六条 人民法院对已经发生法律效力的判决、裁定、调解书依法决定再审，依照民事诉讼法第二百零六条规定，需要中止执行的，应当在再审裁定中同时写明中止原判决、裁定、调解书的执行；情况紧急的，可以将中止执行裁定口头通知负责执行的人民法院，并在通知后十日内发出裁定书。

第四百六十五条 案外人对执行标的提出的异议，经审查，按照下列情形分别处理：

---

① 已修改为民事诉讼法第二百五十六条。

② 已修改为民事诉讼法第二百三十七条。

③ 已修改为民事诉讼法第二百五十七条。

（一）案外人对执行标的不享有足以排除强制执行的权益的，裁定驳回其异议；

（二）案外人对执行标的享有足以排除强制执行的权益的，裁定中止执行。

驳回案外人执行异议裁定送达案外人之日起十五日内，人民法院不得对执行标的进行处分。

第四百六十六条 申请执行人与被执行人达成和解协议后请求中止执行或者撤回执行申请的，人民法院可以裁定中止执行或者终结执行。

第五百一十三条 在执行中，作为被执行人的企业法人符合企业破产法第二条第一款规定情形的，执行法院经申请执行人之一或者被执行人同意，应当裁定中止对该被执行人的执行，将执行案件相关材料移送被执行人住所地人民法院。

第五百一十四条 被执行人住所地人民法院应当自收到执行案件相关材料之日起三十日内，将是否受理破产案件的裁定告知执行法院。不予受理的，应当将相关案件材料退回执行法院。

第五百一十五条 被执行人住所地人民法院裁定受理破产案件的，执行法院应当解除对被执行人财产的保全措施。被执行人住所地人民法院裁定宣告被执行人破产的，执行法院应当裁定终结对该被执行人的执行。

被执行人住所地人民法院不受理破产案件的，执行法院应当恢复执行。

第五百一十九条 经过调查未发现可供执行的财产，在申请执行人签字确认或者执行法院组成合议庭审查核实并经院长批准后，可以裁定终结本次执行程序。

依照前款规定终结执行后，申请执行人发现被执行人有可供执行财产的，可以再次申请执行。再次申请不受申请执行时效期间的规定。

第五百二十条 因撤销申请而终结执行后，当事人在民事诉讼法第二百三十九条规定的申请执行时效期间内再次申请执行的，人民法院应当受理。

第五百二十一条 在执行终结六个月内，被执行人或者其他人对已执行的标的有妨害行为的，人民法院可以依申请排除妨害，并可以依照民事诉讼法第一百一十一条规定进行处罚。因妨害行为给执行债权人或者其他人造成损失的，受害人可以另行起诉。

▶ **司法解释性文件一**

★**最高人民法院关于人民法院执行公开的若干规定**（2007年1月1日施行　法发〔2006〕35号）（节录）

第十三条 人民法院依职权对案件中止执行的，应当制作裁定书并送达当事人。裁定书应当说明中止执行的理由，并明确援引相应的法律依据。

对已经中止执行的案件，人民法院应当告知当事人中止执行案件的管理制度、申请恢复执行或者人民法院依职权恢复执行的条件和程序。

第十四条　人民法院依职权对据以执行的生效法律文书终结执行的，应当公开听证，但申请执行人没有异议的除外。

终结执行应当制作裁定书并送达双方当事人。裁定书应当充分说明终结执行的理由，并明确援引相应的法律依据。

▶ 司法解释性文件二

★中央政法委、最高人民法院关于规范集中清理执行积案结案标准的通知

（2009 年 3 月 19 日施行　法发〔2009〕15 号）（节录）

三、对有财产可供执行的案件，应依法按规定结案；对无财产可供执行的案件，可按下列条件和方式结案。

1. 符合法律或司法解释规定的终结执行情形的，可依法结案。仲裁裁决、公证债权文书被裁定不予执行的，可依法结案。

5. 中止执行的案件，不得作结案处理。

8. 无财产可供执行的案件，执行程序在一定期间无法继续进行，且有下列情形之一的，经合议庭评议，可裁定终结本次执行程序后结案：

（1）被执行人确无财产可供执行，申请执行人书面同意人民法院终结本次执行程序的；

（2）因被执行人无财产而中止执行满两年，经查证被执行人确无财产可供执行的；

（3）申请执行人明确表示提供不出被执行人的财产或财产线索，并在人民法院穷尽财产调查措施之后对人民法院认定被执行人无财产可供执行书面表示认可的；

（4）被执行人的财产无法拍卖变卖，或者动产经两次拍卖、不动产或其他财产权经三次拍卖仍然流拍，申请执行人拒绝接受或者依法不能交付其抵债，经人民法院穷尽财产调查措施，被执行人确无其他财产可供执行的；

（5）作为被执行人的企业法人被撤销、注销、吊销营业执照或者歇业后既无财产可供执行，又无义务承受人，也没有能够依法追加变更执行主体的；

（6）经人民法院穷尽财产调查措施，被执行人确无财产可供执行或虽有财产但不宜强制执行，当事人达成分期履行和解协议的；

（7）被执行人确无财产可供执行，申请执行人属于特困群体，执行法院已经给予其适当救助资金的。

9. 裁定终结本次执行程序的，应当符合下列要求：

（1）裁定书中应当载明执行标的总额、已经执行的债权数额和剩余的债权数额，并写明申请执行人在具备执行条件时，可以向有管辖权的人民法院申请执行剩余债权。

（2）执行法院终结本次执行程序，在下达裁定前应当告知申请执行人。申请执行人对终结本次执行程序有异议的，执行法院应当另行派员组织当事人就被执行人是否有财产可供执行进行听证；申请执行人提供被执行人财产线索的，执行法院应当就其提供的线索重新调查核实，发现被执行人有财产可供执行的，应当继续执行。

10. 裁定终结本次执行程序后，如发现被执行人有财产可供执行的，申请执行人可以再次提出执行申请。申请执行人再次提出执行申请不受申请执行期间的限制。

申请执行人申请或者人民法院依职权恢复执行的，应当重新立案。

第十章 执行结案

第一节 结案方式

▶ **司法解释**

★ **最高人民法院关于人民法院执行工作若干问题的规定（试行）（1998 年 7 月 8 日施行 法释〔1998〕15 号）（节录）**

107. 人民法院执行生效法律文书，一般应当在立案之日起六个月内执行结案，但中止执行的期间应当扣除。确有特殊情况需要延长的，由本院院长批准。

108. 执行结案的方式为：

（1）生效法律文书确定的内容全部执行完毕；

（2）裁定终结执行；

（3）裁定不予执行；

（4）当事人之间达成执行和解协议并已履行完毕。

▶ **司法解释性文件一**

★ **中央政法委、最高人民法院关于规范集中清理执行积案结案标准的通知**（2009 年 3 月 19 日施行 法发〔2009〕15 号）（节录）

三、对有财产可供执行的案件，应依法按规定结案；对无财产可供执行的案件，可按下列条件和方式结案。

1. 符合法律或司法解释规定的终结执行情形的，可依法结案。仲裁裁决、公证债权文书被裁定不予执行的，可依法结案。

2. 被执行人可供执行的财产执行完毕后，申请执行人书面表示放弃剩余债权的，可依法结案。

3. 案件执行标的款全部执行到执行款专户，因申请执行人下落不明无法领取或不愿领取，执行法院已依法予以提存的，可以作结案处理。

4. 委托执行的案件，受托法院可以按照新收执行案件办理，委托法院不得作结案处理。待受托法院将案件依法结案后，委托法院的案件一并依法结案。

5. 中止执行的案件，不得作结案处理。

6. 提级执行或指定执行的案件，提级执行的法院或被指定执行的法院应当按照新收执行案件办理，原执行法院可作销案处理，不得作结案处理。

7. 因重复立案移送管辖的案件，原执行法院应作销案处理，不得作结案处理。

8. 无财产可供执行的案件，执行程序在一定期间无法继续进行，且有下列情形之一的，经合议庭评议，可裁定终结本次执行程序后结案：

（1）被执行人确无财产可供执行，申请执行人书面同意人民法院终结本次执行程序的；

（2）因被执行人无财产而中止执行满两年，经查证被执行人确无财产可供执行的；

（3）申请执行人明确表示提供不出被执行人的财产或财产线索，并在人民法院穷尽财产调查措施之后对人民法院认定被执行人无财产可供执行书面表示认可的；

（4）被执行人的财产无法拍卖变卖，或者动产经两次拍卖、不动产或其他财产权经三次拍卖仍然流拍，申请执行人拒绝接受或者依法不能交付其抵债，经人民法院穷尽财产调查措施，被执行人确无其他财产可供执行的；

（5）作为被执行人的企业法人被撤销、注销、吊销营业执照或者歇业后既无财产可供执行，又无义务承受人，也没有能够依法追加变更执行主体的；

（6）经人民法院穷尽财产调查措施，被执行人确无财产可供执行或虽有财产但不宜强制执行，当事人达成分期履行和解协议的；

（7）被执行人确无财产可供执行，申请执行人属于特困群体，执行法院已经给予其适当救助资金的。

9. 裁定终结本次执行程序的，应当符合下列要求：

（1）裁定书中应当载明执行标的总额、已经执行的债权数额和剩余的债权数额，并写明申请执行人在具备执行条件时，可以向有管辖权的人民法院申请执行剩余债权。

（2）执行法院终结本次执行程序，在下达裁定前应当告知申请执行人。申请执行人对终结本次执行程序有异议的，执行法院应当另行派员组织当事人就被执行人是否有财产可供执行进行听证；申请执行人提供被执行人财产线索的，执行法院应当就其提供的线索重新调查核实，发现被执行人有财产可供执行的，应当继续执行。

10. 裁定终结本次执行程序后，如发现被执行人有财产可供执行的，申请执行人可以再次提出执行申请。申请执行人再次提出执行申请不受申请执行期间的限制。

申请执行人申请或者人民法院依职权恢复执行的，应当重新立案。

各地法院对清理积案活动以来已经报结的执行案件要重新进行核查，对不符合本通知要求的已结案件要抓紧整改。清理积案领导小组将适时派出检查组进行检查验收。发现故意弄虚作假、欺上瞒下等情况的，将坚决依照有关规定严肃处理。

▶ **司法解释性文件二**

★最高人民法院关于执行案件立案、结案若干问题的意见（2015 年 1 月 1 日施行　法发〔2014〕26 号）（节录）

第十四条　除执行财产保全裁定、恢复执行的案件外，其他执行实施类案件的结案方式包括：

（一）执行完毕；

（二）终结本次执行程序；

（三）终结执行；

（四）销案；

（五）不予执行；

（六）驳回申请。

第十五条　生效法律文书确定的执行内容，经被执行人自动履行、人民法院强制执行，已全部执行完毕，或者是当事人达成执行和解协议，且执行和解协议履行完毕，可以以"执行完毕"方式结案。

执行完毕应当制作结案通知书并发送当事人。双方当事人书面认可执行完毕或口头认可执行完毕并记入笔录的，无需制作结案通知书。

执行和解协议应当附卷，没有签订书面执行和解协议的，应当将口头和解协议的内容作成笔录，经当事人签字后附卷。

第十六条　有下列情形之一的，可以以"终结本次执行程序"方式结案：

（一）被执行人确无财产可供执行，申请执行人书面同意人民法院终结本次执行程序的；

（二）因被执行人无财产而中止执行满两年，经查证被执行人确无财产可供执行的；

（三）申请执行人明确表示提供不出被执行人的财产或财产线索，并在人民法院穷尽财产调查措施之后，对人民法院认定被执行人无财产可供执行书面表示认可的；

（四）被执行人的财产无法拍卖变卖，或者动产经两次拍卖、不动产或其他财产权经三次拍卖仍然流拍，申请执行人拒绝接受或者依法不能交付其抵债，经人民法院穷尽财产调查措施，被执行人确无其他财产可供执行的；

（五）经人民法院穷尽财产调查措施，被执行人确无财产可供执行或虽有财产但不宜强制执行，当事人达成分期履行和解协议，且未履行完毕的；

（六）被执行人确无财产可供执行，申请执行人属于特困群体，执行法院已经给予其适当救助的。

人民法院应当依法组成合议庭，就案件是否终结本次执行程序进行合议。

终结本次执行程序应当制作裁定书，送达申请执行人。裁定应当载明案件的执行情况、申请执行人债权已受偿和未受偿的情况、终结本次执行程序的理由，以及发现被执行人有可供执行财产，可以申请恢复执行等内容。

依据本条第一款第（二）（四）（五）（六）项规定的情形裁定终结本次执行程序前，应当告知申请执行人可以在指定的期限内提出异议。申请执行人提出异议的，应当另行组成合议庭组织当事人就被执行人是否有财产可供执行进行听证；申请执行人提供被执行人财产线索的，人民法院应当就其提供的线索重新调查核实，发现被执行人有财产可供执行的，应当继续执行；经听证认定被执行人确无财产可供执行，申请执行人亦不能提供被执行人有可供执行财产的，可以裁定终结本次执行程序。

本条第一款第（三）（四）（五）项中规定的"人民法院穷尽财产调查措施"，是指至少完成下列调查事项：

（一）被执行人是法人或其他组织的，应当向银行业金融机构查询银行存款，向有关房地产管理部门查询房地产登记，向法人登记机关查询股权，向有关车管部门查询车辆等情况；

（二）被执行人是自然人的，应当向被执行人所在单位及居住地周边群众调查了解被执行人的财产状况或财产线索，包括被执行人的经济收入来源、被执行人到期债权等。如果根据财产线索判断被执行人有较高收入，应当按照对法人或其他组织的调查途径进行调查；

（三）通过最高人民法院的全国法院网络执行查控系统和执行法院所属高级人民法院的"点对点"网络执行查控系统能够完成的调查事项；

（四）法律、司法解释规定必须完成的调查事项。

人民法院裁定终结本次执行程序后，发现被执行人有财产的，可以依申请执行人的申请或依职权恢复执行。申请执行人申请恢复执行的，不受申请执行期限的限制。

第十七条 有下列情形之一的，可以以"终结执行"方式结案：

（一）申请人撤销申请或者是当事人双方达成执行和解协议，申请执行人撤回执行申请的；

（二）据以执行的法律文书被撤销的；

（三）作为被执行人的公民死亡，无遗产可供执行，又无义务承担人的；

（四）追索赡养费、扶养费、抚育费案件的权利人死亡的；

（五）作为被执行人的公民因生活困难无力偿还借款，无收入来源，又丧失劳动能力的；

（六）作为被执行人的企业法人或其他组织被撤销、注销、吊销营业执照或者歇业、终止后既无财产可供执行，又无义务承受人，也没有能够依法追加变更执行主体的；

（七）依照刑法第五十三条规定免除罚金的；

（八）被执行人被人民法院裁定宣告破产的；

（九）行政执行标的灭失的；

（十）案件被上级人民法院裁定提级执行的；

（十一）案件被上级人民法院裁定指定由其他法院执行的；

（十二）按照《最高人民法院关于委托执行若干问题的规定》，办理了委托执行手续，且收到受托法院立案通知书的；

（十三）人民法院认为应当终结执行的其他情形。

前款除第（十）项、第（十一）项、第（十二）项规定的情形外，终结执行的，应当制作裁定书，送达当事人。

第十八条 执行实施案件立案后，有下列情形之一的，可以以"销案"方式结案：

（一）被执行人提出管辖异议，经审查异议成立，将案件移送有管辖权的法院或申请执行人撤回申请的；

（二）发现其他有管辖权的人民法院已经立案在先的；

（三）受托法院报经高级人民法院同意退回委托的。

第十九条 执行实施案件立案后，被执行人对仲裁裁决或公证债权文书提出不予执行申请，经人民法院审查，裁定不予执行的，以"不予执行"方式结案。

第二十条 执行实施案件立案后，经审查发现不符合《最高人民法院关于人民法院执行工作若干问题的规定（试行）》第18条规定的受理条件，裁定驳回申请的，以"驳回申请"方式结案。

第二十一条 执行财产保全裁定案件的结案方式包括：

（一）保全完毕，即保全事项全部实施完毕；

（二）部分保全，即因未查询到足额财产，致使保全事项未能全部实施完毕；

（三）无标的物可实施保全，即未查到财产可供保全。

第二十二条 恢复执行案件的结案方式包括：

（一）执行完毕；

（二）终结本次执行程序；

（三）终结执行。

第二十三条 下列案件不得作结案处理：

（一）人民法院裁定中止执行的；

（二）人民法院决定暂缓执行的；

（三）执行和解协议未全部履行完毕，且不符合本意见第十六条、第十七条规定终结本次执行程序、终结执行条件的。

第二十四条 执行异议案件的结案方式包括：

（一）准予撤回异议或申请，即异议人撤回异议或申请的；

（二）驳回异议或申请，即异议不成立或者案外人虽然对执行标的享有实体权利但不能阻止执行的；

（三）撤销相关执行行为、中止对执行标的的执行、不予执行、追加变更当事人，即异议成立的；

（四）部分撤销并变更执行行为、部分不予执行、部分追加变更当事人，即异议部分成立的；

（五）不能撤销、变更执行行为，即异议成立或部分成立，但不能撤销、变更执行行为的；

（六）移送其他人民法院管辖，即管辖权异议成立的。

执行异议案件应当制作裁定书，并送达当事人。法律、司法解释规定对执行异议案件可以口头裁定的，应当记入笔录。

第二十五条 执行复议案件的结案方式包括：

（一）准许撤回申请，即申请复议人撤回复议申请的；

（二）驳回复议申请，维持异议裁定，即异议裁定认定事实清楚，适用法律正确，复议理由不成立的；

（三）撤销或变更异议裁定，即异议裁定认定事实错误或者适用法律错误，复议理由成立的；

（四）查清事实后作出裁定，即异议裁定认定事实不清，证据不足的；

（五）撤销异议裁定，发回重新审查，即异议裁定遗漏异议请求或者异议裁定错误对案外人异议适用执行行为异议审查程序的。

人民法院对重新审查的案件作出裁定后，当事人申请复议的，上级人民法院不得再次发回重新审查。

执行复议案件应当制作裁定书，并送达当事人。法律、司法解释规定对执行复议案件可以口头裁定的，应当记入笔录。

第二十六条 执行监督案件的结案方式包括：

（一）准许撤回申请，即当事人撤回监督申请的；

（二）驳回申请，即监督申请不成立的；

（三）限期改正，即监督申请成立，指定执行法院在一定期限内改正的；

（四）撤销并改正，即监督申请成立，撤销执行法院的裁定直接改正的；

（五）提级执行，即监督申请成立，上级人民法院决定提级自行执行的；

（六）指定执行，即监督申请成立，上级人民法院决定指定其他法院执行的；

（七）其他，即其他可以报结的情形。

第二十七条 执行请示案件的结案方式包括：

（一）答复，即符合请示条件的；

（二）销案，即不符合请示条件的。

第二十八条 执行协调案件的结案方式包括：

（一）撤回协调请求，即执行争议法院自行协商一致，撤回协调请求的；

（二）协调解决，即经过协调，执行争议法院达成一致协调意见，将协调意见记入笔录或者向执行争议法院发出协调意见函的。

第二十九条 执行案件的立案、执行和结案情况应当及时、完整、真实、准确地录入全国法院执行案件信息管理系统。

第三十条 地方各级人民法院不能制定与法律、司法解释和本意见规定相抵触的执行案件立案、结案标准和结案方式。

违反法律、司法解释和本意见的规定立案、结案，或者在全国法院执行案件信息管理系统录入立案、结案情况时弄虚作假的，通报批评；造成严重后果或恶劣影响的，根据《人民法院工作人员纪律处分条例》追究相关领导和工作人员的责任。

第三十一条 各高级人民法院应当积极推进执行信息化建设，通过建立、健全辖区三级法院统一使用、切合实际、功能完备、科学有效的案件管理系统，加强对执行案件立、结案的管理。实现立、审、执案件信息三位一体的综合管理；实现对终结本次执行程序案件的单独管理；实现对恢复执行案件的动态管理；实现辖区的案件管理系统与全国法院执行案件信息管理系统的数据对接。

第三十二条 本意见自 2015 年 1 月 1 日起施行。

▶ **司法解释性文件三**

★最高人民法院关于严格规范终结本次执行程序的规定（试行）（2016 年 12 月 1 日施行 法〔2016〕373 号）

为严格规范终结本次执行程序，维护当事人的合法权益，根据《中华人民共和国民事诉讼法》及有关司法解释的规定，结合人民法院执行工作实际，制定本规定。

第一条 人民法院终结本次执行程序，应当同时符合下列条件：

（一）已向被执行人发出执行通知、责令被执行人报告财产；

（二）已向被执行人发出限制消费令，并将符合条件的被执行人纳入失信被执行人名单；

（三）已穷尽财产调查措施，未发现被执行人有可供执行的财产或者发现的财产不能处置；

（四）自执行案件立案之日起已超过三个月；

（五）被执行人下落不明的，已依法予以查找；被执行人或者其他人妨害执行的，已依法采取罚款、拘留等强制措施，构成犯罪的，已依法启动刑事责任追究程序。

第二条 本规定第一条第一项中的"责令被执行人报告财产"，是指应当完成下列事项：

（一）向被执行人发出报告财产令；

（二）对被执行人报告的财产情况予以核查；

（三）对逾期报告、拒绝报告或者虚假报告的被执行人或者相关人员，依法采取罚款、拘留等强制措施，构成犯罪的，依法启动刑事责任追究程序。

人民法院应当将财产报告、核实及处罚的情况记录入卷。

第三条 本规定第一条第三项中的"已穷尽财产调查措施"，是指应当完成下列调查事项：

（一）对申请执行人或者其他人提供的财产线索进行核查；

（二）通过网络执行查控系统对被执行人的存款、车辆及其他交通运输工具、不动产、有价证券等财产情况进行查询；

（三）无法通过网络执行查控系统查询本款第二项规定的财产情况的，在被执行人住所地或者可能隐匿、转移财产所在地进行必要调查；

（四）被执行人隐匿财产、会计账簿等资料且拒不交出的，依法采取搜查措施；

（五）经申请执行人申请，根据案件实际情况，依法采取审计调查、公告悬赏等调查措施；

（六）法律、司法解释规定的其他财产调查措施。

人民法院应当将财产调查情况记录入卷。

第四条 本规定第一条第三项中的"发现的财产不能处置"，包括下列情形：

（一）被执行人的财产经法定程序拍卖、变卖未成交，申请执行人不接受抵债或者依法不能交付其抵债，又不能对该财产采取强制管理等其他执行措施的；

（二）人民法院在登记机关查封的被执行人车辆、船舶等财产，未能实际扣押的。

第五条 终结本次执行程序前，人民法院应当将案件执行情况、采取的财产调查措施、被执行人的财产情况、终结本次执行程序的依据及法律后果等信息告知申请执行人，并听取其对终结本次执行程序的意见。

人民法院应当将申请执行人的意见记录入卷。

第六条 终结本次执行程序应当制作裁定书，载明下列内容：

（一）申请执行的债权情况；

（二）执行经过及采取的执行措施、强制措施；

（三）查明的被执行人财产情况；

（四）实现的债权情况；

（五）申请执行人享有要求被执行人继续履行债务及依法向人民法院申请恢复执行的权利，被执行人负有继续向申请执行人履行债务的义务。

终结本次执行程序裁定书送达申请执行人后，执行案件可以作结案处理。人民法院进行相关统计时，应当对以终结本次执行程序方式结案的案件与其他方式结案的案件予以区分。

终结本次执行程序裁定书应当依法在互联网上公开。

第七条 当事人、利害关系人认为终结本次执行程序违反法律规定的，可以提出执行异议。人民法院应当依照民事诉讼法第二百二十五条的规定进行审查。

第八条 终结本次执行程序后，被执行人应当继续履行生效法律文书确定的义务。被执行人自动履行完毕的，当事人应当及时告知执行法院。

第九条 终结本次执行程序后，申请执行人发现被执行人有可供执行财产的，可以向执行法院申请恢复执行。申请恢复执行不受申请执行时效期间的限制。执行法院核查属实的，应当恢复执行。

终结本次执行程序后的五年内，执行法院应当每六个月通过网络执行查控系统查询一次被执行人的财产，并将查询结果告知申请执行人。符合恢复执行条件的，执行法院应当及时恢复执行。

第十条 终结本次执行程序后，发现被执行人有可供执行财产，不立即采取执行措施可能导致财产被转移、隐匿、出卖或者毁损的，执行法院可以依申请执行人申请或依职权立即采取查封、扣押、冻结等控制性措施。

第十一条 案件符合终结本次执行程序条件，又符合移送破产审查相关规定的，执行法院应当在作出终结本次执行程序裁定的同时，将执行案件相关材料移送被执行人住所地人民法院进行破产审查。

第十二条 终结本次执行程序裁定书送达申请执行人以后，执行法院应当在七日内将相关案件信息录入最高人民法院建立的终结本次执行程序案件信息库，并通过该信息库统一向社会公布。

第十三条 终结本次执行程序案件信息库记载的信息应当包括下列内容：

（一）作为被执行人的法人或者其他组织的名称、住所地、组织机构代码及其法定代表人或者负责人的姓名，作为被执行人的自然人的姓名、性别、年龄、身份证件号码和住址；

（二）生效法律文书的制作单位和文号、执行案号、立案时间、执行法院；

（三）生效法律文书确定的义务和被执行人的履行情况；

（四）人民法院认为应当记载的其他事项。

第十四条 当事人、利害关系人认为公布的终结本次执行程序案件信息错误的，可以向执行法院申请更正。执行法院审查属实的，应当在三日内予以更正。

第十五条 终结本次执行程序后，人民法院已对被执行人依法采取的执行措施和强制措施继续有效。

第十六条 终结本次执行程序后，申请执行人申请延长查封、扣押、冻结期限的，人民法院应当依法办理续行查封、扣押、冻结手续。

终结本次执行程序后，当事人、利害关系人申请变更、追加执行当事人，符合法定情形的，人民法院应予支持。变更、追加被执行人后，申请执行人申请恢复执行的，人民法院应予支持。

第十七条 终结本次执行程序后，被执行人或者其他人妨害执行的，人民法院可以依法予以罚款、拘留；构成犯罪的，依法追究刑事责任。

第十八条 有下列情形之一的，人民法院应当在三日内将案件信息从终结本次执行程序案件信息库中屏蔽：

（一）生效法律文书确定的义务执行完毕的；

（二）依法裁定终结执行的；

（三）依法应予屏蔽的其他情形。

第十九条 本规定自 2016 年 12 月 1 日起施行。

▶ **浙江省高院规定一**

★**浙江省高级人民法院关于执行案件流程管理的规定**（2003 年 3 月 1 日施行　浙高法〔2003〕26 号）（节录）

第十二条 执行案件一般应在移交执行实施人员之日起 3 个月内执结。期限届满未能执结的,执行实施人员应将执行情况报执行实施机构负责人,由执行实施机构负责人决定易人执行。有特殊情况需要由原执行实施人员继续执行的,由执行实施机构负责人提出建议,报执行局(庭)负责人审批。

第十三条 易人执行的案件,应在更换执行实施人员后 3 个月内执结。

易人执行以一次为限。易人后仍未能执结的案件,由执行实施机构写出执行情况报告,移交执行裁决机构讨论,视情作出继续执行或中止、终结执行的决定。

第十四条 下列期间不计入执行期限:

(一)公告送达执行法律文书的期间;

(二)委托评估、审计、拍卖、变卖的期间;

(三)因与其他法院发生执行争议报请共同的上级法院协调处理的期间;

(四)向上级人民法院请示的期间;

(五)审查案外人异议的期间;

(六)执行法院或其上级人民法院依法决定暂缓执行的期间;

(七)中止执行的期间;

(八)上级人民法院审查复议的期间。

▶ 浙江省高院规定二

★**浙江省高级人民法院关于执行案件结案方式的规定**(2005 年 9 月 1 日施行 浙高法〔2005〕188 号)

第一条 为规范执行结案方式,根据《中华人民共和国民事诉讼法》及有关司法解释的规定,结合本省实际,制定本规定。

第二条 民事执行案件符合下列情形之一的,可以结案:

(一)生效法律文书确定的内容全部执行完毕;

(二)裁定终结执行;

(三)裁定对仲裁裁决或公证债权文书不予执行;

(四)当事人达成执行和解协议并已履行完毕;

(五)裁定驳回执行申请;

(六)案件被上级法院提级执行或指定其他法院执行;

(七)案件委托苏沪鲁闽法院执行且经双方协商移交全部执行权;

(八)法律和司法解释规定的其他情形。

前款第(五)、(六)、(七)、(八)项,在司法统计上统计在"其他"结案栏,并附相关法律文书,逐级上报省高级人民法院执行局。

第三条 行政非诉执行案件符合下列情形之一的,可以结案:

(一)生效法律文书确定的内容全部执行完毕;

(二)裁定对行政处罚决定或行政处理决定终结执行;

（三）裁定终结本次执行程序。

第四条 有下列情形之一的，可以依照本规定第二条第一款第（二）项裁定终结执行：

（一）申请执行人撤销执行申请的；

（二）据以执行的法律文书被撤销的；

（三）作为被执行人的公民死亡，无遗产可供执行，又无义务承担人的；

（四）追索赡养费、扶养费、抚育费案件的权利人死亡的；

（五）作为被执行人的公民因生活困难无力偿还借款，无收入来源，又丧失劳动能力的；

（六）被执行人被人民法院裁定宣告破产的；

（七）被执行人无财产可供执行的。

第五条 依照本规定第四条第（七）项裁定终结执行的，除申请执行人自愿申请终结执行的外，应当同时符合下列条件：

（一）生效法律文书确定被执行人给付金钱的案件；或生效法律文书确定被执行人交付特定标的物，但原物已变质、损坏或灭失，人民法院裁定折价赔偿或按标的物的价值强制执行被执行人其他财产的案件；

（二）执行法院穷尽执行措施后，被执行人确无财产可供执行，即：执行人员依据申请执行人的举证和必要的依职权查明被执行人的财产状况；执行人员依法采取与案件情况相适应的执行措施；除为被执行人及其所扶养的家属保留必要的生活必需品或费用外，被执行人无其他财产可供执行；对被执行人下落不明的，有相关组织的证明及查找财产后无财产可供执行的有关材料；

（三）执行法院通知申请执行人一个月内报告被执行人财产状况，申请执行人到期不报告或报告无财产。

第六条 依照本规定第五条裁定终结执行的，由执行实施人员根据《浙江省高级人民法院关于执行案件流程管理的规定》提出书面意见，经执行局（庭）负责人批准后，移交执行裁决机构组成合议庭讨论决定，报经院长批准，并由执行局登记建档专人负责管理。

第七条 依照本规定第五条裁定终结执行的，适用《中华人民共和国民事诉讼法》第二百三十五条第（六）项。裁定书表述为："（××××）××执字第××号案终结执行。申请执行人发现被执行人有可供执行财产的，可以依照《中华人民共和国民事诉讼法》第二百三十三条的规定请求继续执行。"

申请执行人在执行法院裁定终结执行后发现被执行人有可供执行财产的，可以向执行法院请求继续执行。继续执行的，由执行法院的执行局登记，不再另行立案。申请执行人请求继续执行的，应提交有关被执行人财产状况的证据或提供被执行人的财产线索，或提交可以变更、追加被执行人的证据，执行法院应及时派员调查核实并执行。

第八条　结案不符合本规定的，上级人民法院可以通报批评；情节严重的，可以建议有关部门依照《人民法院执行工作纪律处分办法（试行）》等规定，对有关责任人员进行处理。

第九条　《浙江省高级人民法院办公室关于转发〈最高人民法院研究室关于填报司法统计报表指标的若干问题的通知〉的通知》（浙高法办〔2005〕1号）第二条第2项、第5项自本规定施行之日起不再适用。

第十条　本规定自2005年9月1日起施行。

▶ 浙江省高院规定三

★浙江省高级人民法院《**2009年上半年全省法院执行案件情况分析会议纪要**》（2009年5月31日施行　浙高法〔2009〕159号）（节录）

34. 被执行人可供执行的财产执行完毕后，申请执行人书面表示放弃剩余债权的，执行法院应当裁定终结执行。

35. 案件执行标的款全部执行到执行款专户后，执行法院应当及时通知申请执行人领取。该笔款项被本院或者其他法院另案执行的，可以作结案处理。

因申请执行人下落不明无法领取、不愿领取执行款的，执行法院应当将该执行款存于执行款专户中，可不必向第三方机构作提存。

36. 跨省委托执行的案件，受托法院可以按照新收执行案件办理，委托法院不得作结案处理。

省内委托执行的案件，视为执行管辖权的移交，委托法院可以作结案处理，受托法院按照新收执行案件办理。委托执行应当在规定的期限内进行，超过委托执行期限进行委托的，须与受托法院取得一致意见。

37. 提级执行、指定执行或者因重复立案移送管辖的案件，原执行法院应当作销案处理，司法统计时该案不作收、结案进行统计。

▶ 浙江省高院规定四

★浙江省高级人民法院关于规范"终结本次执行程序"适用的意见（2016年6月30日施行　浙高法〔2016〕87号）

为进一步规范"终结本次执行程序"结案方式，正确区分执行不能和执行难案件，切实保障当事人的合法权益，维护司法权威，依据法律、司法解释，结合工作实际，制定本意见。

第一条　确定被执行人确无财产可供执行应同时满足下列条件：

1. 全面完成下列调查事项。

（1）被执行人是法人或其他组织的，向银行业金融机构查询银行存款，向有关房地产管理部门查询房地产登记，向法人登记机关查询股权，向有关车管部门查询车辆等情况。

（2）被执行人是自然人的，向被执行人所在单位及居住地周边群众调查了解被执行人的财产状况或财产线索，包括被执行人的经济收入来源、被执行人到期债权等。如果根据财产线索判断被执行人有较高收入，按照对法人或其他组织的调查途径进行调查。

（3）通过全国法院网络执行查控系统和本省"点对点"网络执行查控系统完成了调查事项。

2. 对申请执行人提供的具体财产线索进行了核实。

3. 对被执行人报告财产的情况进行了核实，对拒绝报告、虚假报告情况依法进行了处理。

4. 上述调查情况告知了申请执行人。

第二条 财产无法拍卖变卖、虽有财产但不宜强制执行的具体情形：

1. 被执行人本人及所扶养家属维持生活必需的房屋和生活用品。

2. 国土资源管理等相关管理部门依法不同意法院处置的国有划拨土地使用权、集体土地使用权、农村房屋涉及集体土地、尚未办理土地使用权登记、未做分割的土地使用权、预查封房地产、在建工程、无证房产等。

3. 在登记机关查封了被执行人车辆、船舶等财产，未能实际扣押的。

4. 信用证开证保证金、养老金、住房公积金等财产权利，法律规定不得执行或只有具备一定条件才能执行但条件尚不具备的。

5. 被执行人财产无法拍卖变卖的其他情形。

上述财产处于查封期间的，在浙江法院执行管理系统办案节点"财产控制—查封、扣押、冻结"的"效力消灭类别"选择"其他"，并作相应说明。

第三条 案件终结本次执行程序前，应当完成下列事项：

1. 对被执行人是否存在其他正在审理和执行中的案件进行关联查询。

2. 被执行人是自然人的，应当通过系统查询其配偶名下的财产，调查其是否具有人大代表、政协委员、公务员、党派等身份情况，并通报相关部门。

3. 对被执行人及其法定代表人、主要负责人、影响债务履行的直接责任人员，根据失信被执行人名单、限制高消费等有关法律和司法解释，采取相应的惩戒措施，并视情采取限制出境、布控等执行措施。

第四条 拟依职权终结本次执行程序的，应以确认知晓的方式告知申请执行人，并且告知已采取的执行措施。申请执行人如有异议，应当在10天内提出。逾期没有提出异议的，可以径行作出终结本次执行程序裁定。

申请执行人提出异议的，应以执行异议案件作出处理。异议成立的，案件继续执行。异议不成立的，驳回异议并作出终结本次执行程序裁定。

申请执行人对前款裁定不服的，可以向上一级人民法院申请复议。

第五条 终结本次执行程序裁定一般不得在立案执行后三个月内作出，除非具有下列情形之一：

1. 本院有同一被执行人的案件，六个月内已经按终结本次执行程序结案，且通过点对点网络查控系统没有发现新的可供执行的财产。

2. 当事人达成分期履行和解协议且未履行完毕。

第六条 通过12368平台抽样回访终结本次执行程序案件的申请执行人，抽查不少于每月20%案件数量的申请执行人。回访内容是：（1）是否收到终结本次执行程序的裁定书；（2）是否告知了案件已经采取的执行措施；（3）是否清楚承办法官及其联系方式。

第七条 案件终结本次执行程序后，发现被执行人有可供执行财产的，可以立即采取强制执行措施，并在三个工作日内恢复执行。

第八条 终结本次执行程序案件应当落实专人进行管理，不定期通过网络系统调查被执行人财产。

第九条 有查封及其他可供执行财产，但因权属争议正在审理中、等待在先查封法院处理、执行争议协调期间等原因暂未处分的，属于民诉法第二百五十六条第一款第（五）项人民法院认为应当中止执行的其他情形。

第十条 本意见主要适用于执行金钱给付案件。特定物的交付、行为履行案件转化为金钱给付案件的，适用本意见。

刑事财产刑、行政非诉案件不适用本意见。

第十一条 法律、司法解释或最高人民法院对终结本次执行程序有新的规定的，从新规定。

第二节　执行款物的管理

➡**司法解释性文件**

★**最高人民法院关于执行款物管理工作的规定**（2017年5月1日施行 法发〔2017〕6号）

为规范人民法院对执行款物的管理工作，维护当事人的合法权益，根据《中华人民共和国民事诉讼法》及有关司法解释，参照有关财务管理规定，结合执行工作实际，制定本规定。

第一条 本规定所称执行款物，是指执行程序中依法应当由人民法院经管的财物。

第二条 执行款物的管理实行执行机构与有关管理部门分工负责、相互配合、相互监督的原则。

第三条 财务部门应当对执行款的收付进行逐案登记，并建立明细账。

对于由人民法院保管的查封、扣押物品，应当指定专人或部门负责，逐案登记，妥善保管，任何人不得擅自使用。

执行机构应当指定专人对执行款物的收发情况进行管理，设立台账、逐案登记，并与执行款物管理部门对执行款物的收发情况每月进行核对。

第四条 人民法院应当开设执行款专户或在案款专户中设置执行款科目，对执行款实行专项管理、独立核算、专款专付。

人民法院应当采取一案一账号的方式，对执行款进行归集管理，案号、款项、被执行人或交款人应当一一对应。

第五条 执行人员应当在执行通知书或有关法律文书中告知人民法院执行款专户或案款专户的开户银行名称、账号、户名，以及交款时应当注明执行案件案号、被执行人姓名或名称、交款人姓名或名称、交款用途等信息。

第六条 被执行人可以将执行款直接支付给申请执行人；人民法院也可以将执行款从被执行人账户直接划至申请执行人账户。但有争议或需再分配的执行款，以及人民法院认为确有必要的，应当将执行款划至执行款专户或案款专户。

人民法院通过网络执行查控系统扣划的执行款，应当划至执行款专户或案款专户。

第七条 交款人直接到人民法院交付执行款的，执行人员可以会同交款人或由交款人直接到财务部门办理相关手续。

交付现金的，财务部门应当即时向交款人出具收款凭据；交付票据的，财务部门应当即时向交款人出具收取凭证，在款项到账后三日内通知执行人员领取收款凭据。

收到财务部门的收款凭据后，执行人员应当及时通知被执行人或交款人在指定期限内用收取凭证更换收款凭据。被执行人或交款人未在指定期限内办理更换手续或明确拒绝更换的，执行人员应当书面说明情况，连同收款凭据一并附卷。

第八条 交款人采用转账汇款方式交付和人民法院采用扣划方式收取执行款的，财务部门应当在款项到账后三日内通知执行人员领取收款凭据。

收到财务部门的收款凭据后，执行人员应当参照本规定第七条第三款规定办理。

第九条　执行人员原则上不直接收取现金和票据；确有必要直接收取的，应当不少于两名执行人员在场，即时向交款人出具收取凭证，同时制作收款笔录，由交款人和在场人员签名。

执行人员直接收取现金或者票据的，应当在回院后当日将现金或票据移交财务部门；当日移交确有困难的，应当在回院后一日内移交并说明原因。财务部门应当按照本规定第七条第二款规定办理。

收到财务部门的收款凭据后，执行人员应当按照本规定第七条第三款规定办理。

第十条　执行人员应当在收到财务部门执行款到账通知之日起三十日内，完成执行款的核算、执行费用的结算、通知申请执行人领取和执行款发放等工作。

有下列情形之一的，报经执行局局长或主管院领导批准后，可以延缓发放：

（一）需要进行案款分配的；

（二）申请执行人因另案诉讼、执行或涉嫌犯罪等原因导致执行款被保全或冻结的；

（三）申请执行人经通知未领取的；

（四）案件被依法中止或者暂缓执行的；

（五）有其他正当理由需要延缓发放执行款的。

上述情形消失后，执行人员应当在十日内完成执行款的发放。

第十一条　人民法院发放执行款，一般应当采取转账方式。

执行款应当发放给申请执行人，确需发放给申请执行人以外的单位或个人的，应当组成合议庭进行审查，但依法应当退还给交款人的除外。

第十二条　发放执行款时，执行人员应当填写执行款发放审批表。执行款发放审批表中应当注明执行案件案号、当事人姓名或名称、交款人姓名或名称、交款金额、交款时间、交款方式、收款人姓名或名称、收款人账号、发款金额和方式等情况。报经执行局局长或主管院领导批准后，交由财务部门办理支付手续。

委托他人代为办理领取执行款手续的，应当附特别授权委托书、委托代理人的身份证复印件。委托代理人是律师的，应当附所在律师事务所出具的公函及律师执照复印件。

第十三条　申请执行人要求或同意人民法院采取转账方式发放执行款的，执行人员应当持执行款发放审批表及申请执行人出具的本人或本单位接收执行款的账户信息的书面证明，交财务部门办理转账手续。

申请执行人或委托代理人直接到人民法院办理领取执行款手续的，执行人员应当在查验领款人身份证件、授权委托手续后，持执行款发放审批表，会同领款人到财务部门办理支付手续。

第十四条 财务部门在办理执行款支付手续时，除应当查验执行款发放审批表，还应当按照有关财务管理规定进行审核。

第十五条 发放执行款时，收款人应当出具合法有效的收款凭证。财务部门另有规定的，依照其规定。

第十六条 有下列情形之一，不能在规定期限内发放执行款的，人民法院可以将执行款提存：

（一）申请执行人无正当理由拒绝领取的；

（二）申请执行人下落不明的；

（三）申请执行人死亡未确定继承人或者丧失民事行为能力未确定监护人的；

（四）按照申请执行人提供的联系方式无法通知其领取的；

（五）其他不能发放的情形。

第十七条 需要提存执行款的，执行人员应当填写执行款提存审批表并附具有提存情形的证明材料。执行款提存审批表中应注明执行案件案号、当事人姓名或名称、交款人姓名或名称、交款金额、交款时间、交款方式、收款人姓名或名称、提存金额、提存原因等情况。报经执行局局长或主管院领导批准后，办理提存手续。

提存费用应当由申请执行人负担，可以从执行款中扣除。

第十八条 被执行人将执行依据确定交付、返还的物品（包括票据、证照等）直接交付给申请执行人的，被执行人应当向人民法院出具物品接收证明；没有物品接收证明的，执行人员应当将履行情况记入笔录，经双方当事人签字后附卷。

被执行人将物品交由人民法院转交给申请执行人或由人民法院主持双方当事人进行交接的，执行人员应当将交付情况记入笔录，经双方当事人签字后附卷。

第十九条 查封、扣押至人民法院或被执行人、担保人等直接向人民法院交付的物品，执行人员应当立即通知保管部门对物品进行清点、登记，有价证券、金银珠宝、古董等贵重物品应当封存，并办理交接。保管部门接收物品后，应当出具收取凭证。

对于在异地查封、扣押，且不便运输或容易毁损的物品，人民法院可以委托物品所在地人民法院代为保管，代为保管的人民法院应当按照前款规定办理。

第二十条　人民法院应当确定专门场所存放本规定第十九条规定的物品。

第二十一条　对季节性商品、鲜活、易腐烂变质以及其他不宜长期保存的物品，人民法院可以责令当事人及时处理，将价款交付人民法院；必要时，执行人员可予以变卖，并将价款依照本规定要求交财务部门。

第二十二条　人民法院查封、扣押或被执行人交付，且属于执行依据确定交付、返还的物品，执行人员应当自查封、扣押或被执行人交付之日起三十日内，完成执行费用的结算、通知申请执行人领取和发放物品等工作。不属于执行依据确定交付、返还的物品，符合处置条件的，执行人员应当依法启动财产处置程序。

第二十三条　人民法院解除对物品的查封、扣押措施的，除指定由被执行人保管的外，应当自解除查封、扣押措施之日起十日内将物品发还给所有人或交付人。

物品在人民法院查封、扣押期间，因自然损耗、折旧所造成的损失，由物品所有人或交付人自行负担，但法律另有规定的除外。

第二十四条　符合本规定第十六条规定情形之一的，人民法院可以对物品进行提存。

物品不适于提存或者提存费用过高的，人民法院可以提存拍卖或者变卖该物品所得价款。

第二十五条　物品的发放、延缓发放、提存等，除本规定有明确规定外，参照执行款的有关规定办理。

第二十六条　执行款物的收发凭证、相关证明材料，应当附卷归档。

第二十七条　案件承办人调离执行机构，在移交案件时，必须同时移交执行款物收发凭证及相关材料。执行款物收发情况复杂的，可以在交接时进行审计。执行款物交接不清的，不得办理调离手续。

第二十八条　各高级人民法院在实施本规定过程中，结合行政事业单位内部控制建设的要求，以及执行工作实际，可制定具体实施办法。

第二十九条　本规定自 2017 年 5 月 1 日起施行。2006 年 5 月 18 日施行的《最高人民法院关于执行款物管理工作的规定（试行）》（法发〔2006〕11 号）同时废止。

第十一章　执行回转

【条文主旨】执行回转的条件、责令返还财产的对象、范围及方式

第二百三十三条　执行完毕后，据以执行的判决、裁定和其他法律文书却有错误，被人民法院撤销的，对已被执行的财产，人民法院应当作出裁定，责令取得财产的人返还；拒不返还的，强制执行。

▶ **司法解释一**

★最高人民法院关于人民法院执行工作若干问题的规定（试行）（1998年7月8日施行　法释〔1998〕15号）（节录）

109. 在执行中或执行完毕后，据以执行的法律文书被人民法院或其他有关机关撤销或变更的，原执行机构应当依照民事诉讼法第二百一十四条的规定，依当事人申请或依职权，按照新的生效法律文书，作出执行回转的裁定，责令原申请执行人返还已取得的财产及其孳息。① 拒不返还的，强制执行。

执行回转应重新立案，适用执行程序的有关规定。

110. 执行回转时，已执行的标的物系特定物的，应当退还原物。不能退还原物的，可以折价抵偿。

▶ **司法解释二**

★最高人民法院关于适用《中华人民共和国民事诉讼法》的解释（2015年2月4日施行　法释〔2015〕5号）（节录）

第四百七十六条　法律规定由人民法院执行的其他法律文书执行完毕后，该法律文书被有关机关或者组织依法撤销的，经当事人申请，适用民事诉讼法第二百三十三条的规定。

▶ **相关答复一**

★最高人民法院执行工作办公室关于原执行裁定被撤销后能否对第三人从债权人处买卖的财产进行回转的请示的答复（2007年9月10日施行〔2007〕执他字第2号）

辽宁省高级人民法院：

你院《关于申请执行人中国银行工商银行铁岭市清河支行西丰分理处与被执行人西丰百货公司第三商店借款合同纠纷一案的请示报告》收悉。经研究，答复如下：

---

① 原执行依据被撤销后，执行回转的对象只能是原债权人按照原执行依据所取得的利益。

依照我院《关于人民法院执行工作若干问题的规定（试行）》第 109 条、第 110 条的规定，如果涉案执行财产已经被第三人合法取得①，执行回转应当由原申请执行人折价抵偿。至于涉案执行财产的原所有人是否申请国家赔偿，可告知其自行按照国家有关法律规定办理。

此复

➡ **相关答复二**

★最高人民法院关于执行回转案件的申请执行人在被执行人破产案件中能否得到优先受偿保护的请示的答复（2006 年 12 月 14 日施行 〔2005〕执他字第 27 号）

天津市高级人民法院：

你院《关于执行回转案件的申请执行人在被执行人破产案件中能否得到优先受偿保护的请示》收悉。经研究，答复如下：

人民法院因原错误判决被撤销而进行执行回转，申请执行人在被执行人破产案件中能否得到优先受偿保护的问题，目前我国法律尚无明确规定。我们认为，因原错误判决而被执行的财产，并非因当事人的自主交易而转移。为此，不应当将当事人请求回转的权利作为普通债权对待。在执行回转案件被执行人破产的情况下，可以比照取回权制度，对执行回转案件申请执行人的权利予以优先保护，认定应当执行回转部分的财产数额，不属于破产财产。因此，审理破产案件的法院应当将该部分财产交由执行法院继续执行。

---

① 善意取得制度一般只适用于动产，在该案中铁岭工行通过法院的执行取得了涉案房产的所有权且办理了过户手续，拥有合法的处分权利，赵恒春与之进行交易是正常的民事交易，不存在善意还是恶意的问题，其合法权利受法律保护。

第十二章 执行异议与审查*

第一节 执行行为异议的审查

┌───┐
【条文主旨】执行行为异议

第二百二十五条 当事人、利害关系人认为执行行为违反法律规定的，可以向负责执行的人民法院提出书面异议。当事人、利害关系人提出书面异议的，人民法院应当自收到书面异议之日起十五日内审查，理由成立的，裁定撤销或者改正；理由不成立的，裁定驳回。当事人、利害关系人对裁定不服的，可以自裁定送达之日起十日内向上一级人民法院申请复议。

▶ **司法解释一**

★**最高人民法院关于适用《中华人民共和国民事诉讼法》执行程序若干问题的解释**（2009 年 1 月 1 日施行 法释〔2008〕13 号）（节录）

第五条 执行过程中，当事人、利害关系人认为执行法院的执行行为违反法律规定的，可以依照民事诉讼法第二百零二条①的规定提出异议。

执行法院审查处理执行异议，应当自收到书面异议之日起十五日内作出裁定。

第六条 当事人、利害关系人依照民事诉讼法第二百零二条规定申请复议的，应当采取书面形式。

第七条 当事人、利害关系人申请复议的书面材料，可以通过执行法院转交，也可以直接向执行法院的上一级人民法院提交。

执行法院收到复议申请后，应当在五日内将复议所需的案卷材料报送上一级人民法院；上一级人民法院收到复议申请后，应当通知执行法院在五日内报送复议所需的案卷材料。

第八条 上一级人民法院对当事人、利害关系人的复议申请，应当组成合议庭进行审查。

---

* 当事人、利害关系人之执行异议与案外人异议审查处理相关规定相当部分是融合在一起的，本书只做简单的分节处理，可综合两节内容参阅。

① 已修改为民事诉讼法第二百二十五条。

第九条 当事人、利害关系人依照民事诉讼法第二百零二条规定申请复议的，上一级人民法院应当自收到复议申请之日起三十日内审查完毕，并作出裁定。有特殊情况需要延长的，经本院院长批准，可以延长，延长的期限不得超过三十日。

第十条 执行异议审查和复议期间，不停止执行。

被执行人、利害关系人提供充分、有效的担保请求停止相应处分措施的，人民法院可以准许；申请执行人提供充分、有效的担保请求继续执行的，应当继续执行。

▶ **司法解释二**

★最高人民法院关于刑事裁判涉财产部分执行的若干规定（2014 年 11 月 6 日施行 法释〔2014〕13 号）（节录）

第十四条 执行过程中，当事人、利害关系人认为执行行为违反法律规定，或者案外人对执行标的主张足以阻止执行的实体权利，向执行法院提出书面异议的，执行法院应当依照民事诉讼法第二百二十五条的规定处理。

人民法院审查案外人异议、复议，应当公开听证。

▶ **司法解释三**

★最高人民法院关于对人民法院终结执行行为提出执行异议期限问题的**批复**（2016 年 2 月 15 日施行 法释〔2016〕3 号）

湖北省高级人民法院：

你院《关于咸宁市广泰置业有限公司与咸宁市枫丹置业有限公司房地产开发经营合同纠纷案的请示》（鄂高法〔2015〕295 号）收悉。经研究，批复如下：

当事人、利害关系人依照民事诉讼法第二百二十五条规定对终结执行行为提出异议的，应当自收到终结执行法律文书之日起六十日内提出；未收到法律文书的，应当自知道或者应当知道人民法院终结执行之日起六十日内提出。批复发布前终结执行的，自批复发布之日起六十日内提出。超出该期限提出执行异议的，人民法院不予受理。

此复。

▶ **司法解释性文件一**

★最高人民法院关于人民法院办理执行案件若干期限的规定（2007 年 1 月 1 日施行 法发〔2006〕35 号）（节录）

第九条 对执行异议的审查，承办人应当在收到异议材料及执行案卷后 15 日内提出审查处理意见。

第十条 对执行异议的审查需进行听证的，合议庭应当在决定听证后 10 日内组织异议人、申请执行人、被执行人及其他利害关系人进行听证。

承办人应当在听证结束后 5 日内提出审查处理意见。

第十一条 对执行异议的审查，人民法院一般应当在 1 个月内办理完毕。

需延长期限的，承办人应当在期限届满前 3 日内提出申请。

▶ **司法解释性文件二**

★最高人民法院关于加强人民法院审判公开工作的若干意见（2007 年 6 月 4 日施行 法发〔2007〕20 号）（节录）

19. 对办案过程中涉及当事人或案外人重大权益的事项，法律没有规定办理程序的，各级人民法院应当根据实际情况，建立灵活、方便的听证机制，举行听证。对当事人、利害关系人提出的执行异议、变更或追加被执行人的请求、经调卷复查认为符合再审条件的申诉申请再审案件，人民法院应当举行听证。

▶ **典型案例**

★厦门市瑞隆建材有限公司与泉州市祥恒建筑工程有限公司、黄健建设工程合同纠纷执行异议审查案①

【要点提示】

在执行程序中，人民法院有权依据生效裁判认定事实与裁判宗旨，对生效裁判的主文内容作出合理性与合法性审查；全部完整地履行生效裁判确定的义务，是当事人（被执行人）的法律义务，部分履行仍然构成对生效裁判的"不履行或未履行"，仍应承担全部的强制执行后果；被执行人对执行内容的具体范围提出的异议，不是对执行标的异议，而是对法院执行行为提出的异议。

【案例索引】

执行：福建省厦门市思明区人民法院〔2011〕思执行字第 1253 - 2 号（2011 年 11 月 8 日）

【案　　情】

异议人：泉州市祥恒建筑工程有限公司厦门分公司

异议人：黄健

申请执行人：厦门市瑞隆建材有限公司

被执行人：泉州市祥恒建筑工程有限公司

---

① 最高人民法院中国应用法学研究所：【分类号】115212011123809，2012 年第 3 辑（总第 81 辑），2011 年 11 月 8 日。

被执行人：黄健

厦门市思明区人民法院于 2010 年 12 月 20 日作出〔2010〕思民初字第 7486 号民事调解书，确认：一、被告泉州市祥恒建筑工程有限公司厦门分公司同意于庭后 2011 年 1 月 20 日之前支付给原告钢材款 1838684.85 元，加价款 30 万元，律师费 47811 元，合计 2186495.85 元；二、若被告泉州市祥恒建筑工程有限公司厦门分公司未按期支付第 1 条的款项，则本案的钢材加价款按 64 万元计付给原告，但若被告泉州市祥恒建筑工程有限公司厦门分公司提供的证据表明其未能按期支付本案款项是由于政府相关职能部门审核和拨付新永成花园安置房工程款拖延导致，本案钢材加价款仍按 30 万元计付；三、原告厦门市瑞隆建材有限公司自愿放弃其他诉讼请求；四、被告二黄健对被告一泉州市祥恒建筑工程有限公司厦门分公司的上述债务承担连带保证责任。

民事调解书生效后，泉州市祥恒建筑工程有限公司厦门分公司、黄健仅支付 150 万元，厦门市瑞隆建材有限公司于 2011 年 2 月 23 日向厦门市思明区人民法院申请强制执行，该院依法分别于 2011 年 5 月 13 日与 2011 年 7 月 12 日扣划被执行人泉州市祥恒建筑工程有限公司厦门分公司执行款共计 1026495.85 元。

对此，被执行人泉州市祥恒建筑工程有限公司厦门分公司、黄健于 2011 年 9 月 20 日对厦门市思明区人民法院按照 64 万元冻结扣划调解书确定的钢材加价款提出书面异议。两被执行人认为，法院应退回在执行程序中多扣划的 34 万元资金，理由是：（1）根据调解书调解协议第二款约定"若被告泉州市祥恒建筑工程有限公司厦门分公司未按期支付第 1 条的款项，则本案的钢材加价款按 64 万元计付给原告，但若被告泉州市祥恒建筑工程有限公司厦门分公司提供的证据表明其未能按期支付本案款项是由于政府相关职能部门审核和拨付新永成花园安置房工程款拖延导致，本案钢材加价款仍按 30 万元计付"，现因规划部门新规定房屋底层不能设置配电房，建设单位重新选址配电房，待规划部门审核后方可施工，导致工程无法进行竣工验收及结算，工程款亦未审核拨付到位，因此，本案钢材加价款应该以 30 万元计付，而不是申请执行人主张的 64 万元；（2）加价款过高，高于申请执行人的实际损失；（3）调解书生效后，被执行人已经积极筹措资金履行了总数 2186495.85 元工程款中的 150 万元，不适用调解书约定的未按期支付的条款。

【审　　判】

福建省厦门市思明区人民法院认为，民事调解书第二款约定的"政府相关职能部门审核和拨付新永成花园安置房工程款拖延"，并非整个建设工程的竣工验收与结算，因此，本案两被执行人在未能提供证据举证证明"政府相关部门审核拨付工程款拖延"的情况下，以新永成花园安置房工程尚未竣工验收与结算为由，主张加价款仍按30万元计算的理由不能成立。同时，两被执行人虽已经履行150万元付款义务，但是未按照调解书第一款"于2011年1月20日之前支付给原告2186495.85元"之约定，履行全部付款义务，仍构成对调解协议的整体违约，应承担相应的违约责任。因此，本院冻结并扣划本案两被执行人执行款1026495.85元并无不当，两被执行人的异议理由不能成立。

据此，裁定驳回泉州市祥恒建筑工程有限公司厦门分公司、黄健的异议。

【评　析】

本案是一起特殊的执行异议案件，被执行人对人民法院执行的标的范围提出异议，实质上认为人民法院冻结扣划其银行存款是超出生效调解确定的标的内容范围的执行行为，主要存在三个层面的法律问题：（1）这是对人民法院执行行为的异议，还是对执行标的异议？（2）被执行人对生效调解书主文内容的理解提出异议，必然涉及人民法院执行程序中应当如何审查与裁判问题？（3）被执行人在进行强制执行程序之前，实际已经主动履行了生效调解书确定的大部分付款义务，基于对调解书内容的争议，未履行其中的部分付款义务，是否构成对调解书的"未履行或不履行"，从而应当承担全部违约责任？这种违约责任是否属于人民法院执行程序审查范围？

1. 被执行人提出的异议是对人民法院执行行为的异议，还是对执行标的异议问题

对执行行为的异议应当适用《中华人民共和国民事诉讼法》（以下简称《民事诉讼法》）第202条规定，异议人有权向上级法院申请复议；若是对执行标的提出的异议，则应当适用《民事诉讼法》第204条的规定，裁决经过送达立即发生法律效力，异议人不服只能另行提起执行异议之诉。《民事诉讼法》第204条规定之"执行标的"，参照诉讼标的理论，系人民法院强制执行行为所指向的一种法律关系，而非执行的对象。因此，本案执行标的是被执行人支付全部工程款义务之法律关系，被执行人在形式上是对直接执行标的的数额提出异议，表面上符合对执行标的本身提出的异议的条件，但是，实质上是对人民法院执行行为所指向的直接对象提出的异议，是对执行标的的范围与内容，不是对执行标的本身的权属提出的异议，因此，实质上应当认定为是对人民法院执行行为的范围与内容提出的异议。当事人不服本案执行异议裁定，可以申请上级人民法院复议审查。本案被执行人据此向厦门市中级人民法院提起复议，并在复议审查程序中，与申请执行人达成执行和解。

2. 人民法院执行程序中对生效调解书主文内容应当如何审查与裁判问题

为便于强制执行，维护法律的权威，人民法院生效裁判在法理上应当具体、明确、排除歧义而且能够实际履行。但是，一方面受文字表述难以完全确定的制约，导致判决主文容易产生歧义；另一方面客观现实变化的影响，裁判主文经常无法准确预判履行过程中可能存在的歧义，以及部分裁判文书主文本身表述不严谨的因素，在执行实践上，仍存在大量当事人对生效裁判的履行方式、履行范围、履行程度或限度提出异议的问题。特别是对生效调解书确定的内容，因为调解书本质上司法权对当事人之间之契约的法律效力的确认，更易发生履行争议现象。对上述争议范畴，发生于人民法院执行程序中，自应当属于执行异议审查范围。只是，人民法院执行程序中对此类生效裁判主文内容争议应当如何审查？目前尚未有明确的法律规定。笔者认为，此类执行异议审查应当遵循两个原则：一是合法性审查原则，严格审查相关裁判内容是否存在违背法律或者以合法的形式掩盖非法目的或者损害国家、集体与第三人利益的现象，存在前述情况的应当通过再审程序予以纠正；二是合理性审查原则，严格按照生效裁判认定的事实与裁判的理由，对裁判主文内容的争议作出合乎裁判宗旨的结论。

本案中，民事调解书第二款约定的"政府相关职能部门审核和拨付新永成花园安置房工程款拖延"，不论是按照条文的文义，还是根据调解书的调解意旨，均不能理解为"整个建设工程的竣工验收与结算"。因为根据调解协议的目的，可以明确协议履行的前提在于"只要被告有能力，就应当及时向原告履行付款义务，除非因政府审核和拨付工程款拖延导致其履行能力受阻"。本案双方之所以约定，政府相关职能部门拖延审核和拨付本案工程款，可以免除付款违约责任，目的应当是确保政府拨付之工程款优先偿还本案申请执行人。显然，政府审核和拨付工程款拖延，与整体工程的竣工验收与结算行为本身没有直接关联。因此，异议人以新永成花园安置房工程尚未竣工验收与结算为由，主张加价款仍按 30 万元计算的理由不能成立。

3. 当事人已履行生效调解书确定的部分付款义务，是否仍然构成对调解协议的整体不履行或者不完全履行

为维护生效裁判的权威，义务人必须完整、按期履行生效裁判确定的全部义务，否则仍应承担不履行或未完全履行的法律责任。尤其是生效调解书，实质上系对当事人调解协议的司法确认，其中约定违约责任的，应当严格按照调解书文本确定的内容遵照执行。本案中，当事人虽然履行了调解书确定的大部分付款义务，但是，仍然违反了按期完整执行生效调解书的法律义务，构成了对调解协议的整体违约，应承担调解协议确定的违约责任。

第二节　案外人异议的审查

【条文主旨】案外人对执行标的主张实体权利及救济途径

第二百二十七条　执行过程中案外人对执行标的提出书面异议的，人民法院应当自收到书面异议之日起十五日内审查，理由成立的，裁定中止对该标的的执行；理由不成立的，裁定驳回。案外人、当事人对裁定不服，认为原判决、裁定错误的，依照审判监督程序办理。与原判决裁定无关的，可以自裁定送达之日起十五日内向人民法院提起诉讼。

➡ **司法解释一**

★最高人民法院关于人民法院执行工作若干问题的规定（试行）（1998 年 7 月 8 日施行　法释〔1998〕15 号）（节录）

70. 案外人对执行标的主张权利的，可以向执行法院提出异议。

案外人异议一般应当以书面形式提出，并提供相应的证据。以书面形式提出确有困难的，可以允许以口头形式提出。

71. 对案外人提出的异议，执行法院应当依照民事诉讼法第二百零八条的规定进行审查。

审查期间可以对财产采取查封、扣押、冻结等保全措施，但不得进行处分。正在实施的处分措施应当停止。

经审查认为案外人的异议理由不成立的，裁定驳回其异议，继续执行。

72. 案外人提出异议的执行标的物是法律文书指定交付的特定物，经审查认为案外人的异议成立的，报经院长批准，裁定对生效法律文书中该项内容中止执行。

73. 执行标的物不属生效法律文书指定交付的特定物，经审查认为案外人的异议成立的，报经院长批准，停止对该标的物的执行。已经采取的执行措施应当裁定立即解除或撤销，并将该标的物交还案外人。

74. 对案外人提出的异议一时难以确定是否成立，案外人已提供确实有效的担保的，可以解除查封、扣押措施。申请执行人提供确实有效的担保的，可以继续执行。因提供担保而解除查封扣押或继续执行有错误，给对方造成损失的，应裁定以担保的财产予以赔偿。

75. 执行上级人民法院的法律文书遇有本规定 72 条规定的情形的，或执行的财产是上级人民法院裁定保全的财产时遇有本规定 73 条、74 条规定的情形的，需报经上级人民法院批准。

▶ **司法解释二**

★最高人民法院关于适用《中华人民共和国民事诉讼法》审判监督程序若干问题的解释（2008 年 12 月 1 日施行　法释〔2008〕14 号）（节录）

第五条　案外人对原判决、裁定、调解书确定的执行标的物主张权利，且无法提起新的诉讼解决争议的，可以在判决、裁定、调解书发生法律效力后二年内，或者自知道或应当知道利益被损害之日起三个月内，向作出原判决、裁定、调解书的人民法院的上一级人民法院申请再审。在执行过程中，案外人对执行标的提出书面异议的，按照民事诉讼法第二百零四条的规定处理。

▶ **司法解释三**

★最高人民法院关于适用《中华人民共和国民事诉讼法》执行程序若干问题的解释（2009 年 1 月 1 日施行　法释〔2008〕13 号）（节录）

第十五条　案外人对执行标的主张所有权或者有其他足以阻止执行标的的转让、交付的实体权利的，可以依照民事诉讼法第二百零四条①的规定，向执行法院提出异议。

第十六条　案外人异议审查期间，人民法院不得对执行标的进行处分。

案外人向人民法院提供充分、有效的担保请求解除对异议标的的查封、扣押、冻结的，人民法院可以准许；申请执行人提供充分、有效的担保请求继续执行的，应当继续执行。

因案外人提供担保解除查封、扣押、冻结有错误，致使该标的无法执行的，人民法院可以直接执行担保财产；申请执行人提供担保请求继续执行有错误，给对方造成损失的，应当予以赔偿。

第十七条　案外人依照民事诉讼法第二百零四条规定提起诉讼，对执行标的主张实体权利，并请求对执行标的停止执行的，应当以申请执行人为被告；被执行人反对案外人对执行标的所主张的实体权利的，应当以申请执行人和被执行人为共同被告。

第十八条　案外人依照民事诉讼法第二百零四条规定提起诉讼的，由执行法院管辖。

第十九条　案外人依照民事诉讼法第二百零四条规定提起诉讼的，执行法院应当依照诉讼程序审理。经审理，理由不成立的，判决驳回其诉讼请求；理由成立的，根据案外人的诉讼请求作出相应的裁判。

---

①　已修改为民事诉讼法第二百二十七条。

第二十条　案外人依照民事诉讼法第二百零四条规定提起诉讼的，诉讼期间，不停止执行。

案外人的诉讼请求确有理由或者提供充分、有效的担保请求停止执行的，可以裁定停止对执行标的进行处分；申请执行人提供充分、有效的担保请求继续执行的，应当继续执行。

案外人请求停止执行、请求解除查封、扣押、冻结或者申请执行人请求继续执行有错误，给对方造成损失的，应当予以赔偿。

第二十一条　申请执行人依照民事诉讼法第二百零四条规定提起诉讼，请求对执行标的许可执行的，应当以案外人为被告；被执行人反对申请执行人请求的，应当以案外人和被执行人为共同被告。

第二十二条　申请执行人依照民事诉讼法第二百零四条规定提起诉讼的，由执行法院管辖。

第二十三条　人民法院依照民事诉讼法第二百零四条规定裁定对异议标的中止执行后，申请执行人自裁定送达之日起十五日内未提起诉讼的，人民法院应当裁定解除已经采取的执行措施。

第二十四条　申请执行人依照民事诉讼法第二百零四条规定提起诉讼的，执行法院应当依照诉讼程序审理。经审理，理由不成立的，判决驳回其诉讼请求；理由成立的，根据申请执行人的诉讼请求作出相应的裁判。

▶ 司法解释四

★最高人民法院关于刑事裁判涉财产部分执行的若干规定（2014 年 11 月 6 日施行　法释〔2014〕13 号）（节录）

第十五条　执行过程中，案外人或被害人认为刑事裁判中对涉案财物是否属于赃款赃物认定错误或者应予认定而未认定，向执行法院提出书面异议，可以通过裁定补正的，执行机构应当将异议材料移送刑事审判部门处理；无法通过裁定补正的，应当告知异议人通过审判监督程序处理。

▶ 司法解释五

★最高人民法院关于适用《中华人民共和国民事诉讼法》的解释（2015 年 2 月 4 日施行　法释〔2015〕5 号）（节录）

第三百零四条　根据民事诉讼法第二百二十七条规定，案外人、当事人对执行异议裁定不服，自裁定送达之日起十五日内向人民法院提起执行异议之诉的，由执行法院管辖。

第三百零五条　案外人提起执行异议之诉，除符合民事诉讼法第一百一十九条规定外，还应当具备下列条件：

（一）案外人的执行异议申请已经被人民法院裁定驳回；

（二）有明确的排除对执行标的执行的诉讼请求，且诉讼请求与原判决、裁定无关；

（三）自执行异议裁定送达之日起十五日内提起。

人民法院应当在收到起诉状之日起十五日内决定是否立案。

第三百零六条　申请执行人提起执行异议之诉，除符合民事诉讼法第一百一十九条规定外，还应当具备下列条件：

（一）依案外人执行异议申请，人民法院裁定中止执行；

（二）有明确的对执行标的继续执行的诉讼请求，且诉讼请求与原判决、裁定无关；

（三）自执行异议裁定送达之日起十五日内提起。

人民法院应当在收到起诉状之日起十五日内决定是否立案。

第三百零七条　案外人提起执行异议之诉的，以申请执行人为被告。被执行人反对案外人异议的，被执行人为共同被告；被执行人不反对案外人异议的，可以列被执行人为第三人。

第三百零八条　申请执行人提起执行异议之诉的，以案外人为被告。被执行人反对申请执行人主张的，以案外人和被执行人为共同被告；被执行人不反对申请执行人主张的，可以列被执行人为第三人。

第三百零九条　申请执行人对中止执行裁定未提起执行异议之诉，被执行人提起执行异议之诉的，人民法院告知其另行起诉。

第三百一十条　人民法院审理执行异议之诉案件，适用普通程序。

第三百一十一条　案外人或者申请执行人提起执行异议之诉的，案外人应当就其对执行标的享有足以排除强制执行的民事权益承担举证证明责任。

第三百一十二条　对案外人提起的执行异议之诉，人民法院经审理，按照下列情形分别处理：

（一）案外人就执行标的享有足以排除强制执行的民事权益的，判决不得执行该执行标的；

（二）案外人就执行标的不享有足以排除强制执行的民事权益的，判决驳回诉讼请求。

案外人同时提出确认其权利的诉讼请求的，人民法院可以在判决中一并作出裁判。

第三百一十三条　对申请执行人提起的执行异议之诉，人民法院经审理，按照下列情形分别处理：

（一）案外人就执行标的不享有足以排除强制执行的民事权益的，判决准许执行该执行标的；

（二）案外人就执行标的享有足以排除强制执行的民事权益的，判决驳回诉讼请求。

第三百一十四条 对案外人执行异议之诉，人民法院判决不得对执行标的执行的，执行异议裁定失效。

对申请执行人执行异议之诉，人民法院判决准许对该执行标的执行的，执行异议裁定失效，执行法院可以根据申请执行人的申请或者依职权恢复执行。

第三百一十五条 案外人执行异议之诉审理期间，人民法院不得对执行标的进行处分。申请执行人请求人民法院继续执行并提供相应担保的，人民法院可以准许。

被执行人与案外人恶意串通，通过执行异议、执行异议之诉妨害执行的，人民法院应当依照民事诉讼法第一百一十三条规定处理。申请执行人因此受到损害的，可以提起诉讼要求被执行人、案外人赔偿。

第三百一十六条 人民法院对执行标的裁定中止执行后，申请执行人在法律规定的期间内未提起执行异议之诉的，人民法院应当自起诉期限届满之日起七日内解除对该执行标的采取的执行措施。

第四百二十三条 根据民事诉讼法第二百二十七条规定，案外人对驳回其执行异议的裁定不服，认为原判决、裁定、调解书内容错误损害其民事权益的，可以自执行异议裁定送达之日起六个月内，向作出原判决、裁定、调解书的人民法院申请再审。

第四百二十四条 根据民事诉讼法第二百二十七条规定，人民法院裁定再审后，案外人属于必要的共同诉讼当事人的，依照本解释第四百二十二条第二款规定处理。

案外人不是必要的共同诉讼当事人的，人民法院仅审理原判决、裁定、调解书对其民事权益造成损害的内容。经审理，再审请求成立的，撤销或者改变原判决、裁定、调解书；再审请求不成立的，维持原判决、裁定、调解书。

第四百六十四条 根据民事诉讼法第二百二十七条规定，案外人对执行标的提出异议的，应当在该执行标的的执行程序终结前提出。

第四百六十五条 案外人对执行标的提出的异议，经审查，按照下列情形分别处理：

（一）案外人对执行标的不享有足以排除强制执行的权益的，裁定驳回其异议；

（二）案外人对执行标的享有足以排除强制执行的权益的，裁定中止执行。

驳回案外人执行异议裁定送达案外人之日起十五日内，人民法院不得对执行标的进行处分。

司法解释六

★最高人民法院关于人民法院办理执行异议和复议案件若干问题的规定

（2015 年 5 月 5 日施行　法释〔2015〕10 号）

为了规范人民法院办理执行异议和复议案件，维护当事人、利害关系人和案外人的合法权益，根据民事诉讼法等法律规定，结合人民法院执行工作实际，制定本规定。

第一条　异议人提出执行异议或者复议申请人申请复议，应当向人民法院提交申请书。申请书应当载明具体的异议或者复议请求、事实、理由等内容，并附下列材料：

（一）异议人或者复议申请人的身份证明；

（二）相关证据材料；

（三）送达地址和联系方式。

第二条　执行异议符合民事诉讼法第二百二十五条或者第二百二十七条规定条件的，人民法院应当在三日内立案，并在立案后三日内通知异议人和相关当事人。不符合受理条件的，裁定不予受理；立案后发现不符合受理条件的，裁定驳回申请。

执行异议申请材料不齐备的，人民法院应当一次性告知异议人在三日内补足，逾期未补足的，不予受理。

异议人对不予受理或者驳回申请裁定不服的，可以自裁定送达之日起十日内向上一级人民法院申请复议。上一级人民法院审查后认为符合受理条件的，应当裁定撤销原裁定，指令执行法院立案或者对执行异议进行审查。

第三条　执行法院收到执行异议后三日内既不立案又不作出不予受理裁定，或者受理后无正当理由超过法定期限不作出异议裁定的，异议人可以向上一级人民法院提出异议。上一级人民法院审查后认为理由成立的，应当指令执行法院在三日内立案或者在十五日内作出异议裁定。

第四条　执行案件被指定执行、提级执行、委托执行后，当事人、利害关系人对原执行法院的执行行为提出异议的，由提出异议时负责该案件执行的人民法院审查处理；受指定或者受委托的人民法院是原执行法院的下级人民法院的，仍由原执行法院审查处理。

执行案件被指定执行、提级执行、委托执行后，案外人对原执行法院的执行标的提出异议的，参照前款规定处理。

第五条　有下列情形之一的，当事人以外的公民、法人和其他组织，可以作为利害关系人提出执行行为异议：

（一）认为人民法院的执行行为违法，妨碍其轮候查封、扣押、冻结的债权受偿的；

（二）认为人民法院的拍卖措施违法，妨碍其参与公平竞价的；

（三）认为人民法院的拍卖、变卖或者以物抵债措施违法，侵害其对执行标的的优先购买权的；

（四）认为人民法院要求协助执行的事项超出其协助范围或者违反法律规定的；

（五）认为其他合法权益受到人民法院违法执行行为侵害的。

第六条 当事人、利害关系人依照民事诉讼法第二百二十五条规定提出异议的，应当在执行程序终结之前提出，但对终结执行措施提出异议的除外。

案外人依照民事诉讼法第二百二十七条规定提出异议的，应当在异议指向的执行标的的执行终结之前提出；执行标的由当事人受让的，应当在执行程序终结之前提出。

第七条 当事人、利害关系人认为执行过程中或者执行保全、先予执行裁定过程中的下列行为违法提出异议的，人民法院应当依照民事诉讼法第二百二十五条规定进行审查：

（一）查封、扣押、冻结、拍卖、变卖、以物抵债、暂缓执行、中止执行、终结执行等执行措施；

（二）执行的期间、顺序等应当遵守的法定程序；

（三）人民法院作出的侵害当事人、利害关系人合法权益的其他行为。

被执行人以债权消灭、丧失强制执行效力等执行依据生效之后的实体事由提出排除执行异议的，人民法院应当参照民事诉讼法第二百二十五条规定进行审查。

除本规定第十九条规定的情形外，被执行人以执行依据生效之前的实体事由提出排除执行异议的，人民法院应当告知其依法申请再审或者通过其他程序解决。

第八条 案外人基于实体权利既对执行标的提出排除执行异议又作为利害关系人提出执行行为异议的，人民法院应当依照民事诉讼法第二百二十七条规定进行审查。

案外人既基于实体权利对执行标的提出排除执行异议又作为利害关系人提出与实体权利无关的执行行为异议的，人民法院应当分别依照民事诉讼法第二百二十七条和第二百二十五条规定进行审查。

第九条 被限制出境的人认为对其限制出境错误的，可以自收到限制出境决定之日起十日内向上一级人民法院申请复议。上一级人民法院应当自收到复议申请之日起十五日内作出决定。复议期间，不停止原决定的执行。

第十条　当事人不服驳回不予执行公证债权文书申请的裁定的，可以自收到裁定之日起十日内向上一级人民法院申请复议。上一级人民法院应当自收到复议申请之日起三十日内审查，理由成立的，裁定撤销原裁定，不予执行该公证债权文书；理由不成立的，裁定驳回复议申请。复议期间，不停止执行。

第十一条　人民法院审查执行异议或者复议案件，应当依法组成合议庭。指令重新审查的执行异议案件，应当另行组成合议庭。

办理执行实施案件的人员不得参与相关执行异议和复议案件的审查。

第十二条　人民法院对执行异议和复议案件实行书面审查。案情复杂、争议较大的，应当进行听证。

第十三条　执行异议、复议案件审查期间，异议人、复议申请人申请撤回异议、复议申请的，是否准许由人民法院裁定。

第十四条　异议人或者复议申请人经合法传唤，无正当理由拒不参加听证，或者未经法庭许可中途退出听证，致使人民法院无法查清相关事实的，由其自行承担不利后果。

第十五条　当事人、利害关系人对同一执行行为有多个异议事由，但未在异议审查过程中一并提出，撤回异议或者被裁定驳回异议后，再次就该执行行为提出异议的，人民法院不予受理。

案外人撤回异议或者被裁定驳回异议后，再次就同一执行标的提出异议的，人民法院不予受理。

第十六条　人民法院依照民事诉讼法第二百二十五条规定作出裁定时，应当告知相关权利人申请复议的权利和期限。

人民法院依照民事诉讼法第二百二十七条规定作出裁定时，应当告知相关权利人提起执行异议之诉的权利和期限。

人民法院作出其他裁定和决定时，法律、司法解释规定了相关权利人申请复议的权利和期限的，应当进行告知。

第十七条　人民法院对执行行为异议，应当按照下列情形，分别处理：

（一）异议不成立的，裁定驳回异议；

（二）异议成立的，裁定撤销相关执行行为；

（三）异议部分成立的，裁定变更相关执行行为；

（四）异议成立或者部分成立，但执行行为无撤销、变更内容的，裁定异议成立或者相应部分异议成立。

第十八条　执行过程中，第三人因书面承诺自愿代被执行人偿还债务而被追加为被执行人后，无正当理由反悔并提出异议的，人民法院不予支持。

第十九条　当事人互负到期债务，被执行人请求抵销，请求抵销的债务符合下列情形的，除依照法律规定或者按照债务性质不得抵销的以外，人民法院应予支持：

（一）已经生效法律文书确定或者经申请执行人认可；

（二）与被执行人所负债务的标的物种类、品质相同。

第二十条 金钱债权执行中，符合下列情形之一，被执行人以执行标的系本人及所扶养家属维持生活必需的居住房屋为由提出异议的，人民法院不予支持：

（一）对被执行人有扶养义务的人名下有其他能够维持生活必需的居住房屋的；

（二）执行依据生效后，被执行人为逃避债务转让其名下其他房屋的；

（三）申请执行人按照当地廉租住房保障面积标准为被执行人及所扶养家属提供居住房屋，或者同意参照当地房屋租赁市场平均租金标准从该房屋的变价款中扣除五至八年租金的。

执行依据确定被执行人交付居住的房屋，自执行通知送达之日起，已经给予三个月的宽限期，被执行人以该房屋系本人及所扶养家属维持生活的必需品为由提出异议的，人民法院不予支持。

第二十一条 当事人、利害关系人提出异议请求撤销拍卖，符合下列情形之一的，人民法院应予支持：

（一）竞买人之间、竞买人与拍卖机构之间恶意串通，损害当事人或者其他竞买人利益的；

（二）买受人不具备法律规定的竞买资格的；

（三）违法限制竞买人参加竞买或者对不同的竞买人规定不同竞买条件的；

（四）未按照法律、司法解释的规定对拍卖标的物进行公告的；

（五）其他严重违反拍卖程序且损害当事人或者竞买人利益的情形。

当事人、利害关系人请求撤销变卖的，参照前款规定处理。

第二十二条 公证债权文书对主债务和担保债务同时赋予强制执行效力的，人民法院应予执行；仅对主债务赋予强制执行效力未涉及担保债务的，对担保债务的执行申请不予受理；仅对担保债务赋予强制执行效力未涉及主债务的，对主债务的执行申请不予受理。

人民法院受理担保债务的执行申请后，被执行人仅以担保合同不属于赋予强制执行效力的公证债权文书范围为由申请不予执行的，不予支持。

第二十三条 上一级人民法院对不服异议裁定的复议申请审查后，应当按照下列情形，分别处理：

（一）异议裁定认定事实清楚，适用法律正确，结果应予维持的，裁定驳回复议申请，维持异议裁定；

（二）异议裁定认定事实错误，或者适用法律错误，结果应予纠正的，裁定撤销或者变更异议裁定；

（三）异议裁定认定基本事实不清、证据不足的，裁定撤销异议裁定，发回作出裁定的人民法院重新审查，或者查清事实后作出相应裁定；

（四）异议裁定遗漏异议请求或者存在其他严重违反法定程序的情形，裁定撤销异议裁定，发回作出裁定的人民法院重新审查；

（五）异议裁定对应当适用民事诉讼法第二百二十七条规定审查处理的异议，错误适用民事诉讼法第二百二十五条规定审查处理的，裁定撤销异议裁定，发回作出裁定的人民法院重新作出裁定。

除依照本条第一款第三、四、五项发回重新审查或者重新作出裁定的情形外，裁定撤销或者变更异议裁定且执行行为可撤销、变更的，应当同时撤销或者变更该裁定维持的执行行为。

人民法院对发回重新审查的案件作出裁定后，当事人、利害关系人申请复议的，上一级人民法院复议后不得再次发回重新审查。

第二十四条 对案外人提出的排除执行异议，人民法院应当审查下列内容：

（一）案外人是否系权利人；

（二）该权利的合法性与真实性；

（三）该权利能否排除执行。

第二十五条 对案外人的异议，人民法院应当按照下列标准判断其是否系权利人：

（一）已登记的不动产，按照不动产登记簿判断；未登记的建筑物、构筑物及其附属设施，按照土地使用权登记簿、建设工程规划许可、施工许可等相关证据判断；

（二）已登记的机动车、船舶、航空器等特定动产，按照相关管理部门的登记判断；未登记的特定动产和其他动产，按照实际占有情况判断；

（三）银行存款和存管在金融机构的有价证券，按照金融机构和登记结算机构登记的账户名称判断；有价证券由具备合法经营资质的托管机构名义持有的，按照该机构登记的实际投资人账户名称判断；

（四）股权按照工商行政管理机关的登记和企业信用信息公示系统公示的信息判断；

（五）其他财产和权利，有登记的，按照登记机构的登记判断；无登记的，按照合同等证明财产权属或者权利人的证据判断。

案外人依据另案生效法律文书提出排除执行异议，该法律文书认定的执行标的权利人与依照前款规定得出的判断不一致的，依照本规定第二十六条规定处理。

第二十六条 金钱债权执行中，案外人依据执行标的被查封、扣押、冻结前作出的另案生效法律文书提出排除执行异议，人民法院应当按照下列情形，分别处理：

（一）该法律文书系就案外人与被执行人之间的权属纠纷以及租赁、借用、保管等不以转移财产权属为目的的合同纠纷，判决、裁决执行标的归属于案外人或者向其返还执行标的且其权利能够排除执行的，应予支持；

（二）该法律文书系就案外人与被执行人之间除前项所列合同之外的债权纠纷，判决、裁决执行标的归属于案外人或者向其交付、返还执行标的的，不予支持；

（三）该法律文书系案外人受让执行标的的拍卖、变卖成交裁定或者以物抵债裁定且其权利能够排除执行的，应予支持。

金钱债权执行中，案外人依据执行标的被查封、扣押、冻结后作出的另案生效法律文书提出排除执行异议的，人民法院不予支持。

非金钱债权执行中，案外人依据另案生效法律文书提出排除执行异议，该法律文书对执行标的的权属作出不同认定的，人民法院应当告知案外人依法申请再审或者通过其他程序解决。

申请执行人或者案外人不服人民法院依照本条第一、二款规定作出的裁定，可以依照民事诉讼法第二百二十七条规定提起执行异议之诉。

第二十七条 申请执行人对执行标的依法享有对抗案外人的担保物权等优先受偿权，人民法院对案外人提出的排除执行异议不予支持，但法律、司法解释另有规定的除外。

第二十八条 金钱债权执行中，买受人对登记在被执行人名下的不动产提出异议，符合下列情形且其权利能够排除执行的，人民法院应予支持：

（一）在人民法院查封之前已签订合法有效的书面买卖合同；

（二）在人民法院查封之前已合法占有该不动产；

（三）已支付全部价款，或者已按照合同约定支付部分价款且将剩余价款按照人民法院的要求交付执行；

（四）非因买受人自身原因未办理过户登记。

第二十九条 金钱债权执行中，买受人对登记在被执行的房地产开发企业名下的商品房提出异议，符合下列情形且其权利能够排除执行的，人民法院应予支持：

（一）在人民法院查封之前已签订合法有效的书面买卖合同；

（二）所购商品房系用于居住且买受人名下无其他用于居住的房屋；

（三）已支付的价款超过合同约定总价款的百分之五十。

第三十条　金钱债权执行中，对被查封的办理了受让物权预告登记的不动产，受让人提出停止处分异议的，人民法院应予支持；符合物权登记条件，受让人提出排除执行异议的，应予支持。

第三十一条　承租人请求在租赁期内阻止向受让人移交占有被执行的不动产，在人民法院查封之前已签订合法有效的书面租赁合同并占有使用该不动产的，人民法院应予支持。

承租人与被执行人恶意串通，以明显不合理的低价承租被执行的不动产或者伪造交付租金证据的，对其提出的阻止移交占有的请求，人民法院不予支持。

第三十二条　本规定施行后尚未审查终结的执行异议和复议案件，适用本规定。本规定施行前已经审查终结的执行异议和复议案件，人民法院依法提起执行监督程序的，不适用本规定。

▶**司法解释性文件一**

★**最高人民法院关于人民法院执行公开的若干规定**（2007 年 1 月 1 日施行　法发〔2006〕35 号）（节录）

第十二条　人民法院对案外人异议、不予执行的申请以及变更、追加被执行主体等重大执行事项，一般应当公开听证进行审查；案情简单，事实清楚，没有必要听证的，人民法院可以直接审查。审查结果应当依法制作裁定书送达各方当事人。

第十五条　案外人对执行标的主张所有权或者有其他足以阻止执行标的转让、交付的实体权利的，可以依照民事诉讼法第二百零四条的规定，向执行法院提出异议。

第十六条　案外人异议审查期间，人民法院不得对执行标的进行处分。

案外人向人民法院提供充分、有效的担保请求解除对异议标的的查封、扣押、冻结的，人民法院可以准许；申请执行人提供充分、有效的担保请求继续执行的，应当继续执行。

因案外人提供担保解除查封、扣押、冻结有错误，致使该标的无法执行的，人民法院可以直接执行担保财产；申请执行人提供担保请求继续执行有错误，给对方造成损失的，应当予以赔偿。

第十七条　案外人依照民事诉讼法第二百零四条规定提起诉讼，对执行标的主张实体权利，并请求对执行标的停止执行的，应当以申请执行人为被告；被执行人反对案外人对执行标的所主张的实体权利的，应当以申请执行人和被执行人为共同被告。

第十八条　案外人依照民事诉讼法第二百零四条规定提起诉讼的，由执行法院管辖。

第十九条　案外人依照民事诉讼法第二百零四条规定提起诉讼的，执行法院应当依照诉讼程序审理。经审理，理由不成立的，判决驳回其诉讼请求；理由成立的，根据案外人的诉讼请求作出相应的裁判。

第二十条　案外人依照民事诉讼法第二百零四条规定提起诉讼的，诉讼期间，不停止执行。

案外人的诉讼请求确有理由或者提供充分、有效的担保请求停止执行的，可以裁定停止对执行标的进行处分；申请执行人提供充分、有效的担保请求继续执行的，应当继续执行。

案外人请求停止执行、请求解除查封、扣押、冻结或者申请执行人请求继续执行有错误，给对方造成损失的，应当予以赔偿。

第二十一条　申请执行人依照民事诉讼法第二百零四条规定提起诉讼，请求对执行标的许可执行的，应当以案外人为被告；被执行人反对申请执行人请求的，应当以案外人和被执行人为共同被告。

第二十二条　申请执行人依照民事诉讼法第二百零四条规定提起诉讼的，由执行法院管辖。

第二十三条　人民法院依照民事诉讼法第二百零四条规定裁定对异议标的中止执行后，申请执行人自裁定送达之日起十五日内未提起诉讼的，人民法院应当裁定解除已经采取的执行措施。

第二十四条　申请执行人依照民事诉讼法第二百零四条规定提起诉讼的，执行法院应当依照诉讼程序审理。经审理，理由不成立的，判决驳回其诉讼请求；理由成立的，根据申请执行人的诉讼请求作出相应的裁判。

▶ 司法解释性文件二

★最高人民法院关于依法制裁规避执行行为的若干意见（2011年5月27日法〔2011〕195号）（节录）

三、依法防止恶意诉讼，保障民事审判和执行活动有序进行

9. 严格执行关于案外人异议之诉的管辖规定。在执行阶段，案外人对人民法院已经查封、扣押、冻结的财产提起异议之诉的，应当依照《中华人民共和国民事诉讼法》第二百零四条和《最高人民法院关于适用民事诉讼法执行程序若干问题的解释》第十八条的规定，由执行法院受理。

案外人违反上述管辖规定，向执行法院之外的其他法院起诉，其他法院已经受理尚未作出裁判的，应当中止审理或者撤销案件，并告知案外人向作出查封、扣押、冻结裁定的执行法院起诉。

11. 对于当事人恶意诉讼取得的生效裁判应当依法再审。案外人违反上述管辖规定，向执行法院之外的其他法院起诉，并取得生效裁判文书将已被执行法院查封、扣押、冻结的财产确权或者分割给案外人，或者第三人与被执行人虚构事实取得人民法院生效裁判文书申请参与分配，执行法院认为该生效裁判文书系恶意串通规避执行损害执行债权人利益的，可以向作出该裁判文书的人民法院或者其上级人民法院提出书面建议，有关法院应当依照《中华人民共和国民事诉讼法》和有关司法解释的规定决定再审。

▶ 司法解释性文件三

★最高人民法院办公厅关于切实保障执行当事人及案外人异议权的通知
（2014 年 5 月 9 日施行 法办〔2014〕62 号）
各省、自治区、直辖市高级人民法院，解放军军事法院，新疆维吾尔自治区高级人民法院生产建设兵团分院：

2007 年民事诉讼法修正案实施之后，各级人民法院在执行案件压力大、任务重的情况下，办理了大量的执行异议和复议案件，有效维护了执行当事人及案外人的合法权益。但是，我院在处理人民群众来信来访的过程中，也发现在个别地方法院，仍然不同程度地存在忽视甚至漠视执行当事人及案外人异议权的一些问题：有的法院对执行当事人及案外人提出的异议不受理、不立案；有的法院受理异议后，无正当理由不按照法定的异议期限作出异议裁定；有的法院违背法定程序，对异议裁定一裁终局，剥夺异议当事人通过执行复议和异议之诉再行救济的权利。

出现上述问题，既有执行案件数量大幅增加、执行机构人手不够、法律规定不够完善等客观方面的原因，也有个别执行人员司法为民意识不强、素质不高等主观方面的原因。执行当事人及案外人异议权行使渠道不畅，将使当事人对执行程序的公正性存在疑问，对强制执行产生抵触情绪，在一定程度上加剧"执行难"；另一方面，也会使部分群众对人民法院的执行工作产生负面评价，降低司法公信力。因此，必须采取切实有力的措施加以解决。现就有关事项通知如下：

一、高度重视执行当事人异议权的保障。执行异议制度是 2007 年民事诉讼法修正案所建立的一项救济制度，它对于规范执行程序，维护执行当事人及案外人的合法权利和利益，防止执行权滥用和"执行乱"具有重要意义。各级人民法院要认真组织学习领会民事诉讼法的规定，纠正"提异议就会妨碍执行"的错误认识，克服"怕麻烦"的思想，真正把法律赋予执行当事人及案外人的这项救济权利在司法实践中落到实处。同时，还要注意把政治素质高、业务素质强、作风扎实的法官充实到执行异议审查机构中来，为执行当事人及案外人的异议审查提供人员保障。

二、严格依法受理和审查执行异议。对于符合法律规定条件的执行异议和复议、异议之诉案件，各级人民法院必须及时受理并办理正式立案手续，受理后必须及时审查、及时作出异议、复议裁定或者异议之诉判决。依法应当再审、另诉或者通过其他程序解决的，应当及时向异议当事人进行释明，引导当事人申请再审、另诉或者通过其他程序解决。上级人民法院应当恪尽监督职责，对于执行当事人及案外人反映下级人民法院存在拒不受理异议或者受理异议后久拖不决的，应当责令下级人民法院依法及时受理和审查异议，必要时，可以指定异地人民法院受理和审查执行异议。

三、提高执行异议案件审查的质量。对于受理的执行异议案件，一要注意正确区分不同性质的异议，严守法定程序，确保认定事实清楚，适用法律正确，处理得当；二要注意提高法律文书质量，做到格式规范，逻辑清晰，说理透彻，依据充分；三要注意公开透明，该听证的要及时组织公开听证，确保当事人的知情权和程序参与权。

四、开展专项检查和抽查活动。各高级人民法院要结合最高人民法院安排的各项专项活动，对辖区内各级人民法院保障执行当事人及案外人异议权的情况进行检查，对检查中发现的问题应当及时提出意见、建议并报告我院。我院将结合群众来信来访适时进行抽查。本通知下发之后，对于人民群众反映相关法院存在前述问题的案例，我院一经查实，将在全国法院范围内予以通报批评；情节严重的，要依法依纪严肃处理。

▶ 相关答复

★**最高人民法院关于执行工作中正确适用修改后民事诉讼法第 202 条、第 204 条规定的通知**（2008 年 11 月 28 日施行　法明传〔2008〕1223 号）

各省、自治区、直辖市高级人民法院，解放军军事法院，新疆维吾尔自治区高级人民法院生产建设兵团分院：

近期，我院陆续收到当事人直接或通过执行法院向我院申请复议的案件。经审查发现，部分申请复议的案件不符合法律规定。为了保证各级人民法院在执行工作过程中正确适用修改后民事诉讼法第 202 条、第 204 条的规定，现通知如下：

一、当事人、利害关系人根据民事诉讼法第 202 条的规定，提出异议或申请复议，只适用于发生在 2008 年 4 月 1 日后作出的执行行为；对于 2008 年 4

月1日前发生的执行行为，当事人、利害关系人可以依法提起申诉，按监督案件处理。

二、案外人对执行标的提出异议的，执行法院应当审查并作出裁定。按民事诉讼法第204条的规定，案外人不服此裁定只能提起诉讼或者按审判监督程序办理。执行法院在针对异议作出的裁定书中赋予案外人、当事人申请复议的权利，无法律依据。

三、当事人、利害关系人认为执行法院的执行行为违法的，应当先提出异议，对执行法院作出的异议裁定不服的才能申请复议。执行法院不得在作出执行行为的裁定书中直接赋予当时人申请复议的权力。

特此通知

▶ 浙江省高院规定一

★浙江省高级人民法院《2009年上半年全省法院执行案件情况分析会议纪要》（2009年5月13日施行　浙高法〔2009〕159号）（节录）

10. 民事诉讼法规定的可以提出异议的执行行为是指执行过程中违反法律、司法解释明确规定的行为。执行准备和辅助事项，如发送执行通知书、送达执行文书、调查被执行人财产等，不属于对执行行为异议的范围。

当事人、利害关系人根据民事诉讼法第二百零二条的规定提出异议，只适用于发生在2008年4月1日后作出的执行行为；对于2008年4月1日前发生的执行行为，当事人、利害关系人可以依法提起申诉，按执行监督案件处理。

11. 根据民事诉讼法第二百零二条的规定，有权对执行行为提出异议的主体是当事人和利害关系人。当事人一般是指申请执行人和被执行人，特殊情况下包括申请执行人的继承人、权利承受人和法定代理人等；被执行人的义务承受人、遗产管理人、破产清算组和破产企业管理人等。利害关系人是指与当事人有利害关系，因强制执行导致其法律上的权利、利益受到侵害的公民、法人和其他经济组织。

12. 执行异议应当在执行程序开始后至执行程序结束前（不包括程序终结）提出，否则执行法院可直接驳回异议。

13. 当事人或者利害关系人提出异议后，人民法院经审查认为异议成立，但撤销或者改正该执行行为后，被执行的财产无法恢复原权属状态或者无法挽回损失的，可不必作出裁定，但应当书面告知当事人或者利害关系人通过申请确认执行违法寻求救济。

14. 执行程序中，当事人或者利害关系人对下列情形提出异议，执行法院在审查过程中认为有必要的，可以组织听证：

（1）对是否符合强制执行条件的异议；

（2）对执行管辖权的异议；

（3）对违反协助义务的协助执行人民事责任确定的异议；

（4）对约定利息或者迟延履行期间债务利息数额确定的异议；

（5）对执行和解协议是否履行完毕以及是否应当恢复执行的异议；

（6）对案件实体终结执行的异议；

（7）对执行回转的范围、数额、孳息的异议；

（8）其他认为有必要进行听证的异议。

15．执行程序中，当事人、利害关系人对下列实体事项提出异议，执行法院在审查过程中应当组织听证：

（1）涉及变更、追加执行主体的；

（2）对为使债务人的财产免于诉讼保全或者解除已采取的保全措施提供保证的保证责任的确定；

（3）案外人异议、案外人异议之诉审查、审理期间，申请执行人提供担保请求继续执行有错误，给对方造成损失的赔偿责任的确定；

（4）转化执行中赔偿金数额的确定；

（5）执行程序中对夫妻债务性质的认定；

（6）对公证债权文书应否裁定不予执行；

（7）对国内仲裁裁决应否裁定不予执行；

（8）其他应当进行听证的实体事项。

16．执行法院审查执行异议，应当在十五日内作出裁定。有特殊情况需要延长的，须经本院院长批准，但延长的期限每次不得超过十五日。

17．执行行为主要包括本纪要第14条、第15条的相关内容。执行法院就此作出的裁定、决定、通知等送达后立即发生效力。执行法院不得在作出执行行为的裁定中直接赋予当事人、利害关系人申请复议的权利。

当事人、利害关系人认为执行法院的执行行为违法，应当先提出异议，对执行法院就异议作出的裁定不服的才能申请复议。

执行法院根据本纪要第14条、第15条第（1）（2）（3）（4）（5）（8）项的规定审查处理执行异议，应当在作出的裁定中明确告知当事人、利害关系人享有复议的权利。

18．当事人、利害关系人可以通过执行法院或者直接向上一级人民法院申请复议。执行复议的案件由执行机构负责办理。

19．当事人、利害关系人超过法律规定的复议期限申请复议的，上一级人民法院可裁定不予受理。

20．执行复议案件可以采用书面审查方式，案情重大疑难复杂，确有听证必要的，应当采用听证审查方式。

21. 办理执行复议案件，应当组成合议庭。经审查：复议理由成立的，应当裁定撤销或者改正执行行为；复议理由不成立的，应当裁定驳回复议申请；复议理由部分成立的，裁定部分撤销或者改正执行行为，驳回复议理由不成立的部分。

22. 执行复议案件审查期间，执行法院自行撤销或者改正执行行为的，申请复议人申请撤回复议申请，复议法院应当裁定予以准许。

23. 执行过程中，案外人提出书面异议的，由执行法院的执行机构先行审查并作出裁定。裁定中应当明确告知不服裁定的，可以向执行法院提起诉讼。

24. 案外人对执行标的主张所有权及其他足以阻止执行标的转让、交付的权利主要有下列情形：

（1）所有权。包括国家所有权、集体所有权、自然人及法人所有权；

（2）共有权。包括按份共有、共同共有、家庭共有等；

（3）用益物权。是指以物的使用收益为目的而设立的物权，包括土地承包经营权、建设用地使用权和宅基地使用权等；

（4）部分担保物权。如质权人、合法留置权人因其实际占有了质物和留置物，可以在质物和留置物作为执行标的时，提出异议以保障质权和留置权的行使；

（5）占有。占有是指对物直接进行掌握控制的事实，在其实际控制的财产被强制执行时，可以提出异议以求维持对该财产支配权的稳定状态；

（6）法律规定的其他权利。

25. 案外人、当事人对执行机构审查案外人异议作出的裁定不服，提起诉讼的，由执行法院的执行裁决机构或者相关审判庭负责审理。

26. 案外人异议之诉案件中，因被执行人下落不明而无法确定其诉讼地位的，不影响案件的审理。

27. 异议之诉的审判机构经审理，认为申请执行人或者案外人的理由不成立的，判决驳回其诉讼请求；理由成立的，判决准予或者停止对执行标的物的执行。

32. 当事人、利害关系人对执行行为提出异议、申请复议以及案外人对执行标的提出异议的案件，均应当由立案庭立案和负责办理期限跟踪，由执行局内设的负责执行审查、裁决的部门处理。

▶ **浙江省高院规定二**

★浙江省高级人民法院关于加强执行程序运行重点环节监督管理的若干规定（2009 年 8 月 30 日施行　浙高法〔2009〕312 号）（节录）

第十四条　当事人、利害关系人、案外人针对管辖权、执行行为、执行款分配、执行标的等提出异议或复议的，由执行审查机构处理。

执行实施案件承办人收到异议的，应当于当天移交执行局内勤。

第十五条 执行审查案件处理一般实行合议制。事实清楚、权利义务关系简单的可实行独任制。是否实行独任制由执行审查机构负责人决定。

合议庭意见分歧较大，或所涉问题重大的，提交审判长联席会议讨论。

第十六条 执行法院审查执行异议，应当在 15 日内作出裁定。有特殊情况需要延长的，须经本院院长批准，但延长的期限每次不得超过 15 日。

▶ <u>浙江省高院规定三</u>

★浙江省高级人民法院关于审理案外人异议之诉和许可执行之诉案件的**指导意见**（2010 年 10 月 27 日施行　浙高法〔2010〕307 号）

为规范案外人异议之诉和许可执行之诉案件的审理，保护当事人、案外人的合法权益，根据《中华人民共和国民事诉讼法》和最高人民法院《关于适用〈中华人民共和国民事诉讼法〉执行程序若干问题的解释》等规定，结合我省实际，制定本意见。

第一条 执行过程中，案外人、申请执行人依照民事诉讼法第二百零四条的规定向人民法院提起的下列诉讼，人民法院应当作为案外人异议之诉和许可执行之诉案件受理：

（一）案外人对驳回其异议的裁定不服，请求对执行标的停止执行，或者同时请求确认其对执行标的主张的权利，而提起的与原判决、裁定无关的诉讼；

（二）申请执行人对处理案外人异议作出的裁定不服，请求对执行标的许可执行而提起的诉讼。

第二条 案外人异议之诉和许可执行之诉案件由执行法院管辖，由审判监督庭审理。

本省提级执行、指定执行、委托执行的案件，涉及案外人异议之诉和许可执行之诉的，由最终执行的法院管辖。

第三条 执行过程中，案外人就执行标的另行提起确权之诉，人民法院不予受理；案件已经受理的，应当驳回起诉。

违反前款规定作出的判决书、调解书应当依法撤销。拒不撤销的，由执行法院报请共同的上级法院协调处理。

第四条 多个案外人分别提起异议之诉对同一执行标的主张同一性质的权利，或者多个申请执行人分别提起诉讼请求对同一执行标的许可执行的，可以合并审理。

诉讼由不同法院受理的，后受理的法院应当将案件移送最先受理的法院审理。

第五条 案外人提起异议之诉应当以申请执行人为被告；被执行人反对案外人对执行标的所主张的实体权利的，应当以申请执行人和被执行人为共同被告。

申请执行人提起诉讼，请求对执行标的许可执行的，应当以案外人为被告；被执行人反对申请执行人的请求的，应当以案外人和被执行人为共同被告。

被执行人下落不明，无法表明其对案外人或者申请执行人请求的意见的，应当将其列为共同被告。

第六条 案外人或者申请执行人对处理案外人异议作出的裁定不服，应当自收到执行法院的异议裁定之日起15日内提起诉讼。逾期起诉的，人民法院不予受理。

第七条 人民法院依照民事诉讼法第二百零四条规定裁定对异议标的中止执行后，申请执行人自裁定送达之日起15日内未提起诉讼的，人民法院应当裁定解除已经采取的执行措施。

第八条 案外人依照民事诉讼法第二百零四条的规定提起诉讼的，须对执行标的享有足以阻止其转让、交付的实体权利，该实体权利包括：

（1）所有权，包括国家所有权、集体所有权、自然人和法人所有权，以及基于共有关系所产生的权利；

（2）用益物权，包括土地承包经营权、建设用地使用权和宅基地使用权等；

（3）部分担保物权，如质权、留置权；

（4）租赁权，但执行中不涤除该权利的除外；

（5）法律规定的其他权利。

第九条 在案外人异议之诉中，案外人可以同时要求确认其对执行标的主张的实体权利以及对执行标的停止执行。

在许可执行之诉中，申请执行人可以同时要求否定案外人对执行标的主张的实体权利以及对执行标的许可执行。

第十条 案外人异议之诉案件的案由为"请求对执行标的停止执行"。

许可执行之诉案件的案由为"请求对执行标的许可执行"。

第十一条 案外人异议之诉案件审理中，案外人应当就其对执行标的享有所有权或者其他足以阻止执行标的的转让、交付的实体权利承担举证责任。

被执行人对案外人的权利主张表示承认的，不能免除案外人的举证责任。

许可执行之诉案件审理中，被执行人同意申请执行人请求的，不能免除申请执行人的举证责任。

第十二条　案外人异议之诉和许可执行之诉案件经审理，人民法院认为理由不成立的，判决驳回其诉讼请求；理由成立的，根据原告的诉讼请求作出相应的判决。

案外人、申请执行人未根据本意见第九条规定诉请对相关实体法律关系进行裁判的，人民法院应当予以释明；如案外人和申请执行人明确表示不需要对相关实体法律关系进行裁判的，人民法院不在判决主文中予以宣告，但可以在事实和理由部分予以阐明。

第十三条　案外人异议之诉进行期间，不停止执行。

案外人的诉讼请求确有理由或者提供充分、有效的担保请求停止执行的，执行法院可以裁定停止对执行标的进行处分；申请执行人提供充分、有效的担保请求继续执行的，应当继续执行。

案外人请求停止执行，请求解除查封、扣押、冻结，或者申请执行人请求继续执行有错误，给对方造成损失的，应当予以赔偿。

第十四条　本意见由浙江省高级人民法院审判委员会负责解释。

▶ **浙江省高院规定四**

★浙江省高级人民法院关于多个债权人对同一被执行人申请执行和执行异议处理中若干疑难问题的解答（2012年3月5日施行　浙高法执〔2012〕5号）（节录）

二、关于审查处理执行行为异议和执行标的异议中的问题

（十八）执行行为异议和执行标的异议竞合时，怎么处理？

答：案外人提出的异议既指向执行行为，又对执行标的主张所有权等实体权利，或者其异议针对执行行为，但异议依据的基础权利为所有权或者其他实体权利，并主张该实体权利具有阻止执行效力的，按照《中华人民共和国民事诉讼法》（以下简称《民诉法》）第二百零四条的规定进行审查。

（十九）财产刑和行政非诉案件执行中，案外人参照《民诉法》第二百零四条行使救济，其对执行标的提出的异议被驳回后，因难以解决列被告的问题而无法提起诉讼，此时应如何保护其获得救济的权利？

答：为了不使这两类执行案件的案外人与民事执行案件案外人获得救济的权利相差太大，可允许前者参照《民诉法》第二百零二条向上一级人民法院申请复议。

（二十）审查执行行为异议和执行标的异议作出的裁定中，需不需要交代申请复议权或诉权？

答：审查这两类异议作出的裁定中，应当分别交代申请复议权或诉讼权利。

（二十一）审查执行行为异议和执行标的异议作出的裁定中，需不需要表

述"本裁定送达即发生法律效力"？

答：在审查执行行为异议作出的裁定中，不需要表述"本裁定送达即发生法律效力"，直接交代申请复议权即可。在审查执行标的异议作出的裁定中，应在交代诉讼权利后表述"本裁定送达即发生法律效力"。

（二十二）当事人、利害关系人援引《民诉法》第二百零二条提出异议，但执行法院审查后发现其提出的异议并不属于该条规定的执行行为异议，应如何处理？

答：对异议是否成立仍需审查并作出裁定，但裁定中不能告知申请复议权，而应表述"本裁定送达即发生法律效力"。

（二十三）当事人、利害关系人援引《民诉法》第二百零二条提出异议，执行法院作为执行行为异议审查并作出了裁定，裁定中还告知了申请复议权。上一级人民法院受理复议申请后，经审查发现当事人、利害关系人提出的异议并不属于《民诉法》第二百零二条规定的执行行为异议，应如何处理？

答：复议法院经审查发现存在上述情形的，可直接裁定驳回复议申请，无需对复议理由是否成立进行审查。

▶北京市高院规定

★北京市高、中级法院执行局（庭）长座谈会（第三次会议）纪要——关于执行审查、裁决工作若干问题的意见①（2011 年 9 月 5 日）

为进一步解决执行审查、裁决案件办理中的疑难问题，规范审查、裁决程序，统一司法尺度，切实保护当事人的合法权益，市高、中级法院执行局（庭）长座谈会于 2011 年 8 月 23 日至 24 日召开了第三次会议。与会同志通过认真讨论，就执行审查、裁决工作中的若干问题取得了基本共识。现纪要如下：

一、执行审查、裁决案件类型

（一）"执异字"号案件包括以下类型：

1. 当事人、利害关系人依据《中华人民共和国民事诉讼法》第二百零二条向执行法院提出的异议（执行行为异议）；

2. 案外人依据《中华人民共和国民事诉讼法》第二百零四条向执行法院提出的异议（案外人异议）；

3. 当事人请求变更或者追加执行主体的申请；

4. 被执行人申请不予执行商事仲裁裁决、劳动仲裁裁决或者公证债权文书的；

5. 当事人提出的管辖权异议；

---

① 转引自【法宝引证码】CLI. 13. 796051。

6. 被执行人提出执行案件的受理不符合《最高人民法院关于人民法院执行工作若干问题的规定（试行）》第18条规定的异议；

7. 被执行人提出债务已经消灭或部分消灭的异议；

8. 其他"执异字"号案件。

（二）"执复字"号案件包括以下类型：

1. 当事人不服人民法院"执异字"号案件裁定，向上一级人民法院申请复议的案件。

案外人异议裁定、不予执行涉外仲裁裁决的裁定不得申请复议。

2. 当事人不服人民法院执行机构作出的拘留、罚款决定，向上一级人民法院申请复议的案件。

（三）"执督字"号案件，是指当事人依据《中华人民共和国民事诉讼法》第二百零三条向上一级人民法院申请变更执行法院的案件。

二、申请人参与审查程序问题

（一）下列"执异字"号案件审查期间，异议人或申请人下落不明，或者经传唤或通知拒不到庭的，按照撤回异议或者撤回申请处理：

1. 案外人异议；

2. 当事人依据《最高人民法院关于适用〈中华人民共和国民事诉讼法〉若干问题的意见》第271条、第274条或《最高人民法院关于人民法院执行工作若干问题的规定（试行）》第79条、第80条、第81条规定申请变更或追加被执行人，或者以权利承继、债权转让等涉及实体审查的事由申请变更申请执行人的；

3. 申请不予执行商事仲裁裁决、劳动仲裁裁决或公证债权文书的；

4. 管辖权异议；

5. 被执行人提出债务已经消灭或部分消灭的异议。

（二）下列"执异字"号案件审查期间，异议人或申请人下落不明，或者经传唤或通知拒不到庭的，不影响人民法院对异议或者申请的审查：

1. 执行行为异议；

2. 当事人依据《最高人民法院关于适用〈中华人民共和国民事诉讼法〉若干问题的意见》第272条、第273条或《最高人民法院关于人民法院执行工作若干问题的规定（试行）》第76条、第77条、第78条规定申请变更或追加被执行人的；

3. 被执行人提出执行案件的受理不符合《最高人民法院关于人民法院执行工作若干问题的规定（试行）》第18条规定的异议。

（三）"执复字"号案件审查期间，复议申请人下落不明，或者经传唤或通知拒不到庭的，按照撤回复议申请处理。

三、其他当事人参与审查程序问题

（一）执行行为异议案件中其他当事人的参与问题

执行行为异议案件审查过程中，原则上可以不通知异议人之外的其他当事人到庭参与审查程序。

异议内容为超标的查封、执行财产豁免等影响异议人之外的其他当事人权益的，应当通知其他相关当事人到庭接受询问或参加听证。

异议人之外的其他当事人参与审查程序有助于查明案件事实或者化解矛盾的，可以通知其他相关当事人到庭接受询问或参加听证。

异议人之外的其他当事人经通知拒不到庭的，不影响人民法院对异议的审查。

（二）变更或追加被执行人案件中被申请人参与问题

当事人申请变更或追加被执行人，没有明确的被申请人的，裁定撤销该"执异字"号案件。当事人对该裁定不服的，可以向上一级人民法院申请复议。

本纪要第二条第（二）款第 2 项变更或追加被执行人案件审查中，当事人无法提供被申请人的基本信息致使人民法院无法与被申请人取得联系并送达相关材料的，或者被申请人经传唤或通知拒不到庭的，不影响人民法院对该申请的审查。

本纪要第二条第（一）款第 2 项变更或追加被执行人案件审查中，当事人无法提供被申请人的基本信息致使人民法院无法与被申请人取得联系并送达相关材料的，裁定终结审查程序。被申请人经传唤或通知拒不到庭，申请人提供的证据不足以证明其申请符合变更或追加的法定情形的，裁定驳回其申请；申请人提供的证据足以证明其申请符合变更或追加的法定情形的，裁定变更或追加被执行人。裁定变更或追加被执行人的，应当将裁定直接送达被申请人。直接送达不能的，应当依照相关法律规定采用留置、邮寄直至公告的方式送达被申请人。

四、再次提出异议或申请的问题

人民法院在审查"执异字"号案件过程中，应当告知当事人，针对同一个请求有多项事实和理由的，应当一并提出。

有下列情形之一的，裁定撤销"执异字"号案件：

1. 对同一执行行为，同一当事人、利害关系人再次提出执行行为异议的；

2. 对同一执行标的物，同一案外人再次提出案外人异议的；

3. 同一主体以相同理由再次申请变更或追加同一执行主体的；

4. 对同一执行依据，同一主体再次申请不予执行的；

5. 同一主体再次提出管辖权异议的；

6. 同一主体再次提出执行案件的受理不符合《最高人民法院关于人民法院执行工作若干问题的规定（试行）》第18条规定的异议的；

7. 同一主体再次以相同理由提出债务已经消灭或部分消灭的异议的。

同一主体之前提出的异议或申请以裁定终结审查、准许撤回结案的，不适用本条第二款的规定。

当事人对人民法院依本条第二款作出的裁定不服的，可以向上一级人民法院申请复议。

五、执行行为尚未发生的异议案件处理

执行行为异议案件立案后，执行审查机构应当审查执行行为是否已经发生。经审查发现执行行为尚未发生的，裁定撤销该异议案件。

六、案外人异议审查中的相关问题

（一）对另案生效法律文书的处理

在执行非属生效法律文书确定的特定标的物过程中，案外人依据人民法院确权的判决、裁定提起《中华人民共和国民事诉讼法》第二百零四条规定的异议，该法律文书早于查封生效的，裁定支持异议。

在执行非属生效法律文书确定的特定标的物过程中，案外人依据人民法院、仲裁机构作出的将执行标的物所有权转移给案外人的法律文书提起《中华人民共和国民事诉讼法》第二百零四条规定的异议，该法律文书早于查封生效的，裁定支持异议；该法律文书晚于查封生效的，裁定驳回异议。

（二）对轮候查封异议的处理

对人民法院轮候查封标的物，案外人依据《中华人民共和国民事诉讼法》第二百零四条提出异议的，裁定驳回异议。该裁定为终局裁定。

（三）异议裁定后续救济权的载明

在执行人民法院作出的生效法律文书确定的特定标的物过程中，案外人依据《中华人民共和国民事诉讼法》第二百零四条提出异议的，原则上应当裁定驳回异议，并在裁定中载明案外人可以按照审判监督程序处理。

在执行非属生效法律文书确定的特定标的物过程中，案外人依据《中华人民共和国民事诉讼法》第二百零四条提出异议的，应当在裁定中载明当事人、案外人提起诉讼的权利和期限。

七、案外人异议作为执行行为异议处理并申请复议的处理

复议案件审查过程中，上级人民法院认为下级人民法院将案外人异议当作执行行为异议审查的，可以以原裁定适用法律错误为由，裁定撤销异议裁定，

并在裁定中载明执行法院应当按照《中华人民共和国民事诉讼法》第二百零四条的规定重新审查。

八、不予执行公证债权文书的具体情形

公证债权文书有下列情形之一的，属于《中华人民共和国民事诉讼法》第二百一十四条规定的"确有错误"的情形，人民法院可以裁定不予执行：

（一）公证债权文书属于依法不得赋予强制执行效力的债权文书的；

（二）公证债权文书当事人未就债务人在其不履行义务或者不完全履行义务时由债权人向人民法院申请强制执行达成合意的；

（三）公证债权文书和执行证书的制作严重违反法定程序的；

（四）公证债权文书和执行证书的内容违背事实或者违反法律规定的；

（五）其他确有错误的情形。

九、有关迟延履行利息的相关问题

（一）迟延履行利息异议的处理

当事人认为执行实施机构有关迟延履行利息的计算违反法律规定的，可以依据《中华人民共和国民事诉讼法》第二百零二条的规定提出异议。

执行审查机构经审查发现迟延履行利息计算的方法或数额确有错误的，可以交由执行实施机构自行纠正，也可以裁定撤销该执行行为，由执行实施机构重新计算。

（二）和解协议履行期间迟延履行利息的计算

当事人达成和解协议后，因被执行人不履行和解协议导致恢复执行的，和解协议履行期间应当计算迟延履行利息。

（三）中止执行期间迟延履行利息的计算

中止执行后恢复执行的，中止执行期间应当计算迟延履行利息，但因可归责于申请执行人的原因中止执行的除外。

（四）生效法律文书确定利息和迟延履行利息的并行计算

生效法律文书确定债务利息计算至债务人实际给付之日止的，不影响人民法院对迟延履行利息的执行。

（五）涉及案款分配的迟延履行利息计算的截止时间

执行中需要进行案款分配的，迟延履行利息应当计算至分配方案确定之日止。

分配方案确定之日，以分配方案最终核准人的核准时间为准。

▶ 江苏省高院规定

★江苏省高级人民法院关于执行疑难若干问题的解答（2013 年 12 月 18 日施行）（节录）

为解决执行工作中常见的若干疑难问题，统一法律适用，根据《中华人民共和国民事诉讼法》（以下简称民诉法）和相关司法解释的规定及精神，结合全省法院执行工作实际情况，制定本解答。

1. 对执行行为的异议和对执行标的的异议区别以及利害关系人和案外人的区别

答：对执行行为的异议，提起主体有当事人和利害关系人。对执行标的的异议，提起主体是案外人。债务人对执行标的主张抵销、清偿，无权依据民诉法第二百二十七条提出执行异议，而只能适用民诉法第二百二十五条作为执行异议来处理。利害关系人和案外人都是争议法律关系之外的第三人。

利害关系人指认为执行行为侵害其法律上权益的第三人，一般与当事人有一定的关联性，其范围包括当事人的债权人、债务人、合伙人、抵押权人、质权人、留置权人、承租人（租赁权形成于查封之后）、优先权人、近亲属、被抚（扶）养人以及法院的协助执行人等。例如法院扣留或提取被执行人的工资收入，未保留依靠其生活的被抚养人必须的生活费用，被抚养人可以作为利害关系人提出执行异议。

案外人指对执行标的主张所有权或者有其他足以阻止执行标的的转让、交付的实体权利的第三人，其范围包括执行标的的所有权人、共有权人、用益物权人、部分担保物权人、承租人（租赁权形成于查封之前）、无过错的买受人、特定债权人以及隐名股东、信托财产的委托人、破产管理人、遗嘱执行人等。例如第三人依据《最高人民法院关于人民法院民事执行中查封、扣押、冻结财产的规定》第十七条提出执行异议，此时第三人属于案外人，应当适用民诉法第二百二十七条。

2. 执行行为异议和执行标的异议竞合，如何适用法律？

答：异议人形式上认为执行行为违法，但依据的理由是对执行标的主张实体权利的，仍然适用民诉法第二百二十七条。异议人既对执行行为提出异议，又对执行标的提出实体异议，如果两种异议是可分的，分别适用民诉法第二百二十五条和第二百二十七条；如果两种异议是不可分的，即发生所谓异议竞合问题，则适用民诉法第二百二十七条。

3. 案外人异议裁决和异议之诉是什么关系？

答：依据民诉法第二百二十七条，案外人对执行标的提出书面异议的，法院经审查作出裁定后，案外人或者当事人对裁定不服且执行标的与原判决、裁定无关的，可以提起异议之诉。异议之诉是案外人或者当事人对执行异议裁决不服之后的救济途径。依照现行法律规定，异议之诉分为案外人异议之诉和申请执行人异议之诉。

案外人异议之诉，是指案外人就执行标的主张足以排除强制执行的权利，请求法院停止执行该标的的诉讼，即停止执行之诉。申请执行人异议之诉，是指申请执行人对法院依案外人异议作出的对执行标的中止执行裁定不服，请求许可执行该标的的诉讼，即许可执行之诉。因此，异议之诉的诉讼请求是特定的，只有案外人的停止执行请求和申请执行人的许可执行请求两种。例如对法院查封的房产，法院驳回案外人的执行异议后，案外人诉请停止执行；或者法院支持案外人的执行异议后，申请执行人诉请许可执行。

案外人异议是异议之诉的前置程序，异议之诉只审查当事人、案外人之间的争议，不审查案外人异议裁决。

案外人异议裁决作出后，案外人在法定时间内没有提起异议之诉，执行标的被强制执行后，案外人可以在其权利受到实际侵害之后，向被执行人提起不当得利之诉或者侵权之诉。

4. 确权之诉和案外人异议的关系

答：依据《关于执行权合理配置和科学运行的若干意见》第二十六条的规定，对执行法院已经采取执行措施的财产，案外人不能另行通过确权之诉解决，只能先提出案外人异议，不服案外人异议裁决后再向执行法院提起异议之诉。确权之诉不能代替异议之诉。案外人在异议之诉中可以同时提起确权之诉，与异议之诉合并审理。执行法院采取执行措施前，债务人与案外人对该财产另案进行确权之诉的，如债权人没有参加诉讼，且债权人提供了案外人与债务人恶意串通进行虚假诉讼规避执行的初步证据的，在对财产保全之后，该确权诉讼应当中止审理，案外人应当依据民诉法第二百二十七条提出异议，已中止的确权之诉可以并入案外人异议之诉处理。

对执行法院已经采取执行措施的财产，参照《关于执行权合理配置和科学运行的若干意见》第二十六条的规定，案外人也不能通过仲裁确权来对抗执行，案外人只能依据民诉法第227条规定的案外人异议和案外人异议之诉进行抗辩。

▶**典型案例**

★**陈秀波诉惠凤艳等案外人异议之诉案**（〔2015〕民申字第1886号）[1]

【**关键词**】

案外人 执行异议 所有权 物权期待权

【**基本案情**】

再审申请人陈秀波与被申请人惠凤艳、黑龙江省城乡建设开发公司（以下简称城乡建设公司）案外人执行异议之诉一案，不服黑龙江省高级人民法

---

[1] 转引自【法宝引证码】CLI. C. 7828084。

院（以下简称黑龙江高院）〔2013〕黑民终字第 29 号民事判决，向最高人民法院申请再审。

陈秀波向申请再审称：（一）惠凤艳借用城乡建设公司的资质进行开发，是综合楼的实际投资人，拆迁安置、后期建房、房屋销售及管理均是惠凤艳以城乡建设公司的名义进行的，陈秀波有理由相信惠凤艳有权出售案涉房屋，因此，陈秀波与惠凤艳签订的房屋买卖协议合法有效。（二）陈秀波与惠凤艳签订协议时，惠凤艳并未告知案涉房屋已被法院查封的事实，齐齐哈尔市中级人民法院（以下简称齐齐哈尔中院）查封该房屋也未向社会公示，对于该院 2006 年 12 月 20 日所作的询问笔录，其毫不知情。城乡建设公司提供的通告、录像及照片也是虚假的，上述证据不能证明陈秀波明知该房屋被查封的事实。因此，陈秀波在购买房屋的过程中不存在任何过错，属于善意第三人。（三）陈秀波提起诉讼要求确认其对案涉房产享有所有权，一、二审法院在确认陈秀波与惠凤艳签订的协议无效的同时，应当对无效的后果一并作出处理，一、二审法院直接驳回诉讼请求错误。综上，依据《中华人民共和国民事诉讼法》的规定申请再审。

惠凤艳辩称：其与陈秀波签订房屋买卖协议时，明确告知其案涉房屋处于法院查封状态，但陈秀波仍主动要求购买该房屋。后惠凤艳与陈秀波口头约定，如房屋不能买卖即转为租赁，每年租金 1 万元。惠凤艳与陈秀波签订的协议只是购房意向书，陈秀波没有履行交纳全部购房款的义务，没有签订正式的商品房买卖合同。房屋买卖协议没有实际履行，陈秀波看到房屋价格翻倍上涨，就提出各种理由主张协议有效，该主张不符合法律规定，应依法驳回其再审申请。

城乡建设公司辩称：齐齐哈尔中院〔2004〕齐民一初字第 516 号判决确认，拜泉县三道镇综合楼产权归城乡建设公司所有，惠凤艳并非案涉房屋的所有权人，无权与陈秀波签订房屋买卖协议，也未经城乡建设公司的授权和追认，惠凤艳处分该房屋的协议无效。自 2005 年该房屋被查封，任何人非经法定程序不得处分法院查封财产，陈秀波对此是明知的，所以才未交纳全部价款，也不签订正式合同，其购房行为违背了正常的交易习惯。现在案涉房屋租金已达每年 3 万元，陈秀波占有该房屋已近十年，获取了巨额利益，给城乡建设公司造成了巨大损失。陈秀波与惠凤艳签订的协议价格明显低于市场价格，严重侵害了城乡建设公司的合法权益，依据《最高人民法院关于转卖人民法院查封房屋的行为无效问题的复函》，该协议无效。对于惠凤艳给陈秀波造成的损失，其可以另行起诉。请求依法驳回陈秀波的再审申请。

【裁判结果】

驳回陈秀波的再审申请。

【裁判理由】

最高人民法院认为：依照法律规定，人民法院只能执行被执行人的责任财产，如果被执行财产不属于被执行人，或者案外人在被执行人的财产之上拥有足以排除执行的实体权利，则人民法院应当停止对该财产的执行。本案即系惠凤艳申请执行城乡建设公司一案中，因案外人陈秀波对人民法院查封的登记在被执行人城乡建设公司名下的房屋主张所有权所引起的纠纷。所以，本案的焦点问题在于，陈秀波对人民法院查封的案涉房屋是否享有足以排除执行的所有权或者物权期待权。分析如下：

一、关于陈秀波对案涉房屋是否享有所有权的问题

陈秀波主张其系从惠凤艳处因买卖而受让物权。需要指出，所有权作为物权的一种，其取得的方式分为继受取得和原始取得，买卖即为继受取得的原因之一。对于不动产的物权继受取得而言，买卖合同的成立和有效仅仅意味着债权人对合同相对人的债权请求权成立，如欲使其取得具有排他效力的物权，应当履行法定的公示程序。也就是说，要将自己在不动产之上的物权按照法定的方式对不特定的第三人进行昭示。对此，《中华人民共和国物权法》第九条规定："不动产物权的设立、变更、转让和消灭，经依法登记，发生效力；未经登记，不发生效力，但法律另有规定的除外。"第十四条规定："不动产物权的设立、变更、转让和消灭，依照法律规定应当登记的，自记载于不动产登记簿时发生效力。"可见，依据前述法律规定，不动产所有权的取得，除了法律另有规定的情形外，只有在不动产登记簿上记载之后，其方能取得包括所有权在内的所有不动产物权。而从本案查明的事实看，案涉房屋登记在被执行人城乡建设公司名下，在不动产登记没有变更的情况下，陈秀波要求确认对案涉房屋享有所有权的诉求，依法不予支持。

二、陈秀波对案涉不动产是否享有足以排除执行的物权期待权

考虑到实践中不动产登记制度尚不完善，对于买受被执行不动产等需要登记财产的案外人而言，即使其没有取得物权，但是如果其因为合同而对该财产享有的物权登记请求权等债权符合物权期待权保护条件的，人民法院也不能执行。法律之所以要对案外人对执行标的之物权期待权进行保护，其原因在于，物权期待权从性质上虽仍属债权范畴，但该债权不同于一般的债权，案外人已经依照合同履行了义务，其预期物权将确定无疑地变动到其名下，在与申请执行人的一般债权的实现发生冲突时，法律选择了优先保护案外人的物权期待权。

　　至于物权期待权保护的条件，《最高人民法院关于人民法院民事执行中查封、扣押、冻结财产的规定》第十七条作出了具体的规定："被执行人将其所有的需要办理过户登记的财产出卖给第三人，第三人已经支付部分或者全部价款并实际占有该财产，但尚未办理产权过户登记手续的，人民法院可以查封、扣押、冻结；第三人已经支付全部价款并实际占有，但未办理过户登记手续的，如果第三人对此没有过错，人民法院不得查封、扣押、冻结。"依照前述规定以及司法实践掌握的标准，案外人亦即受让人，在案涉财产上的物权期待权如欲产生排除执行的效力，应当符合以下要件：（一）和被执行人即登记名义人，签订以变动执行标的物所有权为目的的合同。（二）买受人已经履行支付买卖合同约定价款的全部义务。（三）案外人对执行标的物的物权期待权已经以一定的方式对外公示。（四）物权没有变更登记的原因不可归责于案外人。四个要件必须全部具备，缺一不可。《最高人民法院关于人民法院民事执行中查封、扣押、冻结财产的规定》第十七条确立的保护案外人物权期待权的标准虽是案外人异议审查程序的标准，但是，由于该标准确立时民事诉讼法尚未建立执行异议之诉制度，当时的执行异议制度实际上代行了其后建立的执行异议之诉的功能，因此，在案外人异议之诉的审理程序中，人民法院在判断案外人的物权期待权能否排除执行时，亦应遵照此标准。

　　首先，本案中的房屋买卖合同并非与作为登记名义人的城乡建设公司签订，而是陈秀波与本案申请执行人惠凤艳在 2006 年 9 月 15 日签订，而惠凤艳并非案涉房屋登记的所有权人，陈秀波也无证据证明惠凤艳对案涉房屋的处分取得了所有权人城乡建设公司的授权，惠凤艳和陈秀波签订的转让案涉房屋所有权的合同构成无权处分，依照《中华人民共和国合同法》第五十一条："无处分权的人处分他人财产，经权利人追认或者无处分权的人订立合同后取得处分权的，该合同有效。"虽然，2012 年 7 月 1 日生效的《最高人民法院关于审理买卖合同纠纷案件适用法律的解释》第三条，将出卖人无权处分他人财产的行为区分为债权行为和物权行为，案涉房屋买卖合同难谓无效，但是由于惠凤艳无权处分案涉房屋，在未取得城乡建设公司追认的情况下，陈秀波依法只能向惠凤艳行使违约赔偿或者损害赔偿的债权请求权，其在案涉房屋之上不能成立物权期待权，更不可能取得所有权。

　　其次，执行标的物一旦被人民法院查封，非经人民法院允许，任何人不得对房屋进行毁损变动、设定权利负担等有违查封目的的处分行为。在陈秀波占有案涉房屋之前，齐齐哈尔中院即已对案涉房屋进行了查封并在房地产管理部门办理了查封登记，加之，由于惠凤艳的处分为无权处分，陈秀波对案涉房屋的占有缺乏正当权源，为无权占有。至于陈秀波辩称其不知道查封事实、没有过错的理由，由于查封登记具有对世效力，陈秀波无论是签订旨在变更案涉房屋物权的买卖合同，抑或占有案涉房屋，均应注意到别人经过登记的物权和人民法院的查封情况，但其未依法到相关部门查询案涉房屋的权属状况，主观上存在明显的过错。

　　最后，案涉房屋合同约定总价款 245000 元，而陈秀波总计仅交纳房款 50000 元，即使不考虑无权处分和查封后占有的事实，单纯从价款的交付数额上，也不符合法律、司法解释规定的物权期待权的保护要件。

　　在陈秀波的物权期待权不能成立的情况下，当然也就不存在排除人民法院对案涉房屋执行的问题。因此，即使陈秀波对惠凤艳的赔偿请求权能够成立，其要求以对惠凤艳享有的金钱债权去排除惠凤艳另外一个金钱债权的实现，于法无据，于理不通。至于陈秀波还称，黑龙江高院遗漏了其要求返还购房款、赔偿损失的诉求问题，由于案外人异议之诉的审理内容仅限于案外人对执行标的物有无实体权利以及该实体权利能否排除执行，所以，该项诉求不属于案外人异议之诉的内容，陈秀波可以另行提起诉讼。

第十三章 涉港澳台、涉外案件的执行

第一节 涉港澳台案件的执行

➡️ 司法解释一

★最高人民法院关于内地与香港特别行政区相互执行仲裁裁决的安排
（2000年2月1日施行　法释〔2000〕3号）

根据《中华人民共和国香港特别行政区基本法》第九十五条的规定，经最高人民法院与香港特别行政区（以下简称香港特区）政府协商，香港特区法院同意执行内地仲裁机构（名单由国务院法制办公室经国务院港澳事务办公室提供）依据《中华人民共和国仲裁法》所作出的裁决，内地人民法院同意执行在香港特区按香港特区《仲裁条例》所作出的裁决。现就内地与香港特区相互执行仲裁裁决的有关事宜作出如下安排：

一、在内地或者香港特区作出的仲裁裁决，一方当事人不履行仲裁裁决的，另一方当事人可以向被申请人住所地或者财产所在地的有关法院申请执行。

二、上条所述的有关法院，在内地指被申请人住所地或者财产所在地的中级人民法院，在香港特区指香港特区高等法院。

被申请人住所地或者财产所在地在内地不同的中级人民法院辖区内的，申请人可以选择其中一个人民法院申请执行裁决，不得分别向两个或者两个以上人民法院提出申请。

被申请人的住所地或者财产所在地，既在内地又在香港特区的，申请人不得同时分别向两地有关法院提出申请。只有一地法院执行不足以偿还其债务时，才可就不足部分向另一地法院申请执行。两地法院先后执行仲裁裁决的总额，不得超过裁决数额。

三、申请人向有关法院申请执行在内地或者香港特区作出的仲裁裁决的，应当提交以下文书：

（一）执行申请书；

（二）仲裁裁决书；

（三）仲裁协议。

四、执行申请书的内容应当载明下列事项：

（一）申请人为自然人的情况下，该人的姓名、地址；申请人为法人或者其他组织的情况下，该法人或其他组织的名称、地址及法定代表人姓名；

（二）被申请人为自然人的情况下，该人的姓名、地址；被申请人为法人或者其他组织的情况下，该法人或其他组织的名称、地址及法定代表人姓名；

（三）申请人为法人或者其他组织的，应当提交企业注册登记的副本；申请人是外国籍法人或者其他组织的，应当提交相应的公证和认证材料；

（四）申请执行的理由与请求的内容，被申请人的财产所在地及财产状况。

执行申请书应当以中文文本提出，裁决书或者仲裁协议没有中文文本的，申请人应当提交正式证明的中文译本。

五、申请人向有关法院申请执行内地或者香港特区仲裁裁决的期限依据执行地法律有关时限的规定。

六、有关法院接到申请人申请后，应当按执行地法律程序处理及执行。

七、在内地或者香港特区申请执行的仲裁裁决，被申请人接到通知后，提出证据证明有下列情形之一的，经审查核实，有关法院可裁定不予执行：

（一）仲裁协议当事人依对其适用的法律属于某种无行为能力的情形；或者该项仲裁协议依约定的准据法无效；或者未指明以何种法律为准时，依仲裁裁决地的法律是无效的；

（二）被申请人未接到指派仲裁员的适当通知，或者因他故未能陈述意见的；

（三）裁决所处理的争议不是交付仲裁的标的或者不在仲裁协议条款之内，或者裁决载有关于交付仲裁范围以外事项的决定的；但交付仲裁事项的决定可与未交付仲裁的事项划分时，裁决中关于交付仲裁事项的决定部分应当予以执行；

（四）仲裁庭的组成或者仲裁庭程序与当事人之间的协议不符，或者在有关当事人没有这种协议时与仲裁地的法律不符的；

（五）裁决对当事人尚无约束力，或者业经仲裁地的法院或者按仲裁地的法律撤销或者停止执行的。

有关法院认定依执行地法律，争议事项不能以仲裁解决的，则可不予执行该裁决。

内地法院认定在内地执行该仲裁裁决违反内地社会公共利益，或者香港特区法院决定在香港特区执行该仲裁裁决违反香港特区的公共政策，则可不予执行该裁决。

八、申请人向有关法院申请执行在内地或者香港特区作出的仲裁裁决，应当根据执行地法院有关诉讼收费的办法交纳执行费用。

九、1997 年 7 月 1 日以后申请执行在内地或者香港特区作出的仲裁裁决按本安排执行。

十、对 1997 年 7 月 1 日至本安排生效之日的裁决申请问题，双方同意：

1997 年 7 月 1 日至本安排生效之日因故未能向内地或者香港特区法院申请执行，申请人为法人或者其他组织的，可以在本安排生效后六个月内提出；如申请人为自然人的，可以在本安排生效后一年内提出。

对于内地或香港特区法院在 1997 年 7 月 1 日至本安排生效之日拒绝受理或者拒绝执行仲裁裁决的案件，应允许当事人重新申请。

十一、本安排在执行过程中遇有问题和修改，应当通过最高人民法院和香港特区政府协商解决。

▶ **司法解释二**

★**最高人民法院关于内地与澳门特别行政区相互认可和执行民商事判决的安排**（2006 年 4 月 1 日施行　法释〔2006〕2 号）

根据《中华人民共和国澳门特别行政区基本法》第九十三条的规定，最高人民法院与澳门特别行政区经协商，就内地与澳门特别行政区法院相互认可和执行民商事判决事宜，达成如下安排：

第一条　内地与澳门特别行政区民商事案件（在内地包括劳动争议案件，在澳门特别行政区包括劳动民事案件）判决的相互认可和执行，适用本安排。

本安排亦适用于刑事案件中有关民事损害赔偿的判决、裁定。

本安排不适用于行政案件。

第二条　本安排所称"判决"，在内地包括：判决、裁定、决定、调解书、支付令；在澳门特别行政区包括：裁判、判决、确认和解的裁定、法官的决定或者批示。

本安排所称"被请求方"，指内地或者澳门特别行政区双方中，受理认可和执行判决申请的一方。

第三条　一方法院作出的具有给付内容的生效判决，当事人可以向对方有管辖权的法院申请认可和执行。

没有给付内容，或者不需要执行，但需要通过司法程序予以认可的判决，当事人可以向对方法院单独申请认可，也可以直接以该判决作为证据在对方法院的诉讼程序中使用。

第四条　内地有权受理认可和执行判决申请的法院为被申请人住所地、经常居住地或者财产所在地的中级人民法院。两个或者两个以上中级人民法院均有管辖权的，申请人应当选择向其中一个中级人民法院提出申请。

澳门特别行政区有权受理认可判决申请的法院为中级法院，有权执行的法院为初级法院。

第五条　被申请人在内地和澳门特别行政区均有可供执行财产的，申请人可以向一地法院提出执行申请。

申请人向一地法院提出执行申请的同时，可以向另一地法院申请查封、扣押或者冻结被执行人的财产。待一地法院执行完毕后，可以根据该地法院出具的执行情况证明，就不足部分向另一地法院申请采取处分财产的执行措施。

两地法院执行财产的总额，不得超过依据判决和法律规定所确定的数额。

第六条　请求认可和执行判决的申请书，应当载明下列事项：

（一）申请人或者被申请人为自然人的，应当载明其姓名及住所；为法人或者其他组织的，应当载明其名称及住所，以及其法定代表人或者主要负责人的姓名、职务和住所；

（二）请求认可和执行的判决的案号和判决日期；

（三）请求认可和执行判决的理由、标的，以及该判决在判决作出地法院的执行情况。

第七条　申请书应当附生效判决书副本，或者经作出生效判决的法院盖章的证明书，同时应当附作出生效判决的法院或者有权限机构出具的证明下列事项的相关文件：

（一）传唤属依法作出，但判决书已经证明的除外；

（二）无诉讼行为能力人依法得到代理，但判决书已经证明的除外；

（三）根据判决作出地的法律，判决已经送达当事人，并已生效；

（四）申请人为法人的，应当提供法人营业执照副本或者法人登记证明书；

（五）判决作出地法院发出的执行情况证明。

如被请求方法院认为已充分了解有关事项时，可以免除提交相关文件。

被请求方法院对当事人提供的判决书的真实性有疑问时，可以请求作出生效判决的法院予以确认。

第八条　申请书应当用中文制作。所附司法文书及其相关文件未用中文制作的，应当提供中文译本。其中法院判决书未用中文制作的，应当提供由法院出具的中文译本。

第九条　法院收到申请人请求认可和执行判决的申请后，应当将申请书送达被申请人。

被申请人有权提出答辩。

第十条　被请求方法院应当尽快审查认可和执行的请求，并作出裁定。

第十一条 被请求方法院经审查核实存在下列情形之一的，裁定不予认可：

（一）根据被请求方的法律，判决所确认的事项属被请求方法院专属管辖；

（二）在被请求方法院已存在相同诉讼，该诉讼先于待认可判决的诉讼提起，且被请求方法院具有管辖权；

（三）被请求方法院已认可或者执行被请求方法院以外的法院或仲裁机构就相同诉讼作出的判决或仲裁裁决；

（四）根据判决作出地的法律规定，败诉的当事人未得到合法传唤，或者无诉讼行为能力人未依法得到代理；

（五）根据判决作出地的法律规定，申请认可和执行的判决尚未发生法律效力，或者因再审被裁定中止执行；

（六）在内地认可和执行判决将违反内地法律的基本原则或者社会公共利益；在澳门特别行政区认可和执行判决将违反澳门特别行政区法律的基本原则或者公共秩序。

第十二条 法院就认可和执行判决的请求作出裁定后，应当及时送达。

当事人对认可与否的裁定不服的，在内地可以向上一级人民法院提请复议，在澳门特别行政区可以根据其法律规定提起上诉；对执行中作出的裁定不服的，可以根据被请求方法律的规定，向上级法院寻求救济。

第十三条 经裁定予以认可的判决，与被请求方法院的判决具有同等效力。判决有给付内容的，当事人可以向该方有管辖权的法院申请执行。

第十四条 被请求方法院不能对判决所确认的所有请求予以认可和执行时，可以认可和执行其中的部分请求。

第十五条 法院受理认可和执行判决的申请之前或者之后，可以按照被请求方法律关于财产保全的规定，根据申请人的申请，对被申请人的财产采取保全措施。

第十六条 在被请求方法院受理认可和执行判决的申请期间，或者判决已获认可和执行，当事人再行提起相同诉讼的，被请求方法院不予受理。

第十七条 对于根据本安排第十一条（一）、（四）、（六）项不予认可的判决，申请人不得再行提起认可和执行的申请。但根据被请求方的法律，被请求方法院有管辖权的，当事人可以就相同案件事实向当地法院另行提起诉讼。

本安排第十一条（五）项所指的判决，在不予认可的情形消除后，申请人可以再行提起认可和执行的申请。

第十八条 为适用本安排，由一方有权限公共机构（包括公证员）作成或者公证的文书正本、副本及译本，免除任何认证手续而可以在对方使用。

第十九条 申请人依据本安排申请认可和执行判决，应当根据被请求方法律规定，交纳诉讼费用、执行费用。

申请人在生效判决作出地获准缓交、减交、免交诉讼费用的，在被请求方法院申请认可和执行判决时，应当享有同等待遇。

第二十条 对民商事判决的认可和执行，除本安排有规定的以外，适用被请求方的法律规定。

第二十一条 本安排生效前提出的认可和执行请求，不适用本安排。

两地法院自1999年12月20日以后至本安排生效前作出的判决，当事人未向对方法院申请认可和执行，或者对方法院拒绝受理的，仍可以于本安排生效后提出申请。

澳门特别行政区法院在上述期间内作出的判决，当事人向内地人民法院申请认可和执行的期限，自本安排生效之日起重新计算。

第二十二条 本安排在执行过程中遇有问题或者需要修改，应当由最高人民法院与澳门特别行政区协商解决。

第二十三条 为执行本安排，最高人民法院和澳门特别行政区终审法院应当相互提供相关法律资料。

最高人民法院和澳门特别行政区终审法院每年相互通报执行本安排的情况。

第二十四条 本安排自2006年4月1日起生效。

▶ **司法解释三**

★**最高人民法院关于内地与香港特别行政区法院相互认可和执行当事人协议管辖的民商事案件判决的安排**（2008年8月1日施行 法释〔2008〕9号）

根据《中华人民共和国香港特别行政区基本法》第九十五条的规定，最高人民法院与香港特别行政区政府经协商，现就当事人协议管辖的民商事案件判决的认可和执行问题作出如下安排：

第一条 内地人民法院和香港特别行政区法院在具有书面管辖协议的民商事案件中作出的须支付款项的具有执行力的终审判决，当事人可以根据本安排向内地人民法院或者香港特别行政区法院申请认可和执行。

第二条 本安排所称"具有执行力的终审判决"：

（一）在内地是指：

1. 最高人民法院的判决；

2. 高级人民法院、中级人民法院以及经授权管辖第一审涉外、涉港澳台民商事案件的基层人民法院（名单附后）依法不准上诉或者已经超过法定期限没有上诉的第一审判决，第二审判决和依照审判监督程序由上一级人民法院提审后作出的生效判决。

（二）在香港特别行政区是指终审法院、高等法院上诉法庭及原讼法庭和区域法院作出的生效判决。

本安排所称判决，在内地包括判决书、裁定书、调解书、支付令；在香港特别行政区包括判决书、命令和诉讼费评定证明书。

当事人向香港特别行政区法院申请认可和执行判决后，内地人民法院对该案件依法再审的，由作出生效判决的上一级人民法院提审。

第三条 本安排所称"书面管辖协议"，是指当事人为解决与特定法律关系有关的已经发生或者可能发生的争议，自本安排生效之日起，以书面形式明确约定内地人民法院或者香港特别行政区法院具有唯一管辖权的协议。

本条所称"特定法律关系"，是指当事人之间的民商事合同，不包括雇佣合同以及自然人因个人消费、家庭事宜或者其他非商业目的而作为协议一方的合同。

本条所称"书面形式"是指合同书、信件和数据电文（包括电报、电传、传真、电子数据交换和电子邮件）等可以有形地表现所载内容、可以调取以备日后查用的形式。

书面管辖协议可以由一份或者多份书面形式组成。

除非合同另有规定，合同中的管辖协议条款独立存在，合同的变更、解除、终止或者无效，不影响管辖协议条款的效力。

第四条 申请认可和执行符合本安排规定的民商事判决，在内地向被申请人住所地、经常居住地或者财产所在地的中级人民法院提出，在香港特别行政区向香港特别行政区高等法院提出。

第五条 被申请人住所地、经常居住地或者财产所在地在内地不同的中级人民法院辖区的，申请人应当选择向其中一个人民法院提出认可和执行的申请，不得分别向两个或者两个以上人民法院提出申请。

被申请人的住所地、经常居住地或者财产所在地，既在内地又在香港特别行政区的，申请人可以同时分别向两地法院提出申请，两地法院分别执行判决的总额，不得超过判决确定的数额。已经部分或者全部执行判决的法院应当根据对方法院的要求提供已执行判决的情况。

第六条 申请人向有关法院申请认可和执行判决的，应当提交以下文件：

（一）请求认可和执行的申请书；

（二）经作出终审判决的法院盖章的判决书副本；

（三）作出终审判决的法院出具的证明书，证明该判决属于本安排第二条所指的终审判决，在判决作出地可以执行；

（四）身份证明材料：

1. 申请人为自然人的，应当提交身份证或者经公证的身份证复印件；

2. 申请人为法人或者其他组织的，应当提交经公证的法人或者其他组织注册登记证书的复印件；

3. 申请人是外国籍法人或者其他组织的，应当提交相应的公证和认证材料。

向内地人民法院提交的文件没有中文文本的，申请人应当提交证明无误的中文译本。

执行地法院对于本条所规定的法院出具的证明书，无需另行要求公证。

第七条 请求认可和执行申请书应当载明下列事项：

（一）当事人为自然人的，其姓名、住所；当事人为法人或者其他组织的，法人或者其他组织的名称、住所以及法定代表人或者主要负责人的姓名、职务和住所；

（二）申请执行的理由与请求的内容，被申请人的财产所在地以及财产状况；

（三）判决是否在原审法院地申请执行以及已执行的情况。

第八条 申请人申请认可和执行内地人民法院或者香港特别行政区法院判决的程序，依据执行地法律的规定。本安排另有规定的除外。

申请人申请认可和执行的期间为二年。

前款规定的期间，内地判决到香港特别行政区申请执行的，从判决规定履行期间的最后一日起计算，判决规定分期履行的，从规定的每次履行期间的最后一日起计算，判决未规定履行期间的，从判决生效之日起计算；香港特别行政区判决到内地申请执行的，从判决可强制执行之日起计算，该日为判决上注明的判决日期，判决对履行期间另有规定的，从规定的履行期间届满后开始计算。

第九条 对申请认可和执行的判决，原审判决中的债务人提供证据证明有下列情形之一的，受理申请的法院经审查核实，应当裁定不予认可和执行：

（一）根据当事人协议选择的原审法院地的法律，管辖协议属于无效；但选择法院已经判定该管辖协议为有效的除外；

（二）判决已获完全履行；

（三）根据执行地的法律，执行地法院对该案享有专属管辖权；

（四）根据原审法院地的法律，未曾出庭的败诉一方当事人未经合法传唤或者虽经合法传唤但未获依法律规定的答辩时间；但原审法院根据其法律或者有关规定公告送达的，不属于上述情形；

（五）判决是以欺诈方法取得的；

（六）执行地法院就相同诉讼请求作出判决，或者外国、境外地区法院就相同诉讼请求作出判决，或者有关仲裁机构作出仲裁裁决，已经为执行地法院所认可或者执行的。

内地人民法院认为在内地执行香港特别行政区法院判决违反内地社会公共利益，或者香港特别行政区法院认为在香港特别行政区执行内地人民法院判决违反香港特别行政区公共政策的，不予认可和执行。

第十条　对于香港特别行政区法院作出的判决，判决确定的债务人已经提出上诉，或者上诉程序尚未完结的，内地人民法院审查核实后，可以中止认可和执行程序。经上诉，维持全部或者部分原判决的，恢复认可和执行程序；完全改变原判决的，终止认可和执行程序。

内地地方人民法院就已经作出的判决按照审判监督程序作出提审裁定，或者最高人民法院作出提起再审裁定的，香港特别行政区法院审查核实后，可以中止认可和执行程序。再审判决维持全部或者部分原判决的，恢复认可和执行程序；再审判决完全改变原判决的，终止认可和执行程序。

第十一条　根据本安排而获认可的判决与执行地法院的判决效力相同。

第十二条　当事人对认可和执行与否的裁定不服的，在内地可以向上一级人民法院申请复议，在香港特别行政区可以根据其法律规定提出上诉。

第十三条　在法院受理当事人申请认可和执行判决期间，当事人依相同事实再行提起诉讼的，法院不予受理。

已获认可和执行的判决，当事人依相同事实再行提起诉讼的，法院不予受理。

对于根据本安排第九条不予认可和执行的判决，申请人不得再行提起认可和执行的申请，但是可以按照执行地的法律依相同案件事实向执行地法院提起诉讼。

第十四条　法院受理认可和执行判决的申请之前或者之后，可以按照执行地法律关于财产保全或者禁制资产转移的规定，根据申请人的申请，对被申请人的财产采取保全或强制措施。

第十五条　当事人向有关法院申请执行判决，应当根据执行地有关诉讼收费的法律和规定交纳执行费或者法院费用。

第十六条　内地与香港特别行政区法院相互认可和执行的标的范围，除判决确定的数额外，还包括根据该判决须支付的利息、经法院核定的律师费以及诉讼费，但不包括税收和罚款。

在香港特别行政区诉讼费是指经法官或者司法常务官在诉讼费评定证明书

中核定或者命令支付的诉讼费用。

第十七条　内地与香港特别行政区法院自本安排生效之日（含本日）起作出的判决，适用本安排。

第十八条　本安排在执行过程中遇有问题或者需要修改，由最高人民法院和香港特别行政区政府协商解决。

▶ **司法解释四**

★**最高人民法院关于内地与澳门特别行政区相互认可和执行仲裁裁决的安排**（2008 年 1 月 1 日施行　法释〔2007〕17 号）

根据《中华人民共和国澳门特别行政区基本法》第九十三条的规定，经最高人民法院与澳门特别行政区协商，现就内地与澳门特别行政区相互认可和执行仲裁裁决的有关事宜达成如下安排：

第一条　内地人民法院认可和执行澳门特别行政区仲裁机构及仲裁员按照澳门特别行政区仲裁法规在澳门作出的民商事仲裁裁决，澳门特别行政区法院认可和执行内地仲裁机构依据《中华人民共和国仲裁法》在内地作出的民商事仲裁裁决，适用本安排。

本安排没有规定的，适用认可和执行地的程序法律规定。

第二条　在内地或者澳门特别行政区作出的仲裁裁决，一方当事人不履行的，另一方当事人可以向被申请人住所地、经常居住地或者财产所在地的有关法院申请认可和执行。

内地有权受理认可和执行仲裁裁决申请的法院为中级人民法院。两个或者两个以上中级人民法院均有管辖权的，当事人应当选择向其中一个中级人民法院提出申请。

澳门特别行政区有权受理认可仲裁裁决申请的法院为中级法院，有权执行的法院为初级法院。

第三条　被申请人的住所地、经常居住地或者财产所在地分别在内地和澳门特别行政区的，申请人可以向一地法院提出认可和执行申请，也可以分别向两地法院提出申请。

当事人分别向两地法院提出申请的，两地法院都应当依法进行审查。予以认可的，采取查封、扣押或者冻结被执行人财产等执行措施。仲裁地法院应当先进行执行清偿；另一地法院在收到仲裁地法院关于经执行债权未获清偿情况的证明后，可以对申请人未获清偿的部分进行执行清偿。两地法院执行财产的总额，不得超过依据裁决和法律规定所确定的数额。

第四条　申请人向有关法院申请认可和执行仲裁裁决的，应当提交以下文件或者经公证的副本：

（一）申请书；

（二）申请人身份证明；

（三）仲裁协议；

（四）仲裁裁决书或者仲裁调解书。

上述文件没有中文文本的，申请人应当提交经正式证明的中文译本。

第五条 申请书应当包括下列内容：

（一）申请人或者被申请人为自然人的，应当载明其姓名及住所；为法人或者其他组织的，应当载明其名称及住所，以及其法定代表人或者主要负责人的姓名、职务和住所；申请人是外国籍法人或者其他组织的，应当提交相应的公证和认证材料；

（二）请求认可和执行的仲裁裁决书或者仲裁调解书的案号或识别资料和生效日期；

（三）申请认可和执行仲裁裁决的理由及具体请求，以及被申请人财产所在地、财产状况及该仲裁裁决的执行情况。

第六条 申请人向有关法院申请认可和执行内地或者澳门特别行政区仲裁裁决的期限，依据认可和执行地的法律确定。

第七条 对申请认可和执行的仲裁裁决，被申请人提出证据证明有下列情形之一的，经审查核实，有关法院可以裁定不予认可：

（一）仲裁协议一方当事人依对其适用的法律在订立仲裁协议时属于无行为能力的；或者依当事人约定的准据法，或当事人没有约定适用的准据法而依仲裁地法律，该仲裁协议无效的；

（二）被申请人未接到选任仲裁员或者进行仲裁程序的适当通知，或者因他故未能陈述意见的；

（三）裁决所处理的争议不是提交仲裁的争议，或者不在仲裁协议范围之内；或者裁决载有超出当事人提交仲裁范围的事项的决定，但裁决中超出提交仲裁范围的事项的决定与提交仲裁事项的决定可以分开的，裁决中关于提交仲裁事项的决定部分可以予以认可；

（四）仲裁庭的组成或者仲裁程序违反了当事人的约定，或者在当事人没有约定时与仲裁地的法律不符的；

（五）裁决对当事人尚无约束力，或者业经仲裁地的法院撤销或者拒绝执行的。

有关法院认定，依执行地法律，争议事项不能以仲裁解决的，不予认可和执行该裁决。

内地法院认定在内地认可和执行该仲裁裁决违反内地法律的基本原则或者

社会公共利益，澳门特别行政区法院认定在澳门特别行政区认可和执行该仲裁裁决违反澳门特别行政区法律的基本原则或者公共秩序，不予认可和执行该裁决。

第八条 申请人依据本安排申请认可和执行仲裁裁决的，应当根据执行地法律的规定，交纳诉讼费用。

第九条 一方当事人向一地法院申请执行仲裁裁决，另一方当事人向另一地法院申请撤销该仲裁裁决，被执行人申请中止执行且提供充分担保的，执行法院应当中止执行。

根据经认可的撤销仲裁裁决的判决、裁定，执行法院应当终结执行程序；撤销仲裁裁决申请被驳回的，执行法院应当恢复执行。

当事人申请中止执行的，应当向执行法院提供其他法院已经受理申请撤销仲裁裁决案件的法律文书。

第十条 受理申请的法院应当尽快审查认可和执行的请求，并作出裁定。

第十一条 法院在受理认可和执行仲裁裁决申请之前或者之后，可以依当事人的申请，按照法院地法律规定，对被申请人的财产采取保全措施。

第十二条 由一方有权限公共机构（包括公证员）作成的文书正本或者经公证的文书副本及译本，在适用本安排时，可以免除认证手续在对方使用。

第十三条 本安排实施前，当事人提出的认可和执行仲裁裁决的请求，不适用本安排。

自1999年12月20日至本安排实施前，澳门特别行政区仲裁机构及仲裁员作出的仲裁裁决，当事人向内地申请认可和执行的期限，自本安排实施之日起算。

第十四条 为执行本安排，最高人民法院和澳门特别行政区终审法院应当相互提供相关法律资料。

最高人民法院和澳门特别行政区终审法院每年相互通报执行本安排的情况。

第十五条 本安排在执行过程中遇有问题或者需要修改的，由最高人民法院和澳门特别行政区协商解决。

第十六条 本安排自2008年1月1日起实施。

▶ **司法解释五**

★**最高人民法院关于认可和执行台湾地区法院民事判决的规定**（2015年7月1日施行 法释〔2015〕13号）

保障海峡两岸当事人的合法权益，更好地适应海峡两岸关系和平发展的新形势，根据民事诉讼法等有关法律，总结人民法院涉台审判工作经验，就认可和执行台湾地区法院民事判决，制定本规定。

第一条 台湾地区法院民事判决的当事人可以根据本规定，作为申请人向人民法院申请认可和执行台湾地区有关法院民事判决。

第二条 本规定所称台湾地区法院民事判决，包括台湾地区法院作出的生效民事判决、裁定、和解笔录、调解笔录、支付命令等。

申请认可台湾地区法院在刑事案件中作出的有关民事损害赔偿的生效判决、裁定、和解笔录的，适用本规定。

申请认可由台湾地区乡镇市调解委员会等出具并经台湾地区法院核定，与台湾地区法院生效民事判决具有同等效力的调解文书的，参照适用本规定。

第三条 申请人同时提出认可和执行台湾地区法院民事判决申请的，人民法院先按照认可程序进行审查，裁定认可后，由人民法院执行机构执行。

申请人直接申请执行的，人民法院应当告知其一并提交认可申请；坚持不申请认可的，裁定驳回其申请。

第四条 申请认可台湾地区法院民事判决的案件，由申请人住所地、经常居住地或者被申请人住所地、经常居住地、财产所在地中级人民法院或者专门人民法院受理。

申请人向两个以上有管辖权的人民法院申请认可的，由最先立案的人民法院管辖。

申请人向被申请人财产所在地人民法院申请认可的，应当提供财产存在的相关证据。

第五条 对申请认可台湾地区法院民事判决的案件，人民法院应当组成合议庭进行审查。

第六条 申请人委托他人代理申请认可台湾地区法院民事判决的，应当向人民法院提交由委托人签名或者盖章的授权委托书。

台湾地区、香港特别行政区、澳门特别行政区或者外国当事人签名或者盖章的授权委托书应当履行相关的公证、认证或者其他证明手续，但授权委托书在人民法院法官的见证下签署或者经中国大陆公证机关公证证明是在中国大陆签署的除外。

第七条 申请人申请认可台湾地区法院民事判决，应当提交申请书，并附有台湾地区有关法院民事判决文书和民事判决确定证明书的正本或者经证明无误的副本。台湾地区法院民事判决为缺席判决的，申请人应当同时提交台湾地区法院已经合法传唤当事人的证明文件，但判决已经对此予以明确说明的除外。

申请书应当记明以下事项：

（一）申请人和被申请人姓名、性别、年龄、职业、身份证件号码、住址

（申请人或者被申请人为法人或者其他组织的，应当记明法人或者其他组织的名称、地址、法定代表人或者主要负责人姓名、职务）和通讯方式；

（二）请求和理由；

（三）申请认可的判决的执行情况；

（四）其他需要说明的情况。

第八条 对于符合本规定第四条和第七条规定条件的申请，人民法院应当在收到申请后七日内立案，并通知申请人和被申请人，同时将申请书送达被申请人；不符合本规定第四条和第七条规定条件的，应当在七日内裁定不予受理，同时说明不予受理的理由；申请人对裁定不服的，可以提起上诉。

第九条 申请人申请认可台湾地区法院民事判决，应当提供相关证明文件，以证明该判决真实并且已经生效。

申请人可以申请人民法院通过海峡两岸调查取证司法互助途径查明台湾地区法院民事判决的真实性和是否生效以及当事人得到合法传唤的证明文件；人民法院认为必要时，也可以就有关事项依职权通过海峡两岸司法互助途径向台湾地区请求调查取证。

第十条 人民法院受理认可台湾地区法院民事判决的申请之前或者之后，可以按照民事诉讼法及相关司法解释的规定，根据申请人的申请，裁定采取保全措施。

第十一条 人民法院受理认可台湾地区法院民事判决的申请后，当事人就同一争议起诉的，不予受理。

一方当事人向人民法院起诉后，另一方当事人向人民法院申请认可的，对于认可的申请不予受理。

第十二条 案件虽经台湾地区有关法院判决，但当事人未申请认可，而是就同一争议向人民法院起诉的，应予受理。

第十三条 人民法院受理认可台湾地区法院民事判决的申请后，作出裁定前，申请人请求撤回申请的，可以裁定准许。

第十四条 人民法院受理认可台湾地区法院民事判决的申请后，应当在立案之日起六个月内审结。有特殊情况需要延长的，报请上一级人民法院批准。

通过海峡两岸司法互助途径送达文书和调查取证的期间，不计入审查期限。

第十五条 台湾地区法院民事判决具有下列情形之一的，裁定不予认可：

（一）申请认可的民事判决，是在被申请人缺席又未经合法传唤或者在被申请人无诉讼行为能力又未得到适当代理的情况下作出的；

（二）案件系人民法院专属管辖的；

（三）案件双方当事人订有有效仲裁协议，且无放弃仲裁管辖情形的；

（四）案件系人民法院已作出判决或者中国大陆的仲裁庭已作出仲裁裁决的；

（五）香港特别行政区、澳门特别行政区或者外国的法院已就同一争议作出判决且已为人民法院所认可或者承认的；

（六）台湾地区、香港特别行政区、澳门特别行政区或者外国的仲裁庭已就同一争议作出仲裁裁决且已为人民法院所认可或者承认的。

认可该民事判决将违反一个中国原则等国家法律的基本原则或者损害社会公共利益的，人民法院应当裁定不予认可。

第十六条 人民法院经审查能够确认台湾地区法院民事判决真实并且已经生效，而且不具有本规定第十五条所列情形的，裁定认可其效力；不能确认该民事判决的真实性或者已经生效的，裁定驳回申请人的申请。

裁定驳回申请的案件，申请人再次申请并符合受理条件的，人民法院应予受理。

第十七条 经人民法院裁定认可的台湾地区法院民事判决，与人民法院作出的生效判决具有同等效力。

第十八条 人民法院依据本规定第十五条和第十六条作出的裁定，一经送达即发生法律效力。

当事人对上述裁定不服的，可以自裁定送达之日起十日内向上一级人民法院申请复议。

第十九条 对人民法院裁定不予认可的台湾地区法院民事判决，申请人再次提出申请的，人民法院不予受理，但申请人可以就同一争议向人民法院起诉。

第二十条 申请人申请认可和执行台湾地区法院民事判决的期间，适用民事诉讼法第二百三十九条的规定，但申请认可台湾地区法院有关身份关系的判决除外。

申请人仅申请认可而未同时申请执行的，申请执行的期间自人民法院对认可申请作出的裁定生效之日起重新计算。

第二十一条 人民法院在办理申请认可和执行台湾地区法院民事判决案件中作出的法律文书，应当依法送达案件当事人。

第二十二条 申请认可和执行台湾地区法院民事判决，应当参照《诉讼费用交纳办法》的规定，交纳相关费用。

第二十三条 本规定自2015年7月1日起施行。《最高人民法院关于人民法院认可台湾地区有关法院民事判决的规定》（法释〔1998〕11号）、《最高人民法院关于当事人持台湾地区有关法院民事调解书或者有关机构出具或确认

的调解协议书向人民法院申请认可人民法院应否受理的批复》（法释〔1999〕
10号）、《最高人民法院关于当事人持台湾地区有关法院支付命令向人民法院
申请认可人民法院应否受理的批复》（法释〔2001〕13号）和《最高人民法
院关于人民法院认可台湾地区有关法院民事判决的补充规定》（法释〔2009〕
4号）同时废止。

▶司法解释性文件

　　★最高人民法院关于香港仲裁裁决在内地执行的有关问题的通知（2009年
12月30日施行　法〔2009〕415号）

各省、自治区、直辖市高级人民法院，新疆维吾尔自治区高级人民法院生产建
设兵团分院：

　　近期，有关人民法院或者当事人向我院反映，在香港特别行政区做出的临
时仲裁裁决、国际商会仲裁院在香港作出的仲裁裁决，当事人可否依据《关
于内地与香港特别行政区相互执行仲裁裁决的安排》（以下简称《安排》）在
内地申请执行。为了确保人民法院在办理该类案件中正确适用《安排》，统一
执法尺度，现就有关问题通知如下：

　　当事人向人民法院申请执行在香港特别行政区做出的临时仲裁裁决、国际
商会仲裁院等国外仲裁机构在香港特别行政区作出的仲裁裁决的，人民法院应
当按照《安排》的规定进行审查。不存在《安排》第七条规定的情形的，该
仲裁裁决可以在内地得到执行。

　　特此通知。

第二节　涉外案件的执行

【条文主旨】涉外仲裁与诉讼

　　第二百七十一条　涉外经济贸易、运输和海事中发生的纠纷，当事人在
合同中订有仲裁条款或者事后达成书面仲裁协议，提交中华人民共和国涉外
仲裁机构或者其他仲裁机构仲裁的，当事人不得向人民法院起诉。

　　当事人在合同中没有订有仲裁条款或者事后没有达成书面仲裁协议的，
可以向人民法院起诉。

【条文主旨】涉外仲裁财产保全

　　第二百七十二条　当事人申请采取保全的，中华人民共和国的涉外仲裁
机构应当将当事人的申请，提交被申请人住所地或者财产所在地的中级人民
法院裁定。

【条文主旨】涉外仲裁效力

第二百七十三条 经中华人民共和国涉外仲裁机构裁决的，当事人不得向人民法院起诉。一方当事人不履行仲裁裁决的，对方当事人可以向被申请人住所地或者财产所在地的中级人民法院申请执行。

【条文主旨】涉外仲裁裁决执行

第二百七十四条 对中华人民共和国涉外仲裁机构作出的裁决，被申请人提出证据证明仲裁裁决有下列情形之一的，经人民法院组成合议庭审查核实，裁定不予执行：

（一）当事人在合同中没有订有仲裁条款或者事后没有达成书面仲裁协议的；

（二）被申请人没有得到指定仲裁员或者进行仲裁程序的通知，或者由于其他不属于被申请人负责的原因未能陈述意见的；

（三）仲裁庭的组成或者仲裁的程序与仲裁规则不符的；

（四）裁决的事项不属于仲裁协议的范围或者仲裁机构无权仲裁的。

人民法院认定执行该裁决违背社会公共利益的，裁定不予执行。

【条文主旨】涉外仲裁裁决不予执行的救济途径

第二百七十五条 仲裁裁决被人民法院裁定不予执行的，当事人可以根据双方达成的书面仲裁协议重新申请仲裁，也可以向人民法院起诉。

【条文主旨】外国法院承认和执行我国法院判决、裁定及仲裁裁决的条件、方式

第二百八十条 人民法院作出的发生法律效力的判决、裁定，如果被执行人或者其财产不在中华人民共和国领域内，当事人请求执行的，可以由当事人直接向有管辖权的外国法院申请承认和执行，也可以由人民法院依照中华人民共和国缔结或者参加的国际条约的规定，或者按照互惠原则，请求外国法院承认和执行。

中华人民共和国涉外仲裁机构作出的发生法律效力的仲裁裁决，当事人请求执行的，如果被执行人或者其财产不在中华人民共和国领域内，应当由当事人直接向有管辖权的外国法院申请承认和执行。

【条文主旨】我国法院对外国法院判决、裁定承认和执行

第二百八十一条 外国法院作出的发生法律效力的判决、裁定，需要中华人民共和国人民法院承认和执行的，可以由当事人直接向中华人民共和国有管辖权的中级人民法院申请承认和执行，也可以由外国法院依照该国与中华人民共和国缔结或者参加的国际条约的规定，或者按照互惠原则，请求人民法院承认和执行。

【条文主旨】承认和执行外国法院判决、裁定的审查

第二百八十二条　人民法院对申请或者请求承认和执行的外国法院作出的发生法律效力的判决、裁定，依照中华人民共和国缔结或者参加的国际条约，或者按照互惠原则进行审查后，认为不违反中华人民共和国法律的基本原则或者国家主权、安全、社会公共利益的，裁定承认其效力，需要执行的，发出执行令，依照本法的有关规定执行。违反中华人民共和国法律的基本原则或者国家主权、安全、社会公共利益的，不予承认和执行。

【条文主旨】我国法院对外国仲裁裁决的承认和执行

第二百八十三条　国外仲裁机构的裁决，需要中华人民共和国人民法院承认和执行的，应当由当事人直接向被执行人住所地或者其财产所在地的中级人民法院申请，人民法院应当依照中华人民共和国缔结或者参加的国际条约，或者按照互惠原则办理。

➡️ **相关法律**

★**中华人民共和国仲裁法**（2018 年 1 月 1 日施行　主席令第 76 号）（节录）

第六十二条　当事人应当履行裁决。一方当事人不履行的，另一方当事人可以依照民事诉讼法的有关规定向人民法院申请执行。受申请的人民法院应当执行。

第六十三条　被申请人提出证据证明裁决有民事诉讼法第二百一十三条①第二款规定的情形之一的，经人民法院组成合议庭审查核实，裁定不予执行。

第六十四条　一方当事人申请执行裁决，另一方当事人申请撤销裁决的，人民法院应当裁定中止执行。

人民法院裁定撤销裁决的，应当裁定终结执行。撤销裁决的申请被裁定驳回的，人民法院应当裁定恢复执行。

第七十一条　被申请人提出证据证明涉外仲裁裁决有民事诉讼法第二百五十八条②第一款规定的情形之一的，经人民法院组成合议庭审查核实，裁定不予执行。

第七十二条　涉外仲裁委员会作出的发生法律效力的仲裁裁决，当事人请求执行的，如果被执行人或者其财产不在中华人民共和国领域内，应当由当事人直接向有管辖权的外国法院申请承认和执行。

第七十三条　涉外仲裁规则可以由中国国际商会依照本法和民事诉讼法的

---

①　现为民事诉讼法第二百三十七条。

②　现为民事诉讼法第二百七十四条。

有关规定制定。

▶ **司法解释一**

★ 最高人民法院关于适用《中华人民共和国仲裁法》若干问题的解释（2006 年 9 月 8 日施行 法释〔2006〕7 号）（节录）

第二十五条 人民法院受理当事人撤销仲裁裁决的申请后，另一方当事人申请执行同一仲裁裁决的，受理执行申请的人民法院应当在受理后裁定中止执行。

第二十六条 当事人向人民法院申请撤销仲裁裁决被驳回后，又在执行程序中以相同理由提出不予执行抗辩的，人民法院不予支持。

第二十七条 当事人在仲裁程序中未对仲裁协议的效力提出异议，在仲裁裁决作出后以仲裁协议无效为由主张撤销仲裁裁决或者提出不予执行抗辩的，人民法院不予支持。

当事人在仲裁程序中对仲裁协议的效力提出异议，在仲裁裁决作出后又以此为由主张撤销仲裁裁决或者提出不予执行抗辩，经审查符合仲裁法第五十八条或者民事诉讼法第二百一十七条、第二百六十条规定的，人民法院应予支持。

第二十八条 当事人请求不予执行仲裁调解书或者根据当事人之间的和解协议作出的仲裁裁决书的，人民法院不予支持。

第二十九条 当事人申请执行仲裁裁决案件，由被执行人住所地或者被执行的财产所在地的中级人民法院管辖。

第三十条 根据审理撤销、执行仲裁裁决案件的实际需要，人民法院可以要求仲裁机构作出说明或者向相关仲裁机构调阅仲裁案卷。

▶ **司法解释二**

★ 最高人民法院关于适用《中华人民共和国民事诉讼法》的解释（2015 年 2 月 4 日施行 法释〔2015〕5 号）（节录）

第五百四十条 申请人向人民法院申请执行中华人民共和国涉外仲裁机构的裁决，应当提出书面申请，并附裁决书正本。如申请人为外国当事人，其申请书应当用中文文本提出。

第五百四十一条 人民法院强制执行涉外仲裁机构的仲裁裁决时，被执行人以有民事诉讼法第二百七十四条第一款规定的情形为由提出抗辩的，人民法院应当对被执行人的抗辩进行审查，并根据审查结果裁定执行或者不予执行。

第五百四十二条 依照民事诉讼法第二百七十二条规定，中华人民共和国涉外仲裁机构将当事人的保全申请提交人民法院裁定的，人民法院可以进行审查，裁定是否进行保全。裁定保全的，应当责令申请人提供担保，申请人不提供担保的，裁定驳回申请。

当事人申请证据保全，人民法院经审查认为无需提供担保的，申请人可以不提供担保。

第五百四十三条　申请人向人民法院申请承认和执行外国法院作出的发生法律效力的判决、裁定，应当提交申请书，并附外国法院作出的发生法律效力的判决、裁定正本或者经证明无误的副本以及中文译本。外国法院判决、裁定为缺席判决、裁定的，申请人应当同时提交该外国法院已经合法传唤的证明文件，但判决、裁定已经对此予以明确说明的除外。

中华人民共和国缔结或者参加的国际条约对提交文件有规定的，按照规定办理。

第五百四十四条　当事人向中华人民共和国有管辖权的中级人民法院申请承认和执行外国法院作出的发生法律效力的判决、裁定的，如果该法院所在国与中华人民共和国没有缔结或者共同参加国际条约，也没有互惠关系的，裁定驳回申请，但当事人向人民法院申请承认外国法院作出的发生法律效力的离婚判决的除外。

承认和执行申请被裁定驳回的，当事人可以向人民法院起诉。

第五百四十五条　对临时仲裁庭在中华人民共和国领域外作出的仲裁裁决，一方当事人向人民法院申请承认和执行的，人民法院应当依照民事诉讼法第二百八十三条规定处理。

第五百四十六条　对外国法院作出的发生法律效力的判决、裁定或者外国仲裁裁决，需要中华人民共和国法院执行的，当事人应当先向人民法院申请承认。人民法院经审查，裁定承认后，再根据民事诉讼法第三编的规定予以执行。

当事人仅申请承认而未同时申请执行的，人民法院仅对应否承认进行审查并作出裁定。

第五百四十七条　当事人申请承认和执行外国法院作出的发生法律效力的判决、裁定或者外国仲裁裁决的期间，适用民事诉讼法第二百三十九条的规定。

当事人仅申请承认而未同时申请执行的，申请执行的期间自人民法院对承认申请作出的裁定生效之日起重新计算。

第五百四十八条　承认和执行外国法院作出的发生法律效力的判决、裁定或者外国仲裁裁决的案件，人民法院应当组成合议庭进行审查。

人民法院应当将申请书送达被申请人。被申请人可以陈述意见。

人民法院经审查作出的裁定，一经送达即发生法律效力。

第五百四十九条 与中华人民共和国没有司法协助条约又无互惠关系的国家的法院，未通过外交途径，直接请求人民法院提供司法协助的，人民法院应予退回，并说明理由。

第五百五十条 当事人在中华人民共和国领域外使用中华人民共和国法院的判决书、裁定书，要求中华人民共和国法院证明其法律效力的，或者外国法院要求中华人民共和国法院证明判决书、裁定书的法律效力的，作出判决、裁定的中华人民共和国法院，可以本法院的名义出具证明。

▶ **司法解释性文件一**

★最高人民法院关于执行我国加入的《承认及执行外国仲裁裁决公约》的通知（1987 年 4 月 10 日施行 法经发〔1987〕5 号）

全国地方各高、中级人民法院，各海事法院、铁路运输中级法院：

第六届全国人民代表大会常务委员会第十八次会议于 1986 年 12 月 2 日决定我国加入 1958 年在纽约通过的《承认及执行外国仲裁裁决公约》（以下简称《1958 年纽约公约》），该公约将于 1987 年 4 月 22 日对我国生效。各高、中级人民法院都应立即组织经济、民事审判人员、执行人员以及其他有关人员认真学习这一重要的国际公约，并且切实依照执行。现就执行该公约的几个问题通知如下：

一、根据我国加入该公约时所作的互惠保留声明，我国对在另一缔约国领土内作出的仲裁裁决的承认和执行适用该公约。该公约与我国民事诉讼法（试行）有不同规定的，按该公约的规定办理。

对于在非缔约国领土内作出的仲裁裁决，需要我国法院承认和执行的，应按民事诉讼法（试行）第二百零四条的规定办理。

二、根据我国加入该公约时所作的商事保留声明，我国仅对按照我国法律属于契约性和非契约性商事法律关系所引起的争议适用该公约。所谓"契约性和非契约性商事法律关系"，具体的是指由于合同、侵权或者根据有关法律规定而产生的经济上的权利义务关系，例如货物买卖、财产租赁、工程承包、加工承揽、技术转让、合资经营、合作经营、勘探开发自然资源、保险、信贷、劳务、代理、咨询服务和海上、民用航空、铁路、公路的客货运输以及产品责任、环境污染、海上事故和所有权争议等，但不包括外国投资者与东道国政府之间的争端。

三、根据《1958 年纽约公约》第四条的规定，申请我国法院承认和执行在另一缔约国领土内作出的仲裁裁决，是由仲裁裁决的一方当事人提出的。对于当事人的申请应由我国下列地点的中级人民法院受理：

1. 被执行人为自然人的，为其户籍所在地或者居所地；

2. 被执行人为法人的，为其主要办事机构所在地；

3. 被执行人在我国无住所、居所或者主要办事机构，但有财产在我国境内的，为其财产所在地。

四、我国有管辖权的人民法院接到一方当事人的申请后，应对申请承认及执行的仲裁裁决进行审查，如果认为不具有《1958年纽约公约》第五条第一、二两项所列的情形，应当裁定承认其效力，并且依照民事诉讼法（试行）规定的程序执行；如果认定具有第五条第二项所列的情形之一的，或者根据被执行人提供的证据证明具有第五条第一项所列的情形之一的，应当裁定驳回申请，拒绝承认及执行。

五、申请我国法院承认及执行的仲裁裁决，仅限于《1958年纽约公约》对我国生效后在另一缔约国领土内作出的仲裁裁决。该项申请应当在民事诉讼法（试行）第一百六十九条规定的申请执行期限内提出。

特此通知，希遵照执行。

附一：本通知引用的《承认及执行外国仲裁裁决公约》有关条款

第四条　一、声请承认及执行之一造，为取得前条所称之承认及执行，应于声请时提具：

（甲）原裁决之正本或其正式副本；

（乙）第二条所称协定之原本或其正式副本。

二、倘前述裁决或协定所用文字非为援引裁决地所在国之正式文字，声请承认及执行裁决之一造应具备各该文件之此项文字译本。译本应由公设或宣誓之翻译员或外交或领事人员认证之。

第五条　一、裁决唯有受裁决援用之一造向声请承认及执行地之主管机关提具证据证明有下列情形之一时，始得依该造之请求，拒予承认及执行：

（甲）第二条所称协定之当事人依对其适用之法律有某种无行为能力情形者，或该项协定依当事人作为协定准据之法律系属无效，或未指明以何法律为准时，依裁决地所在国法律系属无效者；

（乙）受裁决援用之一造未接获关于指派仲裁员或仲裁程序之适当通知，或因他故，致未能申辩者；

（丙）裁决所处理之争议非为交付仲裁之标的或不在其条款之列，或裁决载有关于交付仲裁范围以外事项之决定者，但交付仲裁事项之决定可与未交付仲裁之事项划分时，裁决中关于交付仲裁事项决定部分得予承认及执行；

（丁）仲裁机关之组成或仲裁程序与各造间之协议不符，或无协议而与仲裁地所在国法律不符者；

（戊）裁决对各造尚无拘束力，或业经裁决地所在国或裁决所依据法律之国家之主管机关撤销或停止执行者。

二、倘声请承认及执行地所在国之主管机关认定有下列情形之一，亦得拒不承认及执行仲裁裁决：

（甲）依该国法律，争议事项系不能以仲裁解决者；

（乙）承认或执行裁决有违该国公共政策者。

附二：本通知引用的《中华人民共和国民事诉讼法（试行）》有关条款

第一百六十九条 申请执行的期限，双方或者一方当事人是个人的为一年；双方是企业事业单位、机关、团体的为六个月。

第二百零四条 中华人民共和国人民法院对外国法院委托执行的已经确定的判决、裁决，应当根据中华人民共和国缔结或者参加的国际条约，或者按照互惠原则进行审查，认为不违反中华人民共和国法律的基本准则或者我国国家、社会利益的，裁定承认其效力，并且依照本法规定的程序执行。否则，应当退回外国法院。

附三：加入《承认及执行外国仲裁裁决公约》的国家

丹麦（1、2）法国（1、2）希腊（1、2）罗马教廷（1、2）美国（1、2）奥地利（1）比利时（1）联邦德国（1）爱尔兰（1）日本（1）卢森堡（1）荷兰（1）瑞士（1）英国（1）挪威（1）澳大利亚 芬兰 新西兰（1）圣马利诺 西班牙 意大利 加拿大 瑞典 民主德国（1、2）匈牙利（1、2）波兰（1、2）罗马尼亚（1、2）南斯拉夫（1、2、3）保加利亚（1）捷克斯洛伐克（1）苏联（1）苏联白俄罗斯共和国（1）苏联乌克兰共和国（1）博茨瓦纳（1、2）中非共和国（1）中国（1、2）古巴（1、2）塞浦路斯（1、2）厄瓜多尔（1、2）印度（1、2）印度尼西亚（1、2）马达加斯加（1、2）尼日利亚（1、2）菲律宾（1、2）特立尼达和多巴哥（1、2）突尼斯（1、2）危地马拉（1、2）南朝鲜（1、2）摩纳哥（1、2）科威特（1）摩洛哥（1）坦桑尼亚（1）贝宁 智利 哥伦比亚 民主柬埔寨 埃及 加纳 以色列 约旦 墨西哥 尼日尔 南非 斯里兰卡 叙利亚 泰国 乌拉圭 吉布提 海地 巴拿马 马来西亚 新加坡

注：1. 该国声明，只适用本公约于在另一缔约国领土内作出的仲裁裁决，即作互惠保留。

2. 该国声明，只适用本公约于根据其本国的法律认定为属于商事的法律关系（契约性或非契约性的）所引起争议，即作商事保留。

3. 该国声明，只承认和执行该国加入本公约之后在外国作出的仲裁裁决。

▶司法解释性文件二

★**最高人民法院关于人民法院处理与涉外仲裁及外国仲裁事项有关问题的通知**（1995 年 8 月 28 日施行　法发〔1995〕18 号）

各省、自治区、直辖市高级人民法院，解放军军事法院：

为严格执行《中华人民共和国民事诉讼法》以及我国参加的有关国际公约的规定，保障诉讼和仲裁活动依法进行，现决定对人民法院受理具有仲裁协议的涉外经济纠纷案、不予执行涉外仲裁裁决以及拒绝承认和执行外国仲裁裁决等问题建立报告制度。为此，特作如下通知：

一、凡起诉到人民法院的涉外、涉港澳和涉台经济、海事海商纠纷案件，如果当事人在合同中订有仲裁条款或者事后达成仲裁协议，人民法院认为该仲裁条款或者仲裁协议无效、失效或者内容不明确无法执行的，在决定受理一方当事人起诉之前，必须报请本辖区所属高级人民法院进行审查；如果高级人民法院同意受理，应将其审查意见报最高人民法院。在最高人民法院未作答复前，可暂不予受理。

二、凡一方当事人向人民法院申请执行我国涉外仲裁机构裁决，或者向人民法院申请承认和执行外国仲裁机构的裁决，如果人民法院认为我国涉外仲裁机构裁决具有民事诉讼法第二百六十条①情形之一的，或者申请承认和执行的外国仲裁裁决不符合我国参加的国际公约的规定或者不符合互惠原则的，在裁定不予执行或者拒绝承认和执行之前，必须报请本辖区所属高级人民法院进行审查；如果高级人民法院同意不予执行或者拒绝承认和执行，应将其审查意见报最高人民法院。待最高人民法院答复后，方可裁定不予执行或者拒绝承认和执行。

▶司法解释性文件三

★**最高人民法院关于审理和执行涉外民商事案件应当注意的几个问题的通知**（2000 年 4 月 17 日施行　法〔2000〕51 号）（节录）

三、严格遵守涉外民商事案件生效法律文书的执行规定，切实维护国家司法权。各级人民法院在强化执行工作过程中，应从维护国家司法形象和法制尊严的高度认识涉外执行工作的重要性，进一步加强涉外案件的执行，要注意执行方法，提高执行效率，注重执行效果。对涉外仲裁裁决和国外仲裁裁决的审查与执行，要严格依照有关国际公约和《中华人民共和国民事诉讼法》、最高人民法院《关于适用〈中华人民共和国民事诉讼法〉若干问题的意见》、《最

---

① 已修改为民事诉讼法第二百七十四条。

高人民法院关于人民法院执行工作若干问题的规定（试行）》中有关涉外执行的规定和最高人民法院（法）经发〔1987〕5号通知、法发〔1995〕18号通知、法释〔1998〕28号规定及法〔1998〕40号通知办理。各级人民法院凡拟适用《中华人民共和国民事诉讼法》第二百六十条和有关国际公约规定，不予执行涉外仲裁裁决、撤销涉外仲裁裁决或拒绝承认和执行外国仲裁机构的裁决的，均应按规定逐级呈报最高人民法院审查，在最高人民法院答复前，不得制发裁定。

▶**司法解释性文件四**

★**最高人民法院公布第二次全国涉外商事海事审判工作会议纪要**（2005年12月16日施行 法发〔2005〕26号）（节录）

一、关于案件管辖

6. 当事人申请确认涉外仲裁协议效力的案件，由申请人住所地、被申请人住所地或者仲裁协议签订地有权受理涉外商事案件的中级人民法院管辖；申请执行我国涉外仲裁裁决的案件，由被申请人住所地、财产所在地有权受理涉外商事案件的中级人民法院管辖；申请撤销我国涉外仲裁裁决的案件，由仲裁机构所在地有权受理涉外商事案件的中级人民法院管辖；申请承认与执行外国仲裁裁决的案件，由被申请人住所地或者财产所在地有权受理涉外商事案件的中级人民法院管辖。

六、关于国际商事海事仲裁的司法审查

（二）涉外仲裁裁决的审查

71. 对在我国境内依法成立的仲裁委员会作出的仲裁裁决，人民法院应当根据案件是否具有涉外因素而适用不同的法律条款进行审查。上述仲裁委员会作出的不具有涉外因素的仲裁裁决，按照《中华人民共和国仲裁法》第五章、第六章和《中华人民共和国民事诉讼法》第二百一十七条的规定审查；上述仲裁委员会作出的具有涉外因素的仲裁裁决，按照《中华人民共和国仲裁法》第七章和《中华人民共和国民事诉讼法》第二十八章的规定进行审查。是否具有涉外因素，应按照《最高人民法院关于贯彻执行〈中华人民共和国民法通则〉若干问题的意见（试行）》第178条的规定确定。

72. 人民法院对在香港特别行政区作出的仲裁裁决或者台湾地区仲裁机构作出的仲裁裁决，应当按照《最高人民法院关于内地与香港特别行政区相互执行仲裁裁决的安排》或《最高人民法院关于人民法院认可台湾地区有关法院民事判决的规定》办理。

73. 涉及执行香港特别行政区、澳门特别行政区、台湾地区仲裁裁决的收费及审查期限问题，参照法释（1998）28号《最高人民法院关于承认和执行外国仲裁裁决收费及审查期限问题的规定》办理。

74. 人民法院受理当事人撤销涉外仲裁裁决的申请后，另一方当事人又申请执行同一仲裁裁决的，受理申请执行仲裁裁决案件的人民法院应在受理后裁定中止执行。

75. 当事人在仲裁程序中未对仲裁庭的管辖权提出异议，在仲裁裁决作出后以仲裁庭无管辖权为由主张撤销或者提出不予执行抗辩的，人民法院不予支持。

76. 当事人向人民法院申请撤销仲裁裁决被驳回后，又在执行程序中提出不予执行抗辩的，人民法院不予支持。

77. 当事人主张不予执行仲裁调解书或者根据当事人之间的和解协议作出的仲裁裁决书的，人民法院不予支持。

78. 涉外仲裁裁决超出仲裁协议范围的，可以撤销超裁部分的裁决；超裁部分与其他裁项不可分的，应撤销该仲裁裁决。

79. 对存在《中华人民共和国民事诉讼法》第二百六十条规定情形的涉外仲裁裁决，人民法院可以视情况通知仲裁庭在一定期限内重新仲裁。通知仲裁庭重新仲裁的，应裁定中止撤销程序；仲裁庭在指定的期限内开始重新仲裁的，应裁定终止撤销程序；仲裁庭拒绝重新仲裁或者未在指定的期限内重新仲裁的，应通知或裁定恢复撤销程序。对仲裁庭重新仲裁作出的裁决有异议的，有关当事人可以依法申请撤销。

80. 人民法院根据案件的实际情况，可以向相关仲裁机构调阅案件卷宗或者要求仲裁机构作出说明，人民法院作出的有关裁定也可以抄送相关的仲裁机构。

（三）外国仲裁裁决的审查

81. 外国仲裁机构或者临时仲裁庭在我国境外作出的仲裁裁决，一方当事人向人民法院申请承认与执行的，人民法院应当依照《中华人民共和国民事诉讼法》第二百六十九条的规定办理。

82. 对具有执行内容的外国仲裁裁决，当事人仅申请承认而未同时申请执行的，人民法院仅对应否承认进行审查。承认后当事人申请执行的，人民法院应予受理并对是否执行进行审查。

83. 经当事人提供证据证明外国仲裁裁决尚未生效、被撤销或者停止执行的，人民法院应当拒绝承认与执行。外国仲裁裁决在国外被提起撤销或者停止执行程序尚未结案的，人民法院可以中止承认与执行程序；外国法院在相同情况下不中止承认与执行程序的，人民法院采取对等原则。

84. 外国仲裁裁决裁决当事人向仲裁员支付仲裁员费用的，因仲裁员不是仲裁裁决的当事人，其无权申请承认与执行该裁决中有关仲裁员费用的部分，但有关仲裁员可以单独就仲裁员费用以仲裁裁决为依据向有管辖权的人民法院提起诉讼。

▶ **相关答复**

★**最高人民法院关于是否应不予执行〔2007〕中国贸仲沪裁字第224号仲裁裁决请示的答复**（2008年9月12日施行 〔2008〕民四他字第34号）

浙江省高级人民法院：

你院《关于同意宁波市中级人民法院不予执行〔2007〕中国贸仲沪裁字第224号仲裁裁决的报告》收悉，经研究答复如下：

（一）你院对本案所涉仲裁裁决的审查适用中国法律；确认中国国际经济贸易仲裁委员会上海分会对本案纠纷具有管辖权；对该涉外仲裁裁决不做实体审查的意见，本院均同意。

（二）本案仲裁裁决所涉《AQ7200项目技术开发合同》中约定："任何因本合同产生的或相关的争议首先应双方协商解决，如果协商不能……这些争议将提交中国国际经济贸易仲裁委员会上海分会进行仲裁。"从上述约定可以看出，提交仲裁解决的纠纷范围包括"因本合同产生的或相关的争议"。关于奥克斯集团有限公司主张超裁的7500欧元DVD制作费问题，从你院请示报告查明的事实看，该DVD的制作是瑞克—李普萨有限公司为使奥克斯集团有限公司清楚地了解整车完成后的效果及便于奥克斯集团有限公司对外宣传，而制作的视觉效果动画片，虽不在合同约定的技术范围内，但确是与履行《AQ7200项目技术开发合同》相关联，由此产生的纠纷，仲裁机关有权进行裁决。

至于奥克斯集团有限公司主张仲裁裁决书认定的奥克斯集团有限公司的法定代表人在西班牙观看了DVD并接受7500欧元价格，与事实不符，认定事实不清的问题，属实体审理范围，人民法院无权进行审查，故奥克斯集团有限公司申请不予执行仲裁裁决的理由，不能得到支持。

综上，奥克斯集团有限公司向宁波市中级人民法院申请不予执行仲裁裁决的理由不能得到支持。中国国际经济贸易仲裁委员会上海分会作出的〔2007〕中国贸仲沪裁字第224号仲裁裁决应予执行。

此复

附：

浙江省高级人民法院关于同意宁波市中级人民法院不予执行
〔2007〕中国贸仲沪裁字第224号仲裁裁决的报告

（2008年7月24日 〔2008〕浙执他字第1号）

最高人民法院：

我省宁波市中级人民法院执行西班牙瑞克—李普萨有限公司（以下简称

瑞克公司）申请执行奥克斯集团有限公司（以下简称奥克斯集团）一案中，奥克斯集团申请不予执行本案执行根据〔2007〕中国贸仲沪裁字第 224 号仲裁裁决。宁波市中级人民法院审查后拟裁定不予执行，并按规定报我院审查。我院依法组成合议庭进行了审查，并经审判长联席会议讨论。现将本案的有关情况及处理意见报告如下：

一、案件当事人

申请执行人：瑞克公司。住所地：西班牙王国巴塞罗那市考耐亚镇普特拉公路 65 号。

法定代表人：Wolfgang Ruecker，Jose – Maria；Reina，Barbara Kersten，该公司执行董事。

被执行人：奥克斯集团。住所地：浙江省宁波市鄞州区姜山镇明州工业园区。

法定代表人：郑坚江，该集团董事长。

二、基本案情及仲裁裁决结果

2004 年 4 月 27 日，瑞克公司、宁波奥克斯汽车有限公司（以下简称奥克斯汽车公司）及中国宁波国际合作有限责任公司签订《AQ7200 项目技术开发合同》，瑞克公司为 AQ7200 技术的开发方（卖方），奥克斯汽车公司为 AQ7200 技术的最终用户（买方），中国宁波国际合作有限责任公司为买方技术进口的代理方。该合同第 4 条关于报酬和付款的 4.1 部分约定：奥克斯汽车公司同意支付瑞克公司合同执行总金额 300 万欧元的 10%，即 30 万欧元，在合同签署后 15 个工作日内，奥克斯汽车公司收到由巴塞罗那 BancSabadel 银行开具的并为中国的银行所接受的金额为 30 万欧元的银行保函，奥克斯汽车公司在收到保函后 15 个工作日内以 T/T 方式预付总额为合同金额的 10% 作为定金。该保函有效期为 8 个月，但如瑞克公司如约交付项目成果后则该保函自行失效。合同第 14 条约定：任何因合同产生的或相关的争议首先应双方协商，如果在三个月内协商不能导致任何能被双方认可的结果，这些争议将提交中国国际经济贸易仲裁委员会上海分会，按照申请仲裁时该会现行有效的仲裁规则在上海进行仲裁。仲裁裁决是终局的，对双方均有约束力。同年 6 月 22 日，上述三方合同当事人又签订《AQ7200 项目技术开发合同补充协议》一份，约定：(1) 鉴于原合同中的最终用户改为奥克斯集团，原合同项下奥克斯汽车公司的一切权利和义务相应地转给奥克斯集团；(2) 原合同第 11.3 条中有关"已完成部分对应的设计费用"是指经最终用户确认的部分。该协议奥克斯集团未签字和盖章。

2004 年 12 月 17 日，奥克斯集团以合同一方当事人的身份向瑞克公司发出《AQ7200 项目技术开发合同及附件终止通知》，以瑞克公司没有按时和完整地履行合同等为由，声明终止合同。

2005年3月22日，瑞克公司将其与奥克斯集团、中国宁波国际合作有限责任公司的纠纷提请中国国际经济贸易仲裁委员会上海分会仲裁。同年4月19日，上海市第二中级人民法院函告仲裁委其已受理奥克斯集团和中国宁波国际合作有限责任公司提出的请求确认仲裁协议无效一案。8月10日，瑞克公司向仲裁委申请撤回对中国宁波国际合作有限责任公司的仲裁申请。上海市第二中级人民法院于2005年8月25日作出〔2005〕沪二中民五（商）初字第44号民事裁定，驳回奥克斯集团的申请。

2007年1月9日，仲裁庭开庭审理瑞克公司诉奥克斯集团案。瑞克公司提出的仲裁请求为：（1）请求裁决被申请人承担违约责任，赔偿申请人经济损失2709740欧元；（2）请求裁决被申请人承担申请人因本案支出的律师费用和相关费用；（3）请求裁决被申请人承担本案的仲裁受理费和申请人聘请的外籍仲裁员费用及其他仲裁过程中可能发生的其他费用。

瑞克公司在主张额外完成的视觉效果动画片的额外报酬的申请中提出："为使被申请人方面清楚地了解整车完成后的效果及便于被申请人对外宣传，申请人向被申请人提出了制作视觉效果动画片的要约，被申请人最终以7500欧元的价格接受了该要约。申请人按约完成了该项工作，并于2004年10月16日，郑坚江一行人等访问西班牙期间进行了现场演示，并将制作好的DVD光盘交付给被申请人。双方之间就该动画片制作达成的要约及承诺已经构成一份新的合同，鉴于申请人已完成该项工作并已实际交付，被申请人理应支付相应的报酬。"

仲裁庭审查后关于DVD制作费作如下认定：虽然没有被申请人同意支付的证据，但有证据表明被申请人的法定代表人在西班牙观看了这盘DVD，证明申请人确实制作了DVD，而这不在合同约定的技术范围内，仲裁庭决定予以支持。

仲裁庭对本案的裁决结果如下：（1）被申请人向申请人支付907500欧元；（2）驳回申请人的其他仲裁请求；（3）本案仲裁费为人民币416323元，由申请人和被申请人各承担50%，因申请人已经全额预缴了仲裁费用，故被申请人应向申请人支付人民币208161.50元。

三、双方当事人的理由

奥克斯集团申请不予执行的理由如下：

1. 瑞克公司与奥克斯集团没有订立仲裁协议，中国国际经济贸易仲裁委员会上海分会对本案没有管辖权，〔2007〕中国贸仲沪裁字第224号仲裁裁决是无效的。

2. 本案裁决认定事实有误、证据不足，被执行人不需要支付给瑞克公司款项。

3. 裁决支付 7500 欧元 DVD 制作费，超出仲裁范围。瑞克公司请求支付额外完成视觉效果动画片报酬，属合同外的报酬，奥克斯集团认为对于没有合同约定依据和其同意、确认证据的报酬，均不属于仲裁协议的范围，仲裁庭无权仲裁。且仲裁庭认为该笔款项没有奥克斯集团同意支付的证据，也不在合同约定的技术开发范围内，但仍予以支持违反法律规定。

4. 裁决书认定，有证据表明奥克斯集团的法定代表人在西班牙观看了 DVD，与事实不符，认定事实不清。

瑞克公司抗辩称：

1. 上海市第二中级人民法院生效的法律文书已经对本案仲裁协议的效力予以确认。

2. 根据法律规定，执行法院无权对涉外仲裁裁决的事实认定和法律适用进行审查。

3. 本案中 DVD 的制作与合同密切相关，合同中对此问题有明确约定，由合同引起的有关问题均属于仲裁范围。

四、宁波市中级人民法院的审查意见

宁波市中级人民法院审查后认为，对本案仲裁协议的效力，上海市第二中级人民法院〔2005〕沪二中民五（商）初字第 44 号民事裁定书已经予以确认，其无权再予以审查。本案系涉外仲裁裁决，对奥克斯集团所提的涉及证据和事实认定的异议，也依法不予审查。关于本案中的 DVD 制作费，根据瑞克公司在仲裁时提出的主张以及仲裁庭对此作出的"不在合同约定的技术开发范围内"的认定，宁波市中级人民法院认为双方当事人就 DVD 制作费产生的争议系一独立的合同纠纷，仲裁庭对此一并予以裁决超出仲裁协议范围，奥克斯集团对此所提理由成立。

宁波市中级人民法院对于本案的处理结果为：多数意见认为仲裁机构对 DVD 制作费的裁决超过仲裁协议范围，对超过部分，人民法院应当依法裁定不予执行。鉴于仲裁裁决书中对支付合同争议款项的裁决主文仅一条，即判令奥克斯集团合并支付 907500 欧元，并未对技术合同纠纷和 DVD 制作费纠纷的裁决进行分项表述，执行程序中无权对法律文书的一项主文予以分割认定，应当对该一项主文不予执行。基于对该项主文的不予执行，故对仲裁裁决的第三项关于仲裁费部分也应不予执行。少数意见认为对 7500 欧元的 DVD 制作费不予执行，其余部分应当执行。

五、我院的审查处理意见

1. 奥克斯集团在终止通知中已对其与奥克斯汽车公司之间的合同权利义

务转让关系予以认可，构成自认。据此可以认定奥克斯集团实际已受让系争合同项下奥克斯汽车公司的全部权利义务，包括受合同中仲裁条款的约束。奥克斯集团未提供证据证明当事人之间另有约定或在受让债权债务时明确反对或不知有仲裁条款的情形，应当认定其与瑞克公司之间有仲裁条款，奥克斯集团提出的其与瑞克公司之间没有仲裁协议的理由不成立。

2. 因人民法院对涉外仲裁裁决不能作实体审查，故奥克斯集团提出本案仲裁裁决认定事实有误、证据不足的理由不成立。

3. 奥克斯集团与瑞克公司之间是技术开发合同纠纷，合同中并无约定制作视觉效果动画片，仲裁庭亦认为这不在合同约定的技术范围内。视觉效果动画片的制作目的是便于奥克斯集团对外宣传，并非履行技术开发合同所必需，故视觉效果动画片的制作费纠纷不属于履行技术开发合同所产生的相关争议。瑞克公司申请仲裁时认为双方就该动画片制作达成的要约及承诺已经构成新的合同，但没有证据表明双方就该新合同有仲裁条款，仲裁庭依据技术开发合同中的仲裁条款受理本案并作出裁决，超出了仲裁协议范围。

4. 根据《最高人民法院关于适用〈中华人民共和国民事诉讼法〉若干问题的意见》第 277 条规定，应当对超出仲裁协议范围的视觉效果动画片制作费裁定不予执行。但仲裁庭裁决时将前述制作费与技术开发合同纠纷产生的赔偿费一并表述在一项裁决主文中。而执行程序中对一项裁决主文是不能部分裁定不予执行的。故参照《最高人民法院关于适用〈中华人民共和国仲裁法〉若干问题的解释》第十九条规定精神，应对该整项裁决主文裁定不予执行。基于对有实体内容的裁决主文裁定不予执行，则对涉及仲裁费用部分也应不予执行。

综上，我院拟同意宁波市中级人民法院的多数意见，裁定不予执行〔2007〕中国贸仲沪裁字第 224 号仲裁裁决。依据《最高人民法院关于人民法院处理与涉外仲裁及外国仲裁事项有关问题的通知》（法发〔1995〕18 号）第二条规定，特报请钧院审查。

特此报告。

第二编 保全与先予执行

第一章 保全与先予执行

第一节 财产保全

【条文主旨】诉讼保全的条件、措施

第一百条 人民法院对于可能因当事人一方的行为或者其他原因，使判决难以执行或者造成当事人其他损害的案件，根据对方当事人的申请，可以裁定对其财产进行保全、责令其作出一定行为或者禁止其作出一定行为；当事人没有提出申请的，人民法院在必要时也可以裁定采取保全措施。

人民法院采取保全措施，可以责令申请人提供担保，申请人不提供担保的，裁定驳回申请。

人民法院接受申请后，对情况紧急的，必须在四十八小时内作出裁定；裁定采取保全措施的，应当立即开始执行。

【条文主旨】诉前财产保全

第一百零一条 利害关系人因情况紧急，不立即申请保全将会使其合法权益受到难以弥补的损害的，可以在提起诉讼或者申请仲裁前向被保全财产所在地、被申请人住所地或者对案件有管辖权的人民法院申请采取保全措施。申请人应当提供担保，不提供担保的，裁定驳回申请。

人民法院接受申请后，必须在四十八小时内作出裁定；裁定采取保全措施的，应当立即开始执行。

申请人在人民法院采取保全措施后三十日内不依法提起诉讼或者申请仲裁的，人民法院应当解除保全。

【条文主旨】财产保全范围

第一百零二条 保全限于请求的范围，或者与本案有关的财物。

【条文主旨】财产保全措施

第一百零三条 财产保全采取查封、扣押、冻结或者法律规定的其他方法。人民法院保全财产后，应当立即通知被保全财产的人。

财产已被查封、冻结的，不得重复查封、冻结。

【条文主旨】财产保全的解除

第一百零四条 财产纠纷案件，被申请人提供担保的，人民法院应当裁定解除保全。

▶ **相关法律一**

★**中华人民共和国著作权法**（2010年4月1日施行 主席令第26号）（节录）

第五十条 著作权人或者与著作权有关的权利人有证据证明他人正在实施或者即将实施侵犯其权利的行为，如不及时制止将会使其合法权益受到难以弥补的损害的，可以在起诉前向人民法院申请采取责令停止有关行为和财产保全的措施。

人民法院处理前款申请，适用《中华人民共和国民事诉讼法》第九十三条至第九十六条①和第九十九条②的规定。

▶ **相关法律二**

★**中华人民共和国仲裁法**（2018年1月1日施行 主席令第76号）（节录）

第二十八条 一方当事人因另一方当事人的行为或者其他原因，可能使裁决不能执行或者难以执行的，可以申请财产保全。

当事人申请财产保全的，仲裁委员会应当将当事人的申请依照民事诉讼法的有关规定提交人民法院。

申请有错误的，申请人应当赔偿被申请人因财产保全所遭受的损失。

▶ **相关法律三**

★**中华人民共和国商标法**（2019年4月23日施行 主席令第29号）（节录）

第六十五条 商标注册人或者利害关系人有证据证明他人正在实施或者即将实施侵犯其注册商标专用权的行为，如不及时制止将会使其合法权益受到难以弥补的损害的，可以依法在起诉前向人民法院申请采取责令停止有关行为和

---

① 已修改为民事诉讼法第一百零一条至第一百零五条。

② 已修改为民事诉讼法第一百零八条。

财产保全的措施。

▶ 司法解释一

★最高人民法院关于适用《中华人民共和国公司法》若干问题的规定(二)①(2008 年 5 月 5 日 法释〔2008〕6 号)(节录)

第三条 股东提起解散公司诉讼时,向人民法院申请财产保全或者证据保全的,在股东提供担保且不影响公司正常经营的情形下,人民法院可予以保全。

▶ 司法解释二

★最高人民法院关于适用《中华人民共和国民事诉讼法》的解释(2015 年 2 月 4 日施行 法释〔2015〕5 号)(节录)

第一百五十二条 人民法院依照民事诉讼法第一百条、第一百零一条规定,在采取诉前保全、诉讼保全措施时,责令利害关系人或者当事人提供担保的,应当书面通知。

利害关系人申请诉前保全的,应当提供担保。申请诉前财产保全的,应当提供相当于请求保全数额的担保;情况特殊的,人民法院可以酌情处理。申请诉前行为保全的,担保的数额由人民法院根据案件的具体情况决定。

在诉讼中,人民法院依申请或者依职权采取保全措施的,应当根据案件的具体情况,决定当事人是否应当提供担保以及担保的数额。

第一百五十三条 人民法院对季节性商品、鲜活、易腐烂变质以及其他不宜长期保存的物品采取保全措施时,可以责令当事人及时处理,由人民法院保存价款;必要时,人民法院可予以变卖,保存价款。

第一百五十四条 人民法院在财产保全中采取查封、扣押、冻结财产措施时,应当妥善保管被查封、扣押、冻结的财产。不宜由人民法院保管的,人民法院可以指定被保全人负责保管;不宜由被保全人保管的,可以委托他人或者申请保全人保管。

查封、扣押、冻结担保物权人占有的担保财产,一般由担保物权人保管;由人民法院保管的,质权、留置权不因采取保全措施而消灭。

第一百五十五条 由人民法院指定被保全人保管的财产,如果继续使用对该财产的价值无重大影响,可以允许被保全人继续使用;由人民法院保管或者委托他人、申请保全人保管的财产,人民法院和其他保管人不得使用。

第一百五十六条 人民法院采取财产保全的方法和措施,依照执行程序相关规定办理。

---

① 2014 年 2 月 17 日已修正。

第一百五十七条 人民法院对抵押物、质押物、留置物可以采取财产保全措施，但不影响抵押权人、质权人、留置权人的优先受偿权。

第一百五十八条 人民法院对债务人到期应得的收益，可以采取财产保全措施，限制其支取，通知有关单位协助执行。

第一百五十九条 债务人的财产不能满足保全请求，但对他人有到期债权的，人民法院可以依债权人的申请裁定该他人不得对本案债务人清偿。该他人要求偿付的，由人民法院提存财物或者价款。

第一百六十条 当事人向采取诉前保全措施以外的其他有管辖权的人民法院起诉的，采取诉前保全措施的人民法院应当将保全手续移送受理案件的人民法院。诉前保全的裁定视为受移送人民法院作出的裁定。

第一百六十一条 对当事人不服一审判决提起上诉的案件，在第二审人民法院接到报送的案件之前，当事人有转移、隐匿、出卖或者毁损财产等行为，必须采取保全措施的，由第一审人民法院依当事人申请或者依职权采取。第一审人民法院的保全裁定，应当及时报送第二审人民法院。

第一百六十二条 第二审人民法院裁定对第一审人民法院采取的保全措施予以续保或者采取新的保全措施的，可以自行实施，也可以委托第一审人民法院实施。

再审人民法院裁定对原保全措施予以续保或者采取新的保全措施的，可以自行实施，也可以委托原审人民法院或者执行法院实施。

第一百六十三条 法律文书生效后，进入执行程序前，债权人因对方当事人转移财产等紧急情况，不申请保全将可能导致生效法律文书不能执行或者难以执行的，可以向执行法院申请采取保全措施。债权人在法律文书指定的履行期间届满后五日内不申请执行的，人民法院应当解除保全。

第一百六十四条 对申请保全人或者他人提供的担保财产，人民法院应当依法办理查封、扣押、冻结等手续。

第一百六十五条 人民法院裁定采取保全措施后，除作出保全裁定的人民法院自行解除或者其上级人民法院决定解除外，在保全期限内，任何单位不得解除保全措施。

第一百六十六条 裁定采取保全措施后，有下列情形之一的，人民法院应当作出解除保全裁定：

（一）保全错误的；

（二）申请人撤回保全申请的；

（三）申请人的起诉或者诉讼请求被生效裁判驳回的；

（四）人民法院认为应当解除保全的其他情形。

解除以登记方式实施的保全措施的，应当向登记机关发出协助执行通知书。

第一百六十七条　财产保全的被保全人提供其他等值担保财产且有利于执行的，人民法院可以裁定变更保全标的物为被保全人提供的担保财产。

第一百六十八条　保全裁定未经人民法院依法撤销或者解除，进入执行程序后，自动转为执行中的查封、扣押、冻结措施，期限连续计算，执行法院无需重新制作裁定书，但查封、扣押、冻结期限届满的除外。

▶ **司法解释三**

★**最高人民法院关于人民法院办理财产保全案件若干问题的规定**（2016年12月1日施行　法释〔2016〕22号）

为依法保护当事人、利害关系人的合法权益，规范人民法院办理财产保全案件，根据《中华人民共和国民事诉讼法》等法律规定，结合审判、执行实践，制定本规定。

第一条　当事人、利害关系人申请财产保全，应当向人民法院提交申请书，并提供相关证据材料。

申请书应当载明下列事项：

（一）申请保全人与被保全人的身份、送达地址、联系方式；

（二）请求事项和所根据的事实与理由；

（三）请求保全数额或者争议标的；

（四）明确的被保全财产信息或者具体的被保全财产线索；

（五）为财产保全提供担保的财产信息或资信证明，或者不需要提供担保的理由；

（六）其他需要载明的事项。

法律文书生效后，进入执行程序前，债权人申请财产保全的，应当写明生效法律文书的制作机关、文号和主要内容，并附生效法律文书副本。

第二条　人民法院进行财产保全，由立案、审判机构作出裁定，一般应当移送执行机构实施。

第三条　仲裁过程中，当事人申请财产保全的，应当通过仲裁机构向人民法院提交申请书及仲裁案件受理通知书等相关材料。人民法院裁定采取保全措施或者裁定驳回申请的，应当将裁定书送达当事人，并通知仲裁机构。

第四条　人民法院接受财产保全申请后，应当在五日内作出裁定；需要提供担保的，应当在提供担保后五日内作出裁定；裁定采取保全措施的，应当在五日内开始执行。对情况紧急的，必须在四十八小时内作出裁定；裁定采取保全措施的，应当立即开始执行。

第五条 人民法院依照民事诉讼法第一百条规定责令申请保全人提供财产保全担保的，担保数额不超过请求保全数额的百分之三十；申请保全的财产系争议标的的，担保数额不超过争议标的价值的百分之三十。

利害关系人申请诉前财产保全的，应当提供相当于请求保全数额的担保；情况特殊的，人民法院可以酌情处理。

财产保全期间，申请保全人提供的担保不足以赔偿可能给被保全人造成的损失的，人民法院可以责令其追加相应的担保；拒不追加的，可以裁定解除或者部分解除保全。

第六条 申请保全人或第三人为财产保全提供财产担保的，应当向人民法院出具担保书。担保书应当载明担保人、担保方式、担保范围、担保财产及其价值、担保责任承担等内容，并附相关证据材料。

第三人为财产保全提供保证担保的，应当向人民法院提交保证书。保证书应当载明保证人、保证方式、保证范围、保证责任承担等内容，并附相关证据材料。

对财产保全担保，人民法院经审查，认为违反物权法、担保法、公司法等有关法律禁止性规定的，应当责令申请保全人在指定期限内提供其他担保；逾期未提供的，裁定驳回申请。

第七条 保险人以其与申请保全人签订财产保全责任险合同的方式为财产保全提供担保的，应当向人民法院出具担保书。

担保书应当载明，因申请财产保全错误，由保险人赔偿被保全人因保全所遭受的损失等内容，并附相关证据材料。

第八条 金融监管部门批准设立的金融机构以独立保函形式为财产保全提供担保的，人民法院应当依法准许。

第九条 当事人在诉讼中申请财产保全，有下列情形之一的，人民法院可以不要求提供担保：

（一）追索赡养费、扶养费、抚育费、抚恤金、医疗费用、劳动报酬、工伤赔偿、交通事故人身损害赔偿的；

（二）婚姻家庭纠纷案件中遭遇家庭暴力且经济困难的；

（三）人民检察院提起的公益诉讼涉及损害赔偿的；

（四）因见义勇为遭受侵害请求损害赔偿的；

（五）案件事实清楚、权利义务关系明确，发生保全错误可能性较小的；

（六）申请保全人为商业银行、保险公司等由金融监管部门批准设立的具有独立偿付债务能力的金融机构及其分支机构的。

法律文书生效后，进入执行程序前，债权人申请财产保全的，人民法院可以不要求提供担保。

第十条　当事人、利害关系人申请财产保全，应当向人民法院提供明确的被保全财产信息。

当事人在诉讼中申请财产保全，确因客观原因不能提供明确的被保全财产信息，但提供了具体财产线索的，人民法院可以依法裁定采取财产保全措施。

第十一条　人民法院依照本规定第十条第二款规定作出保全裁定的，在该裁定执行过程中，申请保全人可以向已经建立网络执行查控系统的执行法院，书面申请通过该系统查询被保全人的财产。

申请保全人提出查询申请的，执行法院可以利用网络执行查控系统，对裁定保全的财产或者保全数额范围内的财产进行查询，并采取相应的查封、扣押、冻结措施。

人民法院利用网络执行查控系统未查询到可供保全财产的，应当书面告知申请保全人。

第十二条　人民法院对查询到的被保全人财产信息，应当依法保密。除依法保全的财产外，不得泄露被保全人其他财产信息，也不得在财产保全、强制执行以外使用相关信息。

第十三条　被保全人有多项财产可供保全的，在能够实现保全目的的情况下，人民法院应当选择对其生产经营活动影响较小的财产进行保全。

人民法院对厂房、机器设备等生产经营性财产进行保全时，指定被保全人保管的，应当允许其继续使用。

第十四条　被保全财产系机动车、航空器等特殊动产的，除被保全人下落不明的以外，人民法院应当责令被保全人书面报告该动产的权属和占有、使用等情况，并予以核实。

第十五条　人民法院应当依据财产保全裁定采取相应的查封、扣押、冻结措施。

可供保全的土地、房屋等不动产的整体价值明显高于保全裁定载明金额的，人民法院应当对该不动产的相应价值部分采取查封、扣押、冻结措施，但该不动产在使用上不可分或者分割会严重减损其价值的除外。

对银行账户内资金采取冻结措施的，人民法院应当明确具体的冻结数额。

第十六条　人民法院在财产保全中采取查封、扣押、冻结措施，需要有关单位协助办理登记手续的，有关单位应当在裁定书和协助执行通知书送达后立即办理。针对同一财产有多个裁定书和协助执行通知书的，应当按照送达的时间先后办理登记手续。

第十七条　利害关系人申请诉前财产保全，在人民法院采取保全措施后三十日内依法提起诉讼或者申请仲裁的，诉前财产保全措施自动转为诉讼或仲裁中的保全措施；进入执行程序后，保全措施自动转为执行中的查封、扣押、冻结措施。

依前款规定，自动转为诉讼、仲裁中的保全措施或者执行中的查封、扣押、冻结措施的，期限连续计算，人民法院无需重新制作裁定书。

第十八条 申请保全人申请续行财产保全的，应当在保全期限届满七日前向人民法院提出；逾期申请或者不申请的，自行承担不能续行保全的法律后果。

人民法院进行财产保全时，应当书面告知申请保全人明确的保全期限届满日以及前款有关申请续行保全的事项。

第十九条 再审审查期间，债务人申请保全生效法律文书确定给付的财产的，人民法院不予受理。

再审审理期间，原生效法律文书中止执行，当事人申请财产保全的，人民法院应当受理。

第二十条 财产保全期间，被保全人请求对被保全财产自行处分，人民法院经审查，认为不损害申请保全人和其他执行债权人合法权益的，可以准许，但应当监督被保全人按照合理价格在指定期限内处分，并控制相应价款。

被保全人请求对作为争议标的的被保全财产自行处分的，须经申请保全人同意。

人民法院准许被保全人自行处分被保全财产的，应当通知申请保全人；申请保全人不同意的，可以依照民事诉讼法第二百二十五条规定提出异议。

第二十一条 保全法院在首先采取查封、扣押、冻结措施后超过一年未对被保全财产进行处分的，除被保全财产系争议标的外，在先轮候查封、扣押、冻结的执行法院可以商请保全法院将被保全财产移送执行。但司法解释另有特别规定的，适用其规定。

保全法院与在先轮候查封、扣押、冻结的执行法院就移送被保全财产发生争议的，可以逐级报请共同的上级法院指定该财产的执行法院。

共同的上级法院应当根据被保全财产的种类及所在地、各债权数额与被保全财产价值之间的关系等案件具体情况指定执行法院，并督促其在指定期限内处分被保全财产。

第二十二条 财产纠纷案件，被保全人或第三人提供充分有效担保请求解除保全，人民法院应当裁定准许。被保全人请求对作为争议标的的财产解除保全的，须经申请保全人同意。

第二十三条 人民法院采取财产保全措施后，有下列情形之一的，申请保全人应当及时申请解除保全：

（一）采取诉前财产保全措施后三十日内不依法提起诉讼或者申请仲裁的；

（二）仲裁机构不予受理仲裁申请、准许撤回仲裁申请或者按撤回仲裁申请处理的；

（三）仲裁申请或者请求被仲裁裁决驳回的；

（四）其他人民法院对起诉不予受理、准许撤诉或者按撤诉处理的；

（五）起诉或者诉讼请求被其他人民法院生效裁判驳回的；

（六）申请保全人应当申请解除保全的其他情形。

人民法院收到解除保全申请后，应当在五日内裁定解除保全；对情况紧急的，必须在四十八小时内裁定解除保全。

申请保全人未及时申请人民法院解除保全，应当赔偿被保全人因财产保全所遭受的损失。

被保全人申请解除保全，人民法院经审查认为符合法律规定的，应当在本条第二款规定的期间内裁定解除保全。

第二十四条　财产保全裁定执行中，人民法院发现保全裁定的内容与被保全财产的实际情况不符的，应当予以撤销、变更或补正。

第二十五条　申请保全人、被保全人对保全裁定或者驳回申请裁定不服的，可以自裁定书送达之日起五日内向作出裁定的人民法院申请复议一次。人民法院应当自收到复议申请后十日内审查。

对保全裁定不服申请复议的，人民法院经审查，理由成立的，裁定撤销或变更；理由不成立的，裁定驳回。

对驳回申请裁定不服申请复议的，人民法院经审查，理由成立的，裁定撤销，并采取保全措施；理由不成立的，裁定驳回。

第二十六条　申请保全人、被保全人、利害关系人认为保全裁定实施过程中的执行行为违反法律规定提出书面异议的，人民法院应当依照民事诉讼法第二百二十五条规定审查处理。

第二十七条　人民法院对诉讼争议标的以外的财产进行保全，案外人对保全裁定或者保全裁定实施过程中的执行行为不服，基于实体权利对被保全财产提出书面异议的，人民法院应当依照民事诉讼法第二百二十七条规定审查处理并作出裁定。案外人、申请保全人对该裁定不服的，可以自裁定送达之日起十五日内向人民法院提起执行异议之诉。

人民法院裁定案外人异议成立后，申请保全人在法律规定的期间内未提起执行异议之诉的，人民法院应当自起诉期限届满之日起七日内对该被保全财产解除保全。

第二十八条 海事诉讼中，海事请求人申请海事请求保全，适用《中华人民共和国海事诉讼特别程序法》及相关司法解释。

第二十九条 本规定自 2016 年 12 月 1 日起施行。

本规定施行前公布的司法解释与本规定不一致的，以本规定为准。

▶ **司法解释性文件一**

★**最高人民法院关于适用《中华人民共和国民事诉讼法》若干问题的意见**（1992 年 7 月 14 日施行 法发〔1992〕22 号）（节录）

98. 人民法院依照民事诉讼法第九十二条、第九十三条规定，在采取诉前财产保全和诉讼财产保全时责令申请人提供担保的，提供担保的数额应相当于请求保全的数额。

99. 人民法院对季节性商品、鲜活、易腐烂变质以及其他不宜长期保存的物品采取保全措施时，可以责令当事人及时处理，由人民法院保存价款；必要时，人民法院可予以变卖，保存价款。

100. 人民法院在财产保全中采取查封、扣押财产措施时，应当妥善保管被查封、扣押的财产。当事人、负责保管的有关单位或个人以及人民法院都不得使用该项财产。

101. 人民法院对不动产和特定的动产（如车辆、船舶等）进行财产保全，可以采用扣押有关财产权证照并通知有关产权登记部门不予办理该项财产的转移手续的财产保全措施；必要时，也可以查封或扣押该项财产。

102. 人民法院对抵押物、留置物可以采取财产保全措施，但抵押权人、留置权人有优先受偿权。

103. 对当事人不服一审判决提出上诉的案件，在第二审人民法院接到报送的案件之前，当事人有转移、隐匿、出卖或者毁损财产等行为，必须采取财产保全措施的，由第一审人民法院依当事人申请或依职权采取。第一审人民法院制作的财产保全的裁定，应及时报送第二审人民法院。

104. 人民法院对债务人到期应得的收益，可以采取财产保全措施，限制其支取，通知有关单位协助执行。

105. 债务人的财产不能满足保全请求，但对第三人有到期债权的，人民法院可以依债权人的申请裁定该第三人不得对本案债务人清偿。该第三人要求偿付的，由人民法院提存财物或价款。

108. 人民法院裁定采取财产保全措施后，除作出保全裁定的人民法院自行解除和其上级人民法院决定解除外，在财产保全期限内，任何单位都不得解除保全措施。

109. 诉讼中的财产保全裁定的效力一般应维持到生效的法律文书执行时

止。在诉讼过程中，需要解除保全措施的，人民法院应及时作出裁定，解除保全措施。

110. 对当事人不服财产保全、先予执行裁定提出的复议申请，人民法院应及时审查。裁定正确的，通知驳回当事人的申请；裁定不当的，作出新的裁定变更或者撤销原裁定。

▶ **司法解释性文件二**

★最高人民法院关于在经济审判工作中严格执行《中华人民共和国民事诉讼法》的若干规定（1994 年 12 月 22 日施行　法发〔1994〕29 号）（节录）

三、关于财产保全和先予执行

12. 人民法院采取诉前财产保全，必须由申请人提供相当于请求保全数额的担保。担保的条件，依法律规定；法律未作规定的，由人民法院审查决定。

13. 人民法院对财产采取诉讼保全措施，一般应当由当事人提交符合法定条件的申请。只有在诉讼争议的财产有毁损、灭失等危险，或者有证据表明被申请人可能采取隐匿、转移、出卖其财产的，人民法院方可依职权裁定采取财产保全措施。

14. 人民法院采取财产保全措施时，保全的范围应当限于当事人争议的财产，或者被告的财产。对案外人的财产不得采取保全措施，对案外人善意取得的与案件有关的财产，一般也不得采取财产保全措施。被申请人提供相应数额并有可供执行的财产作担保的，人民法院应当及时解除财产保全。

15. 人民法院对有偿还能力的企业法人，一般不得采取查封、冻结的保全措施。已采取查封、冻结保全措施的，如该企业法人提供了可供执行的财产担保，或者可以采取其他方式保全的，应当及时予以解封、解冻。

19. 受诉人民法院院长或者上级人民法院发现采取财产保全或者先予执行措施确有错误的，应当按照审判监督程序立即纠正。因申请错误造成被申请人损失的，由申请人予以赔偿；因人民法院依职权采取保全措施错误造成损失的，由人民法院依法予以赔偿。

▶ **司法解释性文件三**

★最高人民法院关于进一步加强和规范执行工作的若干意见（2009 年 7 月 17 日施行　法发〔2009〕43 号）（节录）

三、继续推进执行改革

（三）合理确定执行机构与其他部门的职责分工。要理顺执行机构与法院其他相关部门的职责分工，推进执行工作专业化和执行队伍职业化建设。实行严格的归口管理，明确行政非诉案件和行政诉讼案件的执行，财产保全、先予执行、财产刑等统一由执行机构负责实施。加强和规范司法警察参与执行工作。基层人民法院审判监督庭和高、中级人民法院的质效管理部门承担执行工作质量监督、瑕疵案件责任分析等职能。

▶ **相关答复**

★**最高人民法院对国家知识产权局《关于如何协助执行法院财产保全裁定的函》的答复意见**（2000 年 1 月 28 日施行 〔2000〕法知字第 3 号函）

国家知识产权局：

贵局《关于如何协助执行法院财产保全裁定的函》收悉。经研究，对有关问题的意见如下：

一、专利权作为无形财产，可以作为人民法院财产保全的对象。人民法院对专利权进行财产保全，应当向国家知识产权局送达协助执行通知书，写明要求协助执行的事项，以及对专利权财产保全的期限，并附人民法院作出的裁定书。根据《中华人民共和国民事诉讼法》第九十三条、第一百零三条①的规定，贵局有义务协助执行人民法院对专利权财产保全的裁定。

二、贵局来函中提出的具体意见第二条中拟要求人民法院提交"中止程序请求书"似有不妥。依据人民法院依法作出的财产保全民事裁定书和协助执行通知书，贵局即承担了协助执行的义务，在财产保全期间应当确保专利申请权或者专利权的法律状态不发生变更。在此前提下，贵局可以依据《专利法》和《专利审查指南》规定的程序，并根据法院要求协助执行的具体事项，自行决定中止有关专利程序。

三、根据最高人民法院《关于适用〈民事诉讼法〉若干问题意见》第一百零二条规定，对出质的专利权也可以采取财产保全措施，但质权人有优先受偿权。至于专利权人与被许可人已经签订的独占实施许可合同，则不影响专利权人的权利状态，也可以采取财产保全。

四、贵局协助人民法院对专利权进行财产保全的期限为 6 个月，到期可以续延。如到期未续延，该财产保全即自动解除。

以上意见供参考。

▶ **浙江省高院规定一**

★**浙江省高级人民法院关于加强立案、审判与执行协调工作的意见（试行）**（2006 年 10 月 1 日施行 浙高法〔2006〕193 号）

为进一步加强立案、审判与执行之间的工作协调，形成法院内部解决执行难问题的合力，保障当事人的合法权益，维护法律的尊严，依据《中华人民共和国民事诉讼法》等法律和有关司法解释的规定，结合我省法院工作实际，

---

① 已分别修改为民事诉讼法第一百零一条、第一百一十四条。

制定本意见。

第一条 人民法院立案、审判和执行机构要加强联系与协调，形成相互分工、相互配合的工作关系，做到立审、立执和审执兼顾。

第二条 诉讼案件立案时，立案人员应当根据案件实际，就依法追加诉讼当事人、申请财产保全以及诉讼和执行风险等内容作必要的释明和告知。

第三条 各级人民法院应当依照有关法律规定合理设定保全和解除保全担保的条件。

第四条 诉讼当事人提出财产保全申请符合法定条件的，审判人员应当依法及时采取保全措施，为案件的顺利执行创造条件。

有多项财产可供保全，选择部分财产足以满足诉讼请求的，尽可能选择方便执行的财产予以保全。

第五条 对于追索人身损害赔偿费、赡养费、抚育费、扶养费、劳动报酬等涉及经济困难的诉讼当事人的案件，可以依职权采取财产保全措施。

第六条 审理民商事案件，审判人员应当首先考虑依法调解。调解中要努力缓解当事人之间的矛盾，督促债务人即时履行义务，做到案结事了。

第七条 对债务人要求调解的案件，审判人员应当提示债权人有权要求债务人对于调解协议的履行提供担保或者在调解协议中增加限制条款，以保证调解书生效后的实际履行。

第八条 对于债务人暂无偿还能力的案件，可以按照《中华人民共和国民法通则》第一百零八条的规定判决分期履行。

判决确定的履行期数和期限应当与债务人的履行能力状况及社会生活常理相符。

第九条 对于当事人争议的特定标的物，应当在庭审中查明该标的物的所有权状况和实际占有情况。为防止该特定物被转移、灭失或者无法确定价值，审判人员应当根据当事人申请或者依职权及时采取保全措施，依法评估，固定证据。

在审理相邻权纠纷等案件中，对于当事人之间争议较大，有了解事实情况必要的，审判人员应当实地进行勘查，做好证据的固定工作，并结合当事人的诉请，合理确定排除侵害的方式。

第十条 案外人在案件审结前对于诉前保全、诉讼保全的财产主张权利，提出异议的，立案庭或者有关审判庭应当及时进行审查并作出结论。

第十一条 审判人员要切实提高裁判文书质量，增强说服力和可接受度。裁判文书主文应当具体、明确，便于执行。

第十二条 审判人员应当在送达判决书或调解书的同时，告知权利人申请执行的法定期限，告知义务人不自动履行生效法律文书确定义务的法律后果。

第十三条 裁判宣告后，当事人有疑问的，由案件审判人员负责答疑和释明，提高当事人的服判率和自动履行率。

第十四条 对于进入执行程序的案件，审判人员要将是否有财产保全、财产保全状况以及法律文书的生效时间、已履行情况写出报告附卷。

第十五条 执行人员在接受执行案件后，应当及时了解该案件诉前、诉中或者执前是否已采取财产保全措施以及生效法律文书的履行情况。

第十六条 执行人员需要核对财产保全状况或者了解案件其他情况的，应当调阅审判卷宗。

第十七条 执行人员应当依法维护生效法律文书严肃性，执行中非经法定程序不得随意改变生效法律文书确定的权利义务内容。

第十八条 立案庭或者有关审判庭已对案外人就被保全财产提出的异议进行过审查处理，该案外人在执行过程中又提出异议的，执行机构不予受理。

第十九条 执行机构认为据以执行的生效法律文书主文指代不明、表述不清而无法执行的，应当及时与有关审判庭沟通。

第二十条 执行机构认为据以执行的生效法律文书有明显错误的，应当及时与审判庭沟通。不能达成一致意见的，提出书面意见报院长决定是否提交审判委员会讨论。如果该法律文书是由上级人民法院作出的，应当报请上级人民法院处理。

第二十一条 本省各级人民法院应当将立案、审判和执行人员执行本意见的情况列入岗位目标责任考核范围。

立案、审判人员不注意立执、审执兼顾致使案件无法执行，或者执行人员随意改变生效法律文书确定的权利义务内容、损害生效法律文书严肃性的，依照有关规定予以处理。

第二十二条 本意见由浙江省高级人民法院审判委员会负责解释。

第二十三条 本意见自 2006 年 10 月 1 日起施行。

▶浙江省高院规定二

★浙江省高级人民法院关于财产保全担保若干问题的意见（试行）（2014 年 8 月 18 日施行 浙高法〔2014〕117 号）

第一条 为进一步规范我省法院对财产保全担保的审查、处置工作，切实保护各方当事人的合法权益，根据《中华人民共和国民事诉讼法》、《中华人民共和国仲裁法》及相关司法解释规定，结合我省法院司法实践，制定本意见。

第二条 本意见所称的财产保全包括诉前财产保全、诉中财产保全和执行前的财产保全。

对仲裁前和仲裁中财产保全担保的审查、处置工作，适用本意见。

第三条　人民法院审查、处置财产保全担保应当遵循以下原则：

（一）平等保护双方当事人的合法权益；

（二）防止当事人滥诉；

（三）便于人民法院审判、执行；

（四）保障市场经济健康、有序、稳定发展。

第四条　利害关系人提起诉讼或申请仲裁前申请财产保全的，应当提供担保。当事人在诉讼、仲裁中或执行前申请财产保全的，人民法院可以责令其提供担保。申请人不提供担保的，裁定驳回其保全申请。

第五条　下列当事人在诉讼、仲裁中或执行前申请财产保全的，可以免予提供担保，但经审查其申请明显缺乏法律、事实依据或明显超出必要范围的除外：

（一）低保对象、法律援助对象等确实经济困难的；

（二）追索赡养费、扶养费、抚育费、抚恤金、医疗费用、劳动报酬的；

（三）依法提起公益诉讼的机关；

（四）银行、保险公司、国有金融资产管理公司等金融机构；

（五）从事合法经营活动发生诉讼的小额贷款公司、政策性融资担保公司；

（六）其他经人民法院审查同意的。

第六条　为财产保全提供担保可以采取下列方式：

（一）申请人或第三人提供的金钱担保、物的担保；

（二）融资性担保公司提供的信用担保；

（三）其他符合条件的企业法人提供的信用担保。

上述担保方式可以单独适用，也可以组合适用。组合适用的，可以相应减少保证金的数额或减少作为担保物的价值。

第七条　为财产保全提供担保，应当向人民法院提交书面担保书，写明担保人名称、被担保人名称、担保的案件、担保方式、担保范围等内容。

第八条　财产保全申请人提供的担保财产额，原则上以保全不当可能给被申请人造成的损失为限，具体数额由人民法院审查决定。

第九条　对财产保全申请人提供的担保方式，由人民法院根据案件的具体情况、保全风险以及担保物变现的难易程度等因素审查决定是否准许。

第十条　诉前、仲裁前申请财产保全的，人民法院一般应当责令申请人提供金钱担保。

第十一条 对下列案件，人民法院一般应当责令财产保全申请人提供金钱担保：

（一）诉前、仲裁前申请财产保全的；

（二）经初步审查，申请人提供的证据明显不足以支持其诉讼请求的；

（三）经初步审查，申请人涉嫌恶意诉讼或虚假诉讼的。

第十二条 财产保全申请人或第三人提供金钱担保的，一般按不低于申请保全标的额的20%交纳保证金。但根据案件的具体情况及保全风险，人民法院可要求申请人交纳最低不少于保全标的额10%、最高不超过保全标的额100%的保证金。

交纳保证金的方式，既可以向人民法院指定的账户汇入，也可以向人民法院提供其存款账户，并由人民法院冻结相应金额。

第十三条 财产保全申请人或第三人提供不动产担保的，应当符合下列条件：

（一）申请人或第三人对作为担保物的房屋享有合法所有权，对作为担保物的土地享有合法使用权；

（二）该不动产为住宅房屋的，必须是可供执行的房产；

（三）该不动产未设定抵押，或虽设定了抵押，但扣除优先受偿的抵押债权后的价值足够为财产保全提供担保。

第十四条 财产保全申请人或第三人提供不动产担保的，除应当提交担保书外，还应当提交下列材料：

（一）提供不动产担保的第三人的身份证明复印件；

（二）作为担保物的不动产的所有权证或使用权证原件；

（三）能够证明担保物现值的证明文件，如价值评估报告等。

第十五条 财产保全申请人或第三人提供动产担保的，应当符合下列条件：

（一）申请人或第三人对作为担保物的动产享有合法所有权；

（二）该动产为依法可流通的物；

（三）该动产为不易损、不易耗、不易变质、易保管的物；

（四）该动产未设定担保，或虽设定了担保，但扣除优先受偿的担保债权后的价值足够为财产保全提供担保。

第十六条 财产保全申请人或第三人提供动产担保的，除应当提交担保书外，还应当提交下列材料：

（一）提供动产担保的第三人的身份证明复印件；

（二）作为担保物的动产的所有权凭证，或取得该动产支付对价的凭证原件；

（三）作为担保物的动产的清单及关于其存放地点、保管人员等情况的说明；

（四）能够证明担保物现值的证明文件，如价值评估报告等。

第十七条 财产保全申请人或第三人提供可以交易变现的财产性权利作为担保的，人民法院应当准许。担保人除提交担保书外，还应当提交权利凭证原件及其现值的证明文件。

第十八条 财产保全申请人或第三人提供不动产、动产、财产性权利担保的，担保物的现值应不低于申请保全标的额的50%。

第十九条 在采取财产保全措施前，人民法院应当对申请人或者第三人提供担保的财产进行查封、扣押、冻结。担保财产有权属证书的，应当对权属证书予以扣押。对动产应当指定专人或单位保管。

第二十条 财产保全申请人选择融资性担保公司为其提供信用担保的，该融资性担保公司应当符合下列条件：

（一）依法在本省工商行政管理机关登记设立，并取得融资性担保机构经营许可证；

（二）注册资本人民币5000万元以上（欠发达地区可以适当放宽），且高于申请保全标的额；

（三）近三年连续盈利；

（四）无违法犯罪记录，且无拒不承担为财产保全申请人履行担保义务的记录。

第二十一条 融资性担保公司为财产保全申请人提供信用担保的，除应当提交由其法定代表人签名并加盖公司公章的担保书外，还应当提交下列材料：

（一）营业执照副本、融资性担保机构经营许可证、组织机构代码证、税务登记证、公司章程复印件；

（二）法定代表人身份证明和身份证复印件；

（三）近三年的纳税凭证和最近三个月的保证金专户银行对账单；

（四）无违法犯罪记录且无拒不承担为财产保全申请人履行担保义务记录的书面保证；

（五）股东会或董事会同意提供担保的决议文件。

第二十二条 其他符合条件的企业法人为财产保全申请人提供信用担保的，应当符合下列条件：

（一）依法在工商行政管理机关登记设立；

（二）上年度经营盈利；

（三）依法纳税；

（四）注册资本高于申请保全标的额3倍以上，且净资产价值高于申请保全标的额2倍以上。

保证人与申请人一般不得存在关联关系。

第二十三条　其他符合条件的企业法人为财产保全申请人提供信用担保的，除应当提交由其法定代表人签名并加盖企业公章的担保书外，还应当提交下列材料：

（一）营业执照副本、组织机构代码证、税务登记证、企业章程复印件、工商行政管理机关出具的公司基本情况；

（二）法定代表人身份证明和身份证复印件；

（三）上年度的纳税凭证和近三个月的资产负债表、损益表；

（四）股东会或董事会同意提供担保的决议文件。

第二十四条　如财产保全申请人增加保全请求或情势发生变化，可能造成被申请人更大损失时，人民法院可责令申请人追加担保。申请人不追加担保的，人民法院可驳回其增加保全请求的申请及至解除已采取的保全措施。

第二十五条　人民法院对申请人提供的担保财产采取查封、扣押、冻结措施后，发生下列情形之一的，应当解除对担保财产的查封、扣押、冻结：

（一）法律文书发生法律效力，申请人胜诉的；

（二）申请人与被申请人协商一致，同意解除对担保财产查封、扣押、冻结的；

（三）解除对被申请人财产保全后，被申请人表示不追究申请人赔偿责任的；

（四）法律文书发生法律效力，申请人败诉，被申请人提出赔偿损失请求，但在人民法院指定的期限内未起诉的。

第二十六条　被申请人提供担保请求解除已经采取的保全措施的，人民法院可参照对申请人提供担保审查的相关规定，对其提供的担保的合法性、可执行性以及财产价值是否能够满足申请人请求的数额等进行审查。被申请人提供的担保符合规定的，应当及时作出裁定解除保全，同时对被申请人提供的担保财产予以查封、扣押、冻结。

第二十七条　本意见由本院审判委员会负责解释。

第二十八条　本意见自 2014 年 10 月 8 日起试行。试行过程中如与新的法律、司法解释不一致的，以新的法律、司法解释为准。

第二节　先予执行

【条文主旨】 先予执行适用范围

第一百零六条　人民法院对下列案件，根据当事人的申请，可以裁定先予执行：

（一）追索赡养费、扶养费、抚育费、抚恤金、医疗费用的；

（二）追索劳动报酬的；

（三）因情况紧急需要先予执行的。

【条文主旨】 先予执行的条件

第一百零七条　人民法院裁定先予执行的，应当符合下列条件：

（一）当事人之间权利义务关系明确，不先予执行将严重影响申请人的生活或者生产经营的；

（二）被申请人有履行能力。

人民法院可以责令申请人提供担保，申请人不提供担保的，驳回申请。申请人败诉的，应当赔偿被申请人因先予执行遭受的财产损失。

▶ **司法解释**

★最高人民法院关于适用《中华人民共和国民事诉讼法》的解释（2015 年 2 月 4 日施行　法释〔2015〕5 号）（节录）

第一百六十九条　民事诉讼法规定的先予执行，人民法院应当在受理案件后终审判决作出前采取。先予执行应当限于当事人诉讼请求的范围，并以当事人的生活、生产经营的急需为限。

第一百七十条　民事诉讼法第一百零六条第三项规定的情况紧急，包括：

（一）需要立即停止侵害、排除妨碍的；

（二）需要立即制止某项行为的；

（三）追索恢复生产、经营急需的保险理赔费的；

（四）需要立即返还社会保险金、社会救助资金的；

（五）不立即返还款项，将严重影响权利人生活和生产经营的。

第一百七十一条　当事人对保全或者先予执行裁定不服的，可以自收到裁定书之日起五日内向作出裁定的人民法院申请复议。人民法院应当在收到复议申请后十日内审查。裁定正确的，驳回当事人的申请；裁定不当的，变更或者撤销原裁定。

第一百七十二条 利害关系人对保全或者先予执行的裁定不服申请复议的，由作出裁定的人民法院依照民事诉讼法第一百零八条规定处理。

第一百七十三条 人民法院先予执行后，根据发生法律效力的判决，申请人应当返还因先予执行所取得的利益的，适用民事诉讼法第二百三十三条的规定。

▶ **司法解释性文件一**

★ 最高人民法院关于适用《中华人民共和国民事诉讼法》若干问题的意见（1992 年 7 月 14 日施行 法发〔1992〕22 号）（节录）

106. 民事诉讼法规定的先予执行，人民法院应当在受理案件后终审判决作出前采取。先予执行应当限于当事人诉讼请求的范围，并以当事人的生活、生产经营的急需为限。

107. 民事诉讼法第九十七条第（三）项规定的紧急情况，包括：

（1）需要立即停止侵害、排除妨碍的；

（2）需要立即制止某项行为的；

（3）需要立即返还用于购置生产原料、生产工具货款的；

（4）追索恢复生产、经营急需的保险理赔费的。

110. 对当事人不服财产保全、先予执行裁定提出的复议申请，人民法院应及时审查。裁定正确的，通知驳回当事人的申请；裁定不当的，作出新的裁定变更或者撤销原裁定。

111. 人民法院先予执行后，依发生法律效力的判决，申请人应当返还因先予执行所取得的利益的，适用民事诉讼法第二百一十四条的规定。

▶ **司法解释性文件二**

★ 最高人民法院关于在经济审判工作中严格执行《中华人民共和国民事诉讼法》的若干规定（1994 年 12 月 22 日施行 法发〔1994〕29 号）（节录）

三、关于财产保全和先予执行

16. 人民法院先予执行的裁定，应当由当事人提出书面申请，并经开庭审理后作出。在管辖权尚未确定的情况下，不得裁定先予执行。

17. 人民法院对当事人申请先予执行的案件，只有在案件的基本事实清楚，当事人间的权利义务关系明确，被申请人负有给付、返还或者赔偿义务，先予执行的财产为申请人生产、生活所急需，不先予执行会造成更大损失的情况下，才能采取先予执行的措施。

18. 人民法院采取先予执行措施后，申请先予执行的当事人申请撤诉的，人民法院应当及时通知对方当事人、第三人或有关的案外人。在接到通知至准予撤诉的裁定送达前，对方当事人、第三人及有关的案外人，对撤诉提出异议的，应当裁定驳回撤诉申请。

19. 受诉人民法院院长或者上级人民法院发现采取财产保全或者先予执行措施确有错误的，应当按照审判监督程序立即纠正。因申请错误造成被申请人损失的，由申请人予以赔偿；因人民法院依职权采取保全措施错误造成损失的，由人民法院依法予以赔偿。

▶ 司法解释性文件三

★最高人民法院关于进一步加强和规范执行工作的若干意见（2009 年 7 月 17 日施行　法发〔2009〕43 号）（节录）

三、继续推进执行改革

（三）合理确定执行机构与其他部门的职责分工。要理顺执行机构与法院其他相关部门的职责分工，推进执行工作专业化和执行队伍职业化建设。实行严格的归口管理，明确行政非诉案件和行政诉讼案件的执行，财产保全、先予执行、财产刑等统一由执行机构负责实施。加强和规范司法警察参与执行工作。基层人民法院审判监督庭和高、中级人民法院的质效管理部门承担执行工作质量监督、瑕疵案件责任分析等职能。

第二章　保全和先予执行的异议及审查

【条文主旨】不服财产保全和先予执行的救济途径

第一百零八条　当事人对保全或者先予执行的裁定不服的，可以申请复议一次。复议期间不停止裁定的执行。

▶ **司法解释**

★最高人民法院关于适用《中华人民共和国民事诉讼法》的解释（2015 年 2 月 4 日施行　法释〔2015〕5 号）（节录）

第一百七十一条　当事人对保全或者先予执行裁定不服的，可以自收到裁定书之日起五日内向作出裁定的人民法院申请复议。人民法院应当在收到复议申请后十日内审查。裁定正确的，驳回当事人的申请；裁定不当的，变更或者撤销原裁定。

第一百七十二条　利害关系人对保全或者先予执行的裁定不服申请复议的，由作出裁定的人民法院依照民事诉讼法第一百零八条规定处理。

▶ **司法解释性文件**

★最高人民法院关于执行权合理配置和科学运行的若干意见（2011 年 10 月 19 日施行　法发〔2011〕15 号）（节录）

17. 当事人、案外人对财产保全、先予执行的裁定不服申请复议的，由作出裁定的立案机构或者审判机构按照民事诉讼法第九十九条[①]的规定进行审查。

当事人、案外人、利害关系人对财产保全、先予执行的实施行为提出异议的，由执行局根据异议事项的性质按照民事诉讼法第二百零二条[②]或者第二百零四条[③]的规定进行审查。

当事人、案外人的异议既指向财产保全、先予执行的裁定，又指向实施行为的，一并由作出裁定的立案机构或者审判机构分别按照民事诉讼法第九十九条和第二百零二条或者第二百零四条的规定审查。

---

① 已修改为民事诉讼法第九十九条。
② 已修改为民事诉讼法第二百二十五条。
③ 已修改为民事诉讼法第二百二十七条。

第三章　错误保全和先予执行的处理

> 【条文主旨】财产保全错误的处理
>
> 第一百零五条　申请有错误的，申请人应当赔偿被申请人因保全所遭受的损失。

▶ 司法解释

★最高人民法院关于民事、行政诉讼中司法赔偿若干问题的解释（2000 年 9 月 21 日施行　法释〔2000〕27 号）（节录）

根据《中华人民共和国国家赔偿法》（以下简称国家赔偿法）以及有关法律规定，现就审理民事、行政诉讼中司法赔偿案件具体适用法律的若干问题解释如下：

第一条　根据国家赔偿法第三十一条①的规定，人民法院在民事、行政诉讼过程中，违法采取对妨害诉讼的强制措施、保全措施或者对判决、裁定及其他生效法律文书执行错误，侵犯公民、法人和其他组织合法权益造成损害的，依法应由国家承担赔偿责任。

第三条　违法采取保全措施，是指人民法院依职权采取的下列行为：

（一）依法不应当采取保全措施而采取保全措施或者依法不应当解除保全措施而解除保全措施的；

（二）保全案外人财产的，但案外人对案件当事人负有到期债务的情形除外；

（三）明显超过申请人申请保全数额或者保全范围的；

（四）对查封、扣押的财物不履行监管职责，严重不负责任，造成毁损、灭失的，但依法交由有关单位、个人负责保管的情形除外；

（五）变卖财产未由合法评估机构估价，或者应当拍卖而未依法拍卖，强行将财物变卖给他人的；

（六）违反法律规定的其他情形。

第六条　人民法院及其工作人员在民事、行政诉讼或者执行过程中，具有本解释第二条至第五条规定情形，造成损害的，应当承担直接损失的赔偿责任。

---

①　已修改为国家赔偿法第三十八条。

因多种原因造成的损害，只赔偿因违法侵权行为所造成的直接损失。

第七条 根据国家赔偿法第十七条①、第三十一条的规定，具有下列情形之一的，国家不承担赔偿责任：

（一）因申请人申请保全有错误造成损害的；

（二）因申请人提供的执行标的物有错误造成损害的；

（三）人民法院工作人员与行使职权无关的个人行为；

（四）属于民事诉讼法第二百一十四条②规定情形的；

（五）被保全人、被执行人，或者人民法院依法指定的保管人员违法动用、隐匿、毁损、转移、变卖人民法院已经保全的财产的；

（六）因不可抗力造成损害后果的；

（七）依法不应由国家承担赔偿责任的其他情形。

第八条 申请民事、行政诉讼中司法赔偿的，违法行使职权的行为应当先经依法确认。

申请确认的，应当先向侵权的人民法院提出。

人民法院应自受理确认申请之日起两个月内依照相应程序作出裁决或相关的决定。

申请人对确认裁定或者决定不服或者侵权的人民法院逾期不予确认的，申请人可以向其上一级人民法院申诉。

第九条 未经依法确认直接向人民法院赔偿委员会申请作出赔偿决定的，人民法院赔偿委员会不予受理。

第十条 经依法确认有本解释第二条至第五条规定情形之一的，赔偿请求人可依法向侵权的人民法院提出赔偿申请，人民法院应当受理。人民法院逾期不作决定的，赔偿请求人可以向其上一级人民法院赔偿委员会申请作出赔偿决定。

第十一条 民事、行政诉讼中司法赔偿的赔偿方式主要为支付赔偿金。包括：支付侵犯人身自由权、生命健康权的赔偿金；财产损坏的，赔偿修复所需费用；财产灭失的，按侵权行为发生时当地市场价格予以赔偿；财产已拍卖的，给付拍卖所得的价款；财产已变卖的，按合法评估机构的估价赔偿；造成其他损害的，赔偿直接损失。

能够返还财产或者恢复原状的，予以返还财产或者恢复原状。包括：解除查封、扣押、冻结；返还财产、恢复原状；退还罚款、罚没财物。

---

① 已修改为国家赔偿法第十九条。

② 已修改为民事诉讼法第二百三十三条。

第十二条 国家赔偿法第二十八条①第（七）项规定的直接损失包括下列情形：

（一）保全、执行过程中造成财物灭失、毁损、霉变、腐烂等损坏的；

（二）违法使用保全、执行的财物造成损坏的；

（三）保全的财产系国家批准的金融机构贷款的，当事人应支付的该贷款借贷状态下的贷款利息；执行上述款项的，贷款本金及当事人应支付的该贷款借贷状态下的贷款利息；

（四）保全、执行造成停产停业的，停产停业期间的职工工资、税金、水电费等必要的经常性费用；

（五）法律规定的其他直接损失。

第十四条 人民法院赔偿委员会在审理侦查、检察、监狱管理机关及其工作人员违法行使职权侵犯公民财产权造成损害的赔偿案件时，可参照本解释的有关规定办理。

▶ **司法解释性文件**

★ **最高人民法院关于人民法院执行《中华人民共和国国家赔偿法》几个问题的解释**（1996 年 5 月 6 日施行 法发〔1996〕15 号）（节录）

二、依照赔偿法第三十一条的规定，人民法院在民事诉讼、行政诉讼过程中，违法采取对妨害诉讼的强制措施、保全措施或者对判决、裁定及其他生效法律文书执行错误，造成损害，具有以下情形之一的，适用刑事赔偿程序予以赔偿：

（一）错误实施司法拘留、罚款的；

（二）实施赔偿法第十五条第（四）项、第（五）项规定行为的；

（三）实施赔偿法第十六条第（一）项规定行为的。

人民法院审理的民事、经济、行政案件发生错判并已执行，依法应当执行回转的，或者当事人申请财产保全、先予执行，申请有错误造成财产损失依法应由申请人赔偿的，国家不承担赔偿责任。

三、公民、法人和其他组织申请人民法院依照赔偿法规定予以赔偿的案件，应当经过依法确认。未经依法确认的，赔偿请求人应当要求有关人民法院予以确认。被要求的人民法院由有关审判庭负责办理依法确认事宜，并应以人民法院的名义答复赔偿请求人。被要求的人民法院不予确认的，赔偿请求人有权申诉。

---

① 已修改为国家赔偿法第三十六条。

➡️ 相关答复

★最高人民法院关于周龙潭申请确认财产保全和执行程序违法一案的答复

（2007 年 1 月 23 日施行 〔2003〕确他字第 6 号）

辽宁省高级人民法院：

你院关于周龙潭申请确认财产保全和执行违法案的请示收悉，经研究，答复如下：

你省盘锦市双台子区人民法院在审理周龙潭诉张海军个人合伙婚姻一案的诉讼过程中，未依照最高人民法院《关于适用〈中华人民共和国民事诉讼法〉若干问题的意见》第 101 条的规定履行财产保全措施；在执行程序中，亦违反了最高人民法院《执行规定》第 41 条第 2 款关于向有关管理机关发出协助执行通知书的规定，且在对土地证的丢失、补办及收回中又存在严重的过失行为。又由于被执行人已无财产可供执行，已经给确认申请人造成了损失。因此，同意你院审判委员会第一种意见，对盘锦市双台子区人民法院的执行行为应当确认违法。

第一章　民事执行检察监督

第一节　检察监督的法律依据

▶**相关法律一**

★**中华人民共和国民事诉讼法**（2017 年 7 月 1 日施行　主席令第 71 号）（节录）

第二百三十五条　人民检察院有权对民事执行活动实行法律监督。

▶**相关法律二**

★**中华人民共和国人民检察院组织法**（2019 年 1 月 1 日施行　主席令第 12 号）（节录）

第二十条　人民检察院人民检察院行使下列职权：

（一）依照法律规定对有关案件行使侦查权；

（六）对判决、裁定等生效法律文书的执行工作实行法律监督。

第二节　检察监督的具体规则

一、案件范围

▶**司法解释**

★**人民检察院民事诉讼监督规则（试行）**（2013 年 11 月 18 日施行　高检发释字〔2013〕3 号）（节录）

第二十三条　民事诉讼监督案件的来源包括：

（一）当事人向人民检察院申请监督；

（二）当事人以外的公民、法人和其他组织向人民检察院控告、举报；

（三）人民检察院依职权发现。

第一百零二条　人民检察院对人民法院在民事执行活动中违反法律规定的情形实行法律监督。

▶ **司法解释性文件**

★**最高人民法院、最高人民检察院关于民事执行活动法律监督若干问题的规定**（2017 年 1 月 1 日施行　法发〔2016〕30 号）（节录）

第三条　人民检察院对人民法院执行生效民事判决、裁定、调解书、支付令、仲裁裁决以及公证债权文书等法律文书的活动实施法律监督。

二、案件管辖

▶ **司法解释性文件**

★**最高人民法院、最高人民检察院关于民事执行活动法律监督若干问题的规定**（2017 年 1 月 1 日施行　法发〔2016〕30 号）（节录）

第四条　对民事执行活动的监督案件，由执行法院所在地同级人民检察院管辖。

上级人民检察院认为确有必要的，可以办理下级人民检察院管辖的民事执行监督案件。下级人民检察院对有管辖权的民事执行监督案件，认为需要上级人民检察院办理的，可以报请上级人民检察院办理。

三、当事人申请监督

▶ **司法解释**

★**人民检察院民事诉讼监督规则（试行）**（2013 年 11 月 18 日施行　高检发释字〔2013〕3 号）（节录）

第三十三条　当事人认为民事审判程序中审判人员存在违法行为或者民事执行活动存在违法情形，向人民检察院申请监督，有下列情形之一的，人民检察院不予受理：

（一）法律规定可以提出异议、申请复议或者提起诉讼，当事人没有提出异议、申请复议或者提起诉讼的，但有正当理由的除外；

（二）当事人提出异议或者申请复议后，人民法院已经受理并正在审查处理的，但超过法定期间未作出处理的除外；

（三）其他不应受理的情形。

▶ **司法解释性文件**

★**最高人民法院、最高人民检察院关于民事执行活动法律监督若干问题的规定**（2017 年 1 月 1 日施行　法发〔2016〕30 号）（节录）

第五条　当事人、利害关系人、案外人认为人民法院的民事执行活动存在违法情形向人民检察院申请监督，应当提交监督申请书、身份证明、相关法律文书及证据材料。提交证据材料的，应当附证据清单。

申请监督材料不齐备的，人民检察院应当要求申请人限期补齐，并明确告知应补齐的全部材料。申请人逾期未补齐的，视为撤回监督申请。

第六条 当事人、利害关系人、案外人认为民事执行活动存在违法情形，向人民检察院申请监督，法律规定可以提出异议、复议或者提起诉讼，当事人、利害关系人、案外人没有提出异议、申请复议或者提起诉讼的，人民检察院不予受理，但有正当理由的除外。

当事人、利害关系人、案外人已经向人民法院提出执行异议或者申请复议，人民法院审查异议、复议期间，当事人、利害关系人、案外人又向人民检察院申请监督的，人民检察院不予受理，但申请对人民法院的异议、复议程序进行监督的除外。

四、依职权监督

▶ 司法解释性文件

★最高人民法院、最高人民检察院关于民事执行活动法律监督若干问题的规定（2017 年 1 月 1 日施行 法发〔2016〕30 号）（节录）

第七条 具有下列情形之一的民事执行案件，人民检察院应当依职权进行监督：

（一）损害国家利益或者社会公共利益的；

（二）执行人员在执行该案时有贪污受贿、徇私舞弊、枉法执行等违法行为、司法机关已经立案的；

（三）造成重大社会影响的；

（四）需要跟进监督的。

五、案件审查

▶ 司法解释

★人民检察院民事诉讼监督规则（试行）（2013 年 11 月 18 日施行 高检发释字〔2013〕3 号）（节录）

第四十四条 民事检察部门负责对受理后的民事诉讼监督案件进行审查。

第四十五条 上级人民检察院可以将受理的民事诉讼监督案件交由有管辖权的下级人民检察院办理。交办的案件应当制作《交办通知书》，并将有关材料移送下级人民检察院。下级人民检察院应当依法办理，不得将案件再行交办，作出决定前应当报上级人民检察院审核同意。

交办案件需要通知当事人的，应当制作《通知书》，并发送当事人。

第四十六条 上级人民检察院可以将案件转有管辖权的下级人民检察院办

理。转办案件应当制作《转办通知书》，并将有关材料移送下级人民检察院。

转办案件需要通知当事人的，应当制作《通知书》，并发送当事人。

第四十七条 人民检察院审查民事诉讼监督案件，应当围绕申请人的申请监督请求以及发现的其他情形，对人民法院民事诉讼活动是否合法进行审查。其他当事人也申请监督的，应当将其列为申请人，对其申请监督请求一并审查。

第四十八条 申请人或者其他当事人对提出的主张，应当提供证据材料。人民检察院收到当事人提交的证据材料，应当出具收据。

第四十九条 人民检察院应当告知当事人有申请回避的权利，并告知办理案件的检察人员、书记员等的姓名、法律职务。

第五十条 人民检察院审查案件，应当听取当事人意见，必要时可以听证或者调查核实有关情况。

第五十一条 人民检察院审查案件，可以依照有关规定调阅人民法院的诉讼卷宗。

通过拷贝电子卷、查阅、复制、摘录等方式能够满足办案需要的，可以不调阅诉讼卷宗。

第五十二条 承办人审查终结后，应当制作审查终结报告。审查终结报告应当全面、客观、公正地叙述案件事实，依据法律提出处理建议。

承办人通过审查监督申请书等材料即可以认定案件事实的，可以直接制作审查终结报告，提出处理建议。

第五十七条 人民检察院审查民事诉讼监督案件，认为确有必要的，可以组织有关当事人听证。

根据案件具体情况，可以邀请与案件没有利害关系的人大代表、政协委员、人民监督员、特约检察员、专家咨询委员、人民调解员或者当事人所在单位、居住地的居民委员会委员以及专家、学者等其他社会人士参加听证。

第五十八条 人民检察院组织听证，由承办该案件的检察人员主持，书记员负责记录。

听证应当在人民检察院专门听证场所内进行。

第五十九条 人民检察院组织听证，应当在听证三日前通知参加听证的当事人，并告知听证的时间、地点。

第六十条 参加听证的当事人和其他相关人员应当按时参加听证，当事人无正当理由缺席或者未经许可中途退席的，不影响听证程序的进行。

第六十一条 听证应当围绕民事诉讼监督案件中的事实认定和法律适用等问题进行。

对当事人提交的证据材料和人民检察院调查取得的证据，应当充分听取各方当事人的意见。

第六十二条 听证应当按照下列顺序进行：

（一）申请人陈述申请监督请求、事实和理由；

（二）其他当事人发表意见；

（三）申请人和其他当事人提交新证据的，应当出示并予以说明；

（四）出示人民检察院调查取得的证据；

（五）案件各方当事人陈述对听证中所出示证据的意见；

（六）申请人和其他当事人发表最后意见。

第六十三条 听证应当制作笔录，经当事人校阅后，由当事人签名或者盖章。拒绝签名盖章的，应当记明情况。

第六十四条 参加听证的人员应当服从听证主持人指挥。

对违反听证秩序的，人民检察院可以予以训诫，责令退出听证场所；对哄闹、冲击听证场所，侮辱、诽谤、威胁、殴打检察人员等严重扰乱听证秩序的，依法追究责任。

第六十五条 人民检察院因履行法律监督职责提出检察建议或者抗诉的需要，有下列情形之一的，可以向当事人或者案外人调查核实有关情况：

（一）民事判决、裁定、调解书可能存在法律规定需要监督的情形，仅通过阅卷及审查现有材料难以认定的；

（二）民事审判程序中审判人员可能存在违法行为的；

（三）民事执行活动可能存在违法情形的；

（四）其他需要调查核实的情形。

第六十六条 人民检察院可以采取以下调查核实措施：

（一）查询、调取、复制相关证据材料；

（二）询问当事人或者案外人；

（三）咨询专业人员、相关部门或者行业协会等对专门问题的意见；

（四）委托鉴定、评估、审计；

（五）勘验物证、现场；

（六）查明案件事实所需要采取的其他措施。

人民检察院调查核实，不得采取限制人身自由和查封、扣押、冻结财产等强制性措施。

第六十七条 人民检察院可以就专门性问题书面或者口头咨询有关专业人员、相关部门或者行业协会的意见。口头咨询的，应当制作笔录，由接受咨询的专业人员签名或者盖章。拒绝签名盖章的，应当记明情况。

第六十八条 人民检察院对专门性问题认为需要鉴定、评估、审计的，可以委托具备资格的机构进行鉴定、评估、审计。

在诉讼过程中已经进行过鉴定、评估、审计的，一般不再委托鉴定、评估、审计。

第六十九条 人民检察院认为确有必要的，可以勘验物证或者现场。勘验人应当出示人民检察院的证件，并邀请当地基层组织或者当事人所在单位派人参加。当事人或者当事人的成年家属应当到场，拒不到场的，不影响勘验的进行。

勘验人应当将勘验情况和结果制作笔录，由勘验人、当事人和被邀参加人签名或者盖章。

第七十条 需要调查核实的，由承办人提出，部门负责人或者检察长批准。

第七十一条 人民检察院调查核实，应当由二人以上共同进行。

调查笔录经被调查人校阅后，由调查人、被调查人签名或者盖章。被调查人拒绝签名盖章的，应当记明情况。

第七十二条 人民检察院可以指令下级人民检察院或者委托外地人民检察院调查核实。

人民检察院指令调查或者委托调查的，应当发送《指令调查通知书》或者《委托调查函》，载明调查核实事项、证据线索及要求。受指令或者受委托人民检察院收到《指令调查通知书》或者《委托调查函》后，应当在十五日内完成调查核实工作并书面回复。因客观原因不能完成调查的，应当在上述期限内书面回复指令或者委托的人民检察院。

人民检察院到外地调查的，当地人民检察院应当配合。

第七十三条 人民检察院调查核实，有关单位和个人应当配合。拒绝或者妨碍人民检察院调查核实的，人民检察院可以向有关单位或者其上级主管部门提出检察建议，责令纠正；涉嫌犯罪的，依照规定移送有关机关处理。

第七十四条 有下列情形之一的，人民检察院可以中止审查：

（一）申请监督的自然人死亡，需要等待继承人表明是否继续申请监督的；

（二）申请监督的法人或者其他组织终止，尚未确定权利义务承受人的；

（三）本案必须以另一案的处理结果为依据，而另一案尚未审结的；

（四）其他可以中止审查的情形。

中止审查的，应当制作《中止审查决定书》，并发送当事人。中止审查的原因消除后，应当恢复审查。

第七十五条 有下列情形之一的，人民检察院应当终结审查：

（一）人民法院已经裁定再审或者已经纠正违法行为的；

（二）申请人撤回监督申请或者当事人达成和解协议，且不损害国家利益、社会公共利益或者他人合法权益的；

（三）申请监督的自然人死亡，没有继承人或者继承人放弃申请，且没有发现其他应当监督的违法情形的；

（四）申请监督的法人或者其他组织终止，没有权利义务承受人或者权利义务承受人放弃申请，且没有发现其他应当监督的违法情形的；

（五）发现已经受理的案件不符合受理条件的；

（六）人民检察院依职权发现的案件，经审查不需要采取监督措施的；

（七）其他应当终结审查的情形。

终结审查的，应当制作《终结审查决定书》，需要通知当事人的，发送当事人。

▶ **司法解释性文件**

★**最高人民法院、最高人民检察院关于民事执行活动法律监督若干问题的规定**（2017 年 1 月 1 日施行 法发〔2016〕30 号）（节录）

第八条 人民检察院因办理监督案件的需要，依照有关规定可以调阅人民法院的执行卷宗，人民法院应当予以配合。

通过拷贝电子卷、查阅、复制、摘录等方式能够满足办案需要的，不调阅卷宗。

人民检察院调阅人民法院卷宗，由人民法院办公室（厅）负责办理，并在五日内提供，因特殊情况不能按时提供的，应当向人民检察院说明理由，并在情况消除后及时提供。

人民法院正在办理或者已结案尚未归档的案件，人民检察院办理民事执行监督案件时可以直接到办理部门查阅、复制、拷贝、摘录案件材料，不调阅卷宗。

第九条 人民检察院因履行法律监督职责的需要，可以向当事人或者案外人调查核实有关情况。

第十条 人民检察院认为人民法院在民事执行活动中可能存在怠于履行职责情形的，可以向人民法院书面了解相关情况，人民法院应当说明案件的执行情况及理由，并在十五日内书面回复人民检察院。

六、提出检察建议

▶ **司法解释**

★**人民检察院民事诉讼监督规则（试行）**（2013 年 11 月 18 日施行 高检发释字〔2013〕3 号）（节录）

第一百零三条 人民检察院对民事执行活动提出检察建议的，应当经检察委员会决定，制作《检察建议书》，在决定之日起十五日内将《检察建议书》连同案件卷宗移送同级人民法院，并制作决定提出检察建议的《通知书》，发送当事人。

▶**司法解释性文件**

★**最高人民法院、最高人民检察院关于民事执行活动法律监督若干问题的规定**（2017 年 1 月 1 日施行　法发〔2016〕30 号）（节录）

第十一条　人民检察院向人民法院提出民事执行监督检察建议，应当经检察长批准或者检察委员会决定，制作检察建议书，在决定之日起十五日内将检察建议书连同案件卷宗移送同级人民法院。

检察建议书应当载明检察机关查明的事实、监督理由、依据以及建议内容等。

第十二条　人民检察院提出的民事执行监督检察建议，统一由同级人民法院立案受理。

第十三条　人民法院收到人民检察院的检察建议书后，应当在三个月内将审查处理情况以回复意见函的形式回复人民检察院，并附裁定、决定等相关法律文书。有特殊情况需要延长的，经本院院长批准，可以延长一个月。

回复意见函应当载明人民法院查明的事实、回复意见和理由并加盖院章。不采纳检察建议的，应当说明理由。

第十四条　人民法院收到检察建议后逾期未回复或者处理结果不当的，提出检察建议的人民检察院可以依职权提请上一级人民检察院向其同级人民法院提出检察建议。上一级人民检察院认为应当跟进监督的，应当向其同级人民法院提出检察建议。人民法院应当在三个月内提出审查处理意见并以回复意见函的形式回复人民检察院，认为人民检察院的意见正确的，应当监督下级人民法院及时纠正。

七、检察监督中的执行和解

▶**司法解释性文件**

★**最高人民法院、最高人民检察院关于民事执行活动法律监督若干问题的规定**（2017 年 1 月 1 日施行　法发〔2016〕30 号）（节录）

第十五条　当事人在人民检察院审查案件过程中达成和解协议且不违反法律规定的，人民检察院应当告知其将和解协议送交人民法院，由人民法院依照民事诉讼法第二百三十条的规定进行处理。

八、不支持监督申请

▶**司法解释**

★**人民检察院民事诉讼监督规则（试行）**（2013 年 11 月 18 日施行　高检发释字〔2013〕3 号）（节录）

第一百零四条　人民检察院认为当事人申请监督的人民法院执行活动不存

在违法情形的，应当作出不支持监督申请的决定，并在决定之日起十五日内制作《不支持监督申请决定书》，发送申请人。

▶ **司法解释性文件**

★**最高人民法院、最高人民检察院关于民事执行活动法律监督若干问题的规定**（2017 年 1 月 1 日施行　法发〔2016〕30 号）（节录）

第十六条　当事人、利害关系人、案外人申请监督的案件，人民检察院认为人民法院民事执行活动不存在违法情形的，应当作出不支持监督申请的决定，在决定之日起十五日内制作不支持监督申请决定书，发送申请人，并做好释法说理工作。

人民检察院办理依职权监督的案件，认为人民法院民事执行活动不存在违法情形的，应当作出终结审查决定。

九、人民法院对检察监督的建议

▶ **司法解释**

★**人民检察院民事诉讼监督规则（试行）**（2013 年 11 月 18 日施行　高检发释字〔2013〕3 号）（节录）

第一百一十四条　人民检察院向人民法院或者有关机关提出监督意见后，发现监督意见确有错误或者有其他情形确需撤回的，应当经检察长批准或者检察委员会决定予以撤回。

上级人民检察院发现下级人民检察院监督错误或者不当的，应当指令下级人民检察院撤回，下级人民检察院应当执行。

第一百一十五条　人民法院对人民检察院监督行为提出建议的，人民检察院应当在一个月内将处理结果书面回复人民法院。人民法院对回复意见有异议，并通过上一级人民法院向上一级人民检察院提出的，上一级人民检察院认为人民法院建议正确，应当要求下级人民检察院及时纠正。

▶ **司法解释性文件**

★**最高人民法院、最高人民检察院关于民事执行活动法律监督若干问题的规定**（2017 年 1 月 1 日施行　法发〔2016〕30 号）（节录）

第十七条　人民法院认为检察监督行为违反法律规定的，可以向人民检察院提出书面建议。人民检察院应当在收到书面建议后三个月内作出处理并将处理情况书面回复人民法院；人民法院对于人民检察院的回复有异议的，可以通过上一级人民法院向上一级人民检察院提出。上一级人民检察院认为人民法院建议正确的，应当要求下级人民检察院及时纠正。

十、案件办理期限

▶ **司法解释**

★**人民检察院民事诉讼监督规则（试行）**（2013 年 11 月 18 日施行　高检发释字〔2013〕3 号）（节录）

第五十六条　人民检察院受理当事人申请对人民法院已经发生法律效力的民事判决、裁定、调解书监督的案件，应当在三个月内审查终结并作出决定。

对民事审判程序中审判人员违法行为监督案件和对民事执行活动监督案件的审查期限，依照前款规定执行。

十一、申请监督费用

▶ **司法解释**

★**人民检察院民事诉讼监督规则（试行）**（2013 年 11 月 18 日施行　高检发释字〔2013〕3 号）（节录）

第一百二十三条　人民检察院办理民事诉讼监督案件，不收取案件受理费。申请复印、鉴定、审计、勘验等产生的费用由申请人直接支付给有关机构或者单位，人民检察院不得代收代付。

第二章　人民法院内部监督

➡️ **司法解释一**

★最高人民法院关于人民法院执行工作若干问题的规定（试行）（1998年7月8日施行　法释〔1998〕15号）（节录）

129. 上级人民法院依法监督下级人民法院的执行工作。最高人民法院依法监督地方各级人民法院和专门法院的执行工作。

130. 上级法院发现下级法院在执行中作出的裁定、决定、通知或具体执行行为不当或有错误的，应当及时指令下级法院纠正，并可以通知有关法院暂缓执行。

下级法院收到上级法院指令后必须立即纠正。如果认为上级法院的指令有错误，可以在收到该指令后五日内请求上级法院复议。

上级法院认为请求复议的理由不成立，而下级法院仍不纠正的，上级法院可直接作出裁定或决定予以纠正，送达有关法院及当事人，并可直接向有关单位发出协助执行通知书。

131. 上级法院发现下级法院执行的非诉讼生效法律文书有不予执行事由，应当依法作出不予执行裁定而不制作的，可以责令下级法院在指定时限内作出裁定，必要时可直接裁定不予执行。

132. 上级法院发现下级法院的执行案件（包括受委托执行的案件）在规定的期限内未能执行结案的，应当作出裁定、决定、通知而不制作的，或应当依法实施具体执行行为而不实施的，应当督促下级法院限期执行，及时作出有关裁定等法律文书，或采取相应措施。

对下级法院长期未能执结的案件，确有必要的，上级法院可以决定由本院执行或与下级法院共同执行，也可以指定本辖区其他法院执行。

133. 上级法院在监督、指导、协调下级法院执行案件中，发现据以执行的生效法律文书确有错误的，应当书面通知下级法院暂缓执行，并按照审判监督程序处理。

134. 上级法院在申诉案件复查期间，决定对生效法律文书暂缓执行的，有关审判庭应当将暂缓执行的通知抄送执行机构。

135. 上级法院通知暂缓执行的，应同时指定暂缓执行的期限。暂缓执行的期限一般不得超过三个月。有特殊情况需要延长的，应报经院长批准，并及时通知下级法院。

暂缓执行的原因消除后，应当及时通知执行法院恢复执行。期满后上级法院未通知继续暂缓执行的，执行法院可以恢复执行。

136. 下级法院不按照上级法院的裁定、决定或通知执行，造成严重后果的，按照有关规定追究有关主管人员和直接责任人员的责任。

▶ 司法解释二

★ 最高人民法院关于在审判执行工作中切实规范自由裁量权行使保障法律统一适用的指导意见（2012年2月28日施行　法释〔2012〕7号）（节录）

十七、防止权力滥用。要进一步拓展司法公开的广度和深度，自觉接受人大、政协、检察机关和社会各界的监督。要深入开展廉洁司法教育，建立健全执法过错责任追究和防止利益冲突等制度规定，积极推进人民法院廉政风险防控机制建设，切实加强对自由裁量权行使的监督，对滥用自由裁量权并构成违纪违法的人员，要依据有关法律法规及纪律规定进行严肃处理。

▶ 司法解释性文件一

★ 最高人民法院关于执行案件督办工作的规定（试行）（2006年5月18日施行　法发〔2006〕11号）

为了加强和规范上级法院对下级法院执行案件的监督，根据《中华人民共和国民事诉讼法》及有关司法解释的规定，结合人民法院执行工作的实践，制定本规定。

第一条　最高人民法院对地方各级人民法院执行案件进行监督。高级人民法院、中级人民法院对本辖区内人民法院执行案件进行监督。

第二条　当事人反映下级法院有消极执行或者案件长期不能执结，上级法院认为情况属实的，应当督促下级法院及时采取执行措施，或者在指定期限内办结。

第三条　上级法院应当在受理反映下级法院执行问题的申诉后十日内，对符合督办条件的案件制作督办函，并附相关材料函转下级法院。遇有特殊情况，上级法院可要求下级法院立即进行汇报，或派员实地进行督办。

下级法院在接到上级法院的督办函后，应指定专人办理。

第四条　下级法院应当在上级法院指定的期限内，将案件办理情况或者处理意见向督办法院作出书面报告。

第五条　对于上级法院督办的执行案件，被督办法院应当按照上一级法院的要求，及时制作案件督办函，并附案件相关材料函转至执行法院。被督办法院负责在上一级法院限定的期限届满前，将督办案件办理情况书面报告上一级法院，并附相关材料。

第六条 下级法院逾期未报告工作情况或案件处理结果的,上级法院根据情况可以进行催报,也可以直接调卷审查,指定其他法院办理,或者提级执行。

第七条 上级法院收到下级法院的书面报告后,认为下级法院的处理意见不当的,应当提出书面意见函告下级法院。下级法院应当按照上级法院的意见办理。

第八条 下级法院认为上级法院的处理意见错误,可以按照有关规定提请上级法院复议。

对下级法院提请复议的案件,上级法院应当另行组成合议庭进行审查。经审查认为原处理意见错误的,应当纠正;认为原处理意见正确的,应当拟函督促下级法院按照原处理意见办理。

第九条 对于上级法院督办的执行案件,下级法院无正当理由逾期未报告工作情况或案件处理结果,或者拒不落实、消极落实上级法院的处理意见,经上级法院催办后仍未纠正的,上级法院可以在辖区内予以通报,并依据有关规定追究相关法院或者责任人的责任。

第十条 本规定自公布之日起施行。

▶ **司法解释性文件二**

★**最高人民法院关于在人民法院审判执行部门设立廉政监察员的实施办法(试行)**(2009年2月20日施行 法发〔2009〕8号)

第一条 为了加强对审判执行工作人员纪律作风状况的日常监督,促进司法廉洁、维护司法公正,根据《中华人民共和国法官法》、《人民法院监察工作条例》等有关规定,制定本办法。

第二条 人民法院应当在审判执行部门设立廉政监察员。廉政监察员一般应当由具有同级正职或者副职非领导职务的资深法官担任,也可以由部门副职领导兼任。

第三条 廉政监察员在所在部门主要负责人和本院监察部门的双重领导下开展工作,以所在部门主要负责人领导为主。

第四条 廉政监察员履行下列职责:

(一)协助所在部门主要负责人分析本部门反腐倡廉工作形势,组织落实反腐倡廉工作任务;

(二)协助所在部门主要负责人对本部门人员遵守和执行法律、法规、纪律以及各项规章制度的情况进行监督检查;

(三)协助所在部门主要负责人了解掌握本部门人员思想动态,对本部门人员进行职业道德、纪律作风和廉洁司法教育;

（四）协助所在部门主要负责人健全完善本部门的廉政制度；

（五）协助本院监察部门受理人民群众对所在部门及其人员纪律作风问题的举报；

（六）向所在部门人员提供廉政指导和廉政咨询，对所在部门人员在纪律作风方面存在的苗头性、倾向性问题及时进行提醒；

（七）完成所在部门主要负责人和本院监察部门交办的其他反腐倡廉工作任务。

第五条 廉政监察员除履行本办法第六条规定的职责外，还可以兼任所在部门党支部书记、政治协理员等职务，兼管本部门的思想政治工作，并享受与所在部门副职同等的工作待遇。

第六条 廉政监察员根据监督工作需要，可以采取下列监督方式：

（一）出席所在部门召开的庭（局）务会议等部门会议；

（二）经所在部门主要负责人或者本院监察部门同意，查阅有关案卷、文件、资料；

（三）协助本院有关部门或者根据所在部门主要负责人的安排组织开展案件评查等工作；

（四）根据所在部门主要负责人或者本院监察部门的安排，听取案件当事人及其他相关人员的意见和反映，向案件当事人及其他相关人员了解情况；

（五）经所在部门主要负责人或者本院监察部门的同意，要求本部门工作人员就有关问题作出解释或者说明；

（六）法律、法规和人民法院规章制度规定的其他监督方式。

第七条 组织人事部门在审判执行部门考察干部时，应当听取其所在部门廉政监察员的意见。

第八条 廉政监察员应当结合所在部门的实际情况，向所在部门主要负责人或者本院监察部门提出加强廉政建设、改进工作作风的建议。

第九条 廉政监察员发现所在部门存在纪律作风问题时，应当向所在部门主要负责人报告，并提出纠正建议，建议未被采纳时，也可以直接向本院监察部门报告。

廉政监察员认为发现的问题已经涉嫌违纪、需要追究纪律责任时，应当在向所在部门主要负责人报告的同时，及时报告本院监察部门。

第十条 人民法院监察部门根据工作需要，可以调集廉政监察员协助或者参与对违纪案件的初核、调查、审理工作。

第十一条 人民法院监察部门要经常召开廉政监察员会议，对廉政监察员的工作进行部署、指导、检查。组织开展廉政监察员业务培训、工作交流等活动。

第十二条 廉政监察员必须忠于职守，秉公办事，遵纪守法，保守秘密，不得以权谋私，不得滥用职权干预审判组织和审判执行人员依法办案。

廉政监察员滥用职权，或者因不认真履行职责而导致所在部门发生严重违法犯罪问题的，应当按照有关规定追究其责任。

第十三条 廉政监察员的任免、调动、奖惩，应当事先征求监察部门的意见。

专职廉政监察员一般不从本部门产生，同时要不定期进行交流。

第十四条 廉政监察员每年要就本人履行廉政监察员职责的情况向所在部门主要负责人和本院监察部门进行述职。

廉政监察员的年终考评等次，应当在征求本院监察部门的意见后确定。

第十五条 人民法院可以参照本规定，在审判执行部门以外的部门设立廉政监察员。

第十六条 本办法由最高人民法院负责解释。

第十七条 本办法自发布之日起施行。

▶ 司法解释性文件三

★人民法院有关部门配合监察部门核查违纪违法线索暂行办法（2009 年 11 月 24 日施行 法发〔2009〕56 号）

第一条 为健全人民法院有关部门与监察部门相互配合的工作机制，促进审判监督与纪律监督的有机结合，根据《人民法院监察工作条例》，制定本办法。

第二条 监察部门对违纪违法线索实行统一管理。人民法院有关部门及工作人员收到的违纪违法线索材料，应当交由监察部门统一处理。

有关部门在案件立案、审理、执行及案件再审、案件复查、案件评查等工作中发现的违纪违法线索，应当经部门领导签字后出具线索移送函，连同相关线索材料一并移送监察部门处理。

第三条 监察部门对收到的违纪违法线索，可以抽调有关部门的人员参与监察部门的核查，也可以交由本院有关部门协助核查。

参加核查工作的人员，应该保守秘密、注意方式方法，减少对审判执行工作和法院工作人员的不良影响。

第四条 监察部门将违纪违法线索交由有关部门协助核查时，应当经监察部门负责人批准；需要抽调有关部门人员参与核查的，应当经院领导批准。

第五条 有关部门收到监察部门交由本部门协助核查的违纪违法线索后，原则上应当交由廉政监察员牵头办理，尚未配备廉政监察员的部门，可以由部门主要负责人指定专人牵头办理；有关部门收到监察部门商请参与核查的通知后，应当按监察部门的要求指定廉政监察员或者其他人员予以配合。

有关部门在开展核查工作时，核查人员不得少于二人。

第六条 有关部门配合核查的违纪违法线索涉及已结案件的，核查人员可以要求所涉案件的办案人员就相关问题作出解释和说明；可以向线索举报人、案件当事人及其他知情人员了解情况；可以在报经本部门或者监察部门负责人批准后调阅案件卷宗。

第七条 有关部门配合核查的违纪违法线索涉及正在办理的案件的，核查人员可以要求所涉案件的办案人员就相关问题作出解释和说明；可以向线索举报人了解情况；可以在报经本部门或者监察部门负责人批准后查阅案件案卷、向案件当事人及其他知情人员了解情况。

第八条 有关部门对监察部门交由本部门核查的违纪违法线索进行核查后，应当写出核查报告，连同有关材料及本部门主要负责人意见报送监察部门审核。监察部门审核后，分别做出如下处理：

（一）已经涉嫌违纪，可能给予纪律处分的，应当决定立案调查或者进一步核查。

（二）违纪行为轻微，不需要给予纪律处分的，可以建议对被核查人员进行诫勉谈话；对其中需要进行组织处理的，可以向具有干部管理权限的组织人事部门提出书面建议。

（三）不构成违纪，但存在工作态度、工作作风方面问题的，可以建议对被核查人员进行提醒谈话或者批评教育。

（四）举报内容失实的，应当终结核查程序，并采取适当方式在一定范围内为被核查人员澄清事实、消除影响。

第九条 有关部门对监察部门交由本部门核查的违纪违法线索进行核查后，认为涉及的案件需要进行复查或者按照审判监督程序处理的，应当在征得监察部门同意后，转相关部门依法处理。

第十条 有关部门对监察部门交由本部门核查的违纪违法线索进行核查后，应当就如何答复信访举报人的问题向纪检监察部门提出书面建议意见，并共同做好答复信访举报人的工作。

第十一条 监察部门转交有关部门处理的申请再审类、申诉类、批评建议类信访材料，应当由部门主要负责人阅批处理，并将处理结果直接回复信访人。监察部门要求反馈处理结果的，有关部门应当将处理结果及本部门主要负责人的意见书面反馈监察部门。

第十二条 各部门应当对反映本部门问题的信访举报材料进行分析，从中发现带有苗头性、倾向性的问题，及时研究提出改进工作的措施并抄报监察部门。

第十三条 对违纪违法线索材料隐瞒不报或者违规泄露线索材料内容的，应当追究有关责任人的纪律责任。

第十四条 本办法由最高人民法院负责解释。

第十五条 本办法自发布之日起施行。

▶ 浙江省高院规定

★浙江省高级人民法院关于建立执行约谈机制的若干规定（2016 年 5 月 6 日施行 浙高法〔2016〕60 号）

为进一步规范全省法院执行工作，及时发现、纠正下级法院在履职中存在的突出问题，促进基本解决执行难问题，根据有关法律、司法解释和最高人民法院的相关规定，结合实际，制定本规定。

第一条 本规定所称约谈，是指本规定明确的有关情形发生时，约见未履行职责或履行职责不到位的中级人民法院相关负责人，进行告诫谈话、指出问题、责令整改纠正的一种执行监督措施。

第二条 有下列情形之一的，可进行约谈：

（一）辖区内超期执行案件超过已受理案件比例3%、或存在有财产可供执行案件无正当理由超期不作为等其他严重消极执行问题的；

（二）通过信访渠道等发现辖区内违法执行等问题突出，产生良影响的；

（三）对省高级人民法院有明确处理意见的监督、督办案件，无正当理由在规定期限内或者在合理期限内不予落实或者落实不到位的；

（四）对省高级人民法院部署的重点执行工作、专项工作等不予落实或者落实情况未达到要求的；

（五）其他需要约谈的情形。

第三条 省高级人民法院执行局在履行执行监督、管理、协调等职责，认为符合本规定第二条规定的情形，有必要进行约谈的，经局务会议研究同意后，可先向拟约谈的中级人民法院发出《约谈预通知》，指出其存在的问题、提出整改要求及时限，并明确整改不落实将予以正式约谈。中级人民法院收到《约谈预通知》后，仍未能消除约谈情形且无合理解释的，经省高级人民法院相关院领导批准后，向其正式发出《约谈通知》，启动约谈程序。

第四条 《约谈通知》一般以省高级人民法院执行局名义于约谈前七个工作日发出，告知约谈的事由、方式、时间、地点、参加人等事项。

第五条 约谈工作由省高级人民法院执行局组织实施，必要时可报请院领导参加。

约谈可由省高级人民法院执行局单独实施，也可邀请省高级人民法院监察部门等其他部门共同实施；邀请相关部门共同实施的，应提前就约谈事项与相关部门进行沟通、会商。

第六条 约谈具体程序如下：

（一）向被约谈人说明约谈的事由和目的；

（二）向被约谈人提出处理意见，明确整改要求及时限；

（三）被约谈人对落实处理意见、整改要求进行表态。

第七条 约谈结束后应制作约谈纪要，主要内容包括约谈事由、处理意见、整改要求及时限等。约谈纪要报批准约谈的院领导同意后，以省高级人民法院执行局名义印发被约谈人。

第八条 省高级人民法院执行局监督、指导被约谈人落实约谈纪要的要求，并将落实情况层报批准约谈的院领导。对按期落实的不再处理，对超期未落实或者落实不到位的采取以下方式处理：

（一）向被约谈人所在中级人民法院党组通报；

（二）在全省法院通报；

（三）涉嫌违法违纪的，向省高级人民法院监察部门通报情况，并提出处理建议；

（四）在社会治安综合治理目标责任考核中予以相应的扣分。

第九条 就社会舆论关注事项进行的约谈，可视情况对外公布约谈情况及结果，也可邀请媒体及相关公众代表列席约谈。

第十条 本规定自 2016 年 5 月 6 日起施行。

第三章　民事执行违法表现形式与责任追究

第一节　刑事违法与责任追究

▶ **相关法律一**

★**中华人民共和国刑法**（1997 年 10 月 1 日施行　主席令第 83 号）（节录）

第三百九十九条　司法工作人员徇私枉法、徇情枉法，对明知是无罪的人而使他受追诉、对明知是有罪的人而故意包庇不使他受追诉，或者在刑事审判活动中故意违背事实和法律作枉法裁判的，处五年以下有期徒刑或者拘役；情节严重的，处五年以上十年以下有期徒刑；情节特别严重的，处十年以上有期徒刑。

在民事、行政审判活动中故意违背事实和法律作枉法裁判，情节严重的，处五年以下有期徒刑或者拘役；情节特别严重的，处五年以上十年以下有期徒刑。

在执行判决、裁定活动中，严重不负责任或者滥用职权，不依法采取诉讼保全措施、不履行法定执行职责，或者违法采取诉讼保全措施、强制执行措施，致使当事人或者其他人的利益遭受重大损失的，处五年以下有期徒刑或者拘役；致使当事人或者其他人的利益遭受特别重大损失的，处五年以上十年以下有期徒刑。

司法工作人员收受贿赂，有前三款行为的，同时又构成本法第三百八十五条规定之罪的，依照处罚较重的规定定罪处罚。

▶ **相关法律二**

★**中华人民共和国刑事诉讼法**（2018 年 10 月 26 日施行　主席令第 10 号）

第十九条　刑事案件的侦查由公安机关进行，法律另有规定的除外。

人民检察院在对诉讼活动实行法律监督中发现的司法工作人员利用职权实施的非法拘禁、刑讯逼供、非法搜查等侵犯公民权利、损害司法公正的犯罪，可以由人民检察院立案侦查。对于公安机关管辖的国家机关工作人员利用职权实施的重大犯罪案件，需要由人民检察院直接受理的时候，经省级以上人民检察院决定，可以由人民检察院立案侦查。

自诉案件，由人民法院直接受理。

▶ **司法解释一**

★**最高人民检察院关于渎职侵权犯罪案件立案标准的规定**（2006 年 7 月 26 日施行　高检发释字〔2006〕2 号）（节录）

（七）执行判决、裁定失职案（第三百九十九条第三款）

执行判决、裁定失职罪是指司法工作人员在执行判决、裁定活动中，严重不负责任，不依法采取诉讼保全措施、不履行法定执行职责，或者违法采取保全措施、强制执行措施，致使当事人或者其他人的利益遭受重大损失的行为。

涉嫌下列情形之一的，应予立案：

1. 致使当事人或者其近亲属自杀、自残造成重伤、死亡，或者精神失常的；

2. 造成个人财产直接经济损失 15 万元以上，或者直接经济损失不满 15 万元，但间接经济损失 75 万元以上的；

3. 造成法人或者其他组织财产直接经济损失 30 万元以上，或者直接经济损失不满 30 万元，但间接经济损失 150 万元以上的；

4. 造成公司、企业等单位停业、停产 1 年以上，或者破产的；

5. 其他致使当事人或者其他人的利益遭受重大损失的情形。

（八）执行判决、裁定滥用职权案（第三百九十九条第三款）

执行判决、裁定滥用职权罪是指司法工作人员在执行判决、裁定活动中，滥用职权，不依法采取诉讼保全措施、不履行法定执行职责，或者违法采取保全措施、强制执行措施，致使当事人或者其他人的利益遭受重大损失的行为。

涉嫌下列情形之一的，应予立案：

1. 致使当事人或者其近亲属自杀、自残造成重伤、死亡，或者精神失常的；

2. 造成个人财产直接经济损失 10 万元以上，或者直接经济损失不满 10 万元，但间接经济损失 50 万元以上的；

3. 造成法人或者其他组织财产直接经济损失 20 万元以上，或者直接经济损失不满 20 万元，但间接经济损失 100 万元以上的；

4. 造成公司、企业等单位停业、停产 6 个月以上，或者破产的；

5. 其他致使当事人或者其他人的利益遭受重大损失的情形。

➡ 司法解释二

★最高人民法院、最高人民检察院关于办理渎职刑事案件适用法律若干问题的解释（一）（2013 年 1 月 9 日施行　法释〔2012〕18 号）（节录）

第一条　国家机关工作人员滥用职权或者玩忽职守，具有下列情形之一的，应当认定为刑法第三百九十七条规定的"致使公共财产、国家和人民利益遭受重大损失"：

……

（二）造成经济损失 30 万元以上的；

（三）造成恶劣社会影响的；

……

具有下列情形之一的，应当认定为刑法第三百九十七条规定的"情节特别严重"：

……

（二）造成经济损失 150 万元以上的；

（四）造成特别恶劣社会影响的；

（五）其他特别严重的情节。

第二条 国家机关工作人员实施滥用职权或者玩忽职守犯罪行为，触犯刑法分则第九章第三百九十八条至第四百一十九条规定的，依照该规定定罪处罚。

国家机关工作人员滥用职权或者玩忽职守，因不具备徇私舞弊等情形，不符合刑法分则第九章第三百九十八条至第四百一十九条的规定，但依法构成第三百九十七条规定的犯罪的，以滥用职权罪或者玩忽职守罪定罪处罚。

第三条 国家机关工作人员实施渎职犯罪并收受贿赂，同时构成受贿罪的，除刑法另有规定外，以渎职犯罪和受贿罪数罪并罚。

第八条 本解释规定的"经济损失"，是指渎职犯罪或者与渎职犯罪相关联的犯罪立案时已经实际造成的财产损失，包括为挽回渎职犯罪所造成损失而支付的各种开支、费用等。立案后至提起公诉前持续发生的经济损失，应一并计入渎职犯罪造成的经济损失。

债务人经法定程序被宣告破产，债务人潜逃、去向不明，或者因行为人的责任超过诉讼时效等，致使债权已经无法实现的，无法实现的债权部分应当认定为渎职犯罪的经济损失。

渎职犯罪或者与渎职犯罪相关联的犯罪立案后，犯罪分子及其亲友自行挽回的经济损失，司法机关或者犯罪分子所在单位及其上级主管部门挽回的经济损失，或者因客观原因减少的经济损失，不予扣减，但可以作为酌定从轻处罚的情节。

▶ 司法解释性文件一

★**最高人民法院、最高人民检察院、国家发展和改革委员会等关于建立和完善执行联动机制若干问题的意见**（2010 年 7 月 7 日施行 法发〔2010〕15 号）（节录）

第五条 检察机关应当对拒不执行法院判决、裁定以及其他妨害执行构成犯罪的人员，及时依法从严进行追诉；依法查处执行工作中出现的渎职侵权、贪污受贿等职务犯罪案件。

▶ 司法解释性文件二

★**最高人民法院、最高人民检察院、公安部、国家安全部、司法部关于对司法工作人员在诉讼活动中的渎职行为加强法律监督的若干规定（试行）**（2010 年 7 月 26 日施行 高检会〔2010〕4 号）（节录）

第二条 人民检察院依法对诉讼活动实行法律监督。对司法工作人员的渎职行为可以通过依法审查案卷材料、调查核实违法事实、提出纠正违法意见或者建议更换办案人、立案侦查职务犯罪等措施进行法律监督。

第三条 司法工作人员在诉讼活动中具有下列情形之一的，可以认定为司法工作人员具有涉嫌渎职的行为，人民检察院应当调查核实：

（二）非法拘禁他人或者以其他方法非法剥夺他人人身自由的；

（三）非法搜查他人身体、住宅，或者非法侵入他人住宅的；

（五）侵吞或者违法处置被查封、扣押、冻结的款物的；

（九）在执行判决、裁定活动中严重不负责任或者滥用职权，不依法采取诉讼保全措施、不履行法定执行职责，或者违法采取诉讼保全措施、强制执行措施，致使当事人或者其他人的合法利益遭受损害的；

（十二）其他严重违反刑事诉讼法、民事诉讼法、行政诉讼法和刑法规定，不依法履行职务，损害当事人合法权利，影响公正司法的诉讼违法行为和职务犯罪行为。

第十三条 人民检察院提出纠正违法意见或者更换办案人建议的，有关机关应当在十五日内作出处理并将处理情况书面回复人民检察院。对于人民检察院的纠正违法通知书和更换办案人建议书，有关机关应当存入诉讼卷宗备查。

有关机关对人民检察院提出的纠正违法意见有异议的，应当在收到纠正违法通知书后五日内将不同意见书面回复人民检察院，人民检察院应当在七日内进行复查。人民检察院经过复查，认为纠正违法意见正确的，应当立即向上一级人民检察院报告；认为纠正违法意见错误的，应当撤销纠正违法意见，并及时将撤销纠正违法意见书送达有关机关。

上一级人民检察院经审查，认为下级人民检察院的纠正违法意见正确的，应当及时与同级有关机关进行沟通，同级有关机关应当督促其下级机关进行纠正；认为下级人民检察院的纠正违法意见不正确的，应当书面通知下级人民检察院予以撤销，下级人民检察院应当执行，并依照本规定第十条第一款第四项的规定，说明情况，消除影响。

第十六条 本规定所称的司法工作人员，是指依法负有侦查、检察、审判、监管和判决、裁定执行职责的国家工作人员。

▶司法解释性文件三

★最高人民检察院关于人民检察院立案侦查司法工作人员相关职务犯罪案件若干问题的规定（2018年11月24日施行）（节录）

2018年10月26日，第十三届全国人民代表大会常务委员会第六次会议审议通过了《关于修改〈中华人民共和国刑事诉讼法〉的决定》。修改后的《刑事诉讼法》第十九条第二款规定："人民检察院在对诉讼活动实行法律监督中发现的司法工作人员利用职权实施的非法拘禁、刑讯逼供、非法搜查等侵犯公民权利、损害司法公正的犯罪，可以由人民检察院立案侦查。"为做好人民检察院与监察委员会案件管辖范围的衔接，对在诉讼监督中发现的司法工作人员利用职权实施的侵犯公民权利、损害司法公正的犯罪依法履行侦查职责，作出如下规定：

一、案件管辖范围

人民检察院在对诉讼活动实行法律监督中，发现司法工作人员涉嫌利用职权实施的下列侵犯公民权利、损害司法公正的犯罪案件，可以立案侦查：

10. 执行判决裁定、失职罪（刑法第三百九十九条第三款）；

11. 执行判决裁定滥用职权罪（刑法第三百九十九条第三款）；

二、级别管辖和侦查部门

本规定所列犯罪案件，由设区的市级人民检察院立案侦查。基层人民检察院发现犯罪线索的，应当报设区的市级人民检察院决定立案侦查。设区的市级人民检察院也可以将案件交由基层人民检察院立案侦查，或者由基层人民检察院协助侦查。最高人民检察院、省级人民检察院发现犯罪线索的，可以自行决定立案侦查，也可以将案件线索交由指定的省级人民检察院、设区的市级人民检察院立案侦查。

本规定所列犯罪案件，由人民检察院负责刑事检察工作的专门部门负责侦查。设区的市级以上人民检察院侦查终结的案件，可以交有管辖权的基层人民法院相对应的基层人民检察院提起公诉；需要指定其他基层人民检察院提起公诉的，应当与同级人民法院协商指定管辖；依法应当由中级人民法院管辖的案件，应当由设区的市级人民检察院提起公诉。

三、案件线索的移送和互涉案件的处理

人民检察院立案侦查本规定所列犯罪时，发现犯罪嫌疑人同时涉嫌监察委员会管辖的职务犯罪线索的，应当及时与同级监察委员会沟通，一般应当由监察委员会为主调查，人民检察院予以协助。经沟通，认为全案由监察委员会管辖更为适宜，人民检察院应当撤销案件，将案件和相应职务犯罪线索一并移送监察委员会；认为由监察委员会和人民检察院分别管辖更为适宜的，人民检察院应当将监察委员会管辖的相应职务犯罪线索移送监察委员会，对依法由人民检察院管辖的犯罪案件继续侦查。人民检察院应当及时将沟通情况报告上一级人民检察院。沟通期间，人民检察院不得停止对案件的侦查。监察委员会和人民检察院分别管辖的案件，调查（侦查）终结前，人民检察院应当就移送审查起诉有关事宜与监察委员会加强沟通，协调一致，由人民检察院依法对全案审查起诉。

人民检察院立案侦查本规定所列犯罪时，发现犯罪嫌疑人同时涉嫌公安机关管辖的犯罪线索的，依照现行有关法律和司法解释的规定办理。

四、办案程序

（一）人民检察院办理本规定所列犯罪案件，不再适用对直接受理立案侦查案件决定立案报上一级人民检察院备案，逮捕犯罪嫌疑人报上一级人民检察院审查决定的规定。

（二）对本规定所列犯罪案件，人民检察院拟作撤销案件、不起诉决定的，应当报上一级人民检察院审查批准。

（三）人民检察院负责刑事检察工作的专门部门办理本规定所列犯罪案件，认为需要逮捕犯罪嫌疑人的，应当由相应的刑事检察部门审查，报检察长或者检察委员会决定。

（四）人民检察院办理本规定所列犯罪案件，应当依法接受人民监督员的监督。

最高人民检察院此前印发的规范性文件与本规定不一致的，以本规定为准。

第二节　其他违法与责任追究

➡ 相关法律一

★中华人民共和国法官法①（2019 年 10 月 1 日施行　主席令第 38 号）（节录）

第四十六条　法官有下列行为之一的，应当给予处分；构成犯罪的，依法追究刑事责任：

（一）贪污受贿、徇私舞弊、枉法裁判的；

（二）隐瞒、伪造、变造、故意损毁证据、案件材料的；

（三）泄露国家秘密、审判工作秘密、商业秘密或者个人隐私的；

（四）故意违反法律法规办理案件的；

（五）因重大过失导致裁判结果错误并造成严重后果的；

（六）拖延办案，贻误工作的；

（七）利用职权为自己或者他人谋取私利的；

（八）接受当事人及其代理人利益输送，或者违反有关规定会见当事人及其代理人的；

（九）违反有关规定从事或者参与营利性活动，在企业或者其他营利性组

---

① 已于 2019 年 4 月 23 日修订。

织中兼任职务的；

（十）有其他违纪违法行为的。

法官的处分按照有关规定办理。

第四十七条　法官涉嫌违纪违法，已经被立案调查、侦查，不宜继续履行职责的，按照管理权限和规定的程序暂时停止其履行职务。

第四十八条　最高人民法院和省、自治区、直辖市设立法官惩戒委员会，负责从专业角度审查认定法官是否存在本法第四十六条第四项、第五项规定的违反审判职责的行为，提出构成故意违反职责、存在重大过失、存在一般过失或者没有违反职责等审查意见。法官惩戒委员会提出审查意见后，人民法院依照有关规定作出是否予以惩戒的决定，并给予相应处理。

法官惩戒委员会由法官代表、其他从事法律职业的人员和有关方面代表组成，其中法官代表不少于半数。

最高人民法院法官惩戒委员会、省级法官惩戒委员会的日常工作，由相关人民法院的内设职能部门承担。

第四十九条　法官惩戒委员会审议惩戒事项时，当事法官有权申请有关人员回避，有权进行陈述、举证、辩解。

第五十条　法官惩戒委员会作出的审查意见应当送达当事法官。当事法官对审查意见有异议的，可以向惩戒委员会提出，惩戒委员会应当对异议及其理由进行审查，作出决定。

第五十一条　法官惩戒委员会审议惩戒事项的具体程序，由最高人民法院商有关部门确定。

▶ **相关法律二**

★**中华人民共和国国家赔偿法**（2013 年 1 月 1 日施行　主席令第 68 号）（节录）

第三十八条　人民法院在民事诉讼、行政诉讼过程中，违法采取对妨害诉讼的强制措施、保全措施或者对判决、裁定及其他生效法律文书执行错误，造成损害的，赔偿请求人要求赔偿的程序，适用本法刑事赔偿程序的规定。

▶ **司法解释一**

★**最高人民法院关于民事、行政诉讼中司法赔偿若干问题的解释**（2000 年9 月 21 日施行　法释〔2000〕27 号）

根据《中华人民共和国国家赔偿法》（以下简称国家赔偿法）以及有关法律规定，现就审理民事、行政诉讼中司法赔偿案件具体适用法律的若干问题解释如下：

第一条 根据国家赔偿法第三十一条①的规定，人民法院在民事、行政诉讼过程中，违法采取对妨害诉讼的强制措施、保全措施或者对判决、裁定及其他生效法律文书执行错误，侵犯公民、法人和其他组织合法权益造成损害的，依法应由国家承担赔偿责任。

第二条 违法采取对妨害诉讼的强制措施，是指下列行为：

（一）对没有实施妨害诉讼行为的人或者没有证据证明实施妨害诉讼的人采取司法拘留、罚款措施的；

（二）超过法律规定期限实施司法拘留的；

（三）对同一妨害诉讼行为重复采取罚款、司法拘留措施的；

（四）超过法律规定金额实施罚款的；

（五）违反法律规定的其他情形。

第三条 违法采取保全措施，是指人民法院依职权采取的下列行为：

（一）依法不应当采取保全措施而采取保全措施或者依法不应当解除保全措施而解除保全措施的；

（二）保全案外人财产的，但案外人对案件当事人负有到期债务的情形除外；

（三）明显超过申请人申请保全数额或者保全范围的；

（四）对查封、扣押的财物不履行监管职责，严重不负责任，造成毁损、灭失的，但依法交由有关单位、个人负责保管的情形除外；

（五）变卖财产未由合法评估机构估价，或者应当拍卖而未依法拍卖，强行将财物变卖给他人的；

（六）违反法律规定的其他情形。

第四条 对判决、裁定及其他生效法律文书执行错误，是指对已经发生法律效力的判决、裁定、民事制裁决定、调解、支付令、仲裁裁决、具有强制执行效力的公证债权文书以及行政处罚、处理决定等执行错误。包括下列行为：

（一）执行尚未发生法律效力的判决、裁定、民事制裁决定等法律文书的；

（二）违反法律规定先予执行的；

（三）违法执行案外人财产且无法执行回转的；

（四）明显超过申请数额、范围执行且无法执行回转的；

（五）执行过程中，对查封、扣押的财产不履行监管职责，严重不负责任，造成财物毁损、灭失的；

---

① 已修改为国家赔偿法第三十八条。

（六）执行过程中，变卖财物未由合法评估机构估价，或者应当拍卖而未依法拍卖，强行将财物变卖给他人的；

（七）违反法律规定的其他情形。

第五条　人民法院及其工作人员在民事、行政诉讼或者执行过程中，以殴打或者唆使他人以殴打等暴力行为，或者违法使用武器、警械，造成公民身体伤害、死亡的，应当比照国家赔偿法第十五条第（四）项、第（五）项规定予以赔偿。

第六条　人民法院及其工作人员在民事、行政诉讼或者执行过程中，具有本解释第二条至第五条规定情形，造成损害的，应当承担直接损失的赔偿责任。

因多种原因造成的损害，只赔偿因违法侵权行为所造成的直接损失。

第七条　根据国家赔偿法第十七条①、第三十一条的规定，具有下列情形之一的，国家不承担赔偿责任：

（一）因申请人申请保全有错误造成损害的；

（二）因申请人提供的执行标的物有错误造成损害的；

（三）人民法院工作人员与行使职权无关的个人行为；

（四）属于民事诉讼法第二百一十四条②规定情形的；

（五）被保全人、被执行人，或者人民法院依法指定的保管人员违法动用、隐匿、毁损、转移、变卖人民法院已经保全的财产的；

（六）因不可抗力造成损害后果的；

（七）依法不应由国家承担赔偿责任的其他情形。

第八条　申请民事、行政诉讼中司法赔偿的，违法行使职权的行为应当先经依法确认。

申请确认的，应当先向侵权的人民法院提出。

人民法院应自受理确认申请之日起两个月内依照相应程序作出裁决或相关的决定。

申请人对确认裁定或者决定不服或者侵权的人民法院逾期不予确认的，申请人可以向其上一级人民法院申诉。

第九条　未经依法确认直接向人民法院赔偿委员会申请作出赔偿决定的，人民法院赔偿委员会不予受理。

第十条　经依法确认有本解释第二条至第五条规定情形之一的，赔偿请求

---

① 已修改为国家赔偿法第十九条。

② 已修改为民事诉讼法第二百三十三条。

人可依法向侵权的人民法院提出赔偿申请，人民法院应当受理。人民法院逾期不作决定的，赔偿请求人可以向其上一级人民法院赔偿委员会申请作出赔偿决定。

第十一条 民事、行政诉讼中司法赔偿的赔偿方式主要为支付赔偿金。包括：支付侵犯人身自由权、生命健康权的赔偿金；财产损坏的，赔偿修复所需费用；财产灭失的，按侵权行为发生时当地市场价格予以赔偿；财产已拍卖的，给付拍卖所得的价款；财产已变卖的，按合法评估机构的估价赔偿；造成其他损害的，赔偿直接损失。

能够返还财产或者恢复原状的，予以返还财产或者恢复原状。包括：解除查封、扣押、冻结；返还财产、恢复原状；退还罚款、罚没财物。

第十二条 国家赔偿法第二十八条①第（七）项规定的直接损失包括下列情形：

（一）保全、执行过程中造成财物灭失、毁损、霉变、腐烂等损坏的；

（二）违法使用保全、执行的财物造成损坏的；

（三）保全的财产系国家批准的金融机构贷款的，当事人应支付的该贷款借贷状态下的贷款利息。执行上述款项的，贷款本金及当事人应支付的该贷款借贷状态下的贷款利息；

（四）保全、执行造成停产停业的，停产停业期间的职工工资、税金、水电费等必要的经常性费用；

（五）法律规定的其他直接损失。

第十三条 违法采取司法拘留措施的，按国家赔偿法第二十六条规定予以赔偿。

造成受害人名誉权、荣誉权损害的，按照国家赔偿法第三十条规定，在侵权行为影响的范围内，为受害人消除影响、恢复名誉、赔礼道歉。

第十四条 人民法院赔偿委员会在审理侦查、检察、监狱管理机关及其工作人员违法行使职权侵犯公民财产权造成损害的赔偿案件时，可参照本解释的有关规定办理。

▶ **司法解释二**

★最高人民法院关于审理人民法院国家赔偿确认案件若干问题的规定（试行）（2004 年 10 月 1 日施行　法释〔2004〕10 号）

第一条 公民、法人或者其他组织认为人民法院及其工作人员的职务行为侵犯其合法权益提起国家赔偿请求的，除本规定第五条规定的情形外，应当依

---

① 已修改为国家赔偿法第三十六条。

法先行申请确认。

第二条 公民、法人或者其他组织认为人民法院及其工作人员违法行使职权？申请确认的是确认申请人。

申请确认由作出司法行为的人民法院受理，但申请确认基层人民法院司法行为违法的案件，由中级人民法院受理。

第三条 具备下列条件的，应予立案：

（一）确认申请人应当具有《中华人民共和国国家赔偿法》第十八条规定的国家赔偿请求人资格；

（二）有具体的确认请求和损害事实、理由；

（三）确认申请人申请确认应当在司法行为发生或者知道、应当知道司法行为发生之日起两年内提出；

（四）属于受理确认申请的人民法院管辖。

第四条 具有下列情形之一的确认申请，不予受理：

（一）依法应当通过审判监督程序提出申诉或者申请再审的；

（二）申请事项属于司法机关已经立案正在查处的；

（三）人民法院工作人员的行为与行使职权无关的；

（四）属于《中华人民共和国民事诉讼法》第二百一十四条规定情形的；

（五）依法不属于确认范围的其他情形。

第五条 人民法院作出的下列情形之一的判决、裁定、决定，属于依法确认，当事人可以根据该判决、裁定、决定提出国家赔偿申请：

（一）逮捕决定已经依法撤销的，但《中华人民共和国刑事诉讼法》第十五条规定的情形除外；

（二）判决宣告无罪并已发生法律效力的；

（三）实施了国家赔偿法第十五条第（四）、（五）项规定的行为责任人员已被依法追究的；

（四）实施了国家赔偿法第十六条第（一）项规定行为，并已依法作出撤销决定的；

（五）依法撤销违法司法拘留、罚款、财产保全、执行裁定、决定的；

（六）对违法行为予以纠正的其他情形。

第六条 人民法院应当在收到确认申请之日起七日内决定是否立案。

审查立案时，发现缺少相关证据的，可以通知确认申请人七日内予以补充。

第七条 确认申请人对不予受理决定不服的，可以在收到不予受理决定书之日起十五日内，向上一级人民法院申请复议。

上一级人民法院应当在收到复议申请之日起三十日内作出是否受理的决定。

第八条 人民法院审理确认案件应当组成合议庭。

第九条 人民法院审理确认案件，应当审查以下内容：

（一）被申请确认的损害事实是否存在；

（二）人民法院原作出司法行为的理由及依据；

（三）人民法院原行使职权的行为是否符合法定程序、原行使的职权适用法律是否正确；

（四）其他需要审查的内容。

第十条 人民法院审理确认案件可以进行书面审理，根据案件的具体情况可以进行听证。是否听证由合议庭决定。

第十一条 被申请确认的案件在原审判、执行过程中，具有下列情形之一的，应当确认违法：

（一）人民法院决定逮捕的犯罪嫌疑人没有犯罪事实或者事实不清、证据不足，释放后，未依法撤销逮捕决定的；

（二）查封、扣押、冻结、追缴与刑事案件无关的合法财产，并造成损害的；

（三）违反法律规定对没有实施妨害诉讼行为的人、被执行人、协助执行人等，采取或者重复采取拘传、拘留、罚款等强制措施，且未依法撤销的；

（四）司法拘留超过法律规定或者决定书确定的期限的；

（五）超过法定金额实施司法罚款的；

（六）违反法律规定采取或者解除保全措施，给确认申请人造成损害的；

（七）超标的查封、扣押、冻结、变卖或者执行确认申请人可分割的财产，给申请人造成损害的；

（八）违反法律规定，重复查封、扣押、冻结确认申请人财产，给申请人造成损害的；

（九）对查封、扣押的财物故意不履行监管职责，发生灭失或者其他严重后果，给确认申请人造成损害的；

（十）对已经发现的被执行人的财产，故意拖延执行或者不执行，导致被执行的财产流失，给确认申请人造成损害的；

（十一）对应当恢复执行的案件不予恢复执行，导致被执行的财产流失，给确认申请人造成损害的；

（十二）没有法律依据将案件执行款物执行给其他当事人或者案外人，给确认申请人造成损害的；

（十三）违法查封、扣押、执行案外人财产，给案外人造成损害的；

（十四）对依法应当拍卖的财产未拍卖，强行将财产变卖或者以物抵债，给确认申请人造成损害的；

（十五）违反法律规定的其他情形。

第十二条　人民法院确认或者不予确认违法行使职权的，应当制作裁定书。确认违法的，应同时撤销原违法裁决。

人民法院对本院司法行为是否违法作出的裁定书由院长署名；上级人民法院对下级人民法院司法行为是否违法作出的裁定书由合议庭署名。

第十三条　人民法院审理确认案件，应当自送达受理通知书之日起六个月内作出裁定。需要延长期限的，报请本院院长批准可以延期三个月。

第十四条　确认申请人对人民法院受理确认申请后，超过审理期限未作出裁决的，可以在期满后三十日内向上一级人民法院提出书面申诉。

上一级人民法院应当在收到确认申诉书之日起三个月内指令下级人民法院限期作出裁定或者自行审理。自行审理需要延长期限的，报请本院院长批准可以延期三个月。

第十五条　上级人民法院审理确认案件举行听证的，下级人民法院应当参加听证。

确认申请人无正当理由不参加听证的，视为撤回确认申请。

第十六条　原作出司法行为的人民法院有义务对其行为的合法性作出说明。

第十七条　确认申请人对人民法院作出的不予确认违法的裁定不服，可以在收到裁定书之日起三十日内向上一级人民法院提出申诉。

上一级人民法院应当在收到确认申诉书之日起三个月内作出确认或者不予确认的裁定。需要延长期限的，报请本院院长批准可以延期三个月。

第十八条　最高人民法院对各级人民法院、上级人民法院对下级人民法院作出的确认裁定认为确有错误的，可以直接作出确认，也可以指令下级人民法院或者其他同级人民法院重新确认。

第十九条　本规定发布前的司法解释，与本规定相抵触的，以本规定为准。

第二十条　本规定自 2004 年 10 月 1 日起施行。

▶ **司法解释三**

★**最高人民法院关于审理民事、行政诉讼中司法赔偿案件适用法律若干问题的解释**（2016 年 10 月 1 日施行　法释〔2016〕20 号）

根据《中华人民共和国国家赔偿法》及有关法律规定，结合人民法院国家赔偿工作实际，现就人民法院赔偿委员会审理民事、行政诉讼中司法赔偿案件的若干法律适用问题解释如下：

第一条 人民法院在民事、行政诉讼过程中，违法采取对妨害诉讼的强制措施、保全措施、先予执行措施，或者对判决、裁定及其他生效法律文书执行错误，侵犯公民、法人和其他组织合法权益并造成损害的，赔偿请求人可以依法向人民法院申请赔偿。

第二条 违法采取对妨害诉讼的强制措施，包括以下情形：

（一）对没有实施妨害诉讼行为的人采取罚款或者拘留措施的；

（二）超过法律规定金额采取罚款措施的；

（三）超过法律规定期限采取拘留措施的；

（四）对同一妨害诉讼的行为重复采取罚款、拘留措施的；

（五）其他违法情形。

第三条 违法采取保全措施，包括以下情形：

（一）依法不应当采取保全措施而采取的；

（二）依法不应当解除保全措施而解除，或者依法应当解除保全措施而不解除的；

（三）明显超出诉讼请求的范围采取保全措施的，但保全财产为不可分割物且被保全人无其他财产或者其他财产不足以担保债权实现的除外；

（四）在给付特定物之诉中，对与案件无关的财物采取保全措施的；

（五）违法保全案外人财产的；

（六）对查封、扣押、冻结的财产不履行监管职责，造成被保全财产毁损、灭失的；

（七）对季节性商品或者鲜活、易腐烂变质以及其他不宜长期保存的物品采取保全措施，未及时处理或者违法处理，造成物品毁损或者严重贬值的；

（八）对不动产或者船舶、航空器和机动车等特定动产采取保全措施，未依法通知有关登记机构不予办理该保全财产的变更登记，造成该保全财产所有权被转移的；

（九）违法采取行为保全措施的；

（十）其他违法情形。

第四条 违法采取先予执行措施，包括以下情形：

（一）违反法律规定的条件和范围先予执行的；

（二）超出诉讼请求的范围先予执行的；

（三）其他违法情形。

第五条 对判决、裁定及其他生效法律文书执行错误，包括以下情形：

（一）执行未生效法律文书的；

（二）超出生效法律文书确定的数额和范围执行的；

（三）对已经发现的被执行人的财产，故意拖延执行或者不执行，导致被执行财产流失的；

（四）应当恢复执行而不恢复，导致被执行财产流失的；

（五）违法执行案外人财产的；

（六）违法将案件执行款物执行给其他当事人或者案外人的；

（七）违法对抵押物、质物或者留置物采取执行措施，致使抵押权人、质权人或者留置权人的优先受偿权无法实现的；

（八）对执行中查封、扣押、冻结的财产不履行监管职责，造成财产毁损、灭失的；

（九）对季节性商品或者鲜活、易腐烂变质以及其他不宜长期保存的物品采取执行措施，未及时处理或者违法处理，造成物品毁损或者严重贬值的；

（十）对执行财产应当拍卖而未依法拍卖的，或者应当由资产评估机构评估而未依法评估，违法变卖或者以物抵债的；

（十一）其他错误情形。

第六条 人民法院工作人员在民事、行政诉讼过程中，有殴打、虐待或者唆使、放纵他人殴打、虐待等行为，以及违法使用武器、警械，造成公民身体伤害或者死亡的，适用国家赔偿法第十七条第四项、第五项的规定予以赔偿。

第七条 具有下列情形之一的，国家不承担赔偿责任：

（一）属于民事诉讼法第一百零五条、第一百零七条第二款和第二百三十三条规定情形的；

（二）申请执行人提供执行标的物错误的，但人民法院明知该标的物错误仍予以执行的除外；

（三）人民法院依法指定的保管人对查封、扣押、冻结的财产违法动用、隐匿、毁损、转移或者变卖的；

（四）人民法院工作人员与行使职权无关的个人行为；

（五）因不可抗力、正当防卫和紧急避险造成损害后果的；

（六）依法不应由国家承担赔偿责任的其他情形。

第八条 因多种原因造成公民、法人和其他组织合法权益损害的，应当根据人民法院及其工作人员行使职权的行为对损害结果的发生或者扩大所起的作用等因素，合理确定赔偿金额。

第九条 受害人对损害结果的发生或者扩大也有过错的，应当根据其过错对损害结果的发生或者扩大所起的作用等因素，依法减轻国家赔偿责任。

第十条 公民、法人和其他组织的损失，已经在民事、行政诉讼过程中获得赔偿、补偿的，对该部分损失，国家不承担赔偿责任。

第十一条 人民法院及其工作人员在民事、行政诉讼过程中，具有本解释第二条、第六条规定情形，侵犯公民人身权的，应当依照国家赔偿法第三十三条、第三十四条的规定计算赔偿金。致人精神损害的，应当依照国家赔偿法第三十五条的规定，在侵权行为影响的范围内，为受害人消除影响、恢复名誉、赔礼道歉；造成严重后果的，还应当支付相应的精神损害抚慰金。

第十二条 人民法院及其工作人员在民事、行政诉讼过程中，具有本解释第二条至第五条规定情形，侵犯公民、法人和其他组织的财产权并造成损害的，应当依照国家赔偿法第三十六条的规定承担赔偿责任。

财产不能恢复原状或者灭失的，应当按照侵权行为发生时的市场价格计算损失；市场价格无法确定或者该价格不足以弥补受害人所受损失的，可以采用其他合理方式计算损失。

第十三条 人民法院及其工作人员对判决、裁定及其他生效法律文书执行错误，且对公民、法人或者其他组织的财产已经依照法定程序拍卖或者变卖的，应当给付拍卖或者变卖所得的价款。

人民法院违法拍卖，或者变卖价款明显低于财产价值的，应当依照本解释第十二条的规定支付相应的赔偿金。

第十四条 国家赔偿法第三十六条第六项规定的停产停业期间必要的经常性费用开支，是指法人、其他组织和个体工商户为维系停产停业期间运营所需的基本开支，包括留守职工工资、必须缴纳的税费、水电费、房屋场地租金、设备租金、设备折旧费等必要的经常性费用。

第十五条 国家赔偿法第三十六条第七项规定的银行同期存款利息，以作出生效赔偿决定时中国人民银行公布的一年期人民币整存整取定期存款基准利率计算，不计算复利。

应当返还的财产属于金融机构合法存款的，对存款合同存续期间的利息按照合同约定利率计算。

应当返还的财产系现金的，比照本条第一款规定支付利息。

第十六条 依照国家赔偿法第三十六条规定返还的财产系国家批准的金融机构贷款的，除贷款本金外，还应当支付该贷款借贷状态下的贷款利息。

第十七条 用益物权人、担保物权人、承租人或者其他合法占有使用财产的人，依据国家赔偿法第三十八条规定申请赔偿的，人民法院应当依照《最高人民法院关于国家赔偿案件立案工作的规定》予以审查立案。

第十八条 人民法院在民事、行政诉讼过程中，违法采取对妨害诉讼的强制措施、保全措施、先予执行措施，或者对判决、裁定及其他生效法律文书执行错误，系因上一级人民法院复议改变原裁决所致的，由该上一级人民法院作为赔偿义务机关。

第十九条　公民、法人或者其他组织依据国家赔偿法第三十八条规定申请赔偿的，应当在民事、行政诉讼程序或者执行程序终结后提出，但下列情形除外：

（一）人民法院已依法撤销对妨害诉讼的强制措施的；

（二）人民法院采取对妨害诉讼的强制措施，造成公民身体伤害或者死亡的；

（三）经诉讼程序依法确认不属于被保全人或者被执行人的财产，且无法在相关诉讼程序或者执行程序中予以补救的；

（四）人民法院生效法律文书已确认相关行为违法，且无法在相关诉讼程序或者执行程序中予以补救的；

（五）赔偿请求人有证据证明其请求与民事、行政诉讼程序或者执行程序无关的；

（六）其他情形。

赔偿请求人依据前款规定，在民事、行政诉讼程序或者执行程序终结后申请赔偿的，该诉讼程序或者执行程序期间不计入赔偿请求时效。

第二十条　人民法院赔偿委员会审理民事、行政诉讼中的司法赔偿案件，有下列情形之一的，相应期间不计入审理期限：

（一）需要向赔偿义务机关、有关人民法院或者其他国家机关调取案卷或者其他材料的；

（二）人民法院赔偿委员会委托鉴定、评估的。

第二十一条　人民法院赔偿委员会审理民事、行政诉讼中的司法赔偿案件，应当对人民法院及其工作人员行使职权的行为是否符合法律规定，赔偿请求人主张的损害事实是否存在，以及该职权行为与损害事实之间是否存在因果关系等事项一并予以审查。

第二十二条　本解释自 2016 年 10 月 1 日起施行。本解释施行前最高人民法院发布的司法解释与本解释不一致的，以本解释为准。

▶ 司法解释性文件一

★最高人民法院、司法部关于规范法官和律师相互关系维护司法公正的若干规定（2004 年 3 月 19 日施行　法发〔2004〕9 号）（节录）

第三条　法官不得私自单方面会见当事人及其委托的律师。

律师不得违反规定单方面会见法官。

第六条 法官不得为当事人推荐、介绍律师作为其代理人、辩护人，或者暗示更换承办律师，或者为律师介绍代理、辩护等法律服务业务，并且不得违反规定向当事人及其委托的律师提供咨询意见或者法律意见。

第七条 法官不得向当事人及其委托律师索取或者收取礼品、金钱、有价证券等；不得借婚丧喜庆事宜向律师索取或者收取礼品、礼金；不得接受当事人及其委托律师的宴请；不得要求或者接受当事人及其委托律师出资装修住宅、购买商品或者进行各种娱乐、旅游活动；不得要求当事人及其委托的律师报销任何费用；不得向当事人及其委托的律师借用交通工具、通讯工具或者其他物品。

第八条 法官不得要求或者暗示律师向当事人索取财物或者其他利益。

当事人委托的律师不得假借法官的名义或者以联络、酬谢法官为由，向当事人索取财物或者其他利益。

第九条 法官应当严格遵守法律规定的审理期限，合理安排审判事务，遵守开庭时间。

律师应当严格遵守法律规定的提交诉讼文书的期限及其他相关程序性规定，遵守开庭时间。

法官和律师均不得借故延迟开庭。法官确有正当理由不能按期开庭，或者律师确有正当理由不能按期出庭的，人民法院应当在不影响案件审理期限的情况下，另行安排开庭时间，并及时通知当事人及其委托的律师。

第十条 法官在庭审过程中，应当严格按照法律规定的诉讼程序进行审判活动，尊重律师的执业权利，认真听取诉讼双方的意见。

律师应当自觉遵守法庭规则，尊重法官权威，依法履行辩护、代理职责。

第十一条 法官和律师在诉讼活动中应当严格遵守司法礼仪，保持良好的仪表，举止文明。

第十二条 律师对于法官有违反本规定行为的，可以自行或者通过司法行政部门、律师协会向有关人民法院反映情况，或者署名举报，提出追究违纪法官党纪、政纪或者法律责任的意见。

法官对于律师有违反本规定行为的，可以直接或者通过人民法院向有关司法行政部门、律师协会反映情况，或者提出给予行业处分、行政处罚直至追究法律责任的司法建议。

第十三条 当事人、案外人发现法官或者律师有违反本规定行为的，可以向有关人民法院、司法行政部门、纪检监察部门、律师协会反映情况或者署名举报。

第十四条 人民法院、司法行政部门、律师协会对于法官、律师违反本规定的，应当视其情节，按照有关法律、法规或者规定给予处理；构成犯罪的，依法追究刑事责任。

第十五条 对法官和律师在案件执行过程中的纪律约束，按照本规定执行。

对人民法院其他工作人员和律师辅助人员的纪律约束，参照本规定的有关内容执行。

▶ **司法解释性文件二**

★**最高人民法院关于"五个严禁"的规定**（2009 年 1 月 8 日施行 法发〔2009〕2 号）

一、严禁接受案件当事人及相关人员的请客送礼；

二、严禁违反规定与律师进行不正当交往；

三、严禁插手过问他人办理的案件；

四、严禁在委托评估、拍卖等活动中徇私舞弊；

五、严禁泄露审判工作秘密。

人民法院工作人员凡违反上述规定，依纪依法追究纪律责任直至刑事责任。从事审判、执行工作的，一律调离审判、执行岗位。

▶ **司法解释性文件三**

★**最高人民法院关于违反"五个严禁"规定的处理办法**（2009 年 1 月 8 日施行 法发〔2009〕2 号）

第一条 为了严肃人民法院工作纪律、确保"五个严禁"规定落到实处，特制定本办法。

第二条 "五个严禁"规定所称"接受案件当事人及相关人员的请客送礼"，是指接受案件当事人、辩护人、代理人以及受委托从审计、评估、拍卖、变卖、鉴定或者破产管理等单位人员的钱物、请客、娱乐、旅游以及其他利益的行为。

第三条 "五个严禁"规定所称"违反规定与律师进行不正当交往"，是指违反最高人民法院、司法部《关于规范法官和律师相互关系维护司法公正的若干规定》以及最高人民法院的相关制度规定，与律师进行不正当交往的行为。

第四条 "五个严禁"规定所称"插手过问他人办理的案件"，是指违反规定插手、干预、过问、打听他人办理的案件，或者向案件承办单位（部门）的领导、合议庭成员、独任审判人员或者其他辅助办案人员打招呼、说情等行为。

第五条 "五个严禁"规定所称"在委托评估、拍卖变卖等活动中徇私舞弊"，是指在委托审计、评估、拍卖、变卖、鉴定或者指定破产管理人等活动中徇私情、谋私利、与相关机构和人员恶意串通、弄虚作假、违规操作等行为。

第六条 "五个严禁"规定所称"泄露审判工作秘密"，是指违反规定泄露合仪庭或者审判委员会讨论案件的具体情况及其他审判、执行工作秘密的行为。

第七条 人民法院行政编制、事业编制人员违反"五个严禁"规定之一的，要依纪依法追究纪律责任直至刑事责任；从事审判、执行工作的，一律调离审判、执行岗位。人民法院聘用制人员违反"五个严禁"规定之一的，一律解除聘用合同。

第八条 人民法院工作人员违反"五个严禁"规定的线索，由人民法院纪检监察部门统一管理，人民法院其他部门接到群众举报或者自行发现线索后，应当及时移送纪检监察部门。

第九条 人民法院纪检监察部门要按照管辖权限及时对违反"五个严禁"规定的线索进行核查。一经核实，需要调离审判、执行岗位的，应当及时提出处理意见报院党组决定。

第十条 人民法院政工部门根据院党组的决定，对违反"五个严禁"规定的人员履行组织处理手续。

第十一条 需要对违反"五个严禁"规定的人员追究纪律责任的，由人民法院纪检监察部门和机关党组织分别按照程序办理；需要追究刑事责任的，由纪检监察部门负责移送相关司法部门。

第十二条 违反"五个严禁"规定受到处理的人员，当年考核等次应当确定为不称职。

第十三条 本办法由最高人民法院负责解释。

第十四条 本办法自颁布之日起施行。

▶ **司法解释性文件四**

★**最高人民法院关于适用《人民法院工作人员处分条例》有关问题的答复**（2010 年 4 月 6 日施行　法发〔2010〕148 号）

湖南省高级人民法院：

你院《关于如何适用〈人民法院工作人员处分条例〉几个问题的请示》收悉。经研究，答复如下：

一、《人民法院工作人员处分条例》（以下简称《条例》）不溯及既往。《条例》发布前已做出处分决定的案件，如需要进行复议复查，适用当时的规定。尚未做出处分决定的案件，如果行为发生时的规定不认为是违纪，而本《条例》认为是违纪的，依照当时的规定处理；如果行为发生时的规定认为是违纪，依照当时的规定处理，但是如果本《条例》不认为是违纪或者处理较轻的，依照本《条例》处理。

二、人民法院工作人员退休以后因违纪违法应当降低或者取消所享受的待遇的，应由其原所在法院监察部门参照《监察部关于对犯错误的已退休国家公务员追究行政纪律责任若干问题的通知》（监发〔2001〕3号）和《监察部关于对犯错误的已退休国家公务员追究行政纪律责任中如何扣减退休金问题的答复》（监法复〔2004〕1号）的精神，向组织人事部门提出监察建议，并由该部门办理有关手续。

三、原属于上级法院监察部门监察对象的法院领导干部退休以后，因违纪违法需要给予降低或者取消所享受待遇的，由上级法院向退休人员原所在法院提出监察建议，并由该法院组织人事部门办理有关手续。

此复。

▶ 司法解释性文件五

★最高人民法院关于对配偶子女从事律师职业的法院领导干部和审判执行岗位法官实行任职回避的规定（试行）（2011年2月10日　法发〔2011〕5号）

为维护司法公正和司法廉洁，防止法院领导干部及法官私人利益与公共利益发生冲突，依照《中华人民共和国公务员法》、《中华人民共和国法官法》和《中国共产党党员领导干部廉洁从政若干准则》，制定本规定。

第一条　人民法院领导干部和审判、执行岗位法官，其配偶、子女在其任职法院辖区内从事律师职业的，应当实行任职回避。

本规定所称法院领导干部，是指各级人民法院的领导班子成员及审判委员会专职委员。

本规定所称审判、执行岗位法官，是指各级人民法院未担任院级领导职务的审判委员会委员以及在立案、审判、执行、审判监督、国家赔偿等部门从事审判、执行工作的法官和执行员。

本规定所称从事律师职业，是指开办律师事务所、以律师身份为案件当事人提供诉讼代理或者其他有偿法律服务。

第二条　人民法院在选拔任用干部时，不得将具备任职回避条件的人员作为法院领导干部和审判、执行岗位法官的拟任人选。

第三条　人民法院在补充审判、执行岗位工作人员时，不得补充具备任职回避条件的人员。

人民法院在补充非审判、执行岗位工作人员时，应当向拟补充的人员释明本规定的相关内容。

第四条　在本规定施行前具备任职回避条件的法院领导干部和审判、执行岗位法官，应当自本规定施行之日起六个月内主动提出任职回避申请；相关人民法院应当自本规定施行之日起十二个月内，按照有关程序为其办理职务变动或者岗位调整的手续。

第五条　在本规定施行前不具备任职回避条件，但在本规定施行后具备任职回避条件的法院领导干部和审判、执行岗位法官，应当自任职回避条件具备之日起一个月内主动提出任职回避申请；相关人民法院应当自申请期限届满之日起六个月内，按照有关程序为其办理职务变动或者岗位调整的手续。

第六条　具备任职回避条件的法院领导干部和审判、执行岗位法官在前述规定期限内没有主动提出任职回避申请的，相关人民法院应当自申请期限届满之日起六个月内，按照有关程序免去其所任领导职务或者将其调离审判执行岗位。

第七条　应当实行任职回避的法院领导干部和审判、执行岗位法官的任免权限不在人民法院的，相关人民法院可向具有干部任免权的机关提出为其办理职务调动或者免职手续的建议。

第八条　因配偶、子女从事律师职业而辞去现任职务或者退出审判、执行岗位的法院领导干部和法官，应当尽可能按原职级待遇重新安排工作岗位，但在重新安排工作时，不得违反本规定第二条、第三条的要求。

第九条　具备任职回避条件的法院领导干部及审判、执行岗位法官具有下列情形之一的，应当酌情给予批评教育、组织处理或者纪律处分：

（一）隐瞒配偶、子女从事律师职业情况的；

（二）采取弄虚作假手段规避任职回避的；

（三）拒不服从组织调整或者拒不办理公务交接的；

（四）具有其他违反任职回避规定行为的。

第十条　法院领导干部和审判、执行岗位法官的配偶、子女不在本规定所限地域范围内从事律师职业的，该法院领导干部和审判、执行岗位法官不实行任职回避，但其配偶、子女采取暗中代理等方式在本规定所限地域范围内从事律师职业的，应当责令其辞去领导职务或者将其调离审判、执行岗位；其本人知情的，还应当同时给予其相应的纪律处分。

第十一条　本规定由最高人民法院负责解释。

第十二条　本规定自发布之日起施行。

▶ 司法解释性文件六

★最高人民法院关于人民法院落实廉政准则防止利益冲突的若干规定
（2012 年 2 月 27 日施行　法发〔2012〕6 号）

第一条　为进一步规范人民法院工作人员的行为，促进人民法院工作人员公正廉洁执法，根据《中华人民共和国法官法》，并参照《中国共产党党员领导干部廉洁从政若干准则》，制定本规定。

第二条　人民法院工作人员不得接受可能影响公正执行公务的礼金、礼品、宴请以及旅游、健身、娱乐等活动安排。

违反本条规定的，依照《人民法院工作人员处分条例》第五十九条的规定处理。

第三条　人民法院工作人员不得从事下列营利性活动：

（一）本人独资或者与他人合资、合股经办商业或者其他企业；

（二）以他人名义入股经办企业；

（三）以承包、租赁、受聘等方式从事经营活动；

（四）违反规定拥有非上市公司（企业）的股份或者证券；

（五）本人或者与他人合伙在国（境）外注册公司或者投资入股；

（六）以本人或者他人名义从事以营利为目的的民间借贷活动；

（七）以本人或者他人名义从事可能与公共利益发生冲突的其他营利性活动。

违反本条规定的，依照《人民法院工作人员处分条例》第六十三条的规定处理。

第四条　人民法院工作人员不得为他人的经济活动提供担保。

违反本条规定的，依照《人民法院工作人员处分条例》第六十五条的规定处理。

第五条　人民法院工作人员不得利用职权和职务上的影响，买卖股票或者认股权证；不得利用在办案工作中获取的内幕信息，直接或者间接买卖股票和证券投资基金，或者向他人提出买卖股票和证券投资基金的建议。

违反本条规定的，依照《人民法院工作人员处分条例》第六十三条的规定处理。

第六条　人民法院工作人员在审理相关案件时，以本人或者他人名义持有与所审理案件相关的上市公司股票的，应主动申请回避。

违反本条规定的，依照《人民法院工作人员处分条例》第三十条的规定处理。

第七条　人民法院工作人员不得违反规定在律师事务所、中介机构及其他经济实体、社会团体中兼职，不得违反规定从事为案件当事人或者其他市场主体提供信息、介绍业务、开展咨询等有偿中介活动。

违反本条规定的，依照《人民法院工作人员处分条例》第六十三条的规定处理。

第八条 人民法院工作人员在离职或者退休后的规定年限内，不得具有下列行为：

（一）接受与本人原所办案件和其他业务相关的企业、律师事务所、中介机构的聘任；

（二）担任原任职法院所办案件的诉讼代理人或者辩护人；

（三）以律师身份担任诉讼代理人、辩护人。

违反本条规定的，分别依照《人民法院工作人员处分条例》第十七条、第三十条、第六十三条的规定处理。

第九条 人民法院工作人员不得利用职权和职务上的影响，指使他人提拔本人的配偶、子女及其配偶、以及其他特定关系人。

违反本条规定的，依照《人民法院工作人员处分条例》第七十一条的规定处理。

第十条 人民法院工作人员不得利用职权和职务上的影响，为本人的配偶、子女及其配偶、以及其他特定关系人支付、报销学习、培训、旅游等费用。

违反本条规定的，分别依照《人民法院工作人员处分条例》第五十五条、第五十九条、第六十四条的规定处理。

第十一条 人民法院工作人员不得利用职权和职务上的影响，为本人的配偶、子女及其配偶、以及其他特定关系人出国（境）定居、留学、探亲等向他人索取资助，或者让他人支付、报销上述费用。

违反本条规定的，分别依照《人民法院工作人员处分条例》第五十六条、第六十四条的规定处理。

第十二条 人民法院工作人员不得利用职权和职务上的影响妨碍有关机关对涉及本人的配偶、子女及其配偶、以及其他特定关系人案件的调查处理。

违反本条规定的，依照《人民法院工作人员处分条例》第九十七条的规定处理。

第十三条 人民法院工作人员不得利用职权和职务上的影响进行下列活动：

（一）放任本人的配偶、子女及其配偶、以及其他特定关系人收受案件当事人及其亲属、代理人、辩护人、执行中介机构人员以及其他关系人的财物；

（二）为本人的配偶、子女及其配偶、以及其他特定关系人经商、办企业提供便利条件；

（三）放任本人的配偶、子女及其配偶、以及其他特定关系人以本人名义谋取私利。

违反本条规定的，分别依照《人民法院工作人员处分条例》第五十六条、

第六十三条、第六十四条的规定处理。

第十四条　人民法院领导干部和审判执行岗位法官不得违反规定放任配偶、子女在其任职辖区内开办律师事务所、为案件当事人提供诉讼代理或者其他有偿法律服务。

违反本条规定的，依照《人民法院工作人员处分条例》第六十五条的规定处理。

第十五条　人民法院领导干部和综合行政岗位人员不得放任配偶、子女在其职权和业务范围内从事可能与公共利益发生冲突的经商、办企业、有偿中介服务等活动。

违反本条规定的，依照《人民法院工作人员处分条例》第六十五条的规定处理。

第十六条　人民法院工作人员不得违反规定干预和插手市场经济活动，从中收受财物或者为本人的配偶、子女及其配偶、以及其他特定关系人谋取利益。

违反本条规定的，分别依照《人民法院工作人员处分条例》第五十六条、第六十四条的规定处理。

第十七条　人民法院工作人员不得违反规定干扰妨碍有关机关对建设工程招投标、经营性土地使用权出让、房地产开发与经营等市场经济活动进行正常监管和案件查处。

违反本条规定的，依照《人民法院工作人员处分条例》第九十七条的规定处理。

第十八条　人民法院工作人员违反本规定，能够及时主动纠正的，可以从宽处理。对其中情节较轻的，可以免予处分，但应当给予批评教育；对其中情节较重的，可以从轻或者减轻处分，必要时也可以给予相应的组织处理。

人民法院工作人员违反本规定，需要接受行政处罚或者涉嫌犯罪的，应当依法移送有关机关处理。

第十九条　人民法院工作人员违反本规定所获取的经济利益应当予以收缴；违反本规定所获取的其他利益应当依照法律或者有关规定予以纠正或者撤销。

第二十条　本规定所称"人民法院工作人员"，是指各级人民法院行政编制和事业编制内的工作人员。

本规定所称"人民法院领导干部"，是指各级人民法院的领导班子成员及审判委员会专职委员。

本规定所称"审判、执行岗位法官"，是指各级人民法院未担任院级领导职务的审判委员会委员以及在立案、审判、执行、审判监督、国家赔偿等部门从事审判、执行工作的法官和执行员。

本规定所称"综合行政岗位人员"，是指在各级人民法院内设部门从事综合行政管理、司法辅助业务的人民法院工作人员。

第二十一条 本规定所称"其他特定关系人"，是指人民法院工作人员配偶、子女及其配偶之外的其他近亲属和具有密切关系的人。

第二十二条 最高人民法院此前颁布的有关规定与本规定不一致的，以本规定为准。

第二十三条 本规定由最高人民法院负责解释。

第二十四条 本规定自发布之日起施行。

▶ **司法解释性文件七**

★最高人民法院关于人民法院规范执行行为"十个严禁"（2017 年 4 月 19 日施行）

一、严禁在办理执行案件过程中"冷硬横推"及消极执行、拖延执行、选择性执行；

二、严禁明显超标的额查封、扣押、冻结财产及违规执行案外人财产；

三、严禁违规评估、拍卖财产及违规以物抵债；

四、严禁隐瞒、截留、挪用执行款物及拖延发放执行案款；

五、严禁违规适用终结本次执行程序及对纳入终结本次执行程序案件不及时定期查询、司法救济、恢复执行；

六、严禁违规使用执行查控系统查询与案件无关的财产信息；

七、严禁违规纳入、删除、撤销失信被执行人名单；

八、严禁在办理执行案件过程中违规会见当事人、代理人、请托人或与其同吃、同住、同行；

九、严禁在办理执行案件过程中"吃拿卡要"或让当事人承担不应由其承担的费用；

十、严禁充当诉讼掮客、违规过问案件及泄露工作秘密。

▶ **两高工作文件**

★人民法院工作人员处分条例（2009 年 12 月 31 日施行　法发〔2009〕61 号）（节录）

第一章　总　　则

第一节　目的、依据、原则和适用范围

第一条 为了规范人民法院工作人员行为，促进人民法院工作人员依法履行职责，确保公正、高效、廉洁司法，根据《中华人民共和国公务员法》和

《中华人民共和国法官法》，制定本条例。

第二条　人民法院工作人员因违反法律、法规或者本条例规定，应当承担纪律责任的，依照本条例给予处分。

第三条　人民法院工作人员依法履行职务的行为受法律保护。非因法定事由、非经法定程序，不受处分。

第二节　处分的种类和适用

第五条　人民法院工作人员违纪违法涉嫌犯罪的，应当移送司法机关处理。

第六条　处分的种类为：警告、记过、记大过、降级、撤职、开除。

第七条　受处分的期间为：

（一）警告，六个月；

（二）记过，十二个月；

（三）记大过，十八个月；

（四）降级、撤职，二十四个月。

第八条　受处分期间不得晋升职务、级别，其中，受记过、记大过、降级、撤职处分的，不得晋升工资档次；受撤职处分的，应当按照规定降低级别。

第九条　受开除处分的，自处分决定生效之日起，解除与人民法院的人事关系，不得再担任公务员职务。

第十条　同时有两种以上需要给予处分的行为的，应当分别确定其处分种类。应当给予的处分种类不同的，执行其中最重的处分；应当给予撤职以下多个相同种类处分的，执行该处分，并在一个处分期以上、多个处分期之和以下，决定应当执行的处分期。

在受处分期间受到新的处分的，其处分期为原处分期尚未执行的期限与新处分期限之和。

处分期最长不超过四十八个月。

第十一条　二人以上共同违纪违法，需要给予处分的，根据各自应当承担的纪律责任分别给予处分。

人民法院领导班子、有关机构或者审判组织集体作出违纪违法决定或者实施违纪违法行为，依照前款规定处理。

第十二条　有下列情形之一的，应当在本条例分则规定的处分幅度以内从重处分：

（一）在共同违纪违法行为中起主要作用的；

（二）隐匿、伪造、销毁证据的；

（三）串供或者阻止他人揭发检举、提供证据材料的；

（四）包庇同案人员的；

（五）法律、法规和本条例分则中规定的其他从重情节。

第十三条 有下列情形之一的，应当在本条例分则规定的处分幅度以内从轻处分：

（一）主动交待违纪违法行为的；

（二）主动采取措施，有效避免或者挽回损失的；

（三）检举他人重大违纪违法行为，情况属实的；

（四）法律、法规和本条例分则中规定的其他从轻情节。

第十四条 主动交待违纪违法行为，并主动采取措施有效避免或者挽回损失的，应当在本条例分则规定的处分幅度以外降低一个档次给予减轻处分。

应当给予警告处分，又有减轻处分情形的，免予处分。

第十五条 违纪违法行为情节轻微，经过批评教育后改正的，可以免予处分。

第十六条 在人民法院作出处分决定前，已经被依法判处刑罚、罢免、免职或者已经辞去领导职务，依照本条例需要给予处分的，应当根据其违纪违法事实给予处分。

被依法判处刑罚的，一律给予开除处分。

第十七条 人民法院工作人员退休之后违纪违法，或者在任职期间违纪违法、在处分决定作出前已经退休的，不再给予纪律处分；但是，应当给予降级、撤职、开除处分的，应当按照规定相应降低或者取消其享受的待遇。

第十八条 对违纪违法取得的财物和用于违纪违法的财物，应当没收、追缴或者责令退赔。没收、追缴的财物，一律上缴国库。

对违纪违法获得的职务、职称、学历、学位、奖励、资格等，应当建议有关单位、部门按规定予以纠正或者撤销。

第二章 分 则
第二节 违反办案纪律的行为

第二十九条 违反规定，擅自对应当受理的案件不予受理，或者对不应当受理的案件违法受理的，给予警告、记过或者记大过处分；情节较重的，给予降级或者撤职处分；情节严重的，给予开除处分。

第三十条 违反规定应当回避而不回避，造成不良后果的，给予警告、记过或者记大过处分；情节较重的，给予降级或者撤职处分；情节严重的，给予开除处分。

明知诉讼代理人、辩护人不符合担任代理人、辩护人的规定，仍准许其担任代理人、辩护人，造成不良后果的，给予警告、记过或者记大过处分；情节较重的，给予降级处分；情节严重的，给予撤职处分。

第三十一条　违反规定会见案件当事人及其辩护人、代理人、请托人的，给予警告处分；造成不良后果的，给予记过或者记大过处分。

第三十二条　违反规定为案件当事人推荐、介绍律师或者代理人，或者为律师或者其他人员介绍案件的，给予警告处分；造成不良后果的，给予记过或者记大过处分。

第三十三条　违反规定插手、干预、过问案件，或者为案件当事人通风报信、说情打招呼的，给予警告、记过或者记大过处分；情节较重的，给予降级或者撤职处分；情节严重的，给予开除处分。

第三十四条　依照规定应当调查收集相关证据而故意不予收集，造成不良后果的，给予警告、记过或者记大过处分；情节较重的，给予降级或者撤职处分；情节严重的，给予开除处分。

第三十五条　依照规定应当采取鉴定、勘验、证据保全等措施而故意不采取，造成不良后果的，给予警告、记过或者记大过处分；情节较重的，给予降级或者撤职处分；情节严重的，给予开除处分。

第三十六条　依照规定应当采取财产保全措施或者执行措施而故意不采取，或者依法应当委托有关机构审计、鉴定、评估、拍卖而故意不委托，造成不良后果的，给予警告、记过或者记大过处分；情节较重的，给予降级或者撤职处分；情节严重的，给予开除处分。

第三十七条　违反规定采取或者解除财产保全措施，造成不良后果的，给予警告、记过或者记大过处分；情节较重的，给予降级或者撤职处分；情节严重的，给予开除处分。

第三十八条　故意违反规定选定审计、鉴定、评估、拍卖等中介机构，或者串通、指使相关中介机构在审计、鉴定、评估、拍卖等活动中徇私舞弊、弄虚作假的，给予警告、记过或者记大过处分；情节较重的，给予降级或者撤职处分；情节严重的，给予开除处分。

第三十九条　故意违反规定采取强制措施的，给予警告、记过或者记大过处分；情节较重的，给予降级或者撤职处分；情节严重的，给予开除处分。

第四十条　故意毁弃、篡改、隐匿、伪造、偷换证据或者其他诉讼材料的，给予记大过处分；情节较重的，给予降级或者撤职处分；情节严重的，给予开除处分。

指使、帮助他人作伪证或者阻止他人作证的，给予降级或者撤职处分；情节严重的，给予开除处分。

第四十一条 故意向合议庭、审判委员会隐瞒主要证据、重要情节或者提供虚假情况的，给予警告、记过或者记大过处分；情节较重的，给予降级或者撤职处分；情节严重的，给予开除处分。

第四十二条 故意泄露合议庭、审判委员会评议、讨论案件的具体情况或者其他审判执行工作秘密的，给予记过或者记大过处分；情节较重的，给予降级或者撤职处分；情节严重的，给予开除处分。

第四十三条 故意违背事实和法律枉法裁判的，给予降级或者撤职处分；情节严重的，给予开除处分。

第四十四条 因徇私而违反规定迫使当事人违背真实意愿撤诉、接受调解、达成执行和解协议并损害其利益的，给予警告、记过或者记大过处分；情节较重的，给予降级或者撤职处分；情节严重的，给予开除处分。

第四十五条 故意违反规定采取执行措施，造成案件当事人、案外人或者第三人财产损失的，给予记大过处分；情节较重的，给予降级或者撤职处分；情节严重的，给予开除处分。

第四十六条 故意违反规定对具备执行条件的案件暂缓执行、中止执行、终结执行或者不依法恢复执行，造成不良后果的，给予记大过处分；情节较重的，给予降级或者撤职处分；情节严重的，给予开除处分。

第四十七条 故意违反规定拖延办案的，给予警告、记过或者记大过处分；情节较重的，给予降级或者撤职处分；情节严重的，给予开除处分。

第四十八条 故意拖延或者拒不执行合议庭决议、审判委员会决定以及上级人民法院判决、裁定、决定、命令的，给予警告、记过或者记大过处分；情节较重的，给予降级或者撤职处分；情节严重的，给予开除处分。

第四十九条 私放被羁押人员的，给予记大过处分；情节较重的，给予降级或者撤职处分；情节严重的，给予开除处分。

第五十条 违反规定私自办理案件的，给予警告、记过或者记大过处分；情节较重的，给予降级或者撤职处分；情节严重的，给予开除处分。

内外勾结制造假案的，给予降级、撤职或者开除处分。

第五十一条 伪造诉讼、执行文书，或者故意违背合议庭决议、审判委员会决定制作诉讼、执行文书的，给予记大过处分；情节较重的，给予降级或者撤职处分；情节严重的，给予开除处分。

送达诉讼、执行文书故意不依照规定，造成不良后果的，给予警告、记过或者记大过处分。

第五十二条 违反规定将案卷或者其他诉讼材料借给他人的，给予警告处分；造成不良后果的，给予记过或者记大过处分。

第五十三条 对外地人民法院依法委托的事项拒不办理或者故意拖延办理，造成不良后果的，给予警告、记过或者记大过处分；情节严重的，给予降级或者撤职处分。

阻挠、干扰外地人民法院依法在本地调查取证或者采取相关财产保全措施、执行措施、强制措施的，给予警告、记过或者记大过处分；情节较重的，给予降级或者撤职处分；情节严重的，给予开除处分。

第五十四条 有其他违反办案纪律行为的，给予警告、记过或者记大过处分；情节较重的，给予降级或者撤职处分；情节严重的，给予开除处分。

第三节 违反廉政纪律的行为

第五十五条 利用职务便利，采取侵吞、窃取、骗取等手段非法占有诉讼费、执行款物、罚没款物、案件暂存款、赃款赃物及其孳息等涉案财物或者其他公共财物的，给予记大过处分；情节较重的，给予降级或者撤职处分；情节严重的，给予开除处分。

第五十六条 利用司法职权或者其他职务便利，索取他人财物及其他财产性利益的，或者非法收受他人财物及其他财产性利益，为他人谋取利益的，给予记大过处分；情节较重的，给予降级或者撤职处分；情节严重的，给予开除处分。

利用司法职权或者其他职务便利为他人谋取利益，以低价购买、高价出售、收受干股、合作投资、委托理财、赌博等形式非法收受他人财物，或者以特定关系人"挂名"领取薪酬或者收受财物等形式，非法收受他人财物，或者违反规定收受各种名义的回扣、手续费归个人所有的，依照前款规定处分。

第五十七条 行贿或者介绍贿赂的，给予记过或者记大过处分；情节较重的，给予降级或者撤职处分；情节严重的，给予开除处分。

向审判、执行人员行贿或者介绍贿赂的，依照前款规定从重处分。

第五十八条 挪用诉讼费、执行款物、罚没款物、案件暂存款、赃款赃物及其孳息等涉案财物或者其他公共财物的，给予记过或者记大过处分；情节较重的，给予降级或者撤职处分；情节严重的，给予开除处分。

第五十九条 接受案件当事人、相关中介机构及其委托人的财物、宴请或者其他利益的，给予警告、记过或者记大过处分；情节较重的，给予降级或者撤职处分；情节严重的，给予开除处分。

违反规定向案件当事人、相关中介机构及其委托人借钱、借物的，给予警告、记过或者记大过处分。

第六十条 以单位名义集体截留、使用、私分诉讼费、执行款物、罚没款物、案件暂存款、赃款赃物及其孳息等涉案财物或者其他公共财物的，给予警告、记过或者记大过处分；情节较重的，给予降级或者撤职处分；情节严重的，给予开除处分。

第六十一条 利用司法职权，以单位名义向公民、法人或者其他组织索要赞助或者摊派、收取财物的，给予记过或者记大过处分；情节较重的，给予降级或者撤职处分；情节严重的，给予开除处分。

第六十二条 故意违反规定设置收费项目、扩大收费范围、提高收费标准的，给予警告、记过或者记大过处分；情节较重的，给予降级或者撤职处分；情节严重的，给予开除处分。

第六十三条 违反规定从事或者参与营利性活动，在企业或者其他营利性组织中兼职的，给予记过或者记大过处分；情节较重的，给予降级或者撤职处分；情节严重的，给予开除处分。

第六十四条 利用司法职权或者其他职务便利，为特定关系人谋取不正当利益，或者放任其特定关系人、身边工作人员利用本人职权谋取不正当利益的，给予记过或者记大过处分；情节较重的，给予降级或者撤职处分；情节严重的，给予开除处分。

第六十五条 有其他违反廉政纪律行为的，给予警告、记过或者记大过处分；情节较重的，给予降级或者撤职处分；情节严重的，给予开除处分。

第六节 失职行为

第八十二条 因过失导致依法应当受理的案件未予受理，或者不应当受理的案件被违法受理，造成不良后果的，给予警告、记过或者记大过处分。

第八十三条 因过失导致错误裁判、错误采取财产保全措施、强制措施、执行措施，或者应当采取财产保全措施、强制措施、执行措施而未采取，造成不良后果的，给予警告、记过或者记大过处分；造成严重后果的，给予降级、撤职或者开除处分。

第八十四条 因过失导致所办案件严重超出规定办理期限，造成严重后果的，给予警告、记过或者记大过处分。

第八十五条 因过失导致被羁押人员脱逃、自伤、自杀或者行凶伤人的，给予记过或者记大过处分；造成严重后果的，给予降级、撤职或者开除处分。

第八十六条 因过失导致诉讼、执行文书内容错误，造成严重后果的，给予警告、记过或者记大过处分。

第八十七条 因过失导致国家秘密、审判执行工作秘密及其他工作秘密、履行职务掌握的商业秘密或者个人隐私被泄露，造成不良后果的，给予警告、记过或者记大过处分；情节较重的，给予降级或者撤职处分；情节严重的，给予开除处分。

第八十八条　因过失导致案卷或者证据材料损毁、丢失的，给予警告、记过或者记大过处分；造成严重后果的，给予降级或者撤职处分。

第八十九条　因过失导致职责范围内发生刑事案件、重大治安案件、重大社会群体性事件或者重大人员伤亡事故的，使公共财产、国家和人民利益遭受重大损失的，给予记过或者记大过处分；情节较重的，给予降级或者撤职处分；情节严重的，给予开除处分。

第九十条　有其他失职行为造成不良后果的，给予警告、记过或者记大过处分；情节较重的，给予降级或者撤职处分；情节严重的，给予开除处分。

第七节　违反管理秩序和社会道德的行为

第九十一条　因工作作风懈怠、工作态度恶劣，造成不良后果的，给予警告、记过或者记大过处分。

第九十二条　故意泄露国家秘密、工作秘密，或者故意泄露因履行职责掌握的商业秘密、个人隐私的，给予记过或者记大过处分；情节较重的，给予降级或者撤职处分；情节严重的，给予开除处分。

第九十三条　弄虚作假，误导、欺骗领导和公众，造成不良后果的，给予警告、记过或者记大过处分；情节较重的，给予降级或者撤职处分；情节严重的，给予开除处分。

第九十四条　因酗酒影响正常工作或者造成其他不良后果的，给予警告、记过或者记大过处分；情节较重的，给予降级、撤职处分；情节严重的，给予开除处分。

第九十八条　以殴打、辱骂、体罚、非法拘禁或者诽谤、诬告等方式侵犯他人人身权利的，给予记过或者记大过处分；情节较重的，给予降级或者撤职处分；情节严重的，给予开除处分。

体罚、虐待被羁押人员，或者殴打、辱骂诉讼参与人、涉诉上访人的，依照前款规定从重处分。

第九十九条　与他人通奸，造成不良影响的，给予警告、记过或者记大过处分；情节较重的，给予降级或者撤职处分；情节严重的，给予开除处分。

与所承办案件的当事人或者当事人亲属发生不正当两性关系的，依照前款规定从重处分。

第一百零六条　有其他违反管理秩序和社会道德行为的，给予警告、记过或者记大过处分；情节较重的，给予降级或者撤职处分；情节严重的，给予开除处分。

第三章　附　　则

第一百零七条　本条例所称"人民法院工作人员"是指人民法院行政编

制内的工作人员。

人民法院事业编制工作人员参照本条例执行。

人民法院聘用人员不适用本条例。

第一百零八条 本条例所称"特定关系人"，是指与人民法院工作人员具有近亲属、情人以及其他共同利益关系的人和关系密切的人。

第一百零九条 本条例所称"以上"、"以下"，包含本数。

第一百一十条 本条例由最高人民法院负责解释。

第一百一十一条 本条例自发布之日起施行。最高人民法院此前颁布的《关于人民法院工作人员纪律处分的若干规定（试行）》、《人民法院审判纪律处分办法（试行）》、《人民法院执行工作纪律处分办法（试行）》、《最高人民法院关于严格执行〈中华人民共和国法官法〉有关惩戒制度若干规定》同时废止。

附　录

民事执行检察监督节点简表

执行程序	执行程序违法节点		检察监督依据
执行申请和立案	1. 申请执行人超过申请执行时效申请强制执行法院不予受理； 被执行人对申请执行时效提出异议成立情况下，法院未裁定不予执行； 对被执行人履行法律义务后的执行回转请求予以支持		*民事诉讼法第二百三十九条 *最高人民法院关于适用《中华人民共和国民事诉讼法》的解释（以下简称民诉法解释）第四百八十三条 *人民法院工作人员处分条例第二十九条
	2. 以申请执行人非生效法律文书当事人不予受理		*最高人民法院关于人民法院执行工作若干问题的规定（试行）（以下称执行规定）第18条 *最高人民法院关于人民法院推行立案登记制改革的意见二（四） *人民法院工作人员处分条例第二十九条
	3. 未经执行立案采取执行措施		*最高人民法院关于执行案件立案、结案若干问题的意见第二条 *人民法院工作人员处分条例第三十九条。
执行实施	执行通知与财产调查	4. 以执行通知书指定的履行义务期限未到期为由拒绝采取执行措施	*执行规定第26条 *人民法院工作人员处分条例第三十六条
		5. 对申请执行人提供的财产线索未在规定期限内查证、核实，导致不良后果	*最高人民法院关于民事执行中财产调查若干问题的定第二条最高人民法院关于人民法院办理执行案件若干期限的规定第六条 *人民法院工作人员处分条例第三十四条
	财产的查扣冻	6. 冻结、划拨被执行人的存款未向被执行人送达执行裁定书	*执行规定第26条

续表

执行程序	执行程序违法节点		检察监督依据
执行实施	财产的查扣冻	7. 查封、扣押、冻结被执行人的动产、不动产及其他财产权未依法送达裁定书	*最高人民法院关于人民法院民事执行中查封、扣押、冻结财产的规定第一条
		8. 冻结被执行人的财产超过法定期限	*民诉法解释第四百八十七条
		9. 查封、扣押、冻结被执行人的财产不规范	*民事诉讼法二百四十四条、第二百四十五条
		10. 超标的采取查封、扣押等措施	*执行规定第39条
		11. 对动产的查封，未依法采取加相应的方式	*执行规定第41条 *最高人民法院关于人民法院民事执行中查封、扣押、冻结财产的规定第八条
		12. 对不动产的查封，未依法采取相应的方式	*执行规定第41条第二款、第三款 *最高人民法院关于人民法院民事执行中查封、扣押、冻结财产的规定第九条
		13. 对第三人买受的被执行人的财产违法采取查封、扣押等强制措施	*最高人民法院关于人民法院民事执行中查封、扣押、冻结财产的规定第十六条至第十九条 *人民法院工作人员处分条例第三十九条
	价值评估（财产处置参考价的确定）	14. 违反规定进行价值评估	*执行规定第47条 *最高人民法院关于人民法院民事执行中拍卖、变卖财产的规定第五条 *最高人民法院关于人民法院委托评估、拍卖和变卖工作的若干规定第九条 *最高人民法院关于人民确定财产处置参考价若干问题的规定第二条
		15. 超过期限启动确定财产处置参考价程序	*最高人民法院关于人民确定财产处置参考价若干问题的规定第一条

执行程序		执行程序违法节点	检察监督依据
执行实施	价值评估（财产处置参考价的确定）	16. 确定财产处置参考价前未对财产权属及其他实际情况进行调查核实	＊最高人民法院关于人民法院民事执行中拍卖、变卖财产的规定第十条 最高人民法院关于人民确定财产处置参考价若干问题的规定第三条
		17. 评估报告未依法送达	＊最高人民法院关于人民法院民事执行中拍卖、变卖财产的规定第六条 ＊最高人民法院关于人民确定财产处置参考价若干问题的规定第三条
		18. 未依法处理相关当事人、利害关系人对评估价值的异议	＊最高人民法院关于人民法院民事执行中拍卖、变卖财产的规定第六条 ＊最高人民法院关于人民确定财产处置参考价若干问题的规定第二十二条 ＊最高人民法院关于人民确定财产处置参考价若干问题的规定第二十三条
	财产变价（拍卖、变卖）	19. 超过期限启动财产变价程序	＊最高人民法院关于人民确定财产处置参考价若干问题的规定第三十条
		20. 采取拍卖方式的起拍价的确定不符合相关规定	＊最高人民法院关于人民法院民事执行中拍卖、变卖财产的规定第八条 ＊最高人民法院关于人民法院网络司法拍卖若干问题的规定第十条 ＊最高人民法院关于人民确定财产处置参考价若干问题的规定第三十条
		21. 拍卖未进行先期公告	＊最高人民法院关于人民法院民事执行中拍卖、变卖财产的规定第十一条、第十二条 ＊最高人民法院关于人民法院网络司法拍卖若干问题的规定第十二条

续表

执行程序		执行程序违法节点	检察监督依据
执行实施	财产变价（拍卖、变卖）	22. 起拍价及其降价幅度、竞价增价幅度等未经合议庭评议	*最高人民法院关于人民法院网络司法拍卖若干问题的规定第二十七条
		23. 未按规定通知担保物权人、优先购买权人或者其他优先权人	*最高人民法院关于人民法院民事执行中拍卖、变卖财产的规定第十四条 *最高人民法院关于人民法院网络司法拍卖若干问题的规定第十六条
		24. 再次拍卖起拍价降幅超过前次起拍价的百分之二十	*最高人民法院关于人民法院民事执行中拍卖、变卖财产的规定第八条 *最高人民法院关于人民法院网络司法拍卖若干问题的规定第二十六条
		25. 首次拍卖流拍情况下，无正当理由未在规定期限内再次拍卖	*最高人民法院关于人民法院民事执行中拍卖、变卖财产的规定第二十六条 *最高人民法院关于人民法院网络司法拍卖若干问题的规定第二十六条
		26. 法院或其工作人员买受卖变卖的财产	*民事诉讼法第四百九十条
		27. 未按依法交付拍卖财产	*执行规定第59条 *民事诉讼法第二百四十九条
	迟延履行	28. 未经申请执行人同意在没有执行迟延履行利息及迟延履行金的情况下以执行完毕结案	*民事诉讼法第二百五十三条 *民诉法解释第五百零六条、第五百零七条
		29. 未依法执行迟延履行利息、迟延履行金	*执行规定第24条 *最高人民法院关于执行程序中计算迟延履行期间的债务利息适用法律若干问题的解释相关规定
		30. 被执行人的财产不足以清偿全部债务的情况下，未依法处理债权金额与加倍部分利息的清偿	*最高人民法院关于执行程序中计算迟延履行期间的债务利息适用法律若干问题的解释第四条

执行程序		执行程序违法节点	检察监督依据
执行实施	到期债权的执行	31. 未向第三人直接送达履行到期债务通知书	＊执行规定第 61 条
		32. 在第三人提出异议的情况下仍采取执行措施	＊执行规定第 63 条
		33. 对第三人的债务人采取执行措施	＊执行规定第 68 条
	参与分配	34. 将不适用参与分配案件以参与分配方案执行	＊民诉法解释第五百零八条 ＊最高人民法院关于执行案件移送破产审查若干问题的指导意见第二 (4) ＊执行规定第 96 条
		35. 扩大参与分配主体范围，或"等待执行"	＊执行规定第 90 条 ＊民诉法解释第五百零八条、第五百零九条
		36. 收到参与分配申请，未及时送达主持参与分配法院，致使申请人无法参与分配	＊执行规定第 96 条
		37. 未依法制作分配方案并依法送达	＊民诉法解释第五百一十一条
		38. 参与分配异议处理不符合相关规定	＊民诉法解释第五百一十二条
	执行和解	39. 对当事人达成的和解协议未将和解协议附卷或记入执行笔录	＊民事诉讼法第二百三十条
		40. 依和解协议作出以物抵债裁定	＊最高人民法院关于执行和解若干问题的规定第六条
	执行担保与暂缓执行	41. 未依法审查执行担保即决定暂缓执行	＊民事诉讼法第二百三十一条
		42. 暂缓执行的期限违法相关规定	＊最高人民法院关于执行担保若干问题的规定第十条
		43. 执行担保财产或者保证人的财产执行顺序不符合相关规定	＊最高人民法院关于执行担保若干问题的规定第十一条

执行程序		执行程序违法节点	检察监督依据
执行实施	执行担保与暂缓执行	44. 非因法定事由决定暂缓执行	*最高人民法院关于正确适用暂缓执行措施若干问题的规定第一条
	委托执行	45. 对委托法院委托事项消极协助，致使不良后果发生	*最高人民法院关于委托执行若干问题的规定第二条
		46. 委托或受托法院未依法办理委托案件执行相关手续，致使申请执行人合法权益受损	*民事诉讼法第二百二十九条 *最高人民法院关于委托执行若干问题的规定的相关规定
	执行款物管理	47. 执行人员收取现金和票据不符合相关规定	*最高人民法院关于执行款物管理工作的规定第九条
		48. 执行款发放超过期限	*最高人民法院关于执行款物管理工作的规定第十条
		49. 交付、返还物品期限不符合相关规定	*最高人民法院关于执行款物管理工作的规定第十二条 *最高人民法院关于执行款物管理工作的规定第十三条
	执行期限	50. 无法定事由超过 6 个月未执行完毕	*执行规定第 107 条
执行结案（主要监督的结案方式）	执行完毕	51. 未制作结案通知书并发送当事人；未经申请执行人同意即放弃执行迟延利息或迟延履行金，径行以执行完毕结案	*最高人民法院关于执行案件立案、结案若干问题的意见第十五条
	终结本次执行程序	52. 未满足终本条件即裁定终结本次执行程序	*最高人民法院关于执行案件立案、结案若干问题的意见第十六条第一款。
		53. 未经合议庭合议	*最高人民法院关于执行案件立案、结案若干问题的意见第十六条第二款
		54. 终结本次执行程序裁定未依法送达	*最高人民法院关于执行案件立案、结案若干问题的意见第十六条第三款

执行程序		执行程序违法节点	检察监督依据
执行异议	执行行为异议	55. 未在规定期限内审查处理执行异议	＊民事诉讼法第二百二十五条
		56. 对执行行为异议范围认定错误	＊最高人民法院关于人民法院办理执行异议和复议案件若干问题的规定：有下列情形之一的，当事人以外的公民、法人和其他组织，可以作为利害关系人提出执行行为异议：（一）认为人民法院的执行行为违法，妨碍其轮候查封、扣押、冻结的债权受偿的；（二）认为人民法院的拍卖措施违法，妨碍其参与公平竞价的；（三）认为人民法院的拍卖、变卖或者以物抵债措施违法，侵害其对执行标的的优先购买权的。
		57. 执行异议与复议期间停止执行	＊最高人民法院关于适用《中华人民共和国民事诉讼法》执行程序若干问题的解释第十条
	案外人异议	58. 未在规定期限内审查处理执行异议	＊民事诉讼法第二百二十七条
		59. 异议审查期间对相关财产进行处分	＊执行规定第71条